法律适用微课程

上海市第一中级人民法院
微课程系列视频讲稿汇编

上海市第一中级人民法院　编

中国法制出版社
CHINA LEGAL PUBLISHING HOUSE

主讲人（以姓氏笔画为序）

丁杏文　王　力　王传伟　王　茜　王剑平　王晓翔　毛海波　毛　焱
叶　兰　叶　佳　叶煜楠　卢　进　卢　颖　宁　博　刘　月　刘天翔
刘　洁　刘　雅　朱一心　朱　军　朱晨阳　孙少君　孙路路　成　阳
闫伟伟　任明艳　李　贝　李长坤　李　兴　李　宇　李卓宏　李诗鸿
李凌云　张华松　张冰玢　张金玉　张　柯　吴亚安　吴　斌　吴慧琼
沈俊翔　沈健州　陈裕国　陈　曦　何　建　严佳维　余　剑　宋　虹
陆俊伟　汪　菲　杨斯空　郑天衣　金绍奇　林佳豪　庞闻淙　周　峰
岳婷婷　胡玉凌　胡健涛　钟　明　钟嫣然　赵琛琛　赵　霏　须海波
班天可　徐　芬　徐　凌　顾慧萍　顾薛磊　唐春雷　凌　捷　郭　葭
敖颖婕　黄祥青　黄　蓓　梁春霞　盛　萍　董礼洁　鲁彦岐　程勇跃
韩朝炜　温　馨　潘自强　潘静波　戴欣媛

序 言

FOREWORD

为传承审判经验、提升司法能力、促进适法统一，2020年以来，上海市第一中级人民法院持续探索开展法律适用微课程录制工作。微课程以上海市第一中级人民法院院庭长、领军人才培养对象，该院及辖区法院优秀法官，高校专家等为主讲人，以司法实践中常见法律适用问题，《民法典》新增、修订、适法难题和类案裁判方法为主题，涵盖刑事、民事、商事、行政等审判领域，内容务实、实践指导性强。

截至目前，上海市第一中级人民法院共推出微课程100部，分别为疑难法律问题适用微课程、圆桌对谈微课程、《民法典》微课程、类案裁判微课程。上述微课程通过官方微信公众号、微博对外推送，得到学习强国平台等大量转发，人民法院报、上海电视台和上海法治报等专题报道，受到法律职业共同体普遍好评。首批18部微课程参加由国家法官学院、人民法院新闻传媒总社、人民法院出版社共同举办的“天平阳光杯”2020－2021年人民法院网络微课程征集评选活动，荣获一等奖1名，二等奖4名，三等奖13名，并获集体奖，获奖总数在评选活动中占比22%。天平是法院的象征，金色是天平永恒的颜色，2022年年底，“金色天平微课程”成为上海市第一中级人民法院文化建设主品牌，2023年，该文化品牌成功获评上海法院十大文化品牌。

为满足读者观看需求，现将100部微课程全文辑印成册，读者可通过扫描微课程对应二维码在线学习，亦可通过上海市第一中级人民法院官方微信公众号查看视频。

需要说明的是，本书部分文章成稿于《民法典》公布以前，其中引用的法律有的已被《民法典》废止，为了与“微课程”视频保持一致，同时考虑到相关法律虽已废止，但条文规范已被《民法典》吸收或仍属有效，故并未将涉及的相关条文直接修改成《民法典》的内容，而是通过脚注的形式标注在《民法典》中对应的条文序号。

未来，上海市第一中级人民法院将持续创新，务实推进适法统一相关工作，于细微处下功夫，打造更多司法精品。敬请关注官方微信公众号“上海一中法院”，并期待您提出宝贵意见和建议。

上海市第一中级人民法院 2023 年 11 月

目　录

疑难法律问题适用微课程

刑　事

民商事

行　政

圆桌对谈微课程

刑　事

民商事

类案裁判微课程

民商事

行　政

疑难法律问题适用微课程

刑事

轻微暴力致人死亡案件如何定罪处罚

主讲人 黄祥青

· 原上海市第一中级人民法院党组书记、院长

· 现上海市高级人民法院党组成员、副院长

· 一级高级法官

· 武汉大学法学博士

· 主要研究方向刑法、刑事诉讼法

· 获聘国家法官学院、上海交通大学、华东政法大学兼职教授

· 曾获评上海市优秀中青年法学家、首届全国法院审判业务专家、上海市五一劳动奖章

· 出版个人专著《罪刑相当论》《刑法适用疑难破解》《刑法适用要点解析》等

· 主编《最高人民法院司法观点集成（刑事卷）》《类案裁判方法精要》《审判前沿观察》，副主编《法官自由裁量权精义》《法律方法论》等多部著作

· 在《法学评论》《法学》《法学家》《政治与法律》《法律适用》等法学核心刊物发表论文 80 余篇

轻微暴力致人死亡案件大多发生在亲友、邻里之间，因为日常生活琐事而偶发争执，发生打斗的场合。

一、简要案情与争议问题

从因果关系角度切入，以暴力行为导致危害结果的原因力大小，大致可以将这类案件细分为四种情形。

第一种情形：行为人的暴力行为直接导致被害人的死亡结果

举例来说，被告人曹某与被害人唐某在酒桌上因言语不合，其间曹某将被害人推倒在地，压在其身上，双手掐其脖颈，导致被害人胃内的食物反流到呼吸道，因异物堵塞气管窒息而亡。

对于这个案件，检察院以故意伤害（致人死亡）罪提起公诉，但辩护人认为本案只构成过失致人死亡罪。一审法院支持了检察院的指控，但是减轻处罚判处被告人三年有期徒刑。

第二种情形：行为人的暴力行为偶合外在介入因素导致被害人死亡的结果

这里也举一个案例，一天傍晚，被告人王某与他人坐在小桥边聊天，这时一位女青年路过小桥，王某就语言调戏。被害人徐某反转身来予以责问，王某不仅不予道歉而且恶语回复，被害人就打了王某一记耳光，王某暴怒之下用左右手分别推击被害人的左右肩膀，导致被害人后退，这时恰好一辆卡车从身后驶过，致使被害人徐某与卡车相撞，最后头颅被卡车的后轮碾轧，当场身亡。

这个案件检察院以过失致人死亡罪提起公诉，一审法院改判故意伤害（致人死亡）罪，二审法院最终是以过失致人死亡罪，判处被告人七年有期徒刑。

第三种情形：行为人的暴力行为诱发被害人的严重疾病导致被害人死亡的结果

案例三的情况是这样的，被害人陆某素有酒后殴打妻子的陋习，一天这位丈夫又酒后追打妻子，妻子在逃跑过程中，随手捡起一只皮鞋，回头便用皮鞋抽打了丈夫的头颅和身上各一下，两天之后，这位丈夫因自身患有脑血管硬化的疾病，合并暴力作用，导致不治身亡。

这个案件一审法院以故意伤害（致人死亡）罪，判处被告人赵某十年有期徒刑。被告人上诉，被害人的家属也强烈要求对被告人予以从轻处罚。二审法院最终以过失致人死亡罪，改判被告人赵某三年六个月有期徒刑。

第四种情形：行为人的非攻击性暴力合并被害人自身失误导致死亡结果

案例四的情况是这样的，被告人张某与被害人陶某因在公交车上争抢座位，而发生争吵相互推搡，其间被害人陶某站在车的后门处，想将被告人拉到车下，张某用力反转身挣脱陶某，奔向车内，这时陶某一脚踏空身子向车外倒去，致使头颅着地，不治身亡。

这个案件检察院是以被告人犯过失致人死亡罪提起公诉，一审法院认定被告人的行为属于意外事件，判定不负刑事责任。

通过上面四则案例的裁判过程，我们可以看出，对于轻微暴力致人死亡案件来讲，在司法实务中存在是认定故意伤害（致人死亡）罪还是过失致人死亡罪，或者是意外事件？这三种定性在法律责任上的差异是巨大的，从最高法定刑来看分别是，死刑、七年有期徒刑和不负刑事责任。因此我们应当严格掌握标准，准确予以区分。

二、定罪标准及其法理解析

先看一看故意伤害（致人死亡）罪。掌握这个罪，有两个要点值得关注，一是从故意伤害罪的内部结构来看，故意伤害罪实际包含着轻重不同的三个罪行。

其一，故意伤害致人轻伤，依法应当判处三年以下有期徒刑、拘役或者管制。其二，故意伤害致人重伤，依法应当判处三年到十年有期徒刑。其三，故意伤害致人死亡，依法应当判处十年以上有期徒刑直至死刑。

刑法中像类似的这种并列规定的情形，一般具有三个特征，第一，互不相同，因为相同就没有必要并列；第二，彼此衔接，说明它们之间的关系是非常紧密的；第三，互不交叉重合，因为一旦交叉重合就很难区分彼此、准确认定。由此，我们可以说，故意伤害（致人死亡）罪的故意伤害行为，在三种故意伤害行为中它的强度应当是最重的一种。也就是说虽然三种故意伤害行为表述是一致的，但我们在实际掌握上应当认为，第三种不能够与前两者同日而语。

二是从罪刑关系的角度来分析，故意伤害致人死亡实际上由两部分行为构成。一部分是故意伤害行为，另一部分是过失致人死亡行为。

大家知道，过失致人死亡的最高法定刑是七年，那么前面的故意伤害行为，达到何种严厉的程度，才能与其法定刑相匹配呢？由此看来我们可以比较肯定地说，这里的故意伤害行为是不包含故意伤害致人轻伤的，至少应当是与重伤及其以上的程度才能够相匹配。因此无论是从故意伤害罪的内部结构，还是从罪刑关系的角度来看，我们都可以得出一个结论，故意伤害（致人死亡）罪的故意伤害，它是有打击强度的要求的，那就是至少应当具有造成他人身体严重伤害的可能性，这样一种严重程度，才能与故意伤害（致人死亡）罪的罪质、罪量相匹配。

我们再来说一说过失致人死亡罪。认定这个罪，大家有一个疑问，明明是故意打击他人导致了他人死亡的结果，怎么能认定过失犯罪呢？

这里就涉及对于过失犯罪犯罪结构的理解问题。应当讲，故意实施一般的违法行为，或者轻度的犯罪行为，过失导致严重危害结果，也是过失犯罪的一种类型。

比较典型的像故意违章醉驾，过失致人死亡的可以构成交通肇事罪，这就是这一类过失犯罪的典型实例。

过失致人死亡罪与故意伤害（致人死亡）罪相比较，它们在造成他人死亡结果的过失心态上是完全一致的。二者的差异主要在于，故意伤害行为的强度是有明显的区分的，也就是只有达到了具有严重伤害他人可能性的，这种故意打击行为才能构成故意伤害（致人死亡）罪，一般的打击行为就只能构成过失致人死亡罪。

我们再来看一看意外事件。意外事件与过失致人死亡罪，它们的主要区别是在主观认知上存在不同，也就是说究竟是应当预见还是不能预见。

从刑法的角度看，要认定主观事实，一般需要掌握两个要点。第一，认定主观事实应当通过客观行为表现，运用社会上一般人的认识水准，通过经验法则来予以推定。

就轻微暴力致人死亡案件来讲，我们从客观上的暴力轻重程度可以推断，暴力强度越高，预见危害结果的可能性也相应越大，相反，暴力强度越低，预见造成严重危害后果的可能性就相对趋小。

除此之外，我们从客观上的因果关系也可以一看端倪，那就是因果关系越简单越直观，预见危害结果的可能性就越大，相反因果关系越复杂越多样，预见危害结果的可能性就相对偏低。

第二，我们认定主观事实，还要结合具体案情进行综合判定。

这里我想举一个实例予以说明。某日凌晨时分，三个年轻人酒后滋事，无端地拦截路人。这个时候一个青年正好路过此处，见到这种情形就主动躲避，并欲逃跑。三名寻衅滋事者紧追不舍欲行殴打，这个被害人逃到一条河边见无路可逃就跳入河水，结果溺水身亡。对于这个案件，三名被告人都辩解，我们当时根本就没有殴打这个被害人，因此我们的行为不构成故意伤害（致人死亡）罪。辩护人也认为三名被告人的行为，只构成过失致人死亡罪。这里的问题是，没有殴打他人就不能构成故意伤害（致人死亡）罪吗？

我们从当时的场景来分析，从时空条件看，当时是夜深人静。从力量对比来看，是三名酒后寻衅滋事的人准备围殴孤立无援的一个人。另外，从三名被告人的主观犯意来看，他们当时是穷追不舍，说明他们的犯意是非常坚定的。

三、典型案件分析

通过上面的法理分析，我们对定罪的标准有了基本的掌握。下面我们应用这些定罪标准来分析我们前面提到的四个案例。

· 案例 1

被告人曹某是将被害人推倒在地以后，双手掐其脖颈使被害人身亡。从一般情形看，成年人用双手掐人脖颈，应当讲是具有造成他人身体严重伤害的可能性的。并且这个行为被告人虽然是酒后实施，但依然可以认定为是故意实施，所以说将曹某的行为认定为故意伤害（致人死亡）罪是合适的。

· 案例 2

被告人王某用左右手推打被害人的左右肩膀。应当讲这个行为一般情况下，是不具有造成他人身体严重伤害的可能性的，之所以导致被害人死亡的结果，是因为身后驶来的卡车。但是当时是天色渐晚，被告人自己辩解情急之下，完全没有注意到身后驶来的卡车，这一辩解应当是符合实际情况的。也就是说被告人当时并没有故意利用外来介入因素，严重加害被害人的故意，因此被告人对于被害人的死亡结果，承担过失犯罪的刑事责任，应当是合适的。

· 案例 3

被告人赵某用皮鞋将自己的丈夫抽打致死。这一致死的原因，主要是丈夫自身患有脑血管病变的严重疾病，皮鞋抽打只是外来因素，并且丈夫患病的情况被告人也并不知情。因此被告人对于死亡结果的发生，我们认为判定为是应当预见而没有预见是符合当时的实际情况的，因此作过失犯罪判罪认定是合情合理的。

· 案例 4

被告人张某在遭遇被害人陶某拉扯的情形下，用力转身这个行为本身并不会直接造成被害人的严重伤害，所以说被害人死亡的主要原因是自身失误倒在车外，头颅着地而死。这种情形对于被告人来讲，在当时的情形下是很难预见的，因此我们认为被告人的行为判定为是意外事件，应当是既有事实依据也符合法律的规定。

四、小 结

通过上面四则典型案例的分析，我们可以作一小结，也就是对于轻微暴力致人死亡案件来讲，行为人大多数在主观上都不具有严重伤害他人身体的故意内容，客观上所实施的行为通常也不会造成他人身体严重伤害的结果。因此这类案件一般情形下，认定是过失致人死亡罪是合适的。

但是在暴力行为直接致死，和偶合外在介入因素这两种场合，因行为人对自己的行为造成危害结果的预见的可能性是较大的，这种情形下，根据具体的案情，可能发生认定故意伤害（致人死亡）罪的情况。另外，在暴力行为诱发被害人严重疾病，或者合并被害人自身失误这两种场合，由于行为人对于导致他人死亡结果原因的预见的可能性较低，这种情形下就有可能发生认定意外事件的问题。

综合来说，只有区分不同的案件结合具体情况，实事求是地进行综合分析判断，这样才能做到罪刑相当、罚当其罪。

"存疑有利于被告"的准确理解和适用

主讲人 余 剑

· 原上海市第一中级人民法院审委会委员、刑事审判庭庭长、领军人才培养对象
· 现上海市第二中级人民法院审委会专职委员
· 二级高级法官
· 上海法院审判业务专家
· 复旦大学国际法法学博士
· 中国政法大学刑法学硕士
· 英国杜伦大学国际法硕士
· 主要研究方向刑法、刑事诉讼法
· 主审过涉社保资金受贿案等大要案
· 主编和参编《刑事审判方法》等著作
· 在《法学》等期刊发表论文20余篇
· 主持和执笔省部级课题10余项
· 曾荣立上海法院个人一等功、二等功

大家好，我是上海市第一中级人民法院的余剑。今天跟大家讨论的题目是"存疑有利于被告"的准确理解和适用。在司法实践中，我们经常用到存疑有利于被告的规则，但是，由于理解上的偏差，在实践当中也经常出现对该规则不当运用，甚至滥用的情形，影响到刑事案件的公正处理。因此，有必要在此予以厘清。今天的讨论主要包括三个部分的内容。

一、“存疑有利于被告”的不当运用

第一个部分我想跟大家介绍一下实践当中对“存疑有利于被告”不当运用的三种情形：

1. 对法律条文含义理解上的不当运用

让我们举一个例子来说明，被告人陈某因为扰乱国家机关工作秩序被处行政拘留之后，又两次实施扰乱国家机关工作秩序的行为，起诉指控其构成故意扰乱国家机关工作秩序罪。对于这个罪名，《刑法》第290条第3款是这样规定的，多次扰乱国家机关工作秩序，经行政处罚后仍不改正，造成严重后果的，构成本罪。

有观点认为，这里的构成要件“多次扰乱国家机关工作秩序”与“经行政处罚后仍不改正”，既可以理解为是一种并列的关系，也就是说，三次或三次以上扰乱国家机关工作秩序，在第一次或第二次扰乱后，被行政处罚过，造成严重后果的，就可以构罪；也可以理解为是一种递进的关系，也就是说，三次或三次以上扰乱国家机关工作秩序，之后被行政处罚，又一次实施了扰乱国家机关工作秩序的行为，才能构罪。

既然可以理解为并列关系也可以理解为递进关系，按照存疑有利于被告的规则，就应该理解为有利于被告的递进关系，也就是说，至少要有四次扰乱国家机关工作秩序的行为才能构罪，而本案中的被告人陈某，只有三次扰乱国家机关工作秩序的行为，因此不构成本罪。

2. 在量刑情节把握上的不当运用

同样，我们来看一个案例，被告人李某非法经营期货业务，他的非法经营数额达到了3000万元，违法所得数额达到了200万元。根据相关司法解释的规定，对于非法经营期货、保险、证券业务的，非法经营数额在30万元以上，违法所得数额在5万元以上，就应该认定为情节严重。而该司法解释对于这种情形的情节特别严重，没有作出明确的规定。

有观点认为，既然司法解释对该种情形的情节特别严重没有作出明确的规定，就属于存疑的情形，按照存疑有利于被告，就应该理解为无论该种情形非法经营的数额有多大，都不能够认定为情节特别严重。即使本案的被告人李某非法经营的数额达到了情节严重认定标准的100倍，也不能认定为情节特别严重，只能按照情节严重的量刑标准裁量刑罚。

3. 在主观事实认定上的不当运用

我们来看这个例子，被告人张某在其住处杀害了女友被害人谢某之后，又将被害人的尸体予以分尸、碎尸。被告人张某到案后供述说，他是在和谢某玩性虐待游戏的时候，扼压了被害人颈部失手将被害人掐死，之后因为害怕法律追究，而进行了分尸。但是在案证据表明，被告人张某与谢某长期感情不和，因为谢某找张某索要巨额的分手费，张某对其怀恨在心。

有观点认为，本案中被告人张某到案后始终供述他是过失，致被害人死亡，而本案因为尸体被分尸、碎尸，死因无法查明，又没有证据来否定被告人张某的供述。那么，按照存疑有利于被告，就应当按照张某的供述来认定他的主观心理态度。因此，认为本案应当按照过失致人死亡罪和侮辱尸体罪来予以定罪处罚。

由此，我们看到，在实践当中，为什么会出现对存疑有利于被告不当运用的情形，主要是由于对存疑有利于被告的含义和适用范围的不正确理解。

二、"存疑有利于被告"的准确理解

那么，我们应当怎样来准确地理解存疑有利于被告呢？

1. "存疑有利于被告"的正确理解

我们认为，存疑有利于被告不能够理解为是一项刑事法律的适用原则，更不能够理解为是我们处理刑事案件争议问题的一个准则或者原则，因为刑法的任务是准确地认定案件事实、公正地惩罚犯罪。如果对于所有争议问题，都要作有利于被告的认定，那么无疑会产生轻纵犯罪或罚不当罪的情况。

实际上，存疑有利于被告，它跟无罪推定、公诉方承担举证责任，以及证据确实充分、排除合理怀疑的证明程度是一脉相承的。存疑有利于被告是一项事实认定的规则，它的功能主要是在刑事案件的事实认定存疑时，也就是说有认定某项事实的证据，但是认定该项事实的证据还不充分，或者不能够排除合理的怀疑，这个时候就应当按照存疑有利于被告，作出有利于被告的认定。

2. "存疑有利于被告"的学术解读

实际上，学术界大多数的学者都认为，存疑有利于被告就是一项事实认定的规则。比如，张明楷教授就指出，只有对事实存在合理怀疑时，才能适用存疑有利于被告的规则，法律疑问应当通过解释消除。德国的罗克辛教授和魏根特教授也持相同的观点，即使有少数的学者认为，存疑有利于被告不仅是作为事实认定规则，也可以作为一项法律适用规则，他们也认为，存疑有利于被告是可以作为限制解释的一种方法，而不是作为处理刑事案件争议问题的一项原则或者准则。

如果我们不能够用存疑有利于被告来解决刚才我们所列举的三种存在争议的情形，那么我们应当怎样来解决这些争议问题呢?

3. 法律存疑应当运用解释方法准确解释

我们认为对于法律存疑，应当善于运用解释方法，准确地对法律条文进行解释。比如，刚才所提到的第一个例子，对于扰乱国家机关工作秩序（罪）条文的理解，这里我们就应该看到，如果将“多次扰乱国家机关工作秩序”与“经行政处罚后仍不改正”，理解为递进的关系，那么从条文的表述上来看，它一定会这样表述，“多次扰乱国家机关工作秩序，经行政处罚后仍不改正，再次扰乱国家机关工作秩序的”，它不会缺少这样的一个表述。此外，如果说我们理解为递进关系，那么无疑，多次扰乱国家机关工作秩序就应当是作为行政处罚的前提。

但是实际上，只要有一次扰乱国家工作秩序的行为，行政机关就可以对行为人作出行政处罚。所以说，无论从文字的表述，还是从逻辑的推演上来看，将这个法条的关系理解为递进的关系，都是不正确的。

4. 情节存疑应当分析案件情况综合判断

那么对于情节的认定存疑，我们则应当根据案件的具体情况来进行综合判断。

大家都知道，刑法的条文和司法解释不可能对所有犯罪的情节严重、情节特别严重，都做出明确的认定标准。那么在司法实践当中，我们就应当根据案件的具体情况，在没有法律条文、司法解释明确规定的情况下，根据案件的具体情况，类比于其他的相似的行为，做出准确的判断和认定。具体到刚才所说的，被告人李某非法经营期货的这个案件，实际上，我们就可以类比于司法解释有明确规定的，非法经营资金支付结算业务的情形。我们可以看到，非法经营资金支付的结算业务，它的情节严重的标准，数额要远高于非法经营期货的认定标准。

但是，它的情节特别严重，数额标准是非法经营数额2500万元。所以说，我们按照举轻以明重的规则，李某非法经营的数额达到了3000万元，违法所得数额达到了200万元，就应当认定为情节特别严重，按照情节特别严重的量刑幅度来裁量刑罚。

5. 主观存疑应当依据客观行为合理推定

对于主观存疑，我们要根据行为人的客观行为要素，来进行合理的推定。

对于主观事实的认定，我们不能够轻信被告人的供述，如果被告人的供述与客观的行为事实存在明显的矛盾，我们应当根据社会一般人的常识，根据经验法则和逻辑法则，来进行合理的推定认定。具体到刚才我们讲到的，张某杀害女友谢某的这个案件，被告人张某有现实的作案动机，而且被告人张某客观上实施了杀害被害人谢某的行为，而后被告人又将被害人分尸、碎尸，本案死因无法查明，也是因为被告人张某的后续行为所引起的。

所以，结合案件的客观行为事实，我们完全可以符合经验、符合逻辑地推定被告人张某，具有杀害被害人的主观故意，本案应当按照故意杀人罪来定罪处罚。

三、"存疑有利于被告"的具体适用

存疑有利于被告规则，它在司法实践当中应该适用于什么样的情形呢，我们认为主要有三种适用的情形：

1. 认定系被告人作案存疑

在认定被告人作案存疑时，也就是说，我们案件当中的证据可以认定被告人有作案嫌疑，但是综合全案证据来看，认定被告人作案的证据，没有达到证据确实充分的程度，或者说存在不能够排除的合理怀疑，这个时候我们就应当按照存疑有利于被告，做出证据不足的无罪认定。

2. 认定有利于被告的量刑情节存疑

在我们认定自首、坦白、立功等有利于被告的量刑情节时，如果存在相互矛盾的证据，我们应当按照优势证据的证明标准，适用存疑有利于被告的规则，做出有利于被告人的认定。

在一起外籍被告人以体内藏毒的方式走私毒品的案件当中，被告人到案以后辩称，他在因为形迹可疑被海关工作人员盘问时，就主动地指着自己的肚子，用本国语言作了这样的一个交代，而两名进行查验的海关工作人员，其中一名说没有这样的事情，另一名海关工作人员经过回忆说，好像是有被告人指着自己的肚子，用自己本国语言说了几句话这样的一种情况，但是因为当时听不懂他的语言，所以工作人员也没有（理）睬他。

这个案件，结合被告人的辩解，以及其中一名海关工作人员的证言，我们就可以根据优势证据的证明标准，本着存疑有利于被告的规则，做出被告人应当（被）认定为自首的认定。

3. 认定犯罪数额存疑

我们在认定犯罪数额的时候，适用存疑有利于被告的规则。那么，在一些案件当中，往往被告人和被害人对于犯罪数额的表述是不一致的，这个时候，如果没有其他的证据来证明犯罪数额的，一般我们会按照就低认定的规则，本着存疑有利于被告做出数额的认定。

比如，被害人报案称被被告人盗窃了一个钱包，钱包里面有 1000 元的现金，被告人到案以后也供称，确实偷了被害人的钱包，但是钱包里面只有 800 元的现金。本案没有其他的证据来证明，被害人的钱包里面确实有 1000 元的现金，那么这个时候，我们一般就会按照存疑有利于被告的规则，对犯罪数额就低认定为 800 元。

刑法既是犯罪人的大宪章，也是善良人的大宪章。刑事司法既要维护被告人的合法权益，也要维护社会公共利益和被害人的合法权益。在刑事案件的处理中，我们应当准确地理解和运用存疑有利于被告的规则，从而真正做到公正司法、不枉不纵、罚当其罪。

好了，以上就是对“存疑有利于被告”的准确理解和适用的介绍，感谢大家的关注，再见！

如何正确对待认罪认罚案件精准化量刑建议

主讲人　余　剑

· 原上海市第一中级人民法院审委会委员、刑事审判庭庭长、领军人才培养对象

· 现上海市第二中级人民法院审委会专职委员

· 二级高级法官

· 上海法院审判业务专家

· 复旦大学国际法法学博士

· 中国政法大学刑法学硕士

· 英国杜伦大学国际法硕士

· 主要研究方向刑法、刑事诉讼法

· 主编和参编《刑事审判方法》等著作

· 在《法学》等期刊发表论文 20 余篇

· 主持和执笔省部级课题 10 余项

· 曾荣立上海法院个人一等功、二等功

大家好，我是上海市第一中级人民法院的余剑，今天和大家交流的题目是如何正确对待认罪认罚案件精准化量刑建议。

近期，检察机关在指导意见中再次明确了认罪认罚案件中提出精准化量刑建议的要求，即对认罪认罚案件一般应当提出确定刑量刑建议，包括主刑、附加刑、刑罚执行方式等；对新类型、不常见犯罪案件或者量刑情节复杂的重罪案件等也可以提出幅度刑的量刑建议，但要求严格控制幅度，力求明确具体。

对此，有刑事法官表示不太理解，认为过于精准的量刑建议事实上侵蚀和削弱了法官的量刑裁量权，检察机关应当以提出幅度刑量刑建议为主，为法官的量刑留有足够的裁量空间。个别法官在认罪认罚案件中检察机关量刑建议并没有明显不当的情况下，仍然坚持根据自己的裁量结论作出量刑判决。

上述认识和做法无疑是不正确的，是不符合认罪认罚从宽制度改革的精神和实施要求的。那么，刑事法官应当如何正确对待检察机关精准化量刑建议呢？以下我们将从三个方面与大家共同进行探讨。

一、正确认识精准化量刑建议对量刑权的影响

刑事法官应当正确认识认罪认罚从宽制度的价值目标和规范内容，准确地对待量刑建议精准化的要求。我们认为，在确保制度正确实施的前提下，精准化量刑建议并不会侵蚀或者削弱法官的量刑权，主要有以下三个方面的理由。

首先，从权力属性来看，量刑建议无论是在一般案件中作为检察机关单方的诉讼主张，还是在认罪认罚案件中作为与被告人充分协商后形成的合意，本质上仍均属于求刑权的范畴。量刑建议再精准再确定，也还是建议而不是结论，都需要经过法庭的审理和法官的审查并确认后，才能形成发生法律效力的刑罚裁决。

其次，从审查方式来看，无论是精准化的量刑建议，还是相对幅度较宽的量刑建议，法官进行审查的方式都是一致的，都要求进行全面实质审查，并不是说对于确定刑的量刑建议只要进行形式审查就可以。相反，量刑建议越确定，法官审查的针对性也会越强。

最后，从采纳标准来看，无论检察机关提出确定刑量刑建议还是幅度刑的量刑建议，法院审查后采纳与否，都是同样的要求和标准。对于案件事实清楚，证据确实、充分，指控的罪名准确，量刑建议适当的，就应当采纳。对于量刑建议明显不当的，法院有权要求检察机关调整，不调整或者调整后仍然明显不当的，那么法官当然依法作出公正适当的量刑结论。不存在确定刑量刑建议必须被采纳或者采纳标准降低这些要求。

我们认为，精准化量刑建议并没有削弱法院的量刑权，它影响的是认罪认罚案件当中法官行使量刑权的方式。在认罪认罚案件当中，尤其是检察机关提出精准化量刑建议的情况下，检察机关一般来说已经对影响量刑的法定、酌定量刑情节都充分查明了，也充分听取了各方诉讼主体的量刑意见，按照量刑规范的要求形成了明确、具体的量刑建议。在这样的前提下，法官不宜再按照一般案件的量刑方法和经验进行刑罚裁量，而应当侧重于以检察机关作出量刑建议的依据和过

程为基础，对精准化量刑建议是否明显不当进行审查。

二、准确把握量刑建议明显不当的审查和认定标准

那么，刑事法官应当如何对精准化量刑建议是否明显不当进行审查呢？这需要我们既要明确对精准化量刑建议适当性审查的总体原则，又要明确对量刑建议是否明显不当审查和认定的具体标准。

我们认为，对量刑建议的适当性进行审查，仍然应当以量刑建议是否符合量刑公正的要求为首要的检验原则和标准。认罪认罚制度的贯彻与落实，要以诉讼经济性为价值目标，这是没有疑问的，但对诉讼效率提升的追求应当在维护司法公正、保障公平正义的司法总体的价值目标下推进。要充分发挥认罪认罚制度的功能作用，当然要尽量用量刑上适当的减让来教育和感化被告人，促其认罪认罚，但是确保量刑公正仍然应当是提出精准化量刑建议时追求的首要价值目标，绝不能将被告人是否能够接受、签署量刑具结书，作为提出量刑建议的主要考量因素。

要保障精准化量刑建议的公正性，就需要同时满足量刑实体公正和程序公正的双重要求。量刑实体公正就是要做到罪责刑相适应和量刑平衡。精准化量刑建议既要充分体现认罪认罚从宽，又要充分考虑被告人所犯罪行的轻重、应负刑事责任和人身危险性的大小，确保罚当其罪。在提出精准化量刑建议时，还应当充分地考量审判实践当中已经成熟的一些量刑规则和方法，对于同一类型、情节相当的案件量刑建议要保持大体一致，对于分案处理的共同犯罪案件以及其他相关联案件的量刑建议则要保持相互协调，避免量刑明显失衡。

量刑程序公正则包括以下四个方面的要求：

首先是要确保量刑主体的充分参与。精准化量刑建议应当建立在充分听取犯罪嫌疑人、被告人、辩护人或者值班律师意见的基础上，必要的时候，检察机关可以召开量刑建议的听证会，更加充分地听取各方的意见。

其次是要确保量刑事实的充分查明。在提出精准化量刑建议的时候，要充分准确查明量刑事实，尽量避免因为量刑事实和情节的遗漏或者认定不当而导致建议不当。

再次是要确保量刑理由的充分阐释。提出精准化量刑建议，要充分地述明量刑建议的理由和依据，为法院对适当性的审查提供必要的基础。

最后是要确保量刑不当的充分救济。任何量刑决定的作出，均不应当是终局性的。要保障受精准化量刑建议影响的诉讼主体有寻求合理救济的途径。

在确保量刑公正总体要求下，审判实践中对精准化量刑建议是否明显不当进行审查，可以从以下八个方面来具体把握：

一是量刑幅度和基准的确立不当。比如说，应当认定为情节特别严重，在十年以上量刑幅度内处罚的，检察机关在提出量刑建议时认定为情节严重，在十年以下量刑幅度内提出量刑建议的，则当然属于量刑建议明显不当。

二是法定量刑情节认定不当或者出现新的法定量刑情节。比如说，检察机关在提出量刑建议时认定被告人自首，经法院审查认为自首不能成立的，或者说在审判阶段认定被告人具有立功情节或者说退赔全部损失等，原有的量刑建议当然也应当属于明显不当。

三是酌定量刑情节的认定明显不当。比如说，在被害人是否具有过错的认定上，检察机关在提出量刑建议的时认为被害人是没有过错的，经过法庭审理以后认为被害人具有明显的过错，在对被告人量刑时候应当酌情予以考量，这个时候量刑建议也应当属于要认定为明显不当的情形。

四是量刑情节对量刑的调节比例确定明显不当。比如说，检察机关起诉指控的罪名量刑幅度在十年以上，仅仅根据被告人具有自首还有赔偿被害人损失的情节，检察机关就提出建议对被告人判处有期徒刑三年、缓刑三年，这一量刑建议就属于量刑情节对量刑的调节幅度确定是明显不当的。

五是量刑建议的附加刑和刑罚执行方式明显不当。比如说，罚金刑的数额明显与法律、司法解释的规定不相符合，对于应当数罪并罚的，却没有建议数罪并罚，对于不应当适用缓刑的被告人建议适用缓刑，这些就都属于量刑建议明显不当的情形。

六是量刑建议与同类案件处理明显不一致、不协调。比如说，对于同样具有认罪认罚情形的分案处理的共同犯罪人，在犯罪中的地位、作用和其他量刑情节均相当的，但是可能因为案件由不同的检察官办理，提出的量刑建议就有明显的差别，这就属于量刑建议明显不当的情形。

七是量刑建议明显偏离一般的司法认知。比如说，我们通常来讲主犯的处罚应当比从犯要重，但是因为认罪认罚对共同犯罪当中的主犯提出的量刑建议大大地轻于没有认罪认罚，起次要辅助作用的从犯，这样的量刑建议就很可能偏离了一般的司法认知，属于明显不当的情形。

八是其他的量刑建议明显不当的情形。比如说，在一些特殊的案件当中，检察机关的精准化量刑建议虽然从形式上来看是在法定的量刑幅度内，但是其裁量结果没有充分体现社会主义核心价值观，甚至可能背离了社会公众的朴素正义感，也应当认定为明显不当，依法应当予以调整。

三、稳妥处理与精准化量刑建议相关的上、抗诉案件

在认罪认罚制度贯彻实施中，也出现了一些与精准化量刑建议相关的上诉、抗诉案件。不少的二审法官在处理此类案件时，感觉有些棘手。如何在确保案件的质量、保障被告人诉讼权利和促进认罪认罚制度实施效果之间实现平衡和兼顾，往往感到难以把握。

我们认为，二审法院在处理此类上、抗诉案件时，还是应当严格把握诉讼法规定的上诉、抗诉案件改发的条件，以相关判决是否确有错误作为是否改判、是否发回重审的标准，同时也要兼顾确保认罪认罚制度准确贯彻实施，充分发挥制度的功能作用的要求。我们认为要区分以下情形，要依法、稳妥地处理：

一是对于原审法院没有正当理由不采纳量刑建议，检察机关据此提出抗诉的案件：

1. 经过审理认为原审判决在认定事实、采信证据、适用法律等方面确有错误，或者说不采纳量刑建议导致了量刑畸轻畸重的，那么我们应当支持抗诉。

2. 经审理认为不采纳量刑建议并没有导致量刑畸轻畸重的，那么我们应当驳回抗诉。同时，也要向原审法院指出其在认罪认罚从宽制度贯彻实施中存在的问题，促其整改或者由检察机关通过检察建议等方式进行法律监督。

二是对于原审法院采纳量刑建议从宽处罚后被告人又提出上诉，检察机关据此提出抗诉的案件：

1. 对于提出上诉的被告人他并非没有正当理由地去上诉，这个时候我们应当按照一般的上诉案件依法进行审理并且作出裁判，对于检察机关要求加重处罚的抗诉应当驳回。

2. 经审理认为被告人的上诉确实是没有正当理由的上诉，完全属于已对其适用认罪认罚从宽处罚后又无故反悔的，这时我们二审法官可以向上诉人进行法律释明，经过法律释明以后其表示认罪服判，自愿撤回上诉的，我们应当裁定准许，检察机关也应当以相应撤回抗诉为宜。

3. 被告人属于没有正当理由上诉的，经过二审法官的法律释明后仍然坚持不愿意撤诉的，经过二审审理后认为原判适用认罪认罚从宽作出的量刑是明显不当的，甚至导致量刑的明显失衡，我们应当依法支持抗诉，对案件进行改判或者发回重审。

总之，当前认罪认罚从宽制度在我国还处于初创和探索的阶段，不应过于追求认罪认罚的高适用率和精准化量刑建议的高采纳率，而应当加强检法沟通，共同检视存在的问题，确保制度正确地贯彻和实施。我们相信经过一段时间的探索，认罪认罚案件量刑建议一定会越来越精准和规范，量刑的实体公正和程序公正也一定会更有保障。

今天的交流就到这里，谢谢大家的关注，再见。

诈骗财物追缴与善意取得制度的协调适用

主讲人　李长坤

· 原上海市第一中级人民法院刑事审判庭副庭长、领军人才培养对象

· 现上海市高级人民法院刑事审判庭副庭长

· 三级高级法官

· 上海法院审判业务专家

· 华东政法大学刑法学博士、刑法学硕士

· 主要研究方向为刑法、刑事诉讼法

· 在《政法与法律》《中国刑事法杂志》《法律适用》等期刊发表论文 20 余篇，相关论文被人大复印报刊资料转载

· 独著《刑事涉案财物处理制度研究》，参著、参编《职务犯罪审判实务》《刑事审判方法》《法律方法论》等书籍 10 余部

· 执笔中国法学会、最高人民法院多项重点课题，执笔上海高院《受贿类案办案要件指南》《涉众型非法集资类案办案要件指南》等

· 主审过重大职务犯罪案、多件特大规模非法集资案、全国首例恍骗交易操纵证券市场案、全国首例电票系统票据诈骗案等大要案

大家好！我是上海市第一中级人民法院的李长坤。今天我和大家交流的主题是“诈骗财物追缴与善意取得制度的协调适用”。

作为一名刑事法官，我的理想是天下无骗，但现实很骨感。如果说要对近些年的刑事案件做关键词总结，那“诈骗”一词肯定名列前茅。在诈骗案件追赃挽损过程中，当诈骗财物仍处于被告人控制之下时，依据《刑法》第 64 条规定直接追缴并无疑问；而如果被告人已将诈骗财物用于清偿债务或者转让他人，就面临能否向第三人继续追缴的问题。

从诈骗财物去向看，涉及善意取得适用的典型情形有以下三种：

第一种情形是将诈骗财物用于清偿债务。来看一个案例，王某票据诈骗某银行3000万元后，即将钱款用于清偿所欠张某的一笔不良债务。银行于次日发现被骗后报案，办案机关立即冻结了仍在张某账户内的3000万元。张某提出，其与王某间系正当债务，3000万元属于善意取得，要求解除冻结。

第二种情形是将诈骗财物用于投资。同样看一个案例，A公司实施集资诈骗过程中，与B公司签订增资扩股协议。之后，A公司将集资款5亿元转到B公司账户，并取得B公司2000万股股权。案发后，B公司主张，对集资款5亿元系善意取得，不应追缴。

第三种情形是将诈骗财物用于购买商品与服务。看一个案例，刘某因实施集资诈骗被刑拘后，其妻子委托C律师担任辩护人，并通过个人账户支付律师费300万元。10余天后，办案机关即查明流入律所账户的300万元源于集资，要求退还。律所认为，C律师系依规收取律师费，属于善意取得，不应退还。

显然，前述三个案例具有一定典型性，分别涉及将诈骗财物用于清偿债务、进行投资、购买服务时，向第三人继续追缴与善意取得制度的协调适用问题。

接下来，我将在梳理赃物善意取得制度的概念、沿革与整体规定的基础上，探讨“诈骗财物适用善意取得的具体规则”。

一、善意取得制度的概念、沿革与整体规定

首先，我们来了解一下善意取得制度的概念。善意取得作为一项重要的民事法律制度，是指行为人将其无权处分的他人财产转让给第三人，受让时出于善意的第三人依法即时取得财产所有权与他物权。通过设置善意取得制度，有利于维护交易安全，降低交易成本。

接下来我们对赃物善意取得制度的沿革与整体规定做一个简要的梳理。从境外立法例看，大多将盗抢物与遗失物做相同处理，明确善意取得制度的限制适用；也就是说，只有当被害人在规定期限内未主张返还时，善意第三人才能取得赃物的所有权。而对于诈骗物的善意取得，则很少涉及。理论上一般认为，鉴于诈骗物的被害人有交付财物行为，对财产损失负有一定责任，故相对于盗抢物而言，诈骗物适用善意取得应当更加偏重于保护善意第三人。

我国《物权法》起草过程中，曾将盗窃物与遗失物的善意取得问题一并规定，

最终又予以删除；2020 年编纂公布的《民法典》仍未涉及盗抢物等赃物的善意取得。显然，鉴于理论界对于赃物善意取得问题未达成共识，立法暂未明确，这也给刑事司法解释与司法指导文件留下了空间。

整体来看，最高司法机关对赃物善意取得在不同时期所持立场并不一致，经历了从倾向否定到基本肯定的立场转变。2011 年“两高”《关于办理诈骗刑事案件具体应用法律若干问题的解释》，将对善意第三人的保护纳入善意取得制度框架下加以考量。该司法解释第 10 条第 2 款明确规定“他人善意取得诈骗财物的，不予追缴”，同时第 1 款规定了将诈骗财物用于清偿债务或者转让他人时应当追缴的情形，也就是：第三人明知是诈骗财物而收取的；无偿或以低于市场的价格取得诈骗财物；取得的诈骗财物源于非法债务或者违法犯罪活动。

个人认为，上述司法解释将对善意第三人的保护纳入善意取得制度框架下加以考量是妥当的。一些民法学者主张，与特定物不同，金钱占有即所有，被告人处分诈骗钱款不会发生无权处分，当然也就不存在善意取得规则的适用余地。这一观点显然不能成立。《刑法》视野下，被告人不可能取得包括金钱在内的诈骗财物的所有权，其对于诈骗钱款的处理当然属于无权处分。

之后，2014 年最高人民法院《关于刑事裁判涉财产部分执行的若干规定》，以及 2019 年“两高两部”《关于办理黑恶势力刑事案件中财产处置若干问题的意见》基本延续了《关于办理诈骗刑事案件具体应用法律若干问题的解释》有关善意取得的规定，仅在表述上做了一些微调，并对所有赃物的善意取得规则一视同仁。

二、诈骗财物适用善意取得的具体规则

接下来我们探讨诈骗财物适用善意取得的具体规则。

个人认为，《关于办理诈骗刑事案件具体应用法律若干问题的解释》确立的善意取得标准特别是清偿债务型善意取得标准过于宽松，容易导致对第三人的过度保护，从而伤及无辜。因此，我们有必要对该标准进行限缩解释，以实现刑事追赃与保护善意第三人利益的平衡。

具体来说，诈骗财物适用善意取得应当满足三个要件。

第一个要件是：第三人受让财物时出于善意，并不明知是诈骗财物。

对于并不明知的判断，可以参考《最高人民法院关于适用〈中华人民共和国民法典〉物权编的解释（一）》（以下简称《民法典物权编司法解释（一）》）

第 14 条规定的“不知且对不知无重大过失”的标准，具体可根据交易的对象、场所和时机等加以判断。

前述三个案例中，除案例 1 外，案例 2 与案例 3 均涉及第三人受让财物时是出于善意还是恶意的判断。

案例 2 中，A 公司将集资款 5 亿元用于股权投资。其间，A 公司与 B 公司多次商谈，B 公司董事长胡某也曾亲自到 A 公司办公地点考察，知道 A 公司的主营业务就是 P2P。综合判断，胡某应当清楚 A 公司的经营情况，明知股权投资款源于集资，难以认定其出于善意。

案例 3 中，被告人家属通过个人账户将集资款 300 万元用于支付律师费。对此，一般不宜认定律师明知收取费用源于犯罪，并以此否定善意取得。这一点是基于此类交易行为的特殊性所决定的。刑辩律师的客户是犯罪嫌疑人、被告人及其亲友，如果要求刑辩律师对于律师费来源进行审查，显然提出了过高的注意义务，也会大大增加当事人聘请律师的成本，对我国的刑事辩护制度产生重大冲击。

第二个要件是：以合理的价格有偿转让。

这里涉及交易行为的界定与合理价格的认定两个层面。

第一个层面是交易行为的界定。

维护交易安全、降低交易成本是善意取得制度存在的主要原因。如果被告人和第三人之间根本就不存在交易行为，就可以排除第三人善意取得诈骗财物。

前述三个案例中，案例 2 与案例 3 的被告人分别将集资款用于股权投资与支付律师费，认定存在交易行为并无争议。

有争议的是案例 1。王某将票据诈骗钱款 3000 万元用于清偿债务，能否认定存在交易行为？显然，第三人张某取得诈骗钱款之时，所支付的对价是之前早就存在的不良债权，这与用于投资、购买商品与服务等通常意义上的交易行为存在明显不同。如果我们一定要将清偿债务扩张认定为交易，那也只能是类似于“转让资产包”的特定交易行为。

第二个层面是合理价格的认定。

原《民法典物权编司法解释（一）》第 19 条规定：合理的价格，应当根据转让标的物的性质、数量以及付款方式等具体情况，参考转让时交易地市场价格以及交易习惯等因素综合认定。对此，我们在认定合理价格时仍可参照适用。具体而言，对于合理价格的认定不宜过于严苛，大体上符合市场行情即可。

前述三个案例中均涉及合理价格的认定问题。

案例 1 中，王某将票据诈骗钱款 3000 万元用于清偿债务，对价明显不合理，难以认定为善意取得。如前所述，清偿债务最多只能是类似于“转让资产包”的特定交易行为。而资产包的价格与其质量密切相关，银行转让不良资产包的价格通常为原价的2折到3折。本案中，王某所欠张某债务早已逾期，且经民事诉讼程序仍未得到清偿，明显属于不良债务；而张某收回了全部本金、利息，没有任何折价，显然并不合理。

需要指出的是，诈骗财物追缴过程中，争议较多的就是清偿债务型善意取得的适用。对此，我们不宜仅因被告人与第三人间存在正当债务即认定第三人支付了合理对价，并据此认定善意取得。对于不良债务、已过诉讼时效的自然债务的债权人而言，取得诈骗财物属于“天上掉馅饼”的好事，予以追缴并不会给其造成实质损失。对于清偿尚未到期债务的，如果第三人明知被告人债务清偿能力堪忧，要求提前履行债务的，同样不宜认定为善意取得。当然，对于清偿前述债务之外的其他正当债务，一般仍可视为支付了合理对价。

同时，在清偿债务型善意取得中，我们还可考虑建立“追缴法定期限”制度，通过时间要素平衡各方利益冲突。也就是说，诈骗财物用于清偿不良债务、已过诉讼时效的自然债务、未到期债务，在一定期限内未采取追缴措施的，第三人即取得诈骗钱款所有权，以避免第三人因债务清偿所取得的钱款一直处于不可预期的状态。

接下来看案例2，A公司将集资款5亿元用于股权投资，股权定价明显偏高，难以认定B公司系善意取得。应当说，非上市公司股权定价标准较为模糊，但综合本案交易情况仍可作出评判。一是溢价幅度偏高。增资扩股之时，B公司每股净资产仅为2.1元，而增资价格为每股25元，股权价格约为净资产的12倍。二是定价依据欠缺。投资过程中，A公司没有对B公司进行任何尽职调查，B公司同期也不存在其他股权转让情形。三是协议不含关键条款。在投资金额高达5亿元的情况下，双方签订的协议中却不包含通行的业绩要求条款以及投资资金退出条款等关键内容。

接下来看案例3，被告人家属将集资款300万元用于支付律师费。对此，我们不宜因为律师收费高昂即认定对价不合理，并据此否定善意取得。应当说，基于服务合同定价的特殊性，律师收费很大程度上是当事人与律师间意思自治的结果，一般只有收费明确违反有关规定的情形才能认定为不合理。

第三个要件是：交易行为已经履行完毕。

即便第三人受让财物时出于善意，与被告人约定对价也属合理，在交易行为尚未履行完毕时，仍难以认定第三人系善意取得。也就是说，诈骗财物用于购买不动产或者动产的，应当已经登记或者交付；用于投资或者购买服务的，应当已经履行完毕。同时，第三人已经部分履行交易行为的，应在追缴时扣除相应的合理费用或者给予相应补偿。这样的话，既与《民法典》有关善意取得规定的精神相吻合，也能兼顾被害人与第三人的不同利益诉求。

前述三个案例中，仅案例3所涉交易行为尚未履行完毕。在办案机关要求退还律师费300万元时，C律师接受家属委托才10余天，C律师基本上尚未履行辩护职责，难以认定系善意取得。当然，如果C律师已经部分履行辩护职责，应在追缴时扣除相应的合理费用。

三、小　　结

一是诈骗财物适用善意取得应当满足第三人受让财物时出于善意、以合理的价格有偿转让、交易行为已经履行完毕三个要件。

二是对于《关于办理诈骗刑事案件具体应用法律若干问题的解释》确立的善意取得标准特别是清偿债务型善意取得标准，有必要进行限缩解释。不宜将清偿正当债务的所有情形均认定为以合理的价格有偿转让；清偿债务属于不良债务、已过诉讼时效的自然债务、未到期的债务，一般不宜认定为善意取得。

三是诈骗财物善意取得标准可供其他类型犯罪借鉴，但是否所有赃物均适用无差别的善意取得规则，值得我们进一步探讨。

今天我的分享就到这里，感谢您的关注！再见！

非法集资案件犯罪数额的审查与认定

主讲人 胡健涛

- 上海市第一中级人民法院刑事审判庭副庭长
- 三级高级法官
- 上海法院审判业务骨干
- 上海社科院法学硕士
- 主要研究方向刑法、刑事诉讼法
- 参与最高人民法院、上海高院等多项重点调研课题研究
- 主审案件入选全国法院典型案例和上海法院典型案例
- 多次获评上海法院精品案例、上海法院优秀裁判文书和上海法院示范庭审
- 在各类法学刊物上发表论文和案例精选近 20 篇
- 曾获评上海高院直属机关党委优秀共产党员、法院个人三等功

大家好，我是上海市第一中级人民法院的胡健涛。今天和大家讨论的题目是非法集资案件犯罪数额的审查与认定。犯罪数额既是定罪量刑的依据，同时也是认定被告人违法所得和集资参与人损失的依据。因此，犯罪数额的认定必须尽可能清晰、合理。

下面，我主要从犯罪数额的认定规则与特定场合犯罪数额的认定方法两个方面和大家分享。

一、犯罪数额的认定规则

非法集资犯罪是典型的涉众型经济犯罪，往往持续时间长、人数多、分布广、证据种类复杂，案发后难以全面收集公司账目、银行流水、平台交易数据等相关证据材料。在集资参与人信息登记不全、证据缺失的情况下，需要从规则上建立对这类案件数额的认定规则。

（一）有效证据印证规则

认定犯罪数额至少要求有两项以上的有效证据相互印证。对于仅有投资人的报案陈述，而缺乏银行流水、平台交易数据等其他证据相佐证的，该部分金额原则上不宜予以认定。当然，如果被告人或者经手的业务员自认的除外。

（二）合法证据优先适用规则

如果涉案公司的平台交易数据系依法调取，被告人及经手人员对数据真实性没有提出合理质疑，或者被告人恶意掩饰、销毁交易数据，致使交易汇总数据与部分交易明细无法匹配的，可以合法调取的平台交易汇总数据为基础认定非法集资数额。

因相关交易明细缺失无法获取部分被害人的实际损失，在执行阶段可要求被害人对损失情况进行申报，并提供相应凭证。没有申报和提供凭证的，根据涉案平台兑付本息的情况，合理划定一个时间节点，在该节点之前的投资人推定为本金已全部返还，节点之后的投资人按赃款追缴比例进行发还。

（三）替代性证据审查规则

如果涉案公司、集资平台账目丢失或被销毁，但有证据证明涉案钱款主要流入被告人或其实际控制的银行账户，可根据该银行账户的资金往来情况进行审计认定，同时审查该结果与被告人供述、证人证言及其他证据是否相互印证。

（四）优势证据认定规则

如果调取的平台交易数据、合同数据、资金账目数据不齐全，审计分别得出的集资数额不一致，这时就需要具体分析重复投资金额、兑付本息金额等情况，结合银行流水、资金进出凭证等真实性较强的优势证据进行综合判断。在具体适用时，可根据实际情况选择对被告人有利的犯罪数额就低认定。

二、特定场合犯罪数额的认定方法

这一部分，主要结合实践中比较关注的三个特定场合中犯罪数额的认定问题和大家分享：向亲友吸收资金的认定、重复投资数额的认定以及平台转手过程中的数额认定。

（一）向亲友吸收资金的认定

行为人通过公开宣传的方式非法集资，其中含有向亲友等特定对象吸收的资金，是否认定为非法集资数额，存在争议。

我们首先来看相关法律规定。2019 年最高人民法院、最高人民检察院、公安部《关于办理非法集资刑事案件若干问题的意见》规定，向社会公开宣传，同时向不特定对象、亲友或者单位内部人员吸收的资金，应当一并计入犯罪数额。

在此之前，上海高院、检察院、公安局 2018 年年底出台的《关于办理涉众型非法集资犯罪案件的指导意见》也规定，通过社会公开宣传方式非法集资，其中含有向亲友吸收的资金的，应当计入犯罪数额；但对于行为人本人或者其近亲属投入的资金，可不计入犯罪数额。

那么本人和近亲属投入的资金是否应当认定为集资数额呢？

我们认为，首先，针对亲友吸收资金的行为，应重点关注集资行为是否具有公开性和公众性这两个特征。行为人采取公开宣传方式非法集资，不论是社会公众还是亲友，都是行为人同一概括故意支配下的吸收资金对象。而且亲友涵盖的范围比较广泛，既可以包括有血缘、姻亲关系的亲属，也可以泛指相识的朋友。如何把握亲友的范围在司法认定中也会带来操作的不便，因此原则上向不特定亲友吸收的资金应计入犯罪数额。

其次，对亲友的范围也应当有所限定。非法集资犯罪是以社会公众的资金为犯罪对象，行为人向公众非法集资的同时，对于本人及其共同居住生活的近亲属，如配偶、父母、子女等与行为人具有财产混同关系的人员投入的资金，不宜认定为公众资金，应当从犯罪数额中予以扣除。值得注意的是，以上数额虽可以不认定为行为人本人的集资数额，但还是应当计入其上一层级人员以及单位的犯罪数额，依法应予以追缴或者没收。

（二）重复投资数额的认定

非法吸收公众存款罪中，投资人在投资到期后，利用账户中的资金进行反复投资，对滚动投资的数额如何认定，实践中做法不一。例如，投资人购买 100 万元为期半年的理财产品，半年到期后继续投资，在平台的财务业绩中，算作投资 200 万元，但是投资人的投入金额其实只有 100 万元。那被告人的犯罪数额是按 100 万元还是 200 万元来进行认定？

我们仍旧来看相关的司法文件规定。前述两高一部《关于办理非法集资刑事案件若干问题的意见》规定，集资参与人收回本金或者获得回报后又重复投资的数额不予扣除，但可以作为量刑情节酌情考虑。前文提到的上海的《指导意见》对此也有类似规定，对于一次性投入资金未作提取，其间虽有利用到期本息滚动投资记录的，只需将一次性投入的本金计入犯罪数额。

结合上述两个意见的规定，我们认为，非法吸收公众存款行为的危害性主要体现在对金融管理秩序的侵害上。而非法吸收资金的体量，可以作为衡量危害性大小的重要标志。

对于投资人重复投资的情况，应当区分为资金到期提取后再次投入与未作提取仅在账面滚动投资两种情况。投资人到期收回本金和利息后，这些资金已经脱离行为人控制，行为人又引诱投资人将资金继续投入，这种行为实际上是又一次非法吸收行为。而且由于资金是种类物，无法区分再次投入的与到期提取的是否为同一笔资金，故应当累计计算非法集资数额。

资金到期后未作提取而滚动投资的，投资款一直处在行为人控制之下。投资到期后虽再次续签合同，但犯罪对象仍是投资人首次交付的本金。行为人实际没有吸取新的资金，并未对金融管理秩序造成新的侵害，故不应根据滚动投资记录重复认定犯罪金额。

（三）平台转手过程中的数额认定

实践中非法集资平台转手的情况较为多见。例如，甲出资设立一个平台开展非法集资活动，其后将该平台转让给乙，乙继续以该平台非法集资，那么对于乙独立实施的非法集资犯罪，甲是否应当承担相应的责任？

实践中存在两种意见。一种意见认为，甲将平台转让给乙以后，已不具有非法集资的故意，客观上也没有与乙共同实施新的非法集资行为，乙的非法集资行为具有独立性，不应当认定为甲的犯罪数额。

另一种意见认为，甲明知乙从事非法集资而将平台进行转让，故甲不仅具有非法集资的故意，而且与乙的集资行为造成的损失结果存在因果关系。按照共犯理论“部分实行全部责任”的原则，甲应对乙的非法集资数额承担责任。

我们认为，按照罪责自负原则，被告人只能对自己实施的犯罪行为承担刑事责任。甲是否与乙构成共同犯罪，并对乙实施的非法集资行为承担责任，要根据具体情况进行分析。

第一种情形，甲乙之间的平台转手交易正常，双方明确甲对于其自身经营期间的未兑付金额承担责任，且不参与乙的经营管理。在此情况下，甲乙不具有共同的犯意联络，甲也未参与后续的非法集资活动，与乙不构成共同犯罪，在非法集资数额的计算上应当以双方平台转让完成为止。

第二种情形，甲乙约定高额转让费用，或者要求乙对甲经营期间的未兑付金额负责偿还。这种情形下，甲即便未直接参与平台的经营活动，但明知乙继续非法集资，并以募集资金支付转让费和未兑付钱款，那么甲和乙构成共犯，甲应当对相关的金额承担责任。如果此后甲不再从乙的非法集资中获取任何回报，可视为甲从共犯中脱离，对其后乙的募集金额不承担责任。

第三种情形，甲名义上将平台进行转让，但只是为逃避责任退居幕后，并仍参与后续集资的分红和返利，那么甲乙构成共同犯罪，甲应当对全部非法集资金额承担责任。

以上就是对非法集资犯罪数额相关问题的介绍，希望能够对大家有所帮助。感谢大家的关注。再见！

受雇运输毒品案件主从犯的认定思路

主讲人　张金玉

· 上海市第一中级人民法院刑事审判庭金融证券审判团队协助负责人

· 三级高级法官

· 上海市第一中级人民法院审判业务骨干

· 北京大学刑法学硕士

· 主要研究方向刑法

· 主审案件曾获评上海法院精品案例、全国法院优秀案例分析三等奖，撰写文书曾获上海法院十大优秀裁判文书

· 多篇文章在《中国刑事法杂志》《人民司法》《刑事审判参考》等出版物发表

· 参与编著《刑事附带民事诉讼审理精要》等书籍

· 参与执笔最高法院司法研究重大课题、上海高院重点课题等多项课题并获优秀

· 曾获上海法院系统个人三等功、上海高院直属机关优秀共产党员、嘉奖等多项荣誉

大家好，我是上海市第一中级人民法院的张金玉。今天跟大家讨论的是受雇运输毒品案件中主从犯认定的相关问题，主要内容包括四个部分。第一部分是（受雇）运输毒品典型案例；第二部分是该类案件中主从犯认定的分歧观点；第三部分是主从犯认定相关概念的梳理辨析；第四部分是该类案件中主从犯认定的具体思路。接下来我们先看第一部分。

一、受雇运输毒品案件的主要类型

行为人为了获取报酬受雇运输毒品的案件在实践中较为常见，大体可以分为两大类：一类是雇佣者和受雇者共同实施运输毒品的实行行为；另一类是受雇者单独实施运输毒品的实行行为。例如，以下几个案例：

· 案例 1

被告人陈某受被告人吴某雇用运输毒品来沪，其间两人共同驾驶藏有毒品的车辆，后在道口检查站被人赃俱获。

· 案例 2

被告人尹某受雇运输毒品。其间，尹某自行购买机票，单独登机抵沪。后在机场，检查人员从其随身携带的行李箱内查获毒品。对此，尹某辩称这是食用粉末。

· 案例 3

被告人鲁某等人受被告人扎某雇用以体内藏毒方式运输毒品。其间，扎某监督鲁某等人吞服毒品，告知其运输途中的注意事项，带领他们登机，自己也搭乘同部航班抵沪。后在机场，鲁某被查出体内藏有毒品，后侦查人员根据鲁某的供述抓获了扎某等人。

上述三个案例在审理过程中均曾面临同一个争议问题：受雇运输毒品的人员应否被认定为从犯呢？

对于这个问题，司法实践中又有哪些观点呢？我们来看第二部分。

二、主从犯认定产生分歧的原因

刑法规定，在一般共同犯罪中起主要作用的是主犯，起次要或辅助作用的是从犯。

相关的规范性文件也规定，受雇用、受指使实施毒品犯罪的，应当根据其在犯罪中实际发挥的作用来具体认定为主犯或者从犯。鉴于并没有一个明确的标准，对于受雇运输毒品人员应否认定为从犯，实践中经常存在争议。

从地位作用来看，受雇者系受指使参与犯罪，并不居于核心地位；

从犯意产生来看，受雇者系经教唆、利诱才产生相应犯意；

从收益分配来看，毒品犯罪的主要收益归雇佣者所有，受雇者仅是获得少量的报酬。

基于以上三个角度，受雇者应当认定为从犯。但是，从涉案行为对法益侵害结果的作用力来看，受雇者实施的是直接侵害法益的实行行为，不应当认定为从犯。鉴于从犯是法定的从轻、减轻，甚至是免除处罚的量刑情节，准确认定主从犯对于实现精准量刑、贯彻宽严相济的刑事政策具有十分重要的意义，有必要对这个问题进行深入探讨。

三、主从犯认定相关概念的辨析

主犯、从犯是相伴而生的概念，为了解决受雇运输毒品人员应否被认定为从犯的问题，需要对主从犯认定的相关概念进行梳理明确。

1. 重要作用不等同于主要作用

“重要作用”是一个比较客观的概念，而“主要作用”是规范层面的相对概念。主犯一定是指共同犯罪中起重要作用的，但是起重要作用的却不一定会被认定为主犯。主犯仅指重要作用者中主观恶性和行为客观危害均相对较大的行为人。

2. 实行犯不等同于主犯，实行犯也有可能被认定为从犯

众所周知，从犯是指共同犯罪中起次要或者辅助作用的，“次要作用”着眼于程度的差别，主要针对同类行为而言；“辅助作用”着眼于性质的区别，主要针对不同类行为而言，如帮助行为一般会被认定为从犯。实行犯的行为性质决定了其不可能被认定为起“辅助作用”的从犯，但是可能会因参与程度而构成起“次要作用”的从犯。

3. 造意者为首，但造意者也不等同于主犯

有观点认为，既然造意者为首，那么雇佣者作为起意者，理应被认定为主犯，受雇者相应地也就应当被认定为从犯。

对此，雇佣者虽然先行产生犯意并寻找受雇者实施，但受雇者毕竟是为了获取报酬，经过权衡后自主做出参与犯罪的决定，他人利诱仅是外部的原因。从刑事归责角度来看，外部原因显然不能与内在动因等同视之，而且犯罪的本质是侵害法益。受雇者实施的是直接侵害法益的实行行为，仅以犯意产生的先后顺序就来区分主从犯，依据并不充分。

四、受雇运输毒品案件主从犯的认定思路

在明确了上述概念以后，接下来我们来看受雇运输毒品案件中主从犯认定的具体思路。具体而言，可以主要从以下三个方面进行判断。

（一）行为个数和类型

若一名被告人在共同犯罪中实施行为的个数和类型均明显多于其他被告人，则其行为对于法益侵害结果的作用力明显较大，可以考虑区分主从犯。若多名被告人实施的行为仅是类型不同、个数相当，而且均对法益侵害结果有重要作用，也可以考虑不区分主从犯。

（二）参与次数

通常而言，与雇佣者共同实施运输毒品实行行为的受雇者因其主观恶性以及行为的客观危害均相对较小，一般认定为从犯不存在障碍。但是若受雇者多次运输毒品，甚至以此为业，就可以考虑不区分主从犯。主要理由是，受雇者多次运输毒品说明其已经从被动的受指使犯罪转化为主动的参与犯罪，而且其在多次实施运输毒品犯罪的过程中，对于毒品犯罪的整个流程也有了一定程度的了解，很难再将其行为认定为辅助性的、从属性的单纯运输毒品。

（三）对犯罪过程的支配程度

在这类案件中认定主从犯，除了要考虑行为类型、行为个数、参与次数等因素以外，还需要通过明确运输毒品过程中的支配主导者来辅助判断。主要理由在于，有必要对雇佣者和受雇者区别对待的原因除了雇佣者发起犯罪以外，还在于雇佣者策划犯罪流程并安排人员实施，在整个犯罪过程中起全面的支配作用，直接体现为对人的支配。因为其可以直接命令受雇者，间接体现为对行为的支配，因为受雇者的行为系依其安排实施。

但是在有些案件中，受雇者高度受制于雇佣者，一举一动都听命于雇佣者；而在另外一些案件中，受雇者的受制程度较低，能够较为独立地支配运输毒品的过程，因此受雇者的受制程度也应当作为考虑因素。

对于单独实施运输毒品行为的受雇者，因其所实施的实行行为与雇佣者所实施的教唆行为基本同等重要，一般不区分主从犯。但是，若有证据证明受雇者明

显是被动参与犯罪，而且在运输毒品的过程中高度受制于雇佣者，也可以考虑区分主从犯。

接下来，我们来看之前提到的三个案例。

在第一个案例中，被告人陈某仅实施了运输毒品的实行行为，被告人吴某不仅与陈某共同实施了运输毒品的实行行为，还实施了雇用陈某的教唆行为，其不仅发起、推动犯罪还全程参与，全面掌控整个犯罪过程。因此，应当认定吴某为主犯，陈某为从犯。

在第二个案例中，被告人尹某单独运输毒品，没有证据证明其在运输毒品的过程中高度受制于雇佣者，其是在能够较为独立地支配运输毒品犯罪过程的情况下积极推动犯罪实施，在被抓获后仍然编造谎言企图蒙混过关，因此，不应当认定尹某为从犯。

第三个案例的特殊之处在于，雇佣者和受雇者虽然搭乘同部交通工具，但是双方既未事先约定运输过程中的分工，在实际运输过程中也没有相互配合的行为，而且毒品是藏在受雇者体内，在这种情况下，能否认定雇佣者和受雇者共同实施了运输毒品的实行行为呢?

我们认为，该类案件实际属于受雇者运输，雇佣者押运的情况。从雇佣者的角度来看，其虽然没有实际携带毒品，但是其与携带毒品的受雇者同行并全程监督，而且不能完全排除其在必要的时候予以帮助的可能；从受雇者的角度来看，其明知自己是与他人共同运输毒品而且处于被监控状态之下。

基于以上两个方面，应当认定雇佣者参与实施了运输毒品的实行行为。

那么，我们再回到第三个案例，被告人扎某不仅与被告人鲁某等人共同实施了运输毒品的实行行为，还实施了雇用鲁某等人的教唆行为。因此，应当认定扎某为主犯，鲁某为从犯。

受雇运输毒品案件在实践中有多种表现形式，以上仅是针对实践中较为常见的类型所作的主从犯认定的思路分析。在具体的案件审理中，还需要结合案件的具体情况，从事实判断和价值考量两个角度进行综合把握以准确认定。以上就是今天的全部内容，感谢大家的关注，再见!

网络非法薅羊毛行为的刑法规制

主讲人 吴亚安

- 原上海市第一中级人民法院刑事审判庭一级法官助理
- 现上海市松江区人民法院刑事审判庭审判员
- 上海交通大学法学博士
- 主要研究方向刑法
- 上海市市级机关青年岗位能手
- 上海法院第三届“十佳青年”
- 撰写文章获评全国法院学术讨论会二等奖
- 撰写案例获评上海法院百例精品案例分析
- 参加最高人民法院等司法调研课题 11 项
- 出版个人专著 1 部，发表论文 10 余篇

大家好，我是来自上海市第一中级人民法院的吴亚安。今天和大家交流的题目是网络非法薅羊毛行为的刑法规制。近年来，有不少因网络薅羊毛被入刑的案例，也引起了一些争议。下面，我将从典型案例、罪与非罪、行为定性三个方面，与大家进行交流。

一、典型案例及定性争议

网络薅羊毛通常是指行为人利用电商平台或电子商家推出的营销活动的交易规则漏洞或网络交易技术漏洞等，采用技术手段或者非技术手段，获取商家营销资金或商品的行为。下面来看一则案例：

2018年4月，被告人徐某购买某公司旗下套餐兑换券，在使用时发现通过多个客户端登录同一账号进行消费时，不同客户端之间的数据交换存在时间差。徐某就使用多个客户端登录相同的账号，先在A客户端用兑换券下单进入待支付状态，然后在B客户端申请退款，之后再取消原A客户端的待支付订单获取返券，或支付原来订单获取取餐码并转卖，恶意造成了取消订单后同时获得返券和退款，或消费订单后仍获取退款。经鉴定，被告人徐某通过多次实施上述行为，共造成相关公司损失5.8万余元。徐某在获知该方法后，还主动传播给多人。案发后，相关漏洞已修补。

该案中，对徐某非法获取返券和退款行为的处理存在不同的观点：

第一种观点认为，徐某的行为不构成犯罪。主要原因在于，徐某没有使用任何脚本、外挂等恶意的技术手段。造成损失的主因是平台方在系统和技术设置上考虑不周，不能将平台责任转嫁给他人。

第二种观点认为，徐某的行为构成盗窃罪。主要原因在于，徐某具有非法占有的目的，其在平台不知情的情况下，连续利用交易漏洞恶意套现，符合秘密窃取的特征，且造成相关公司的大额损失，应构成盗窃罪。

第三种观点认为，徐某的行为构成诈骗罪。主要原因在于，徐某并非利用机械故障，而是利用不同客户端之间的数据不同步，让点餐系统背后的人基于错误认识处分财产，应构成诈骗罪。

二、网络薅羊毛的罪与非罪

面对网络薅羊毛等新型犯罪行为，刑法是应秉持固有的谦抑谨慎精神，还是应采取主动介入、积极保护的态度，存在较大争议，上述罪与非罪的不同观点也是这种争议的体现。我们认为保持刑法谦抑与积极应对新型犯罪并不矛盾，即要坚守罪刑法定原则，将传统犯罪的认定方法结合网络特征进行科学阐释。在确定合法与非法、罪与非罪的标准时，应当坚持以下两个原则：一是要合理平衡网络平台权益和网络用户权益。利用法律保护网络经济秩序时，需要逐步压实网络平台的自我管理责任，通过法律责任的均衡分配倒逼相关平台在技术革新的基础上主动填补技术漏洞，从根源上消除网络犯罪滋生的土壤。二是要坚持轻轻重重和宽严相济的刑事政策。对网络薅羊毛案件的处理应当坚持区分打击重点。对于积极参与犯罪和传播相关犯罪方法，在犯罪中起到较大作用的造意者、主要实行犯等，应当从严打击。对于偶尔参与，与主要犯罪行为人之间未形成常态化、业务性联系的参与人，可以不作为犯罪处理。

在具体判断时，可以分两个阶段。一是判断网络薅羊毛行为是否合法，关键在于消费和信息是否真实。如果根据商家宣传，按商家活动规则使用本人真实信息进行真实交易，无论是使用商家的优惠券、积分，还是获取返现等优惠都在合法范畴之内。如果使用虚假信息或恶意利用商家过失、平台漏洞进行虚假交易的，则构成非法薅羊毛。二是判断非法薅羊毛行为是否需要刑法规制，一般应根据行为人主观恶意、行为手段以及危害后果等因素区别对待。如果主观恶性较小，系偶然利用网络交易中技术漏洞获利，给权利人造成损失不大的，一般不应作为刑事犯罪处理，可通过行政法或民法予以规制。如果系利用恶意软件或手段突破既有交易规则或交易技术非法牟利，主观恶性和社会危害性均较大，违反刑法规定的，应作为犯罪处理。

具体来讲，以下三种情况应通过刑法规制：一是交易规则或交易技术没有明显漏洞，行为人采用技术手段规避交易规则或技术验证进行非法牟利，如在首单优惠类促销活动中，行为人使用改机软件等非法技术虚构新客户身份，绕过识别技术获取相关优惠的，可能构成计算机犯罪或侵财犯罪。二是交易技术存在漏洞，行为人采用技术手段干扰系统正常运行或修改特定数据进行非法牟利，如在充值型优惠中使用恶意程序进行虚假充值、修改充值金额等，可能构成计算机类犯罪或侵财犯罪。三是交易技术存在漏洞或故障，行为人采用非技术手段利用漏洞或故障进行非法牟利，可能构成侵财类犯罪。一行为同时触犯多个罪名时，应按想象竞合从一重处罚。

本案中，徐某发起的交易和获取相关退款退券行为，并不是基于真实的交易信息。涉案公司的交易系统存在不同客户端交易信息延迟的技术漏洞，徐某虽然未采用技术手段，但其多次使用该交易漏洞获取退券或退款，其在主观上具有非法占有的目的，在客观上有恶意利用该漏洞进行非法牟利的行为，并同时造成涉案公司财产损失数额巨大，应当作为犯罪处理。

三、网络薅羊毛的行为定性

由于实施网络薅羊毛的行为人通常伴随着对网络客户端、网络支付工具的使用，人们在讨论该类工具时通常将其表述为“机器”，对于未采用技术手段的行为而言，引发的主要争议问题是，应当构成盗窃罪还是诈骗罪，产生争议的根源在于这类新类型的“机器”能否被骗。上述第二种观点和第三种观点的争议就源于此。

认为构成盗窃罪的主要理由在于，这类案件中的网络客户端、网络支付工具与传统的ATM机并无不同，均可以归属于机器的范畴。该类机器不具有处分意思或处分能力，行为人利用客户端之间信息交互的时间差，非法获取退款和退券，都是在他人不知情的情况下秘密窃取他人财物的行为。

认为构成诈骗罪的主要理由在于，机器虽然不可以被骗，但机器背后的人可以成为受骗对象，本案中交易系统背后的人系根据错误认识处分财产，应当认定为诈骗罪。

我们认为，网络支付工具或网络支付系统都是在人的指令下活动，这类工具或系统在网络经济中是作为交易主体的人与人之间的媒介，问题的关键不在于这一媒介能否被骗，而在于对机器实施交互行为的不同主体之间是否存在行骗与被骗。具体应当从网络工具是否具有代处分权限、交易系统是否处于正常运行状态、行为人是否实施诈骗行为三个方面来判断。

一是网络工具是否具有代处分权限。本案中餐饮公司研发的订餐系统，是针对在有大量的重复性交易时，满足交易双方所要求的便利、省时而制定的。这种交易秩序理应予以保护。交易软件或客户端在行为人下单并成功支付后出示订餐码的行为，能够体现其背后相关店铺进行交易的真实意思。这类交易软件或客户端也具有代其背后主体处分餐品的权限和功能。因此，可以认为，在符合系统规范的操作下，交易软件或客户端的行为具备公司所预设的真实处分意思。

二是交易系统是否处于正常运行状态。上述交易软件或客户端实质上是在间接执行预设人的意思，即根据预设人事先设定好的交易条件处分相关财物，这种处分意思和处分行为只有在交易工具处于正常状态下才有效。如果交易软件或客户端出现机械、程序或其他故障，就丧失了处分权限和功能。换言之，如果行为人系利用交易软件或客户端的机械、程序或其他故障进行非法牟利，就不存在自愿交付行为，应以盗窃罪定罪处罚。

三是行为人是否实施诈骗行为。本案的交易软件或客户端在正常运行，行为人未对软件或客户端功能造成影响，但其利用了软件和客户端之间数据交流的时间差实施诈骗行为，即通过虚假操作，隐瞒真实意图，让不满足预设条件的行为在表面上满足了预设条件，进而诱导交易软件和客户端作出了财产处分，应当认定为诈骗罪。

网络空间并非法外之地。我们在畅游网络时，也应遵循法律规定，遵守社会公德，为营造文明、晴朗的网络空间贡献自己的力量。

以上是今天交流的内容，谢谢大家。

民商事

请求权基础的审查及请求权竞合释明

主讲人 唐春雷

· 上海市第一中级人民法院审委会委员

· 二级高级法官

· 华东政法大学毕业

· 主要研究方向民商法

· 参与最高人民法院司法大数据专题协作研究《互联网金融大数据分析报告》课题获评审优秀

· 多次参与撰写课题，获评上海高院优秀课题、优秀调研课题

· 主审案件连续被评为 2017 年度、2019 年度上海法院示范庭审

· 审理案件多次入选最高人民法院优秀案例

大家好，我是上海市第一中级人民法院的唐春雷。今天我和大家交流的是请求权基础的审查和请求权竞合释明。

我交流的内容分三个部分：民事权利和诉讼请求；请求权基础审查的步骤和方法；请求权竞合的释明。

我们知道依照大陆法系的民事诉讼基本原则，当事人主张是法院审理和判决的基础，法官审理案件首先要对当事人的诉讼请求予以明确，以此为出发点展开审理活动。对于案件审理而言，审查和识别请求权基础，其重要性相当于在一堆乱麻中找出线头。讲到诉讼请求和请求权基础，我们先要了解民事权利和诉讼请求。

按照民事权利的来源，可以分为：人格权、财产权（物权、债权、知识产权）、身份权。

按照这些权利的作用，又可以区分为：形成权、支配权、请求权、抗辩权。

根据诉的形式，又可以区分为：确认之诉、形成之诉、给付之诉。

确认之诉和形成之诉主要解决实体权利或法律关系存在与否的问题，譬如要求确认房屋所有权、要求撤销公司决议，就属于这两类诉。相对而言，这两类诉对于权利的设定或法律关系的变更，主要是依据法律的明示规定，基础规范相对较少。给付之诉是民事诉讼的核心，是权利作用的枢纽，它主要对应的是民事权利当中的请求权。

那么我们如何来对请求权基础进行审查呢?

请求权是得请他人为（或不为）一定行为的权利。谁得向谁，依据何种法律规范，主张何种权利，这是请求权方法的典型模式。请求权的类型众多，主要涉及契约上的给付请求权、物权返还请求权，损害赔偿请求权、求偿和补偿请求权，支出费用的请求权以及不作为请求权，那么我们如何来对请求权基础进行审查呢?

请看例子“请求判令被告向原告返还车辆”，这样的请求权它的基础是什么呢?

物权法律制度对于所有权人和占有权人（物权返还请求权），都进行了法律保护，但是保护规范是不同的，其中对于占有人返还原物的请求权，自侵占发生之日起一年内未行使的，该请求权消灭。那么以上的诉请，它的请求权到底是基于所有权，还是基于占有权，诉求并不明确，需要对请求权的基础加以明确。请求权基础的审查有法律上和逻辑上的次序安排。具体阐述如下。

第一，我们审查是否是契约上的请求权。契约关系影响其他请求权，对其他请求权有阻却作用。契约对于无因管理是管理的法律原因，对于物上请求、契约前提则形成了有权占有，对不当得利契约构成法律上的依据，而对于侵权行为，契约影响请求权的基础。

第二，我们审查是否是类似契约请求权。譬如缔约过失、无权代理等，那么审查的理由和第一种一样。

第三，我们审查是否是无因管理请求权。相对于不当得利和侵权行为而言，无因管理一方面是不当得利的法律上的原因，另一方面又是可以构成侵权和违法的阻却事由。

第四，我们审查是否是物上请求权。物上请求权对不当得利及侵权损害赔偿请求权而言，由于和物权变动密切相关应当被优先考虑，决定了物权变动以后，才能对不当得利和侵权行为作出判断。

第五，我们审查是否是不当得利请求权。理由是前述的契约、物上请求权和无因管理都是该请求权的审查前提。

第六，我们审查是否是侵权损害赔偿请求权。该请求权放在最后审查的原因是，该请求权不是以上任何请求权的前提。同时，该请求权与契约、物权和不当得利竞合并存。

这就是请求权基础的审查步骤。

那么请求权基础的审查方法呢？

我们原则上应当对所有请求权的基础规范，作通盘检视、依次审查然后予以确定，切忌随心所欲凭直觉任意查找，这样才能够避免疏失遗漏，同时养成缜密的法律思维。

请求权的竞合也是困扰审理的问题。我们举例说明，原告请求经销公司赔偿因为燃气热水器中毒而导致的经济损失、精神损失。我们知道《合同法》规定了合同履行当中的违约赔偿责任，《侵权责任法》则对生产者要承担瑕疵产品的侵权责任作了规定，《消费者权益保护法》也对经营者的责任作了明确。本案中一个行为就有多个法律规范可以适用，产生了多个请求权，这就形成了请求权的竞合。

对于请求权的竞合，法官的释明和当事人的利益密切相关。法官需要在审理中融入释明，适当地将各种请求权的基本规范向当事人作解释，让当事人理性地选择自己的权利，从而固定请求权基础。请求权的竞合类型主要有，法条竞合、选择性竞合、请求权竞合和请求权聚合。那么，我们分别举例说明这四种类型的释明。

· 法条竞合

同一事件同时符合两个以上法律规范的构成要件，但按照法律的适用规则只能适用其一法律规范。对此释明，上位法优于下位法、新法优于旧法、特别法优于普通法。上述案例中原告如果依照《消费者权益保护法》，请求（惩罚性赔偿的）特别保护。因为该项请求权具有特别的法律规范，从而可以排除其他请求权规范的适用。

· 选择性竞合

同一事件如果同时符合两个以上权利基础规范，当事人享有多个请求权，但是多个请求权相互之间不能同时成立，那么权利人可以选择其一行使。例如，当事人针对一方违约起诉时，或有权请求损害赔偿或有权要求解除合同，但这两种请求权不能同时成立，只能选择其中一种权利。

·请求权竞合

同一给付目的的数个请求权是并存的，那么其一行使其余消灭，当事人应该选择行使。例如，业主停放在小区中的车辆被掉落的树枝砸坏，其起诉物业公司赔偿，可主张损害赔偿请求权、物业管理合同违约责任赔偿请求权，以及停车场的租赁合同赔偿请求权。他的救济路径有很多，但是只要走通其中一条其余就不能再走。

·请求权聚合

同一事件如果根据法律规定能够产生不同的请求权，且相互之间可以同时成立，那么权利人可同时主张或者分别主张。当事人依照《民法典》第565条、第566条要求确认解除合同的效力，同时主张解除合同以后要恢复原状、赔偿损失的。因为法律明确规定了这数种不同给付内容，这个请求权可以同时成立，所以权利人可以并行主张。

需要提醒的是，在竞合的情况下当事人的权利只能择一行使，在聚合的情况下权利可以同时主张。那么特别是对于权利的择一行使，法官如何释明，和当事人的利益有着重大的关切。法官的释明应当根据案件的事实引导当事人权衡利弊择一行使，同时法官的释明应当突出民事诉讼当中，充分体现当事人自主和自我处分民事权利的特点。

通过以上我们可以总结出，将抽象的法律规范恰当地适用于具体的案件，其路径就是法律方法。法官只有掌握了一定的法律方法，才能很好地解决理论和实践的结合问题，从而不断地升华自己的审判能力，实现司法正义目标。

我要和大家分享的就是这些，谢谢大家。再见！

工程价款优先受偿权的行使规则问题

主讲人　周　峰

· 上海市第一中级人民法院审委会委员、民事审判庭庭长

· 三级高级法官

· 上海法院审判业务专家

· 中国政法大学法学硕士

· 主要研究方向行政法、房地产领域

· 参与编写书籍《建设工程合同纠纷》《建设工程施工合同案件裁判要点与观点》

· 曾在上海法院系统及最高人民法院论文比赛中分获二等奖、三等奖

· 在《法学月刊》《政治与法律》《中国广播电视大学学报》《法律适用》《人民司法》《人民法院报》等发表论文 10 余篇

· 主审并编写案例分别入选《最高人民法院公报》《审判案例要览》

· 曾获评个人一、二、三等功及上海市优秀法官、全国法院办案标兵、上海市五一劳动奖章、上海市先进工作者、上海法官培训中心优秀教师

大家好，我是上海市第一中级人民法院的周峰。今天我想和大家讨论一个建设工程施工合同纠纷中的热点和难点问题，那就是工程款优先受偿权的行使规则问题。

我国《合同法》第 286 条（《民法典》第 807 条）确立了工程款优先受偿权制度，《关于审理建设工程施工合同纠纷案件适用法律问题的解释（一）》（以下简称《建设工程施工合同司法解释（一）》）中，对这一项法律制度进行了极大的完善。虽然它是借鉴他国法律制度而设立的，但是在保护价值、行使程序等方面，又具有鲜明的中国特色，这对于解决我国建筑市场上长期存在的拖欠工程款的问题，提供了很好的法律对策。

而其中对于审判实践影响最大的，就是工程款优先受偿权的行使规则问题。根据我国法律规定和司法实践的经验来看，工程款优先受偿权的行使规则主要包括行使条件、行使主体、行使期限、行使范围、行使方式和行使限制六个方面。

规则一：优先受偿权的行使条件

我们知道，承包人行使优先受偿权来源于对发包人存在工程债权。而根据我国法律规定，承包人欲获得工程债权，必须保证建设工程施工质量合格。因此，承包人欲行使优先受偿权，其首要条件必须是建设工程质量合格。百年大计，质量优先，这是确保工程质量合格，同时兼顾保护农民工利益的原则在司法实践中的体现。

规则二：建设工程价款优先受偿权的行使主体

我们知道，在建设工程实务中，实际施工人的种类有很多，如承包人、分包人、转包人、挂靠人等。我国法律规定，仅有与发包人之间成立合同关系的相对人，才可以行使优先受偿权。这就排除了挂靠人、转包人、分包人等施工主体。

实践中有一个需要探讨的法律问题，当承包人将工程款债权转让时，优先受偿权是否一并转让？这个在实践中带来很大的争议，我们知道，优先受偿权所保护的是工程款债权，根据我国《合同法》规定，除专属于债权人人身外，受让人可以取得与主债权有关的从权利。因此，优先受偿权作为依附于工程款主债权的从权利，理应随着工程款债权的转让一并转让，据此，工程款债权的受让人也具有行使优先受偿权的相应主体资格。

规则三：优先受偿权的行使期限

我国《合同法》以及最高人民法院司法解释[①]均规定了，优先受偿权的行使

① 即，《最高人民法院关于审理建设工程施工合同纠纷案件适用法律问题的解释（二）》，但相关内容已被《最高人民法院关于审理建设工程施工合同纠纷案件适用法律问题的解释（一）》替代，根据新司法解释，优先受偿权行使期限为18个月。

期限为六个月。从优先受偿权的法律性质来看，它是一种形成权。因此这六个月是除斥期间，不存在中止、中断、延长的情形，也不允许当事人约定延长或缩短。当承包人没有在这六个月的除斥期间内及时行使优先受偿权的话，权利将被消灭。

那么，这六个月从何时起算呢?

法律作出了规定，自发包人应当给付工程价款之日起算。实践中需要掌握的是，对应当给付工程价款的理解。

第一，施工合同有约定的，我们应当按照施工合同约定的工程款付款时间，来认定应当给付工程价款之日，这也是尊重当事人意思自治的体现。

第二，施工合同没有约定应当给付工程价款之日，我们以工程款支付条件成就之日予以认定。当建设工程已经交付的，我们以工程交付日作为认定依据；建设工程没有交付的，但承包人递交了竣工结算资料的，我们以承包人递交竣工结算资料之日作为认定依据。如果工程既没有移交，竣工结算资料也没有递交的，这个时候应该认定工程款结算条件没有成就。承包人此时不能主张优先受偿权。

规则四：工程款优先受偿权的行使范围

我国法律规定，工程款优先受偿权的行使范围以国务院有关行政主管部门关于工程款组成的确定依据来予以认定。这就排除了工程款利息、违约金、损害赔偿金等的适用。而对于工程款的组成，从现有的行政法规来看，包括施工成本、利润和税金这三项。

规则五：工程款优先受偿权的行使方式

我国法律对于工程款优先受偿权的行使方式没有规定，实践中诉讼是最常见，也最被广大大众接受的一种行使方式，就是由承包人提起优先受偿权确认之诉。同时，我国《合同法》第 286 条①又赋予了承包人可以通过与发包人协商将工程折价以使工程款优先受偿的权利，因此，承包人通过协商将工程折价以支付工程款的方式，也是行使优先受偿权的一种方式。除此之外，实践中争议很大的是，承包人能否通过以书面致函的方式行使优先受偿权。最高人民法院对此有相反的判例，既有确认这一行使方式的判决，又有否定其效力的判决。

① 对应《民法典》第 807 条。

规则六：工程款优先受偿权的行使限制

我们知道，任何权利的行使都是相对的，没有不受限制的绝对权利，承包人的工程款优先受偿权也是如此。根据法律规定，行使优先受偿权的对象是可折价、可拍卖的建设工程，因此，对于性质上不宜折价、不宜拍卖的建设工程，是不能行使优先受偿权的。对于这一限制条件，大家需要在司法实践中引起足够的重视。

对于不宜折价、不宜拍卖的建设工程，我们在理解上需要掌握以下几点：

第一，公益优先是我国司法和立法所应遵循的一项基本价值取向，承包人行使优先受偿权不能超越社会公共或公益目标。因此当建设工程涉及政府、军事等社会公共设施，以及学校、医院等社会公益设施时，承包人不得行使优先受偿权。

第二，从生存权优于其他一切权利的司法考量出发。购买商品房的消费者的权利要优于承包人的优先受偿权，当消费者支付了全部或大部分购房款，承包人不得主张优先受偿权。其中我们要注意，消费者仅限于购房自住者，购房的目的是出租或者投资炒房的，将不能对抗承包人的优先受偿权。同时，商品房的性质仅限于住房，写字楼或商铺不属于法律保护的对象。而对于“大部分”购房款的认定，我们以超过商品房买卖合同总价款的50%以上作为认定标准。

第三，动迁房安置工程是一项民生工程，它直接影响到众多被拆迁人的居住权。如前所述，生存权优于承包人的优先受偿权，因此，当建设工程涉及的是动迁房安置工程时，承包人不得行使优先受偿权。

第四，违法建筑。我们知道，违法建筑不具有物权法上物的概念，它既不能进行权属登记，也不发生物权变动的法律后果，更不能通过折价或拍卖的方式使违法建筑予以转让、处分，因此，建设工程涉及违法建筑的，其性质同样归于不可折价、不可拍卖的建设工程。

好了，以上就是对工程款优先受偿权的介绍，感谢大家的关注，再见！

公司对外担保合同效力的审查与认定

主讲人　庞闻淙

- 上海市第一中级人民法院审委会委员、研究室主任
- 三级高级法官
- 华东政法大学法学硕士
- 上海市法学会民法学研究会理事
- 主要研究方向民商法、房地产法
- 主持、参与全国、市级调研课题 8 项
- 发表及获奖论文、案例分析 15 篇
- 曾获上海法院系统个人二等功、三等功、合议庭一等功等荣誉

大家好，我是上海市第一中级人民法院的庞闻淙。今天和大家交流的话题是关于公司对外担保合同效力的审查与认定。围绕这一话题，我从四个方面展开：一是问题的提出，二是认识的角度，三是法律适用要点，四是法律后果的处理。

一、问题的提出

首先，公司担保的法律争议从何而来？

大家知道，公司对外为他人提供担保在我国是一种普遍的经济活动现象。但是，公司担保是一柄“双刃剑”，它既是经济生活和交易安全的必需，也会给公司带来巨大的风险。

近年来，公司对外担保的行为非常活跃，但与之相应的诉讼案件也在迅猛增长，这类案件涉及公司法、合同法、担保法，乃至民法总则等很多重要的法律领域，又面临着维护公司财产安全与股东利益，与维护交易相对方的利益和交易效率，这两者在价值取向上的冲突。

因此，当案件中各方都朝着不同的方向进行理解和牵引，就难免会出现法律适用上的分歧和裁判尺度上的差异。

这其中，最大的争议和难点问题，就是公司法定代表人未经公司机关决议对外签订的担保合同效力应该如何认定。

二、认识的角度

对于一个长期存在争议的法律问题，通过实践积累从认识的角度不断加以矫正是很有必要的，具体到公司担保也是如此。结合全国民商事审判工作会议的精神①，我们可以从以下三个方面来进一步厘清认识。

1. 从立法的目的

大家知道，我国现行法律对于公司担保采取的态度是既予以承认又予以限制，既肯定公司的担保能力，又规定相应的担保程序，这在《公司法》第 16 条的规定中得到了明确的体现。但在我国，公司的股权结构过于集中，公司治理也不尽完善，这就使得法定代表人随意对外担保的现象大量出现，损害中小股东和公司利益的问题非常突出，意味着法律在限制、规范公司担保层面的立法意图没有得到充分的体现，对各方利益的保护也不尽平衡。因此，在对《公司法》立法选择的理解和适用上我们需要重新加以审视。

2. 从规范的性质

前面讲到，《公司法》第 16 条是对于公司对外担保最核心的法律条款，但因为该条并没有对违反本条的法律后果作出规定，在相当长的一段时间内，就该条究竟是效力性强制性规定，还是管理性强制性规定，一直都是认定公司担保合同有效或者无效的争论焦点。但是，区分效力性规定和管理性规定的界限并不十分清晰，其效力认定规则适用在公司担保问题上也存在不足。所以在跳出原有的思维路径后，最高人民法院的意见是强制性规定属于行为规范的范畴，而《公司法》作为组织法，第 16 条属于组织规范的范畴。因而不能简单地将其归入效力性规定或者管理性规定，这是认识角度的一个重要转变。

① 配合《民法典》公布的《最高人民法院关于适用〈中华人民共和国民法典〉有关担保制度的解释》也对公司担保进行了规范。

3. 从代表权限

如果从组织规范的角度来理解，那么《公司法》第16条，就是对法定代表人行使代表权的一种限制。根据该条规定，对外担保不是法定代表人所能单独决定的事项，而必须以公司决议机关作出的决议作为授权的基础和来源，这与《民法总则》第61条、《合同法》第50条[①]的规定是可以相互衔接的。尤其是《民法总则》实施以后，对原先法定代表人“一长制”的传统思维作了重大转变，明确对法定代表人的代表权限必须通过法律和公司章程加以审查确定。对超越法定限制的行为，法人原则上不承受该行为的效果，除非第三人能够证明自己的善意。

有了以上三个方面的认识角度，对公司担保案件的法律适用原则也就逐渐清晰起来。

三、法律适用要点

判断担保合同的效力主要是把握三个要点：

1. 一般规则

首先，就一般规则而言，法定代表人超越代表权限擅自对外为他人提供担保的，违反了《公司法》第16条的规定，构成越权代表。其次，根据债权人在订立合同时是否善意分别认定。

2. 善意的认定

合同效力债权人为善意的，担保合同有效；非善意的，担保合同无效。

这里就涉及对善意的判断问题。这里所谓的善意，指的是债权人对于法定代表人的越权代表是否知情。也就是说，债权人在接受担保时负有甄别该担保行为是否符合公司真实意思的注意义务，应当对有没有公司决议、决议是否适格进行审查。需要注意的是，《公司法》第16条对于公司担保区分了关联担保和非关联担保两种情形。前者是对公司的股东、实际控制人等与公司有关联的主体提供担保，必须有公司的股东会或股东大会的决议；后者则是为不具有关联关系的其他主体提供担保，需要有公司的股东会或董事会决议。债权人应当证明在他签订担保合同的时候已经审查了公司的决议机关、人员身份、表决回避是否符合法律规定和公司章程，这也是判断其是否构成善意的标准。当然，这种审查一般限于形式审查，只要求尽到必要的注意义务即可，标准不宜太过严苛。如果出现如伪造、

① 对应《民法典》第61条、第170条。

变造公司决议及程序违法、签章不实等情况，一般不应归责为债权人的非善意。在强调审查公司决议的同时，也有一些例外的情况，即便债权人知道或者应当知道没有公司机关的决议，也应该认定担保合同符合公司的真实意思表示。

3. 例外情况

公司是以为他人提供担保为主营业务的担保公司，或者是开展保函业务的银行，或者非银行金融机构；公司为其直接或者间接控制的公司开展经营活动，向债权人提供担保；公司与主债务人之间存在相互担保等商业合作关系；担保合同系由单独或者共同持有公司三分之二以上有表决权的股东签字同意。

以上的四种例外情形，第一种以担保为业的公司，不属于《公司法》第 16 条调整的范围。而后面三种情形则是基于现阶段我国公司治理不完善的现实情况，为了避免影响正常的交易秩序，尤其是滋长公司恶意逃避担保责任的道德风险。此外，上市公司不适用上述四种情形中的后两种情形。

四、法律后果的处理

综合前面的讲述，法定代表人超越代表权限签订担保合同，如果债权人是善意的或者存在无须公司决议的情况，担保合同有效，公司应当承担担保责任。

而如果在债权人非善意、担保合同无效的情况下，公司不承担担保责任，应当根据《担保法》及有关司法解释关于担保无效的规定进行处理。具体来说，就是由各方当事人根据其过错，各自承担相应的民事责任。债权人因为没有对决议进行审查，公司因为其法定代表人越权，双方都存在过错。根据《最高人民法院关于适用〈中华人民共和国担保法〉若干问题的解释》第 7 条①的规定，公司承担的责任部分不超过债务人未能清偿部分的二分之一。

如果债权人明知法定代表人超越权限，或者公司的决议是伪造、变造的，则公司不承担责任。此外，法定代表人的越权担保行为给公司造成损失的，公司可以起诉，股东也可以提起股东代表诉讼，这是公司寻求司法救济的两种途径。

好了，以上就是对公司对外担保合同效力的审查与认定的介绍，感谢大家的关注，再见！

① 对应《最高人民法院关于适用〈中华人民共和国民法典〉有关担保制度的解释》第 17 条。

表意不自由型可撤销合同的审查标准

主讲人 郑天衣

- 原上海市第一中级人民法院研究室主任
- 现上海市浦东新区人民法院副院长
- 三级高级法官
- 上海法院审判业务专家
- 上海社科院法学硕士
- 主要研究方向民商法、诉讼法
- 曾荣立上海法院系统个人一等功一次、三等功两次
- 主持、参与全国、市级调研课题 16 项，发表及获奖论文 15 篇
- 编著《驾驭庭审》《民事审判实务教程》等书籍
- 担任华东政法大学兼职硕士生导师、华东理工大学法学院兼职教授

大家好，我是上海市第一中级人民法院的郑天衣。今天和大家分享的是表意不自由型可撤销合同的审查标准，我们今天的课程主要分为三个部分，第一部分是关于此类合同的范围界定；第二部分是关于此类合同的判断标准，或者说司法审查标准，这也是我们今天课程的重点与核心；第三部分我们介绍一下此类合同的实践把握。

一、表意不自由型可撤销合同的范围界定

首先我们来看第一部分，关于表意不自由型可撤销合同的范围界定，或者说什么叫表意不自由型的可撤销合同。

要回答这个问题我们首先要回到一个基础的概念——意思表示。我们知道意思表示真实，是法律行为有效的要件，有瑕疵的意思表示，往往不能产生当事人所期待的法律效果。

可撤销合同作为一种效力不完全的合同形态，本质上也是由于意思表示瑕疵造成的，那么意思表示瑕疵又可以分为两种类型。

1. 意思表示不一致

第一类叫作意思表示不一致，也就是说表意人的内心意思和外在表示是不相称、不相符的，典型的如重大误解。

2. 意思表示不自由

第二类叫作意思表示不自由，或者说表意不自由。在这类形态下表意人的内心意思和外在表示似乎是一致的，但是表意人意思产生和形成的过程，受到外在不当干涉，意思表示不自由，所以意思表示不真实。

总的来说，合同可撤销的事由，主要是由于意思表示不自由造成的。

典型的如欺诈、胁迫或者乘人之危等，具备这类形态的合同，我们就称之为表意不自由型的可撤销合同。

需要特别说明的是，我国的《民法通则》《合同法》《民法总则》，对于合同可撤销事由的规定是有所区别的。根据《民法总则》的规定，合同可撤销的事由主要包括重大误解、欺诈、胁迫、乘人之危和显失公平，后两者则归并为同一个事由。

至于《民法总则》第 151 条[①]项下，由于法律规定的不一致，对于《民法总则》施行以后所成立的合同产生的纠纷，根据新法优于旧法的原则，应当适用《民法总则》的规定。

在明确了这类合同的范围界定之后，我们就来看一看在司法实践中怎样对这类合同进行判断。

二、表意不自由型可撤销合同的判断标准

这就涉及我们课程的第二部分，表意不自由型可撤销合同的判断标准。

我们知道对于欺诈、胁迫、乘人之危这类事由，在实践中当然可以从各自的构成要件出发，逐个对合同是否应当撤销作出判断，但是从意思表示的角度，如

① 对应《民法典》第 151 条。

果有一套标准，可以对当事人的意思表示是否自由作出判断，就可以从根本上回应合同是否应当撤销的问题。我们认为这套标准主要包括以下五个方面，主体地位、缔约背景、订约过程、条款内容和履行情况。

1. 合同的主体地位

首先，我们来看第一项标准合同的主体地位。

我们说合同的当事人、合同的主体，他们的地位可能对等，也可能不对等，如果不对等，特别是悬殊的情况下，弱势一方表意自由受到限制的可能性就相对较大。当然，这种可能性是否转化为现实性，关键还要看优势方是否故意甚至是恶意利用了这种优势地位。我们来看一起案例。

这是一起房屋买卖合同纠纷，出卖方在将自己的房屋出售以后发现，买受人居然是本次合同交易的中介公司的工作人员。于是出卖方就向法院起诉，认为买受方利用了自己的身份优势，恶意欺诈隐瞒了房屋交易的税费信息，给自己造成了重大损失，要求撤销合同。

法院审查以后认为，在这个案子中，买受方作为房屋交易的中介公司的工作人员，这种做法本身就违反了市场交易的相关行政规章，但是交易税费是政府的公开信息，不是中介行业的内部信息或者行业惯例。也就是说，买受方没有利用自己的地位优势进行欺诈，不构成合同的可撤销情形。

2. 合同的缔约背景

我们再来看第二项标准，缔约背景。

我们说当事人在何种情境下签约，对于判断当事人意思表示是否自由也是非常重要的。

审判实践中，一方当事人明知对方身处危困，为了牟取不正当利益胁迫对方，除了和自己签约以外无路可走时，通常我们认为这个意思表示是不自由的。当然，现实生活也是非常复杂的，市场交易的本质也在于各取所需，况且有些当事人身处危困，反而会激发他们进行市场交易的需求和动力。因此，不能简单地把商业风险，等同为法律上的危困状态。

有这么一起股权转让合同纠纷案件，转让方认为受让方在合同缔约之前，就知道自己处于严重的资金周转困难，而这个时候，受让方没有给予转让方充足的时间进行考虑和决策，因此乘人之危的恶意是非常明显的，转让方向法院起诉要求撤销合同。

法院审查以后认为，转让方所提出的资金周转严重困难，本质上还只是一种商业风险，不管是他所提出的银行还贷压力，还是对外增资压力，都不构成法律上的危困或者紧急的状态。

因此，如果法院支持了转让方要求撤销合同的请求，本质上是转嫁了商业风险，反而会出现一方始终受损，另一方始终获利的不公平局面。因此，法院也认为不构成合同可撤销的情形。

3. 合同的订约过程

第三项标准是关于合同的订约过程。

我们知道，合同的订立在理论上可以抽象为要约和承诺两个阶段。越是内容繁复，越是利益巨大的合同，往往会经过多轮反复的要约、反要约，直到最后的承诺。

因此，在这个意义上互有往来的合同协商、磋商过程，也是判断合同的订立是否正常，当事人表意是否自由的一个重要标准。在司法实践中，法院要重点审查，当事人进行合同磋商的态度是否积极，是否存在意思表示自由受到限制的情况，能否独立自主地表达自己的意见，以此来判断当事人的意思表示有无受到限制或者误导。

4. 合同的条款内容

第四项标准是关于合同的条款内容。

我们知道，合同的条款内容直接决定了合同当事人的权利和义务。双务合同中，各方当事人的权利义务是否对等，特别是核心条款是否公允，也就成为判断意思表示是否自由的一个重要的外部标志。

有这么一起案件，是一个房屋租赁合同纠纷，承租方在租赁房屋以后向法院起诉，认为租赁合同中所约定的水电收费标准和租金标准都过高，显失公平，要求撤销合同。

法院审查以后发现，这个房屋租赁合同的标的物，不是普通的房屋住宅，而是酒店式公寓。双方在订约的时候已经基于房屋的特殊使用属性，对水电和租金标准都作了约定，虽然相对于普通住宅来说稍高，但是并没有超出合理的界限。因此，价格标准仍处于合理区间，合同也是真实和有效的。

5. 合同的履行情况

我们来看最后一项标准，是关于合同的履行情况。

这里需要特别说明的是，判断当事人表意是否自由的时间节点应当截至缔约时。但是，我们考虑到当事人的意思表示是否自由、是否真实往往会直接影响到合同的履行是否顺利。

因此，对于缔约后的履行情况，也可以作为判断当事人表意是否自由的重要的旁证和参考。但是需要特别提醒的是，对于履行情况这一标准，在判断的时候要结合其他标准进行一并考量，不能单纯地根据合同的履行情况，来判断当事人的意思表示是否自由。

其实推而广之，这里所涉及的五项标准，在我们具体实践把握的时候，都需要整体的考量和统一的运用，这样才能更为精准、更为合理地判断当事人的意思表示是否自由。

三、表意不自由型可撤销合同的实践把握

最后我们来看课程的第三部分，关于表意不自由型可撤销合同的实践把握。

这里我重点提一点，就是民事合同和商事合同，在具体的审查过程中要有所区别。

总的来说，对于商事合同的审查标准，要严于普通的民事合同。这是因为，商事行为具有典型的经营性和营利性的特征，商事主体相对来说他们的商事专业性更强。有句俗话说，买的没有卖的精。买的往往指的就是普通的民事主体，而卖的往往就是更为专业的商事主体。

由此，对于商事主体注意义务的标准，要求也相对更高，因此在商事案件的审理中，如果有商事主体认为自己的表意受到了限制、不自由，而要求撤销合同，法院的审查重点就应该放在意思的产生、形成以及表达的过程是否确实受到了外在的不当干涉。

特别需要提醒的是，不能单纯地根据交易结果，来反推当事人的意思表示是否自由。

最后，我们对今天的课程做个小结，所谓表意不自由型可撤销合同，在表现形式上，可以分为欺诈、胁迫和乘人之危等类型。在审查标准上可以综合、结合这五个方面的标准，进行总体的判断和考量。而商事合同的审查标准，通常应当严于民事合同。

好了，以上就是对表意不自由型可撤销合同的审查标准的介绍，感谢大家的关注，再见！

无过失性辞退中情势变更的司法认定

主讲人 王剑平

· 上海市第一中级人民法院审委会委员、申诉审查及审判监督庭庭长

· 二级高级法官

· 华东政法大学法学硕士

· 主要研究方向民商法

· 获聘华东政法大学、上海法官培训中心兼职教师

· 曾入选教育部、中央政法委施行的高等学校与法律实务部门人员互聘“双千计划”

· 主审案件多次入选上海法院精品案例、中国审判案例要览、最高人民法院公报案例

· 多次承担上海高院重点、报批课题调研，参与的课题研究成果被上海高院评为优秀调研课题

· 在《人民司法》《法学》《人民法院报》《中国劳动》《上海审判实践》等出版物上共发表文章20余篇

我是上海市第一中级人民法院的王剑平。今天和大家分享的是无过失性辞退中情势变更的司法认定。这个话题涉及的是用人单位解除劳动合同过程中情势变更原则的适用。

无过失性辞退是指劳动者没有主观过失，但是基于某些客观情形，用人单位可以依法解除劳动合同的行为。

我国《劳动合同法》第40条规定了无过失性辞退中的三种情形，分别是医疗期、不能胜任工作、客观情况发生重大变化。

情势变更原则是指合同履行过程中，当事人订立合同的基础因不可归责于双方当事人的事由发生变更，致使合同不能履行，或者如果履行会显失公平，当事人依据诚实信用原则请求变更或者解除合同时适用的原则。我国《民法典》第533条对此作出了明确规定。

有人说，只有《劳动合同法》第40条第3项规定的情形才是按照情势变更原则设计的。其实，尽管《劳动合同法》第40条的三种情形分别来源于不同的规定，但是在归入劳动法体系当中，都是按照类似情势变更的思路进行制度整合的。

下面我们以《劳动合同法》第40条第3项为例，来讨论无过失性辞退中情势变更的认定。

《劳动合同法》第40条第3项规定的无过失性辞退有三个构成要件：客观情况发生重大变化、劳动合同无法继续履行、未能就变更劳动合同内容达成协议。我们今天的讨论主要围绕这三个方面展开。

一、客观情况发生重大变化

我们先来讲述第一部分内容：如何认定“客观情况发生重大变化”。

对此，《劳动合同法》并没有作出明确的界定。1994年劳动部《关于〈劳动法〉若干条文的说明》第26条规定：客观情况是指发生不可抗力或者出现致使合同全部或者部分条款不能履行的其他情形，如企业迁移、被兼并、企业资产转移等。该规定采用列举、概括的方式对客观情况发生重大变化进行了规定，但是并未涵盖客观情况发生重大变化的全部情形。

随着我国经济社会发展的变化，尤其是近年来我国经济进入了新常态，产业结构和产业政策不断调整变化，导致企业经营环境受到较大的影响。

因此，在对客观情况发生变化进行认定时，不能机械拘泥于劳动部1994年的解释，应当根据个案的具体情况作出更为准确客观的解释，以适应社会经济的发展。

下面我们来看一个案例：

薛某是甲公司员工，主要负责上海学校校务运营部助教及招生工作。甲公司向薛某发出邮件称，因公司组织机构调整，校务运营部业务移转至杭州及北京地区，希望薛某随业务转移，岗位薪资不变，或者与薛某协商解除劳动合同。薛某未予同意，并提出了自己的协商解除方案，但没有获得公司的同意。甲公司以客观情况发生重大变化为由，解除了与薛某的劳动关系。

薛某认为公司移转职能部门是公司自主的管理行为，并非客观情况（变化）所致。

公司则认为自己是符合客观情况发生重大变化的情形的。双方对于客观情况发生重大变化的理解不一。

那么，从双方当事人的陈述以及提供的证据可以得知，由于市场的整体性变化，甲公司基于整合全国业务资源的需要，将薛某所在部门的业务移转至杭州及北京地区，因此法院从情势变更的原因力来源出发将此确定为客观情况并无不当。

上述案例表明，对于客观情况的判断，不应仅仅局限于劳动者所在的部门，而应当将用人单位作为整体的意思表示（表意主体）来看待，着重审查客观情况发生重大变化的原因力来源。

只有用人单位之外的事由，并且该事由对于劳动力交换条件的变动产生主要影响的，方可构成客观情况。

二、劳动合同无法继续履行

客观情况的判断标准有了，那么如何判断客观情况是否构成重大变化呢？对于这个问题的解读就涉及我们今天的第二部分内容，“劳动合同无法继续履行”的把握。

我们认为，对于重大变化的判断，应当结合劳动合同无法履行加以综合考量。

下面我们来看第二个案例：

李某与乙公司签有劳动合同，李某的工作岗位是财会部会计经理，乙公司将李某派往宁波项目工作。后乙公司向李某发出解除通知书，以公司内部机构调整，宁波项目被取消，发生重大变化为由，解除了与李某的劳动关系。

李某认为自己离职后公司还在继续招聘会计经理，双方合同的履行基础存在。

乙公司则认为宁波项目已经取消，李某原来的岗位已不复存在，所以双方之间的劳动合同无法继续履行。

经查实，乙公司确实在李某离职后还在继续招聘会计经理，上述事实表明，双方之间的劳动合同客观上是可以继续履行的。

上述案例表明，即使出现了客观情况发生重大变化的情形，用人单位也并非一定要解除与劳动者的劳动关系。用人单位完全可以通过更换工作地点、调整工作岗位（等）来避免解除劳动关系。

因此，在对重大变化、劳动合同无法继续履行这两项要素进行审查时，还应当引入另一个概念：解雇的“最后手段”原则。该原则是指解雇应当是雇主终极的、无法回避的、不得已的手段。早在1978年，德国联邦劳动法院就已经确立了这一原则。《劳动合同法》第40条第3项规定的无法履行与解雇的最后手段原则有异曲同工之妙。

我们判断解除行为的合法性，应当注重判断解除劳动合同的必要性，具体判断解除行为是否终极的、无法回避的、不得已的。上述案例当中，乙公司在解除与李某劳动关系的同时，还在继续招聘会计经理，就很难说符合最后手段原则。

三、未能就变更劳动合同内容达成协议

下面我们就进入今天的第三部分内容：“未能就变更劳动合同内容达成协议”的审查。这里的审查主要是对用人单位协商方案的综合考量。

下面我们来看第三个案例：

丙公司因政府动迁从市区搬到郊区。丙公司表示劳动者岗位薪资不变，并提供班车、郊区津贴、宿舍等条件，希望劳动者到郊区上班，并承诺上班车即算上班。

劳动者徐某表示郊区太远，不太方便，不愿意去。

丙公司在与徐某的协商过程当中，提供了班车、郊区津贴、宿舍等条件，希望继续履行劳动合同，尽可能减少了变更因素对劳动合同履行的影响，应当说该方案具有较高的合理性。

在此情况下，如果丙公司解除与徐某的劳动关系的话，也是符合《劳动合同法》第40条第3项的规定的。

上述案例表明，我们在审查协商方案合理性的时候，要综合考量劳动者的薪资、岗位、工作内容、工作地点以及未能达成一致的原因，看用人单位是否已经尽到诚实磋商义务。如果用人单位未能就协商方案的合理性进行举证，那么解除行为就会被认定为违法。

以上就是我们对无过失性辞退中情势变更的司法认定进行的解读。

下面我们对今天的课程做一小结：

对于客观情况发生重大变化的认定，应当注重审查变更原因力来源，只有用人单位之外的事由，并且该事由对于劳动力交换条件的变动产生主要影响的，方能构成；

对于劳动合同无法履行的认定，可以引入解雇的“最后手段”原则，解雇应

当是用人单位终极的、无法回避的、不得已的手段；

对于未能就变更劳动合同内容达成协议的审查，应当注重审查协商方案的合理性以及未能达成一致的原因，以便使我们更加充分全面地理解贯彻情势变更原则在《劳动合同法》中的适用，进一步促进劳动关系的和谐稳定。

感谢大家的关注，再见！

区分原则和善意取得制度在司法实践中的理解与适用

主讲人　毛海波

- 原上海市第一中级人民法院商事审判庭副庭长、领军人才培养对象
- 现上海市浦东新区人民法院副院长
- 三级高级法官
- 上海法院审判业务专家
- 华东政法大学国际经济法学博士
- 主要研究方向民商法
- 上海法学会互联网法学研究会理事
- 上海对外经贸大学、上海外国语大学硕士研究生导师
- 2018 年入选上海市首届青年法学法律人才库
- 发表专著《国际展会知识产权保护研究》（该文入选上海法学文库）
- 在《人大复印资料》《法律适用》等期刊发表论文 30 余篇
- 论文、案例分析在国家商务部、全国法院系统多次获奖
- 参与、执笔国家社会科学基金青年项目课题、中国法学会课题等多个课题
- 曾获上海法院系统个人二等功、合议庭二等功等荣誉

大家好，我是来自上海市第一中级人民法院的毛海波。今天和大家分享区分原则和善意取得制度在司法实践中的理解与适用问题。我们先来看一个案例。

案例 1

甲把自己的物品卖给乙，同时完成了交付，之后甲和乙之间的买卖合同被宣告无效，乙并未将这个物品返还给甲，而是将其卖给了丙。

一、乙和丙之间的买卖合同是否有效

乙将不属于自己的物品出卖给丙，这个行为构成无权处分。就无权处分的合同效力而言，我国《合同法》第51条规定，无处分权的人处分他人财产，事后如果取得处分权，或者经所有权人追认的，那么这个处分合同就有效。

那么换一句话，如果说无权处分的人事后没有取得处分权，或者说事后没有得到所有权人的追认，那么这个处分合同就无效。这样一种规定合不合理，有没有法理依据呢？

我们可以把交易的行为分为两个步骤：

（一）债权行为

首先，出卖人和买受人之间签订一个买卖合同，双方之间互负债权债务关系，这样一个行为我们又叫作债权行为，也就是说，是引起物权变动的原因行为。

（二）物权行为

然后，履行期届满，出卖人将这个物，现实地交付给买受人，买受人取得了这个物的所有权，这个行为我们又叫作物权行为，也叫作引起物权变动的结果行为。

然后我们发现，如果说出卖人没有这个物的所有权，仅仅可能影响到买受人能不能现实地取得物的所有权，但是不影响买受人可以基于一个有效的合同，向出卖人主张违约责任。也就是说，把物权变动的原因行为和物权变动的结果行为相互进行区分，这样一种法理我们又叫作“区分原则”。

“区分原则”在我国《物权法》中得到了体现。我国《物权法》第15条[①]规定，双方当事人订立一个引起物权变动的合同，合同一成立就生效，之后物权是否进行变更登记，不影响该合同的效力。《关于审理买卖合同纠纷案件适用法律问题的解释》（以下简称《买卖合同司法解释》）则进一步明确，当事人如果以出卖人一方在出卖标的物时属于无权处分为由，请求人民法院宣告这个买卖合同无效的，人民法院不予支持。

所以上述案件中乙和丙的买卖合同应被认定为有效，我国《合同法》第51

① 对应《民法典》第215条。

条，将债权行为和物权行为进行了混淆，违反了“区分原则”，应当予以废弃。（2020 年 5 月 28 日颁布的《民法典》已经删除相关内容。）

从现实角度来分析，如果说由于乙属于无权处分，导致丙不能取得这个物的所有权，而丙又不能根据一个有效的合同，向乙主张违约责任，对丙显然也不公平。

然后我们进一步思考，在“区分原则”的情况下，为什么乙和丙之间的买卖合同就一定是有效的，有没有一个根本性的法理来对它进行判断。我们知道乙和丙之间签订合同的行为属于债权行为，而债权行为又属于法律行为的一种。就法律行为的效力判断而言，我国《民法总则》第 143 条[①]规定了三个要件：（1）当事人具有相应的民事行为能力；（2）意思表示真实；（3）不违反法律、行政法规的强制性规定，不违背公序良俗。

在司法实践中，第一个和第三个要件争议不大，主要就在于第二个要件，即双方的意思表示是否真实。

然而我们看来，乙将不属于自己的物品卖给丙，在这个交易模式中，出卖人是乙，买受人是丙，对于乙而言，虽然这个物品不是自己的，但是他确有将这个物卖给丙的真实意思表示。而对于丙而言，由于乙持有了这个物品，所以他认为乙就是所有权人，他也有与乙进行交易的意思表示，买卖双方的意思表示真实，所以这个合同应当被认定为有效。

二、丙能否取得这个物品的所有权

我们回答第二个问题，在乙构成无权处分的情况下，丙能否取得交易标的物的所有权？我国《物权法》第 106 条[②]规定，无权处分人处分他人财产，原则上所有权人可以予以追回。但是，如果第三人的交易行为符合下面几个要件的话，他可以基于善意取得制度取得交易标的的所有权。第三人的行为构成善意，也就是说，他不知道出卖人的行为构成无权处分；他支付了合理的对价；第三人完成了公示行为，对于动产而言，第三人取得了占有。对于不动产而言，这个不动产就登记在他的名下。

善意取得制度在司法实践中应用相当广泛，然而现实问题相当复杂，有些案

---

① 对应《民法典》第 143 条。

② 对应《民法典》第 311 条。

件是否适用善意取得制度，在审判实践中也存在争议。

案例 2

我们来看下面一个案件。

甲是一套房屋的所有权人，乙是他的妹妹。有一天，乙趁甲不在，把甲的房产证偷出来，然后乙又冒充甲的名义向公安机关申领了一张二代身份证，并将这个房屋到中介去挂牌交易。丙不知道乙冒充甲的情况，与乙发生了交易，支付了合理的对价，并现实地将这个房屋登记到自己的名下。

（一）乙冒充甲与丙签订的合同是否有效？

首先，我们来回答第一个问题，乙冒充甲与丙签订买卖合同的效力判断问题，还是《民法总则》第 143 条有关意思表示是否真实的规定。乙冒充甲把房屋出卖给丙，所以这个房屋买卖合同的出卖方只能签上甲的名字，而不能签上乙的名字，所以说出卖人应当是甲，买受人是丙。那么对于甲而言，他根本就不清楚这套房屋被出卖的事实，所以更不存在对他意思表示是真还是假的判断问题。对于丙而言，他确实有与甲进行交易的这样一种意思表示，然而他却把乙误认为甲，交易对象发生了错误，所以丙的意思表示不真实。出卖人不存在出卖房屋的意思表示，买受人买卖房屋的意思表示不真实，所以这个买卖合同不成立。

（二）丙是否可以取得该房屋的所有权？

那么在买卖合同不成立的情况下，丙能否基于善意取得制度取得这套房屋的所有权呢？要回答这个问题，我们一定要厘清善意取得制度的来源以及它的制度本旨，首先我们来看它的来源。

1. 日耳曼法

善意取得制度来源于日耳曼法的以手护手原则，它的基本精神是“前手的交易瑕疵不及于后手”。

举个简单的例子，甲把自己的物品卖给乙然后进行了交付，之后甲和乙之间的买卖合同被宣告无效。但是，如果说乙拿了这个物品以后与丙签订买卖合同，同时把这个物品交付给丙，丙照样可以取得这个物品的所有权，根本不受甲和乙之间买卖合同有效还是无效的影响。因为甲和乙之间的交易以及乙和丙之间的交易，是相互独立的，显然这种交易模式，对买受人更为有利，然后我们再来看古罗马法。

2. 古罗马法

古罗马法的法律精神是“任何人不得将大于自己的权利转让于他人”。同样刚才的案例，甲把自己的物品卖给乙并完成交付，之后他们之间的交易行为被宣告无效，乙将这个物品卖给丙并交付，丙又卖给丁并进行交付。这个时候，如果说由于甲和乙之间的买卖合同已经被宣告无效，所以不管这个物品流转到任何人的手里，所有权人甲都可以予以追回。显然，这种制度对所有权人的保护更为有利，而对买受人显然更为不利。

为什么会产生两种完全不同的制度?

1. 古罗马

经济基础决定了上层建筑。我们先来看古罗马法，古罗马时期是个自然经济的状态，居所相对固定，大家处于一个熟人社会，所以这个物品归谁所有，原则上社区里的人都清楚。如果说乙拿了甲的东西出卖给丙，丙不查明这个物品是甲所有的话，原则上丙有过错，因为丙是很容易查明的。

2. 日耳曼

但是日耳曼民族不同，日耳曼是一个马背上的民族，马背上的民族的特点就是居无定所，大家处于一个陌生人的社会。在这种情况下，交易双方都不认识，如果买受人与出卖人进行交易时，需要了解这个物品是出卖人自己的，还是出卖人偷来的或者抢来的，显然不利于交易的进行。所以，以手护手原则确定的最根本的一个核心，就是买受人基于对出卖人占有这个物的信赖，推定出卖人就是这个物的所有权人，以此进行的交易就应当受到法律的保护。

3. 现代

然后慢慢发展到现代，大家发现这两种制度的保护都过于偏颇。我们能不能在静态所有权的保护和动态交易安全的保护之间达到一个平衡状态呢?我国《物权法》第106条就是最好的证明。原则上，当无权处分的人处分他人财产的时候，所有权人都可以追回，这是基于罗马法的规定。但是，当第三人的行为符合善意取得要件的时候，那么第三人的交易就应该得到保护。第三人如何得到善意取得制度的保护，根据以手护手原则，必须有两个要件。第一个是公示发生错误；第二个是第三人基于对这种错误的公示产生信赖并从事交易。

什么叫公示发生错误?我们都知道，动产的公示是占有，不动产的公示是登记。所以对动产而言，公示错误就意味着占有这个动产的人不是真正的所有权人；对于不动产而言，公示错误就意味着房屋等不动产的登记名义人不是真正的所有权人。所以，对于不动产交易而言，第三人要基于善意取得制度取得这个不动产的所有权，必须满足两个要件：第一个是登记发生错误；第二个是第三人基于这种错误的登记而与无权处分人发生了交易。

然后我们来看刚才的案例，乙冒充甲与丙进行交易的情形，在这种情况下，登记没有发生错误，还是登记在甲的名下，而丙也不是基于登记的错误，而与登记名义人发生交易并产生信赖，仅仅是把乙误认为房屋的所有权人而与乙进行了交易。所以这样一种交易模式，不能得到善意取得制度的保护。

现实生活中，各种各样类型的相关案件大量存在，法官要准确地适用善意取得制度，只有理解善意取得制度的来源、发展变化以及它的制度本旨，才能够正确地适用法律，定分止争，作出公正的裁决。

好了，以上就是对区分原则和善意取得制度在司法实践中的理解与适用的介绍，感谢大家的关注，再见！

违约金调整的法律适用

主讲人　金绍奇

· 原上海市第一中级人民法院民事审判庭副庭长、领军人才培养对象

· 现上海市松江区人民法院副院长

· 三级高级法官

· 复旦大学法学博士

· 复旦大学司法研究中心兼职研究员

· 主要研究方向民商法、民事诉讼法

· 参与编写《模拟法律诊所实验教程》《个案全过程新论——以集中审理为中心》等专著

· 在《复旦大学法律评论》《人民司法》等刊物发表论文20余篇

· 论文、案例多次在最高人民法院组织的评选活动中获奖

· 参与、执笔国家社科基金重大项目、国家社科基金青年项目、复旦大学双一流项目等课题

大家好，我是来自上海市第一中级人民法院的金绍奇。今天和大家分享的主题是“违约金调整的法律适用”。今天的讨论主要分为三部分：违约金的性质和功能；违约金调整的考量因素；违约金调整的举证责任。

一、违约金的性质和功能

首先，我们来看一下违约金的性质和功能。我国《合同法》第114条[①]第1款

① 对应《民法典》第585条。

规定，当事人可以约定一方违约时，应当根据违约情况向对方支付一定数额的违约金，也可以约定因违约产生的损失赔偿额的计算方法。据此而言，我国《合同法》规定的违约金实际是对损失赔偿额的预定，本质上是为了补偿守约方因为对方违约而产生的损失。当然，在约定的违约金高于守约方的损失的时候，自然又体现出对违约方的惩罚。因此可以说，我国《合同法》规定的违约金，兼具补偿性和惩罚性，但是是以补偿性为主，纯粹的惩罚性违约金并不被我国《合同法》承认。

我们接下来看一下违约金的功能，违约金的功能在于免除守约方对损失的举证责任。我们知道，在当事人没有约定违约金的情况下，如果守约方主张法定的损失赔偿的，就必须提供充分的证据证明因对方违约而产生的实际损失。而在双方约定违约金的情形下，守约方可以直接主张违约金，而免予承担对其损失的举证责任，正是因为违约金的主要性质具有补偿性，才衍生出了违约金的调整问题。换句话说，违约金的调整是基于合同正义原则，对合同自由或者说当事人意思自治的干预。

二、违约金调整的考量因素

接下来我们讨论第二个方面，关于违约金调整的考量因素。我国《合同法》第 114 条第 2 款规定，约定的违约金低于造成的损失的，当事人可以请求人民法院或仲裁机构予以增加，约定的违约金过分高于造成的损失的，当事人可以请求人民法院或者仲裁机构予以适当减少。在违约金调整的时候，首先需要确定一个前提，就是刚才讲的《合同法》的规定，存在低于造成的损失或者过分高于造成的损失的情形，才需要对违约金进行调整，这里首先要判断两个问题。

第一个问题就是损失的标准。在违约金调整当中作为参照的损失，根据全国（法院）民商事审判工作会议纪要的精神，是指《合同法》第 113 条规定的损失，包括合同履行后可以获得的利益。比如说，在房屋买卖合同纠纷当中，房价上涨的情况下，房屋买卖合同能够正常履行的话，守约方或者说买受人可以获得的这部分溢价，就是典型的合同履行的利益。

第二个问题是要考虑什么叫“过分高于”？根据相关司法解释，“过分高于”是指超过造成损失的 30%。当然这是一般的情形，尤其需要注意的是，除借款合同外的双方合同，作为对价的价款或者报酬给付之债，并非借款合同下的还款义务，我们不能简单地以受法律保护的民间借贷的利率上限，作为判断违约金是否过高的标准。

那么我们接下来再看一下，违约金调整的具体考量因素，根据我国《关于适用〈中华人民共和国合同法〉若干问题的解释（二）》（以下简称《合同法司法解释（二）》）[①] 第29条第1款，以及2009年最高人民法院《关于当前形势下审理民商事合同纠纷案件若干问题的指导意见》的规定，违约金的调整应当以违约造成的实际损失作为基准。在公平原则和诚实信用原则下，具体考量以下五个方面的因素：合同的履行情况、当事人过错程度、当事人预期利益、当事人缔约地位的强弱、是否适用格式合同和条款等予以综合权衡。

那么在具体案件当中，如何来对违约金进行合理的调整呢？

我们以当事人的过错程度为例。比如，在房屋买卖合同纠纷当中，出卖人因为房价上涨而恶意违约的，为了体现违约金的惩罚性，我们对违约金的调整幅度可以相对较小，调整以后的违约金可以更加接近于违约造成损失的130%。相反，如果当事人的过错程度较小，如房屋买卖合同纠纷当中，出卖人因为其他债权债务纠纷，导致交易房屋被查封而合同无法履行的，调整以后的违约金可以更加接近于违约造成的实际损失。

在违约金调整当中，实际上关于约定违约金，是否存在过分高于实际损失的情形，往往也是当事人的争议焦点，这当中就涉及违约金调整的举证责任分配问题。

三、违约金调整的举证责任

我国《最高人民法院关于适用〈中华人民共和国民事诉讼法〉的解释》（以下简称《民事诉讼法司法解释》）第90条第1款和第2款，分别规定了两种举证责任。

其中第1款规定了主观举证责任，也就是提出证据的责任。第2款规定了客观举证责任，也就是在争议事实真伪不明的情况下，由谁来承担不利后果的裁判规则。

刚才我们已经讨论过，违约金的功能在于免除守约方对于违约造成损失的举证责任，这里的举证责任实际上指的就是客观举证责任。因此，在违约金调整当中，应当由违约方对是否存在过分高于损失的情形，承担客观举证责任。当是否

① 该司法解释虽已被废止，但相关内容已被《民法典》吸收，相关规范在司法实务中依然有效。

存在过分高于损失的情况不能确定的时候，应当由违约方来承担不利后果，也就是说对他请求调整违约金不予支持。在讨论违约金调整的举证责任的时候，有一个问题也需要注意，就是证据的实际掌握情况不改变客观举证责任的分配。我们都知道，守约方的损失的相关证据，通常来说都是由守约方掌握的，但绝不能因此而简单地将客观举证责任分配给守约方，不然就有悖于违约金的基本功能。

那么在司法实务当中，如何来认定守约方的损失呢？我们可以从以下三个方面来考虑。

第一个方面，违约方应当提供初步的证据证明守约方的损失。哪怕是违约方认为守约方实际并没有产生损失的，也应当尽合理的说明义务，我们同样以房屋买卖合同纠纷为例。比如说，买受人违约的，他请求调整合同约定违约金，理由是因为房价上涨了，所以其实出卖人并无实际损失。

第二个方面，如果违约方认为守约方的相关损失是由守约方掌握的，那么他可以在举证期限届满之前，书面申请人民法院责令守约方提交，这就是证据法上的书证提出命令制度。我国《民事诉讼法司法解释》第 112 条和第 113 条，以及修订以后于 2020 年 5 月 1 日实施的最高人民法院《关于民事诉讼证据的若干规定》第 45 条至第 48 条，对我国的书证提出命令制度作出了具体的规定。

第三个方面，根据民事诉讼双方当事人应当遵循的诚实信用原则，双方当事人在诉讼当中都有真实陈述的义务。守约方对于对方违约造成的损失也应当具体地陈述，尤其是当违约方已经提供初步证据证明，违约造成的损失与违约金相比，存在违约金过分高于造成损失的情形的，那么守约方应当提供相反的证据，来证明自己的事实主张。这也是我们刚才讲到的《民事诉讼法司法解释》第 90 条第 1 款规定的提出证据的责任。

刚才我们讨论了违约金调整当中的三个方面的问题，下面我们做一下简单的回顾和小结。

我国《合同法》规定的违约金实际上兼具补偿性和惩罚性，是以补偿性为主的。它的功能是免除守约方对于损失的举证责任，对违约金进行调整的时候，应当以违约造成的实际损失作为基准，根据公平原则和诚实信用原则，综合考量当事人过错程度、合同履行情况、预期利益、当事人缔约地位强弱、是否使用格式合同和条款等因素。守约方主张违约金，而违约方认为约定违约金过分高于造成的损失的，应当对过分高于损失的事实承担客观的举证责任。

好了，以上就是对“违约金调整的法律适用”的介绍，感谢大家的关注，再见！

建设工程领域“黑白合同”的认定及处理

主讲人 叶 兰

· 原上海市第一中级人民法院民事审判庭副庭长
· 现上海市杨浦区人民法院副院长
· 三级高级法官
· 上海法院审判业务骨干
· 华东政法大学法学硕士
· 主要研究方向民商法
· 曾荣立上海法院系统个人二等功 2 次、三等功 1 次、嘉奖多次
· 曾 3 次获评上海法院办案标兵

大家好，我是上海市第一中级人民法院的叶兰。今天要和大家交流的内容是，建设工程领域“黑白合同”的认定及处理。在建设工程合同纠纷案件中，经常会出现双方就同一工程项目，签订两份在实质内容上存在差异的合同，也就是我们俗称的“黑白合同”。在司法实践中，准确把握“黑白合同”的含义，明确界定“黑白合同”的法律性质及处理原则，对维护建筑市场合法有序的环境具有重大意义。今天我们从四个方面对“黑白合同”进行分析：“黑白合同”的概念；“黑白合同”的表现形式；“黑白合同”的认定标准；“黑白合同”的处理原则。

一、“黑白合同”的概念

首先，我们来看第一个问题，“黑白合同”的概念。

“黑白合同”并不是一个法律上的概念，建筑工程领域“黑白合同”现象的存在，是由于我国招投标制度的相关规定。建筑工程事关民生，涉及国家及社会公共利益，因此对于一些特定的建设工程项目我国是采取强制招投标制度，同时实践中，对于一些不属于必须招投标的工程项目，建设方也会采取招投标的制度来寻求更合适的施工企业。

我国《招标投标法》第46条中明确规定，招标人和中标人应当按照招标文件和投标文件签订合同，不得再行签订背离实质性内容的其他协议。《最高人民法院关于审理建设工程施工合同纠纷案件适用法律问题的解释（二）》（以下简称《建设工程司法解释（二）》）第1条、第9条[①]，也对招投标过程中双方另行签订协议，背离中标合同实质性内容的情形作出了规定。根据上述法律和司法解释的规定，我们可以给“黑白合同”作出如下定义：所谓“白”合同，就是建设工程项目经过招投标程序，发包人与承包人签订的中标合同；而“黑”合同，就是双方在中标合同之外另行签订的，与中标合同存在实质性差异的合同。实践中需要把握三个关键点：

第一，不区分建设工程项目是否属于必须招投标的范围，只要履行了招投标程序就应当接受相关法律法规的约束。

第二，不以中标合同备案作为前提条件，只要是发包人与承包人根据招投标文件签订的施工合同就应当认定为“白”合同。

第三，双方私下签订的合同必须对中标合同的内容，构成实质性的变更或者背离，才会产生“黑白合同”的法律效果。

二、“黑白合同”的表现形式

接下来我们看第二个问题，“黑白合同”的表现形式。

“黑白合同”根据其形成原因和形成时间的先后顺序，可以区分为招标前、招标中和中标后三个阶段。

第一个阶段：招标前

在招标前发包人与承包人已经就工程项目的施工，达成合意并且签订了“黑”合同，也就是说在招标前已经确定了中标人，然后通过形式上的招投标程序确定由该承包人中标，双方再签订中标合同，这就是典型的明招暗定，属于虚假招投标行为。

---

① 对应《最高人民法院关于审理建设工程施工合同纠纷案件适用法律问题的解释（一）》第2条。

第二个阶段：招标中

此时中标人尚未确定，发包人以中标为前提与某一个投标人达成合意，签订“黑”合同，然后再发出中标通知书签订“白”合同，但是实际双方都确认按照“黑”合同来执行。

第三个阶段：中标后

招投标程序已经结束，中标人已经确定并且签订了中标合同，招标人利用自己的强势地位，要求中标人与自己签订补充协议来修改中标合同的实质性内容，构成实质上的“黑”合同。

三、“黑白合同”的认定标准

在分析了“黑白合同”的概念和表现形式之后，我们来看第三个问题，“黑白合同”的认定标准。

是否双方当事人在中标合同之外，私下订立的所有合同都构成“黑”合同呢？

答案是否定的。认定“黑白合同”的标准是要看双方私下签订的合同，是否对中标合同的内容构成实质性的变更。实践中可以从四个方面进行考量：工程范围、建设工期、工程价款以及工程质量。

（一）工程范围

工程范围确定了承包人的施工边界以及利润的多寡，也是承包人在投标时重要的考虑因素之一。因此工程范围的变化属于对中标合同实质性内容的变更，常见的表现形式是发包人在中标之后，通过指定分包的形式来缩小承包人的施工范围。需要注意的是，对于设计变化、规划调整而带来的工程范围的变化，也不能一概直接地认定构成实质性的背离。

（二）建设工期

投标人在投标文件中确定的竣工时间，是其能否中标的关键要素之一。因此在工程设计、工程范围没有发生重大变化的情况下，发包人与承包人另行签订合同缩短或者延长工期，都属于对中标合同构成实质性的变更。

（三）工程价款

变更工程价款是“黑白合同”最常见的情形，《建设工程司法解释（二）》

第1条第2款，对四种典型的降低工程价款的形式作出了明确的规定，即以明显高于市场价格购买承建房屋、无偿建设住房配套设施、让利、向建设单位捐赠物资。除此之外，实践中出现的下浮结算款、改变计价规则，也应当认定为对中标合同构成了实质性的变更。

（四）工程质量

施工质量与承包人的施工能力密切相关，尤其对于一些工艺要求高的工程项目，更是对承包人的施工能力提出了特殊的要求。这也是我国对于建筑企业实行资质等级化管理的初衷，对于超越自身施工能力的工程项目，承包人在中标后，又与发包人签订合同来降低施工质量、降低施工工艺，应当认定对中标合同构成了实质性的变更。

综合以上几点，我们可以得出的结论是，如果双方私下签订的合同变更了中标合同的工程范围、建设工期、工程价款以及工程质量，则应当认定属于实质性的变更，构成“黑白合同”，变更无效。反之，则应当认定属于非实质性的变更，不构成“黑白合同”，变更有效。

四、“黑白合同”的处理原则

“黑白合同”的处理要区分三种不同的情况，中标有效、中标无效以及非强制招标工程的合理变更。

第一种情况：中标有效

根据司法解释的相关规定，在中标有效的前提下，应当根据中标合同来确定双方的权利和义务，也就是“白”合同优先适用的原则。《建设工程司法解释（二）》将“白”合同优先适用的范围，从原来的工程价款拓展到了工程范围、建设工期、工程质量等实质性的内容。

实践中需要注意的是，“白”合同的优先适用也有限制和例外。《建设工程司法解释（二）》第10条①规定，如果中标合同与招标文件、投标文件、中标通知书载明的建设工期、工程质量、工程价款、工程范围不一致的，当事人要求以招投标文件和中标通知书结算工程价款的，人民法院应当予以支持。

第二种情况：中标无效

① 对应《最高人民法院关于审理建设工程施工合同纠纷案件适用法律问题的解释（一）》第22条。

在中标无效的情况下，根据司法解释的规定，应当认定“黑”合同和“白”合同均无效，此时双方应当按照实际履行的合同来进行结算。如果实践中双方签订了多份合同，而无法判断到底履行的是哪一份合同，按照后合同优于前合同的原则，可以参照双方最后签订的合同来作为结算工程价款的依据。

第三种情况：非强制招标工程的合理变更

如果在实际履行中发生了客观情况的变化，如原材料与工程设备的价格变化超出了市场正常的涨跌幅度、人工单价发生了重大变化、建设工程规则以及设计发生了重大变更。如果出现这些当事人意志以外的客观情况的变化，双方可以另行签订合同来进行调整，由此发生的变更应当认定有效，可以作为双方结算工程价款的依据。

好了，以上就是对建设工程领域“黑白合同”的认定及处理的介绍，感谢大家的关注，再见！

劳动合同到期终止用人单位免除经济补偿金的审查

主讲人　王　茜

· 上海市第一中级人民法院立案庭副庭长

· 三级高级法官

· 上海法院审判业务骨干

· 华东政法大学法律硕士

· 主要研究方向侵权、劳动争议、民事诉讼程序等

· 曾任职于上海市高级人民法院，负责起草出台近20个指导意见

· 所办案件被评为全国十大调解案例、全国指导性案例、全国优秀案例，上海法院百例示范庭审、百篇优秀文书、百例精品案例

· 参与编著《民法典适用与司法实务》《民法典必修课》《民法典实施精要》等法学专著

· 2020年被选为上海市民法典宣讲团成员，开展近20场民法典宣讲

· 曾获上海法院系统个人三等功三次、全市办案标兵、上海法院审判业务骨干等

主持人　钟嫣然

· 原上海市第一中级人民法院民事审判庭一级法官助理

· 现上海市浦东新区人民法院商事审判庭审判员

· 华东政法大学法律硕士

· 主要研究方向劳动法、民商法

· 参与多项市级调研课题，其中执笔的上海法院重点调研课题获评优秀

· 参与汇编《劳动争议典型案例及裁判观点》一书

· 在《上海审判实践》《企业与法》等出版物发表论文数篇
· 曾获上海市第一中级人民法院优秀共产党员等荣誉

钟：大家好，欢迎来到上海市第一中级人民法院微课程，我是钟嫣然。今天要和大家分享的是劳动合同到期终止用人单位免除经济补偿金的审查，参与讨论的是我们民事审判庭副庭长、三级高级法官王茜老师，欢迎王老师。

王：主持人好，大家好！

钟：我们知道，《劳动合同法》第46条规定了劳动合同到期终止用人单位的补偿金义务及例外。在劳动合同终止所引发的纠纷中，如何去审查用人单位是否符合无须支付经济补偿金的情形，是我们今天所要讨论的主题。

钟：首先，请教一下王老师，我们知道1993年的《劳动法》其实并未将劳动合同到期终止列入应支付经济补偿金的情形，直到2007年《劳动合同法》才将此列入。对此您是怎么看的呢？

王：这需要先讨论一下经济补偿金的一个性质。《劳动合同法》立法工作尚未开启之前，学界对此总体上已经形成了“劳动贡献说”“法定违约金说”和“社会保障说”三种代表性的观点。但是在实践中还是以赞成“社会保障说”者居多。

钟：能否跟我们简单介绍一下？

王：好。“社会保障说”认为，基于《宪法》《劳动法》对公民生存权保护的需要，国家要求用人单位在解除劳动合同时必须支付给劳动者一定的经济补偿，用来帮助劳动者度过生活和医疗费用无来源的失业阶段。

钟：我发现其实《劳动合同法》的出台实际上也是从立法层面肯定了这个理论。

王：是的，该制度的立法目的是以企业责任法定化的方式为被动终止劳动关系的劳动者提供失业期间的过渡性的物质补助。另外，也旨在限制劳动关系短期化的现象，防止用人单位为规避关于解除劳动合同需支付经济补偿金的规定而签订短期的劳动合同，以构建一个和谐稳定的劳动关系。

钟：那从王老师所介绍的立法目的也可以看出，在劳动合同到期终止的情况下，用人单位原则上还是应当支付经济补偿金的。但《劳动合同法》第46条第5项明确了一种例外情形，即用人单位维持或提高劳动合同约定条件续订劳动合同的情况，这时候如果劳动者不同意，那么用人单位就无须支付经济补偿金。

王：这也是实践中用人单位的主要抗辩事由和法律依据。

钟：那我们在实践中应当如何去审查用人单位这个抗辩理由是否成立，或者说是否符合法定的这种例外情形呢？

王：那么，首先我们还是要明确一个大的前提，用人单位应当就其符合该例外情形承担一个举证责任。在此基础上，从用人单位是否作出续订的意思表示、是否提出维持或提高原劳动合同条件、是否系因劳动者不同意续订而终止三个方面具体来进行审查。

钟：说到用人单位的意思表示，我想到了近期的一个案例。我先简单介绍一下：谭某与A公司最后一期劳动合同是于2021年3月31日到期。谭某也是工作到这日，此后就没有去上班。同年的4月1号到8号，A公司的法定代表人、人事、技术部经理都多次通过微信联系谭某，询问他为什么没来，为什么不接电话，休息几天等，但谭某均没有答复他们。后谭某申请仲裁要求公司支付经济补偿金，双方进一步致诉。那么对于这个案子，王老师，您是怎么看的呢。

王：这个案子我记得，这案子最后用人单位是主张谭某不同意续订，但实际上我们还是首先应当对用人单位是否作出续订意思表示来进行审查。对此，我想先听听你的意见？

钟：正如您刚才所讲的，A公司它是主张无须支付经济补偿金，那就应对其符合法定情形承担相应的举证责任。这个案子我觉得表面上看好像一直是A公司在积极联系谭某，对方一直消极对待，但从查明的事实来看，其实看不出A公司曾经明确作出过续订合同的意思表示。所以我想A公司其实是不是还未完成它的一个举证义务呢。

王：嗯，你的思路还是比较清晰的。实际上这个案子一审和二审是有不同的裁判结果的。

一审法院认为从A公司积极磋商而谭某消极应对的行为来看，本案是因为谭某不同意续订合同而导致合同到期终止的，所以A公司是无须支付经济补偿金的。二审的观点就与你刚刚说的是一样的，二审就认为A公司虽然后续联系了谭某，但时间上都是在合同到期终止之后，内容上也看不出来是维持或者提高原合同的条件续订，所以最终二审法院进行了一个改判。

钟：也就是说对用人单位续订意思表示的作出应当是注意审查它作出的一个时间以及它作出的具体的意思表示内容？

王：对，总结得很准确，就是要注意时间标准和形式标准。那么时间上，用人单位应当在合同期满前告知劳动者是否续订、以何条件续订劳动合同，如果劳动者同意续订的，还应当在劳动合同期满前完成一个续订的手续。

钟：这还是比较好理解的，毕竟这个劳动合同期限届满就产生了一个劳动关系自然终止的法律后果。

王：是的。除此之外，也是为了使劳动者对原劳动合同到期后是否续订有一个合理的预期，以便提前准备再就业等。

钟：我想这是不是也是考虑到劳动关系是否延续关涉到劳动者此后一定期间的生存权益。

王：没错。另外，形式上，用人单位作出续订合同的意思表示应当要明确。这个明确一个是要让劳动者认识到用人单位有与他续订劳动合同的意愿。另一个也就是续签的条件应当是明确的。

钟：所以在刚才的案例中，除了不符合时间标准，A 公司也并未作出明确的续订的意思表示，所以即便从公司领导的沟通内容来看可以在一定程度上推导出公司可能愿意续签的这个意愿，但公司也并未就续订合同的条件进行明确的说明或者沟通。

王：是的。那么第二个方面是维持或提高原劳动合同条件的一个识别，这就需要我们法官依据证据材料以及经验法则来加以判断。对此，我个人认为至少有三点是需要在具体审理中注意的。

钟：能不能为我们详细地展开一下。

王：好。首先，因为劳动关系是一个持续履行的状态，双方往往可能通过实际履行的方式改变了部分合同约定的一些条款，所以原劳动合同条件不应当拘泥于双方的书面合同的约定，而应当以原劳动合同终止前所达成的约定条件作为一个基准。

钟：但实践中，我发现原合同条件如果发生变更，但双方又未能对此达成一致的，情况往往就非常复杂。我们再来看一个案例：

B 公司与张某的合同于 2021 年的 12 月 31 日到期，到期前 B 公司告知因为张某未履行岗位职责决定对其降薪并据此补发了前三个月的工资。同一天 B 公司还发出劳动合同的续签通知书，张某就回复同意续签但不同意降薪决定。最终双方的合同并未续签。那么对于这个案例，王老师，您又是怎么看的呢？

王：这个案子在我们实践中碰到的也不少，实践中确实存在大量的因为履行变更争议导致劳动者不同意续签合同的情形。这个案例就是典型的劳动合同变更纠纷与终止补偿金纠纷并存的一个案件。

钟：对于这类情况应该如何去固定原劳动合同条件，进而就续订条件是否维持或提高进行一个准确的识别？是不是应该对原合同条件的变更进行一个实质性的审查呢？

王：对此，如果用人单位未能举证证明双方就变更条件已经达成一致，则需要结合先行为即原合同履行过程中相应的条件的降低是否合理来进行一个综合评判。

钟：也就是说还是要就先行为的变更的合理性进行一个实质性的审查。

王：是的。如果调岗降薪行为有充足的依据，用人单位实际上也照此执行了，那么就以变更后的标准为原劳动合同的条件。相反，如果降薪欠缺依据，如存在恶意降薪的情况，双方也不能达成一致的，则不宜将变更后的标准作为原合同条件来比较。

钟：那如果双方就用人单位提出的一个续订条件的理解存在分歧呢，这时候应如何去认定续订的合同的条件呢？

王：此时应当以劳动者的视角来认定其所接收到的用人单位续订合同的条件。比如，刚才那个案例中，B 公司向张某发送了一个续订合同通知但没有明确具体的续签条件，同日公司还向其发送了一个薪资调整的通知，张某因此将续订条件理解为降薪后的标准，完全符合常人的理解。

钟：这个案件我还注意到，张某表示了同意续签但不同意降薪决定。那在这种情况下，按照常理，如果他对公司的意思表示理解有所偏颇，那公司会做进一步的解释和磋商。但实际上 B 公司好像并没有给予任何的回应。

王：是的，这也进一步佐证了 B 公司是以降薪后的标准为条件来要求续订合同的。所以要注意结合合同实际履行的情况、协商过程中双方的陈述内容来综合判断。

钟：我想，如果像 B 公司一样在续订通知中告知要降低一个工资标准，或者其他的，如说减少福利待遇、延长工作时间等，这些都是很明显的一个减损劳动者权益的情况，显而易见是属于降低原合同条件的。

王：是的。

钟：那如果仅仅是就变更工作岗位或工作时间、缩短或延长一个劳动合同的期限等，这种情况是否属于降低原合同条件，双方往往都是各执一词，法官对此也有较为宽泛的自由裁量权。这种情况下是否有一个可固化的判断标准或原则呢？

王：这就是我接下来要讲的第三点。关于维持或提高原劳动合同条件的一个识别，这个应当以劳动者的权益保护为基本原则来考量续订条件是否构成相对维持或提高。比如，你刚刚所讲的工作地点的变更，应以是否存在增加劳动者的通勤时间、交通成本等加重劳动者负担的情形作为考量的标准来加以判断。

钟：那么关于您刚才提到的第三点，对于劳动者不同意续订的审查。用人单位提出续订合同后，劳动者一般可能会以三种形式回应：一是直接回复不同意续订；二是回复同意续订但不同意续订条件；三是直接就不回复。对于这第三种情况，单位往往就主张是劳动者不同意续订。

王：是的，用人单位通常会抗辩是因为劳动者自身的原因导致合同未能续订的，这也是双方争议最聚焦的一个地方。就你刚刚所说的第一种情形一般是不太会存在争议的，但需要注意如果劳动者是因为不满意续订条件情况下的拒绝续订，这个本质上其实是与第二种情形没有差别的，可以一并讨论。

钟：本质上还是基于相同的事实，只是表现形式不同。

王：没错，对此应当注重对劳动者不愿意续订的原因力进行审查。就续订条件是否构成维持或提高原合同的约定条件，若构成，则用人单位无须再支付经济补偿金；相反，用人单位不能免除经济补偿金的一个支付义务。

钟：第三种情形，对于劳动者拒绝续订的一个举证责任，我发现存在两种不同的观点。一种观点认为，免除经济补偿金的举证责任，它是在用人单位的，所以用人单位也应该就劳动者拒绝续订承担相应的举证责任。但也有另一种观点认为，未回复续订通知或者未按期办理续订手续那是消极的事实，所以无法让用人单位就消极的事实承担举证责任，因此举证责任还是在于劳动者。对此，您怎么看的？

王：这个问题问得特别好。用人单位往往是以劳动者在指定期限内没有回复或未及时办理续订手续，而主张是因为劳动者的原因不同意续订的。我认为首先我们需要厘清的是，拒绝续订合同本身并非属于一个消极事实。劳动者原则上应当通过明示的意思表示作出，所以举证责任还应当在于用人单位。

钟：这么看来，这两种观点的冲突根本还是在于，用人单位举证证明已经向劳动者送达续订通知但没有得到回应的情况下，是否就已经完成了自己一方的举证责任，进而将举证责任转移给劳动者？

王：可以这么理解。根据《民法典》第140条的规定，沉默只有在有法律规定、当事人约定或者符合当事人之间的交易习惯时，才可视为意思表示。若在原劳动合同中有相关的条款，经双方当事人签字确认，不违反法律强制性的规定，可据此认定沉默产生相应的意思表示效果。

钟：实践中一般很少会在劳动合同或者规章制度中对这点作特别的约定。

王：那就难以仅凭用人单位单方出具的通知而认定劳动者的沉默产生了一个拒绝续订的意思表示效果。这时候就需要用人单位提供它积极磋商的记录，譬如说证人证言等证据来进行一个进一步的佐证。当用人单位所举证据能够互相印证，充分令人信服时，才足以将举证责任转移至劳动者。

钟：好的，谢谢王老师。您今天就劳动合同到期终止用人单位免除经济补偿金的审查为我们做了体系性的梳理，也解答了我心中很多疑惑。谢谢。

钟：最后让我来简单总结一下今天的课程：

第一，用人单位续订意思表示的作出应于劳动合同终止日之前，意思表示须足以明确；

第二，维持或提高原合同条件的识别应以合同终止前所达成的条件为基准，以劳动者视角固定其所接收的续订条件，以劳动者权益保护为原则，考量相对维持或提高；

第三，劳动者沉默不等同于拒绝续订。用人单位应证明双方存在沉默视为拒绝的约定或提交其他证据证明是劳动者拒绝续订。

钟：好，以上就是今天的全部内容，再次感谢王老师的精彩分享，也感谢大家的关注，再见。

王：再见。

民事诉讼中自认规则适用的几个难点问题

主讲人 任明艳

- 上海市第一中级人民法院民事审判庭副庭长
- 三级高级法官
- 武汉大学国际私法专业博士、法国巴黎第十一大学联合培养博士
- 上海法院审判业务骨干
- 上海市第一中级人民法院领军人才培养对象
- 上海青年法学法律人才库成员、上海首届涉外法律人才库成员
- 上海法学会商法研究会理事
- 主要研究方向为民商法学、国际法学
- 发表专著《国际商事仲裁中临时性保全措施问题研究》
- 合著《案例法理学》
- 在《法律适用》《法学》《人民司法》等刊物发表论文20余篇
- 参与执笔中国法学会、最高法院以及教育部等国家级课题6项
- 曾获得上海法院调研先进个人、法院系统业务能手、嘉奖等荣誉

大家好，我是上海市第一中级人民法院的任明艳。今天我跟大家聊一聊，民事诉讼证据当中的一个非常重要的制度——自认。

所谓自认是当事人对于己不利事实的承认，它是当事人行使处分权的结果，在诉讼中一旦作出自认，就会产生相应的法律后果。

对于自认方来说，根据诚实信用原则和禁反言原则，自认一旦作出，除非符合法定的情形，不得撤销或者变更。

对于自认的相对方来说，免除其对相关事实的举证责任，产生免证的法律后果。

对于法院而言，原则上应当将当事人自认的事实作为裁判的依据。

自认对于提高审判效率，降低诉讼成本具有十分重要的作用。那么今天我就结合审判实践，跟大家聊一聊自认规则适用中的几个难点问题。我今天的课程分为三个方面：诉讼外自认的效力，拟制自认的审查，限制自认的效力。

一、诉讼外自认的效力

首先，我们来看第一个问题，诉讼外自认的效力。

自认根据其作出的场合可以分为，诉讼中自认和诉讼外自认。根据《最高人民法院关于民事诉讼证据的若干规定》第 3 条第 1 款之规定，自认一般需要符合三个构成要件：（1）自认是当事人对案件事实的承认；（2）自认必须以明确的方式作出；（3）自认须发生在诉讼过程中。

这是我国的司法解释对诉讼中自认的规定。那么，对于诉讼外的自认能否产生自认的后果，我国的法律和司法解释并没有对此作出明确的规定。在实践中，诉讼外的自认一般分为五种情形：（1）当事人在公安、检察机关的问询和讯问笔录中所作的对其不利的事实陈述；（2）当事人在另案诉讼中所作的对己不利的事实陈述；（3）当事人在信函、电子邮件、传真或者其他即时通信工具中，所作的对其不利的事实陈述；（4）视听资料所记录的当事人对自己不利的事实陈述；（5）诉讼外的行为自认。

接下来我们来看两个案例。

· 案例 1

有一个老人在养老院死亡，养老院的负责人在公安机关的询问笔录中承认，老人的死亡是由于养老院护理不当所致，养老院愿意承担责任。后来死者的家属因为跟养老院协商未果，将养老院告上法院，要求养老院承担赔偿责任。法院在审理案件的过程中，养老院又辩称老人的死亡是由自身疾病所致，跟养老院没有关系，养老院不应当承担责任。那么这个案件引发的问题就是，法官能否将养老院负责人在公安机关询问笔录中所作的对其不利的陈述作为本案中其自认的事实，从而免除对方的举证责任呢？

· 案例 2

这是一个连环买卖合同纠纷案件，张三将货物卖给李四，李四又卖给王五，后来王五以货物质量存在问题为由，要求李四承担违约赔偿责任。在这个案件中李四就辩称货物不存在任何质量问题，不应当承担违约赔偿责任。后来张三又对李四提起了第二个诉讼，要求李四支付欠付的货款。李四在第二个案件中，又辩称张三提供的货物存在严重的质量问题，不应当支付货款。这两个案件引起的问题就是，法官能否将李四在前一个案件中陈述的对其不利的事实，作为后一个案件中其自认的事实，从而直接判决李四向张三支付欠付的货款呢？

我们认为，诉讼中的自认是当事人行使处分权的结果，具有严格的程序性，而诉讼外的自认其作出的时间、场合、方式不同，当事人所处的地位以及维护的利益也不同。因此，诉讼外的自认不能产生自认的法律后果，但是，这不妨碍一方当事人将另一方当事人在诉讼外的场合所做的对其不利的事实陈述，通过一定的证据方式向法庭提供。比如说，前面我们两个案件中所涉及的，公安机关的询问笔录以及当事人在法院庭审中所做的陈述，通过证据的方式向法庭提供。至于其证明力的大小由法官根据案件的情况，根据经验法则来进行综合判断。

好的，我们来探讨第二个问题。

二、拟制自认的审查

拟制自认是当事人对另一方当事人所主张的对其不利事实的沉默。它能够产生与自认完全相同的法律后果。拟制自认的法理基础在于诚实信用原则、辩论主义、高度盖然性原则以及诉讼经济主义。拟制自认的适用目的在于，促使当事人在法院庭审过程中进行积极的陈述，从而帮助法官发现案件的真相。在实践中拟制自认一般需要满足两个构成要件：（1）一方当事人对另一方当事人陈述的，对其不利的事实保持消极沉默的态度；（2）必须以法官行使释明权为前提条件。

· 构成要件一

我们来看第一个构成要件。拟制自认的基本特征就是，一方当事人对另一方当事人陈述的对其不利的事实既不承认也不否认，也就是保持沉默态度。但是在实践中我们会经常发现，有时候当事人以不知道、不记得或者是不清楚来作答的时候，能不能产生拟制自认的法律后果呢？

我国现行的法律和司法解释并没有作出明确的规定。我们认为，应当由法官根据案件的情况，来综合判断当事人做出此种答复，到底是基于客观的原因还是出于主观的故意而定。如果相关的事实不是当事人亲身经历、亲自感知的事实，其做出此种答复可以不适用拟制自认规则。那么反之呢，如果相关的事实是当事人亲身经历，亲自感知或者明知的事实，其仍然以这种方式来作答的时候，可以适用拟制自认规则。

· 构成要件二

我们来看第二个构成要件。由于拟制自认会对一方当事人产生非常严重的法律后果，所以必须以法官行使释明权为必要的条件。那么在实践中，法官的释明权可以分为三步：

第一步，询问当事人采取消极沉默态度的原因是什么，是否合情合理；

第二步，要告知当事人其行为有可能产生的法律后果，也就是要让当事人明确知晓其行为有可能构成拟制自认；

第三步，进一步询问当事人的态度，是否还要继续保持沉默，如果当事人还选择继续保持消极沉默的话，就可以适用拟制自认规则。

好的，我们接下来探讨第三个问题。

三、限制自认的效力

在实践中，一方当事人对另一方当事人主张的事实，有时并非毫不保留地承认，而是附加了一定的条件，这被称为限制自认，它是与完全自认相对的一个概念。根据最高人民法院《关于民事诉讼证据的若干规定》第 7 条之规定，对限制自认的效力，由人民法院综合案件情况决定是否构成自认，那么如何进行具体的判断呢?

限制自认在实践中可分为三种情形：(1) 部分自认；(2) 自认时附加独立的攻击和防御方式；(3) 附条件或者限制的承认。

情形一：部分自认

首先我们来看第一种情形，部分自认。部分自认是指一方当事人对另一方当事人主张的事实，部分予以承认，部分予以否认，则在这种情况下其承认的部分产生自认的法律后果。

我们举一个例子，原告主张向被告出借款项 5 万元，但没有提供任何证据，被告只承认其向原告借款 2 万元，则对被告承认的该 2 万元的借款事实产生自认的法律后果，对于剩余的 3 万元的出借事实，则应当由原告按照证明负担原则进一步举证。

情形二：自认时附加独立的攻击和防御方式

限制自认的第二种情形，自认时附加独立的攻击和防御方式。在这种情况下，限制自认产生自认的法律后果，则由自认一方根据证明负担原则，对其附加的独立主张承担举证责任。在这里我们举一个例子。

原告主张向被告出借款项 5 万元，被告承认向原告借款 5 万元，但是同时又认为其已经向原告清偿了该 5 万元借款，则对被告承认的借款 5 万元的事实产生自认的法律后果。而对被告辩称的该笔债务已经清偿的事实，在原告予以否认的情况下应当由被告进一步举证。

情形三：附条件或限制的承认

接下来我们看限制自认的第三种情形，附条件或限制的承认。也就是一方当事人对另一方当事人主张的事实的承认是建立在一定的条件和限制的基础之上，其本质上是为了否认另一方所主张的事实，那么，在这种情况下就不会产生自认的法律后果。

我们举一个例子，原告主张被告侵占其自行车一辆，被告辩称这部自行车是向原告购买的，那么被告辩称的事实中实际上涵盖了两层含义：（1）该部自行车原来是原告的；（2）该部自行车是向原告购买的。

被告所陈述的两节事实整体上是不可分割的，其目的就是否定原告所主张的事实，那么在这种情况下就不产生自认的法律后果。

最后，我们对今天的课程做一个小结。对于诉讼外的自认仅具有一般的证据效力，不产生自认的法律后果，不能免除相对方的举证责任；对于拟制自认，应当以法官行使释明权为必要条件，而且需要法官综合案件情况，对当事人采取消极沉默态度的真实意思进行探寻；对于限制自认，应当以不可分性作为自认的基本特征，对于限制自认的不同情形是否构成自认，从整体上进行综合判断。

好了，以上就是对民事诉讼中自认规则适用的几个难点问题的介绍，感谢大家的关注，再见！

清算义务人的责任认定

主讲人　成　阳

- 原上海市第一中级人民法院商事审判庭副庭长、领军人才培养对象
- 现上海市高级人民法院民事审判庭副庭长
- 三级高级法官
- 上海法院审判业务骨干
- 浙江大学、瑞典乌普萨拉大学法学硕士
- 香港城市大学法学博士生在读
- 主要研究方向合同法、公司法、仲裁司法审查
- 参与编著《法律方法论》等书籍
- 多次执笔全国、市级调研课题并获奖
- 多次获全国法院学术讨论会奖项
- 曾荣立上海法院系统个人三等功一次、嘉奖两次

大家好，我是上海市第一中级人民法院的成阳。今天和大家分享的是公司法的一个内容，清算义务人的责任认定，我们从四个方面来谈一谈这个问题：清算的概念，清算的启动，清算义务人，审查的内容。

一、清算的概念

首先，我们来看一下什么是清算。清算是在公司出现解散事由或者被宣告破产之后，依法清理公司债权债务的行为。清算是在公司面临终止的情况下发生的，目的是使公司作为当事人的法律关系予以终结、使公司的法人主体资格予以消灭。

在公司解散和破产两种情况下，都可能引起公司的清算，但是今天所讨论的内容，并不包括破产清算，而是在公司发生解散事由后所进行的清算。《公司法》第 180 条规定了五种公司解散的事由，除了在公司分立、合并导致债权债务整体转移的情形以外，在其他四种情况下，公司都应当在解散事由发生之日起，十五日内成立清算组，开始清算。

二、清算的启动

启动公司清算程序的解散事由包括以下四种：第一，公司章程规定的营业期限届满或者章程规定的其他解散事由出现；第二，股东会或股东大会决议解散；第三，公司被吊销营业执照、责令关闭或者被撤销；第四，司法强制解散公司。

清算的基本程序是，先清偿公司债务，然后再向股东分配剩余财产。在实践中，公司的股东或者董事由于怠于履行义务，或者是故意逃避债务，可能并不积极组织清算，甚至出现人去楼空、一走了之的情况。

那么，如何认定清算义务人的责任，就是我们今天需要探讨的问题。

三、清算义务人

何谓清算义务人呢？

清算义务人是指依据法律规定，负有启动清算程序的主体，对于股份有限公司而言，其董事和控股股东是股份有限公司的清算义务人。那么，对于有限责任公司而言，其清算义务人是谁，在《民法总则》施行以后产生了争议。

第一种观点认为，有限责任公司的清算义务人应当是其董事，主要的依据是《民法总则》第 70 条[①]第 2 款的规定，法人的董事、理事等执行机构或决策机构的成员是清算义务人，同时，由于董事负责公司的具体运营管理，由其担任清算义务人也符合公司的治理规则；

第二种观点认为，在实践中有的股东虽然并没有董事的身份，但实际上其以股东的身份参与公司的运营管理，因此不应将股东排除在清算义务人之外；

第三种观点认为，《民法总则》第 70 条第 2 款同时规定了法律、行政法规对于清算义务人另有规定的，依照其规定。那么尽管《公司法》对清算义务人并未

① 对应《民法典》第 70 条。

作出明确规定，但《最高人民法院关于适用〈中华人民共和国公司法〉若干问题的规定（二）》（以下简称《公司法司法解释（二）》）对于清算义务人已经有了相应的规定，则应当遵循《公司法司法解释（二）》的规定，认定有限责任公司的清算义务人是其股东。

结合我国公司治理的现状以及公司法修订的预期，通说认为，有限责任公司的清算义务人应当包括其股东。此外，公司的实际控制人如果违反清算义务，应当比照有限责任公司的股东以及股份有限公司的董事和控股股东承担相应的民事责任。

四、审查的内容

接下来看一看清算义务人责任审查认定的具体标准。

就损害事实而言，债权人对公司享有债权，且该债权尚未受偿，是清算义务人承担清算责任的前提条件。那么就侵权行为而言，《公司法司法解释（二）》规定了五种违反清算义务的主要情形：

一是逾期清算，是指清算义务人未在法定期限内成立清算组开始清算，导致公司财产贬值、流失、毁损或者灭失。此时，清算义务人应当在损害范围内承担相应的赔偿责任。

二是无法清算，清算义务人因怠于履行义务，导致公司的主要财产、账册、重要文件等灭失，无法进行清算。此时，清算义务人应当对公司的债务承担连带清偿责任。

三是恶意清算，是指公司的清算义务人恶意处置公司财产给债权人造成损失。

四是虚假清算并注销，清算义务人未经依法清算，以虚假的清算报告骗取公司登记机关办理法人注销登记。在恶意清算和虚假清算这两种情况下，清算义务人都应当对公司的债务承担相应的赔偿责任。

五是未经清算即注销，公司未经清算即办理注销登记，导致公司无法进行清算。此时，清算义务人应当对公司的债务承担清偿责任。

实践中的常见问题是：应当如何认定债权人和清算义务人各自应承担的举证义务呢？

我们着重谈一谈逾期清算和无法清算这两种情况下，债权人和清算义务人的举证责任。当债权人主张公司逾期清算时，债权人应当就公司未在法定期限内成立清算组，提供初步的证据予以证明。

例如，债权人应当举证证明公司超出法律规定的十五日期限才成立清算组，或者直至诉讼公司仍然没有成立清算组。在债权人主张公司无法清算的情况下，债权人应当就公司主要财产、账册、重要文件灭失，无法进行清算承担初步的举证责任。

在实践中，债权人通常先提起强制清算程序。如果存在无法清算或者无法完全清算的情况，法院将出具终结强制清算的裁定，在裁定中通常会认定公司主要财产、账册、重要文件已经灭失，无法进行清算。

当债权人提交该终结强制清算的裁定时，应当认为其已经尽到初步举证义务。在债权人完成其举证义务后，举证义务转移到清算义务人，清算义务人如果抗辩其不应当承担相应的责任，则应当就以下方面承担相应的举证责任：

在债权人主张逾期清算的情况下，清算义务人应当就逾期清算并未造成公司财产贬值、流失、毁损、灭失承担相应的举证责任。

例如，清算义务人应当举证证明在公司解散事由出现之后，公司实际已无财产可供清偿。在债权人主张无法清算的情况下，如果清算义务人否认该事实，应当由其举证证明其并不存在怠于履行清算义务的行为，或者其已经为积极履行清算义务进行了相应准备，或者其怠于履行清算义务与无法清算之间并不存在因果关系。让清算义务人承担举证责任的原因是债权人是公司的外部人员，其并不负责公司的经营管理，也难以接触到主要财产、账册或重要文件，在举证能力上存在不足。

因此，如果清算义务人提出相应的抗辩，应由其承担举证责任。例如，有限责任公司的小股东应当举证证明，其并不负责公司的经营管理，也没有担任公司董事会、监事会的成员，也没有派员担任上述成员，其并不存在怠于行使清算义务的情况。

又如，小股东可以举证证明，其并不负责保管公司的财务账册、重要文件等，而是由公司的大股东进行保管。因此，即便其存在怠于履行清算义务的行为，也与公司无法清算的结果之间不存在因果关系。

最后我们看一下对于诉讼时效期间的审查。债权人主张清算义务人对于公司债务承担赔偿责任，或者连带清偿责任，其本质上是一种债权请求权，应当适用诉讼时效期间，在审查时应当注意两点：

第一，如果债权人请求股东对公司债务承担连带清偿责任，股东以债权人对公司债权已超过诉讼时效期间为由进行抗辩的，如查证属实，应当予以支持。清算责任是在公司不能履行债务后，清算义务人才需要承担的责任。如果公司已经能够履行债务，则清算义务人不再需要承担相应的责任。正因如此，当股东以债权人对公司的债权已经超过诉讼时效为由进行抗辩的，应当予以支持。

第二，当债权人以公司无法清算为由，请求清算义务人对公司债务承担相应的清偿责任的，诉讼时效期间应当自债权人知道或者应当知道公司无法进行清算之日起计算。公司无法进行清算，是债权人主张清算责任的前提条件。在公司无法清算的事由发生之前，债权人的请求不能成立。

因此，诉讼时效期间应当自债权人知道或者应当知道，公司无法进行清算之日起计算。实践中，如果债权人此前已经申请强制清算，法院也已经出具终结强制清算的裁定，那么通常以该终结裁定送达债权人之日开始起算诉讼时效期间。

好了，以上就是对清算义务人的责任认定的介绍，感谢大家的关注，再见！

公司人格否认制度的理解与适用

主讲人 成 阳

- 上海市第一中级人民法院商事审判庭副庭长、领军人才培养对象
- 现上海市高级人民法院民事审判庭副庭长
- 三级高级法官
- 上海法院审判业务骨干
- 浙江大学、瑞典乌普萨拉大学法学硕士
- 香港城市大学法学博士生在读
- 主要研究方向合同法、公司法、仲裁司法审查
- 参与编著《法律方法论》等书籍
- 多次执笔全国、市级调研课题并获奖
- 多次获全国法院学术讨论会奖项
- 曾荣立上海法院系统个人三等功一次、嘉奖两次

主持人 刘 洁

- 上海市第一中级人民法院商事审判庭二级法官助理
- 华东政法大学法学硕士
- 参与执笔最高人民法院调研课题、上海高院类案和一中院类案裁判思路
- 论文在上海市法院评比中获优秀奖
- 曾荣获上海法院系统嘉奖等荣誉

刘：大家好，欢迎来到上海市第一中级人民法院视频微课程，我是商事审判庭的法官助理刘洁。今天要和大家分享的是：公司人格否认制度的理解与适用。

参与讨论的是我们商事审判庭副庭长、三级高级法官成阳老师，欢迎成法官。

成：主持人好，大家好！

刘：我们知道，公司人格独立和股东有限责任是公司法的两个基本原则。那么一般情况下，公司和股东的财产是分开的，但是也有例外情形的。比如说《公司法》第20条第3款就有明确的规定：在一些特殊的情况下，股东要对公司的债务承担连带责任。所以我们今天课程的主题就是：在我们的案件审理过程中，应该如何理解和适用这个条文呢？首先，我们请大家来看一个案例：

在2017年的时候，甲公司和乙公司签订了一份资产转让合同，约定甲公司要受让乙公司一家酒店，对价是7亿元，那么甲公司就向乙公司转账了3亿元。在收到这个3亿元的第二天，乙公司就向它的股东张某转了3000万元。但是这个合同乙公司并没有切实地履行下去，那么甲公司就提起诉讼了。它要求解除这份合同，并要求乙公司返还它的预付款，同时还以人格混同为由要主张它的股东张某对乙公司的债务承担连带责任。这个时候张某就表示3000万元是乙公司归还他之前的借款，还提供了借款和还款协议，当然他没有提供这些转账凭证。

刘：对于这个案例，成老师您怎么看呢？这种情况是不是符合我们《公司法》第20条第3款规定的这个特殊情况？

成：我们法官在审理公司类案件时经常会遇到此类主张。从甲公司的角度来看，张某是乙公司的股东，存在利益关系，张某有可能与乙公司合谋转移资产，帮助乙公司逃避债务，导致甲公司的权利受损。

刘：那这样看来，甲公司的主张确实是有一定道理的。但是在法律上，乙公司和张某毕竟是两个主体，乙公司确实是收了甲公司的3亿元，甲公司要求它还款确实也是天经地义。但是对于张某来说，他其实并没有和甲公司签订过任何合同，他只收了乙公司一笔转账，也就是3000万元。那么甲公司据此要求张某对于乙公司的全部还款承担连带责任，这样看来是不是有些不合理。

成：一般来说，大多数被告都会这样抗辩，而且他们还会进一步解释说与公司之间存在借款、垫资，所以公司向股东转账是为了偿还此前的债务。

刘：那么面对这样的抗辩，您作为法官，是如何去辨别和处理这种情况，才能让大家都比较信服呢？

成：作为法官来说，我们要准确把握立法精髓，深入了解并且适用公司人格否认制度。其实关于公司和股东的关系，债务应当由谁来承担，我国的《民法典》以及《公司法》都有规定。根据对《民法典》第57条、第60条还有《公司法》第3条的理解，公司和股东相互独立，公司的债务应当由其自身来承担，股东只是在其认缴的出资额或者股份范围内对公司承担责任。这就是有限责任制，它就像一堵防火墙，把公司和股东个人的财产区分开，通过降低股东个人的风险，鼓励大家开立公司，推动经济发展，可以说有限责任是现代公司制度的基础。

刘：但是今天我们聚焦的《公司法》第20条第3款，却又规定了在一些情况下否认公司人格独立，那么股东还是要对公司负有连带责任的，就等于说把这个防火墙给打破了。那么这又是出于哪种考虑呢？

成：每一条法律的制定都是为了满足现实生活中的一种需要。有限责任制可以鼓励投资，促进资本流动，减少和转移风险，但也有很多缺陷，如会忽视对债权人的保护，为股东滥用公司人格提供机会。在现实中，不乏有些股东滥用有限责任，转移或者减损公司的财产。为此，立法者设立了公司人格否认制度，规定实施滥用行为的股东对公司债务承担连带责任，以此矫正债权人保护失衡的现象。

刘：原来是这样。那么这样来看的话，公司人格否认应该主要针对的就是股东滥用职权、然后又损害了公司利益的一些特殊的情况，这样看它的目的应该是保护公司债权人的利益，不知道我的理解正不正确。

成：是的。公司人格否认制度，在英美法系中，又被称为揭开公司的面纱。股东有限责任就像一层薄薄的面纱。

刘：那我们在什么样的情况下需要揭开这层面纱呢，以此来排除股东的有限责任？

成：我们可以通过解读《公司法》第20条第3款的构成要件，探究立法者的本意，精准地揭开公司的面纱。《公司法》第20条第3款规定，公司股东滥用公司法人独立地位和股东有限责任，逃避债务，严重损害公司债权人利益的，应当对公司债务承担连带责任。

刘：您刚才提到了“滥用”还有一个是“严重损害”，那么能不能构成“滥用”和“严重损害”我认为应该是跟每个人的主观判断密切相关的。对于法官来说，您在审理此类案件的时候如何去理解和把控呢？

成：这个问题值得探讨。从立法原意上来看，上述条文作为例外原则，应当严格把握适用标准，防止滥用；但是又因为上述条文的表述较为原则和抽象，适用难度大，因此在实践中常常不敢适用。那么在审理案件时，需要根据查明的案件事实综合判断，既要审慎适用，又要敢于适用。

刘：这样看来结合《公司法》第20条第3款的规定，公司人格否认制度的责任主体应该是限于参与公司经营而且具体实施过经营行为或者跟这些行为是有关系的这些股东，同时还要满足主观过错明显和损害后果严重两个要件，是这样吗，成老师。

成：是的。关于主观要件，行为要达到“滥用”的程度，实现“逃避债务”的目的，股东主观上应该是故意或者具有明显过错。如果主观上没有过错或者过错不明显，仅仅是存在过失，那么就没有必要否定公司人格。

刘：那我们知道因为在现实生活中，股东是有很多行为的，我们怎么去真正地了解这些股东的真实的目的，从而再去认定他的行为有没有达到一个“滥用”的程度呢？就比如说我们发现现实生活中很多股东和公司之间他们的资金往来很多，有各种转账，然后他们又在一个地方办公，办公的地点和人员又是有高度的重合，同时他们的业务范围可能基本上是相同的，就像生活中说起来，有点像两块牌子一套人马。在这种情况下，我们是不是就可以认定，公司它不享有独立人格了呢？

成：“滥用”行为在实践中一般有三种情形：第一种我们叫人格混同；第二种叫过度支配与控制；第三种是资本显著不足。

你刚才说的情况就涉及人格混同的认定。公司的人格主要体现在具有独立的意志和独立的财产。独立的意志是说公司可以自行作出决策，不受制于他人；独立的财产就体现在资产权属的界定上，股东可以和公司之间存在借贷、投资、垫付、借用等各种法律关系，但是应该在财务账册中予以明确，进行区分，否则就有故意和滥用之嫌。公司是否丧失独立人格，关键要看它的意志和财产是不是和股东混同，其他方面的混同只是人格混同的补强。

刘：您刚才提到的人格混同的情况，我们大家在生活中可能遇到的比较多，但是您刚才还提到的另外两种情形我们了解的比较少，不知道您这边能不能举个例子跟我们说明一下。

成：其实过度支配与控制的认定与人格混同一样，还是要看公司是否具有独立的意志。简单来说，公司作出的决策应该是对公司的经营和未来发展有好处的，但是如果公司被一些股东或者实际控制人操控，失去了独立性，成为工具或者是提线木偶，对公司的经营和发展就有害了。那举一个简单的例子，正常情况下，公司是低买高卖赚差价，但是如果公司高买低卖明显吃亏了，显然不符合经济人的理性，这时就需要我们提高警惕，看一下交易双方是不是有关联关系或者控股股东相同的情况。如果由于这种情况导致公司的财产边界不清、财务混同，那么就可以综合案件事实否认关联公司的人格，判令其对对方承担连带责任。

刘：根据刚才您说的这个标准，在股东抽逃了公司的资金，或者是我先把老的公司关掉，然后再成立一个新的公司的情况下，这样来看公司也是丧失了独立性，那么也是可以认定股东是有明显的故意的。按照您的理解，还有一种情形是，资本显著不足，不知道具体指的又是什么呢?

成：这是说，公司在经营过程中，股东实际投入公司的资本数额与公司经营所隐含的风险相比明显不匹配。这就意味着股东根本就没有从事公司经营的诚意，实质上就是恶意利用公司独立人格和股东有限责任把投资风险转嫁给债权人。需要注意的是，我国公司设立制度从实缴制转为认缴制，放宽了股东实际投入公司资本的金额以及时间，那么在经营中公司就存在冒险经营的情况。尽管如此，只要公司的经营方式正常，就不宜据此认定股东构成恶意。

刘：明白了，那么除了主观上的过错比较明显之外，股东他实施的行为是不是还要达到一个严重损害的程度呢。因为按照我的理解，严重损害后果，指的应该是股东他滥用的权利，已经导致公司财产都不足以去清偿公司债务了。

成：是的，这里的“不足”应该结合公司的偿债能力进行判断。如果说公司为债权人提供了担保或者现有的资产足以清偿债务，那么就不能认定股东损害了公司债权人的利益，也不能否认公司的独立人格。在这种情况下，债权人还是可以根据股东的具体行为选择行使代位撤销权，或者是主张股东承担怠于清算的赔偿责任、抽逃出资的补充责任等，以此维护自身的合法权益。

刘：那按照成老师您说的，股东他的行为即便没有达到否认公司独立人格的程度，但是也不代表着股东就不需要承担任何法律责任了，我们还是要根据具体的案情去作具体的认定，是这样吗?

成：是的。作为例外原则，我们需要时刻谨记公司人格否认不是全面、彻底、永久地否认公司的法人资格，只是在一个特定的案件中根据特定的法律事实和法律关系，突破股东对公司债务不承担责任的一般规定，例外地判令其承担连带责任。在个案中，否认公司人格判决的既判力只能约束该案的当事人，并不当然地适用于该公司的其他诉讼，更不影响公司独立法人资格的存续。当然，如果其他债权人同样提起公司人格否认之诉，那么已生效判决所认定的事实是可以作为依据的。

刘：既然需要具体案件具体分析，那么可以回到我们之前的这个案例。一方面来说，乙公司和股东张某之间仅有一笔转账，张某认为这是乙公司归还他的借款，虽然他没有办法提供转账凭证，但他有借款和还款协议。那这种情况下，我个人觉得我们是没有办法推断出张某是有明显过错而且有逃避债务的主观故意的。而且从另一方面来看，乙公司它又为合同的债务设立了一个抵押，甲公司这个时候却没有举证证明乙公司向张某的这个转账足以导致乙公司的财产已经没有办法去清偿这个债务了，以至于严重损害了甲公司的权利。那么按照我的理解，我认为甲公司关于乙公司人格否认的这个主张还是不成立的，张某不需要承担连带责任，法院应该驳回甲公司对于张某的主张。不知道我理解得对不对?

成：主持人说对了一半。需要提醒大家注意的是，本案中，没有办法认定乙公司与张某的人格混同，所以张某不需要承担连带责任，但是张某作为乙公司的股东，在没有提供转账凭证等出借证据，无法推定其与乙公司之间存在真实借贷关系的情况下，他接受了乙公司的转账，客观上转移并且损害了乙公司的资产，降低了乙公司对外偿债能力。因为这笔转账已经超出了张某认缴的出资数额，举重以明轻，参照股东抽逃出资情况下责任形态的规定，张某还是要对乙公司借款债务不能清偿部分在转款本息的范围内承担补充赔偿责任。

刘：好，谢谢成老师的指正。刚才我们已经对公司人格否认制度的理解和在实践中如何适用进行了初步的梳理。需要说明的是，公司人格否认制度的适用我们应该要谨慎有度，在适用的过程中法官要用得好、用得准，特别是在具体案件中要根据特定的法律事实以及法律关系，去维护债权人的合法权益，同时应当警惕和防范这个制度，它的适用会有不当的扩大。在不适用这个制度的情况下，我们还是要尽量地去寻求一些其他的法律途径，尽量地去维护权利人的合法权益，最终实现公平正义。以上就是今天的全部内容，再次感谢成法官，也谢谢大家。

房屋转租中次承租人权益保护探析

主讲人　徐　芬

· 上海市第一中级人民法院民事审判庭副庭长

· 三级高级法官

· 上海市第一中级人民法院审判业务骨干

· 上海对外经贸大学法学硕士

· 主要研究方向民商法

· 参与撰写《保险合同纠纷》部分章节

· 参与撰写的多篇调研课题获评优秀奖、二等奖

· 参与撰写上海司法智库重大课题《互联网时代数据不正当竞争行为的法律规制问题研究》

· 曾获上海市三八红旗手、上海市未成年人保护工作先进个人、上海法院系统个人三等功、办案标兵、精品案例、示范庭审等荣誉

主持人　鲁彦岐

· 上海市第一中级人民法院民事审判庭一级法官助理

· 中国人民大学法学硕士

· 主要研究方向民商法

· 曾参与最高人民法院司法案例重大课题

· 撰写案例曾获评全国法院系统度优秀案例分析优秀奖、上海高院"100个精品案例"

· 多篇案例被编入《上海审判实践》

· 曾获上海市第一中级人民法院"审判辅助之星"

鲁：大家好，欢迎来到上海市第一中级人民法院视频微课程，我是民事审判庭法官助理鲁彦岐。今天我们邀请到了民事审判庭副庭长徐芬老师来为大家解读一下房屋转租中次承租人的权益保护问题。欢迎徐老师。

徐：主持人好，大家好！

鲁：在大型商场遍地开花的情况下，房屋租赁市场日益活跃，新型的租赁模式也不断涌现。尤其是近年来，房屋转租情况越来越多，住宅市场也出现了“长租公寓”式的转租模式，此前我就曾看到过一篇新闻报道：

甲将房屋出租给乙公司，约定租期为10年，租金按月支付，由乙公司负责装修并添置家具，租赁期满后装修和家具就归甲所有。之后，乙公司再将房屋出租给丙，约定的租期为2年，租金按年支付，丙实际上也一次性支付了2年的租金。但是没想到丙才住了半年，乙公司就因为经营问题不再向甲支付租金。甲找不到乙公司就要求丙代乙公司支付拖欠的房租，否则就要求丙搬离。

徐老师，那在这种情况下，丙花了钱但是没有房屋可以住，不过甲确实也没收到租金，这种僵局在法律上应当如何处理呢？

徐：这是典型的房屋转租中发生的纠纷。房屋转租实际上是在同一个房屋上设置了两个或多个租赁合同关系。由于转租合同的成立是以原租赁合同关系的存在为前提的，转租合同的内容又与原租赁合同的内容密切相关，所以只要其中一个环节发生纠纷，就会影响到其他主体，进而产生连锁反应。实践中，房屋转租常常不仅涉及一种租赁模式，还会遇到多种模式的交叉。

鲁：那看来房屋转租问题复杂的根源就在于多重法律关系和民事主体的交杂。徐老师，除了刚才这个案例的情况之外，实践中还会有哪些转租模式呢？

徐：转租涉及的情况是非常多的，我们可以从不同的角度来进行分类。根据转租是否经过出租人的同意为标准，可以划分为合法转租和擅自转租。

鲁：这个我知道，《民法典》第716条规定，承租人经出租人同意，可以将租赁物转租给第三人。承租人未经出租人同意转租的，出租人可以解除合同。同时第718条规定，出租人知道或者应当知道承租人转租，但是在六个月内未提出异议的，视为出租人同意转租。

徐：是的。那么，以承租人是否将房屋全部转租为标准，又可以分为整体转租与部分转租。一般来说，承租人转租，尤其是整体转租的，说明他对租赁房屋的实际使用需求比较低。还有一种是以转租次数为标准，可以分为单次转租和多次转租。单次转租涉及一个标的物、两个租赁关系、三个合同主体，而多次转租显然涉及的主体更多，法律关系也更复杂。

鲁：那么此前的案例虽然只有一层转租，但是最后的僵局主体就集中在甲和丙的身上，他们一个是房屋产权人一个是房屋的实际承租人，那我是不是可以这么理解：乙公司将房屋的租赁权转移给了丙，实际上是甲和丙之间建立了租赁关系呢？

徐：千万不能这么理解，你忘了《民法典》第716条中还有一句：承租人转租的，承租人与出租人之间的租赁合同继续有效。这说明在转租的情况下，每个租赁合同都是独立有效的。

鲁：嗯，那我明白了，房屋转租并没有消灭原租赁合同，所以转租合同生效后，转租人要承担转租合同规定的出租人的权利和义务，同时还要履行原租赁合同中规定的承租人的义务。

徐：是的。每个租赁合同中约定的权利义务只在该合同相对人间有法律约束力，任何一方不能在没有合同和法律依据的情况下，要求另外一个租赁合同的当事人承担合同义务。当然，你刚才说的，在甲和丙之间建立了直接租赁关系的情况也是有可能的，但这不是在转租的情况下。

鲁：哦，我知道了，这应该是在合同权利义务一并转让的情况下。《民法典》第555条规定，当事人一方经对方同意，可以将自己在合同中的权利和义务一并转让给第三人。也就是说，承租人可以在出租人同意的情况下，将租赁合同的权利义务一并转让给其他人，这时候，他的合同权利义务会因为转让而消灭。这是租赁权转让和转租的重要区别。

徐：对的，除此之外，还有一个概念需要和房屋转租进行区分，那就是委托租赁或者叫委托经营，这个是在商业地产尤其是大型商场的商铺中很常见。房屋产权人与经营公司签订一个委托合同，约定由该公司对于商场的业态、招商、商铺的规划、运营、物业等统一经营，包括商铺的出租事宜，之后该公司与商户签署租赁合同并收取租金。

鲁：商铺租赁产生的纠纷也很多，那司法实践中我觉得比转租更复杂。徐老师，从委托法律关系来说，经营公司和商户签订的租赁合同应该是可以直接约束产权人和商户的，也就是说，租赁合同的双方其实是产权人和商户，对不对？

徐：对的，但是委托租赁和转租及租赁权转让有个明显的不同。如果产权人或商户违约导致经营合同无法按约履行的，在经营公司向任何一方披露了对方的情况后，对于产权人来说，可以要求违约的商户按照租赁合同的约定承担义务；而对商户来说，可以选择合同的相对人，也就是说它既可以要求产权人履行租赁合同的义务，也可以要求经营公司履行义务。转租和租赁权转让中，房屋的实际承租人都没有这种选择权。

鲁：这样看来，在不同的情况下房屋实际承租人的法律地位是不一样的。那么在搞清楚转租、租赁权转让和委托租赁后，徐老师，你能不能跟我们讲一讲，在转租情况下，应当如何保护次承租人的合法利益呢？因为在我看来，他们实际上是最弱势的一方，其实就像刚才案例中的丙，他最终真的是钱房两空。

徐：的确。转租涉及多方主体，法律关系交杂，一旦发生纠纷，处于关系底层的房屋实际使用人，也就是最后一手的次承租人往往是最弱势的。我国的法律侧重于保护出租人的利益，保护财产的静态安全，但是随着法律的不断完善，也越来越关注对次承租人利益和交易动态安全的保护。在合法转租的情形下，出租人尽管同意转租但他又不受转租合同的约束，次承租人利益的保障是依赖于转租人的稳定性，这对于善意的次承租人非常不利。由此，民法上确立了次承租人的代偿请求权。

鲁：这个我也知道，是《民法典》第 719 条的规定，承租人拖欠租金的，次承租人可以代承租人支付其欠付的租金和违约金。

徐：没错，在次承租人已经履约，而承租人在违约或“失联”的情况下，出租人直接行使单方解除权解除租赁合同的话，次承租人不仅要承担租金的损失，还要承担为房屋投入的其他损失，这对他来说显然不公平。因此，有了这一项突破合同相对性的特别规定，以便于稳定交易关系，保护无过错次承租人的利益。

鲁：可是案例中，次承租人丙实际上已经一次性支付了 2 年的租金，让他代为支付乙公司欠付的租金，那他肯定不愿意。那么房东甲是不是会依据《民法典》第 719 条起诉次承租人丙要求他支付乙拖欠的租金呢？

徐：根据合同相对性原则，甲是不能依据这条规定直接向丙主张租金和违约金的。同时我们要注意，《民法典》第 719 条是一个授权性规范而不是一个义务性规范，所以次承租人是否行使代偿请求权是他的意思自治的范畴，并不能因为他不行使这个权利而直接认定他对于转租合同的无法履行具有过错。

鲁：这样说来，次承租人可以在比较一下代转租人支付租金可能造成追偿无果的损失和转租合同无法履行导致的租金、装饰装修等损失后，自行决定是否行使代偿请求权。

徐：对的，但是无论次承租人选择哪种方式，都会有资金损失无法挽回的风险，因此要提醒大家，租借转租的房屋时一定要提高警惕，理性分析，避免受骗。

鲁：如此看来，次承租人确实是转租关系中非常弱势的一方了。那么其实除了代偿请求权以外，次承租人是否可以享受法律规定的承租人的一些权利呢？

徐：这个问题问得非常好，由于现行法律没有明确规定，理论界和司法实务界对于次承租人能否享有承租人的法定权益，一直以来都有不同的观点。我们先来说说《民法典》最新确立的承租人优先承租权吧。

鲁：徐老师，你刚才一直强调，原租赁合同和转租合同是两个独立的合同，优先承租权显然基于双方间的租赁关系才能享有，那么次承租人能否突破合同的关系向原出租人主张优先承租权呢？

徐：嗯，你这个疑问代表了一种观点，就是优先承租权是种债权，应该按照债权相对性原则行使，也就是说，次承租人他是没有权利根据前手租赁合同直接行使优先承租权，只能通过转租人优先承租权的行使而取得实际上的他自己优先承租的权利。那么还有一种观点是从立法目的角度，认为优先承租权是为了保障房屋实际占有使用者的居住权，只要房屋最终实际占有使用者的租赁合同处于合法状态，他就应该享有优先承租权。

鲁：那徐老师您自己是支持哪种观点呢？

徐：在转租合同和租赁合同同时到期的情况下，次承租人能否直接主张优先承租权我觉得可以从以下几点予以考量：（1）出租人同意房屋转租表明他同意由承租人之外的人基于转租而占有使用房屋；（2）如果严格按合同相对性来确定优先承租权，那在转租人不主张优先承租权或者不续签租赁合同的情况下，次承租人基于转租合同可享有的优先承租权将失去合同基础；（3）优先承租权强调的是新租赁合同的同等条件，与原租赁合同并无关联性，并不需要以原租赁合同的内容作为新合同的依据；（4）《民法典》对于优先承租权的确认是为了保障人民群众的居住安定，转租后的承租人不实际占有使用租赁物，不是优先承租权所要保障的对象，而否认次承租人享有优先承租权，则极易导致优先承租权被架空，违背了立法的初衷。基于上述考量因素，从简化法律关系、减少纠纷、稳定经济生活秩序的角度出发，我个人认为，在整体转租的情况下，如果转租人放弃优先承租权的，那就应该赋予次承租人优先承租权。

鲁：那么优先承租权其实是《民法典》的新规定，实践操作中大家都在探索。那么对于承租人优先购买权这个规定，司法实践中是否认可次承租人可以享有呢？

徐：这个也是有分歧的。有的地方高院指导意见认为是认可的，有的则不认可。不认可的理由是法律没有规定次承租人享有该权利，转租合同的签订也不代表承租人转让了优先购买权，而次承租人和房屋产权人没有任何法律关系，自然也就不享有优先购买权。认可次承租人享有优先购买权是主要基于优先购买权保障的是实际居住使用房屋人的居住利益，便于房屋的占有、管理和使用，发挥房屋的最大效用。对此也有两种观点，一种认为转租后的承租人不再享有优先购买权，次承租人享有；另一种认为承租人和次承租人都享有优先购买权，但是次承租人的优先购买权应该优先于承租人的优先购买权。

鲁：原来理论上有这么多的观点，怪不得我在学习时一直觉得房屋转租问题非常难，真的很难思考透彻。不过对于买卖不破租赁这个规定，我认为作为房屋的实际使用人，次承租人应该可以适用吧？

徐：其实这一点也有争议。首先我们需要明确，在合法转租的情况下，承租人是否还能适用该规则？因为只要承租人能适用，那么他和次承租人间的转租合同履行就没有障碍。目前法律并没有规定转租后承租人不再适用买卖不破租赁规则，所以不该予以限制。那么可能发生的纠纷就是，转租人如果不主张买卖不破租赁规则，在房屋产权人变更的情况下退出了租赁关系，此时，次承租人能否直接主张呢？我认为，买卖不破租赁规则基于的还是合同关系，就是原租赁合同的继续履行，而次承租人和房屋的产权人间并没有合同关系，所以次承租人要打通转租法律关系的壁垒适用“买卖不破租赁”实践中并不太可行。

鲁：徐老师，我突然发现我们之前探讨的很多问题都是在合法转租的前提下，但是实践中存在很多擅自转租的情况。司法实践中擅自转租引发的纠纷很多，那么这种情况下次承租人的权益应该如何保护呢？

徐：《民法典》颁布后，对于擅自转租的相关问题并没有作出细致的规定，我们也不妨根据《民法典》的相关条文来进行统一的解释。首先，我们来看《民法典》第716条第2款，只说了承租人未经出租人同意转租的，出租人可以解除合同，没有对这种情况下转租合同的效力予以明确。那么再来看《民法典》第717条：承租人经出租人同意将租赁物转租给第三人，转租期限超过承租人剩余租赁期限的，超过部分的约定对于出租人不具有法律约束力，但是出租人与承租人另有约定的除外。该条文规定超出部分对出租人不具有法律约束力，并没有说对转租人不具有法律约束力。其次，根据民事法律行为无效的法律规定，显然我们也没有办法得出没有经过出租人同意或者超过期限的转租为无效的结论。所以，我认为，不论何种情况的转租，只要不存在法律规定的无效情形，比如说通谋虚伪、恶意串通损害他人合法权益、违反法律行政法规强制性规定等，理论上都是有效的，也只有这样，对于善意无过失的次承租人来说，才能最大限度地得到保护。

鲁：那我明白了。如果合同被认定无效的话，次承租人只能向转租人主张缔约过失责任，而在转租合同有效的情况下，次承租人就可以向转租人主张违约责任。

徐：没错，这样实际上更有利于次承租人的权利保护。

鲁：谢谢徐老师今天为我们详细介绍了房屋转租中的相关法律问题，也为我们分析了转租关系中次承租人的权利保护问题，让我今天确实受益匪浅，谢谢徐老师。

徐：在此也再次提醒大家，租房时如果涉及转租一定要了解清楚各方之间的权利义务关系，谨慎防范其中的法律风险，以免个人的权益受到损害。

鲁：好的，再次感谢徐老师的分享，以上就是我们今天微课程的全部内容，感谢大家的关注，再见。

徐：再见。

食品安全“退一赔十”案件法律适用的难点问题分析

主讲人　潘静波

·上海市第一中级人民法院少年家事庭副庭长
·三级高级法官
·上海法院审判业务骨干
·中国政法大学法学硕士
·上海法学会互联网司法研究会理事
·主审的多起案件，入选最高人民法院涉互联网典型案例、人民法院案例选，上海法院参考性案例、十大典型案例、精品案例、示范庭审、优秀裁判文书等；获评全国法院优秀案例分析二等奖、三等奖等
·曾获评上海高院直属机关系统优秀共产党员、上海法院审判业务骨干、上海法院第二届十佳青年、个人三等功、合议庭集体三等功等

大家好，我是上海市第一中级人民法院的潘静波，今天我跟大家分享的内容是：食品安全“退一赔十”案件法律适用的难点问题分析。我国《食品安全法》第 148 条第 2 款规定：“生产不符合食品安全标准的食品或者经营明知是不符合食品安全标准的食品，消费者除要求赔偿损失外，还可以向生产者或者经营者要求支付价款十倍或者损失三倍的赔偿金；增加赔偿的金额不足一千元的，为一千元。但是，食品的标签、说明书存在不影响食品安全且不会对消费者造成误导的瑕疵的除外。”

上述内容，即我们通常所说的食品安全领域“退一赔十”的惩罚性赔偿规定。司法实践中，适用《食品安全法》的民事纠纷也多与此相关。

今天，我们就谈一谈该条款在适用过程中的一些难点问题。之所以说是难点，主要是因为实践中对这些问题存在不同认识和看法，往往这些认识和看法的争议还比较大。我们要分享的内容包括三部分：一是何谓不安全食品；二是如何认定经营者的明知；三是如何考量以牟利为目的而诉请十倍赔偿。

一、何谓不安全食品

根据上述第 148 条第 2 款规定的内容，"退一赔十"法律后果的适用，关键要看生产者是否生产了不符合食品安全标准的食品，或者经营者是否经营了不符合食品安全标准的食品。

那么问题来了，什么是"不符合食品安全标准的食品"，也即不安全食品呢？

在这里，我们先看一看什么是食品安全标准。我国《食品安全法》第三章，共计九个条文，对食品安全标准作出了较为细致的规定。食品安全标准，一般包括：危害人体健康物质的限量规定、食品添加剂的使用范围、专供特定人群食品的营养成分要求、标签和说明书的要求、食品生产经营过程的卫生要求、食品检验的方法与规程，等等。可以说涉及了与食品安全相关的各个环节和流程。

在我国，与食品安全标准相关的规定多达数百上千。那我们不禁要问：一样食品是不是只要在生产经营过程当中的某一环节不符合上述规定的某一具体要求，该食品即为不安全食品，可以主张"退一赔十"呢？

我们认为并非如此。这里的"不符合食品安全标准的食品"，并非单纯是指不符合食品安全标准的某些具体要求的食品，而应该是指不符合食品安全标准的某些具体要求，同时还会导致食品本身品质的不安全的食品。

我们又该如何评判食品本身品质的安全？

我国《食品安全法》第 150 条规定，食品安全，指食品无毒、无害，符合应当有的营养要求，对人体健康不造成任何急性、亚急性或者慢性危害。实践中，通常就是从上述内容出发，来认定食品本身品质的安全。

虽然说关于何谓不安全食品，上述判断依旧带有一定的模糊性和不确定性，但是对既有法律规定的这样一种限缩解释，还是比较符合《食品安全法》的立法目的的。一方面，可以有效发挥惩罚性赔偿制度的威慑和惩戒功能；另一方面，也较好地避免了惩罚性赔偿制度的过分泛化适用。

二、如何认定经营者的明知

适用“十倍赔偿”，生产者与经营者有着不同的构成要件，生产者应当是生产不符合食品安全标准的食品，而经营者除了经营不安全食品，还应当对不安全食品存在明知。

司法实践中，作为被告的经营者，往往会抗辩其并非明知。

那么，此时又该如何去评价呢？

通常认为，消费者主张退一赔十，理应举证证明食品为不安全食品。此时，经营者抗辩并非明知的，应当由经营者来提供相应依据，证明其已尽到相应的注意义务，并非属于明知的状况。

之所以有这样的认定规则，主要是考虑到明知属于一种主观状态，消费者举证存在一定的困难，而经营者作为商家，具备专业及信息方面的优势，对其自身经营过程当中是否已尽到注意义务具备较好的举证能力。

下面我们来看一个案例：

甲从超市购买了某进口食品，认为该食品系不安全食品，故诉至法院，要求退一赔十。法院经审理后认为，食品确为不安全食品，应退货退款，但无须十倍赔偿。

主要理由是：在本案中，该超市为大型综合性超市，在进货过程中，已经就进口商的营业执照、许可证、进口食品的卫生证书等一系列材料进行了审核，已尽到与其实际经营能力相应的审查义务，那么，就销售不安全食品难言存在主观的“明知”，故无须十倍赔偿。

好，假设一下，这里甲如果起诉的是进口商，结果会不会不同？

我们认为，同样作为经营者，进口商和大型超市应当区别对待。进口商，虽然不是进口食品的生产者，但其是将进口食品进口至境内的第一责任主体。进口商对于进口食品的食品安全负有不可替代的控制能力；而且，其他的销售商往往是基于对进口商的信赖才会销售进口食品；同时，在第一关口对食品安全进行把控也能将防控的成本控制在最小的范围内。因此，基于上述因素的考量，我们认为，进口商对进口食品的食品安全负有的审查义务以及所需承担的法律责任，显然要重于普通的销售商。因此，如果甲在这里起诉的是进口商，那么，进口商极有可能要承担十倍赔偿责任。

三、如何考量以牟利为目的而诉请十倍赔偿

司法实践中，如何认定“知假买假”行为，往往存在比较大的争议。《最高人民法院关于审理食品药品纠纷案件适用法律若干问题的规定》第3条明确，因食品、药品质量问题发生纠纷，购买者向生产者、销售者主张权利，生产者、销售者以购买者明知食品、药品存在质量问题而仍然购买为由进行抗辩的，人民法院不予支持。

与此同时，最高人民法院发布的23号指导性案例也明确指出，消费者购买到不安全食品的，不论其在购买时是否明知食品为不安全食品，人民法院对其十倍赔偿的诉请仍应予以支持。

一般认为，上述司法解释、指导性案例的规定，即对食品领域“知假买假”行为的认可。之所以会有这样的认定，我们认为也是在某种程度上价值评判的结果。毕竟食品安全关乎每一个公众的身体健康和生命安全，即便“知假买假”行为在一定程度上会有违诚实信用，但是两相比较，显然前者在价值排序上更具优先的地位。

虽是如此，但是实践中，“知假买假”行为的表现形式也多种多样。其中，有的购买者甚至是以不符合日常消费习惯的方式，以牟利为主要动机，而诉请惩罚性赔偿。对这样的行为，我们应该如何去评价，法院是否只能听之任之?

我们认为，在食品安全领域，如果食品确为不安全食品，根据上述司法解释及指导性案例的规定，十倍赔偿的诉请，仍应予以支持；但是关于赔偿金的计算，法院可以作出个别化的考量。

下面我们看一个案例：

乙发现超市销售的散装冷冻食品在标签标注上，未标注生产日期、保质期等重要信息。因此，在接下来的一个多月时间里，乙以一件商品开具一张购物小票的形式，购买了61盒散装冷冻食品，花费货款399.84元。后乙又分8起案件诉至法院，要求超市退还购货款399.84元，并以一件食品赔偿1000元的形式主张惩罚性赔偿金61000元。

法院经审理认为，食品确为不安全食品，应十倍赔偿。但是在整个诉讼过程当中，乙明确表示，其之所以以一件商品对应一张购物小票、一件商品赔偿1000元这样的形式主张权利，主要就是为了牟利。而我们通常认为，同一购买者与经营者在同一时间段内就同一商品引发纠纷，理应尽可能一并解决。但乙为了自身

索赔利益最大化的目的，分开购买、分开诉讼、分别主张，这样的行为，明显与《食品安全法》惩罚性赔偿制度的立法初衷不符，也有悖民事诉讼的诚实信用原则。

因此，法院在最终的处理过程中，将8起案件作了通盘考量，除退货退款，8起案件共计支持了61盒散装冷冻食品的总货款的十倍，即3998.4元。

通过上述案例，我们可以看到，在食品领域，如果确为不安全食品，即便购买者以牟利为目的而诉请十倍赔偿，其诉请还是应该予以支持。但是，法院可以从《食品安全法》的立法目的以及民事诉讼的诚实信用原则出发，对赔偿金的计算作出个别化的考量。

以上就是对食品安全“退一赔十”案件法律适用的难点问题分析的介绍，感谢大家的关注，再见！

公司印章的规范和裁判

主讲人　何　建

· 上海市第一中级人民法院商事审判庭公司企业纠纷审判团队负责人

· 三级高级法官

· 上海法院审判业务骨干

· 上海市第一中级人民法院领军人才培养对象

· 复旦大学民商法学博士、博士后

· 主要研究方向民商法

· 曾主审全国首例干细胞买卖合同纠纷案、全国首例判决支持民办学校举办者知情权纠纷案等

· 三起案件入选《最高人民法院公报》

· 一起案件入选最高人民法院第一批涉互联网典型案例

· 独著《公司意思表示论》《"套路贷"案件办理实务精要》

· 执行主编《民法典合同编条文理解与司法适用》

· 参著《中华人民共和国民法典实施精要》《民法典担保制度司法解释适用指南》

大家好，我是来自上海市第一中级人民法院的何建。今天，我要讲的是关于公司印章的规范和裁判，我们从四个方面来讨论这个问题：公司印章的归属主体；公司印章的内部和外部纠纷；不同主体盖章的行为效力；不当使用公章的法律效果。

一、公司印章的归属主体

首先，我们来看第一部分，关于公司印章的归属主体。

公司是企业法人，享有独立的法人财产权。公司的营业执照、税务登记证书、银行卡、IC（集成电路）卡等均属于公司的财产。公司印章也毫无例外属于公司的财产，因此，公司享有所有权。在所有权的权能下，公司当然有权决定公章由谁来保管、持有。对于持有而言，《公司法》本身对公章必须由谁来保管或者持有并未作出规定，因此它属于公司的经营管理范畴，股东会决议或公司章程对此都可以作出决定，即公章由谁来持有或由谁来保管。

一般而言，法定代表人是公章的持有人，这属于法定代表人的职权范围事项，司法不能随意地介入公司的内部治理。也就是说，公章的去留或保管主体，都属于公司的内部治理事项，司法应当恪守边界，尊重公司的内部治理。

二、公司印章的内部和外部纠纷

那么，我们来看第二部分，公司印章的内部和外部纠纷。

公司印章的内部纠纷，我们首先从案由上看，主要表现在公司证照返还纠纷、所有权纠纷、请求变更公司登记纠纷。从冲突的表现形式来看，内部纠纷主要表现在四大块：人章分离、人章争夺、章章冲突以及人章尽弃。

什么意思呢？人指的是法定代表人，章当然指的是公司的印章，法定代表人和公司印章到底认谁？我们从内部和外部进行了区分。最高人民法院在新加坡环保科技公司与大拇指公司案件中确立了内外区分。也就是说，法定代表人是以股东会的决议选任为准，但是对外而言，是以工商登记为准。在这种情形下，就会产生法定代表人和公章到底认谁的问题，因为既有股东会决议的选任，又有工商登记。如果两者出现不一样的情形时，我们要运用内外区分的原则来判断，这是对内部纠纷而言。

那么外部纠纷的话，我们知道公章的合法性在《民法总则》第165条[①]，《合同法》第32条、第35条[②]，《民事诉讼法》第59条[③]等，都确立了盖章行为的效

---

① 对应《民法典》第165条。
② 对应《民法典》第490条、第493条。
③ 对应《民法典》第62条。

力。也就是说，盖章和签名一样具有同等的法律效力。盖章它决定民事法律行为的成立，而且特别是《合同法》第 35 条决定了合同的签订地，合同的签订地同时决定了法院的管辖地。像票据的有效性必备要件也离不开盖章，这是外部纠纷的表现形态。我们知道，公司的意思表示反映，其实它体现在两个主体方面：一是法定代表人的代表权，二是其他人员的公司代理权，通过这两者来实现公司的意思。这是第二部分，关于公司印章的内部和外部纠纷。

三、不同主体盖章的行为效力

下面，我们来看第三部分，不同主体盖章的行为效力。

不同主体主要分为三大块：一是法定代表人，二是营业辅助人，三是受托保管人。

我们知道，法定代表人是公司的代表机关，当然有权代表公司做出意思表示。法定代表人盖章的行为，其实是法定代表人职责范围内附属性的权限，是对公司意思的一种确认。营业辅助人包括经理、职员、店员等。如店员开具发票，在发票上加盖公司印章的行为，其实也是对公司意思的一种确认，只不过他们是属于代理行为，在代理权限范围内做出意思表示。最后，就是看这个受托保管人。如果单纯地交付印章给受托保管人，则并无代理权的外观；如果将印章和其他有关文件，比如说介绍信、空白的单据、空白的合同等，交给受托保管人从而使用，那么有这个代理权的外观，受托保管人的行为可能要对公司产生效力。这是关于三类主体盖章的行为效力。

如果这三类主体超越权限加盖公章，又应如何来判断这些主体实施盖章行为的效力呢?

我们来看法定代表人。法定代表人使用的公章本身表征了一种效力，而他的身份又具有公信力，因此，除非是相对人明知法定代表人超越权限，否则即使是法定代表人超越了权限，加盖公章行为的效力对相对人也产生效力。

我们再来看其他的行为人。首先要看是不是有适用表见代理的空间，然后来考量相对人的主观是不是善意、无过失。最高人民法院在兴业银行诉深圳宝安机场借款合同纠纷案中认为，在判断表见代理的时候，相对人的主观必须是善意无过失，哪怕是轻过失，如果说相对人存在轻的过失，也不能认为成立表见代理。这是第三部分关于不同主体盖章的行为效力。

四、不当使用公章的法律效果

我们来看不当使用公章的法律效果。我们对此进行一个类型化，即主要存在四种行为形态：借用、盗用、滥用以及伪造变造。

我们分别对这四种行为形态进行一个阐述。

首先是借用。我们知道法律本身并没有禁止借用行为。也就是说，法无禁止即可为。借用的话，它存在一种相对性，也就是说出借人和借用人之间具有合同关系、具有相对性。但是如果借用人对外使用了这个公章，对外部人而言，我们要保护交易安全以及第三人的利益。因此的话，我们是确认借用使用公章之后产生的法律效力，是对于公章主体有相应的行为效力。

其次是关于盗用的行为。我们知道，盗用是使用秘密的手段窃取他人公章。那么这时候，这种盗用当然是属于非法行为。盗用从主体上分为与公司有关的人员盗用，或者与公司无关的人员盗用。根据《最高人民法院关于在审理经济纠纷案件中涉及经济犯罪嫌疑若干问题的规定》第 5 条第 1 款，此处盗用的“行为人”应当是与公司无关的人员。那么，这时候对公司不产生效力，公司应当立即履行告知义务或者进行登报声明，以减少对公司产生的损失。

再次是关于滥用。滥用包括随意使用、私刻使用以及擅自使用这些行为。我们主要来看滥用是不是产生了权利外观的表象，以及于相对人的主观上进行一个考量，从而来判断滥用的行为的效力。

最后是关于伪造变造的行为。伪造变造涉及主体的牵连性。也就是说我们要看伪造变造是谁在实施这个行为。如果是与公司有关人员实施，可能会构成表见代理，有表见代理的空间。

如果是与公司无关人员实施，当然可以由公司来追认。最高人民法院的裁判，包括《全国民商事法院审判工作会议纪要》（以下简称《九民会议纪要》）的规定，都改变了我们传统的认识，即“只认章不认人”这一思维，现在要转变为看公章背后的主体，是谁在使用公章。从鼓励交易、促进合同成立的角度来说，哪怕是与公司无关的人员实施了这个行为，我们依然应当赋予公司有一个追认的权利，来确定是不是认可无关人员实施的行为的效力。这是第四部分关于不当使用公章的法律效果。

通过刚才我们对于不同主体盖章的行为效力和不当使用公章的法律效果进行分析，提炼出盖章行为效力判断的“四步法”，从四个方面来判断或者辨别盖章行为的效力。

首先，我们来看主体特定化。也就是我们刚才所说的，法定代表人、营业辅助人以及受托保管人，或者说法定代表人、其他人员这样来进行一个区分。

其次，来看这个行为。我们也进行了一个类型化的分析，它包括了借用、盗用、滥用以及伪造变造这些行为。

再次，来看权利外观化。即实施这些行为之后是不是产生了一个权利外观，给人制造一种表象，让人信赖这个表象。

最后，来看这个相对人的主观是不是善意无过失。从而从这四个角度来考量或判断盖章行为的效力。

好了，以上就是对公司印章的规范和裁判的介绍，感谢大家的关注，再见！

法定批准程序对合同效力的影响及司法运用

主讲人　卢　颖

· 上海市第一中级人民法院民事审判庭侵权纠纷审判团队负责人
· 法学博士、大数据中心博士后
· 三级高级法官
· 领军人才培养对象
· 上海法学会经济法学研究会理事
· 入选“上海市青年法学法律人才库”
· 出版译著《金融危机后的公司治理》
· 在《证券法苑》《金融法苑》《上海对外经贸大学学报》《商事审判指导》等出版物发表论文 10 余篇
· 论文在全国法院系统学术讨论会、“羊城杯”司法体制综合配套改革征文比赛中多次获奖
· 参与执笔国家社会科学基金青年项目课题、中国法学会课题等多项课题

大家好，我是来自上海市第一中级人民法院的卢颖，今天与大家探讨的问题是，法定批准程序对合同效力的影响及司法运用。《民法典》第 502 条以及《九民会议纪要》对这个问题作为重点予以规定。司法实践中如何理解和适用还存在一些模糊之处，今天我将自己对这个问题的理解分为三个部分与大家做一个分享：第一，法定批准程序对合同效力影响的法律规定；第二，法定批准程序对合同效力影响的法理分析；第三，法定批准程序在司法实践中的运用。

一、法定批准程序对合同效力影响的法律规定

根据民法学理论，双方当事人达成合意的协议、契约等，原则上该法律行为自成立时就生效，但是也有例外，如无效的法律行为、效力未定的法律行为、附生效条件以及附期限的法律行为等。

最新颁布的《民法典》第502条第1款规定："依法成立的合同，自成立时生效，但是法律另有规定或者当事人另有约定的除外。"该条文所涉及的"法律另有规定"的相关内容出现在《民法典》第502条第2款中，即"依照法律、行政法规的规定，合同应当办理批准等手续的，依照其规定"。这是对法定批准生效合同的规定，即法律行为虽然成立但未生效，只有法律、行政法规规定应当办理批准手续的合同，批准才影响合同效力。部门规章、地方性法规有关批准的规定，并不影响合同效力。

二、法定批准程序对合同效力影响的法理分析

经法定批准才发生合同效力的规定，相对而言，是一项较新的制度规定，最早出现在《最高人民法院关于适用〈中华人民共和国合同法〉若干问题的解释（一）》（以下简称《合同法司法解释（一）》）第9条，该条规定，合同应当办理批准手续而未办理的，人民法院应当认定该合同未生效。这是我国第一次从立法层面对未生效合同法律制度作出规定。但是对于未生效合同如何向有效合同进行转化缺乏具体规定，体现在司法实践中可操作性不强。有鉴于此，《合同法司法解释（二）》对该项法律制度进行了完善，该司法解释第8条规定，人民法院可以判决相对人自己办理有关手续，而怠于履行报批义务的当事人则承担相关费用以及损失。这一规定明确了报批义务人如果不履行报批义务，应承担缔约过失责任，即承担相关费用以及损失。而相对人可以自行报批。

但是由于报批需要相关材料以及履行相关手续，在报批义务人不配合的情况下，相对人很难获取自行报批所需的相关手续以及材料，致使报批很难获得主管部门的批准，故而在实践中该条规定的操作效果并不理想。

为进一步完善该项法律制度，有效保护合法当事人的合法权益，综合前期司法实践的经验，最新出台的《民法典》以及《九民会议纪要》强化了对报批义务人的制约措施。《九民会议纪要》第38条、第39条规定，报批义务人未履行报批

义务，应该承担违约责任，而相对人可以请求报批义务人履行报批义务。《民法典》第502条第2款规定："……未办理批准等手续影响合同生效的，不影响合同中履行报批等义务条款以及相关条款的效力。应当办理申请批准等手续的当事人未履行义务的，对方可以请求其承担违反该义务的责任。"

上述规定均突出强调了报批义务人违反先合同义务，应当承担违约责任；尽管合同未生效，相对人不能请求履行合同主要权利义务，但是相对人可以请求未履行报批义务的当事人履行报批义务。即报批条款及其相关条款独立生效。上述规定使未生效合同向有效合同转化具备了制度保障。

从长期的司法实践情况看，对于未生效合同在难以被认定为有效的情况下，一般会混淆未生效与无效两者的概念，一个突出问题是直接将未生效等同于无效，从而适用缔约过失责任对报批义务人科以责任。

而基于对于信赖利益认定的困难，在确定缔约过失损失数额时，无法体现出对报批义务人的惩罚以及对相对人利益的保护。

为此，《民法典》以及《九民会议纪要》重点厘清了无效合同与未生效合同的区别，明确报批义务人应承担违约责任而非缔约过失责任。

第一，从违反的规范类型看，合同无效是因为合同违反了法律、行政法规的效力性强制性规定或者违背善良风俗；而未生效合同违反的则是法律、行政法规有关审批的规定，此种规范属于管理性强制性规定。

第二，从认定的法律依据看，认定合同无效的依据是《合同法》第52条①，本质是意思表示超越了国家管制的界限；而认定合同未生效的依据则是《合同法》第44条②，本质是合同不具备法定的生效要件。

第三，从能否补正上看，合同无效原则上是自始无效，不存在补正的可能；而未生效合同在获得批准前效力处于不确定状态，当事人可以通过履行报批手续促成生效。

《民法典》和《九民会议纪要》之所以规定整个合同未生效不影响当事人之间有关报批义务条款以及相关条款的效力，是因为实践中因审批而导致的合同纠纷，症结往往在于当事人不去报批而非行政机关不批准。

而当事人不报批，合同未生效；合同未生效，一方就不能请求另一方履行合同义务。所以当事人往往会视情况决定是否报批，报批对自己有利的，就去报批，

---

① 对应《民法典》第153条、第154条。

② 对应《民法典》第502条。

反之就不去报批。其结果是使得不诚信的当事人从其不诚信行为中获利，显然有违法律所蕴含的价值取向，应当从立法制度层面予以纠正。

三、法定批准程序在司法实践中的运用

作为一项法律难点问题，虽然法律制度设计者尽可能从制度层面查补漏洞，进行制度完善，但在司法实务中如何正确运用法律规定解决纠纷，使人民法院的判决具有可操作性，从而将对当事人合法权益的保护落到实处，还需要我们通过法律思维体现出法官的智慧来。

需要说明的是，我们探讨的法定批准程序相关问题，并不涉及行政机关对于合同是否批准的情况，而是一方当事人不履行报批手续带来的纠纷问题。

下面通过一个案例来和大家一起做个探讨：

甲公司与乙公司签订了合作开发天然气的合同，约定由甲公司办理相关批准手续，乙公司将主要设备运往开发区域并安装后，甲公司依然没有办理有关手续。乙公司诉至法院，请求判令甲公司履行报批义务。根据案件事实以及《民法典》的规定，甲公司的行为构成违约，乙公司可以要求甲公司履行报批义务。

但在具体操作中有以下几个值得注意的问题：

第一，乙公司起诉要求甲公司履行合同主要权利义务的，人民法院应当向乙公司释明，将诉讼请求变更为请求履行报批义务。乙公司变更诉讼请求的，人民法院继续审理，如果乙公司拒绝变更，合同尚未生效，乙公司要求甲公司履行合同主要义务的条件尚不成就，法院应判决驳回乙公司的诉讼请求。

第二，乙公司起诉要求甲公司履行报批义务。

此类情况较为复杂。首先，需要明确的是，双方已涉讼，说明甲公司并不同意继续履行报批义务，此时案件的审理应考虑判决的可操作性与可执行性。其次，履行报批义务，其法律性质属于不可强制执行的范畴；是否同意当事人的报批申请，更属于行政机关根据行政法律规范审查的内容，司法权不能干涉行政权的行使。最后，不加审查地直接判决甲公司履行报批义务以使合同尽快生效，其后果可能导致人民法院的判决不能得到当事人的履行和遵守，也无法通过强制执行予以实现，在当事人合法权益未能得到保护的同时，人民法院的权威和公信力也会受到损害。

因此，从利益平衡与可操作性的角度考虑，案件审理中应根据所查明的事实区分两种情况分别处理：

一是通过审理查明以及走访行政审批机关，可以认定需报批的相关材料以及手续已经齐全，所差者唯有甲公司的申请，在此情况下，可以通过乙公司的证据保全，判决甲公司履行报批义务。如果甲公司未按生效判决履行义务的，乙公司可以申请法院执行，法院可以根据申请报批材料的程度请求相关行政机关协助执行。

二是通过审理报批所需材料以及手续尚未具备，或经征求行政机关的意见，符合报批手续尚需甲公司配合提供材料的，在甲公司明确表示不同意履行报批义务的情况下，此时，乙公司的诉讼请求属于不可强制执行的范畴，人民法院应向乙公司进行释明，由其变更诉讼请求，向甲公司主张包括差价损失、合理收益以及其他损失在内的违约责任。

如果乙公司拒绝变更诉讼请求的，人民法院应根据《民事诉讼证据规则》的相关规定，判决驳回乙公司的诉讼请求。

最后，我们对今天的讲解做一个小结。

未经批准合同的效力为未生效，但报批条款及相关条款独立生效，报批义务人应承担违约责任，相对人可以要求报批义务人履行报批义务。在该类诉讼中，法院应从利益平衡和可操作性角度考虑，根据报批的相关材料是否齐全分情况分别处理，做好释明工作，切实保护合法当事人的合法权益。以上是今天的讲解，感谢大家的关注，再见。

个人信息及其处理规则的理解与适用

主讲人 卢 颖

· 上海市第一中级人民法院民事审判庭侵权纠纷审判团队负责人

· 法学博士、大数据中心博士后

· 三级高级法官

· 领军人才培养对象

· 上海法学会经济法学研究会理事

· 入选“上海市青年法学法律人才库”

· 出版译著《金融危机后的公司治理》

· 在《证券法苑》《金融法苑》《上海对外经贸大学学报》《商事审判指导》等出版物发表论文 10 余篇

· 论文在全国法院系统学术讨论会、“羊城杯”司法体制综合配套改革征文比赛中多次获奖

· 参与执笔国家社会科学基金青年项目课题、中国法学会课题等多项课题

主持人 戴欣媛

· 上海市第一中级人民法院商事审判庭一级法官助理

· 北京大学法学硕士

· 主要研究方向为民商法学、国际法学

· 参与执笔最高人民法院、中国法学会等国家级、省部级调研课题 7 项

· 在国家级、省部级论文评选活动中获奖或于《中国应用法学》《国际经济法学刊》《人民法院案例选》等出版物发表论文 10 余篇

· 获评全国法院优秀案例分析二等奖、三等奖等 4 篇

· 曾获上海法院系统嘉奖、集体二等功等荣誉

戴：大家好，欢迎来到上海市第一中级人民法院视频微课程，我是商事审判庭法官助理戴欣媛。今天我们有请到商事审判庭审判长卢颖博士，一起向大家解读2021年发布的《个人信息保护法》。

卢：主持人好，大家好！

戴：在这个大数据时代，我们可能都遇到过这样的场景：有一天，张三走进一家餐厅，要点餐，结果被告知，必须扫桌上的二维码，张三层层点击，输入来输入去，终于吃上了饭。张三很纳闷，吃个饭这么麻烦吗？李四所在的小区，要在小区里的每个门口装人脸识别设备，以后刷脸就可以进出楼宇了。李四很高兴，说以后拎着垃圾袋进出，刷一刷脸就可以了。可偏偏有人不乐意，说这样会带来安全隐患。问题来了，小区装还是不装？今天我们就请到卢老师为大家解答相关问题。卢老师您可是个人信息保护法领域的专家啊，个人信息保护是您的博士后项目课题吧？

卢：对，我比较早就开始关注个人信息保护。近年来，随着信息技术日益运用于人们的生产生活，数据爆炸式增长，海量聚集，对经济发展、政府治理、民众生活持续产生着重大而深刻的影响，也产生了众多亟须破解的难题。所以，个人信息保护真的是非常重要且刻不容缓。

戴：跟您相比，我对个人信息保护的了解就很粗浅了。就比如说个人信息这个概念，《个人信息保护法》对于个人信息是有清晰定义的，明确个人信息是以电子或者其他方式记录的与已识别或者可识别的自然人有关的各种信息，不包括匿名化处理后的信息。但这个规定要怎么具体理解呢？

卢：这里反映了个人信息应具备的两个特性，就是“可识别性”与“关联性”。可识别性就是从信息本身出发，通过这个信息或者与其他信息相结合可以识别到特定的自然人。关联性就是从信息主体出发，某一信息是否与特定自然人有关。具体举例的话，自然人的姓名、出生日期、身份证件号码、生物识别信息、住址、电话号码、电子邮件、健康信息、行踪信息等都是个人信息。其中的生物识别信息指的是个人的人脸识别信息、指纹信息等。

戴：所以说个人信息处理者处理这些个人信息就会受到《个人信息保护法》的制约？

卢：也不全是。个人信息保护规则有特定的适用范围，因个人或家庭事务处理个人信息，就不适用《个人信息保护法》。比如，张三当媒婆帮人牵线搭桥，将

女方的联系方式和个人信息告知男方，即使女方没有事先同意，也不构成对女方个人信息的侵害。当然，张三的这一行为仍可能涉及侵犯女方的隐私权或名誉权等权益，但这与个人信息保护是不同层面的问题。

戴：卢老师举的这个例子很生动。那么在《个人信息保护法》的这个适用范围内，个人信息处理者会受到什么样的约束呢？

卢：《个人信息保护法》规定了个人信息处理的基本规则，其中最主要的就是告知同意规则。告知是指，除紧急情况和法定不需要告知的情形外，个人信息处理者在处理个人信息前，应当以显著方式、清晰易懂的语言真实、准确、完整地向个人告知个人信息处理者的名称和联系方式、个人信息的处理目的和方式等。同意则是指，个人信息处理者处理个人信息，应当取得个人的同意，除非存在法定许可处理的情形。

戴：明白了，通过告知同意这样的规则就能够约束个人信息处理者，防止他们随意处理自然人的个人信息。但我有个困惑的问题想请教下卢老师，现在智能手机的应用非常广泛，我去餐厅吃饭，就要求我扫码点餐，很多还不是简单扫码就可以点餐的，还要注册会员，或者是微信授权登录，这个时候他们就收集了我的联系方式等个人信息，但其实并没有事先让我同意啊。

卢：这个问题经常会遇到，也是一个很有争议的问题。我们去餐厅点餐消费，此时我们与餐厅的经营者之间就会形成一个合同关系，扫码点餐的过程就是我们表达订立合同的意思表示的过程。

戴：啊，我知道了，《个人信息保护法》规定，为订立、履行个人作为一方当事人的合同所必须处理个人信息是属于法定许可处理个人信息的范畴。所以扫码点餐中餐厅收集我的个人信息是基于法定许可范围。

卢：别着急，这要先分析，在扫码点餐的过程中收集个人的联系方式甚至是身份证件信息，是否是订立合同所必需的？

戴：点餐本身肯定是订立合同必经的过程，但扫码点餐是智能手机普及之后才产生的，现在依然有很多餐厅还是看菜单点餐，这样看的话，扫码点餐并不是订立合同必需的。

卢：是的。餐厅要求客人扫码点餐的实质是餐厅对于客人作出订餐意思表示的形式进行了限制，但餐厅与客人之间是平等的民事主体，餐厅并没有权利作出这样的限制。

戴：哈哈，是的。但是，既然说我想吃就得扫码，那是不是也意味着我只能按要求输入我的电话号码乃至身份证件，有些甚至要求我注册他们家会员，或者关注他们公众号。

卢：你已经注意到了扫码点餐和输入个人信息之间的区别。在餐厅要求扫码才能点餐时，扫码固然是点餐的必需，但这不同时意味着在扫码后要求客人输入信息也属于点餐的必需。

我们分具体情况来看。首先，扫码后要求注册会员的问题，如果餐厅要求点餐就要注册会员，他们只向会员提供餐饮服务，这种就是现在也挺多见的所谓会员店，那么你要吃，还是要注册会员。其次，我们来看看扫码后仅要求客户注册账户这种情况。扫码点餐本身是一个手机程序，程序可以知道哪些菜是哪些客人点的，如果客人没有注册账户，那么程序就无法将手机上点的菜与特定的桌号联系起来，基于这一点，注册账号是扫码点餐的一个必需步骤。

戴：现在很多扫码点餐是可以用微信账号或者支付宝账号的，比较少要求重新注册，但无论是哪一种，基本都以手机号来注册账户。这么说，餐厅必须收集客人的手机号信息吗？

卢：我认为不是。因为从技术上看，不输入手机号也不是绝对不能注册账户。我们在对于法定许可范围进行判断时，必须遵循目的限制这一基本原则，不得过度收集个人信息。既然注册账号不必然需要手机号，那么收集手机号信息也就不符合目的限制原则了。

戴：这么说，扫码点餐时获取个人信息还是应当经过个人同意？

卢：是的。

戴：那要怎么判断个人已经同意处理信息了呢？《个人信息保护法》规定，基于个人同意处理个人信息的，该同意应当由个人在充分知情的前提下自愿、明确作出。这在扫码点餐中要如何实现呢？

卢：该条规定的是同意的一般要件。这里就是三个关键词，充分知情、自愿以及明确。其中，知情建立在告知的基础上，具体的告知内容，主要包括个人信息处理的主体是谁，处理目的是什么，处理方式和范围如何等。

戴：原来如此。但是，我扫码点餐的时候好像从来没有看到过这种告知。

卢：扫码点餐需要通过 APP（手机应用程序），那么 APP 是有统一的例如隐私政策等文件来明确它的个人信息处理规则，这是一种统一的告知。虽然没有在每次扫码点餐的时候单独告知，但也属于已经履行了告知义务。

戴：这种情况下，虽然我没有去查看 APP 的隐私政策文件，也是视为我知情了，对吧？

卢：对的。

戴：那么在知情之后，就是同意，但在扫码点餐的时候并没有同意处理这个按钮啊？

卢：自愿、明确的同意不一定就是点击同意按钮。个人输入手机号或者允许绑定手机号的积极行为就可以反映出个人是同意 APP 收集和存储其手机号信息的。当然，输入的行为反映不出个人允许个人信息处理者进行加工、传输、公开等更为复杂的处理，如果个人信息处理者进行了这类处理，就属于未经同意的处理。

戴：我明白了，所以我使用扫码点餐程序，输入了手机号等信息，就是我同意 APP 收集这些信息。但说句心里话，我虽然输入了，我也不是特别自愿，只是为了吃饭，这时候好像有点没办法。

卢：这点上可以向《消费者权益保护法》寻求帮助。消协发布的 2021 年十大消费维权舆情热点，就提到部分 APP 或微信小程序过度甚至违规收集个人信息。虽然经营者和消费者是平等民事主体，但在消费过程中，消费者实际处于一个弱势地位。所以，就需要《消费者权益保护法》对消费者进行倾斜保护，从而达到经营者与消费者实质上的平等。手机程序过度收集个人信息有侵犯消费者隐私权的嫌疑，强制客户扫码点餐或者注册会员、输入个人信息点餐等也涉嫌侵害消费者的公平交易权。

戴：我想起来，前几天徐汇区市场监管局发布了《餐饮行业扫码点餐规范指引》，里面就规定扫码点餐不得强制要求消费者对手机号、微信号等个人信息进行注册或授权。

卢：市场监管部门是保护消费者权益的职能部门，相信类似的规定会越来越多。

戴：感谢卢老师对于扫码点餐这个问题的解答。除了扫码点餐这个问题之外，还有一个很多人也都很关心的事情。现在去一些公共场所如火车站、图书馆等，甚至进小区都会进行人脸识别，一些手机程序也会收集我的人脸信息。那么，这些人脸信息的处理也应遵循告知同意规则吗？

卢：人脸识别现在运用得确实是非常多。首先，人脸识别信息属于生物识别信息，属于敏感个人信息。其次，针对敏感个人信息，是有特别的信息处理规则的，只有在具有特定的目的和充分的必要性，并采取严格保密措施的情形下，个人信息处理者方可处理敏感个人信息。而且，处理敏感个人信息应当取得个人的单独同意。

戴：说到这里，我想起来，我在使用某个换脸 APP 的时候是有让我点击同意隐私政策，但我注意到它的隐私政策里面有一条是授权 APP 使用我的人脸信息，这个其实我还是挺怕他们乱用的，这方面有什么保护方法吗？

卢：APP 的隐私政策属于格式条款，根据最高人民法院关于使用人脸识别技术处理个人信息的相关司法解释，信息处理者采用格式条款要求自然人授权其无期限限制、不可撤销、可任意转授权等处理人脸信息的权利的，该格式条款无效。所以你可以看看具体的授权内容是不是有效。

戴：听了您的解答我放心多了。那么，与扫码点餐类似的，像火车站、图书馆甚至小区这些地方收集我的人脸识别信息好像并没有获得我的事前同意，这是属于法定许可范围吗？还是我走过去，让它扫脸了就属于我同意它获取我的人脸信息。

卢：你已经把前面对扫码点餐问题的分析逻辑拿过来了，理解得很好。首先，在公共场所安装图像采集、个人身份识别设备，应当是为维护公共安全所必需，随意安装人脸识别设施是不符合目的限制原则的。在 2019 年杭州市发生的“人脸识别第一案”中，法院就认为杭州野生动物世界有限公司采集持有动物园年卡的原告的人脸识别信息，超出了必要原则的要求，不具有正当性。其次，如果遵守国家有关规定，设置了显著的提示标识，那么是属于法定许可收集的范围。但收集到的上述信息只用于维护公共安全目的，不允许用于其他目的，除非取得个人的单独同意。

戴：感谢卢老师。卢老师今天从个人信息保护的适用范围开始，详细讲解了个人信息处理规则，对于扫码点餐、人脸识别等社会热点问题也作了详尽的回应。再次感谢卢老师。

卢：谢谢。

戴：以上就是今天微课程的全部内容，期待与各位观众下次再见。

卢：再见。

约定管辖的司法审查

主讲人　盛　萍

· 上海市第一中级人民法院民事审判庭民间借贷纠纷审判团队负责人

· 三级高级法官

· 上海法院审判业务骨干

· 韩国国际法律经营大学法学硕士

· 中国政法大学法学学士

· 曾于日内瓦世界贸易组织（WTO）及海牙国际法院（ICJ）交流学习

· 主要研究方向为民商法、诉讼法

· 发表专业论文 20 余篇

· 执笔的《涉台案件民事判决及仲裁裁决的认可和执行相关问题研究》等多项课题获上海法院系统重点调研课题优秀奖等多个奖项

· 曾获上海法院系统办案能手、调研能手、优秀、嘉奖、合议庭嘉奖等多项荣誉

大家好，我是上海市第一中级人民法院的盛萍。今天和大家分享的是，约定管辖的司法审查。

约定管辖又称协议管辖，是当事人通过合意的方式，选择管辖法院的制度安排，在司法实践中具有十分重要的意义。如何结合立法精神和司法实际对约定管辖进行解读与效力认定，是本次我想和大家分享的内容。我们将从以下三个方面展开：约定管辖；形式要件的审查；实质要件的认定。

一、约定管辖

首先，我们来看一下约定管辖的概念。

《民事诉讼法》第 34 条[①]规定，合同或其他财产权益纠纷的当事人，可以书面协议选择被告住所地、合同履行地、合同签订地、原告住所地、标的物所在地等与争议有实际联系的地点的人民法院管辖，但不得违反本法对级别管辖与专属管辖的规定。

对于约定管辖这一地域管辖的下位概念，我们如何正确把握呢？

我们可以从以下三个原则入手进行把握：当事人意思自治原则、诚实信用原则以及独立性原则。

（一）当事人意思自治原则

协议管辖制度的核心在于尊重当事人的意思自治，让双方当事人选择一个均信赖的法院以审理他们之间的纠纷，这对于维护当事人的管辖利益、维护管辖秩序以及司法经济有着重要的意义。正是基于这样的价值考量，2012 年《民事诉讼法》在修订的时候减少了对约定管辖的限制，可以说当事人意思自治原则是约定管辖的灵魂。

（二）诚实信用原则

《民事诉讼法》在修订时的一大动作，就是将诚实信用原则在程序法领域明文化。《民事诉讼法司法解释》第 32 条的规定，可以说是诚实信用原则在法律条文中的直接体现。管辖协议约定由一方当事人住所地人民法院管辖，协议签订后当事人住所地变更的，由签订管辖协议时的住所地人民法院管辖，但当事人另有约定的除外。实践中，“一方当事人住所地”还常常会以原告所在地、被告所在地、买受人所在地等这样的表述出现。

诚实信用原则在程序法领域的适用，给我们提供了更多解读协议管辖的视角，如禁反言的概念、可期待的概念。让住所变更的当事人依据先前的合同约定确立管辖法院，更能够符合双方当事人先前的预期。

---

① 即 2023 年《民事诉讼法》第 35 条。

（三）独立性原则

同时，需要注意的是独立性原则。管辖条款尽管是合同的一部分，但是其具有独立性，合同的变更并不影响管辖条款的效力。

二、形式要件的审查

《民事诉讼法》第 34 条的规定，可以说确立了一个合格的约定管辖应当具备的形式要件。一般来说，我们从以下三个方面来进行形式要件的审查：

第一方面：约定的形式应当是书面形式，包括合同、信件和数据电文等形式。

我们来看一个案例：甲乙双方系买卖合同关系，约定由 A 区法院管辖。甲在合同上签章，但是乙未在合同上签章。现在，甲向 A 区法院提起诉讼。

依据增值税发票、送货单等证据，可以证明双方合同已经实际履行了。现在的问题就是在乙未盖章的情形下，合同的实际履行可否认定为双方对管辖达成了认可。

我们认为不可以。约定管辖遵循的是严格的书面形式，换句话说对未签字盖章的一方不产生约束力。

实践中，当事人未签订书面合同或者签订的合同形式不完备等情形屡见不鲜。以本案为例，尽管我们可以通过合同的实际履行去确认双方之间买卖关系的实际成立，但是不能倒推双方对管辖达成了一致。

第二方面：案件的性质。

绝大多数民商事案件都可以选择约定管辖，但是此处我们排除了自然人身份、抚养、婚姻家庭、遗嘱继承以及适用特别程序的案件。需要说明的是，身份关系解除之后，依然可以适用约定管辖。

第三方面：被选择的法院的范围。

我们只能对地域管辖进行约定，而且不得违反专属管辖与级别管辖的规定。

那么，在满足了约定管辖形式要件的要求之后，对于实质要件又将如何审查呢？

三、实质要件的认定

怎样才是一个有效的管辖条款约定呢？我们来看条款约定的一般规则。

首先，管辖条款的约定应当明晰，而且符合实体法当中关于合同效力的规定。

其次，管辖协议需就特定法律关系所发生的纠纷而订立。换句话说，当事人不得就一切诉讼，或者无特定法律关系的诉讼而订立管辖协议。原因就在于，这样的管辖协议往往会损害一方当事人的利益，造成诉讼的不公平。对于这样的约定，我们不认可其效力。

最后，合同约定的地点，也就是连接点应当与争议有实际联系。

我们以一个案例来说明：甲乙双方签订投资合同，约定由A区法院管辖。现在，甲提出抗辩称，A区并非《民事诉讼法》所列举的五个联系点之一，所以管辖协议无效。乙方就提出抗辩称，其在A区有分公司，而且双方当时是在A区进行了合同商讨的具体事宜。

现在的问题就是，关于A区法院管辖的协议有效吗？我们认为协议有效。

连接点的确定，并不限于《民事诉讼法》所列举的五个联系点，对于有证据佐证的其他地点，也可以认为与争议有实际联系的地点。比如说，当事人在该地从事业务活动，在该地进行与案件有关的行为，在该地拥有产业，又或者，当事人在该地做过导致法律效果变更的行为等。对于连接点的确定，我们应当尽量尊重当事人的意愿。当然，当事人不一定是法律专家，在进行约定的时候常常会有表述不准确的现象。

在实务当中，以下两种情形通常需要对效力进行进一步厘清。

第一种情形：条款约定本身不明

对于条款约定的客体内容如何进行效力认定，判断条款本身约定是否明确的标准，是可确定性原则，而非唯一性原则。我们来看一下实务当中最常见的两种约定不明的情形。

如果双方当事人约定，由守约方法院管辖，这样的约定有效吗？我们认为约定无效。

对于双方当事人约定由守约方法院管辖的，由于何方守约往往要经过实体审查方能确定，这样的约定不符合可确定性原则，在实务当中也无法执行，应为无效。

那么，如果双方当事人约定由当地法院管辖，这样的约定又有效吗？

我们认为应当个案判断，在探究真义的基础上具体问题具体分析。对于双方当事人约定由当地法院管辖的，由于何谓当地往往指代不明，我们应当在综合考量当事人的意思、合同目的、合同类型、交易习惯等其他因素的基础上，对于能够确定何谓当地的认定为有效，对于不能够确定何谓当地的应确认无效。

第二种情形：主体发生变更

当条款约定的主体发生变更时，效力如何认定呢？

首先来看合同转让时管辖协议的效力认定，其遵循的是“管辖条款的自动转让”原则。《民事诉讼法司法解释》第33条以但书条款的形式规定：合同转让的，管辖协议对合同受让人有效。这一规定可以防止当事人通过合同转让的方式，轻易地摆脱管辖协议的束缚。这一原则，我们也可以在《合同法》以及新出台的《民法典》中找到相应的法律依据。债务人接到债权转让通知后，债务人对让与人的抗辩，可以向受让人主张。此处的抗辩，不仅包括实体意义上的抗辩，也包括程序意义上管辖的抗辩。

那么，如果主体发生承继时，效力又当如何认定呢？

我们认为管辖协议的效力及于合法的承继人。具体来说，对于自然人订立的管辖协议，其效力及于其继承人。对于法人，效力及于其合并、分立后的权利义务继受人。发生注销情形的，效力及于对债权债务承担责任的当事人。这是管辖协议对未签署协议的第三人不发生约束力的一个例外。

要正确把握约定管辖这一重要的司法制度，应当在尊重当事人意思自治及诚实信用原则的基础上，结合形式要件与实质要件，根据案件的具体情形综合进行解读与效力认定。

以上就是对约定管辖的司法审查的介绍，感谢大家的关注，再见！

离婚协议中不动产权属约定的效力探究

主讲人　杨斯空

· 上海市第一中级人民法院民事审判庭建设工程案件审判团队负责人
· 三级高级法官
· 上海法院审判业务骨干
· 华东政法大学民商法学硕士、上海财经大学法学博士在读
· 上海法官学院兼职教师、上海外国语大学硕士课外教师
· 执笔、撰写的多篇文章在全国法院系统、上海法院系统获奖
· 在《人民司法》等刊物上发表论文近十篇
· 在上海高院公众号庭前独角兽开设专栏，发表各类裁判方法总结文章数十篇
· 曾获国家检察官学院举办的“2019 年度检察教育培训网络学院微课程”特等奖
· 荣获个人三等功两次、嘉奖多次、上海法院首届十佳青年等

大家好，我是上海市第一中级人民法院的杨斯空。今天与大家交流的主题是离婚协议中不动产权属约定的相关效力问题。我们今天的交流将分为三个部分：首先，我们将对这类案件的案情做一下梳理；其次，我们将对这类案件的争议焦点进行归纳，并从中归纳出一些裁判规则；最后，我们将对离婚协议不动产权属约定中的特殊类型与大家进行探讨。

一、案情特征

为了更好地了解今天我们所要探讨的主题，有必要先对离婚协议中不动产权属约定在审判实践当中产生的特征和类型与大家进行一下梳理。

我们先来看特征，这类案情有如下三个特征：

第一，系争房屋系在夫妻婚姻关系存续期间所取得，并且登记在夫妻一方或者双方名下，实践当中登记在夫妻一方名下的情形比较多见；

第二，双方在离婚协议当中约定，系争房屋在离婚以后归另一方单独所有，或者承诺给予双方的未成年子女所有；

第三，离婚以后双方并没有按照离婚协议的约定去办理房屋产权的过户登记手续，一方反悔从而引发了纠纷。

那么这类案情在审判实践当中，会产生如下三种纠纷类型：

第一类是确权纠纷，也就是约定取得房屋所有权的一方到法院要求法院判决其为房屋的所有权人。

第二类是合同纠纷，多表现为房屋买卖合同纠纷。也就是在离婚以后仍旧成为系争房屋所有权的一方将房屋出售给了第三人，而约定取得房屋产权的一方则以出售人与第三人恶意串通为由要求确认买卖合同无效，以此来对抗买卖合同的履行。

第三类纠纷，也就是我们今天所要讨论的一种特殊类型，即父母一方在离婚协议当中做出承诺，将登记在其名下所有的房屋离婚以后给予双方的未成年子女所有，但在结束婚姻关系以后，做出承诺的一方父母则以撤销赠与为由来进行反悔。

上述纠纷给审判实践带来了不少困惑，为解决问题，需要对这类案件的法律争议进行归纳和解读。

二、争议解读

下面我们就进入今天的第二部分，争议解读。此类案件有两个争议亟待解决。

争议一：离婚协议的权属约定是否会直接产生物权变动的效果呢？

争议二：约定取得房屋所有权的一方可否以离婚协议的权属约定为由来对抗第三人的债权呢？

我们先来看第一个争议：

要解读这个争议，有必要先了解一下我国对于不动产物权变动的模式。

《物权法》第9条[①]第1款规定，不动产物权的设立、变更、转让和消灭，经过登记才发生效力；未经过依法登记的，则不发生效力。而第15条[②]规定，当事人对于不动产权属约定的合同自合同成立之日起生效，即使没有经过物权登记，也不影响合同效力。

上述《物权法》的规定实际上确定了合同效力和物权变动效力的区分原则，也就是合同效力的判断和物权变动效力的判断具有不同的标准。再结合学界的相关理论，我们可以知道，我国对于不动产物权变动采取的是债权形式主义变动模式。

首先，虽然《物权法》的上述规定已经确立了物权效力和合同效力的区分原则，但是在我国，合同有效是合同得以继续履行的前提，而合同履行的后果往往便会发生物权变动。所以，我国又不承认物权行为的无因性。

那么，所谓的债权形式主义就是说，要发生物权变动的效果，必须有一个合法的原因行为。这个原因行为指的就是债权合同。那么什么是形式主义呢？

形式主义就是要在原因行为之外再加上一个法定的生效要件，这个要件对于不动产而言，就是指在不动产物权登记簿上进行登记。所以要在我国发生不动产物权变动的效力，首先要有一个合法的原因行为——债权合同，再加上一个法定的生效要件——登记，两者缺一不可。

那么说到这里，我们就可以对离婚协议当中不动产权属约定的性质做一个归纳。虽然离婚协议当中有对于不动产物权权属的一个合意，但是，这仅仅是发生物权变动的一个原因行为，如果当事人依此进行了物权登记，那么自然就发生了物权变动的效果。

如果此时发生了登记错误的情况，当事人自然可以到法院，要求法院作出一个确认判决，确认其为房屋的所有权人；但是，如果仅仅只有这样一个权属的约定而没有进行登记，那么物权就没有发生变动，此时当事人只能要求法院作出一个给付判决，判决另一方协助办理过户的登记手续。

可能有人会产生疑问，判决一方取得房屋的所有权和判决一方配合履行房屋的过户义务，两者在法律的后果上似乎是一样的，那么还有必要去区分确认之诉和给付之诉吗？要回答这样一个问题，就会涉及我们第二个争议焦点的解读——离婚协议的权属约定能否对抗第三人的债权？

---

① 对应《民法典》第209条。

② 对应《民法典》第215条。

要解读这个争议，我们不妨以一则最高人民法院的公报案例作为我们的论据。

这则公报案例的案情为大家简单介绍一下：

甲和乙婚姻关系存续期间取得了两套系争房屋，一套登记在乙的名下，另一套登记在甲乙双方的名下。甲乙在离婚协议当中约定两套房屋在离婚以后均归甲所有。但是离婚以后，甲乙并没有按照离婚协议的约定去办理房屋的过户登记手续。而乙又因为和丙的股权转让纠纷，被法院判决需要向丙承担2000万元的债权。而乙并没有按照生效判决去进行履行，于是丙要求法院强制执行，法院就查封了两套系争房屋。甲则以离婚协议当中的权属约定为由提出了执行异议，遭到了执行部门的驳回。甲又依此提起了案外人执行异议之诉，但同样遭到了法院判决的驳回。

这则公报案例确立了这样一种裁判规则：也就是在案外人执行异议之诉当中，如果案外人对执行标的享有的是所有权，是一种物权的权利，那么这种权利是足以排除执行行为的，但如果案外人对执行标的享有的只是一种债权的请求权，那么这种权利是不足以对抗第三人的债权，也没有办法去排除执行。

那么说到这里，就可以对我们刚才提出的问题进行解答了。

根据《民法典》第229条的规定，如果法院作出确权判决，那么该判决一旦生效，就发生了物权变动的效果，无须再进行物权的登记。所以如果当事人依照离婚协议的相关约定，让法院作出确权判决的话，该判决生效之日起当事人的一方就已经取得了房屋的所有权力，当然是可以去对抗第三人的债权了。但如果法院作出给付判决的话，那么在当事人没有按照生效判决履行之前，它只是一种债权的请求权，是不能够对抗第三人的债权的。这就是确认之诉和给付之诉的不同，尤其在涉及第三人的债权时，这点区别就显得尤为重要。

三、特殊类型

接下来，我们进入第三个部分，讨论一下在离婚协议当中不动产权属约定的一种特殊类型。

这种特殊类型指的就是，父母一方在离婚协议当中做出承诺，将登记在其名下所有的系争房屋在离婚以后给予双方的未成年子女所有，但结束婚姻关系以后，做出承诺的一方父母则以赠与的财产权利尚未移转为由要求撤销他（她）的承诺。

对于这个类型，我们有三个问题可以进行探讨：

第一个问题是，这种将房屋给予未成年子女的承诺是否可以将其视为一种赠与呢？它的法律性质到底是什么？

第二个问题是，离婚协议的相对方可否要求做出承诺的这一方向自己的子女进行履行呢？它的法律依据又在哪里？

第三个问题是，作为未成年子女，可否直接向做出承诺的父母一方主张权利呢？

（一）性质分析

我们先来看第一个问题，这种承诺可否将其视为赠与。

首先，我们说赠与是一种无偿合同，赠与人将财产给予受赠人，受赠人对此是不支付任何对价的。但是在离婚协议当中，承诺将房屋给予未成年子女所有，往往是与解除婚姻关系、子女的抚养权、抚养费、夫妻共有财产的分割这些方面所紧密联系的，有的时候甚至是互为条件的，所以我们说，这种承诺并非无偿的。

其次，赠与合同是赠与人将自己的财产给予受赠人而受赠人表示接受的合同。也就是说，如果没有受赠人的表示接受，赠与合同便不成立。但是在离婚协议当中，承诺将房屋给予未成年子女所有是不需要子女的同意的，未成年子女也显然并没有参与到离婚协议的协商之中。

所以我们说，这种承诺并不能够将其视为赠与，做出承诺的一方自然也不能够去援引《合同法》当中关于赠与的任意撤销权来进行反悔。那么这种承诺，我们认为，它仍然是一种具有人身属性的财产分割协议的一部分，不能够将其从离婚协议当中剥离开来，去单独进行判断。

（二）法律适用

我们再来看第二个问题，作为离婚协议的相对方，他要求做出承诺的一方向自己的子女进行履行，它的法律依据又在哪里呢？

我们前面已经说到，这种承诺既然仍然是属于人身属性的财产分割协议的一部分，那么我们仍然要去从《婚姻法》及其司法解释当中寻找法律依据。

《最高人民法院关于适用〈中华人民共和国婚姻法〉若干问题的解释（二）》（以下简称《婚姻法司法解释（二）》）第 8 条[①]规定，离婚协议中这种关于财产的分割协议对男女双方均具有约束力。

---

① 对应《最高人民法院关于适用〈中华人民共和国民法典〉婚姻家庭编的解释（一）》第 69 条。

《婚姻法司法解释（二）》第9条[①]又规定，如果财产分割协议不存在欺诈以及胁迫等情形的话，那么男女双方对此均不能够要求撤销或者变更。

所以，根据上述司法解释的规定，作为离婚协议的相对方，自然可以有权要求做出承诺的一方向自己的未成年子女履行房屋过户的登记手续。

（三）利他契约的探讨

我们再来看最后一个问题，作为未成年子女而言，他能否直接向做出承诺的一方父母进行主张呢？

我国《合同法》第64条规定，当事人约定由债务人向第三人履行债务的，如果债务人没有向第三人履行或者履行不符合约定，那么债务人要向债权人去承担违约责任。也就是说，在现行的法律规范当中，似乎找不到第三人直接向债务人进行主张的法律依据。

但是，即将施行的《民法典》第522条对《合同法》第64条做出了一个重要的补充。这个重要的补充就是指，法律规定或者当事人约定第三人可以直接向债务人请求履行债务的，第三人在合理期限内也没有明确表示拒绝，而债务人又没有向第三人履行的，那么此时，第三人可以要求债务人去承担违约责任。而违约责任的其中一种表现形式就是继续履行。

所以，《民法典》的这条规定实际上已经对我们的合同相对性进行了突破，成为我们法理上所说的利他契约或者真正的第三人利益合同，也就是说，随着《民法典》的施行，未成年子女也可以在一定的条件下直接向做出承诺的父母一方要求主张。

以上就是对离婚协议中对不动产权属约定的效力探究的介绍，感谢大家的关注，再见！

---

① 对应《最高人民法院关于适用〈中华人民共和国民法典〉婚姻家庭编的解释（一）》第70条。

房屋让与担保的裁判方法

主讲人　李　兴

·上海市第一中级人民法院立案庭民商事快审团队协助负责人

·三级高级法官

·中国政法大学民商法学硕士，上海财经大学博士研究生在读

·荣获上海法院办案标兵、个人二等功，合议庭集体二等功

·3 件主审案件分别入选《最高人民法院公报》、“上海法院年度十大典型案例”、“上海法院年度十大优秀裁判文书”

·主审案件 16 次获得上海法院“精品案例”“优秀裁判文书”“示范庭审”

·在《法律适用》《人民司法》等刊物发表学术论文 30 余篇，执笔最高法院司法研究重大课题、上海法院重点调研课题和报批调研课题，均获评优秀

·10 次在上海法院学术论文讨论会、全国法院学术论文讨论会、全国法院优秀案例分析评选、全国法院优秀裁判文书评选活动中获奖

大家好，我是上海市第一中级人民法院的李兴。今天我为大家讲述的主题是房屋让与担保的裁判方法。

让与担保，顾名思义，就是名为财产转让，实为债权担保。它在实践中被广泛应用，但又缺乏明文的法律规定，导致性质边界不清，法律效果不明。为了完整厘清审判实践中的裁判难点，我以房屋担保为线索，从三个方面展开讲述：一是行为识别的三项特征；二是行为效力的双重维度；三是权利实现的清算程序。

一、行为识别的三项特征

我们先看第一部分，行为识别。

《民法典》第 388 条第 1 款规定，担保合同包括抵押合同、质押合同和其他具有担保功能的合同。该规定缓和了物权法定主义，为让与担保留出了适用空间。但让与担保并不是法律规定的典型担保物权，不存在法定的构成要件，司法实践对它的性质认定只能通过重点特征来识别。

结合《九民会议纪要》与审判实践经验，我们可以将此类行为的主要特征归纳为三项：

1. 主债务的履行期尚未届满

所谓担保，必定是在主债务尚未届满时成立的，是为债权人未来利益的不确定性提供预期保障。让与担保与以物抵债最重要的差别就在于交易行为时间与主债务履行期的关系，如果履行期已经届满，债务人未能清偿的事实已然确定，那就应当确定最终的清偿方案。因此，债务履行期届满是认定以物抵债的核心要件，而主债务未到期，是让与担保的典型特征。

2. 转让财产的交易行为虚假

债权人与担保人的财产转让合同仅仅是一种表面行为，不存在真实的意思表示，而且后续既可能已经完成了财产变动的公示要件，也可能没有办理任何的形式手续。

3. 主债务清偿导致财产返还

现实中，当事人一般都不会明确约定让与担保的概念。但任何担保权都会因为主债务清偿而消灭，如果当事人转让的财产会因为主债务清偿而返还，那就说明财产转让并不是独立的，也不是终局性的，而是与主债务相关联的担保行为。这也是识别让与担保最核心的特征。如果债务人没有清偿到期债务，当事人对后果的约定可能存在两种：

第一种是将标的物对外处分，然后将主债权金额与对外处分的金额进行对比结算，这就是清算型的担保。

第二种是约定标的物直接归债权人所有，不再另行结算，这就是所谓归属性担保。关于归属性担保的法律效果，我们会在第二部分进行详细的解析。

接下来，我们看一则典型案例：

2015 年 8 月，黄某与韩某签订协议，约定：韩某向黄某借款 40 万元，按同期银行利率计息，未约定具体还款日期。韩某将其名下的 A 房屋转让给黄某，如韩某后续归还借款本息，则黄某将房屋返还给韩某。

2015 年 9 月，双方签订了正式的房屋买卖合同，约定的房款是 66 万元，黄某取得了 A 房屋的产权登记，但未支付房款。

2015 年 10 月，黄某支付了 40 万元的借款，韩某则继续居住在 A 房屋，但始终没有归还借款。

2019 年 5 月，经韩某同意，黄某将房屋出售，获得了售房款 122 万元。

2019 年 8 月，韩某搬出了 A 房屋，黄某给了韩某 20 万元，并将剩余的 102 万元售房款据为己有。

2019 年 10 月，韩某将黄某诉至法院，请求确认房屋买卖合同无效，黄某赔偿韩某 102 万元售房款。

现实的交易并没有统一的步骤，当事人的陈述也可能前后矛盾。因此，法官应当基于证据事实进行意思表示的整体解释，前面谈到的三项特征既可能是在多份合同的关联中综合呈现，也可能需要通过当事人的履行行为进行穿透式的规范审查。

根据前述的三项特征，在本案中：

第一，韩某与黄某之间存在真实的借款关系，虽然双方没有约定具体的还款期限，但是很明显，房屋转让约定与借款协议是同步达成的，当时债务履行期限还没有届满；

第二，双方虽然签订了房屋买卖合同，但黄某没有支付房款，房屋买卖合同是虚假的意思表示；

第三，双方约定一旦韩某归还借款，黄某就应当返还房屋。

因此，综合以上三点分析，我们可以认定，黄某与韩某已经达成了房屋让与担保的行为。

二、行为效力的双重维度

识别了行为性质，接下来就应该探讨行为的法律后果。我们看第二部分，行为效力。

《民法总则》第 146 条[①]规定，行为人与相对人以虚假的意思表示实施的民事法律行为无效。以虚假的意思表示隐藏的民事法律行为的效力，依照有关法律规定处理。该条规定确立了区分表面行为与隐藏行为效力的评判规则。

《九民会议纪要》第 71 条规定，让与担保行为应当是有效的，该条规定实际上就是对《民法总则》第 146 条原理的应用，也就是将让与担保行为作为隐藏

---

① 对应《民法典》第 146 条。

行为。

整体而言，让与担保的效力是双重维度：首先，表面的房屋买卖合同因意思表示虚假而无效；其次，隐藏的让与担保行为不受表面行为效力影响，属于有效的非典型担保。这就防止了将此类行为认定为整体无效，过度抑制市场交易，体现出充分发挥非典型担保的融资功能的司法态度。

但是，有效的让与担保，其法律后果依然应当受到严格的限制，以防止其损害担保人及其他债权人的合法利益，具体体现为两点：

第一，债权人不因让与担保行为直接获得所有权。由于作为登记变动原因的表面行为合同是无效的，那么即使债权人获得了所有权登记，也不能成为真正的所有权人，而担保人依然是所有权人。债权人也不能以名义所有权人的身份去妨害担保人对房屋的正常使用，也不能擅自对外处分房屋。

第二，完成登记的房屋让与担保可产生优先受偿权。清算型让与担保虽然有效，但不必然产生物权效力。物权效力具有对抗性，对于第三人的交易安全有直接的影响。但如果完成了形式上的登记变动，就足以保障第三人的信赖利益，为优先权的正当性奠定了基础。

因此，《九民会议纪要》第 71 条明确，只有完成了财产权利变动公示，才能让让与担保参照适用担保物权效力，而这种效力实际上就是可以对抗其他债权人的优先受偿权，如果没有完成登记公示手续，就只能与其他债权人平等受偿。

在第一部分，我们已经谈到了，实践中有一种归属性让与担保，它能够使债权人根据约定直接取得标的物所有权吗?

答案是否定的，这种现象类似于流押，容易产生不平等的暴利现象，历来被法律所禁止。但是，此类约定并不是绝对无效的。民法中有法律行为的效力转换理论，将无效约定中有效的内容予以保留。

《民法典》第 401 条运用了该原理，规定抵押权人在债务履行期限届满前，与抵押人约定债务人不履行到期债务时抵押财产归债权人所有的，只能依法就抵押财产优先受偿，这就是归属性抵押向清算型抵押的转换规则。

《九民会议纪要》第 71 条明确了让与担保也应当参照该规定。也就是说，归属性让与担保应当向清算型让与担保转换。

前面的案例中，黄某在 2015 年 9 月取得了 A 房屋的产权登记。在主债务履行期限届满前，就黄某而言，他还没有获得真实的房屋所有权，但已经享有了优先受偿权。就韩某而言，他依然是 A 房屋的真实所有权人，可以继续使用 A 房屋，但暂时丧失了房屋处分权。从相互关系的角度，黄某应当保障韩某正常地使用房屋，而韩某应当保障黄某的担保利益。

三、权利实现的清算程序

第三部分，我们来看权利实现。如果债务人不能清偿到期债务，让与担保就进入了最终实现的阶段。作为一种非典型担保，其实现方式应当参照法定担保物权规定，也就是采取清算程序，这也是《民法典》第388条将非典型担保纳入规范体系的实质精神所在。具体而言，审判实践应当重点把握两个步骤：

1. 担保物处置应遵循正当程序

《民法典》第410条是关于抵押物处置程序的规定，其基本精神在于：债权人不得单方低价处分担保物，让与担保也应予参照。就具体程序，又可以分为两步：（1）债权人可以与担保人协议，将担保财产折价或者拍卖、变卖。（2）债权人与担保人未达成协议的，债权人可以请求人民法院拍卖、变卖担保财产。因为，只有以公开的程序、合理的价格折价、变卖或拍卖，才能防止担保物被低价贱卖，以保障担保人的利益，为最终的清算奠定基础。

2. 债权人应向担保人履行清算义务

《民法典》第413条确定了抵押物的清算义务规则，即使债权人处置担保物的程序是合法的，其所得的价款也并不能全部当然归债权人所有，债权人应当将超出其合法债权范围的价款返还给担保人，该规定同样适用于让与担保。

让与担保之所以在实践中有广泛的应用空间，就是因为它比典型担保物权更有利于保护债权人的利益，一旦债权人取得了所有权登记，就获得了担保物处置的主动权。如果担保物是协议变卖，一般都是由债权人对外签约，所得价款也会被债权人直接控制。

但是，债权人享有优先受偿权必须以履行清算义务为前提，担保人有权主张返还超出担保债权范围的价款。清算义务是司法审查的核心要件，只有正确把握清算义务规则，才能既发挥让与担保的融资功能，又防止其损害担保人的合法利益。

我们回归前面的案例：

2015年10月，黄某交付了40万元借款。虽然双方没有约定具体还款日期，但韩某确认其已经无法归还借款，因此黄某可以实现他的让与担保权利。

2019年5月，经韩某同意，黄某将房屋出售，获得房款122万元。韩某对房屋出售是知情同意的，而且价格合理，黄某处置房屋的程序是正当的。

2019 年 8 月，韩某搬出 A 房屋，黄某给韩某 20 万元。根据清算义务规则，黄某应当将超出债权范围的全部房款返还给韩某。在本案中，债权本金是 40 万元。关于利息部分，虽然双方没有约定具体的利率，但是应当支付利息的合意还是明确的，因此可以参考同期银行贷款基准利率，酌情认定相应的合理利率。

黄某在售房后所支付的 20 万元，实际上就是部分履行了清算返还义务，但根据本金加合理利息的计算方式，黄某对该义务的履行是不完整的。

综合上述分析，法院最终判决：一、房屋买卖合同无效；二、让与担保行为有效；三、黄某向韩某返还剩余的 50 余万元。这一金额是以 122 万元售房款扣除借款本息及黄某已经支付的 20 万元后所得出的。

回顾我们今天的讲述内容，我们可以把让与担保的裁判要点归结为三项，也就是三项特征、双重维度、一种程序。在《民法典》时代，担保制度迈向了形式多样、促进融资的功能主义发展阶段。让与担保是一种具有广阔前景的非典型担保，只有准确地把握行为性质，完整认定法律效果，兼顾债权人与担保人的利益，才能为促进健康的融资市场提供有效的司法保障。今天的讲述就到这里，感谢大家的关注，谢谢，再见！

人事争议受案范围的审判实务处理与把握

主讲人　孙少君

· 上海市第一中级人民法院民事审判庭劳动争议审判团队协助负责人

· 三级高级法官

· 同济大学法学硕士

· 主要研究方向劳动法

· 6 篇案例刊登在《劳动争议典型案例及裁判观点》

· 执笔撰写类案裁判方法《事业单位人事争议案件的审理思路和裁判要点》，指导并参与撰写类案裁判方法《工伤保险待遇纠纷案件的审理思路和裁判要点》

· 多次被评为上海法院系统办案标兵、办案能手，曾荣立个人三等功

大家好，我是上海市第一中级人民法院的孙少君。今天我同大家交流的主题是人事争议受案范围的审判实务处理与把握。

人事争议作为与劳动争议并列的案由，相关案件占比虽小，但却有其相对独立的体系。该独立性的表现之一，就是法院对人事争议的处理范围，同劳动争议相比，存在明显不同。

但从实务处理角度看，人事方面的规定又较为分散，并没有一部专门的与人事争议体系独立性相对应的法律层级规范。由此也导致对人事争议受案范围的界定，有规定却容易误判断，有规定也难以准确判断。那么在审判实务中，对于人事争议的受案范围，究竟该如何处理和把握呢?

对此，从思维路径上讲，在一个具体的人事争议案件中，判断对当事人的诉讼请求是否应当予以实体处理时，可以从三个步骤进行考量。也就是：（1）初步筛查待处理争议是否属于法院应予受理的人事争议的种类；（2）具体甄别当事人的诉讼请求是否属于法院所受理人事争议类型的处理范围；（3）条件把控，也就是核查仲裁前置程序是否符合法院实体处理的条件。

一、初步筛查

这一步骤的设立，主要是由于人事关系类型多样，并非所有类型的人事争议都属于法院的受理范围。因而首先需要筛查待处理争议是否属于法院所受理的人事争议的种类。

我们先看一个案例。A 市驻沪联络处于 2007 年 4 月招聘钱某从事财务工作，双方并签订有一份事业单位聘用合同。2019 年 4 月，联络处将钱某辞退。钱某为此提起仲裁诉讼，要求联络处支付违法解除聘用合同的赔偿金。诉讼过程中，双方一致确认：联络处属于参公事业单位，钱某属于编外人员，联络处并主张双方属于编外人事关系。

我们的问题就是：对于钱某提出的违法解除赔偿金诉请该不该处理？看到这个案例，大家率先产生的疑问可能就是：参公事业单位是什么？它与一般的事业单位有什么区别？涉及参公事业单位的人事争议，法院受理吗？

这里我先做一个解释：参公事业单位实际上是指参照公务员法进行管理的事业单位，它与一般的事业单位实行不同的人事制度。一般事业单位是实行事业单位人事管理制度，而参公事业单位则是参照实行公务员制度。

虽然人事争议诉讼制度是基于 2003 年最高人民法院颁布《关于人民法院审理事业单位人事争议案件若干问题的规定》而确立的，但法院所受理的人事争议并不仅限于事业单位人事争议。

《公务员法》第 105 条第 1 款就明确规定：聘任制公务员与所在机关之间因履行聘任合同所发生争议的，可以申请仲裁、提起诉讼。该法第 112 条也明确规定了：法律、法规授权的具有公共事务管理职能的事业单位中，除工勤人员以外的工作人员经批准参照公务员法进行管理。故而，除了一般事业单位人事争议之外，法院也受理涉及聘任制公务员和参公管理人员的人事争议。

只是在不同类型的人事关系下，法院所受理人事争议的范围存在区别：对于一般事业单位人事争议而言，法院的受理范围包括因辞职、辞退及履行聘用合同所发生的争议。而对于涉及聘任制公务员和参公管理人员的人事争议而言，法院的受理范围仅限于因履行聘用合同所发生的争议。

再回到案例，本案中，A 市驻沪联络处属于参公事业单位，与钱某签订有事业单位聘用合同，钱某的诉请也不属于履行聘用合同争议。那么，是否就意味着钱某的违法解除赔偿金诉请就不属于法院的受案范围而不予处理呢？答案是否定的。

这是因为本案中有一节非常重要的事实，也就是钱某不是联络处的在编人员。对人事争议受案范围的审查，有一个非常重要的前提，就是诉讼当事人之间的法律关系应当属于人事关系。在具备这一前提的情况下，才能参照人事争议受案范围的审查标准去判断当事人的诉讼请求是否应当予以实体处理。

本案中，由于钱某不是联络处的在编人员，因而，尽管双方签订了形式上的事业单位聘用合同，但仍然不能认定双方为人事关系，而应当根据他们之间权利义务内容的实质认定为劳动关系。本案争议，其实属于劳动争议。在此情况下，对于钱某的违法解除赔偿金的诉讼请求，显然属于法院的受案范围，而应当予以实体处理。

好，归纳一下这一步骤的注意要点：

1. 对人事争议受案范围的审查，首先应当以当事人之间的法律关系为人事关系为前提。

2. 在不同类型人事关系下，法院所受理人事争议的范围存在区别。辞职、辞退及聘用合同履行争议均属于一般事业单位人事争议案件的受理范围，但对于涉及聘任制公务员和参公管理人员的人事争议，法院的受理范围仅限于聘用合同履行争议。

这就是初步筛查。

二、具体甄别

在初步筛查确定待处理争议属于法院应予受理的人事争议的种类之后，接下来我们需要进一步甄别当事人的诉讼请求是否属于法院所受理人事争议类型的处理范围，也就是判断当事人的诉讼请求是否属于因辞职、辞退或履行聘用合同所发生的争议。

同样，我们先看一个案例。

倪某是B学院在编教师，双方签订有聘用合同，约定倪某从事教学、科研工作。B学院并就倪某所在岗位制定有岗位年度考核办法。2014年6月，B学院出具了关于倪某工资发放的说明。主要内容为：根据2013年的考核结果，对倪某在2013年已按100%预领取的岗位津贴在2014年逐月倒扣，同时因倪某课时不足，对其作相应扣款。倪某对此不满，提起仲裁、诉讼，要求B学院支付所扣减的工资及超课时奖金。

我们的问题就是，对于倪某提出的工资、奖金诉请，能不能处理?

对此，先回到前一步骤的审查要点，先看双方是否属于人事关系。B学院是事业单位，倪某是在编教师，双方显然属于人事关系。从争议类型看，事业单位人事争议也属于法院应予受理的人事争议的种类。再看倪某的诉请，主张的是工资、奖金，看上去也与聘用合同的履行有关，好像可以处理。

但事实上，依据《事业单位人事管理条例》第38条之规定，事业单位工作人员对涉及本人的考核结果、处分决定等不服的，是通过复核、申诉的途径予以救济。

在本案中，法院经审理后发现，倪某所主张的工资及奖金实际上都是B学院根据岗位年度考核办法对教职员工进行考核后就岗位津贴等待遇的兑现。倪某的诉请实质上是对于考核结果所参照的岗位标准、考核方式有异议所致，故而认定本案争议不属于法院的受理范围，对倪某的诉请均不予处理。

讲到这儿，可能有人就疑惑了，人事聘用合同与劳动合同看上去好像也没有什么大的区别，为什么在劳动争议案件中可以也应当处理的诉讼请求，在人事争议案件中就不予处理呢?

对此，我们需要认识到，人事关系与劳动关系本身就存在区别。该区别主要体现在两个方面：

一方面，人事关系中的聘用单位与劳动关系中的用人单位所承担的社会功能有明显不同。国家机关、事业单位作为人事关系中的聘用单位，或负有行政管理职能或具有社会服务功能属性。而劳动关系中的用人单位作为市场经济主体，更多的是追求自身的利益和发展。

另一方面，人事关系与劳动关系的管理和配置机制也有明显不同。人事关系是行政配置机制，而劳动关系则是市场配置机制；从法律属性上讲，一个是公法属性，另一个则表现为社会法属性。

事实上，受特别权力关系理论以及我国内部行政行为理论影响，司法救济一度被排除在人事争议处理机制之外。虽然，随着社会的发展、客观现实的需要，人事争议诉讼制度得以建立。但是，基于人事关系与劳动关系之间的天然区别，对于两者的司法干预的范围做适当的区分，有其必要性。

因而，这一步骤的注意要点就是：

1. 因履行人事聘用合同所发生争议的外延要小于因履行劳动合同所发生争议

的外延。

2.《公务员法》《事业单位人事管理条例》等法律法规中明确规定通过复核、申诉途径予以救济的争议，法院对此不予处理。

这就是具体甄别。

三、条件把控

先看一个案例。

贾某原是C医院编制内职工。2005年6月，医院以旷工为由，对贾某做开除处理。2015年8月，贾某申请仲裁，要求医院支付2004年10月至2015年7月的工资。因该请求未得仲裁支持，贾某提起诉讼，并将请求变更为要求医院支付违法解除聘用合同的赔偿金。医院提出时效抗辩。

看到这个案例，大家的第一反应可能就是，贾某2005年被开除，过了十年才主张赔偿金，早就过时效了，而且医院也提出了时效抗辩，对贾某的赔偿金诉请肯定不能支持。但是，需要说明的是，如果我们是以超过时效为由不予支持，那就意味着对贾某的赔偿金诉请进行了实体处理，而实体处理的前提是法院在本案中可以处理。

但事实上，依据最高人民法院《关于事业单位人事争议案件适用法律等问题的答复》以及《人事争议处理规定》，人事仲裁是当事人提起人事诉讼的必经程序。

本案中，虽然贾某在主张赔偿金之前申请过仲裁，但其仲裁时的请求是主张工资，该工资请求，与其一审中的赔偿金请求显然不同，也不具有不可分割性。故而，贾某的违法解除赔偿金诉请不满足经过仲裁前置程序之要求，不符合法院实体处理的条件。

因而，这一步骤的注意要点就是：

即便当事人的诉讼请求属于法院人事争议案件的审理范围，法院对此进行实体处理也需要符合经过仲裁前置程序之要求。

好，以上所讲的，就是审判实务中处理和把握人事争议受案范围的三个考量步骤和注意要点。

最后，我们对今天的讲解做一个小结。

对具体人事争议案件审理范围的审查可以从三个方面入手，也就是：初步筛查、具体甄别、条件把控。

初步筛查过程中，要注意不同类型人事争议的受案范围存在区别。

具体甄别时，要注意人事聘用合同履行争议的外延要小于劳动合同履行争议的外延。

条件把控环节，要注意审查当事人诉讼请求是否经过仲裁前置程序。

好，今天的微课程就到这里，感谢您的关注，再见。

竞业限制协议效力“6W”审查法

主讲人　顾慧萍

- 上海市第一中级人民法院民事审判庭审判长
- 三级高级法官
- 华东政法大学法学硕士
- 主要研究方向劳动法
- 参与编写《法律方法论》《诉讼调解》《劳动争议典型案例及裁判观点》等书籍
- 曾荣立上海法院系统个人三等功二次、嘉奖四次

大家好，我是上海市第一中级人民法院的顾慧萍。今天我要跟大家分享的主题是竞业限制协议效力“6W”审查法。

一、竞业限制协议的审查依据

竞业限制协议效力的审查，主要依据为《劳动合同法》第23条、第24条的规定以及最高人民法院《关于审理劳动争议案件适用法律若干问题的解释（四）》[①] 中部分规定。实践中我们会通过对竞业限制协议的主体、地域、期限、行为、补偿金、违约金等多个维度进行审查。

二、“6W”审查法

为便于理解记忆和运用，我将竞业限制协议审查的要素，归纳为6个以字母

① 已被《最高人民法院关于审理劳动争议案件适用法律问题的解释（一）》替代。

w 为首字母的英文单词，分别为 why、who、when、where、what、wherewithal，以这六个维度进行审查的方法简称为“6W”审查法。

（一）WHY

文以意为先。我们先来分析 why，立法本意。

在审理当中，很多劳动者会表示不理解：我都已经离职了，为什么还要受竞业限制呢?《劳动法》为何要设置竞业限制呢?

我们知道，对利益的追求是推动社会进步的强大杠杆，也是引发社会矛盾的最终根源。在职时，用人单位和劳动者之间的利益是统一的，离职后双方的利益就开始分化。要将劳动者在工作期间掌握的、可保持原用人单位正当竞争优势的商业秘密等信息所蕴含的巨大利益予以合理再分配，就必须处理好意思自治、社会公共利益、第三方利益之间的冲突，协调好原用人单位、现用人单位、劳动者以及社会公共利益之间的关系。

最高人民法院《关于当前形势下做好劳动争议纠纷案件审判工作的指导意见》中就明确，坚持以社会公共利益为基点，既要维护社会主义市场经济的公平竞争秩序，又要注意平衡市场主体的利益关系；既要防止因不适当扩大竞业限制的范围而妨碍劳动者的择业自由，又要保护用人单位的商业秘密等合法权益，最大限度地实现设立竞业限制制度的立法本意和目的。

可以说，竞业限制是利益平衡原则的一种具象。

平衡的目的是要使利益最大化。要将这种目标落实，就需要在司法中继续贯彻这种理念，以不同的法益位阶为视角，对竞业限制协议效力作出评价。

（二）WHO

法益的保护是有边界的。接下来，我们就竞业限制制度划定的各种边界进行探讨。先来看 who，主体。

竞业限制协议的一方肯定是用人单位。那么是不是所有的劳动者都可以做协议的另一方呢?答案当然是否定的。

《劳动合同法》规定，竞业限制的对象具有特定性，限于用人单位的高级管理人员、高级技术人员和其他负有保密义务的人员。

规定很简单，但实践中对于这些概念的外延争议却很大。

要准确理解这种特定性，必须结合竞业限制制度构建的立法本意。我们可以从三个层次来筛选。

第一层是商业秘密等可以保持原用人单位正当竞争优势的信息。竞业限制制度是应保持原用人单位正当竞争优势的需求而产生的。对不可能接触或者掌握公司商业秘密等核心信息的普通劳动者来说，根本就没有侵害原用人单位正当竞争优势的可能性。倘若双方也签订了竞业限制协议，该协议可能会因违反了社会公共利益或者侵害了劳动者的择业自由权，被认定无效。

第二层是特定人员。《劳动合同法》将竞业限制的对象作了限制，在可能接触或掌握商业秘密等信息的人员当中，可以再筛选出法定限制范围之内的人员。

法定限制范围之内的人员，还可以继续分为两大类和两小类：

第一类，用人单位的高级管理人员和高级技术人员。一旦双方对此发生争议，就可以参考劳动者的职称、职务以及工作内容等进行综合认定。

第二类，其他负有保密义务的员工。这一类当中还可以以工作内容是否涉及公司的商业秘密来细分为两个小类：

1. 直接涉及公司商业秘密的人员，如技术开发、销售。这类岗位以经验法则即可作出判断，系属直接接触用人单位商业秘密的人员，在没有相反证据的情况下，其负有保密义务。

2. 工作本身并不涉及商业秘密，但是劳动者在工作当中可能间接接触或者掌握了用人单位保持其正当竞争优势的这类秘密信息的人员。对于这一类人员，除了双方要签订保密协议以外，用人单位还要举证：（1）本单位具有此类特定的技术或经营秘密；（2）该劳动者存在接触的可能。

第三层是竞业限制协议。离职竞业限制义务性质上属于约定义务。如果用人单位未与劳动者签订竞业限制协议，或者未在劳动合同或者保密协议中与劳动者约定竞业限制条款，则劳动者不负有竞业限制义务。

好，按照前述步骤，我们筛选出了负有竞业限制义务的人员，那么这些人员究竟要受到哪些限制呢？归纳起来，主要是时限和域限，也就是我们第三个和第四个 w，when 和 where。

对此，《劳动合同法》第 24 条第 1 款作出了规定，竞业限制的范围、地域、期限由用人单位与劳动者约定，竞业限制的约定不得违反法律、法规的规定。

（三） WHEN

就时限而言，按时间先后可以分为三段：在职期间，离职后两年内，离职后两年后。

开始履行竞业限制义务的时间点为解除或终止劳动合同之时，期限应当以法律规定的两年为上限，超过两年部分的约定无效。

如果双方约定劳动者在职期间也需要履行竞业限制义务，是否有效呢？我们认为也应属有效。也可以分为两类来探讨：一类是负有法定竞业禁止义务的人员，其即便没有约定，在职期间也不能从事竞业行为。另一类是其他劳动者，是否负有竞业限制义务应当根据公司的规章制度以及双方的约定来确定。如果双方约定在职竞业限制义务，应当尊重当事人的意思自治。

（四）WHERE

我们来看 where，域限，这里主要讨论的是竞业限制的范围、地域限制的边界。

根据立法本意，边界应当划定在“能够与用人单位形成实际竞争关系”这根线上。如果超过了合法合理的限度，超过部分应当属于限制了劳动者的择业自由，损害了社会公共利益，可以认定无效。

在此必须提示的是，用人单位工商登记的经营范围仅是认定域限的一个参考因素。如果用人单位超过经营范围但实际经营该业务，亦可与劳动者就该业务的竞业限制进行约定，但用人单位应当承担其实际经营该业务的举证证明责任。

如果双方约定不明确或者没有约定，则双方可以在履行中进一步协商确定；如果不能协商一致，则应要求用人单位进一步明确其主营业务范围地域，再作合理判断。

（五）WHAT

第五个 w，竞业限制行为，what。

《劳动合同法》将竞业限制行为规定为，到与本单位生产或经营同类产品、从事同类业务的有竞争关系的其他用人单位工作，或者自己开业生产或者经营同类产品、从事同类业务。

我们可以简单地归纳为劳动者不得“自营”，也不得“他营”。

实践中，我们也注意到，“自营”和“他营”的形式越来越多样。直接、显名从事“自营”或“他营”行为极易被发现，所以间接、隐名地从事竞业限制行为现在更为普遍。

但是只要我们能够拨开“迷雾”，查实这些行为实际仍属于负有竞业限制义务人员的竞业限制行为，我们就可以予以认定。

那么如何拨开“迷雾”呢？

对于间接行为而言比较简单，只要能查实负有竞业限制义务的劳动者离职后为竞争公司提供劳动，不管他是通过劳务派遣、外包或者其他的法律安排，均不影响其从事竞业限制行为的定性。

对于隐名行为的认定则稍微复杂。比如，当事人主张，是我的妻子在经营竞业公司，不是我，我没有违反竞业限制义务啊。确实，根据合同的相对性，竞业限制协议约束的应当为用人单位和劳动者。

但是，如果显名人员是负有竞业限制义务人员的利害关系人，其本身又不具有相应的行业经验，却在从事竞业行为，明显有悖常理，在没有相反证据的情况下，可以推定系负有竞业限制义务的劳动者“隐名”从事了竞业行为，违反了竞业限制义务，也应当承担违约责任。

总之，竞业限制，限制的是时间、范围和地域，制止的是劳动者通过各种方式从事竞业行为。

（六）WHEREWITHAL

第六个 w，wherewithal，这个词原意是必要的资金，这里我们指竞业限制协议的必有的违约金和补偿金。

补偿金最核心的问题是标准，有约定应当按照约定来核定。如果双方当事人没有约定，则应认定合同必备条款不具备，可以进行补充解释。按照最高人民法院《关于审理劳动争议案件适用法律若干问题的解释（四）》的规定[①]，应当以劳动者离职前十二个月平均月工资的 30%以及同期最低工资双重标准为下限进行酌定。在核定前十二个月月平均工资时，应当将劳动者于上述期间获得的津补贴、奖金等固定发放的收入计算在内。

实践当中还可能存在补偿金预付的条款。理论界对此存有争议。我们认为，如果在职期间支付的竞业限制补偿金可以得到明确的区分，则可以认定该条款有效。

关于违约金。在竞业限制协议中约定违约金条款是有效的，这是劳动合同中为数不多可以约定违约金的地方。在涉及违约金的案件中，基本上所有的劳动者都会请求调整违约金数额。对此我们认为，应在诚实信用原则下充分尊重当事人合意，但如果确实违约金畸高，则应调整。审查及调整可酌情参考以下因素：竞业限制协议签订的时间、劳动者原职务、收入、过错、未履约期限，以及用人单位的补偿金支付情况、实际损失等。

以上就是我归纳的竞业限制协议“6W”审查法。

---

① 对应《最高人民法院关于审理劳动争议案件适用法律问题的解释（一）》第 36 条。

做个小结，以社会公共利益为基点的利益平衡是竞业限制协议效力审查的根基，在审判实践中应从尽可能保护各方利益的基点出发，对协议效力的各项要素作出判断，以促进社会的发展和进步。

以上就是我今天要分享的全部内容，感谢您的关注，再见。

违纪解除的审查与认定

主讲人　叶　佳

· 上海市第一中级人民法院民事审判庭审判员

· 三级高级法官

· 上海法院审判业务骨干

· 厦门大学法学学士、同济大学民商法学硕士

· 主要研究方向民商法、劳动法

· 主审案件曾获全国法院系统优秀案例二等奖、上海法院系统优秀案例与示范庭审

· 担任执行副主编出版《劳动争议典型案例及裁判观点》一书

· 在《人民司法》等重点期刊上发表论文 10 余篇

大家好，我是上海市第一中级人民法院的叶佳。今天和大家讨论的是劳动争议中违纪解除的审查与认定。违纪解除指的是，用人单位以劳动者严重违反规章制度或劳动纪律为由，而即时性地且不负对价地解除双方劳动合同。

审理该类纠纷，一般从以下四个步骤进行：确定解除行为；固定解除理由；评价是否合法；认定法律责任。

一、确定解除行为

我们先进入第一部分的审查，即确定用人单位是否做出有效的解除行为。我们来看以下四种情形：（1）A 公司向赵某发送通知，告知解除劳动合同；（2）A 公司人事与赵某谈话，要求赵某主动辞职；（3）A 公司人事与赵某谈话，表示会对其调岗或解除；（4）A公司向赵某邮寄解除函，但在投递前追回该邮件。

上述四种情形，我们认为，只有第一种情形可以认定A公司直接做出了解除行为。

究其原因，还是要回归到解除行为的法律性质来进行评定。

解除行为是用人单位行使解除权向劳动者做出的意思表示。而解除权是形成权，单方做出解除的意思表示到达相对方即发生法律效力。这包含三层含义：首先，解除权的行使系单方的积极行为。其次，解除的意思表示应当明确。最后，意思表示应当到达相对方。

前述第二种情形中，A公司并未做出积极的解除行为；第三种情形中，A公司最终的处理是调岗还是解除并不明确；第四种情形中，A公司的解除行为虽然做出，但在送达前将该行为撤回。所以，上述三种情形均不能认定A公司做出了有效的解除行为。

二、固定解除理由

如果能确定用人单位实施了解除行为，那么接下来需要进一步固定真实的解除理由。解除理由即用人单位基于劳动者何种行为、依据何种规定解除双方劳动合同。具体而言，包括两部分内容：第一，劳动者存在某种行为；第二，规章制度或法律条文的规定。

在固定解除理由时，我们应当以用人单位第一次向劳动者明确告知的理由为审查范围，实践中用人单位可能会增加或者变更理由，一般我们不应当将其纳入审查范围。究其原因还是因为解除权是形成权，不存在二次解除或多次解除的情形。而相对应，对解除理由的固定也应当限定在用人单位解除时第一次明确告知的理由。

实践中也会出现另外一种情形，用人单位在解除时告知的理由模糊或难以固定，但是审查下来并非无理由解除。这个时候我们认为可以根据个案情况，为查明事实的需要，给予用人单位一次明确的机会，即以用人单位在仲裁时第一次陈述的理由为准。

接下来我们看一个案例。

B公司向钱某送达通知书，以其“严重违反公司规章制度”为由解除双方劳动合同。钱某提起仲裁，B公司在仲裁中明确违纪行为是旷工，后仲裁审查旷工不成立，解除违法。B公司起诉称钱某还存在虚假报销的行为。那我们是否应当继续审查该理由是否成立，进而评判解除行为是否合法？答案是否定的。

在这个案例中，B 公司在解除时没有明确具体理由，在仲裁中给出的理由是“旷工”，我们最多仅以此进行审查。虚假报销为诉讼中新增加的理由，是否成立都不影响对 B 公司解除行为合法与否的认定。实践中，我们应当严格限定理由的变更与扩充，不能使得“欲加之罪，何患无辞”。

三、评价是否合法

如果能确定上述两步，我们接下来需要审查解除行为的合法性。评价解除行为的合法性，即将劳动者的相关行为与规章制度或劳动纪律能否契合进行评价。

根据相关司法解释，用人单位如果依据规章制度实施解除行为，应举证证明：(1) 劳动者存在相关行为；(2) 该行为依照规章制度属于可予解除的情形；(3) 规章制度本身合法有效，已经向劳动者公示；(4) 如果用人单位建立工会组织的，应当在起诉前将解除事由告知工会。

如果用人单位完成以上四步的举证内容，对其解除行为合法性，我们可以给予肯定性的评价。而规章制度在某种意义上可以说是用人单位的“内法”，如果规章制度本身不存在违反强制性规定或违背公序良俗，一般可以作为认定依据。但是，规章制度难以做到事无巨细。如果对于规章制度中未予囊括的行为，我们如何对其进行评价？

下面我们来看这么一个案例：

李某系 C 加油站员工，在工作间隙至休息室吸烟。加油站以此为由解除双方劳动合同。李某称，规章制度对此未予规定，所以加油站的解除行为是违法的。

这个案例就是我们违纪解除的第二种情形，在规章制度中未予规定的行为如何进行评价。

我们认为用人单位对劳动者具有指挥和管理的权限，除规章制度外，《劳动法》第 3 条第 2 款规定了劳动者应当遵守劳动纪律和职业道德。针对某一行为，如果规章制度对此有规定，一般可以以规章制度作为评价依据。

如果没有规定，对于该行为是否达到严重违纪的程度，应根据不同行业、不同的工作内容，以及相关行为可能带来的严重后果来进行评价。

就本案而言，李某的抽烟行为对加油站会造成重大的安全隐患，即便规章制度没有规定，也可以认定属于严重违纪行为。但用人单位对劳动者的惩戒应遵循比例原则，对“严重”与否的司法认定也应当秉持谦抑性原则，不宜进行泛化。

回到这个案例，如果李某不是加油站的员工，只是一般公司职员，抽烟行为并不必然导致劳动合同被解除。

四、认定法律责任

经过上述三个步骤的审核，最后我们来确定当事人的权利义务。如果解除行为被认定合法，那劳动关系消灭，用人单位也无须支付赔偿金。

如果解除行为被认定违法，劳动者可主张用人单位与其恢复劳动关系或支付赔偿金，其中恢复劳动关系之诉可以随之主张仲裁诉讼期间的工资，那么会与赔偿金之间存在一个较大的差额，多数劳动者基于诉讼利益最大化的考量，会选择恢复之诉。

但恢复与否的认定，它的标准为原劳动合同是否具备继续履行的客观条件。案件审理中我们要释明该争点，并主动查明相关事实。因为劳动关系具有人身属性，如果不查明客观情况即机械地适用法律，径直判令双方恢复劳动关系，有可能使得裁判结果与客观情形产生冲突，审执难以兼顾，引发二次解除的争议。

下面我们来看这么一个案例：

周某担任 D 公司的财务部门负责人，被 D 公司以违反公司财务制度为由解除。双方发生争议，D 公司的解除行为被认定是违法解除。但 D 公司在解聘周某后不久，即公开招聘吴某担任新的财务负责人。那周某的恢复劳动关系的诉请能否得到支持呢?

通过这个案子，我们可以看出，因为财务部门负责人的岗位具有稀缺性，也比较重要，在仲裁诉讼过程中难以闲置，常会被他人所替代，所以本案不宜判令双方恢复劳动关系。但是为免诉累，应向周某释明是否变更诉请，并进而判令 D 公司支付赔偿金。

具体而言，“不能恢复”主要可以通过以下要素进行识别：（1）主体不能，如用人单位或劳动者已不具备《劳动法》上的主体资格；（2）客体不能，就像前面案件中所介绍的，原来的岗位已经被他人所替代；（3）实际不能，劳动者已经入职了新的单位，他不能回过头要求与原用人单位恢复劳动关系；（4）其他情形，如双方矛盾过于激烈，判令恢复劳动关系不利于构建和谐稳定的劳动关系。

下面我们简要地进行一个回顾，关于违纪解除的审查，主要有四步：

第一步，确定解除行为，如果用人单位没有实施解除行为，那么也没有后续的审查，解除行为是否有效是审查的前提；第二步，固定解除理由，要辨明解除的真实原因；第三步，评价合法与否，并非“违纪”就可以“解除”，须满足一定的形式与实质要件；第四步，认定法律责任，如系违法解除，应注意恢复劳动关系与支付赔偿金的责任选定。

我们知道，违纪解除是劳动关系项下，用人单位对劳动者实施的最严厉的惩戒，将引起双方权利义务的剧烈变动。对该类案件的审理，我们要做到案件事实与法律规范的有效契合，做到审执兼顾，处理好劳动者就业权与用人单位管理权的法益平衡。以上就是我今天要分享的主要内容，感谢您的关注，再见。

公共场所安全保障义务的责任边界

主讲人　赵　霏

· 原上海市黄浦区人民法院民事审判庭审判员

· 曾至上海市第一中级人民法院轮岗交流

· 武汉大学民商法学硕士

· 主要研究方向民商法

· 第二届上海法院"十佳青年"

· 擅长普法宣传，曾发表百余篇新媒体作品，多次被人民日报、中央政法委长安剑、最高人民法院、人民法院报、央视网转载

· 在《人民司法·天平》发表文章10余篇

· 曾获全国法院十佳新媒体作品奖，上海团市委"青春上海"最佳微信推文奖，上海法院十佳新媒体作品奖

· 曾获人民司法"天平杯"征文比赛一等奖、二等奖

· 曾参与CCTV《社会与法》"典亮新春"《民法典》特别栏目录制，湖南卫视"天天向上"职业季"法院人的一天"栏目录制

主持人　汪　菲

· 上海市第一中级人民法院研究室网宣科副科长

· 浙江大学宪法与行政法法学硕士

· 主要研究方向行政法

· 参与多项院级课题、调研文章、案例分析撰写

· 草拟院国家司法救助案件操作细则等

· 曾获法院系统嘉奖、院法官助理业务能手等

· 曾获上海市优秀共青团员、上海市第一中级人民法院“十佳青年”

汪：大家好，欢迎来到上海市第一中级人民法院微课程，我是汪菲。今天要和大家分享的是公共场所安全保障义务的责任边界。参与讨论的是民事审判庭赵霏老师，欢迎赵老师。

赵：主持人好，大家好！

汪：公共场所内发生人身伤亡而引发的索赔纠纷屡见不鲜，安全保障义务是法院定责的重要依据，那么如何判断公共场所是否尽到了安全保障义务呢？首先，我们来看这样一个案例：

抑郁症患者小芳因割腕自杀被送至上海某医院抢救脱离危险后，从 ICU（重症加强护理病房）转入普通病房。不料，午夜医护人员发现小芳不见踪迹，叫醒陪护的小芳丈夫后，经过一番寻找，在住院大楼前发现了已身亡的小芳。经警方确认，小芳死亡原因为高坠，事发地点推测为 12 楼病区东侧安全通道内的玻璃窗处。二审时，这两扇玻璃窗成为勘查的焦点。调查发现，两扇玻璃窗都装有限位器，最大开启为 17 厘米。此前，一审法院酌定医院承担 15%赔偿责任即 35.6 万余元。二审改判驳回小芳家属一审全部诉讼请求，医院自愿补偿家属 3 万元予以准许。

赵老师，在这个案子里，医院是否有责任呢？

赵：这个问题正是我们合议庭花了 4 个月去研究的。要判断医院是否对患者的坠楼承担责任，关键要看医院是否采取了必要措施去防范风险，以及采取到什么程度。

汪：可不可以理解为，医院采取的风险防范措施程度越高，其承担责任的可能性越小，反之则承担责任的可能性越大呢？

赵：不能这么说，我们更要考虑医院采取的措施是否与医院本身的风险控制能力相匹配。这也是这个案子最有意思的一个点：一家不设精神科的普通综合性医院有没有义务对一个有精神疾病的患者的自杀行为负责？法律规定的安全保障义务其实暗含了一个定语即“合理限度内”，这意味着安全保障义务既不是无边界，也不是“一刀切”，不同公共场所因为职能性质和风险防范能力不同，安全保障义务“合理限度”的边界也不同。

汪：所以说，采取风险防范措施较多的公共场所，未必就一定不承担责任，而采取风险防范措施较少的公共场所，也未必一定会承担责任，这是一个“相对论”，要根据场所特征因地制宜。

赵："相对论"这个词用得好。从立法目的上来说，安全保障义务是一种因先前行为而引发的责任。对于公共场所的组织者而言，一来它开启了危险源，二来它对于组织的活动具有控制力，所以当组织者没有采取或怠于采取必要的措施防范危险，而致使场所内的人受到损害时，就要承担责任。

汪：比如说我开了个餐馆吸引顾客来吃饭，但是我没有把地上的水拖干净导致顾客滑倒了，可以认定我没有尽到安保义务。

赵：对，类似的例子在生活中比比皆是。比如，商场在电梯边安装防护栏、公园在喷水池边放置警示标语，这些公共场所负有的是一种预防危险发生的作为义务。《侵权责任法》第 37 条第 1 款规定：宾馆、商场、银行、车站、娱乐场所等公共场所的管理人或者群众性活动的组织者，未尽到安全保障义务，造成他人损害的，应当承担侵权责任。《民法典》第 1198 条第 1 款沿袭了这一规定。所以说，未尽到安保义务是一种不作为责任，在归责原则上采取过错责任原则。

汪：过错责任原则意味着，如果公共场所采取了必要的措施防范危险的发生，但场所里还是不可避免地发生了伤亡事件，这时公共场所也不用承担责任。

赵：对。并不是"哪里有伤亡，哪里就有赔偿"，否则公共场所动辄被追究责任，随时变成"冤大头"，社会秩序将陷入摇摇欲坠的窘境。

汪：那么如何判断公共场所是否采取了必要措施呢？

赵：实践中判断公共场所是否尽到安保义务可以参考以下三个标准：一是风险控制标准。一般来说，公共场所安全保障义务的限度应当与该场所的规模性质、职能范围相匹配。规模较大、职能较为专业的经营者对风险的控制防范能力更强，承担的安全保障义务也就更重。

汪：那刚才您提到一个尖锐的问题：一家不设精神科的普通综合性医院有没有义务对一个精神障碍患者的自杀行为负责？我很好奇答案，因为在以前的一些类似案件里，医院多多少少会赔一点，为什么本案没有判医院承担任何责任呢？

赵：回答这个问题前，我先问你一个问题：两家医院，一家是普通医院，另一家是精神专科医院，你觉得他们对自杀患者应该承担相同的责任吗？

汪：其实这又回到您前面提到的"相对论"：两个医院的性质不同，承担责任的情况可能存在天壤之别。

赵：对，普通医院的职能在于生理救助，它不设精神科就没有这样的医力去监测病人的极端行为。而精神专科医院的职能还包括关注患者的精神状态，预防病人采取极端行为，所以在硬件设施如隔离带、防护栏的设置上就比普通医院更加严密，对于意外事件的风险防范能力比普通医院更加高，对其安保义务的要求也就比普通医院更加严苛。

汪：所以同样是自杀，发生在普通医院和在精神专科医院，两个场所承担的责任大小可能就不一样，我们不能以专科医院的风控标准去苛求综合性医院采取一样的防范措施。

赵：正所谓“权力越大，责任越大”。你享受了多少社会资源，也就应当承担起多大的社会责任。

汪：明白了，那么对于某一特定行业而言，是否有统一的安全防范措施标准呢？

赵：这就是安保义务的第二个判断标准——行业平均标准，是指某个公共场所是否达到了同行业多数经营者的通常注意义务。一方面可以参照硬性的行业规定，如卫生行业标准《医疗机构患者活动场所及坐卧设施安全要求》对窗户的行程限位器、防护栏如何安装都有具体的行业规定。另一方面则参考柔性的行业惯例。比如，同样是浴场，其他浴场均配备了防滑垫，但某个浴场没有配备导致客人滑倒摔伤，应认定该浴场未达到同行业的平均标准而科以责任。

汪：拿本案来说，是不是可以认定为：医院安装了限位器和防护栏，在硬件措施上已经符合了行业规定，而医院对患者实施的是最高级别的一级护理，在软件护理上也完全符合行业惯例？

赵：没错。其实除了行业平均标准，法官还会根据善良管理人标准来判断公共场所是否尽到安保义务。就是指以社会大众对某公共场所的普世性认知为标准，考察该场所是否达到一个理性、审慎、善良的人所应达到的合理注意程度。在这个案子里，医护人员对割腕患者进行抢救，实行一级护理，医护人员每小时巡房，并且医嘱家属 24 小时陪护，尽到了善良管理人的职责。

汪：那我有一个疑问：对于普通病人来说这一套流程确实很周全，但对于一个有自杀前科的患者来说，医院的措施是否还不够谨慎，还可以更加周全呢？

赵：我们说，对善良管理人不能求全责备，什么意思呢？对于这类有过自杀前科的特殊患者来说，仅仅依靠医院的护理是不够的，因为我们不可能苛求医院做到全天候贴身陪护，这时更需要家属的积极配合。正因如此，医嘱家属 24 小时陪护，就是希望家属能够与医护人员无缝衔接。所谓各司其职各尽其责，每个主体都有自己的责任边界泾渭分明。最后呢，医院司其职，结果家属却睡着了，那么家属在履职过程中的疏忽不应让医院来背这个锅。

汪：刚才我们一直在谈这个患者是有自杀倾向的，那么这就涉及一个普遍性的问题：如果损害的发生是受害人故意所致，公共场所是否一概可以免予被追究责任呢？

赵："免予承担责任"这个说法过于绝对化。我们只能说，当损害后果是由于受害人的故意或重大过错造成，这种目的性行为已经超出了公共场所的预判能力，这时应降低对场所安保义务的评判标准。

汪：那么在这个案件中，法院是如何认定患者系自杀坠楼而非意外滑落呢?

赵：首先，患者有抑郁症，入院前有过一次自杀前科。其次，事发地的窗户限位器开启的最大行程仅 17 厘米，常人无法从如此狭窄的窗户缝隙滑落，但这个患者身高 169 厘米，体重仅 98 斤，其仅可能通过主动将身体探出窗外实现坠楼。最后，家属在派出所也认可坠楼系因自杀，我们由此认定患者主观上具有自杀故意，于是降低了医院安保义务的评判标准。

汪：其实，将受害人的自身原因纳入医院安保义务的降低因素，本质上是排除了公共场所与损害结果之间存在的因果关系。也就是说，当公共场所的行为对于损害后果不产生原因力时，公共场所不应承担责任。

赵：可以这么理解。本案中，患者自杀是导致损害结果的主要原因；家属在看护的时候睡着是导致损害的次要原因；而医院与损害的结果并无因果关系。

汪：但是还有一个问题：有人在医院跳楼了，医院难道就没有人看到吗? 医护人员不应该对患者跳楼的行为进行密切观测并及时干预吗?

赵：这是个好问题。我们去现场勘查后发现，事发地正好处于监控探头的盲区，所以一旦患者走出病区，医护人员是无法观测到的。但医院也不能限制患者在病区自由活动，病人擅自走出病区实施极端行为是一个纯粹的意外事件，医院并不具有从常态预判意外的义务。

汪：最后，我们注意到一个现象：本案认定医院无责，但医院自愿承担了一个补偿责任，这个补偿责任是一种怎样的性质?

赵：这就是这个案件的社会价值导向。补偿体现了一种对弱者的人文关怀，但它既不是必然的也不是理所当然的。公共场所固然需要尽到安全保障义务，但该安保义务应有合理边界，而不应将"何地发生伤亡，何地就应赔偿"作为一种约定俗成的裁判规则，否则将不合理地加重公共场所的安保义务，一方面不利于客观事实的还原，另一方面增加了医疗机构的成本，不仅有损社会公共利益，而且易形成不良的社会风气引导。

汪：所以说，安全保障义务并非维权的"万金油"。我们应以事实为依据，以法律为准绳，打破"伤者为大""有损必赔"的思维惯性。

好，以上就是今天的全部内容，再次感谢赵老师的精彩分享，也感谢大家的关注，再见。

认缴制下股权转让后股东出资责任的认定

主讲人　赵琛琛

·上海市长宁区人民法院立案庭审判团队负责人

·一级法官

·曾至上海市第一中级人民法院商事审判庭轮岗交流

·华东政法大学经济法法学硕士

·主要研究方向公司法

·主审案件多次获评上海法院精品案例、撰写文书曾获上海法院“十大优秀裁判文书”

·全国法院优秀案例分析三等奖、最高院“羊城杯”征文二等奖

·多篇论文在《人民司法》《上海法学研究》《上海审判实践》等出版物发表

·调研成果先后收录于《公司案件：法律适用关键词与典型案例指导》《互联网纠纷裁判精要》等书籍

·连续三年获上海法院系统学术讨论会优秀奖

·执笔上海高院重点课题、上海司法智库课题并获评优秀课题

·曾获上海市五四青年奖章、上海法院“十佳青年”、上海法院系统个人嘉奖、公务员系统个人三等功等荣誉

主持人　梁春霞

·上海市第一中级人民法院商事审判庭一级法官助理

·华东政法大学法学硕士

·主要研究方向民商法、民事诉讼法

·上海市法学会互联网司法研究会干事

- 执笔最高人民法院、中国法学会部级课题等 6 个课题并获得优秀课题
- 9 篇论文及案例分析获全国、市级征文奖项，在期刊发表调研文章多篇
- 多次荣获上海法院系统嘉奖

梁：大家好，欢迎来到上海市第一中级人民法院微课程，我是梁春霞。今天要和大家分享的是认缴制下股权转让后股东出资责任的认定，参与讨论的是商事审判庭赵琛琛老师，欢迎赵老师。

赵：主持人好，大家好！

梁：我们都知道 2013 年《公司法》对公司资本制度进行了较大修改，由实缴资本制度改为认缴资本制度。那么，认缴期限内转让股权的，其前后手股东的出资责任该如何认定呢？首先，我们来看这样的一个案例：

李某、刘某系甲公司股东，李某认缴出资 300 万元，刘某认缴出资 200 万元，认缴出资期限为 2045 年 3 月 15 日，均未实缴。2020 年 1 月 10 日，甲公司与乙公司就租赁合同发生纠纷，乙公司向法院起诉甲公司，后法院生效判决甲公司应返还乙公司占有使用费及押金共计 10 万元。后乙公司向法院申请强制执行，2020 年 5 月 11 日经法院穷尽执行措施，甲公司仍无财产可供执行，裁定终结本次执行程序。2020 年 6 月 1 日，刘某将认缴的 200 万元股份以 0 元对价转让给年逾 70 岁且无收入来源的黄某，后黄某未实缴出资。现乙公司起诉李某、黄某和刘某，要求李某、刘某在未出资范围内对甲公司不能清偿的债务承担补充赔偿责任，黄某对刘某的补充赔偿责任承担连带责任。

赵老师，那么在这个案例当中，刘某没有缴足出资就转让股权，这种行为是否合法呢？

赵：我们说这其实是一个非常典型的出资期限尚未届满即转让股权的案例。我们知道，在认缴制下，股东依法享有期限利益，除非出现法律规定的如出资加速到期等情形，那么我们认为股东的这种期限利益都是不应轻易被打破的。所以，现行法律规定其实并不轻易否认此类股权转让的效力。

梁：那么，我们的《最高人民法院关于适用〈中华人民共和国公司法〉若干问题的规定（三）》（以下简称《公司法司法解释（三）》）第 18 条第 1 款就规定说“有限责任公司的股东未履行或者未全面履行出资义务即转让股权”。债权人有权请求该股东履行出资义务，受让人明知的，还应当承担连带责任，这样的一条规定我们应该如何来进行理解呢？

赵：我们说《公司法司法解释（三）》第 18 条确实规定了股权转让后的出

资责任。但是，由于《公司法司法解释（三）》第18条的内容最早颁布于2011年，而认缴制是自2014年起才正式实施的，所以说原先第18条的规定是建立在分期缴纳的法定资本制基础上的，其规定的“出资义务”是特定的、具体的，但是在认缴制实施以后，这种出资义务依法就具有了期限利益。所以，此处的“出资义务”更适宜理解为是已届出资期限而未缴纳出资的情况下所产生的出资义务。

梁：那么，是不是意味着本案中的刘某由于出资期限尚未届满就转让了股权，他就不需要再承担责任了？

赵：目前司法实践中，虽然普遍认可认缴股东转让未届出资期限的股权的行为效力，但是对于未届出资期限的认缴股东在转让股权后是否还仍应当对公司未能清偿的债务承担责任，以及受让股东如何承担责任，都存在较大的争议。

梁：赵老师，您提到这种争议我们主要体现在哪些方面呢？

赵：通过梳理司法审判实践，我们可以发现，目前主要有以下几种裁判情形：第一种情形是认为应当由后手股东单独承担继续出资义务，但是由于认缴期限未届满，受让股东也就无须承担资本充实责任。第二种情形是认为前后手股东共同承担连带出资责任，但此类判决中，前手股东往往具有逃避债务的恶意，属于前后手股东恶意串通损害债权人利益的情况，基于共同侵权的法理基础来承担责任。第三种情形是由前手股东单独承担责任，在这一类判决中主要是出现在后手股东对于前手股东逃避债务的意图并不知情的股权转让行为中。

同时学术界对于股权转让后，前手股东是否承担出资责任以及承担何种责任同样存在相关的争议。主要有四种观点：第一种是认为由转让方单独承担责任；第二种是应当由受让方单独承担责任；第三种是由转让方和受让方共同承担连带责任；第四种是应当由受让方在善意的情况下可以免责。

梁：赵老师，您刚才是比较全面地介绍了司法审判实务和理论的争议，那么具体到此类案件的审理当中，我们应该如何地来把握审理的要点呢？

赵：在未届出资期限的股权转让中，对于股权转让人，也就是我们说的前手股东的责任认定，我个人认为在现有的法律框架内，可以考虑按照“原则+例外”的处理方式。原则上，享有期限利益的前手股东在转让股权后，不再享有股东的权利义务，也就无须再对公司未能清偿的债务承担出资责任；但是例外的是，在符合股东出资加速到期的情况下，是可以突破认缴股东的期限利益，而基于公司资本充实责任理论，要求前手股东承担相应的出资责任。

梁：赵老师，您刚刚提到的是股东出资加速到期的情况，那么我们也知道在《九民会议纪要》中其实是规定了两种情形：第一种情形是说公司作为被执行人的案件，人民法院穷尽执行措施无财产可供执行，已具备破产原因，但又不申请破产的；第二种情形是说在公司债务产生之后，公司的股东会决议或者是以其他方式来延长股东的出资期限的。那么具体到咱们的司法审判实践当中，我们如何地来认定公司是否已经具备了破产的原因呢？

赵：这个问题问得非常好。《九民会议纪要》的上述规定其实第二种情形相对比较好判断，难点就在于第一种情形中的“破产原因”应该如何认定。对此，我个人认为可以结合《企业破产法》第2条的规定来理解，具备“破产原因”主要是指符合以下两种情形之一：（1）公司资产不足以清偿全部到期债务；（2）公司明显缺乏清偿能力。而对于公司是否具备清偿能力，则可以参考《最高人民法院关于适用〈中华人民共和国企业破产法〉若干问题的规定（一）》（以下简称《破产法司法解释（一）》）的相关规定。

梁：我明白了，根据《破产法司法解释（一）》第4条规定，公司出现下列情况的时候，可以认定已明显不具备清偿能力：（1）因资金严重不足或者财产不能变现等原因，无法清偿债务；（2）法定代表人下落不明且无其他人员负责管理财产，无法清偿债务；（3）经人民法院强制执行，无法清偿债务；（4）长期亏损且经营扭亏困难，无法清偿债务。

赵：是的，这就是法律方面认定是否构成破产原因的具体依据。

那么具体到股权转让行为中，如果股权转让前，公司已经具备任一上述情形的，那么转让人也就是前手股东的出资已经加速到期，前手股东的期限利益已经丧失，那么理应承担相应的出资义务，但其仍转让股权的，就无法以此来逃避承担相应的出资责任。

梁：赵老师，您刚刚为我们非常详细地讲解了如何认定公司已经具备“破产原因”，从而来判断认缴股东在转让股权时是否出资已经加速到期。那么如果说已经出资加速到期，前手股东的责任我们应该如何来进行认定呢？

赵：那么在这种情况下由于适用出资加速到期，前手股东的出资义务在股权转让前已经形成，就需要考察前手股东在转让股权前的具体的出资情况：（1）如果说他已经完成其认缴的全部出资，那么就相当于已经履行了出资义务，不应当要求前手股东再承担出资责任；（2）如果说他仍然存在未缴的出资或者是有抽逃出资的情况，那么他的股权转让行为就可以认定为存在恶意逃债之意，仍需要承担出资责任或者是抽逃出资责任。

梁：那么具体到我们前面聊到的那个案例，股东刘某的责任我们应该如何来进行认定呢？

赵：在上面那个案例中，从公司的情况来看，甲公司在2020年5月11日经法院强制执行程序仍无财产可供执行，可以认为已经明显不具备清偿能力，符合适用股东出资加速到期的情形。也就是说刘某的出资义务在2020年5月11日就已经加速到期，应当及时履行对公司的出资义务。但是，从刘某的出资情况来看，他在认缴后就一直没有缴纳出资，因此，虽然他在2020年6月1日对外转让了他的股权，但是该股权转让行为存在明显的逃避债务的恶意，对应的出资义务也仍应当由刘某继续承担。也就是说，刘某应当在未出资的200万元范围内对甲公司未能清偿的债务承担补充赔偿责任。

梁：赵老师，您刚才提到刘某的股权转让行为存在一个明显的恶意，那么这种恶意行为对股东责任是否也会有一定的影响呢？比如说，在我们的司法实践当中，这种恶意转让股权的行为我们应该如何来进行认定呢？

赵：这个问题也问得非常好。前手股东丧失了期限利益、承担出资责任的理论基础在于公司资本充实责任理论，但是如果存在恶意转让股权的行为，则会进一步损害债权人的利益，还可能会承担侵权责任法上的相关责任。而且恶意转让股权的行为，也可能会对受让人也就是后手股东的责任承担产生相应的影响，所以对于股权转让行为是否具有逃避债务的恶意的判断还是非常有必要的。

梁：那么赵老师，具体到我们的司法审判实践当中，我们如何来判断股权转让行为是否具有逃避债务的恶意呢？是不是需要考虑公司的资产情况、股权转让的对价等？

赵：你说得没错。具体而言，我认为可以重点关注以下几个方面：

一是可以看我们股权转让时公司的资产情况。这一点就是前面讲过的要看公司是否存在资不抵债或者明显丧失清偿能力的情形。

二是可以看在股权转让时的对价是否公允合理，主要是看是否为无偿转让或者明显低于公允价值转让。之所以以转让对价也作为一个参考因素，主要也是为了以此探究股东转让股权的真实意图，防止股东作为最了解公司债务情况的相关人，利用自己的信息优势率先“用脚投票”的行为。

梁：那么除了公司的资产情况、股权转让的价格，是不是我们前面那个案例当中，受让人的相关情况也应该作为一个判断依据呢？

赵：是的，你说得很对。受让股东的资信状况也是我们判断股权转让是否恶意的重要因素，主要是要看受让人是否具备支付股权转让款和承担经营风险的资信能力。比如说，受让股东为自然人的情况下，如果年事已高，无收入来源或者自身负债累累，或者是被列为了失信被执行人等，显然已经不具备继续承担出资的能力，那么在这种情况下就可以推定原股东转让股权并非为了解决公司的清偿能力，而可能是出于逃避债务。那么如果受让股东为法人，自身是注册资本比较少的公司或者注册资本虽然非常高但是注册资本的缴纳期限比较长，属于一种空壳公司，或者是其本身存在多起被执行案件，或者是已经被列为了失信被执行人，同样在这种情况下我们也可以推定原股东存在恶意转让股权的可能。

梁：赵老师，在《公司法司法解释（三）》第 18 条当中也谈及了受让人也就是说后手股东的责任承担的问题，那么在司法审判实践当中，后手股东对于公司未能清偿的债务的责任应该如何来进行认定呢?

赵：对于受让人也就是后手股东的责任，我认为主要需要考察两个方面：一是前手股东已经需要承担出资责任的情况下，后手股东对于前手股东未履行出资义务的情形是否明知；二是后手股东是否明知前手股东是为了逃避债务而恶意转让股权。如果受让人存在上述“明知”的两种情形之一的，就应当对前手股东的补充赔偿责任承担连带责任。

梁：赵老师，您分析得条理非常清晰，让我们对于股权转让的受让人股东的责任有了非常明确的认识。具体到我们前面提到的那个案例，后手股东黄某是不是应当承担相应的责任呢?

赵：在前面那个案例中黄某他受让刘某股份时，刘某的出资已经加速到期，那么他的股权转让行为也就存在逃避债务的恶意，在这种情况下我们就需要审查后手股东黄某在受让股份时对此是否为“明知”。如果为明知的情况下，后手股东黄某也应当对前手股东刘某的补充赔偿责任承担连带责任。

梁：好的，谢谢赵老师今天为我们系统地梳理了认缴制下股权转让后股东出资责任的认定。在公司注册资本认缴制下既要保护股东享有的期限利益，亦要维护债权人的合法利益，既要维护股权正常交易的自由与安全，也要避免利用股权转让逃避公司债务的可能。所以说考虑到认缴制下债权人本就面临了较高的交易风险和信息不对称的劣势，在处理涉及债权人利益保护的纠纷时，可以赋予股东出资加速到期制度更为宽松的适用方式，以更好地平衡股东和债权人的利益。好的，以上就是今天的全部内容，再次感谢赵老师的精彩分享，也感谢大家的观看，再见。

赵：再见。

行　政

冒名公司登记行政案件的审查规则

主讲人　岳婷婷

· 上海市第一中级人民法院行政审判庭副庭长

· 三级高级法官

· 全国法院办案标兵

· 全国法院国家赔偿与司法救助工作先进个人

· 上海法院审判业务骨干

· 西北政法大学法学学士、复旦大学法律硕士

· 主要研究方向行政法

· 主持的庭审评为第二届全国法院百场优秀庭审

· 撰写案例入选《人民法院案例选》、全国法院系统工伤认定行政案件典型案例、上海法院行政争议实质化解典型案例，获评全国法院系统优秀案例分析二等奖

· 参与多项上海法院调研课题

· 曾获上海法院系统个人二等功、三等功、嘉奖等多项荣誉

主持人　刘　月

· 原上海市第一中级人民法院行政审判庭二级法官助理

· 现上海市闵行区人民法院民事审判庭审判员

· 中国政法大学宪法与行政法学硕士

· 主要研究方向宪法与行政法

· 执笔各项调研成果 20 多项，编写多篇案例入选最高人民法院指导性案例、《人民法院案例选》

· 执笔案例荣获全国法院系统优秀案例分析二等奖

· 执笔论文荣获全国法院系统学术讨论会二等奖及三等奖，全国行政审判业务成果二等奖，全国环境审判业务成果二等奖，中国审判理论研讨会征文三等奖

· 执笔多项上海法院重点课题、上海民主法治课题

· 曾荣获市高院直属机关党委“优秀共产党员”、上海法院调研标兵及嘉奖、上海法院十佳青年提名奖等荣誉

刘：大家好，欢迎来到上海市第一中级人民法院视频微课程，我是刘月。今天要和大家分享的是冒名公司登记行政案件的审查规则问题。参与讨论的是行政审判庭副庭长、三级高级法官岳婷婷老师。

岳：小刘，你好，大家好。

刘：岳老师，我们大家都知道近年来随着“放管服”改革工作的推进，公司登记办理流程随之简化，降低了市场交易成本。但与此同时，大数据时代，我们也有一个切身的感受，个人信息比较容易泄露。那么在工商登记领域，冒用他人身份进行公司登记所引发的行政争议也呈逐年增长的一个趋势，这也给我们行政审判带来了一些新的挑战。

岳：是的。这几年，这类行政案件也是越来越多，讨论研究这类行政案件的审查规则非常必要。一方面有助于充分发挥司法职能，督促行政机关在材料的审核中尽到必要的审查义务；另一方面也能通过纠正违法的登记行为，使得交易的秩序回到一个正常的轨道，推动营商环境的改善。

刘：的确是这样。岳老师，那我们今天就一起来探讨一下冒名公司登记行政案件的审查规则问题。我们先来看这样一个案例：张某向市场管理机关申请登记设立甲公司，并提交了由法定代表人“刘某”签名的申请材料。行政机关审核后，核准设立了甲公司。后来，刘某却以申请材料中的签字并非其本人所签为由诉至法院，请求撤销公司的设立登记行为。在诉讼当中，经过鉴定，“刘某”的签字确非其本人所签。岳老师，这个案例引发了我三个疑问：一是错误登记行为的判定标准问题。也就是说，在材料存在一定瑕疵的情况下，是否就必然导致登记行为错误。二是登记行为的审查标准问题，也就是说行政机关对登记行为的审查应当

达到什么样的程度。三是国家赔偿责任的认定问题，也就是说在什么情况下登记机关应当承担国家赔偿责任。岳老师，对于这三个问题，您能给我们具体展开讲解一下吗？

岳：你提出的这三个问题正是这类登记行政案件审理中的难点和重点问题。关于第一个问题，错误登记行为的判断标准。根据我国《行政诉讼法》全面审查原则，首先，在形式上，需要判断申请材料是否符合形式要件的规定，包括材料是否齐全、形式上是否符合要求等。其次，在实质上，还需要判断申请登记是否系当事人真实意思表示。

刘：岳老师，您刚刚提到了真实意思表示的问题，也就是说，对于申请材料中的签字如果并非本人的情况，或者说即使是本人签字，那么实践当中还是要审查相关申请登记行为是否是申请人的真实意思表示吗？

岳：是这样的。实践中，在公司申请登记的过程中，申请材料中的签字代签的情况还是比较容易发生的。

对于非本人的签字情况，判断登记行为是否错误，往往需要通过鉴定等专业的技术手段，结合举证责任查明签字是否系当事人所签。确非本人所签的，还需要进一步结合当事人是否明知该情况、是否进行过有效的授权、是否事后又提出过异议，或者在此基础上是否从事过公司的相关管理和经营活动等情形，综合地判断登记行为是否是当事人真实意思表示。

刘：那么，比如像我们刚刚案例当中提到，虽然经过鉴定刘某的签字并非其本人所签，但如果根据查明的情况，刘某对设立甲公司的情况是明知的并且并没有提出异议，而且在公司成立以后其也以公司的名义从事了像借贷、买卖等经营管理活动，那么也就相当于刘某对该登记行为进行了事后的追认。那么，在此情况下，就应当认定申请设立公司登记是其真实意思表示。

岳：对的。这是因为行政登记是依申请的行政行为，登记机关是基于当事人提出申请，有设立公司的意愿，审核通过后作出相关的登记行为。所以即使材料有瑕疵，但最终审查下来确实有设立公司的真实意愿，就应该对他申请设立公司的真实意思予以确认。

刘：岳老师，我理解公司登记一旦作出以后，就会产生公示公信的效力，那么相关的利害关系人对公司登记肯定是享有一定的信赖利益的。那么您刚刚讲述的这样的一个判断标准其实也是基于交易安全和稳定的一种考量，所以不宜仅以签字并非本人所签就轻易地撤销登记行为。

岳：嗯，对的。登记行为是否错误，是否应予撤销，不仅要从申请材料的形式上审查，也要从实质上审查申请人的意思表示的真实性。违反法律规定的登记行为才能被认定为错误或者违法的登记行为。

刘：那么，对于错误的登记行为，肯定是要予以纠正的。关于纠正的方式，行政机关可以自行更正，也可以通过法院判决的方式进行更正。岳老师，对于此种情形，司法实践当中一般是如何进行裁判的呢？

岳：关于裁判方式，原则上法院可以根据具体的情况判决撤销、确认违法或者判决登记机关履行更正的职责。但需要注意的是，早在2011年的时候，最高人民法院对公司的登记行政案件存在的有关问题进行过调研，也出台了相关的会议纪要。会议纪要当中就明确地指出，因申请人自身隐瞒有关的真实情况或者故意提供虚假材料导致登记错误的，登记机关也进行了更正并且已经尽到审慎审查义务的，如果原告仍坚持诉讼，而不申请撤诉的，法院可以驳回他的诉讼请求。

刘：岳老师，在这里我产生了一个新的疑问。我了解，根据《行政诉讼法》的规定，行政机关在诉讼中如果改变了原违法行政行为，原告不申请撤诉仍然坚持确认违法的，我们应当作出确认违法的判决。那么，您刚刚提到的会议纪要规定的驳回诉讼请求和《行政诉讼法》的规定是否存在一定程度上的冲突呢？

岳：从规定的表述来看，确实存在不一致。但从最高人民法院会议纪要的精神来看，更多的是从登记行为发生错误的原因及责任的过错考量，确定了较为妥帖的裁判方式。申请人隐瞒相关的情况或者提供虚假材料是导致登记错误的根本原因。首先是申请人存在主观过错，登记机关在已经尽到必要的审慎审查义务的情形下，也就不存在过错了。其次，在诉讼中行政机关又已经主动地更正了登记行为，这时错误行为已经得到纠正，确认违法对于行政机关来讲过于苛刻。因此，这种情况下原告的诉讼请求法院可以驳回。

刘：我明白了。也就是说，会议纪要当中规定判决驳回诉讼请求其实也有一个很重要的前提，就是行政机关尽到了审慎审查义务，那么对于该义务应当如何理解就涉及我刚刚所谈到的第二个问题，登记行为的审查标准问题。岳老师，我了解，目前登记机关的审查手段还是比较有限的，如果对其科以过多的义务，必然会影响登记效率。那么，岳老师，在执法实践当中，行政机关的审查是否还是以形式审查为主呢？

岳：从最高人民法院会议纪要的精神来看，我个人认为，这类案件形式审查是基础，在形式审查的基础上，还应当对登记机关尽到“审慎审查义务”的必要性进行审查。原则上，公司登记的申请人应当对提交的材料的真实性负责。在申请人故意隐瞒有关情况或者提供虚假材料的情况下，行政机关对材料的审查是需要花费大量的人力、物力的，这样势必会大大地降低行政效率。所以我认为行政机关对登记审查的材料真实性的审查，只要尽到与其技术、经验和能力相匹配的注意义务，也就应该认定其做到了审慎审查。一般只有行政机关存在恶意串通或者是重大过失时才能认定其没有尽到审慎审查的义务。

刘：经过刚刚的讨论，我们了解到，行政机关是否尽到审慎审查义务对于法院判决方式是会产生影响的。那么对于国家赔偿责任的承担是否也会产生相应的影响，这就涉及我们刚刚需要讨论的第三个问题。我了解，会议纪要当中对此也是有明确规定的，登记机关如果已经尽到了审慎审查义务，就不会承担相应的赔偿责任。反之就应当承担相应的赔偿责任。而 2022 年 5 月 1 号正式实施的《最高人民法院关于审理行政赔偿案件若干问题的规定》对此也进行了明确规定，岳老师您对这个规定能否具体给我们讲解一下?

岳：这里面要梳理两种情况：一种是尽到审慎审查义务；另一种是未尽到审慎审查义务。对于第一种情况，无论行政机关自行更正还是法院判决更正错误登记行为，行政机关都是不承担赔偿责任的。这样的处理方式主要考虑到，如果行政机关尽到审慎审查义务，系申请人自身提供的虚假材料导致错误登记行为，那么在这种情况下，申请人存在违法故意的主观过错，由此引发的错误登记不应归责于行政机关。

刘：那是否可以理解为，行政机关尽到了审慎审查义务以后，虽然导致错误登记，但是该错误登记行为主要是申请人故意提供虚假材料或者隐瞒相关的情况造成的，这个时候当事人所主张的损失和行政机关作出的行政行为之间就并不存在必然的因果关系，所以在此情况下，行政机关不应当承担国家赔偿责任。

岳：对的，可以这样理解。在国家的赔偿诉讼中，有损失并不必然产生国家赔偿责任，是否承担国家赔偿责任需要综合行政机关是否存在过错、对行政相对人是否造成损失以及行政行为和损失之间是否存在因果关系这些要素进行综合的判定。

刘：刚刚岳老师您所提到第二种情况行政机关未尽到审慎审查义务，造成当事人合法权益损害的，就一定会产生相应的国家赔偿责任。那么，具体的赔偿范围和标准又是怎样的呢?

岳：对于这个问题，要严格地按照国家赔偿法的规定进行审查，要根据行政行为在损害发生和结果中所起的作用来判定其应当承担责任的份额。赔偿的范围一般是以直接损失为原则，赔偿的范围是有限的，赔偿标准也是比较严苛的，因此在赔偿诉讼中，对于赔偿申请人的举证责任和举证的能力都提出了比较高的要求。其实，这类冒名公司登记行政赔偿中，申请人提出的这些赔偿事项和赔偿主张，往往更多的是公司和相关个人之间的民事争议，可以通过民事的诉讼途径予以救济。

刘：所以说冒名公司登记行为所产生的危害性和风险还是比较大的。在这里特别地提醒广大的市场主体在进行相关公司登记行为时，对于个人签名行为要尽到谨慎的义务，对于身份证件以及公司公章要尽到高度的保管义务，以避免产生不必要的纠纷。

岳：同时，行政机关也应当进一步地优化审查的方式，提升审查技术，提高对虚假材料的识别度，尽到审慎审查的义务，尽量地避免错误登记行为的发生。

刘：刚刚我和岳老师对冒名公司登记行政案件审查规则中的三个难点问题进行了讨论。需要说明的是，减少以及避免该类争议的发生，不仅需要行政相对人以及行政机关尽到高度的注意义务，同时还需要立法、执法、司法机关积极参与，完善相关制度，平衡好公平公正以及执法效率的关系，以共同推动营商环境的持续改善。

以上就是今天的全部内容，再次感谢岳老师的精彩分享，也感谢您的关注，再见。

行政优益权的司法审查

主讲人　董礼洁

·原上海市第一中级人民法院行政审判庭副庭长、领军人才培养对象

·现上海市高级人民法院行政审判庭副庭长

·三级高级法官

·上海法院审判业务骨干

·上海交通大学凯原法学院法学博士

·主要研究方向行政法

·著有专著《地方政府土地管理权》

·在期刊上发表论文10余篇

·主审案件被《最高人民法院公报》刊登，入选上海法院“四个一百”精品案例

·执笔的课题获全国法院第五次优秀调研成果评选优秀奖，多项课题获评上海法院报批调研课题优秀奖

大家好，我是来自上海市第一中级人民法院的董礼洁，今天与大家分享的是行政优益权的司法审查，内容主要分为四个部分：一、行政优益权的产生；二、行政优益权的依据；三、行政优益权的内容；四、行政优益权案件的审理思路和要点。

一、行政优益权的产生

接下来，我们进入第一部分，行政优益权产生的背景和契机。行政优益权的产生与行政国家的兴起，以及政府职能的转变密不可分。

19 世纪以前，在以警察权为代表的秩序国家理念下，政府担当了“守夜人”的角色，其职能主要是维护社会公共秩序和确保财政收入。

到 19 世纪中叶，特别是“二战”以后，随着给付行政和福利国家的兴起，政府的职能逐步拓展到提供公共服务、建立社会保障体系、保护环境、促进就业等积极行政领域。在这种情况下，一些柔性的施政手段应运而生，并逐渐成为政府履行其职能的不可或缺的方式，如行政协议和行政指导。行政主体与行政相对人通过订立协议的方式，明确各自的权利义务、实现行政管理目标，逐渐为人们认识和接受，这些协议就被称为行政协议。在行政协议的履行过程中，行政主体保有一定的行政特权，这些特权就被称为行政优益权。行政优益权是行政协议的主要特征之一，在行政协议诞生之初，它甚至成为识别行政协议的主要标准。

二、行政优益权的依据

那么，行政优益权究竟来源于哪里，或者说它的法律依据是什么?

行政优益权来源的核心是公共利益优先原则，一部分行政优益权来源于法律法规的明确规定，还有一部分的行政优益权则源于行政协议的约定。这里必须要指出的是，行政协议可以约定行政主体，享有某些或者某项行政优益权。但是，不能约定行政主体放弃法律法规明确规定其享有的行政优益权，因为这些行政优益权属于行政主体的职权。

三、行政优益权的内容

根据行政法中职权职责相统一的原则，行政主体不能放弃其职权，我国立法对于行政优益权的具体内容并没有明确规定。结合法学理论和司法实践，一般而言行政优益权主要包括以下几项：监督和检查权、否决权、制裁权、单方解除和变更权。这些权利的具体内容，我将结合司法审查的要点在之后详细阐述。

四、行政优益权案件的审理思路和要点

在了解了行政优益权的产生、来源和依据之后，我们要进入今天的核心内容，行政优益权的司法审查。

接下来，我将结合一个案例进行说明。

· 案例 1

A 市政府与 A 市自来水公司订立《城市供水特许经营协议》，其中约定了双方的权利和义务。A 市自来水公司的主要权利有：向特许经营区域范围内用户供水，合法经营并收取合理报酬，保证水质、水压等。A 市政府的主要权利和义务有：对供水服务进行监督检查、制定供水服务标准、受理用户投诉以及在可能危及公共利益的情况下，临时接管特许项目。

那么，在这个行政协议中，行政主体究竟享有哪些行政优益权呢？

首先是监督和检查权，在行政协议履行过程中，行政主体负有监督和控制的职责，有权对行政相对方履行协议的情况进行监督和检查。行政相对方必须予以配合，监督检查权的审查要点在于，审查行政主体的监督检查行为，是否妨碍了行政相对方正常的生产经营活动。对于这个问题，可以从以下两个方面进行考量。

首先是行政主体采取的方式是否合法，是否选择了对行政相对方影响较小的方式。

其次，监督检查的频率是否过高，如果检查频率过高且没有正当的理由，可以认定监督检查行为违法。这里必须要指出的是，应当区分行政主体的一般履职行为与行使行政优益权的行为。

一般履职行为不属于行政优益权审查的范围，行政主体享有的第二项行政优益权是否决权。在行政协议履行过程中，可能会出现行政相对方基于各种的理由，提出要求解除或者终止协议，行政主体基于公共利益的考量，有权予以否决，并要求其继续履行协议。对于否决权的审查要点应当从必要性角度出发，结合协议事项是否具有紧急性，以及协议是否具有很强的延续性，来考察行政主体行使否决权是否必要。

比如在案例 1 中，如果自来水公司突然提出解除协议，势必会对 A 市的居民和单位的用水造成巨大的影响，A 市政府基于公共利益的考量，有权予以否决并要求继续履行协议。在这里，需要注意的是，如果 A 市自来水公司提出解除协议是基于正当的理由，行政主体行使否决权时应当给予合理的补偿。

与民事协议不同，行政协议相对方的违约行为如果损害了公共利益，行政主体有权对其进行制裁，这就是行政主体享有的第三项行政优益权——制裁权。对于制裁权的司法审查，主要是参照行政处罚的审查要点来进行，审查行政主体行使制裁权是否具有明确的法律依据，行政相对人是否实施了既违反约定，又有损公共利益的行为，行政主体适用法律是否正确以及制裁决定的作出是否符合法定程序。

这里必须要指出的是，制裁权的行使必须具有明确的法律法规依据，在刚才提到的案例 1 中，相关的法律法规均对此没有明确的规定，那么 A 市政府就不享有制裁权。

以上提到的三项行政优益权，都是为了确保行政协议被完全、适当地履行。

接下来我们要探讨的是行政主体的单方解除和变更权，这是一项赋予行政主体在特殊情况下，单方面解除或者变更协议的特权。同样，我们也结合一个案例予以说明。

· 案例 2

1996 年 4 月，J 市大桥收费站开始收费。

2000 年 2 月 8 日，J 市路桥收费管理中心与 J 市大桥有限公司签订了《J 市车辆通行费年票制补偿协议》。

2004 年，国务院制定了《收费公路管理条例》，其中规定收费公路的最长收费年限不得高于 20 年。

2016 年 1 月，J 市路桥收费管理中心开始与 J 市大桥有限公司协商解除协议，并将 J 市大桥由收费通行改为免费通行。

2016 年 4 月，J 市路桥收费管理中心通知 J 市大桥有限公司与其解除协议，并按照《收费公路权益转让办法》的有关规定进行补偿。

J 市路桥收费管理中心在这里行使的就是行政主体所特有的单方解除和变更权。

行政主体行使这项行政优益权，必须具备以下三项前提：

首先是法律法规、政策或者重大国民经济计划发生调整。比如，案例 2 中在协议履行过程中，2004 年国务院颁布了《收费公路管理条例》，其中对于收费公路的最长收费年限作出了规定。

其次是继续履行协议将会违反法律法规，或者阻碍政策计划的实施。比如，案例 2 中 J 市大桥于 1996 年 4 月开始收费，到 2016 年 4 月其收费已经达到了行政法规规定的最长年限，如果继续履行协议将会违反行政法规的规定。

最后是为了维护和实现公共利益。J 市路桥收费管理中心与 J 市大桥有限公司解除协议是为了将大桥由收费通行改为免费通行，保障社会公众的通行权，实现公共利益。

因此，我们可以认定，本案中，J市路桥收费管理中心已经具备了行使单方解除和变更权的三项前提。

那么，是不是只要具备这三项前提行政主体就可以直接行使单方解除和变更权呢？当然不是，单方解除和变更权的行使必须符合正当程序的要求。

首先，行政主体要将相关情况告知行政相对人。比如，政策、法规发生变化，并说明解除或者变更协议的理由。

其次，行政主体要听取行政相对方的意见，并与其协商补救措施，如果确实无法采取补救措施，或者双方对于补救措施无法达成一致的，可以单方解除或者变更协议。回到案例2中，J市路桥收费管理中心在解除协议前，已经履行了相关程序，并告知J市大桥有限公司将按照相关的法规对其进行补偿。我们可以认定，J市路桥收费管理中心行使单方解除和变更权，符合正当程序的要求。

行政优益权是行政主体在行政协议中特有的权利，其根本目的是维护和实现公共利益，对行政优益权进行司法审查，应当以公共利益优先为原则，平衡好公共利益和个人利益的关系。

好了，以上就是对行政优益权的司法审查的介绍，感谢大家的关注，再见！

职业病工伤认定决定的合法性审查

主讲人 宁 博

· 上海市第一中级人民法院行政审判庭行政纠纷审判团队协助负责人

· 三级高级法官

· 上海市第一中级人民法院审判业务骨干

· 同济大学宪法学与行政法学硕士

· 主要研究方向行政法

· 主审案件曾获评最高人民法院环境保护行政案件十大案例、全国法院百篇优秀裁判文书二等奖、上海法院优秀案例、上海法院优秀裁判文书

· 多篇文章在《人民法院案例选》《上海审判实践》等出版物发表

· 曾获评市级机关团委青年岗位能手

· 首届上海市第一中级人民法院十佳青年

· 多次获评上海法院系统个人三等功、嘉奖等荣誉

主持人 刘天翔

· 上海市第一中级人民法院行政审判庭一级法官助理

· 中国海洋大学宪法学与行政法学硕士

· 主要研究方向行政法

· 参与最高人民法院司法改革专项调研课题、司法案例研究课题 2 项

· 曾获“天平阳光杯”人民法院网络微课程评选三等奖

· 撰写多篇案例入选《人民法院案例选》、上海法院“四个一百”精品案例等

刘：大家好，欢迎来到上海市第一中级人民法院视频微课程，我是刘天翔。今天要和大家分享的是职业病工伤认定决定的合法性审查，参与讨论的是行政审判庭审判员、三级高级法官宁博，欢迎宁法官。

宁：主持人好，大家好！

刘：我们知道，经过社会保险行政部门认定为工伤的劳动者，可以依法享受相应的工伤保险待遇，因此，工伤认定就成为工伤保险制度运行中一个非常重要的环节。实践中，我们经常会遇到对工伤认定决定不服提起的行政诉讼案件。其中，因伤害导致的认定工伤及视同工伤类案件相对较多，由此出台的解释、口径以及判例也比较多，但在职业病认定工伤领域，可适用的规则和依据较少，会有一些困惑甚至争议。我们先来看一个这方面的案例。

马某自2012年4月至2015年8月与某公司存在劳动关系。2019年7月至12月，马某经诊断为职业性矽肺病三期，并经两次鉴定确认该诊断结论，相关诊断证明书及鉴定书均记载马某用人单位为某公司，且在该公司工作期间，从事石材切割、打磨及安装工作，接触矽尘。因马某于2019年11月死亡，其父于2020年4月向区人保局提出工伤认定申请，区人保局依法受理。经过调查后，于同年6月作出《认定工伤决定》，认定马某情形属于工伤认定范围，遂决定予以认定工伤。

公司不服，诉至法院，请求判决撤销上述认定工伤决定。

刘：宁法官，我们可以看到，这是一起典型的患职业病认定工伤案例。但相对于一般伤害认定工伤及视同工伤案件，此类案件似乎存在特殊性。

宁：确实如此。这个案件的一个突出特点是，工伤认定决定作出前，劳动者先是经过了职业病诊断、鉴定等程序。在此之后，因为马某去世，其父向社会保险行政部门区人保局提出了工伤认定申请，那么区人保局则主要是基于职业病诊断、鉴定意见作出了工伤认定决定。

刘：公司认为马某所患矽肺与该公司无关，并且认为马某在离职之后还有其他的危害接触史，进而认为区人保局不能仅凭诊断、鉴定意见就将公司认定为导致马某患职业病的用人单位。看来本案一个重要的争议焦点就是职业病诊断、鉴定意见的效力范围问题。

宁：是的，这涉及对《工伤保险条例》第19条第1款后半段规定的理解问题。

刘：《工伤保险条例》第19条第1款后半段的规定是，职业病诊断和诊断争议的鉴定，依照职业病防治法的有关规定执行。对依法取得职业病诊断证明书或者职业病诊断鉴定书的，社会保险行政部门不再进行调查核实。宁法官，想必上述“不再进行调查核实”的对象就是理解的关键。

宁：没错。“不再进行调查核实”的对象，是指诊断证明书、鉴定书中的哪些事实，工伤认定环节可以直接适用，而不再调查核实。我先说观点：职业病诊断证明书及鉴定书，在效力范围上既包含对职业病病情本身的诊断鉴定意见，也包含对职业史、职业病危害接触史，以及与职业史密切关联的劳动关系或用人单位等的认定。

刘：这些是职业病诊断、鉴定的核心内容。但这与我们平常遇到的一般认定工伤案件中，社会保险行政部门对劳动关系、“三工”因素等这些问题有较为独立和完整的调查认定权可能有很大的不同。宁法官，为何职业病工伤认定会有如此特殊的规定？

宁：这就要从理解《职业病防治法》等相关规定来入手。该法第 46 条第 1 款规定，职业病诊断应当综合分析的因素包括病人的职业史、职业病危害接触史和工作场所职业病危害因素情况、临床表现以及辅助检查结果等。《职业病诊断与鉴定管理办法》也对诊断内容、依据材料等作出了具体规定。上述规定表明职业史及职业病危害接触史、用人单位等信息是职业病诊断、鉴定机构作出诊断、鉴定时的重要依据，作出的诊断、鉴定意见，事实上也包含着对上述事实的认定。

刘：的确，诊断职工患有职业病，除其临床表现具有职业病诊断标准所列明的一些症状以外，还必须确定其与职业的联系，否则当然也就称不上是职业病了。因此查明患者的职业史和职业病危害因素接触史就成为职业病诊断和鉴定程序中必须进行的工作，这些工作显然不是社会保险行政部门的专长。但在实践中，职业病诊断的鉴定机构需要如何查明这些事实呢？

宁：从《职业病防治法》第 49 条、《职业病诊断与鉴定管理办法》第三章关于诊断的规定内容分析，确认劳动者职业史、职业病危害接触史应当在职业病诊断、鉴定过程中进行。在此过程中，当事人如果对劳动关系、工种、工作岗位或者在岗时间有争议，职业病诊断机构应当告知当事人依法向用人单位所在地的劳动人事争议仲裁委员会申请仲裁。

刘：宁法官，对于这个问题其实我是有一个疑问的：这是否意味着仲裁程序是嵌入在职业病诊断、鉴定程序之中，并且争议解决结果也将用于职业病诊断、鉴定？

宁：是的。这赋予了职业病诊断、鉴定机构查明上述争议问题的渠道。除此之外，《职业病防治法》规定存在职业病危害因素的用人单位负有职业病危害项目申报、危害防护、定期检测评价、组织劳动者职业健康检查，以及建立职业健康档案等义务，并应当留存相应的资料。在进行职业病诊断、鉴定时，用人单位应当如实提供资料。否则诊断、鉴定机构应当结合劳动者的临床表现、辅助检查结果和劳动者的职业史、职业病危害接触史，并参考劳动者的自述、管理部门提供的日常监督检查信息等，作出职业病诊断、鉴定结论。

刘：这样看来《职业病防治法》将用人单位的职业病防治义务与在职业病诊断、鉴定过程的证明责任进行了联动。这意味着，如果用人单位切实履行了职业病防治义务，就应当能在职业病诊断和鉴定过程中提供出相关的材料，进而免除自身责任，否则从保护劳动者的立法目的出发，用人单位即应承担不利后果。这是一种“兜底”性的规定。

宁：确实可以这么理解。上述法律规定赋予了职业病诊断、鉴定机构查明和认定病人的职业史、职业病危害接触史和工作场所职业病危害因素等事实的能力。劳动者和用人单位在职业病诊断、鉴定程序中也有寻求救济的权利和途径。所以，不能认为职业病诊断证明书及鉴定书，在效力范围上就仅仅局限于诊断鉴定机构对职业病病情本身的诊断鉴定意见，而不包含对职业史、职业病危害接触史，以及与职业史密切关联的劳动关系或用人单位等的认定。

刘：看来在职业病工伤认定案件中，职业病诊断、鉴定是处于这样一种核心的环节。感觉在这类案件中，社会保险行政部门需要做的事情可能并不多，只要有诊断、鉴定，基本上就可以作出认定工伤决定。

宁：也不能这样理解。虽然职业病诊断、鉴定是职业病工伤认定的重要基础和依据，但工伤认定程序本身仍然是独立的，劳动者仍然需要取得认定工伤决定，才能够依法享受工伤保险待遇。那么在认定工伤时，仍然要依照《工伤保险条例》《工伤认定办法》等规定进行。其中，包括职权依据，受理、调查、听取陈述申辩、决定的作出及送达等程序要件，这些仍然是判断工伤认定决定合法性的重要因素。同时，也包括对职业病诊断证明书、鉴定书的审查，这是一般工伤认定案件中没有的问题。

刘：宁法官，那么对于职业病诊断证明书和鉴定书，社会保险行政部门应当进行何种审查？这样的审查与之前所提到的《工伤保险条例》关于“不再进行调查核实”之间又是怎样的一种关系？

宁：前面提到，对依法取得职业病诊断证明书或者鉴定书的，社会保险行政部门确实不再进行调查核实。但请注意，“不再进行调查核实”的前提是文书的“依法”取得。社会保险行政部门虽然不具有判断职业病的专业能力，但仍然需要对此进行必要的审查。包括确定其是否系具有资质的诊断、鉴定机构作出，是否存在重大、明显的程序问题等。

刘：听了您的讲解，这种审查似乎是一种形式审查，但对于确保诊断证明书、鉴定书符合法定要求其实还是很有必要的。

宁：虽然实践中因重大违法被排除的诊断证明书、鉴定书较少，但这种审查必不可少。如果存在不符合国家规定的格式等情形，社会保险行政部门也可以要求出具证据部门重新提供。但总体上这种审查确实是一种偏重于形式的审查。人民法院在审查时，也主要是基于此种标准对工伤认定决定的实体问题进行审查。

刘：用人单位在这个过程中能否进一步提供相应否定性的证据？

宁：用人单位的举证权利并不因诊断证明书、鉴定书的出具而被排除，而且用人单位的举证也有助于社会保险行政部门发现问题。但是除非用人单位提供的证据能够证明其存在重大、明显违法的情形，且作为非专业人士也能够准确判断，否则不当然启动社会保险行政部门的调查核实。

刘：实践中，用人单位经常会主张劳动者可能还存在其他的一些劳动关系，并导致劳动者患有职业病，宁法官，对此种主张在司法审查中应当如何处理？

宁：刚才提到，劳动关系认定主要是在职业病诊断、鉴定过程中通过仲裁来进行判断，因此，用人单位的主张要成立，应当有劳动仲裁、诉讼的结论支持才可以，否则对其主张，人民法院原则上是不支持的。而且，从侵权责任承担的角度来讲，只要该公司未尽到法定的职业病防治义务，并足以导致劳动者患职业病，那么其相应的责任就不能免除。

刘：好的，刚才您对职业病工伤认定案件法律适用的关键性问题，以及此类案件的合法性审查思路都作了非常透彻的讲解，对于审判实务很有帮助。同时，这个案例和您的讲解也让我深刻理解了“职业病重在预防”这句话的深意。

宁：说的没错。这也是《职业病防治法》的立法宗旨。无论是法律规定，还是像我们这个案例中那些让人揪心的职业病患者，都在提醒那些存在职业病危害因素的用人单位，一定要充分履行《职业病防治法》规定的各项职业病防治义务，这是法定义务，更是企业的社会责任。而且从长远来看这也是避免风险的必然选择。诸如矽肺之类职业病与一般伤害不同，其发病与劳动关系的存续往往在时间上是存在错位的，不是劳动关系结束，后续的职业病问题就与企业无关，免责与否取决于企业是否履行了前述义务。接触职业病危害因素的劳动者，如接触粉尘的矿工、装修工等，也一定要认真学习职业病防护知识，养成这种防护意识，并且要懂得依法维护自己的合法权益，我们的工会组织在其中也可以发挥积极作用。此外，全社会也要关注职业病的问题，形成职业病防治的合力。只有这样，才能尽可能避免像本案这种悲剧的发生。

刘：非常感谢宁法官的讲解，让我们对于职业病工伤认定的司法实务有了更深入的了解。同时我们也应当意识到，职业病工伤认定既是一个法律问题，也是一个道德责任的问题，需要各方面都引起足够的重视。职业病防治工作坚持预防为主、防治结合的方针，建立用人单位负责、行政机关监管、行业自律、职工参与和社会监督的机制，实行分类管理、综合治理。好，以上就是我们今天的全部内容，再次感谢宁法官的精彩分享，也感谢大家的关注，再见。

宁：再见。

圆桌对谈微课程

刑　事

一二审对谈：非法第四方支付的刑法规制

对谈人：张金玉

· 上海市第一中级人民法院刑事审判庭金融证券审判团队协助负责人

· 三级高级法官

· 上海市第一中级人民法院审判业务骨干

· 北京大学刑法学硕士

· 主要研究方向刑法

· 主审案件曾获评上海法院精品案例、全国法院优秀案例分析三等奖，撰写文书曾获上海法院十大优秀裁判文书

· 多篇文章在《中国刑事法杂志》《人民司法》《刑事审判参考》等出版物发表

· 参与编著《刑事附带民事诉讼审理精要》等书籍

· 参与执笔最高法院司法研究重大课题、上海高院重点课题等多项课题并获优秀

· 曾获上海法院系统个人三等功、高院直属机关优秀共产党员、嘉奖等多项荣誉

对谈人：卢　进

· 上海市闵行区人民法院刑事审判庭审判员

· 华东政法大学刑法学硕士

·多篇文章在《人民司法》《法治参考》《人民法院报》等刊物上发表

·执笔的判决、案例多次入选上海法院“100 份优秀裁判文书”“100 个精品案例”

·多次获得上海法院系统个人嘉奖

主持人 潘自强

·上海市第一中级人民法院刑事审判庭二级法官助理

·上海政法学院刑法学硕士

·主要研究方向刑法

·全国法院优秀案例分析三等奖

·最高法院“羊城杯”征文二等奖

·多篇论文在《中国应用法学》《人民司法》《法治研究》等刊物发表

·参与执笔最高法院司法研究重大课题、上海高院重点课题等多项课题并获优秀

·曾获上海法院系统个人嘉奖两次

·上海市第一中级人民法院“十佳青年”、调研信息法宣先进个人

潘：大家好，欢迎收看上海市第一中级人民法院微课程，我是刑事审判庭法官助理潘自强。今天非常有幸邀请到我院刑事审判庭法官张金玉，以及上海市闵行区人民法院刑事审判庭法官卢进，与我们一起探讨今天的话题。

当前“跑分平台”等非法第四方支付平台已经成为网络赌博、网络诈骗等违法犯罪转移资金和洗钱的重要通道。所谓“跑分”就是利用合法的银行账户以及个人第三方支付账户进行代收款，再转账到指定账户，以此获取佣金的行为。今天我们要讨论的话题就是如何对非法第四方支付平台进行刑法规制。

卢法官，您作为基层法院的一线办案法官，能否简单跟大家介绍下什么是第四方支付呢？

卢：好的。第四方支付是相对第三方支付而言的，对于第三方支付，大家应该都比较了解，我们平时使用的微信、支付宝都属于第三方支付，第三方支付实际上是银行和用户之间的一个媒介，也就是说用户即使使用的是不同银行的银行卡，仍然可以通过第三方支付平台实现收付款。

随着技术的发展，第三方支付平台越来越多，渠道越来越多，那么就出现一种技术，把这些第三方支付平台聚合起来。

举个例子，我们去商店购物时，不管出示的是微信付款码还是支付宝付款码，商家只需要使用同一台设备扫码就可以实现收款。这就是我们所说的聚合支付。根据央行的相关规定，提供聚合支付服务的平台，如果要触碰用户资金，就必须取得支付业务许可，否则就涉嫌违法犯罪。

潘：张法官，现在主流观点都认为第四方支付就是聚合支付，而且存在合法与非法的区分。司法实践中，我们要怎么去审查判断第四方支付是否合法呢?

张：为什么第四方支付会存在合法的和非法的两种，是因为第四方支付和第三方支付在名称上具有相似性，有些不法分子没有取得支付业务许可证，不能作为第三方支付机构开展支付结算业务，就打着第四方支付的旗号，而实质上从事支付结算业务，这种活动就是非法的。

聚合支付作为真正的第四方支付，我们称它为合法的第四方支付。其实，在这种涉及支付平台的案件中，我们需要把握的重点是：没有取得支付业务许可，不能开展支付结算业务。

潘：也就是说，我们在判断第四方支付平台是否合法时，要着重审查两个方面：一是从形式上审查平台是否取得了支付业务许可；二是从实质上审查平台是否提供了资金支付结算服务。这里涉及资金“支付结算”的理解问题，卢法官您是怎么理解“支付结算”的呢?

卢：中国人民银行印发的《支付结算办法》规定，“支付结算”是指个人或者单位在经济活动当中运用票据、信用卡等多种结算工具进行资金给付以及清算的行为。可以看出，“支付结算”的目的是实现资金的转移。

潘：也就是说，只要在收款人和付款人之间实现资金转移的功能，就可以认为提供了资金“支付结算”服务，对吗?

卢：可以这么理解。

潘：那么张法官是怎么理解的呢?

张：通俗来说，“支付结算”就是银行或其他非银行支付机构在收付款人之间提供的一种货币资金转移服务。这个过程中存在收取和支付两个环节，银行或第三方支付机构在收款人和付款人之间设置了资金的中转环节。

潘：实际上，非法的第四方支付也是在收款人和付款人中间搭了一个资金中转通道，从而完成了收付款人之间的资金转移。

张：是的，相当于多了一个资金转移的环节，通过混淆资金流向，从而达到逃避资金监管的目的。

潘：好的，我们可以看出，两位法官对“资金支付结算”的理解都坚持着实质判断标准，即“是否在收、付款人之间提供了资金转移的服务”。

实践中，非法资金支付结算活动的表现形式有很多，其中非法第四方支付平台模式通常涉案资金数额比较大。卢法官，您办理过很多涉及第四方支付平台的案件，能否与大家简要介绍下非法第四方支付平台的具体运作模式？

卢：好的，那我讲个比较典型的案例和大家一起探讨。

被告人设计了一个第四方支付平台，这个平台能够对接上游的非法网站，也能够对接下游的各个电商平台的电商店铺。如果用户想在非法网站，特别是赌博网站充值，非法网站会将充值信息先发送到我刚刚说过的第四方支付平台，然后平台会自动对接电商平台店铺，并随机生成购物订单，再将订单的支付页面反馈给用户，用户即可付款给电商店铺。

潘：也就是说，这个平台自动为赌客生成了一个虚假的网购订单，从而实现将赌资洗白的目的。那么，赌博网站又是怎么实现收款目的的呢？

卢：是这样的，看似赌客将赌资转到了电商店主的账户内，实际上在生成网购订单之前，平台的经营者（使用该第四方支付平台的人员）会先将非法网站提供的银行账户给电商的店主，让他们先转账过去。

潘：这就是所谓的保证金吧？

卢：对的。只有保证金打到非法网站的账户里面，平台才会在该电商店铺生成订单供用户来付款，通过这样的方式实现资金由用户到达非法网站的目的。实际上，因为平台可以对接成千上万个电商店铺，所以资金就会非常分散，可以有效逃避资金监管。

张：那这个案子最后是怎么处理的？

卢：对平台的开发者和实际使用者，我们最终以非法经营罪对他们定罪处罚。

张：我刚才注意到，保证金是平台经营者让“码商”（电商店主）直接打给上游违法网站的，也就是说平台的经营者不经手保证金的对吗？

卢：对，经营者不直接经手钱款。

潘：我有个疑问，像淘宝、拼多多这些大的平台，为防止电商刷单炒信，对每一笔交易都有着非常严格的监管，如果仅仅生成一个虚假网购订单，是很容易被发现的。

卢：对的。为了有效规避电商平台的监管，第四方支付平台还嵌入了一个空包物流系统，为每一笔虚假订单自动匹配一条物流信息，这使得非法的资金支付结算更加隐蔽。

潘：我还有个疑问，平台的设计者只是提供技术支持以及后期维护，平台的运营商也没有直接经手资金，那么，对于他们二者来说，是否还可以认定为提供“资金的支付结算服务”？

卢：你这个问题问得很好，我们在审理过程中确实有过分歧意见。第一种观点认为，平台的开发者、经营者没有接触过资金，也没有形成资金池，难以认定他们从事了资金的“支付结算”，只能认定技术支持型帮助信息网络犯罪活动罪。

第二种观点认为，虽然平台的开发者、经营者没有碰过资金，但是他们利用虚假的电商平台订单，便捷的第三方支付以及要求电商店铺先行向非法网站缴纳保证金的方式实现了用户向赌博网站或者其他非法网站付款的功能，实际上是一种变相的资金“支付结算”，所以认为他们的行为构成非法经营罪。当然这个观点其实还是有一定的争议，这里我也想听听张法官对这个问题是如何看待的？

张：我刚才也在思考这个问题，因为平台开发者、经营者没有直接经手资金，能不能以非法经营罪论处？

实际上，我们还要注意两点：第一，涉案平台是否专门用于从事支付结算业务。我想本案第四方支付平台专门用于非法资金支付结算应该是没有争议的，对吧？

卢：对的。

张：第二，涉案平台的运行模式相对复杂，涉及的主体也比较多，但是我们可以从中大致提炼出三个层级。

第一个层级是平台的搭建、出租、出售，还有提供运营维护的主体，我们可以称他为平台的搭建运维者。第二个层级是招募码商、寻找上游违法网站，使用平台开展支付结算业务的平台经营者。第三个层级是直接提供收款账号并进行转账的电商店主，也就是码商。

其实这三个层级的主体是相互配合的，因为码商提供的收款账户，跟平台组合成了一个完整的支付结算系统；而平台的开发者，实际上要负责让整个系统正常运行；平台的经营者要从中协调来确保支付结算活动能够开展下去。所以他们三者实际上是相互配合，是一体的，不能割裂来看的。

潘：您是说，首先要从整体上把握三个层级主体的关系，然后去分析他们各自的行为性质，对吧？

张：对，在分析的时候，不能说我只关注某一个主体的某一个行为，忽略他的其他行为，也不能就说把他完全地孤立出来，看不到他的行为对其他同案犯实施犯罪所起到的作用。

卢：好的，刚刚张法官说的这三个层级的主体，如果这三个主体做的事情让一个人去做，这个人就是从事非法的资金支付结算，正因为现在他把一个人的事情分成三个人去做，所以就会产生争议。

张：对的。我们以平台经营者举例说明，平台经营者不仅是提供平台给码商用，他还需要招募码商、对接上游违法网站，把违法网站提供的收款账号交给码商，让码商进行转账，再从违法网站处根据资金流水的相关的比例获取提成，扣掉自己的应得部分以外再给码商发放提成，与此同时，他还要解决上游违法网站与下游码商之间的纠纷。

可见，经营者实际上是统筹整个的支付结算活动，处于组织者的地位。如果我们仅仅看到他没有直接进行转账，就认为他没有从事支付结算活动明显是不合理的，肯定是会存在处罚漏洞。可能有些被告人他就专门把这些直接转账的活让别人去干，然后以此来辩称自己没有直接转账，所以不是支付结算，这个明显是不合理的，也与共同犯罪的基本原理相违背。

潘：是的，从整体分析三个层级主体的行为，不论是平台的开发者，还是平台的经营者，他们虽然没有从事具体的资金支付结算，但是他们跟具体从事资金支付结算的码商，实际上属于共同犯罪。

码商是由运营商或者是开发者招募，受他们控制，而且三者利益共享，他们利用这个平台完成了赌客跟赌博网站之间的资金的转移。对平台开发者、经营者的行为也应当认定为提供资金支付结算。

在我国刑法条文中，有非法经营罪和帮助信息网络犯罪活动罪这两个罪名，对非法的资金支付结算进行了规制。我想先问一下卢法官，您对两罪的区分是怎么把握的？

卢：好的。非法经营罪和帮助信息网络犯罪活动罪（以下简称帮信罪）这两个罪名都涉及“支付结算”，我认为“支付结算”在两个罪名里面的内涵应该是一样的。

我认为可以从以下两个方面把握两罪的区别：第一，帮信罪实际上和上游犯罪是共同犯罪，行为人仅起到帮助的作用，但是对于支付结算型的非法经营罪，它具有相对的独立性，即使进行非法支付结算的资金不属于违法犯罪的资金，仍然可以构成非法经营罪，这是它们的第一个不同点。第二，两罪的入罪标准不一样，非法经营罪的入罪标准明显要高于帮信罪。当然了，非法支付结算的行为可能同时触犯这两个罪名，两罪竞合时我们应该择一重罪处断。

潘：刚刚卢法官提出了两个标准，一个是独立性的标准，另一个是从入罪门槛上面提出了一个区分标准。张法官您是否也认同这样的观点？

张：我是认同的。除此之外，我还想补充一下，两罪还存在一个经营性的判断标准，因为非法经营罪很重要的一个特征就是涉案行为要有经营性。

经营性一般具体表现为营利性和常态性，营利性就是以此为业、以此为主要收入来源；常态性就是要有比较固定的经营管理模式，反复地、持续地、多次地实施这个行为。

刚才卢法官也讲到，这两个罪的入罪标准是不一样的，就是非法经营罪的入罪标准明显高于帮信罪，这也印证了构成非法经营罪的行为一般要达到一定的规模，持续一定的时间。

潘：我们可以看出，实践中这类非法第四方支付平台的经营者，他们往往利用平台所从事的资金支付结算的金额是非常巨大的，而且经营性相当显著，严重扰乱了国家的支付结算制度和资金支付结算安全，通常可以非法经营罪进行定罪处罚。同时，我们也能清晰地看到，在整个资金的支付结算过程当中，还涉及许许多多的码商，他们是非法支付结算活动能够得以实施的重要主体。

我想先请教卢法官，一审法院对这些码商的行为通常是怎么考虑的？

卢：好的。这些码商实际上就是所谓的电商店铺的店主，他们除了利用店铺账户代收钱款、直接转账到违法网站的行为，还从事正常的货物买卖，实际上对于非法的一部分，很可能只是很小的一部分。我个人认为，对于码商的行为如果要进行处罚的话，可能以帮信罪来处理比较妥当。

潘：还是倾向于以帮信罪进行规制。

卢：因为他们直接经手的支付结算数额通常比较小，还没有达到非法经营罪这么高的标准。

潘：张法官您赞同卢法官这个观点吗？

张：因为码商的情况还是比较复杂的，我可能有点不同的意见。

第一，码商的行为具有两面性，一方面就是刚才卢法官讲的，他们可能都是一些真实店铺的店主，获利金额也比较少，通常情况下涉案金额也不大；但是另一方面他们毕竟是直接实施转账的行为人，属于实行犯的范畴。第二，其实我们刑法对于这种非法资金转移行为不是只有帮信罪和非法经营罪可以规制，码商的行为还可能构成上游犯罪的共犯或者掩饰、隐瞒犯罪所得罪。

基于上述两个方面，我觉得在考虑对码商是不是要以刑事手段来处罚，以及用什么罪名来规制的时候，还是要考虑，如上游犯罪的性质、与上游犯罪人的关系、主观明知程度以及犯罪的客观危害情况等综合判断。

潘：好的。对于码商，不管是以帮信罪进行刑法规制，还是以上游犯罪的共犯处理，或者认定掩饰、隐瞒犯罪所得罪，码商的行为都处于违法犯罪的边缘。在此，我们也要提醒广大观众朋友，切勿贪图小利，随意出借自己的银行卡、身份证、U 盾和电话卡“四件套”，莫让自己成为违法犯罪的帮凶。

今天我们对“第四方支付”和“支付结算”的概念进行了探讨，同时也结合典型案例，对非法第四方支付平台的开发者、经营者以及码商的刑事责任进行了探究，非常感谢张法官和卢法官的专业分享。我们下期再见。

张：再见。

卢：再见。

民商事

学者法官对谈：离职经济补偿金的司法审查

对谈人：王　茜

· 上海市第一中级人民法院立案庭副庭长

· 三级高级法官

· 上海法院审判业务骨干

· 华东政法大学法律硕士

· 主要研究方向为侵权、劳动争议、民事诉讼程序等

· 曾任职于上海市高级人民法院，负责起草出台近 20 个指导意见

· 所办案件被评为全国十大调解案例、全国指导性案例、全国优秀案例，上海法院百例示范庭审、百篇优秀文书、百例精品案例

· 参与编著《民法典适用与司法实务》《民法典必修课》《民法典实施精要》等法学专著

· 2020 年被选为上海市民法典宣讲团成员，开展近 20 场民法典宣讲

· 曾获上海法院系统个人三等功三次、全市办案标兵、上海法院审判业务骨干等

对谈人：李凌云

· 华东政法大学副教授

· 法学博士

· 硕士研究生导师

· 社会法教研室主任、社会法研究所所长

· 入选上海市浦江人才计划

· 华东政法大学-美国密歇根大学联合培养博士

· 美国斯坦福大学法学院、英国卡迪夫大学法学院访问学者

· 美国旧金山大学法学院客座教授

· 主要研究领域为劳动法、社会保障法

· 国际劳工标准兼任中国社会法学研究会理事、上海市法学会劳动法研究会理事、上海市劳动和社会保障学会劳动法专业委员会委员、上海市教育系统工会理论研究会特聘专家、华东政法大学大学生社会法律援助中心指导教师等

主持人　沈俊翔

· 上海市第一中级人民法院立案庭三级法官助理

· 英国埃克塞特大学国际商法学硕士

· 主要研究方向为民商法与数据法

· 参与执笔中国法学会部级法学研究课题、最高法院司法改革专项课题、最高法院司法案例研究课题、上海司法智库重大调研课题等多项课题

· 执笔多篇论文在《法律适用》《上海审判实践》等出版物上发表

· 执笔论文荣获全国法院系统学术讨论会三等奖、中国法学会案例法学研究会学术年会三等奖、京津沪渝法治论坛征文三等奖、中国信息安全法律大会特别会议优秀奖、全国法院优秀案例分析优秀奖

· 曾荣获上海法院系统个人嘉奖两次、上海法院信息工作优秀信息员

沈：大家好，欢迎大家收看上海市第一中级人民法院微课程，我是立案庭的法官助理沈俊翔。今天，我们非常荣幸邀请到上海市第一中级人民法院立案庭副庭长王茜法官，以及华东政法大学经济法学院李凌云教授，和我们一起聊聊关于经济补偿金的事。

王：大家好。

李：大家好。

沈：这个话题想必是许多劳动者及用人单位非常关心的，那么请李教授简单介绍关于经济补偿金的相关制度及法律适用。

李：一般来说，如果用人单位提出协商解除劳动合同或者在劳动者没有严重过错的情况下，用人单位单方提出解除劳动合同，都需要向劳动者支付经济补偿

金。因为单位提出解除合同使劳动者失去了工作岗位，可能面临失业的风险，所以立法规定单位这时应当向劳动者支付经济补偿金。这既是对劳动者过去在单位作出贡献的一种补偿，也是用人单位对劳动者应该承担的物质帮助义务。在一些特殊情况下，劳动者单方提出解除劳动合同也可以主张经济补偿金。

沈：经济补偿金是帮助劳动者在失业之后，避免其因为失去经济来源而生活无从得到保障。实践中多见于双方共同协商解除劳动合同，或是用人单位单方解除劳动合同。

关于劳动者单方解除劳动合同并主张经济补偿金的情形，在实践中通常是一种什么情况？

王：一般情况下劳动者主动提出离职，用人单位是不需要支付经济补偿金的。因为根据生活经验，劳动者一般主动提出离职的话，一定是有了更好的选择，一般不会出现经济生活没有保障的情形。但是也有一些特殊的情况，虽然表面上看是劳动者主动提出离职的，但这种离职是事出有因的，并非基于劳动者的主观意愿，即劳动者是被迫离职的。

在这种情形下，法律规定用人单位仍然是需要向劳动者支付经济补偿金的。《劳动合同法》第 38 条规定了用人单位在六种情形下，劳动者有单方解除权。《劳动合同法》第 46 条规定了当劳动者以该法第 38 条为由提出离职，用人单位需要向劳动者支付经济补偿金。

沈：《劳动合同法》规定的劳动者单方解除劳动合同并可以主张经济补偿金的六种情形，实践中哪些情形较为常见？

李：实践中劳动者被迫提出解除合同，最为常见的情形有两种：一种是用人单位没有及时足额支付劳动报酬；另一种就是用人单位没有依法缴纳社会保险。

沈：首先讨论第一种情形，关于用人单位未及时足额支付劳动报酬。劳动者认为其劳动报酬没有及时得到支付，转而向公司提出离职，并向劳动仲裁委或者是向法院起诉要求主张经济补偿金，其诉请是不是一定能够得到支持？

王：这不能一概而论，通常要符合以下三个条件：一是用人单位确实存在未及时足额支付劳动报酬的行为；二是劳动者必须要以此为由提出离职；三是用人单位要存在主观上的恶意。

在实践中会发现，第一个条件往往都符合，而且劳动者也会把拖欠的报酬作为诉请一并提出。但是有时，第二个和第三个条件往往并不符合要求。

如第二个条件，劳动者在向用人单位提出离职的时候，会填写因为个人原因提出离职，但到了仲裁的时候又称不是因为个人原因，而是因为用人单位拖欠劳动报酬才离职的。这种情形不能支持其经济补偿金，因为判断劳动者是不是以此为由提出离职，是以其首次作出这样的一个意思表示为标准，并且该意思表示应要到达用人单位，也就是说必须要向用人单位作出这样的意思表示。如果劳动者第一次称是因个人原因，后续又变更为用人单位拖欠报酬才离职的，这不符合法律规定的应当支付经济补偿金的条件。

第三个条件，用人单位主观上存在拖欠的恶意，在实践中有较大争议。仅对法条的文义理解，并不要求用人单位要存在主观上的恶意，只要有未及时支付劳动报酬的行为即可。但是考虑到劳动报酬在实践当中的计算往往会比较复杂，有很多特殊情形，包括一些项目的计算也会存在一些争议。要探求立法的本意，法律要规制什么样的行为。《劳动合同法》旨在督促劳动合同双方按照诚实信用原则积极地履行自身义务。所以当用人单位存在主观恶意，拖欠或者拒绝支付劳动报酬时，属于法律所要规制的对象。

沈：关于这个问题，李教授有什么看法？

李：关于用人单位未及时足额支付劳动报酬怎么来认定。如果用人单位有一些正当理由，或者是因为工资的计算标准不清楚、有争议的，这个时候不能作为劳动者提出解除劳动合同的理由。

举一个典型案例，一位劳动者在公司里面担任销售岗，劳动报酬是由基本工资加提成构成的。每月 20 日，单位会发放上一个月的工资和提成。2020 年 12 月 22 日劳动者向单位发出解除劳动合同的通知，理由是当天单位只支付了 11 月份的基本工资，但是没有按时支付当月的提成工资，而且告知单位其将继续工作到 2021 年 1 月 20 日后离职。劳动者提前通知解除合同，等到离职后申请劳动仲裁并以用人单位没有及时足额支付劳动报酬为由要求经济补偿金。但是用人单位提出抗辩称，11 月份劳动者所在的部门更换负责人，需重新核算整个部门的提成支付情况，要求劳动者提供提成的明细，可该劳动者没有按照要求来提交，致 11 月份的提成延迟支付。

法院查明这个事实后认为劳动者提出解除劳动合同的时候，11 月份的基本工资单位已经发给劳动者了，虽然没有支付 11 月份的提成，但是这种情况不能属于用人单位恶意欠薪的情况，而且也没有对劳动者的基本生活造成严重的影响。且双方在解除劳动合同的时候，用人单位已经把 11 月份的提成补给他了。因为劳动者发了解约通知，单位意识到这个问题后，在下一个发薪的日子都补给他了，基于这种情况考虑，法院不支持劳动者解除劳动合同经济补偿金的请求。由此可知，处理这类案件应综合考虑，需结合用人单位是不是存在不及时足额支付劳动报酬的主观恶意、未及时足额支付劳动报酬的具体情节以及对劳动者的生活影响等相关情况进行综合判定。

王：刚刚这个案例特别有代表性，过去两年因为受疫情影响，一些特定行业的企业，还有一些中小微的企业确实是存在一些不确定性以及资金周转困难。身处这些行业里的劳动者有与企业共克时艰的责任，保企业其实就是保就业。在这种情况下，如果说企业确实是因为疫情的影响，暂时没有办法足额支付劳动报酬，劳动者以此为由要求单位支付经济补偿金的，法院一般不予支持。

沈：用人单位未及时支付劳动报酬的主观恶意是一项非常重要的审查标准，那么司法实践中，通常是怎么分配举证责任的呢？

王：一般在劳动者已经提供了证据，证明用人单位存在未及时足额支付劳动报酬的行为。用人单位通常会提出一些抗辩，但应提供相应证据证明。如果用人单位抗辩称因为经济困难经营不佳，需提供一些财务报表等。例如，用人单位抗辩称计算标准存在问题，需要把计算标准提供给法院，而且该标准应当有一定合理性。在用人单位已经提供了证据证明其抗辩事由的情况下，劳动者还可以对用人单位的举证，提供反驳证据。

我们曾经处理过一件案件，用人单位抗辩称其经营困难并提供了集团公司经营困难的证据，且提供了财务的报表来证明公司处于经营亏损的状态。但是该案件涉诉的并不是集团公司，而是其子公司，而该子公司的效益很好，且劳动者也提供相应证据予以证明。在这种情况下法院就没有采信用人单位的主张，支持了劳动者的诉求。

沈：关于实践中第二种较为常见的情形，用人单位未依法为劳动者缴纳社保的问题，实践中通常是什么样的情况？

李：对于认定用人单位未依法缴纳社会保险，基本原则是用人单位存在主观恶意不给劳动者缴纳社会保险，是劳动者可以提出解除劳动合同的理由。

因为社会保险缴费本身的计算标准是比较复杂的，如果计算标准不清楚、有争议，一般来说是不能作为劳动者提出解除劳动合同的依据的。

一般来说，有两种情况是比较常见的，一种是用人单位没有跟劳动者建立社会保险关系或者是没有正当的理由停缴社会保险。如果劳动者以此为由提出解除劳动合同，主张经济补偿的话是可以得到支持的。另外一种情况是用人单位已经跟劳动者建立社保关系并进行社保缴费，缴纳的险种是齐全的，但是涉及缴费年限不够或者缴费基数过低等问题。此时劳动者社保权益可通过要求用人单位去补缴，或者由社保的管理部门来强制征缴等方式去保障。一般来讲，这种情况如果劳动者提出解除合同，其要求经济补偿金是不予支持的。

沈：王庭长您的观点是否与李教授一致呢？

王：我赞同李教授的观点。刚刚讲到处理这类案件的基本原则，实践中还会有一些特殊情形。

第一种是用人单位没有为试用期的劳动者缴纳社会保险。在这种情况之下，用人单位往往会抗辩称其不知道法律规定试用期劳动者还要缴纳社会保险。针对这种情况，首先，法律本身是公示的，用人单位在录用和使用劳动者过程中，应按照法律的规定积极地履行自身的法定义务。虽然劳动者处于试用期，但双方已经建立劳动关系，为劳动者缴纳社会保险是用人单位的法定义务。既然法律有规定，用人单位没有按照法定义务去履行，应当要承担相应不利的法律后果。

第二种特殊情形是用人单位和劳动者约定，用人单位不用缴纳社会保险，把应当要缴纳保险的这部分金额，一部分通过补贴的方式发放给劳动者作为工资，另一部分成为用人单位节省的用工成本。劳动者签字并表示接受，而且也领取了补贴，但事后劳动者以此为由提出离职，要求用人单位支付相应的经济补偿金。

这种情形非常常见，是不是能够支持经济补偿金呢？首先，为劳动者依法缴纳社会保险是用人单位的法定义务，这个义务不能通过合同约定予以排除。虽然双方签字并进行约定，但这样的约定是无效的，用人单位仍然负有为劳动者补缴社会保险的义务。在这种情况下，是不是要支持经济补偿金呢？

当时约定是双方真实意思表示，而且劳动者也从中获取了一定额外补贴。

在此前提下，仍然要求用人单位承担支付经济补偿金的责任，是有失公平的。而且劳动者之前是自己主动愿意的，甚至有的情况下是劳动者自己主动提出来的，称其不需要缴纳社会保险，而要多拿一些工资，正如俗话说的“三六九，抓现钞”，多拿点现金在手里。但事后劳动者又提出用人单位不给其缴纳社会保险，要求向其支付经济补偿金，这样的行为不符合诚实信用原则，也不符合《劳动合同法》第 38 条适用的大前提，该条文针对的是一些无过失的劳动者，即保护无过失劳动者的权益。在这种情况下，劳动者以此为由要求支付经济补偿金，是不予支持的。

沈：那是不是用人单位这种明知故犯的行为就不需要受到任何处罚？

王：不是，正如刚刚讲的，首先用人单位仍然负有为劳动者补缴社会保险的义务，不会因为双方的合同约定或者明知故犯，就免除该义务。同时对用人单位这样的行为，相应行政机关也可以予以行政处罚。

沈：看来用人单位还是得依法为劳动者缴纳社保。那劳动者在遇到上述两种情形时，可以建议做哪些准备？

李：劳动者可能需要从以下几个方面去做准备：首先，劳动者要注意去收集用人单位克扣、拖欠工资或者是不缴社保的相关证据。比如，可以保留用人单位支付工资的银行交易记录，查询社会保险的缴费记录，确认单位是不是按时依法缴纳了社会保险。

其次，如果劳动者觉得用人单位可能出现了拖欠或者克扣工资的情况，应该主动与用人单位沟通，了解用人单位是否依据相关的规章制度或者劳动合同的约定来扣除劳动报酬，或者单位有没有经营不善等其他正当理由。

最后，劳动者如果确认单位确实是存在恶意欠薪或者是不缴社保的情况，在向用人单位提出解除合同的时候，最好采用书面形式，而且列明解除劳动合同的具体原因，而不要写因为个人原因提出离职。

沈：那用人单位遇到这种情况有什么需要注意的事项吗？

王：对用人单位来说，万变不离其宗，依法地、积极地履行自身义务就是对其最好的保障。因为整个劳动合同缔约和履约的过程中，用人单位处于强势地位，所以最为核心、最为关键的是按照法律的规定履行自身的义务。但如果真的在履约过程中碰到了困难，建议用人单位与劳动者及时地、善意地、积极地进行协商和沟通，以避免矛盾纠纷的发生。

沈：今天讨论的是经济补偿金的相关事宜，主要是劳动者单方解除劳动合同情形下经济补偿金制度的适用，法院对此类案件的审查思路，以及劳动双方在遇到此类情形下的注意事项。今天讨论先到这里，感谢两位老师的分享，也谢谢大家的观看。再见！

王：再见！

李：再见！

学者法官对谈：夫妻一方侵权的共同债务认定及清偿

对谈人：任明艳

- 上海市第一中级人民法院民事审判庭副庭长
- 三级高级法官
- 武汉大学国际私法专业博士、法国巴黎第十一大学联合培养博士
- 上海法院审判业务骨干
- 上海市第一中级人民法院领军人才培养对象
- 上海青年法学法律人才库成员
- 上海首届涉外法律人才库成员
- 上海法学会商法研究会理事
- 主要研究方向为民商法学、国际法学
- 发表专著《国际商事仲裁中临时性保全措施问题研究》
- 合著《案例法理学》
- 在《法律适用》《法学》《人民司法》等刊物发表论文 20 余篇
- 参与执笔中国法学会、最高法院以及教育部等国家级课题 6 项
- 曾获得上海法院调研先进个人、法院系统业务能手、嘉奖等荣誉

对谈人：沈健州

- 上海交通大学凯原法学院副教授
- 中国人民大学民商法学博士、清华大学法学院博士后
- 主要研究方向民法学、民法原理与民法学方法、个人信息与数据财产
- 在《中国法学》《中外法学》《现代法学》等核心期刊发表学术论文多篇
- 主持国家社科基金项目、中国博士后科学基金项目、中国民法学研究会青

年学者研究项目等课题多项

主持人　叶煜楠

- 上海市第一中级人民法院民事审判庭二级法官助理
- 华东政法大学法学硕士
- 主要研究方向民商法
- 多次参与上海市第一中级人民法院类案裁判方法、重点调研课题
- 曾获上海法院系统个人嘉奖

叶：大家好，欢迎收看上海市第一中级人民法院微课程，我是民事审判庭的法官助理叶煜楠。今天非常荣幸邀请到了我院民事审判庭副庭长任明艳法官，以及上海交通大学凯原法学院的沈健州副教授，与我们一起探讨今天的话题。

任：主持人好、大家好。

沈：大家好。

叶：我们知道夫妻共同债务一直是实践中所热议的一个话题，《民法典》第1064条对此也作出了相应的规定。但是有这样一种特殊情形，即夫妻一方对外侵权所产生的债务，如一方在上班途中发生交通事故致人损害，或者一方在担任公司股东期间抽逃出资损害公司债权人的利益，此时，这种侵权之债能否依据《民法典》第1064条认定为夫妻共同债务？任老师，对这个问题您怎么看？

任：《民法典》第1064条位于婚姻家庭编，在这个条文中出现了六次债务一词，但是并没有明确指明这一债务到底是合同之债、侵权之债还是包括所有的债务类型，那对法官来说，可能就涉及法律解释的问题。我们都知道，首先法官在进行法律解释的时候，最先适用的就是文义解释，只有通过文义解释没有办法得出文义的解释结论，或者说这个解释方法行不通的时候，我们才会考虑到其他的法律解释方法。

那么从文义解释的角度，《民法典》第1064条涵盖了三种共同债务的类型，也就是我们所说的共债共签、日常家事代理以及用于夫妻共同生活、共同生产经营。日常家事代理和共债共签是排除这种侵权行为的，第三种共同债务的类型，也就是用于夫妻的共同生活、共同生产经营的债务，在这种类型上，有以个人名义、用于、共同的意思表示这样的字眼，可以看出，这一条文实际上针对的是基于共同意思设立的一个法律行为，而侵权行为是一个事实行为，所以说《民法典》第1064条实际上是将侵权之债排除在夫妻共同债务的一个规制范围之外的。

所以说在审判实践中，法官通常适用这一条文解决合同纠纷案件，尤其是民间借贷纠纷案件。

叶：沈老师，对这个问题您怎么看？

沈：在《民法典》第 1064 条的文义中，关于夫妻共同债务的发生原因，它的措辞是共签所负债务和一方以个人名义所负债务。所负这两个字就体现了必须是夫妻共同或夫妻一方主动地去使债务发生，这就指向了意定之债。那从文义上没有办法涵盖通过侵权而发生的法定之债。

从立法的沿革上，《民法典》第 1064 条来源于最高人民法院原来关于审理夫妻债务纠纷的司法解释。这个司法解释出台的背景，是用于解决或者是减缓原《婚姻法司法解释（二）》第 24 条关于夫妻共同债务推定规则所带来的诸多弊端。那么从立法沿革上来看，《民法典》第 1064 条的设立规范意志，也并没有想要解决夫妻一方对外侵权所产生的法定之债。

所以无论从文义解释上还是从立法沿革的历史解释上来看，都没有办法得出侵权之债能够囊括到《民法典》第 1064 条中的结论。

叶：刚才两位老师都提到，《民法典》第 1064 条本身是没有涵盖夫妻一方对外侵权所产生的法定之债的，那么沈老师您认为从理论上来说，夫妻一方对外侵权所产生的债务能够构成夫妻共同债务吗？

沈：如果我们从文义解释和历史解释之外，设法通过目的性扩张，如我们把《民法典》第 1064 条第 2 款后段中，债务用于夫妻共同生活、共同生产经营这句话，解释为可以涵盖侵权行为的基础性活动有利于夫妻共同生活、共同生产经营这样的意思在里面，那么如果一个侵权之债发生的基础性活动确实能够有利于夫妻共同生活、共同生产经营，这样的侵权之债是有可能通过目的性扩张解释的方法，被纳入《民法典》第 1064 条中的。当然，如果在理论上，我们认为存在法律规范修改的可能，确实有相当部分的侵权之债有必要纳入夫妻共同债务的涵括范围中。

任：嗯。

叶：沈老师认为从理论上来说夫妻一方对外侵权的债务是可以构成夫妻共同债务的，那任老师您认为呢？

任：从司法实务的角度，我觉得我们今天探讨的这个话题实际上就涉及各方当事人的利益发生冲突的时候，法官如何进行价值衡量和利益取舍的问题。

叶：任老师，按照您刚才的说法，我理解我们今天的话题，它实际涉及侵权人、债权人以及非侵权配偶一方，三方的利益冲突问题。

任：是的。

叶：那么在司法实务中，我们如何进行利益的衡平呢？

任：法官在进行价值衡量，或者（解决）利益冲突的时候，是需要综合各种因素的，不能搞“一刀切”。我也注意到审判实践中，有的法官绝对地认为夫妻一方对外侵权产生的债务是个人债务，有的法官也认为这绝对是一个共同债务，还有的可能是区别来对待。那我个人认为，因为夫妻一方对外侵权可能产生的原因是多方面的，所以在个案中，需要结合个案的因素来进行区别对待。

如果夫妻一方对外侵权产生的结果，夫妻双方都受益了，那我觉得在这种情况下，也可以把它认定为夫妻共同债务。

叶：既然不论从理论探究上，还是从司法实务的现实需求上来说，夫妻一方对外侵权所产生的债务都是能够构成夫妻共同债务的，那么从审判实践上来说，夫妻一方的对外侵权之债构成夫妻共同债务的具体法律依据是什么呢？

任：法官在办案的时候是需要有明确的法律依据的，就像刚才我们也提到，实际上《民法典》第 1064 条，它的立法本意没有涵盖夫妻一方对外侵权产生的债务。那在这种情况下法官怎么办呢？所以这个时候就涉及进行利益衡量的问题，我们法官是不能够脱离现行的法律规则体系的，就是说我们不能创设一个新的法律。我们只能在现有的法律基础上，通过法官的法律解释方法、通过个案的价值衡量，最终把这个利益衡量适用到个案中。

具体到我们今天探讨的这个话题，我觉得就像刚才沈老师说的，虽然《民法典》第 1064 条主要针对的是合同之债，但是它的后半句使用了“用于夫妻共同生活”的表述。实际上侵权行为，有时候它的原因或者是行为的结果也有可能是夫妻双方共同体受益，那我们通过一个法条的目的性扩张来适用到个案中。当然，我觉得这也只是权宜之计，因为现在立法没有明确规定，可能需要立法进一步的完善。

叶：任老师，具体包括哪些情形呢，您可以展开给我们讲讲吗？

任：我认为夫妻一方对外侵权产生的债务，不管是使夫妻共同体的共同财产直接增值，还是属于债务形成的原因，即基础活动与夫妻共同生活有关导致夫妻共同体受益，这个时候都可以认定为夫妻共同债务。

具体包括两种类型，一种就是夫妻一方对外侵权产生的债务，直接由非侵权配偶一方受益。比如说前面讲的，如果高管违反忠实义务侵占公司财产，而这些财产直接拿来用于家庭共同生活了，那这个时候非侵权配偶一方就直接获益了，这种情况下可以认定为夫妻共同债务。

另外一种类型，我们需要对“用于夫妻共同生活”做一个宽泛的解释。也就是说侵权行为产生的原因，即基础活动可能是来源于夫妻的共同的生活，这种情况，也可能会被认定为夫妻共同债务。比如护工受雇于他人来看护一个病人，所取得的收入直接用于家庭生活，那么护工由于护理不当导致病人受伤产生了一个侵权之债，在这个时候因为收入用于家庭，这个基础活动来源于夫妻的共同生活，从这个角度，我觉得对外产生的侵权之债，也可以被认定为夫妻共同债务。

叶：也就是说，如果被侵占的财产没有用于夫妻共同生活，而是用于个人挥霍或者说用于归还个人赌资等情况，那么此时是不宜被认定为夫妻共同债务的？

任：是的。

叶：那么沈老师，您认为夫妻一方的侵权之债被认定为夫妻共同债务，具体的判断标准有哪些呢？

沈：我同意刚才任法官的说法。此外关于侵权行为的基础性活动，我认为可以做一些稍微宽泛的解释。我举一个例子，如同样是夫妻一方在开车出行的过程当中发生了交通事故致人损害，那他开车出行的目的就有可能会影响这个侵权之债是否作为夫妻共同债务的判断。

比如开车出行的是一个网约车司机，在我们国家夫妻财产共同制的法律背景之下，网约车司机运送乘客赚取的收益是夫妻共同财产，那么夫妻共同财产就应该对夫妻一方在赚取夫妻共同财产，也就是网约车司机在运送乘客的过程中，发生的交通事故产生的侵权之债来承担责任。这样的侵权之债可以作为夫妻的共同债务。

但是如果夫妻一方开车出行只是为了去赴婚外情人之约，这样的行为显然是不会使夫妻共同生活和共同生产经营受益的，反而是有害的，那么在这个过程中发生交通事故致人损害，这样的侵权之债就不应该纳入夫妻共同债务的范围。

叶：也就是说要考虑到基础性活动的一个目的，对吗？

沈：对。

叶：任老师，请教一下，在我们具体的审判实务中，是否也要遵循“谁主张、谁举证”的一个基本原则，由债权人对我们刚才所提到的夫妻共同债务的要件事实进行举证呢？

任：我们注意到，《民法典》第 1064 条总体上是将这个举证责任分配给债权人，也就由债权人对形成夫妻共同债务的几种类型进行举证。但是刚才也提到，《民法典》第 1064 条主要是针对合同之债，那我们今天探讨的是侵权之债，而侵权行为跟合同肯定是有明显的区别的。因为对于侵权行为来说，受害人他不能够预见到侵权行为的发生、侵权的结果，而且他也不能像合同案件、合同纠纷那样选择相对人，所以说这个时候如果你把举证责任完全分配给受害人一方，让他来举证证明侵权行为发生的原因是不是跟家庭生活有关，或者说侵权的结果是否用于家庭生活，基本上来说是很难的。

所以我觉得对于侵权行为来说，在分配举证责任的时候是不能绝对化的，还是需要法官根据个案的情况，也即双方当事人举证的能力与证据的远近程度，结合日常的经验法则，来合理地分配举证责任。

叶：任老师刚刚提到了要适度减轻债权人的举证证明责任，那沈老师您认为呢？

沈：我同意这样的看法。首先即便是在意定之债中，我们以民间借贷为例，债权人和作为债务人的夫妻一方，在举债的过程当中有接触、有磋商，债权人还有可能从债务人处了解债务的用途。但是即便如此，我们全然让债权人证明夫妻一方所举的债务是用于夫妻共同生活或共同生产经营，对债权人来说已然是困难的了，那更遑论在侵权之债中，作为债权人的侵权行为受害人，他和侵权行为人可能从来就没有接触，仅仅是因为一场意外把他们联结在了一起，此时我们要求受害人以债权人的身份，去证明侵权行为的基础性活动有利于夫妻共同生活或共同生产经营，恐怕对于他来说是不可能完成的任务。

所以在这样的情况下，我想可以考虑减轻债权人的证明责任。具体而言，可以通过推定的方式，推定侵权行为的基础性活动有利于夫妻共同生活和共同生产经营。如果夫妻一方，包括侵权行为人或他的配偶，认为这不符合真实的情况，可以由他们来举证，证明侵权行为的基础性活动确实没有让夫妻共同生活和共同生产经营受益。如果他们能够证实这样的事实，可以推翻上述推定。

叶：也就是说，在具体的司法实践中，我们也要考虑到债权人取证的可能性。

任：对。

叶：细观《民法典》第 1064 条，它其实没有对夫妻共同债务被认定以后的清偿规则进行明确，这也是理论上争议比较大的话题。那么我也通过相关的一些案例的搜索，发现当一方的侵权之债被认定为夫妻共同债务以后，出现了连带责任、共同责任等不同的判法。那么沈老师，您认为这两种责任形式有区别吗？

沈：我认为有必要区分共同债务和连带债务，这也是理论和司法实践长期以来没有区分的问题。首先，连带债务是指两个人以他们所有的财产作为责任财产，没有上限地对债权人承担责任，共同债务首先应当以共同体、也就是夫妻两个人的共同财产作为责任财产向债权人承担责任。

像刚才所说的侵权行为引发的夫妻共同债务中，就应当首先以夫妻共同财产对受害人也就是债权人承担赔偿责任。如果共同财产不足，那就应当由侵权行为的夫妻一方，他的个人财产来无上限地对受害人也就是债权人承担赔偿责任。但是侵权行为人的配偶的个人财产，包括婚前个人财产和婚后取得的个人财产，是不应当被纳入共同债务赔偿的责任财产范围的。这是共同债务和连带债务区分的一个很关键的点。

叶：沈老师刚刚提到了责任财产的范围以及清偿顺序，那么任老师您的看法是什么呢？

任：我完全认同沈老师的观点。我觉得处理这个案件关键就是要实现受害人跟非侵权配偶一方利益的平衡。

我们在认定夫妻一方的侵权之债是不是构成夫妻共同债务，包括举证责任分配，我们刚才都认可要对受害人做一个倾斜的让步、倾斜的保护。那么在责任承担方面，这个时候就要设立一些平衡机制，要维护非侵权配偶一方的利益。所以说不管是从承担责任财产的范围还是清偿顺序方面，都要设置一定的限制。就像刚才沈老师说的，要以夫妻共同财产为限，非侵权配偶一方承担责任不涉及个人的财产范围。

但是有可能造成司法实务中的一个困惑，是什么呢？法官可能在判的时候说，非侵权配偶一方以夫妻共同财产为限承担，但执行法官就可能面临困惑，什么是夫妻共同财产的范围呢，对吧？

叶：难以认定。

任：可能会存在一定的困惑，这也是很多执行法官可能提出的一些困惑的地方。

叶：沈老师您对这个困惑有解决的方法吗？

沈：我想，如果就一般的动产来说，如夫妻在家里面有一个保险柜，里面有相当数量的现金和金银首饰，那我们确实难以区分这样的一般动产，究竟是夫妻的共同财产还是婚前的个人财产。但是在执行的实践中，执行申请人申请执行的大多数都是债务人的特殊动产，如车辆，或者是不动产，如房屋。

我们知道不动产和特殊动产区别于普通动产的一个特点就是，它们有产权登记、产权证书，而产权证书上面会有日期，那么我们只需要通过简单的对比，产权证书上面登记的日期和夫妻之间的结婚证上面的结婚日期，就可以初步推定，这个财产究竟是属于夫妻共同财产，还是夫妻婚前的个人财产。如果执行法官愿意进行这样的简单对比，对于区分个人财产和共同财产，应该不会造成太大的困扰和困难。

任：实际上作为非侵权配偶一方，如果在执行的过程中，认为某些财产是个人的财产，他也可以对相关的执行标的通过异议的方式来进行澄清，或者来进行筛选。

叶：他还是有权利救济方式的。

任：对的。

叶：好的，今天我们围绕夫妻一方对外的侵权之债能否认定为夫妻共同债务，从理论以及审判实务上都进行了探讨。具体包括它的法律适用、认定标准、举证责任分配、责任承担方式和清偿规则，以及执行上的一些小困惑。非常感谢任老师和沈老师今天的专业分享，再见。

任：再见。

沈：再见。

学者法官对谈：恋爱期间给付财产的性质及处理

对谈人：潘静波

· 上海市第一中级人民法院少年家事庭副庭长

· 三级高级法官

· 上海法院审判业务骨干

· 中国政法大学法学硕士

· 上海法学会互联网司法研究会理事

· 主审的多起案件，入选最高人民法院涉互联网典型案例、人民法院案例选，上海法院参考性案例、十大典型案例、精品案例、示范庭审、优秀裁判文书等；获评全国法院优秀案例分析二等奖、三等奖等

· 曾获评上海市高级人民法院直属机关系统优秀共产党员、上海法院审判业务骨干、上海法院第二届十佳青年、个人三等功、合议庭集体三等功等

对谈人：李　贝

· 上海交通大学凯原法学院副教授

· 巴黎二大法学院硕士、法学博士

· 复旦大学法学学士

· 上海东方法治文化中心理事、上海青年法学法律人才库成员

· 合著《民法案例百选》

· 译作《法国家事法研究文集——婚姻家庭、夫妻财产制与继承》《法国地方法典》

· 在《法学》《法学家》《东方法学》《法商研究》《法律科学》等刊物上发表学术论文多篇

主持人 陈 曦

· 上海市第一中级人民法院少年家事庭三级法官助理

· 上海交通大学凯原法学院法学硕士

· 主要研究方向经济法

· 执笔上海法院报批调研课题并获优秀，多次执笔院级专项调研课题、上海市第一中级人民法院类案裁判方法

· 曾获院级个人嘉奖

陈：大家好，欢迎收看上海市第一中级人民法院微课程。我是少年家事庭的法官助理陈曦。今天我们很荣幸邀请到了少年家事庭副庭长潘静波法官。

潘：大家好。

陈：以及上海交通大学凯原法学院李贝副教授。

李：大家好。

陈：最近有一则消息登上了微博热搜："谈恋爱花的钱分手后能要回来吗?"一位女生分享：分手以后，男生把谈恋爱三年期间所有的花费做成了一张表格，要求其予以返还。在这张表格中，大到为女生购买的生日礼物，小到一瓶矿泉水的价格，都有记载。

分手以后要求对方返还恋爱期间的花费，是我们日常生活中比较常见的问题。但是我国法律对此并没有明确的规定。潘法官，您觉得恋爱关系结束以后一方要求另一方返还在此期间的花费，这是可以的吗?

潘：我觉得这个问题应该从两个层次去理解。第一个层次是"应不应该去要回"，因为不同的人站在不同的立场上，肯定会有不同的想法。就像主持人刚刚提到的案例里面，有些人可能相对来说会比较计较一点，有些人可能过去了就过去了。至于应该不应该，我们在这里对这个问题也不做过多的展开。

第二个层次就是"能不能"，在法律上给付财产的一方能不能去要回财物，我觉得作为法律专业人士，在这样的层次上去聊这个问题，可能更有意义。

实践当中一直有这类的案件，案由的类型包括婚约财产纠纷或者同居关系析产纠纷。案件数量不算多，但在我们审理过程当中都会遇到。

陈：是的。从法律的层面来说，给付的财产能否要求返还，关键还是在于对财产进行定性。那么问题就来了，想问一下李老师，我们从法律上应该对这种分手后一方向另一方要求返还的财产，如何进行定性呢?

李：我觉得这个问题不能够一概而论，因为现实当中的情况是非常复杂的，有一种最简单的判断，就是恋爱当中双方进行这种大额赠与的时候，已经明确进行了约定，表明这是借款还是赠与。对于这种情况，比如说在微信转账当中明确加了备注说这是借款，那么这种情况是比较容易进行判断的。但是更多的情况可能是，在恋爱当中我们不会对于一笔财物的往来进行明确约定，这个时候就需要从法律上进行判断。

现在司法实践包括理论界比较通行的观点认为是可以予以返还的，可能需要证明这种赠与构成彩礼。但是彩礼的认定，需要非常严格的法律判断，必须要能够证明这是为了双方共同生活，以结婚为目的进行的给付。对于这样的认定我们不能够过于草率地作出，因为这涉及对于双方的婚姻自由以及对于接受赠与一方的保护。

但是另外一种情况，我们可能就要结合赠与本身，是不是附带法律上所说的条件来进行评判。如果是以双方共同生活为条件作出的给付，最后条件不成就的情况下，也可能存在例外的允许返还。

陈：我理解李教授的意见，就是有约定的从约定，没有约定可能要结合具体的情况来进行分析。潘法官，您的意见是什么样的呢？

潘：我的观点基本上跟刚才李老师讲的差不多。因为实践当中我们碰到的一方给付给另外一方财物的这类纠纷中，很典型的一种是有明确的约定的，给付时明确约定了是借款或者约定了是代为保管。有约定的，我们根据他们约定的性质来定性，应该是没有太大的问题。

恋爱关系当中两个人的关系比较亲密，很多时候也不太会通过书面或者通过留下这种明确的标注的形式，去界定这些财物的性质。对于这种情况，司法实践当中，我们往往可能就会把它认定为是一种赠与。就像刚刚李老师讲到的，有一些情况可能是构成一般性的赠与，如生日时候的生日礼物，一些重要的和情感相关的节日，如情人节、七夕节发一个“520”的红包，对于这种情况，在司法实践当中我们一般都是把它当作一种比较普通的赠与。

还有一种情况，就是附条件的赠与。以结婚为目的，最典型的一种就是彩礼。

陈：随着时代的发展，大家的法治意识都比较强。就像刚刚潘法官提到的，现在涉及同居关系析产纠纷，还有婚约财产纠纷这类的案件数量，比起之前还是有一定数量的上升的。而且关于分手以后哪些财产不用返还，大家其实还是有一些共识的。比如说，刚才潘法官讲到的诸如 520 或者 1314 这种特殊金额的数字的红包，一般来说是可以不予返还的。

那么从法律的角度来说，在一方向另一方主张要求返还的时候，在哪些情况下应该支持呢？

我看到过一个案例，男方向女方转账 2 万元，用于帮助女方归还信用卡账单。但是分手以后，男方主张这笔款项是借款。女方则表示当时是男方坚持要帮她还款的，当时她也是把钱款退给了男方，但是男方再次给她转账，要求她把钱收下，所以她觉得这个钱款是表达爱意的赠与，不应当认定为是借款。那潘法官您是怎么看的呢？

潘：我觉得在法律上能不能要得回来，还是得回到我们前面一个问题，就是我们怎么去定性。如果双方之间对给付的财物是有明确约定的，那我们就按约定的性质来处理。

当然这里面涉及一个问题，在诉讼当中当事人是有举证的义务和责任的。这个案例里面提到的，一方如果主张是借款，那不能只主张这笔钱款给到对方就是借款，至少还要举证证明双方之间有借款协议或者借条等较为充分的证据，能够让法官相信这就是一笔借款。在这种情况下，根据借款的性质去主张返还，一般情况下是能得到法院的支持的。

还有一些情况，就是我们刚才提到的赠与。如果是一般性的赠与，对于普通的生日礼物，在后续已经把财物交付给对方的情况下，事后再去主张要回来，一般是很难得到支持的。

还有我们刚才提到的一种附条件的赠与，最典型的就是彩礼。彩礼在我们《最高人民法院关于适用〈中华人民共和国民法典〉婚姻家庭编的解释（一）》（以下简称《民法典婚姻家庭编司法解释（一）》）里面其实是有明确规定的，其第 5 条规定，当事人请求返还按照习俗给付的彩礼的，如果查明属于以下情形，人民法院应当予以支持：（一）双方未办理结婚登记手续；（二）双方办理结婚登记手续但确未共同生活；（三）婚前给付并导致给付人生活困难。适用前款第二项、第三项的规定，应当以双方离婚为条件。

实际上通过这样的规定，我们也看得出来司法解释对于彩礼能不能要回，或者说怎样要回的情形，是有具体规定的。法院在审理的过程当中，也会结合给付彩礼的具体金额、彩礼的用途，包括双方有没有共同生活、生活时间长短等因素去做考量，最终确定能不能返还或返还多少。李老师，关于这个问题您这边是怎么看的呢？

李：关于能不能返还这个问题，我们实践当中觉得应该返还的无外乎两种情况，一种是不还不公平，另一种是不还是鼓励不诚信的行为。那么不公平其实就像刚刚潘庭长所说的，最主要的例子就是我们是奔着结婚去的，结果最后我们没有形成实质的共同生活，这个时候不允许返还对于作出给付的那一方可能是不公平的。所谓的不还可能鼓励了不诚信的行为，就是打着恋爱结婚的幌子，从对方那里获取了大量的财物，然后火速分手的行为。

我们在认定这种赠与的目的指向的时候，可能就要适当地放宽，因为我们判断的重心可能就是，在明知不会跟对方维持共同生活的状态下，还是继续接受大额的赠与，这种主观的心态并不值得保护。

像主持人刚刚提到的这个例子，我个人认为很难界定为借款。首先，一方面当时没有作明确的约定，另外我也想再补充一点，就是在婚姻关系或者在恋爱关系当中，双方作出的一些约定，跟两个理性的交易主体作出的约定并不完全相同。

所以即便双方内部协商是借款，有时候我们也要具体审查约定的内容，如赠与人表示“如果到时候跟我结婚，那么这笔钱就不用还了”，我们可能会认为这样的约定名义上是借款，实际上是以限制对方结婚自由为目的的一种赠与。实际上就是跟赠与人在一起就不用归还钱款，如果跟赠与人分开的话，就要退回这笔钱款。

对于经济上处于弱势的一方来说，这种返还的压力无形当中会限缩其自由。所以我也很同意潘庭长刚刚说的，对于所谓的附条件的赠与一定要做一个相对狭义的解释，不能够理解为只要得知被赠与人不愿与赠与人结婚，赠与人就不会给其这笔财产。这样我们势必会引向一个极端，大量地允许返还这类财产，这与我们鼓励的婚姻自由的理念可能是相违背的。

陈：是的。我们在司法审判中要特别注意，不能助长这种主观不诚信、客观不公平的现象。

现在的物质生活条件比较发达，大家谈恋爱的时候可能会赠送对方诸如奢侈品或者是车辆这类价格相对比较高昂的物品。那么针对这种情况，分手以后是不是可以要求对方按照彩礼的相关规定予以返还？潘法官您觉得呢？

潘：我觉得这个问题有点复杂。因为首先涉及的一个层面就是怎样去判断是不是彩礼的问题。实际上在中国很多地方都会有彩礼。结婚之前，一方给付到另外一方个人或家庭的相应的财物。但是彩礼一般都具有一定的地域性、有一定的风俗性，不同的地方对彩礼的要求、类别都是不一样的。在某一类地方、某一个地区，一般都有一种统一的、约定俗成的风俗。

所以对于是否是彩礼的评判，我们不仅要结合给付这笔财物的目的、时间节点，还要看到这笔财物背后的地域性和风俗性。所以刚刚主持人提到的恋爱期间一方给付了另外一方奢侈品包，或者价值更大的一辆车，对于这种情况，我们很难去一概而论，并非赠与的财物价值大，赠与人就是冲着结婚去的，就应当认定为彩礼。

如果双方谈恋爱的时间比较长，比方说谈了 5 年，在谈恋爱的第一年或第二年一方就赠与了对方一个奢侈品的包，或者说甚至给对方买了一辆车，是不是能够认定赠与人是冲着结婚去的，应当将车辆认定为彩礼的性质，从实践当中我个人觉得还是有点困难的。

在这种情况下，这类财物能不能主张要回，我个人感觉还是要根据不同案件的具体情况去做具体的分析。所以在实践当中，针对这一类价值比较大又不能明确界定为是彩礼的财产，一方主张返还，我个人认为不能给出一个非常明确具体的处理方式，还是要根据不同案件的具体情况去做分析处理。

李：那我做一个简单的补充，我觉得赠与的数额当然是非常重要的，但是还有一点也非常重要，就是赠与的标的物的类型。

就像刚刚主持人提到的如果是奢侈品的包，对于这样的物品，我们一般很难把它理解为对于共同生活来说是必要的。我们更倾向于认为是一方所喜好的，供其个人使用的物品。那么在当时没有明确约定它构成彩礼的组成部分，或者说作为结婚时候的婚包来使用的，在没有这种明确约定的情况下，一般不宜理解为法律意义上的彩礼。

但是如果涉及车辆、房屋，这些功能上更加贴近双方共同生活之后的一些使用、收益需求的，我们可能会倾向于认为，在一定情况下是可以构成彩礼的。即便不是彩礼，我们也要去判断当事人在赠与对方一辆车或者一套房子的时候，是否有主观的意愿，也即今后其还是可以使用这辆车，还是可以在这套房屋当中居住。如果赠与人有这样的意愿，事实上也做了相应的一些行为，我们就不宜将此认定为通常理解的，完全丧失了对标的物进行处分权能的赠与。

至少在这种情况下，即便认定赠与人没有明确的结婚指向，允许部分返还可能也更符合当事人的真意。

陈：确实。刚刚两位也提到了，对于这种赠送的礼物，除了要结合礼物的金额大小、双方共同生活的时间以及给付的这些标的物的类型，包括刚刚还提到如果是附条件的赠与，需要对方以结婚为目的的话，可能就要按照彩礼的相关规定进行处理以外，我们在处理如何认定给付财产的性质，以及是否可以要求对方返还，能够返还多少这些问题的时候，还有一些其他的考量因素吗，潘法官？

潘：好的。实际上在审判实践当中，我觉得还有几个因素可能也是比较重要的，其中一个就是共同生活的时间长短，如果说存在共同生活，生活时间也比较长，说明两个人在恋爱期间的感情比较好。在感情比较好的情况下，很多时候一方给付另外一方财物的频次有可能会比较多，而且双方之间互有往来的频率也会更大一点。

在这样的情况下，一方给付给另外一方的财物，我们去评价它性质的时候，也要看双方的共同生活时间，因为时间长短可能有时候并不是一目了然的，这是从双方有没有共同生活、共同生活时间长短的因素去考虑。

还有一个因素我觉得比较重要，就是经济能力，也即一方的物质条件，包括双方或者单方当地的生活水准，以及平时的消费习惯。如果一方平时经济条件比较优渥，日常的消费习惯可能会接触到消费奢侈品，在恋爱期间花了比较大的金额去购买奢侈品送给对方，也比较符合其日常消费习惯，表达爱意的赠与的可能性就会更大一点。如果相对来说经济条件没有那么好，当地的经济水准也没有那么高，从这个条件出发，如果买了一样价值比较大的奢侈品，可能跟前面所讲的情况就是不一样的评价了。

我觉得除了主持人刚才讲的那几点以外，这两点可能是在实践当中我们经常会加以参照的一些因素。李老师不知道还有没有什么其他的点？

李：我可以做一个简单的补充。我还是区分两种情况，客观上不公平和主观上不诚信。从客观上不公平来说，有点类似彩礼的性质，就像潘庭长刚刚说的，我们会去考虑赠与发生的时间点，如果是两个人认识没多久，哪怕出手比较阔绰，有大量的金钱财物的赠与，我们也不宜认定为构成彩礼。因为这个时候双方其实还没有到谈婚论嫁的地步，即便是有这样的输出，我们也更倾向于认为这可能是追求过程当中，或者维系感情过程当中发生的赠与，而不是认定为彩礼。

涉及主观上不诚信，我觉得有几个因素需要去考量，一个是双方分手的原因。如果有正当的理由，双方最后没有走到一起，那么我们原则上不应该认为受赠一方是拿了钱之后就走人了。

相反如果收到了大额的赠与之后，没有过多长时间就提出分手，且没有其他的正当理由，我们可能会认为收受赠与的时候，被赠与人主观上跟对方没有情感的积累。这里可能还有一个因素值得我们考量，就是是主动地去要对方作出赠与，还是对方主动作出赠与，在我们判断主观上是不是不诚信，也是非常重要的。这里要避免的就是用钱去维持婚姻关系。

另外一点在实践当中对于彩礼的认定，我个人倾向于做一个相对宽泛的理解。重点在于这笔费用的支出是为了双方共同生活而作出的，而不拘泥于赠与的形式，到底是具体的财物还是金钱。甚至可能一方为了筹备婚礼进行的花费，如果婚礼筹备的费用比较高，筹备婚礼的一方本身家境并不是很优渥，那么在这种情况下适当地予以返还，我觉得也是可以接受的。

陈：所以，我们在处理这类案件的时候，可能还是要结合个体的情况来进行一个综合的评判。

今天我们和二位共同探讨了恋爱期间给付财产的性质以及处理方式，并且得出了初步的结论。简单来说就是，有约定的从约定，没有约定的则要结合双方共同生活的时间、给付财物的金额大小、民间习俗等其他因素来进行综合评判。

感谢二位今天精彩的分享，希望随着司法实践的深入，我们能有机会对此进行更为深入的讨论。

潘：谢谢。

李：谢谢。

一二审对谈：一人公司股东责任

对谈人：吴慧琼

- 上海市第一中级人民法院商事审判庭商事合同审判团队负责人
- 三级高级法官
- 上海法院审判业务骨干
- 上海市第一中级人民法院领军人才培养对象
- 上海交通大学法学、金融学学士
- 上海交通大学诉讼法学硕士
- 主要研究方向民商法、诉讼法
- 在《中国应用法学》《法律适用》《东方法学》等期刊发表论文20余篇
- 参与编著《中国（上海）自由贸易试验区法律适用精要》等书籍
- 论文、案例分析在全国法院系统多次获奖
- 参与、执笔中国法学会、最高法院等多个课题
- 曾获上海法院系统个人三等功、调研先进个人、嘉奖等多项荣誉

对谈人：赵琛琛

- 上海市长宁区人民法院立案庭审判团队负责人
- 一级法官
- 曾至上海市第一中级人民法院商事审判庭轮岗交流
- 华东政法大学经济法法学硕士
- 主要研究方向公司法
- 主审案件多次获评上海法院精品案例、撰写文书曾获上海法院“十大优秀裁判文书”

· 全国法院优秀案例分析三等奖、最高院“羊城杯”征文二等奖

· 多篇论文在《人民司法》《上海法学研究》《上海审判实践》等出版物发表

· 调研成果先后收录于《公司案件：法律适用关键词与典型案例指导》《互联网纠纷裁判精要》等书籍

· 连续三年获上海法院系统学术讨论会优秀奖

· 执笔上海高院重点课题、上海司法智库课题并获评优秀课题

· 曾获上海市五四青年奖章、上海法院“十佳青年”、上海法院系统个人嘉奖、公务员系统个人三等功等荣誉

主持人　陆俊伟

· 上海市第一中级人民法院机关委员会书记

· 华东政法大学民商法学硕士

· 主要研究方向民商法

· 参与撰写裁判文书、案例分析曾在全国法院、上海法院系统获奖

· 参与执笔中国法学会、院党组重点课题等调研项目

· 于《人民法院案例选》《中国审判》《上海审判实践》等出版物发表调研文章若干

· 曾获上海法院系统考核优秀、个人嘉奖及上海市第一中级人民法院“十佳青年”

陆：大家好，欢迎收看上海市第一中级人民法院微课程。我是商事审判庭法官助理陆俊伟。

今天，非常荣幸邀请到我院领军人才培养对象、商事合同审判团队负责人吴慧琼法官，以及上海市长宁区人民法院立案庭赵琛琛法官，一同与我们探讨今天的话题。今天讨论的话题是一人有限责任公司，也称一人公司。二位作为深耕商事审判一线多年的法官，想必一定有很多的经验和心得给大家分享。

我想问一下赵老师，当您听到一人有限责任公司的时候，您脑海中的第一印象是什么？

赵：股东连带责任。

陆：那么吴老师您呢？

吴：我就接着赵老师前面那句话，不要轻易成为一人公司的股东。

陆：二位介绍的关键词，其实就把《公司法》第63条所规定的一人公司股东

的相应责任精神要义概括出来了。《公司法》第 63 条规定，一人有限责任公司的股东，如果不能提供相应的证据证明公司财产独立于自己财产的，应当对公司的债务承担连带责任。

实践中，我们也会遇到一人公司债权人起诉公司，并且公司的一人股东被要求承担连带赔偿责任的情形，这种情况非常普遍。

赵老师，您有没有遇到过在一人公司案件中比较特殊的案件类型？

赵：《公司法》第 63 条规定，看起来非常简单，其实一点都不简单。特别是实践中有时会遇到一人公司的股东发生股权转让之后，前后手股东的责任应如何承担的问题，这是实践中的一个难点。

陆：赵老师提到一人公司的股权前后手转让的问题。那么我们就根据赵老师所说的这种情况举一个案例。

甲公司欠付乙公司相应的货款，乙公司到法院诉请甲公司以及它的一人股东 A 承担相应的连带责任。但是事实上债权发生的时候，甲公司的股东并不是 A，而是 B，其实是 B 把股权转让给了后手 A。那么，A 是否要承担相应的责任，具有一定争议。

不知道赵老师有没有遇到过这样的具体案件类型？

赵：确实，实践中有很多这样的案例。其实债权人在起诉的时候，他就会把一人公司的股东都拉进来，和公司一起作为被告。此类案件也存在不同的判法，如有一些法官可能倾向于关注债务形成的时间，认为如果股权转让发生在债务形成之后，特别是没有证据能够证明现任股东对于公司的清偿能力存在相应关联性，那么法官可能倾向于认定现任股东不承担相应的责任。

陆：所以这种裁判思路更加强调的是，现任股东对公司的经营管理与当时债权发生时公司的经营状况之间，有没有一个原因力的影响，更多强调的是一种因果关系要素。

吴老师这边有没有遇到过不同的裁判案件？

吴：的确，在实践中也存在和赵老师前面所介绍的不一样的裁判案件。这其实是两种理念，赵老师前面介绍的那种理念相当于你前面归纳的，是一个原因力的问题。因为对于后手股东来说，他也不知道前手的债权到底是什么情况，那么从朴素的认知角度来讲，我也觉得不应该承担责任。

陆：对，跟他有什么关系呢？

吴：还有一种是严守了法律的规定。因为《公司法》第 63 条明确规定，并没有区分是前手股东还是后手股东，只要你是一人公司的股东，那么你就必须承担举证责任，证明股东跟公司之间的财产是分离的。

在这种情况下就有另外一种判法，如果股东不能证明两者（股东与公司）财产是分开独立的情况下，法官还是会认为后手股东要承担连带责任。

陆：吴老师介绍的这种裁判思路，是以法条来作为出发点。就是强调股东身份其实具有先验性、推定性，即存在关联性在里面。那么就必须要股东自己证明，个人财产独立于公司财产，这样的话才能免责。

在审判实践中，各种各样的情况都可能会遇到，不知道赵老师是什么样的审判思路?

赵：我比较认同吴老师前面讲的，因为一人公司存在一定的特殊性，就像《公司法》第 63 条的规定，也是有明确的法律依据的。所以我们在实践中遇到这种案子，特别是因为一审法院很多时候承担着事实查明的功能，很多时候在举证责任的分配上，在面对一人公司的时候，一审法官们也会遵从《公司法》第 63 条的规定去做一个举证责任倒置的考虑，首先把证明股东财产独立于公司财产的证明责任分配给现任的股东。在分配举证责任的时候，我们也会面临一种困惑，既然股东要证明他的财产独立于公司财产，那么这个证明标准到底需要到什么程度?

它可能既涉及公司的客观经营实际，同时也涉及法官心证的过程。

所以在证明标准的把握上，我们在一审时也确实有些困惑，想听一听吴老师的意见。

吴：的确，因为按照我们以前学校里学习的思路，证明标准只需要达到高度盖然性。那么什么叫高度盖然性？就像赵老师说的，心证真的是每个法官都可能有一个标准，存在一些差异。总体而言，我们还是希望把心证的标准，能够在大致的方向上趋于一致。

针对现在讨论的问题，即关于一人公司的股东，他到底要举证到一个什么样的程度，才能认为他的举证已经到位了？通常在实践中，会碰到一人公司的股东提交一个审计报告，这个审计报告一般而言是年度的审计报告。在这种情况下，我们会看年度审计报告里，是否披露股东和公司之间有没有相应的往来款。如果审计报告中显示股东和公司之间没有任何财产往来，基本上我们认为能够达到证明标准。

陆：吴老师刚刚也提到了审计报告，审计报告对一人公司股东责任的证明、整个案件的审理过程其实还是蛮重要的。我们也知道《公司法》第 62 条规定一人公司有进行年度审计的义务，既然刚才吴老师提到证明责任、举证责任分配和证明标准这个问题，那么是不是可以说审计报告是审理此类案件的一个必需的、不可或缺的要素？

吴：我认为也不是说必须要有审计报告才能得出最后的结论。因为尽管《公司法》规定一人公司每年要进行年度审计，但是在实践中也可能有一些中小微企业特别是小微企业，做不到每年进行年度审计。在这种情况下，还是需要通过法官的释明，让他能够在平时的经营过程中，找到一些留痕性的证据，证明公司和股东之间的财产不发生混同。

陆：没错。赵老师在审理具体案件过程中，有没有遇到过没有审计报告，但是通过其他方式能够对相应举证责任进行证明的情况？

赵：实践中有的，确实像吴老师刚才所讲，所有的企业，特别是中小微企业，不一定会做这种特别专业的审计报告。有一些中小微企业可能会提供公司的流水，以及股东个人的流水，而且会比较详细，如公司从设立到结束诉讼这一过程中的所有流水，他想表达的就是你看这就是公司的流水和我个人的流水，其中每一笔可能都有一个相应的交易基础。确实从公司的流水和他个人的流水是能够看出来是没有任何的混同的，这个时候如果他能够达到一定的证明标准的话，对于法官的心证也有非常好的证明作用。

陆：实际上还是要根据个案的情况来进行认定，不是说有了审计报告就一定没有任何的瑕疵。比如说审计报告里有一些值得法官去怀疑的交易的合理性，如果股东无法对合理性进行说明的话，可能还是要承担相应责任。换句话说，也不是说没有审计报告，就一定没有办法证明自己的财产是独立的，还是需要根据个案的情况来进行判断。那么，其实对当事人证据提交的审查，以及法官的释明也是一个很高的要求。

赵老师在基层法院工作多年，更多办理的是一审案件，吴老师可能二审案件比较多。那么，两位老师作为一审和二审不同的审级，对于此类案件的证据审查以及释明有没有不同的关注点呢？

问题：此类案件中法官如何做好释明工作？

圆桌提示：结合个案中当事人的诉讼能力对释明内容、程度等进行区分，法官注重日常经验积累。

赵：一审很多时候承担了事实认定这一主要工作，所以证据包括当事人的诉讼请求审查，是我们在实践中比较关注的。但是其实在一审中，特别是庭审过程中，在向当事人释明时，我们也有一定的困惑。

例如，一人公司的案件，我和当事人说你要提供个人财产独立于公司财产的证明，那么一般情况下这一句是不够的，当事人会追问需要提供什么样的证据。

其实就涉及如何释明的问题。因为我们一审法官其实也很担心，一方面如果释明不到位的话，可能到了二审会被改发；另一方面如果说太多、释明太多，又可能会让当事人对法官的中立性产生一定的怀疑。所以释明的“度”如何把握，我们也非常困惑，想听听吴老师这边的建议。

吴：关于释明其实一直是困扰法官的一个很重大的问题，包括理论界也想对释明这一问题进行理论的细分。从实践的角度来说，在释明的过程中，我个人认为可能要考虑两个因素：一是当事人的诉讼能力。对于诉讼能力比较低的，如当事人本人应诉，在没有律师给他提供专业性的、辅导性的帮助的情况下，法官可以在释明时，用当事人能听得懂的语言跟他交流，同时释明的深度可能要深一点。因为有律师在的话，律师对于总体的法条规定是比较清楚的，如果在没有律师进行代理的情况之下，法官还是要向当事人披露清楚法律有哪些规定，然后由当事人基于这些法律规定的选择权，最后确定用哪一种方式进行主张。

赵：相当于我们要给当事人做一个法律上的翻译，解释给他听。

吴：这个比喻是比较到位的。还有一个要考量的因素就是前面赵老师说的“度”到底怎么把握。我认为需要经验的积累，只能像师父带徒弟一样，就像我们以前都是老法官带出来的，那么老法官对于当事人的情况、所处的诉讼环境，把握是比较准确的。应该用什么样的语言或者方式跟当事人进行沟通交流，只能从这种经验过程中，进行学习，然后完善自己对释明的积累。

陆：这种审判经验的积累也不可或缺。我们回到刚刚提到的案例，再讨论一个更为复杂的情形。一人公司的股权是前后手转让的，转让之后它变成了两个或者两个以上的股东，形式上不再是一人公司了，这种情况下后手还要承担相应的责任吗？换句话说，是否还可以直接适用《公司法》第 63 条规定？赵老师，您怎么看？

赵：我认为在这种情况下，从《公司法》第 63 条的规定来看，它针对的是一人公司，即使它的股权变更以后，股东之间可能存在某种关联性，但形式上是一般有限责任公司的情况下，我认为适用《公司法》第 63 条不是很适合。所以我认为还是要回到《公司法》第 20 条的规定，按照正常的举证责任来进行分配。

陆：我再举一个更加极端一点的例子，加入一个新股东，前面的股东还是在这个公司里面，后面加入的股东和原有的股东具有特定身份关系，如父母、配偶、子女，在这种情况下，我们还有适用《公司法》第 63 条的余地吗？吴老师您觉得呢？

吴：关于这个问题，我个人还是同意之前赵老师的一个整体思路，即后手股东毕竟是两个股东，属于有限责任公司的方式和模式。那么在这种情况下，还是应该按照法律对于举证责任的分配规定来进行。

之前最高法院的证据司法解释，对于举证责任的分配允许法官有一定的自由裁量权，但现在新的司法解释明确，举证责任的分配必须是法定的，也就是说法官不存在自由裁量权。所以既然《公司法》第 20 条已经对举证责任有明确的规定，我们就不能突破这一规定。

回到你之前的问题，实践中的确会存在后手虽然是两个股东，但是这两个股东跟前手股东之间是子女或夫妻关系。那么在这种情况下，我个人认为举证责任分成结果意义上的举证责任和行为意义上的举证责任。

因为在诉辩时，其实用的是行为意义上的举证责任，证明标准并不是终局性的，是当达到一定标准，法院认为这时需要对方来提供一个反驳证据来降低它的证明力，或者需要再补强证据来增强证明力的过程。

在这种情况下，如果当事人一方已经主张了后手股东跟前手股东之间存在亲密关系，行为意义上的举证责任所要达到的证明标准即可以适度地降低。比如此时债权人提出股东是夫妻关系，那么债权人可能会说，“我认为他们夫妻之间和公司之间存在财产混同”，初步提供公司的银行明细，的确存在与夫妻之间的转账。那么在这种情况下，我们就认为应由股东举证证明个人财产跟公司财产之间是分开的，或者说是相互独立的。

陆：也就是说在这种情况下，我们能否直接适用《公司法》第 63 条，其实还是有一定争议的。但我们可以肯定的是，关于《公司法》第 20 条所赋予的，即股东不得滥用有限公司的独立地位，以及滥用股东权利去损害债权人利益，这样一个终局意义上的、结果意义上的举证责任还是应当由股东承担。

好的，今天我们对一人有限责任公司股权转让相应责任承担规则以及《公司法》第 63 条举证责任倒置，包括在此类案件审理过程中法官对于证据审查和释明的相应要素进行了探讨，同时也对《公司法》第 63 条和《公司法》第 20 条的相互衔接进行了初步的讨论。这些都是我们处理此类案件的重点和重要的审查要素。

非常感谢今天吴老师和赵老师的专业分享，再见。

学者法官对谈：涉网约车平台相关问题

对谈人：卢　颖

- 上海市第一中级人民法院民事审判庭侵权纠纷审判团队负责人
- 法学博士、大数据中心博士后
- 三级高级法官
- 领军人才培养对象
- 上海法学会经济法学研究会理事
- 入选“上海市青年法学法律人才库”
- 出版译著《金融危机后的公司治理》
- 在《证券法苑》《金融法苑》《上海对外经贸大学学报》《商事审判指导》等出版物发表论文 10 余篇
- 论文在全国法院系统学术讨论会、“羊城杯”司法体制综合配套改革征文比赛中多次获奖
- 参与执笔国家社会科学基金青年项目课题、中国法学会课题等多项课题

对谈人：朱　军

- 上海交通大学凯原法学院副教授
- 德国哥廷根大学法学博士、法学硕士
- 南京大学法学院中德法学研究所法学硕士
- 外国语学院德语系文学学士
- 受聘担任苏州劳动法庭特聘专家
- 入选“上海青年法学法律人才库”
- “劳动和社会保障法”荣获上海交通大学第三批校级一流本科课程

(2023)

- 在《清华法学》《法学》《华东政法大学学报》《民商法论丛》等刊物发表学术论文多篇
- 2017 年获中国社会法学研究会年会青年优秀论文一等奖
- 现主持国家社会科学基金一般项目“离职竞业禁止制度的系统性矫正研究”
- 主要研究领域：劳动关系认定、平台用工、劳动规章制度、竞业禁止制度

主持人 王晓翔

- 上海市第一中级人民法院民事审判庭一级法官助理
- 复旦大学法学博士、加州大学伯克利分校访问学者
- 主要研究方向民商法学
- 出版专著一本、参著一本
- 发表论文 10 余篇
- 执笔最高法院司法改革专项课题、上海高院重点调研课题
- 上海高院报批调研课题等多项课题
- 执笔案例获全国法院系统优秀案例分析三等奖
- 执笔多篇论文在国家级、省部级论文评选活动中获奖
- 曾获上海法院系统个人嘉奖三次

王：大家好，欢迎收看上海市第一中级人民法院微课程，我是民事审判庭的法官助理王晓翔。今天我们非常荣幸地邀请到了我院侵权团队负责人卢颖法官以及上海交通大学凯原法学院的朱军教授，和我们一起聊聊关于涉网约车平台的相关问题。

卢：大家好。

朱：大家好。

王：网约车平台是共享经济的典型代表，其有效提升了传统出租车行业的供求匹配度和消费者的出行效率，但同时也对传统的行业以及法律秩序提出了新的挑战。

从我国目前的法律规范体系看，《道路交通安全法》等法律对网约车这一新兴经济形态，缺乏针对性和适应性的规定。尽管 2016 年交通运输部等部委颁布了《网络预约出租汽车经营服务管理暂行办法》，但网约车平台企业和司机之间法律关系的认定以及发生事故时平台应当承担的责任问题，无论是在司法实践层面还

是在学术理论层面，仍然存在争议。

这里想先请教一下卢法官，实践中网约车平台企业的用工模式存在哪些情形？

卢：我觉得就目前来说主要是两种模式。一种是由网约车平台来提供相应的车辆，在这种模式下是由平台去招募司机，车辆所有权归属于网约车平台，应该说最早的神舟专车就是属于这样一种模式。对吧，朱教授？

朱：对。

卢：随着经济的发展，可能平台也意识到在这样一种模式下，自身承担的责任比较大，所以这种模式已经基本上被逐步摒弃了。

现在更多的其实是第二种模式，也就是由司机自己提供车辆。在这种模式下又有比较多的形态，有的司机可能只在一个平台上进行了注册，有的司机可能在多个平台上都有注册；有的司机可能是全职来做这份工作的，有的司机可能只是兼职来做这份工作。

王：朱老师，您对这个问题有什么补充吗？

朱：刚才卢法官她主要是从生产资料提供方的视角进行分类，我从用工模式来看，比较倾向于从用工主体方这个角度进行分类，就是谁实际在用工，将它分为两大类。

第一大类就是平台企业作为用工方参与用工。那么这里又可以分为平台的参与管理以及平台不管理。我们先来谈一谈平台的管理，平台管理最典型的就像刚才卢法官提到的直接管理，早期的曹操专车、神州专车就直接雇用司机为它提供平台服务。那么在这种直接管理的情况下，通常是符合劳动关系的。为了降低用工成本，现在平台企业基本上已经放弃了这种管理用工的模式。

平台企业现在选择不管理，这种不管理也是实践中俗称的一种叫众包工的群体。什么是众包工？就是这些网约工在平台注册，然后原则上讲、理论上讲他有完全的自主权，自主接单，想接单就接单不想接单就不接单，也没有什么惩罚。但是这个领域非常有争议，因为平台企业并没有完全放弃管理。

第二大类的用工模式就是引入第三方合作企业作为用人方，也就是平台现在以所谓的承揽、外包、加盟，把自己的业务外包给第三方合作企业，由这些合作企业来管理和招聘网约工，然后来完成平台发布的任务。

王：从刚才两位的介绍来看，关于网约车平台企业的用工模式，卢法官是从车辆由谁提供的角度进行了划分，而朱老师则是从用工主体的角度进行了切入。

那么如果私家车主在APP上注册报名，并且上传审核所需要的身份证、行驶证、驾驶证等一些证件材料，通过审核后注册成为网约车司机，这可能也是包括我在内的大多数人所理解的网约车模式，我们经办的案件中也经常会遇到这样的情形。这里想请教一下卢法官，这种情形下司机和网约车平台企业是一种什么法律关系呢?

卢：就像刚才谈到的，现在网约车司机跟平台之间存在多种样态。有的司机是在一个平台进行注册，有的司机是在多个平台进行注册，有的是全职，有的是兼职。

在这种情况下，《网络预约出租汽车经营服务管理暂行办法》是将网约车平台定位为承运人的角色，我们认为在这种情况下，跟乘客订立运输合同关系的，肯定应该是网约车平台，而不是跟网约车司机本人来缔结合同关系。

在这样一个认知和前提下来认定网约车司机和网约车平台的关系的话，我个人觉得主要还是要看，两者之间到底存不存在管理和被管理的关系。

王：那么朱老师您对这个问题有什么看法?

朱：我同意刚才卢法官所讲，关键要看两者之间是否存在管理和被管理关系。

最高人民法院2022年12月26日发布的《关于为稳定就业提供司法服务和保障的意见》中也对此予以肯定和证实，该意见第7条明确指出，法院应当根据用工事实审查劳动管理程度，来审慎认定新就业形态的劳动关系。所以说，关于网约车平台企业与司机之间是否存在劳动关系，还要通过仔细审查双方之间实际的管理与被管理的状况予以定夺。

作为指导，最高人民法院在意见中还列举了许多可供认定劳动管理的一些重要的因素，比如说工作时间和工作量，整个劳动过程是否接受管理，还有是否遵守劳动纪律劳动规则，是否有奖惩办法。

值得一提的是，贵院在人民法院出版社2020年出版的《类案裁判精要》一书中，有一篇文章专门谈到确认劳动关系的类案裁判，也列举了认定管理的许多值得参考的要素。

王：综合两位的陈述，其实我听下来，网约车平台和司机之间的合同关系还是要综合合同的实际履行情况、双方签约的内容以及具体的案件事实来进行综合的分析和判断，是吗?

卢：我觉得是这样。

朱：是的。还是回到刚才我提到的最高人民法院在《关于为稳定就业提供司法服务和保障的意见》第7条，就针对新就业形态的劳动关系认定，它基本上体现了刚才提到的从用工事实考察劳动管理的程度来认定劳动关系。

王：关于网约车平台，还有一个比较重要的问题是平台应当承担的责任问题。

我们还是以私家车注册成为网约车司机为例。如果发生事故致使行人或非机动车驾驶人受损，当保险不赔，实践中我们遇到比较常见的是车辆非营运转营运，但是没有告知保险人的情形，或者说当保险不足以理赔的时候，平台是否应当承担责任以及应当承担何种责任呢？卢法官您对这问题怎么看？

卢：我觉得平台肯定还是要承担相应责任的。

我们来看一下网约车平台的模式，网约车平台本身是依托于互联网技术来构建的，那么乘客是在平台进行下单，下单之后平台接单，然后将单派给司机，司机接下去就是把乘客送到目的地，乘客随后又通过平台支付相应的运费，然后平台再根据他和司机之间的内部约定对费用进行相应的分配，是这样的一个模式。那我们可以看到，在网约车平台这样一种模式下，事实上是有三方的关系，一个是网约车平台，一个是网约车司机，还有一个就是乘客，至少有三方的法律关系。

王：实践中网约车平台往往会辩称它和司机之间是新型的合作关系，以此认为它不需要承担相应的法律责任，是吗？

卢：我个人觉得这种抗辩是没法成立的。

因为这种抗辩事实上就是将网约车平台和网约车司机的内部约定完全扩张适用到了外部关系上。事实上我们可以看到，网约车平台跟司机的内部约定，有可能是平台不想承担过多的责任，也有可能是随着行业的发展，我们可以看到这种内部约定往往是比较松散的，排除了所有的劳动关系和劳务关系这样一种可能性，管理与被管理的这样一种关系几乎在这种内部约定里面是看不出来的。

那在这种内部约定里面，基本上司机好像也是比较自由的主体，可以比较自由地决定一些事项。但是我们应该注意到，相对于乘客而言，他之所以选择通过平台来进行下单，而不是直接与网约车司机缔结运输合同关系，一方面当然是因为平台的便捷方便，另一方面也是对于平台的一种信任。可能是平台对于司机和车辆的情况都有相应的审核，对于保险的情况有相应的审核，对于司机可能有相应的培训，对于司机跟车辆可能有平台相应的管理。乘客可能在这种情况下对于在平台上下单觉得比较放心、安全，有这种信赖的考虑在里面。

所以我觉得在这种情况下完全地将网约车平台与司机之间的内部关系扩张适用到乘客就不太合适了。而且根据《网络预约出租汽车经营服务管理暂行办法》，事实上网约车平台也是承担承运人的责任，那我觉得在这种情况下，网约车平台肯定是要承担相应责任的。

王：那么朱老师您对这个问题有什么看法呢？

朱：我赞成卢法官的观点。因为从《网络预约出租汽车经营服务管理暂行办法》来看，我们也能清楚地感知到，立法者为了力保涉及社会公共安全的出租车运营业务的安全运行，在第四章专门针对网约车的经营行为，要求平台网约车企业承担许多的安全保障义务，以保证出租车运营以及乘客的合法权益。比如，刚才卢法官提到，在第四章第 16 条明确规定网约车企业作为承运人承担责任，所以如果网约车企业疏于或者怠于审查车辆及其保险符合相应的要求，它就要承担由此引发的对外的侵权责任风险。

此外还要强调，刚才卢法官提到但凡在平台企业和网约车司机之间的内部约定都有这种格式条款的免责条款，那么根据暂行办法的规定，平台企业是不能轻易通过格式条款免除自己对外的侵权责任的。

王：卢法官，您对这个问题还有什么其他的补充吗？

卢：我觉得其实从风险责任理论和报偿理论也可以得出应该由平台来承担相应责任的结论。

因为一方面平台实际上是危险的开启者，乘客在平台下的单，平台对司机进行派单，从而司机开启了这样一个运输行为。另一方面，平台本身是最方便将这种风险进行控制的，平台可以对司机和车辆进行审核，对保险的情况进行审核，对整体的管理和运营情况，其实平台都是比较掌握的，在这种情况下，平台事实上可以做到将风险进行相应的控制。

从报偿理论来说，平台事实上是用了司机的劳动，然后也通过司机的这种运输行为获得了自己的报偿。风险和报偿都是匹配的，在这种情况下，既然获得了相应的收益，让平台来承担相应的责任也非常合理。

王：综合两位的介绍，也就是说不管是从当事人的实际履行情况分析，还是从侵权法的归责法理分析，平台企业都应当承担责任，是吗？

卢：是的。

朱：我觉得刚才卢法官从风险责任理论和报偿理论去证成平台企业承担侵权责任非常具有说服力。

因为这不仅符合侵权责任法的基本法理，也与当前主流的司法实践一致。据我调研的案例来看，虽然大多法官不明确道明平台企业与网约工之间法律关系的性质，而且经常我们会看到在判决书中用雇佣劳务关系等这种称谓，但是他们共同会用的非常经典的理由是平台企业对网约工实施管理，并从中获取收益，就像卢法官刚才提到的，来判定平台企业承担对外的侵权责任。

王：关于平台的责任问题，还有个问题想请教一下两位专家，在这种情况下平台应当承担的是怎样一种责任？

卢：我觉得网约车平台可以和网约车司机承担连带责任。在这种情况下，尽管网约车平台并没有直接对于受害人，也就是第三人，有侵权行为，但事实上它没有尽到相应的管理义务或者说安全保障义务，在这种应尽未尽相应义务的情况下，我觉得网约车平台可以认为是跟司机成立共同侵权，从而承担连带责任。

王：朱老师您认为平台承担的是何种责任呢?

朱：我赞成卢法官刚才所说的这种连带责任。原则上每个人或者主体应当就其自己的过错承担相应的责任。但是如果在个案中，平台企业既违反了安全保障义务又对网约工的经营行为进行管理，那么不排除双方成立共同侵权。

此外针对双方承担连带责任也是有道理的，除了之前卢法官所讲的风险责任承担以及报偿理论之外，我个人认为平台企业既扩大了自己的经营事业范围，又从中获取收益，那么它作为一个特殊的主体，理应承担由此引发的对外的侵权风险责任。

而且从目前这种连带责任的效果来看，据我了解的社会普遍的现实，一旦发生重大的事故，保险责任又缺位的情况下，相较于通常来说实力雄厚的平台企业，广大的普通网约工是无力承担侵权责任的，如果此时平台企业还能轻易通过内部格式条款的免责约定去规避责任，这可能会造成一种严重不公的社会后果。所以，我觉得平台企业应当在今后更加积极地去推动对外侵权保险的险种，比如说和保险公司洽谈，通过保险这样一种方式去合法合理地规避、分散和控制风险。

王：今天我们讨论的是涉网约车平台的相关问题，主要涉及网约车平台企业和司机之间法律关系的认定、平台是否应当承担责任以及承担何种责任等问题，这些问题也是当下司法实践中的重点和难点问题。今天的讨论先到这里，感谢两位老师的精彩分享，也感谢大家的观看，再见。

卢：再见。

朱：再见。

学者法官对谈：动迁安置房的一房二卖

对谈人：杨斯空

· 上海市第一中级人民法院民事审判庭建设工程案件审判团队负责人

· 三级高级法官

· 上海法院审判业务骨干

· 华东政法大学民商法学硕士、上海财经大学法学博士在读

· 上海法官学院兼职教师、上海外国语大学硕士课外教师

· 执笔、撰写的多篇文章在全国法院系统、上海法院系统获奖

· 在《人民司法》等刊物上发表论文近十篇

· 在上海高院公众号庭前独角兽开设专栏，发表各类裁判方法总结文章数十篇

· 曾获国家检察官学院举办的“2019 年度检察教育培训网络学院微课程”特等奖

· 荣获个人三等功两次、嘉奖多次、上海法院首届十佳青年等

对谈人：班天可

· 复旦大学法学院副教授，法律硕士中心主任

· 上海市第一中级人民法院研究室副主任（实践锻炼）

· 南京大学法学学士，日本北海道大学法学硕士、法学博士

· 德国慕尼黑大学国际私法与比较法研究所、加拿大卡尔加里大学法学院访学学者

· 主要研究领域为民商法、法学方法论、民法和税法交叉领域

· 在《法学研究》《中外法学》等法学类核心期刊发表多篇学术论文

- 出版学术专著一部并主持国家社会科学基金项目
- 入选“上海青年法学法律人才库”“上海市城市更新专家库”

主持人 王 力

- 上海市第一中级人民法院民事审判庭三级法官助理
- 华东政法大学法学硕士
- 主要研究方向民商法
- 曾获上海法院系统个人嘉奖

王：大家好，欢迎大家收看上海市第一中级人民法院微课程，我是民事审判庭的法官助理王力。今天，我们很荣幸邀请了上海市第一中级人民法院民事审判庭的杨斯空法官，以及复旦大学法学院的班天可教授，一起聊一聊有关一房二卖的这些事儿。

现实生活中，房屋的出卖人为了获取更高的利润，会在已经签订买卖合同的情况下，将这套房屋再次出售，这其实也就是最通俗意义上的一房二卖。而作为前手的买受人，当他选择通过诉讼的方式来保障自己的权利时，杨老师，他除了会要求确认自己的这份合同继续履行之外，是不是还会同时要求法院确认后手的这份合同无效?

杨：确实是。实践中经常会碰到此类一房二卖的一些案例，这些往往是一方买受人作为原告诉到法院，那么他的诉请除了刚才讲的要求继续履行合同之外，为了使他自己的合同能够获得优先的地位，往往还会提出确认后手签订的房屋合同无效的诉请。这样的话，他的合同就变成唯一的有效合同，那自然就只能支持他的合同履行了。

王：通常情况下，咱们审判实践会如何认定这两份合同的效力?

杨：对于一房二卖这个问题，我们司法实践中也经历过一个认识的过程。在《民法通则》那个时代，尤其是《合同法》第 51 条关于无处分权人处分合同的，效力问题其实长期存在司法上的争议。

在当时，可能会认为一房二卖的合同在效力上存在瑕疵，之后随着《物权法》《民法典》等各种法律的颁布实施以及我们对这个问题的认识发展，我们现在认为只要是当事人协商一致的、是当事人的真实意思表示，同时双方的合同内容也没有违反法律或者行政法规的强制性规定，一房二卖两个合同都是有效的。并不因为一房二卖这个行为，我们就对其中一个买卖合同的效力作出否定。

王：班老师，您关于这个问题的意见和杨老师是否一致？

班：在这个问题上我和杨老师意见是一样的。双方当事人只要意思表示合致，那么它就成立，没有特别的阻却要件的话，即使第二个合同的订立时间在后，我们也认为它应该是有效的。

王：刚才两位老师也说了，通常情况下这个合同会认定有效。那么我们今天就先讨论当两个合同都有效的情况下相关的问题。既然两个合同都有效，接下来就会牵涉如何履行，因为房子只有一套，不可能同时卖给两个人，这个时候就会涉及优先保护哪份合同，也就涉及当事人保护顺位的问题。班老师，您觉得在这种情况下，应该首先考虑哪方面的因素？

班：如果是不动产之外的其他动产，根据相关司法解释，除了所有权移转这个主要的考虑要素之外，还可能会有其他的优先顺位，即动产除了交付之外，可能还会考虑钱款是否已经支付、合同的履行顺序是如何。但是在不动产的问题上，司法解释实际上是没有规定的，那么我们就应当按照《民法典》第 209 条来看，谁获得了所有权，谁先获得了登记。如果双方当事人都想获得这套房屋，出卖人没有为任何一个人去移转登记，那么就是看双方谁先去保全。如果不动产的话，就看谁先查封。

王：杨老师，您的意见和班老师一致吗？

杨：我大致同意班老师的观点。如班老师所说，我们现在对于不动产一房二卖履行顺序确实没有明确的法律规范，或者说是司法解释的规定。

那么在实践中，我也同意班老师刚才的观点，以登记优先作为一个原则，因为《物权法》，包括《民法典》物权编都已经确认了，即不动产的物权取得方式，登记是作为一个生效要件的，所以以登记优先作为一个原则我是认可的。但是实践中，我们也要注意一种例外的情况，就是可能会有恶意登记这样一种情形。比如说一房二卖情形已存在，那么在这样一个情况下，如果有一方的买受人，为了使自己能够获得优先履行，和出售人一起或者说是串谋，把自己的合同抢先过户登记，造成登记优先的状态，这个时候在司法上我们会把它视为一种恶意登记，这种行为我认为是不应该得到保护和支持的。

王：杨老师，在审判实践中，一房二卖的案件中房产已经登记到一方名下，这种情况常见吗？

杨：其实并不多，我们司法实践中常有的反而是双方都没有完成登记的情况。

王：这是为什么呢？

杨：非常容易起纠纷的一类案件，是因为双方买的房子是一个政策限制房。

比如说我们经常会看到的是动迁安置房，因为它有一定年限的交易过户限制期限，在这个限制期限内，房屋安置对象即房屋的出售人就把这个房子卖给其中一方了，然而由于这段时间是过户交易限制期，他没有办法去履行过户，在这个期间可能房屋的房价就上涨了，出售人也许出于这个目的又另行出售，进而造成纠纷。

王：如果是刚才提到的，实践中最常见的两个合同都没有登记的情况下，班老师您觉得保护当事人顺位方面应该首先考虑的因素是什么？

班：双方都没有去登记的话，刚才也提到要看双方当事人谁先去诉讼，因为诉讼的时候要进行保全、查封，谁先查封的话可能就占了先机，这是一个比较优先考虑的事项。

杨：申请查封是诉讼的一种保全行为，其实是案件如果最终要对标的物进行执行的话，担保它不被案外人进行处分，其主要起的就是这一作用。所以我觉得倒并不是像班老师说的那样，即谁先申请了司法查封，好像谁就有优先的效力，因为他也有可能败诉，对吧。原告如果告进来，我们认为不能够优先保护他的合同，那么他就败诉，那么随着案件的了结，查封也会解除，倒是不一定看谁先查封。

王：那您觉得应该看什么，或者主要看什么？

杨：如果双方都没有登记，其实是看谁履行在先。那么在履行的里面更为重要的是什么？履行里面我们可以看到合同签订的时间、房款支付的时间、房屋交付的时间。在这些履行的比较大的要素里面，我们可能更为看重的是房屋交付的时间，因为不动产交付实际占有使用，我们认为在认定的比重上会占比较大的一个程度，就是看谁先占有。

王：您认为占有这个因素还是很重要的，是优先考量的。班老师您觉得呢？

班：我还是坚持我自己的观点，因为不动产的价值比较大，买受人去买的时候，实际上承担了很多的风险，如果最后不能成功、败诉的话，他的首付可能就打了水漂，很有这种可能性。所以说尽量能够减少他进行查证查验的风险，对于买受人来说，出卖人和前手到底签了多少合同、如何进行履行，他可能有时候不是很清楚。当然实际上也有其他的一些可能，比如说出卖人为了卖给后手，把前手赶走。

王：赶出去。

班：对，他直接把这个房子上了锁，在这个时间段内他就卖给了后手。在这种情况下，后手实际上还是看不到前手的情况，所以说他还是承担了比较大的风险。因此为了使后手的交易能够更为安全，我认为还是按照一个比较公开的、外界能够观察得到的“登记”作为一个标准比较合适。

王：刚才班老师也提到了关于查封保全的相关事情，杨老师也提及这其实是在双方都没有登记的情况下，当事人为了保障自己权利的一个重要的诉讼手段。按照您刚才的说法，其实查封保全只是在诉讼过程中会起到相关的作用，是不是对之后的判决履行上不会形成任何的障碍呢，有没有例外的情况？

杨：我们最近倒确实碰到过一类案件，查封的问题反而变成实体上的一个争议焦点了。是一个什么样的案件呢？也是动迁安置房买卖，出售人在交易限制期内就把房屋先卖给了一方，然后房价上涨了，他又卖给了另一方，就造成了双方的一个纠纷，而且双方均没有登记。那么在先履行的一方就曾经起诉到法院，要求继续履行，后来法院认定他是有优先顺位的，但是那个时候房屋还处于上市的交易限制期，所以法院就没有判决过户的诉请，没有支持他。

王：客观原因导致的。

杨：对，没有支持他。但是他在那个案件中申请了对房屋的司法查封，它是一个首封，这个案件结束后，后续又有其他的纠纷，又在房屋上形成了轮候查封。之后等到过户交易限制期限满了，上市的交易条件已经符合了，原告又提起了一次诉讼，就是要求过户。那个时候我们就认为虽然你有首封案件，但是毕竟是两个诉请，两个案件，后面还跟着其他案件的轮候查封，我们认为这属于客观上具有履行障碍，就可能不支持他了。

王：就是两个案件的查封其实是没有办法相衔接的。

杨：对。

王：班老师您对此有什么看法？

班：这个案件很特别。

杨：有点特别。

班：因为动迁安置房，通常买卖合同订立了之后，就可以去申请诉讼，然后去保全，之后去执行。因为动迁安置房可能会出现已经被查封了，然后去诉讼，到口头辩论终结时，发现移转权利的条件还没有成就，到最后不得不判你败诉这样的情况。当然如果前诉能够做一个附条件的判项，一个附条件的执行依据的话，这个问题也不会发生。但是既然这个问题已经发生了，我们碰到这个案件的时候肯定还是要进行妥善的处理。

这个案件我感觉后边的请求跟前案的请求，实际上本质是一样的，都是要求继续履行，对吧？只不过前案是在当时的条件下不符合，之后条件符合了再进行请求，其实诉讼标的是一样的。所以说也不是完全无关的一个新的请求，然后导致前面的查封一定无效。当然，如果按照司法解释，你的诉请被驳回，确实可能会造成你必须解除你的保全，解除保全的裁定。

但是这个情况确实也比较特别，我认为即便是维持它的效力，可能也不会特别损害其他人的利益，诉请被驳回了还不解除保全的话，那么被申请人就无法去重新处分他的物。实际上这个案件并不在于申请人和被申请人之间，而是数个申请人之间的相互关系。后边的轮候查封在查封的时候才能看到前面查封在那，所以说对他的信赖其实也没有特别的损害，我觉得维持它的效力会更合适一点。

杨：班老师讲得很有道理，也让我很受启发。我们当时讨论的时候确实也有不同的观点，但最后还是从动迁安置房本身出发，因为我们觉得按照比较老的司法政策的话，动迁安置房的买卖都有可能会被认定为无效，对吧？当然我们现在肯定是认定它是有效的，但是我们仍然认为它有风险，毕竟是一个政策有交易限制的房屋。

你作为一个房屋买受人，其实当时也不过是看中动迁安置房价格比较便宜，那么这个价格上就要体现风险，这可能就是你要负担的一个诉讼风险或者说是市场交易风险，我们可能更多是从这种结果上去考虑的。当然班老师刚才提到的在第一个案件中作出一个附条件的判决，我觉得这点倒对我启发性挺大的。

王：我们实践中不太会有。

杨：不太会有，对，这个我倒是觉得可以探索一下。

班：因为现在最高人民法院出了一个《民法典》合同编通则的司法解释的征求意见稿，征求意见稿里关于同时履行抗辩的处理方式，其实就规定了一种同时给付判决的判决方式，就是在判决判项之中明确，如果债权人基于一个双务合同向债务人要求履行的话，必须在履行完自己的债务之后，才能去请求强制执行，实际上它的执行也是附条件的。所以说我们最高人民法院能够进行这样的规定，进行这样的尝试，实际上也说明我们的法律体系其实并不排斥这种附条件的执行。

王：刚才两位老师在这个问题上的观点产生了碰撞，杨老师代表咱们审判实务界可能是基于动迁安置房本身的一个特殊性，将保全的效力限制于这个案子中法院最后支持当事人的诉请的范围。那班老师刚才也讲到了，他觉得当事人前后两个案件的诉请是相关联的，甚至可能是相同的。而作为轮候查封的当事人，他在查封的时候，已经明确地知道我前案上面已经有一个查封了，班老师的观点是觉得这样前后两个查封可以把它衔接起来，一方面更有利于保障当事人的权利，另一方面对于轮候查封当事人来说，也没有太损害他的权益。

咱们刚才谈到了很多都是两个合同均有效的情况下的相关的问题，也提到了合同无效这个情况。班老师，一房二卖中后手买卖合同无效，具体包括哪些情形呢？

班：在《民法典》之后，一房二卖后手交易出现的无效情形可能会陷入两种情况。第一种就是出卖人和后手的买受人之间是通谋虚伪的意思表示，第二种有可能这两人之间不是通谋虚伪的意思表示而是恶意串通。

王：这两者的区别具体在哪？

班：最关键的区别就是通谋虚伪的意思表示，他们对于买卖合同并没有真正的交易意图，只不过是做了一个显性的虚假的行为。

王：表面上的。

班：是这样的。但如果是在恶意串通的情况下，说明这个买受人可能并不是签订假的合同，他还是想买，只不过他在买的时候明知前面交易的存在，同时他也有损害前手交易人的意思，在这种条件之下就构成恶意串通。所以说恶意串通要件比较多，在证明责任上比普通的事实认定标准要高。

王：杨老师，在具体的审判实务中，咱们对于恶意串通的认定一般会考虑哪些因素？

杨：如刚才班老师所说，恶意串通的证明程度是比较高的，原告的证明责任也是比较大的，确实实践中也挺难证明的。所以我们往往在考虑是否构成恶意串通的时候，法院也会依职权去调查一些，尤其是关于房屋买卖履行的一些正常情况，按照一般的交易习惯去对它进行审查。比如说后手的房源信息来源是从哪里知道的、有没有去实地看过这个房屋、是否有人居住，房屋约定的房价款是不是合理、是不是真实的支付，包括后面一系列的履行情况，我们都会做一个综合性的审查，然后作出判断。

王：咱们实践中其实也像班老师和您刚提到的，都是比较谨慎的。

杨：也都是具体案件具体分析。

王：个案会有不同情况。

杨：对。

王：今天跟两位老师一起探讨了有关一房二卖的相关问题，主要涉及了合同效力的认定，两个合同均有效的情况下保护顺位的判断，保全查封的效力和买卖合同无效的情形，以及恶意串通的判断。咱们今天的讨论就先到这里，感谢大家的观看。

班：再见。

杨：再见。

一二审对谈：房屋租赁合同解除

对谈人：毛　焱

- 上海市第一中级人民法院民事审判庭租赁合同纠纷审判团队负责人
- 三级高级法官
- 上海大学法学院经济法学士
- 2 件主审案件分别获得上海法院“优秀裁判文书”“示范庭审”
- 参与执笔的精品案例获全国法院系统优秀案例分析
- 多次获得上海法院系统个人嘉奖

对谈人：陈裕国

- 上海市浦东新区人民法院民事审判庭审判团队负责人
- 一级法官
- 西南政法大学法学硕士
- 主要研究方向债权、物权等
- 执笔多篇文章在《人民法院报》《上海审判实践》等出版物发表
- 多次获得上海法院系统个人嘉奖
- 获 2023 年上海浦东法院业务能手、办案标兵
- 负责的审判团队获得上海浦东法院 2022 年度“优秀办案团队”

主持人　张冰玢

- 上海市第一中级人民法院民事审判庭二级法官助理
- 英国布里斯托大学法学硕士
- 主要研究方向商法

· 多次参与执笔院党组重点调研课题、院级专项调研课题、上海市第一中级人民法院类案裁判方法

· 曾获上海法院系统个人嘉奖

张：房屋租赁与社会民生息息相关，一直以来都是老百姓重点关注的话题，所涉法律问题盘根错节，其中又以房屋租赁合同的解除最为复杂。如果出租人和承租人对此能有正确的认识，在发生纠纷时就能够及时止损，也能在法院处理该类纠纷时对价值导向有所预期。

今天我们很荣幸地请到了上海市第一中级人民法院民事审判庭租赁纠纷案件团队负责人毛焱法官。

毛：大家好。

张：上海市浦东新区人民法院民事审判庭审判团队负责人陈裕国法官。

陈：大家好。

张：现在由两位法官从法院的视角和我们一起聊一聊房屋租赁合同解除那些事。陈法官，说到房屋租赁合同解除的复杂性，您首先想到的是什么呢？

陈：我办理房屋租赁合同纠纷最大的感受就是房屋租赁合同解除的后果十分复杂。我们知道租赁合同是典型的继续性合同，租期短则几个月，长则可能十几年甚至二十年。其间会发生租金、使用费、水电费、物业管理费等费用的处理跟结算。

这对我们审理案件时事实查明的要求就很高。其实我们最困惑或者难度最大的还是解除权行使的问题，因为这涉及法律的理解和适用，而且在实践中的争议也非常大。

毛：确实，在审理房屋租赁合同解除类纠纷案件时，对于解除权行使的认定确实非常重要。因为它往往涉及解除行为的效力，解除时间的认定以及解除后果的相关处理，包括租金、房屋使用费的结算以及违约责任的认定，确实是非常复杂的。

张：也就是说只有当事人正确行使了合同解除权才能达到解除租赁合同的目的。

那什么情况下当事人可以解除房屋租赁合同呢？

陈：《民法典》第 562 条、第 563 条对合同解除的类型以及法定解除的事由作了详细的规定。合同解除其实可以分为合意解除和行使解除权解除。合意解除，顾名思义就是当事人协商一致解除了合同。行使解除权解除是指有解除权的一方

通过通知，这个通知并不需要等待对方的回应或者是其他的意思表达，就可以达到合同解除的效果。解除权，实践中还分为约定解除权和法定解除权。

张：那约定解除权是不是就是当事人约定就行了？

陈：基本是这个意思，约定解除权是说当事人在订立合同的时候，事先就解除权的条件进行预设，在履行过程中条件成就时，守约方就可以行使解除权。当然这个前提是双方的约定必须是合法有效的。

毛：这里我补充一点，对于约定解除权，约定的条款首先要不存在无效的情形，就是不违反法律法规的禁止性规定或者公序良俗，在这个条款不导致无效的情况下，我们才来行使这样的约定解除权。

陈：是的。另外一个就是法定解除权，法定解除权其实主要规定在《民法典》第 563 条，不可抗力导致合同目的无法实现，或者是债务人不履行主要义务。

毛：其实房屋租赁合同纠纷案件中，对于法定解除权的事由是有比较详细的规定的，对吧？陈老师？

陈：对的。在《民法典》合同编中有租赁合同这一章，对租赁合同的解除有详细的规定。具体而言，对出租人来说，他在什么情况下享有解除权呢？比如说承租人逾期支付租金，经过出租人的催告在合理期限内仍然未支付的。这个时候我们认为承租人构成了根本违约，出租人有权解除租赁合同。另外比如说承租人违法转租，或者是对房屋进行改造、搭建，影响到房屋的正常使用，或者导致房屋受损，这个时候法律规定给出租人一个解除权。

对于承租人而言，在什么情况下拥有解除权呢？主要是在租赁物不适租的情况下，比如说出租人在交付房屋的时候，房屋本身存在瑕疵，导致无法实现合同目的，或者有时候可能会出现出租人一房多租，导致有一些承租人就拿不到房子。这些情况下，我们认为出租人构成了根本违约。还有，因为租赁房屋其实有一些是居住使用的，为了保障自然人的生命安全，所以在租赁章中特别规定了如果租赁物危及承租人的生命健康安全的，承租人也可以解除这个合同。

毛：总而言之，归纳起来就是房屋不适租的情况下，承租人是可以行使合同解除权的，对吧？当然陈老师讲到这点，我还想到在租赁合同案件中有一个比较特殊的情况，就是出租人和承租人在不定期租赁合同的情况下，双方都可以随时解除合同，不过解除权的行使可能要给予对方一定合理的期间，也就是说在合理的期限内提前通知到对方，那么合同也是可以解除的。

张：对的，总的来说就是要考虑当事人的违约程度，还有合同目的是否能实现等因素，具体还是要因案而异。

那怎么样才算行使了合同解除权呢？

毛：合同解除权的行使首先是要在合理的期限内行使，比方说法律规定的期限、双方约定的期限。

其次，解除权的行使也要有解除的意思表示。这个意思表示还要送达到合同相对方。意思表示一般有三种形式，包括通知、直接诉讼、申请仲裁。

一般来讲，守约方在单方行使合同解除权的时候，守约方可以通过直接发送通知或者提起诉讼，或者申请仲裁来行使解除权。那么我们也都知道这次《民法典》增加了一个新的规定，就是赋予了违约方在特定的情况下可以通过诉讼来行使解除权，当然也可以通过申请仲裁的方式。这主要是针对在没有履行非金钱债务或者履行非金钱债务不符合约定的情况下，这个时候违约方可以依据《民法典》第580条第2款的规定通过诉讼来解除合同，也可以通过申请仲裁来确认合同的权利义务的解除。

在这种情况下，我们还有一点是需要明确的，就是法院通过诉讼来确认解除权的行使，包括确认解除合同的效力，但是它不能代替当事人来行使解除权，所以解除还是要通过解除权的行使来实现。

张：那还是得看当事人的意思表示。如果承租人有权单方行使合同解除权的情况下，他也不作出任何发函、诉讼的行为，直接就把钥匙寄还了，然后一走了之。这种情况算不算行使合同解除权？

毛：基层法院这类案件比较多，陈老师可以和我们谈谈。

陈：对。这个也是实践当中很多当事人认识的误区，冰玢讲的是承租人的情况，我们经常还碰到出租人因为承租人欠租，然后直接停水停电，甚至就直接把门给锁了，阻止当事人来使用这个房屋。像这种情况，他们认为可能就达到了合同解除的目的，然后就起诉到法院，要求确认他们停水停电或者锁门的时间作为合同解除的日期，其实我们认为这种行为还是达不到合同解除的效果。

因为出租人以停水停电来对抗承租人欠付租金的行为，有可能是合同约定中的一种方式，是对承租人的一种警告或者警示。这个时候有的承租人会把租金给付了，付了之后出租人往往就继续履行（合同）。所以如果我们将停水停电就视为合同已经解除，通知已经到达了，双方再继续履行，肯定就没有合同基础了，这也不符合我们老百姓一般的认知。

关于锁门，比如说承租人在没有实际使用房屋的情况下，出租人为了房屋的安全，可能采取临时锁门这样一种管理措施，这个时候，其实也推不出出租人有解除合同的意思表示。

毛：其实这时候出租人更多的是履履行一种管理义务，他为了防止房屋失控，临时地采取一种房屋的接管，你不能认为这就是一个行使合同解除权的意思表示，其没有解除的意思表示。

陈：当然冰玢的困惑也不无道理，因为我们在实践中还有一些情况比较模棱两可，所以这时要求我们对意思表示作出解释，还是比较为难的。

比如前段时间审结的一个案子，出租人出租了房屋之后，因为承租人可能觉得履行有困难，所以就在房屋没有到期的情况下失踪了。然后出租人就起诉到法院要求解除合同，承租人因为下落不明，我们采取了公告送达的方式，公告期大家知道比较久，出租人急于想要解除合同，所以在公告送达期间就把房屋直接给拆了。所以他请求法院确认合同在他拆除房屋的时候就解除了。毛老师您对这个情况是怎么理解的呢?

毛：这个情况确实是比较非典型。我觉得是否属于行使解除权，首先我们还是要判断是否有解除合同的意思表示。

对于意思表示，其实我们的（原）《合同法》和《民法典》对于意思表示，都没有作出一个限定性的规定，也就是说它是一种不要式的行为。

那么守约方其实既可以通过书面的形式，也可以通过口头的形式来通知对方解除合同。但是有的时候也不需要有通知的形式，可能是某种行为，对吧？但是关键就是这个意思表示要送达到对方当事人才能发生解除合同的效力。对于意思表示的方式，我们大家都知道它有三种形式，一种是明示的，一种是默示的，还有一种是沉默。

这三种不同的表现形式，从后面两种来讲，默示的和沉默都没有积极的行为。比方说通知，口头通知也好，书面通知也好，更多的是一种行为的表达，但是这种行为我们可以通过判断、推定，来认定这种行为是否有解除合同的意思表示。

就比方说，刚才陈老师讲到的一个停水停电，单纯来讲，你不可能直接从他的停水停电的行为，当然就推定出他就是解除合同的意思表示，对吧？所以我们不能以停水、停电、锁门这种行为，就直接判断当事人行使了合同解除权。

张：我觉得停水停电还能说是管理房屋的意思表示，那这拆除房屋，就明确表示了“我不再履行合同”了呀。

毛：对的，其实我是这么理解的，当事人在拆除房屋的时候，他确实是有不愿意继续履行合同的意思表示。但是我们要知道，意思表示还有一个送达，一定是特定的当事人向另一方特定当事人进行送达的。因为这体现了我们合同法的合同相对性原则，那么送达当然也要体现合同相对性的原则，只有在合同的一方当事人将要解除合同的意思表示送达到特定的相对方，然后才能发生解除合同的效力。

那么我们拆除房屋的行为其实仅仅是一个事实行为，他并没有向一个特定的当事人去宣告我要解除合同的意思表示，所以不发生解除意思表示送达的效力。所以我个人认为，仅仅拆除房屋标的物也不当然地发生合同解除的效力，并非行使合同解除权，不能发生合同解除的效力。

张：也就是说要行使合同解除权，就要将意思表示送达一个特定的相对方。我们刚才还说到了《民法典》第 580 条第 2 款的新规定，违约方可以根据该条款来申请终止合同，这种情况下我们对于违约责任的认定会不会有改变？

毛：这个问题问得非常好。这次《民法典》规定了一项新的规定，也就是说违约方通过法院的诉讼也可以主张合同解除，当然向仲裁机构申请仲裁也是可以的。但是这样一个解约主张的提出并没有影响违约方要就其违约行为承担违约责任。

在我们租赁合同审理案件中，陈老师也知道。当事人在承租房屋的时候，他的租赁目的可能是要进行学科类培训教育的经营活动，因为一些政策出台，他就办不出这种许可证，办学许可证也办不出、营业执照也办不出，那就无法在租赁房屋内进行经营。

在这种情况下，如果强行要求他继续履行租赁合同，对承租人来说是显失公平的。那么《民法典》就赋予当事人在这种情况下，可以通过诉讼、申请仲裁来主张解除合同。当然，因为承租人提前解除合同构成了违约，他还是要就此承担相应的违约责任，不会影响其违约责任的承担。

张：我还有一个问题，如果承租人欠付租金，然后一走了之，出租人明知这种情况，但是他一直拖着，也不去行使合同解除权，他拖延的这段时间的租金难道还是要承租人来承担吗？那岂不是非常不公平吗？

陈：毛老师，这个也是我们的困惑，我们说合同解除要以意思表示的到达作为判断标准。有些出租人他就怠于行使他的合同解除权，也不收回房屋，导致房屋空置的损失越来越大。如果这个时候判令由承租人来承担损失，那明显不公平。所以有一些案件，我们可能会通过调整合同解除的时间来实现利益的平衡。毛老师您看这样的做法恰当吗？

毛：陈老师讲的问题确实存在于目前租赁合同案件审理中，我们发现，有非常多的一审案件中承办人都是采取了调整合同解除时间的方式来平衡双方当事人的利益。其实就这个问题，我觉得《民法典》规定得非常明确，《民法典》第 565

条明确规定合同解除的时间是跟解除权的行使有关，是不能进行酌情调整的。

那么如果在审理当中我们遇到这样一个情况，我觉得出租人其实是负有止损义务的，我们可以结合止损义务来进行利益衡量。

因为承租人在合同履行的过程中已经一走了之，已经锁门，人也找不到了，在这种情况下，出租人完全可以理解到这个合同已经没有继续履行的可能性了。这个时候，在一定的期间内，其实出租人是需要及时止损，把房屋及时收回来，来防止损失的进一步扩大的。

在审理当中，我们遇到这一类问题时，完全可以结合出租人知道承租人离开的时间、租赁房屋的具体情况、出租人行使止损义务的合理时间这些因素，来对承租人所要支付的租金或者房屋占有使用费作出酌情认定，来平衡双方之间的利益。

陈：我明白毛老师的意思了。也就是说在出租人未能止损解除租赁合同的情况下，承租人其实并不必然需要支付截至合同解除日的租金。这里扩大的损失其实完全可以由我们来判定由出租人来自行承担。通过这种租金数额酌情判定的方式，也可以让我们避免随意调整合同解除时间的问题。这个方法我觉得受教了。

毛：其实，接着陈老师刚才的话题，就是说解除合同的时间跟租金支付的时间节点，有的时候并非必然匹配。就是合同解除的时间跟解除权的行使有关，什么时候行使了，我们才能认定合同解除，但是如果他拖延了行使的时间，这段期间的房屋租金可能就是一个损失，这部分扩大的损失可能就要由出租人自行来承担。

这个时候我们可以把承租人支付的，即合同解除时间点之前的这一部分租金，并非让他完全来承担，而且可以酌情来往前移。我们认为哪一个时间点差不多了，我们就可以酌情来调整，那么扩大的损失就由出租人就此来承担，因为他没有及时止损，就由他自行来承担这一部分的租金。这就解决了我们很多承办人觉得租金支付时间过长，合同解除的时间到底怎么来认定（的问题），这两个时间点有的时候不是必然需要匹配的。不知道我讲得清楚不清楚。

陈：既然说到这里，我还想多请教一个问题。我们前段时间（审结）的一个案子，也是争议非常大的一个案子。

出租人起诉要求解除合同，然后因为现在讲究溯源治理嘛，所以我们案件就到了诉前调解阶段。在调解阶段，我们调解员组织双方对房屋进行了交接，但双方对合同的解除时间、违约责任，包括租金、使用费（的结算）这些都没有进行约定或者达成一致意见。

在这个案件正式立案之后，双方对解除时间产生了比较大的争议。承租人认为应该以（房屋）交接的时间作为解除的时间，出租人认为应该是起诉状副本送达之日作为解除（时间）。确实我们在案件讨论的时候，专业法官会议也有两派的观点，那毛老师觉得哪一种观点会更符合我们现在的认定？

张：这不就达成合意了嘛！

毛：对，冰玢讲得很对。在实践中我们往往会遇到这样的情况，出租人是更愿意解除的时间往后移，而承租人是更愿意解除的时间往前推，为什么？

因为这会涉及租金支付的时间节点，就是我们刚才说的这个问题。对于这个案件我个人认为，当事人虽然是通过法院起诉来行使解除权，但是在起诉状副本送达之前，在诉调阶段双方已经就合同解除，其实我认为是达成一致了。

为什么呢？他们已经把房屋都返还了，进行了交接，这个时候合同解除其实已经达成一致了。那么为什么没有进行诉调解决？就像刚才陈老师讲到的，是因为他们对于解除的后果各项处理、违约责任的认定可能没有达成一致，最终没有进行诉调，进入案件审理阶段，进行了诉状副本送达。此时诉状副本其实送达在后，当事人并不是在诉状副本送达才知道合同解除的，其实在之前双方办理房屋交接、归还房屋的时候，大家已经对房屋解除达成一致了，是双方协商一致解除了合同。

但是我知道为什么冰玢这里会讲这个问题，是不是协商一致？其实我们有的时候，当事人协商一致解除合同并不影响我们根据合同进行违约责任、解约原因、解约责任归属的认定，最终让违约的这一方来承担解除合同的违约责任。也就是说，并不是说协商一致解除合同的，就不需要承担违约责任。

陈：这个问题我同意毛老师的观点。我们所说的协商一致解除合同其实是对合同解除这一个事项达成了一致意见，而不是说对整个合同的所有内容，包括违约责任或者是租金、违约金达成了一致意见。

毛：对，就是这个意思。

张：总的来说还是要具体案例具体分析，不能机械地适用法条。

我们刚才又说到了当事人怠于行使合同解除权的情况，合同解除权会不会消灭呢？

陈：这个问题是这样的，合同解除权是形成权的一种，所以受除斥期间的一个规制。《民法典》第564条对合同解除权的行使时间作了规定，当事人可以提前约定合同解除权的行使日期或者是期限，如果没有约定的，解除权人在知道或者应当知道的一年内行使他的合同解除权，或者以对方催告后的合理期限内行使，如果超过这个期间，我们认为合同解除权就消灭了。

毛：这个合理期限，我们一般理解为三个月。其实解除权还是有行使时间限制要求的。

张：看来当事人也需要在合理的期限内行使合同解除权。刚才毛法官和陈法官就如何正确地行使合同解除权、合同解除时间的认定等问题进行了讲解，也引入了不少有趣的案例，干货满满。

感谢两位法官的精彩讲解，也感谢观众的大力支持和关注。再见。

陈：再见。

毛：再见。

学者法官对谈：担保制度中反担保相关问题

对谈人：李　兴

·上海市第一中级人民法院立案庭民商事快审团队协助负责人

·三级高级法官

·中国政法大学民商法学硕士，上海财经大学博士研究生在读

·荣获上海法院办案标兵、个人二等功，合议庭集体二等功

·3 件主审案件分别入选《最高人民法院公报》、“上海法院年度十大典型案例”、“上海法院年度十大优秀裁判文书”

·主审案件 16 次获得上海法院“精品案例”“优秀裁判文书”“示范庭审”

·在《法律适用》《人民司法》等刊物发表学术论文 30 余篇，执笔最高法院司法研究重大课题、上海法院重点调研课题和报批调研课题，均获评优秀

·10 次在上海法院学术论文讨论会、全国法院学术论文讨论会、全国法院优秀案例分析评选、全国法院优秀裁判文书评选活动中获奖

对谈人：李　宇

·上海财经大学法学院教授、博士生导师

·中国社会科学院民商法学博士

·华东政法学院民商法学硕士、法学学士

·中国社会科学院民法典立法研究课题组成员

·独著：《民法总则要义：规范释论与判解集注》《商业信托法》

·合著：《中国民法典草案建议稿附理由》《中国社会科学院民法典分则草案建议稿》《英美法原论》

·在《法学研究》《中外法学》《法学》《华东政法大学学报》《法学论坛》

《民商法论丛》等刊物发表学术论文多篇

主持人 张 柯

· 上海市第一中级人民法院立案庭二级法官助理

· 上海市第一中级人民法院机关团委副书记

· 上海财经大学经济法学硕士

· 主要研究方向经济法、民商法

· 执笔上海法院重点调研课题、执笔上海法院报批调研课题并获评优秀、执笔案例获评上海法院精品案例

· 曾获上海法院系统考核优秀

· 曾获合议庭集体三等功、“一中天平奖”

张柯：各位观众好，欢迎大家收看上海市第一中级人民法院微课程，今天我们有幸邀请到我院民商事快审团队协助负责人李兴法官、上海财经大学法学院李宇教授做客微课程。我们今天一起来聊一聊担保制度中关于反担保的问题。欢迎李法官，欢迎李老师。

李兴：大家好。

李宇：大家好。

张柯：担保行为具有典型的商事属性，为了平衡各方利益，明确市场主体的合理预期，《民法典》及《最高人民法院关于适用〈中华人民共和国民法典〉有关担保制度的解释》（以下简称《民法典担保制度司法解释》）对时效期间整体做了比较大的重构。这些规定具有很强的技术性，也是我们确定担保责任的一个基础。那么在开始今天的讨论前，我想先引入李兴法官主审的一起案例。

2011 年 9 月 15 日，钟某与银行签订贷款合同，担保公司为钟某提供连带责任保证担保。

2012 年 10 月 25 日贷款到期，钟某未依约还款付息，同日钟某与担保公司签订反担保合同，以自己名下房屋为担保公司提供抵押反担保，并办理了抵押权登记。后银行提起诉讼，法院判令钟某归还贷款，并由担保公司承担保证责任。

担保公司先后于 2013 年 9 月、10 月，2019 年 11 月实际承担了保证责任。后钟某以该反担保抵押权未在主债权诉讼时效的期间内行使为由，请求确认反担保抵押权失效，并注销该抵押权登记。

一审法院认为该抵押权的主债权诉讼时效就是担保公司保证合同的诉讼时效，

故对钟某的诉讼请求予以支持。二审作出改判，驳回钟某全部诉讼请求。

李法官，您是如何考虑这个案子的？

李兴：《民法典》第387条第2款规定，第三人为债务人提供担保的，可以要求债务人提供反担保。这个法条它并没有对反担保作一个确切的定义，《民法典担保制度司法解释》也没有对反担保的期限和时效作出专门的设置，这可能就是导致实践中产生一些困惑的原因。

我认为要解决这些问题，可能需要建立一种体系化的裁判思维，也就是说要找到一个正确的逻辑起点，然后用清晰的推理链条，再加上合理的价值判断，我们就可以在法律的不同章节找到所对应的不同的规则，对这些规则进行一个整体的、协调的适用。

这个案件二审的裁判理由中，其实明确了一个最核心的点，这个点也就是我们整个推理的一个起点，即反担保的主债权究竟是什么？

实践中我们往往容易望文生义，产生一个误区，认为反担保是从属于本担保的，这就混淆了概念，反担保和本担保固然具有牵连性，但是在效力和权利上都不存在从属性的问题。

《民法典担保制度司法解释》第19条第2款规定，如果当事人仅以担保合同无效为由主张反担保合同无效的，人民法院不予支持。其实强调的就是这个道理，我们都知道担保权利是有从属性的，从属于主债权，这才是担保的核心。那么设立反担保的目的就是保障第三担保人的利益。

《民法典》第392条规定，提供担保的第三人承担担保责任后，有权向债务人追偿。所以说反担保的主债权实际上就是在担保人实际承担担保责任之后所产生的对债务人的追偿权。

张柯：李老师，刚才李法官也提到了《民法典》第392条，能不能请您先给我们做一个大概的介绍谈谈对这个法条的理解。

李宇：反担保的目的无非就是防免担保人因提供担保所产生的风险。而担保人作为第三人提供担保时，他所承担的风险就是债权人不去找债务人，直接找担保人，以至于担保人用了自己的财产去承担担保责任。那么通过这种行为他就有所失，想要通过反担保把这个失给补回来，那他就要有所得。这个得就是从债务人提供的反担保当中，去把损失给补回来。

可见，不管债务人提供的反担保是采用何种形式，它所保障的，就像李兴法官刚才讲的，是担保人的追偿权。担保人能够把自己承担担保责任所产生的损失补回来，在法律上主要是通过追偿权来实现。

但是追偿权是对债务人的一种债权。如果债务人没有足够的财产，那此时担保人的追偿权就无法实现。因此担保人会提出反担保的要求，通过债务人提供抵押、质押，或者再有另外一个第三人向担保人提供保证等方式，使得他的追偿权受到另外的人保或者物保的保障。可见反担保担保的主债权就是追偿权，它跟担保确实是没有关系的。

张柯：是的，还是要区分主担保和反担保到底对应的主债权是什么。这也是这个案子一审中出现的认知上的偏差，混淆了反担保和本担保的债权。

刚才两位老师都提到了，担保的一般主要形式是人保和物保，那么反担保当中有没有对这个形式作出过具体的要求，李法官？

李兴：反担保在具体形式上其实没有任何特殊性，我们担保制度的所有形态都可以由当事人自由地去选择。这也就是为什么法律没有为反担保的期间时效问题去作特别的规则设计，这就要求法官在具体案件中，根据本案中反担保的具体形态去相对应的法律章节中，找到对应的期间时效规则，再结合追偿权所产生的实际过程，最终作出一个合理的判断。

张柯：这听下来感觉对我们法官审理具体案件提出了更高的要求。刚才我也注意到李法官提到了时效期间和担保规则这两个关键词。李老师能不能给观众们讲一讲法律框架，还有具体怎么理解它？

李宇：对担保的实现，我们是采用了一种时间上的限制，这种时间上的限制会区分人保和物保的差异。对人保的主要限制，除了一般的诉讼时效之外，主要是通过保证期间来实现的，并且我们的《保证法》比较有特色，它有法定保证期间，原则上是六个月，是一个比较短的时间。这么短的时间无非是着眼于保证人，他是无偿地提供担保，并不从保证合同中收取对价，他面临了单方面的重大风险，所以是在一个比较短的期间来督促债权人主张权利。这是保证期间区别于其他的时间限制的一个重大特点。

但是对于担保物权，我们并不存在这样的特定的某种担保期间的约束。在现行法中从《物权法》开始到《民法典》，还是主要通过主债权的诉讼时效来限制抵押权的行使，抵押权必须在主债权的诉讼时效内去行使。那么主债权的诉讼时效和保证期间就很不一样，它是一个可变期间。如果债权人向债务人积极地主张权利导致主债权的诉讼时效不断地在中断，那么抵押人的责任也不会因此而被减损。

除了抵押之外，对于质押和留置怎么处理？是不是同样受时间限制？《民法典》没有规定，但是《民法典担保制度司法解释》做了一个二分法，也就是说以占有为标的的担保物权，比如动产质权和留置权是不适用诉讼时效期间约束的。

对于登记型的质权，仍然参照适用抵押权规则，它也是着眼于登记型的质权跟抵押权是有共性的，它必须依赖于法院的实现，那么如果超过诉讼时效期间，法院可以不予保护。占有型的，像动产质权和留置权，它就不适用时效期间的限制。因为债权人可以通过自行变卖、拍卖来实现权利，无须诉诸公力救济，那么自然也就没有法院以时效期间届满为由不予保护这样的机会。

从性质出发，它实际上是不受制于时效的。但同样要防止担保权人过于迟延地行使权利，所以《民法典》相对应的制度是出质人或者留置财产的所有人，可以请求债权人及时实现权利，不能久拖不决，如果因此对担保人造成损失，债权人也需赔偿。

张柯：是的。

李宇：所以总的来说是有时间限制，只不过限制的手段各不相同。

李兴：担保权利的行使都是有边界的。为了稳定大家的预期，必须有个时间期限上的限制。就像刚才我们谈到的这个案例，它是采用了一种不动产抵押来作为反担保的具体形态。

所以这里就涉及刚才李老师讲到的关于抵押权的期间的限制，它不像保证期间那样，它是采用一个可变期间，也就是主债权的诉讼时效期间，这就是我们《民法典》的第419条。

这个案件中原告的请求权基础，其实就是认为抵押权的行使已经超出了主债权的诉讼时效期间，所以反担保的抵押权应当注销登记。但是这个抵押权，由于它的主债权是追偿权，实际产生是要在担保人实际承担担保责任之后才会发生的，而且它的履行期限也并不是合同事先约定好的。

张柯：两位的观点，即本案中反担保的诉讼时效起算，应当以追偿权的确定实际发生来作为一个最重要的考量因素，对吧？

那么可不可以这么理解，即李法官对于本案的审理思路主要是反担保权利能否有效地行使取决于主债权，也就是以追偿权的确定为前提，并且分期履行担保责任的追偿权，应该类推适用分期债务的相关规定。

我们通俗点讲，就是从最后一期追偿权产生之日来确定整个诉讼时效期间，而不宜做分段式切割，来对他的追偿权、反担保的实现做处理。对于我这样的概括，李老师您觉得准确吗？

李宇：是的。

张柯：您对这个案子有不同的看法吗？

李宇：这个案件我也赞同二审法院的处理思路，因为追偿权实际上会随着担保人承担担保责任而发生。以往我们一般设想的是担保人一次性承担担保责任，所以自然从担保责任承担之日起就开始起算追偿权的诉讼时效了。那本案比较特殊，它是分段偿还，担保人分段地承担了担保责任，分为三期。而第一期承担责任的时候，可能已经超出了抵押权所对应的原来的主债权的诉讼时效，由此导致一审法院作出了这样的判断。

在分期承担担保责任的情况下，实际上和《民法典》第189条所规定的同一债务分期履行应该从最后一期履行期限届满开始起算，是具有相似性的。那么，在本案中能否采用类推适用方法，就要来观察《民法典》第189条为何会对分期履行的债务采用最后一期开始起算的规则。从最后一期起算的规则我把它称为一种总算主义规则，如果是从每一期开始可以称为分算主义规则。

为什么总算主义比分算主义更合理呢？实际上在《最高人民法院关于民事案件诉讼时效司法解释理解与适用》中也阐述过理由。因为这就不用逼得债权人在每次分期偿还之后都要倒过头来去积极地行使权利。也就是说他只需要等到履行期限届满，一次性地去主张权利就可以了。

这对于期数很多的债务来说，可以减少彼此双方的讼累，也可以免予合作关系的破裂。本来债权人可能就指望着最后一期到期，我再看看你债务人愿不愿意履行，不用很着急慌忙地，每一期到了就赶紧在时效期间内起诉。

那么在本案当中其实也是类似的情况，担保人每期承担的责任，他实际上想的是应该一次性最终总地去追偿一次，而不是说分了三期就要去提起三个追偿权诉讼，那对于反担保人也是一种不合理的负担，明明一个诉讼可以解决，非要分三次来诉，徒然造成社会资源的浪费。

张柯：对，这种商事属性也体现在这些方面。

李宇：诉讼时效制度具有维护公益的面向，司法成本的节省是诉讼时效的三大制度目的之一，我们在处理这样的规则时不得不考虑，所以类推适用应该是没有问题的。

张柯：对，谢谢李老师。虽然我们今天引入的是一个反担保的案例，但是就像刚才两位老师一直在强调的，体系思维对于整个担保制度的理解和适用是非常重要的。

反担保权利人实现担保权的前提是追偿权及整体金额的确定，这是不是有点像担保制度中最高额担保的相关规定，李法官？

李兴：是的，当时在这个案件裁判的时候，我们实际上也参考了这种思路。

你看刚才讲的，最高额担保，它的主债权是由在未来一段期间所发生的、连续发生的多个子债权所组成的。

所以《民法典担保制度司法解释》第30条也规定，在约定不明的情况下，即便最高额担保的相关主债权的履行期限均已经届满，相关的保证期间也应当从主债权总的金额最终确定之后，才能起算保证期间。它反映的也是这样一种价值判断，即不要苛责，不要在这样一种特殊的主债权连续发生的情况下，去苛责债权人在首期债权发生后就急于主张权利。

这里其实还有一个我们可以思考的价值判断，就是我们整个担保制度的基础价值是什么？其实就是要优先保障债权人能够得到受偿。如果我们要求反担保的权利人去向债务人主张追偿权的话，那么会造成一种什么局面呢？事实上会造成担保人和主债权人共同去竞争债务人的财产。其实这是违背诉讼经济原则的，也不符合担保制度的基本价值。

张柯：这就回到了刚才李老师所说的诉讼时效这个规定，它背后的一种价值制度和价值逻辑很重要，是一个诉讼经济的问题，也要考虑各方的利益平衡。

那么李法官能不能再多提供一点实践中的，比如说类似的典型案例来帮助我们加强这个问题的理解呢？

李兴：刚才李老师也讲到了，反担保的具体形态可以有抵押，当然也可以有保证。最近最高人民法院的第六巡回法庭也发表了一个典型案例。

案例的案情是这样的，主合同项下有一个保证合同，也就是本担保，这个本担保的形态是个连带保证。我们都知道连带保证最重要的、首先要审查的就是保证期间的问题，这是保证合同里面经常会约定的。这个合同里面约定的本担保的保证期间是主债务履行期限届满后两年。这个约定是没有问题的，是一个非常合理和正常的约定。

那么问题在于，本担保的保证人也为自己设立了一个反担保，这个反担保又是一个连带保证。在约定反担保的保证期间的时候，他就照抄了本担保保证期限的约定，他说反担保的保证期间也是主合同债务履行届满之日的两年。最后最高人民法院认为这个约定应当视为没有约定，改为适用法定的追偿权的履行期限届满起的六个月。

也就是说，显然当事人没有意识到反担保的主债权应当是追偿权，那么他在约定反担保的保证期间的时候，不应该去和主合同的债务履行期间挂钩，他要锚定的一个基础是追偿权的产生和履行期限问题。

我们试想一下，这样一种约定在实践操作中会造成什么后果呢？本来本担保的保证人是要在主合同的履行期限届满后的两年内，债权人实际在保证期间内主张承担保证责任，并实际履行保证责任之后，才会产生追偿权。

但是按照当事人的约定，这个保证期间却在实际承担责任之前就已经开始计算了，无论在法律原理上还是在现实效果中都是说不通的。

张柯：对。有时候约定了相当于没有约定，还是要从法律规定本身来看当事人约定的合法性、合理性。李老师你觉得最高人民法院的案例对我们来说参考的意义在哪里呢？

李宇：六巡这个案例跟我们今天反映的情况是一致的。这回是当事人误解了反担保担保的究竟是什么，他照抄了本担保合同中的保证期间约定。

实际上他也是没搞清楚反担保其实保证的是追偿权，并且这个合同大概率还是担保人提供的。他自己都没有搞清楚对自己有利的约定应该是什么，错误地照搬了本担保约定。

反担保如果照搬本担保的约定，就会出现李法官刚才讲的这种状况，完全违背了反担保的目的。所以反担保还是要从反担保的主债权追偿权的履行期限届满之日起才开始计算保证期间，包括诉讼时效也是一样的道理。因为不论是诉讼时效还是除斥期间或者保证期间等，所有民法上这样的期限限制，都是从一个最基本的起算点出发，也就是说权利人可行使权利之日。如果可行使权利了，还不行使，那么由于受到法定期间限制，到时候就要承担失权之类的后果。如果还不可行使权利，那么从此时开始计算时间限制显然对于债权人来说是不公平的，在本案中就是对担保人非常的不公平。

所以最高人民法院这样一种判断是解释了当事人之间的争议，应该从追偿权开始计算保证期间。不过在处理上也可能有另一类出路，起算点这样处理没有问题，但是期间是不是要理解为法定的六个月？还是按照当事人之间的约定两年？我觉得还是有另一种可能性。因为对一个合同条款我们尽量要做有意义的解释，这称为有效解释原则。

当事人选定的是两年，那么如果完全把这个条款推翻，起算点和期间都推翻的话，就会适用法定的期间。而法定的期间起算点固然没有问题，但是它的保证期间只有六个月。

如果从担保人的真意来看，他自己向债权人提供的本担保的保证期间是两年，他现在要债务人提供一个反担保，反担保的保证期间却只有法定的六个月。这对于担保人而言，似乎不太符合他的真意，可能他想要的是两年，但是他搞错了起算点。起算点我们用法定规则去填补它的合同缺漏这没问题，但是在期间上也许尊重他选择的两年可能更符合当事人真意。

张柯：可以分开来看这两个问题。

李宇：对，一个起算点和一个期间，是两个问题。

张柯：好的。我感觉担保制度可以说是超越了整个物债的一个系统，是横跨了整个民商法律部门的一个体系。那么对于期间时效这些刚性规则而言，一个诉讼技术的差错就可能导致整个交易的风险发生。所以越是复杂的问题，我们越要潜心钻研相关的问题。

李法官是否可以就处理这些问题给大家提供建议呢？

李兴：通常来说，担保制度有很强的技术性的问题，而且它的一个很大的特点就是在《民法典》的构造中，“保证”是在合同编中，“抵押权”“质权”“留置权”在物权编中，但是担保制度的精神需要我们从这些制度的共性中去寻找。我们今天探讨的这个话题，反担保的期间和时效问题，是辐射到整个担保制度的期间和时效问题的。因此我们就要反思，为什么担保制度要设置这些期间和时效？

每一种反担保所采取的具体形态，都对应了不同的规则。而且在不同的规则和具体案情中，追偿权产生的实际情况又会产生各种因素的叠加。这个过程就要求法官在每一个案件中找到一个正确的逻辑起点，然后再根据每一个案件不同的变量，进行逻辑的推演。

越是复杂的案情就越需要找准起点。只要起点找得准，再结合案件事实查明的每一个要素进行推理。我们推理出来的结论只要链条是严密的，那么我们就应该对自己的判断有信心。这个过程需要在实践中长期锻炼，坚持学习。

张柯：确实。除了长期锻炼以外，还要保持专注、深耕、细做，不断更新自己的知识体系。我觉得除了这些之外，还要准确识别每一个案件中的关键要素是什么，因为案件不一样，最后在适用法律逻辑、法律规定的结果导向上也有区别。

非常感谢两位老师从审判实践、理论视野的角度给我们进行了分享。相信对大家也有所裨益。感谢观众们的关注，我们下次再见！

一二审对谈：商事合同“背靠背”条款的司法认定问题

对谈人：韩朝炜

- 上海市第一中级人民法院商事审判庭涉外仲裁纠纷审判团队协助负责人
- 三级高级法官
- 华东政法大学法学博士、复旦大学法学博士后
- 首批入选上海青年法学法律人才库
- 获评上海法院审判业务骨干
- 10 余次荣获个人嘉奖
- 案例入选人民法院抓实公正与效率践行社会主义核心价值观典型案例，《人民法院案例选》，《中国法院年度案例》，上海法院十大典型案例、精品案例等
- 10 余次在最高人民法院学术讨论会、全国法院系统优秀案例分析、中国法学会审判理论研究会金融审判理论专业委员会重点课题、上海法院学术讨论会、上海法院优秀裁判文书等评选中获奖
- 出版专著《证券交易所自律的司法介入》《商法适用中的法官解释》等
- 在《法律适用》《人民司法》等刊物上发表论文 30 余篇

对谈人：宋　虹

- 上海市徐汇区人民法院商事审判庭审判员
- 华东政法大学国际法学硕士
- 主要研究方向合同法、公司法等
- 主审案件曾获上海法院示范庭审
- 曾获得全国法院学术讨论会、上海法院学术讨论会优秀奖

· 多次获得上海法院系统个人嘉奖

主持人　闫伟伟

· 上海市第一中级人民法院商事审判庭一级法官助理

· 中国人民大学法学院国际经济法硕士

· 主要研究方向国际经济法、民商法

· 多次执笔中国法学会部级课题、上海高院及上海市第一中级人民法院类案裁判规则等

· 参与撰写的文章在《法律适用》期刊发表

· 执笔案例分析入选《上海法院涉外、涉港澳台商事审判典型案例选》《中国法院年度案例》《上海法学研究》等

· 曾获得上海法院系统个人嘉奖、党员先锋岗、审判辅助能手、合议庭集体三等功等荣誉

闫：大家好，我是上海市第一中级人民法院商事审判庭的法官助理，闫伟伟。今天很荣幸邀请到，上海市第一中级人民法院商事审判庭涉外仲裁审判团队的协助负责人，韩朝炜法官。

韩：大家好。

闫：以及上海市徐汇区人民法院商事审判庭的宋虹法官。

宋：大家好。

闫：欢迎两位来共同探讨商事合同中，“背靠背”条款的司法认定问题。

对于“背靠背”条款，大家应当是不陌生的。但印象中，它较常出现在建设工程类的合同中。而近几年，诸如买卖合同等商事合同中，也经常看到此类条款。对此，想先请宋法官简单介绍一下，什么是“背靠背”条款？

宋：好的。从形式上来看，我们以连环买卖为例，“背靠背”的交易模式呢，主要包括两个方面。第一个是交易对象的“背靠背”，即中间商分别与上下游签订合同；第二个是时间上的“背靠背”，即中间商向上游购买货物后，随即就转卖给下游。

从合同内容上来看，一般会设置一个付款的前提条件，即中间方收到第三方支付的款项后，方才进行付款。举个例子，在买卖合同中约定，买方收到客户的设备款后的10天内向卖方进行付款，如果客户没有付款的，那么买方有权拒绝支付。这就是一个非常典型的“背靠背”条款。

闫：对于这个概念的理解，韩老师您有不同的观点吗？

韩：“背靠背”条款，在商事合同模式当中是经常被运用的。除了刚才宋法官所说的，连环买卖合同中的“背靠背”条款之外，这种条款在以下的商事交易当中也是经常出现的。比如说，承包人与发包人先签订一个建设工程承包合同，然后再与供货商签订买卖合同。在买卖合同当中就约定，以发包人向承包人履行支付价款作为承包人向供货商履行支付货款的前提条件。在商事合同当中，“背靠背”条款的本质就是付款方转移支付风险、减轻资金压力，从而使合同双方共担风险。

从这个专业的角度来看，“背靠背”条款并不是一个专业的法律概念或者法律术语。从立法层面来看，也没有专门对此进行规定，它的核心内容简单地说，就是合同双方当事人约定，以第三方的履行作为付款方履行付款义务的前提条件，也就是第三方履行在先。

闫：刚韩老师也提到了，就是“背靠背”条款在法律上它没有一个专门的概念，那么想问一下宋法官，具体的审判实务当中，我们应当如何在法律上去给它定性呢？

宋：审判实践中，对“背靠背”条款的法律性质，是有两个观点的。我简单介绍一下，第一个是履行附条件说，第二个是履行附期限说。

履行附条件说认为，该约定主要影响的是当事人是否有履行义务，也就是说它本质上是履行行为所附的条件。“背靠背”条款，这个付款条件是否成就，它本身就具有不确定性，所以当条件没有成就的时候，付款方是有权拒绝履行的。

履行附期限说认为，当事人负有确定的履行义务，其本质上属于对履行行为所附的期限。所以说，当第三方的履行期限是明确的，那么从期限届满之日去履行；如果第三方履行义务的期限是不明确的，那么这里可以参照《民法典》第511条第4项之规定，履行期限不明的，债务人可以随时履行，债权人也可以随时要求履行。至于这个履行期限是否明确的举证责任，一般是在付款方。

闫：刚宋法官在区分这两种观点的时候，提到了“条件”跟“期限”这两个词，其实我们对这两个词并不陌生。我想问一下韩老师，这里提到的“条件”跟“期限”，跟我们《民法典》第158条和第160条当中提到的“条件”跟“期限”是同一个概念吗？

韩：不是同一个概念。刚才宋法官所说的两个主要的观点，在理解的时候，我们必须区分一些最基本的概念。《民法典》第158条规定，民事法律行为可以附条件，包括附生效条件和附解除条件。《民法典》第160条又规定，民事法律行为可以附期限，包括附生效期限和附终止期限。刚才宋法官所说的，履行附条件说中的“条件”、履行附期限说中的“期限”，与《民法典》意义上的民事法律行为附条件和附期限，是不一样的。前者是针对付款方在商事合同成立并生效的情况下，是否履行给付价款义务来说的；后者是专门针对商事合同本身效力，也就是生效与否来说的。

闫：刚宋法官其实介绍了两种观点，那么想问一下，您自己是哪一种倾向性的意见呢？

宋：我认为，区分附条件与附期限的一个关键，就在于去判断所附的这个事实是否必然发生。如果说这个事实的发生，是具有不确定性的，可能发生也可能不发生，则为附条件；如果这个事实的发生，是具有确定性的，只是不知道什么时候发生，则为附期限。

我们结合这个区分标准以及前面讨论的“背靠背”条款的定义来看，那么很显然，“背靠背”条款的付款前提条件是第三方支付价款，那么第三方是否会支付款项、什么时候支付，这些都是具有不确定性的。所以我的观点是附条件说。

闫：但其实，我自己在平时的审判工作当中发现，一度有一种观点是比较流行的。它是指当事人对于已经存在的确定要履行的债务，约定了未来某一不确定的事实发生的时候再来履行。这种观点就认为，此类的约定，它看似形式上是一种对履行条件的约定，但本质而言，还是对期限的一种约定，只是这种期限约定得不明确而已。那么韩老师，您对于这种观点怎么理解，您认同吗？

韩：这种观点在适用上有其便利性，但是在逻辑上很难自洽。现在我举个例子来加以分析和说明。比如买卖合同，双方约定买受人甲公司在收到下家丙公司所支付的货款后，向出卖人乙公司支付货款。这里面涉及两个事实，第一个事实是买受人甲公司收到下家丙公司所支付的货款；第二个事实是买受人甲公司向出卖人乙公司支付货款。

我们现在要判断的就是第一个事实，也就是买受人甲公司收到下家丙公司所支付的货款，是否必然发生？

如果说是必然发生的，那么就是履行附期限。如果说不是必然发生的，那么就是履行附条件。也就是说，我们判断的依据就是第一个事实，而与第二个事实买受人甲公司向出卖人乙公司支付货款是没有关系的。

但是履行附期限说就认为，买受人甲公司向出卖人乙公司支付货款，是必然发生的，从而倒推出买受人甲公司收到下家丙公司所支付的货款，也是必然发生的。那么也就是说，它完全不顾客观条件下，买受人甲公司收到下家丙公司所支付货款是否确定。尤其是在丙公司已经破产，买受人甲公司可能永远无法收到下家丙公司支付的价款的情况下，这样一个必然不会发生的事实，就被这个履行附期限说解释为附不确定期限，这个在逻辑上是讲不通的。通过刚才我的分析，我完全赞同宋法官关于履行附条件说的观点。

在审判实践当中，如果按照履行附期限说的观点，分为附确定期限和附不确定期限，那么确定期限的“背靠背”条款，在审判实践当中几乎是看不到的。对于附不确定期限来说，如果是按照收款方随时主张、付款方随时履行的规则来处理，那么“背靠背”条款的设置将完全失去它的意义。

闫：其实不光在这个定性上是存在争议的，实际上对“背靠背”条款的效力如何去认定，不管是理论界还是实务界，都是存在分歧意见的。实际情况当中是这样的吗？

宋：是的。在审判实践中对于“背靠背”条款的效力主要是两种观点：第一种观点是有效说，认为“背靠背”条款是当事人之间意思自治的表示，是理性商主体对于市场资金风险共担的一种共识，它不违反法律行政法规的强制性规定，也不违背公序良俗，所以认定为有效。

第二种观点是无效说，认为“背靠背”条款违反了合同相对性原则，第三方与收款方之间不是合同的相对方，但是他们却以第三方为这个付款的一个前提条件，显然存在不公平的情况。

此外，还有一点是“背靠背”条款会被认定为是格式条款，认为不恰当地限缩了收款方的一个权利，也因此认为应当排除适用，主要是这两种观点。

闫：那韩老师，您认为这个条款是应当被认定为有效还是无效呢？

韩：我认为“背靠背”条款是有效的。我们在认定“背靠背”条款的效力的时候，作为法院应当采取谦抑的态度。我主要有三点理由：第一，就是“背靠背”条款实际上是合同双方当事人关于付款事宜的一种合意安排。我们现行的法律行政法规，对这种条款的效力并没有进行否定。而且“背靠背”条款也不违反公序良俗原则，这是第一个。

第二，“背靠背”条款实际上是合同双方当事人对于共担资金压力以及期限风险的一种合意安排，是双方当事人的一种选择，不违反公平原则。

第三，“背靠背”条款不违反合同相对性原则。所谓合同相对性原则，实际上就是指，合同仅对缔约双方产生法律效力，而对合同以外的第三方不具有约束力。合同相对性原则包括三个方面：主体相对性、内容相对性和责任相对性。我们具体分析一下“背靠背”条款，从合同的主体相对性来说，这个第三方并没有作为合同的主体纳入合同之中，同时从合同的内容来说，合同内容并没有为第三方设置权利和义务。从合同的责任来说，这个收款方并不能直接越过付款方向第三方主张权利。

宋：是的，我非常同意韩法官前面的观点。我再补充一下，“背靠背”条款应当认定有效的另外一个理由，就是“背靠背”条款是不应当理解为格式条款的。这是因为我们刚才已经反复提到了，“背靠背”条款的一个商业本质，就在于减轻支付压力、转移资金风险。这种资金风险的转移，不代表付款方就不负有付款义务了，相反，付款方在合同中始终是对这个收款方负有一个付款义务的。收款方这种债权的享有，也是从来没有消灭的。

所以说，“背靠背”条款它是没有不恰当地限缩付款方的义务，也没有不恰当地限缩收款方的权利的。而且在合同的履行过程中，“背靠背”条款是收款方与付款方之间互相磋商的一个结果，在这个磋商的过程中，收款方是一个平等的缔约主体的身份，而不是一个附从的身份。并且合同的内容都是公开披露的，是双方意思自治下进行的一个订立的结果，所以说“背靠背”条款应当认定为有效。

闫：这么看来，“背靠背”条款的设置还是有其合理性的对吧。那么经过刚才的讨论，我们认为这个“背靠背”条款，在效力上原则上应予以肯定，同时认为它是一个附条件的、价款支付条款。那么既然是附条件的，就意味着这个条件可能成就，也可能不成就。

我有一个疑问，就是说这个付款方，他是否可以始终援引“背靠背”条款来主张这个条件未成就而一直拖延付款，在这种情况下，是不是存在付款方可能滥用“背靠背”条款的这个情形？那么怎么样去保护收款方的这个权益呢？是不是要在具体的适用上面加以一定的限制，来维持合同双方当事人权利义务的平衡。

宋：是的。在审判实践中，确实是存在部分付款方以“背靠背”条款为前提条件，去拖延付款的情况。我觉得，对这个问题，应当具体情况具体分析。

首先比较常见的情况，就是付款方对第三方存在违约行为。大家都知道，在付款方与第三方的这个合同中，付款方肯定是有一个全面履行自身合同的义务的，如果说付款方没有履行，或者是未能全面履行自己的合同义务，构成违约了，第三方确实有正当的理由拒绝付款。

在这个时候，如果我们继续同意付款方去援引这个“背靠背”条款，那么显然会导致一个情况，就是付款方因为自己的违约行为反过来获得了一个拒绝付款的额外获益，这明显是不公平的。在这个时候，我们可以参照适用《民法典》第159条的规定，也就是说，当事人为了自己的利益不正当地促成条件成就的，我们就视为条件未成就，不正当地阻止条件成就的，我们就视为条件成就。因此在这个情况下，付款方是不再适宜运用“背靠背”条款以拖延或者是拒绝支付的。

韩：那么还有一种情况，就是付款方怠于向第三人主张权利。那么根据“背靠背”条款，付款方实际上负有向第三方积极主张权利这样一种义务，因此如果说付款方援引“背靠背”条款要做有效抗辩，他必须对他与第三人之间的结算情况以及第三人向其支付价款的情况，承担举证责任。否则，付款方因为自身的原因怠于向第三人主张权利，他就没有资格去援引“背靠背”条款。如果说付款方怠于向第三方主张权利，其行为在性质上可以认定为违反“背靠背”条款而构成违约，那么我们究竟怎么来判断这个付款方怠于向第三方主张权利呢？

我个人的观点认为，我们可以参照代位权诉讼中债务人是否怠于向次债务人行使到期债权这样一个判断标准，也就是说付款方是否已经通过仲裁或者诉讼的方式向第三方来主张到期的债权，而不仅是依据发一个催款函或者是发一个律师函就能进行判断的。所以说，如果付款方怠于向第三方主张这个权利，可以认定为付款方不正当地阻止条件成就，从而我们可以参照《民法典》第 159 条的规定来处理。

宋：我同意韩法官的观点。我再补充一个情况，也是在审判实践中非常常见的，就是一个第三方履行不能的情况。我们刚才反复提到了，“背靠背”条款的一个商业风险或者是商业本质，就在于风险共担。这里的风险共担指的是，支付款项的期限利益的风险共担，而绝对不是对于第三方履行不能的一种风险共担。

因此在第三方出现明显的缺乏偿债能力乃至破产的情况下，收款方通过了诉讼、仲裁甚至执行的方式，都无法实现自身债权的，这个时候，我们再继续同意将“背靠背”条款作为一种有效的抗辩进行援引，显然会导致合同之间当事人的一种利益失衡，会导致付款方有一个理由，去逃避自己的付款义务。所以说，这个时候，我们应当参照适用《最高人民法院关于适用〈中华人民共和国民法典〉总则编若干问题的解释》（以下简称《民法典总则编司法解释》）第 24 条的规定。就是说，这个民事法律行为所附的条件不可能发生了，如果这个条件是一个生效条件的话，我们就认定这个民事法律行为不发生效力；如果这个条件是一个解除条件的话，我们就认定这个民事法律行为相当于是未附条件的。

所以说，基于我上面的分析，在这个第三方履行不能的情况下，我们总体是要把握一个合理利益的期待原则去保护收款方的。

闫：韩老师这边，您对于这个问题还有什么补充的吗？

韩：总的来说，“背靠背”条款并不是去否认付款方的付款义务，也就是说，并不是说只要第三方没有履行支付价款的义务，付款方就可以始终援引“背靠背”条款来做出一个有效的抗辩。

一方面，根据合同中所约定的这个“背靠背”条款，合同双方都应当各自履行自身的义务，而且要全面适当地履行。如果说是因为这个付款方的原因没有履行合同义务，而导致第三方履行在先的条件始终无法实现，这个付款方应当承担不利的后果。另一方面，我们要防止付款方滥用其优势地位，损害收款方的合法权益。只要收款方已经按约履行了合同义务，那么我们就要保障收款方接受价款的合理期待。他接受价款的权利，并不能因为“背靠背”条款而有所差异。

闫：好的。今天我们分别从“背靠背”条款的含义、性质、效力以及它的适用限制四个方面，共同探讨了“背靠背”条款司法认定的相关问题。

非常感谢两位，也感谢大家的观看。我们下次再见。

韩：再见。

宋：再见。

一二审对谈：夫妻共有房屋离婚分割的处理方式

对谈人：黄　蓓

· 上海市第一中级人民法院少年家事庭家事纠纷审判团队协助负责人

· 三级高级法官

· 华东政法大学法学硕士

· 长年从事家事案件审理

· 发表多篇家事案件类案

· 多年来担任上海法官培训中心兼职教师

· 曾多次获评上海法院系统二等功、三等功以及办案标兵称号

对谈人：顾薛磊

· 上海长宁法院审判委员会委员

· 少年家事庭庭长

· 三级高级法官

· 华东政法大学法学硕士

· 曾审理上海市首例未成年人监护权撤销案件、全国首例第三人对未成年人财产监管案件

· 主审的多起案例入选最高人民法院公报案例、最高人民法院关于保护未成年人权益的典型案例

· 多篇论文在国家法学类核心期刊发表

· 曾获评全国维护妇女儿童先进个人、全国优秀法官、全国法院党建先进个人、人民法院报十大亮点人物、上海市优秀共产党员、上海市先进工作者、上海市社会主义精神文明好人好事、上海市十大杰出青年、上海法院邹碧华式的好法

官好干部

·荣获一等功、二等功、三等功各一次

主持人　孙路路

·上海市第一中级人民法院少年家事庭二级法官助理

·华东政法大学法学硕士

·主要研究方向经济法

·多次参与撰写上海市第一中级人民法院类案裁判方法、院级专项调研课题

·曾获院级个人嘉奖、上海市第一中级人民法院审判辅助能手、上海市第一中级人民法院优秀共产党员

孙：大家好，欢迎收看上海市第一中级人民法院微课程。我是少年家事庭法官助理孙路路，今天很荣幸邀请到我院少年家事庭审判长黄蓓。

黄：大家好。

孙：以及长宁法院少年家事庭庭长顾薛磊，与我们共同探讨此次的话题。

顾：大家好。

孙：近年来我国离婚率逐年提升，我们审理的离婚案件也逐年增多。离婚案件势必会产生财产的分割，可以看到我们审理的一半以上的离婚案件中，涉及的大宗财产是房屋。那么关于房屋的分割，是否属于特殊的财产分割，以及在分割房屋时，又需要注意哪些方面呢？

黄老师，您在审理案件时，对于分割房屋有些什么心得体会？

黄：在夫妻共同财产中，对于房屋的认定及分割一直是我们司法实践当中处理离婚纠纷时尤为突出的难题。房屋关系到我们的居住生活，特别是如果案件当中一个家庭只有一套房屋，那么更加关系到民生问题了。最高人民法院在民法典颁布之前对于婚姻法出台过三个司法解释，这三个司法解释当中有相当多的条文关系到夫妻共同财产当中房屋的认定以及分割。

民法典颁布之后，最高人民法院《民法典婚姻家庭编司法解释（一）》中也有相当多的条文关系到房屋，所以人民法院关于房屋这样的一个大宗财产，一向对它的处理、对它的审判的思路都是非常重视的。顾庭长，您觉得呢？

顾：是的。就像前面黄老师所说，房屋因为它是个大宗物品，所以说它价值比较大，有的是几百万元乃至上千万元。有的时候房屋会登记到夫妻的父母或者是子女名下，那么又会涉及一个家庭的稳定。

我们在审理这些财产纠纷的时候，会涉及的案由有离婚纠纷、离婚后财产纠纷、共有纠纷，还有共有物分割纠纷等，这些都会涉及一些房屋的分割。我们在处理这些案件时，除了严格依法判案以外，还要兼顾社会效果和情理，努力实现公平和正义。通过法律来保护弱势群体，尽量缓解因为夫妻感情的破裂而导致对家庭乃至社会的冲击。

孙：刚刚两位老师讲了审理这类案件的一些原则性问题，从法律上讲在很多案件的审理中，很多当事人在诉讼中，一方请求分割房屋时，另一方会认为这个房屋并非夫妻共同财产，而是其个人的财产，案件中该类争议还是比较大的。黄老师，您在这方面有没有什么高招？

黄：的确，如果要分割房屋，那么前提就是这套房屋属于夫妻共同财产。如果这套房屋属于一方当事人的个人财产，那么就走不到这个分割的步骤了。所以我们在审理中，如果有一方当事人提出这套房屋并不是夫妻共同财产，而是他的个人财产，那么我们就要审理这个房屋的购买时间、出资情况、产权登记人的情况。

如果这套房屋是在婚前购买的，就只登记在一方产权人的名下，那么我们就认为如果没有相反证据，这套房屋就是该方的婚前个人财产了。

如果是购买在婚后，无论是登记在一方当事人名下，还是双方当事人名下，如果没有相反的证据，我们认定是夫妻共同财产。

在婚姻关系存续期间，通过受赠或者是继承所得的房屋，如果没有特别指向，也就是说继承是归某一个当事人个人所有，那么这套房屋应当属于夫妻共同财产。顾庭长，您觉得呢？

顾：完全赞成黄老师的看法，这也是我们司法实践中的一种普遍看法。婚前的财产登记在一方名下，原则上属于个人财产。如果婚后取得的财产，没有特殊的约定，属于夫妻共同财产。

我们也会遇到一些特殊的情况，比如说一对小夫妻，婚前谈恋爱的时候购房，因为一方限购，或者因为当时一方手续没办法办理，房屋只登记在一方名下，那么这个我们就要看情况了，如果他们确实以结婚为目的，然后事后也办理了婚姻的登记手续并共同生活，那么我们可以认定这个是夫妻共同财产，当然这个手续认定是比较严格的。

孙：顾庭长这个特殊案例举得非常好，记得黄老师审理过这样一个案件，夫妻双方婚前买房，房屋登记在女方的名下，当时男方是参与了出资的。在离婚诉讼中，男方就认为这套房屋是夫妻共同财产，但是女方却认为男方的出资是对她的赠与。这种情况，黄老师，您认为又该如何认定呢?

黄：实际上路路这个案例和刚才顾庭长举的案例是有相通之处的，也就是婚前买房，即恋爱关系存续期间买房，双方对这套房屋都有出资，然后只登记在一方当事人名下。

这个案例当中男方说他有出资，也是为了结婚而购买的婚房，只是因为限购或者其他原因登记在女方一个人的名下。女方抗辩称这套房屋是她的个人财产，称男方确实是出资了，但是男方出资是对其的个人赠与，那么谁主张谁举证，女方就要提供相应的证据来证明这个赠与关系是否成立。

这个案例当中女方提供了大量的两个人微信的聊天记录，其中说是两个人要结婚了要买房了，男方就讲，女方要购买房屋了，男方的经济条件非常好，为了减轻女方之后的还贷压力，就送给女方 50 万元作为首付的相关款项，并且多次提到赠送 50 万元。之后买房的时候，男方将 50 万元打到了女方的账上。这时候女方完成了她的举证责任，也就是说她充分证明了男方关于这套房屋的出资是对女方的一个赠与。顾庭长，您说是吧?

顾：对，这原来有可能认定为夫妻共同财产，但是当中有黄老师说的可能是赠与的情况，那么这个条件的认定又比较严苛了，就不能属于夫妻共同财产。

黄：当然这套房屋如果有婚后还贷的话，根据法律的规定，男方参与共同的还贷，那么女方关于这部分的数额以及所对应的增值部分，是要向男方补偿的。

孙：黄老师刚刚说到了谁主张谁举证，在我们案件审理中，对当事人来说这点是非常重要的，也符合了我们以事实为依据、以法律为准绳的一个办案原则。黄老师，刚刚我们提到的案件中，是关于男方对于女方的赠与，那其实很多案件中涉及了父母来支付购房款，那么这样的话这个房款是否能够认定为赠与呢?顾庭长，你们平时案件中是如何认定的呢?

顾：这个比较复杂，因为父母赠与有很多情况。父母双方如果出资，并且房产证登记了双方子女两个名字，那么就认为是对夫妻双方的赠与。往往纠纷在于父母双方出资，但将房屋登记在子女一方名下，那么就要看情况了。

如果是婚前赠与，赠与在男方一方或者女方一方名下，如果事后离婚，分割比例就按照父母双方出资比例来确定，不能完全说登记在男方一人名下，就属于男方的婚前财产。

如果是婚后购买的房屋，登记在男方一人名下，然后夫妻双方的父母共同出资，那么这认为是对夫妻双方的共同赠与，属于夫妻共同财产，原则上也是共同共有。

麻烦的是可能是父母一方给自己己方子女的赠与。这里司法解释规定如果婚前一方或者婚后全额出资给自己己方的子女购房，那么认为是全额赠与一方的财产。但如果是婚后，大头父母来出资，小头夫妻进行相关的还贷，那么这个可能就涉及对双方子女的赠与，不能说是一方的个人财产。这也引申了另外一个问题，我们很多的纠纷，父母往往跟自己的己方子女写个欠条，说是借款，那么这就产生了很多的借贷纠纷，也给我们家事案件的审理增加了一定的难度。

孙：黄老师，这样的借贷关系是否成立呢？

黄：民法典之前，最高人民法院关于夫妻共同债务是有一个相应的司法解释的，民法典当中实际上也有相应的法条，关于夫妻共同债务是有一个相应的规定的。实际上从之前的一个司法解释，到我们现在的《民法典》中的这样的一个法条，简单四个字我归纳起来就是共债共签，也就是说男方单方签订的这样的一个借条，如果女方不去认可，事后也没有追认的话，那么在一般情况下，我们就认定是男方的个人债务，与女方无关。

实际上我们在案件审理当中，有一些当事人并不是以这个共同的债权债务来提出抗辩理由的，他只是说，我父母关于这套房屋进行了一个出资，希望法庭在分割这套房屋时，是不是酌情考虑一下，让我多分一点。这些都是一个考量的因素，就是在分割中，我们也要考虑一个贡献度的问题，所以我们就认为一些当事人不必大费周章地去伪造一些借条。我们发现有一些当事人伪造借条，实际上也违反了民事诉讼法当中的诚信原则，而且应当承担伪造证据的相应的民事后果和责任。

因为毕竟我们在分割房屋的时候，也要看各方面的条件，出资的情况必然是作为一个考量的因素的。当然比如说一套房屋，就像刚刚顾庭长所说的，从首付到之后的还贷，每一笔款项都是男方父母出资的，这套房屋又登记在男方个人名下，那这套房屋我们就认定为是男方的个人财产，而不是夫妻共同财产。

孙：前面我们提到的都是关于房屋的定性的问题，接下来就是关于房屋分割的重头戏了。《民法典》第 1087 条的第 1 款规定，离婚时，夫妻的共同财产由双方协议处理，协议不成的，由人民法院根据财产的具体情况，按照照顾子女、女方和无过错方权益的原则判决。这个法条是适用于所有的夫妻共同财产的，那么落实到具体的房屋分割，顾庭长，您认为有什么特殊的地方吗？

顾：民法典已经明确规定了要照顾子女，这里所谓的子女就是未成年子女，还有妇女、无过错方，这个民法典就是融合了两部法一原则。

第一个是未成年人保护法的精神，第二个是妇女权益保障法，女方的权益要保护，子女也要保护。另外一个就是社会公序良俗原则，要保护无过错方。

到具体的案例当中，我可以举一下案子，比如说女方抚养了未成年子女，那么在分割财产的时候，我们就要适当考虑女方这方面的优势，在分房子的时候可能优先考虑到。如果双方都能支付相应的折价款，我们可能优先考虑到女方。

反过来还有个情况，可能这个房屋是学区房，那么考虑便利孩子就学的原则，我们可能会考虑把房屋分配给抚养子女这一方，这是我们民法典规定的。当然我们司法实践当中也会有一个实际操作的便利原则。比如说我们在经营当中，是男方在经营这个房屋，那么在不破坏原来的经营的状况下，可能让男方来适当出一个折价款，房屋判归男方所有。当然如果是女方经营房屋，我们也会判给女方，这是一律平等的，就是说尽量不改变原来房屋的运用功能。

孙：对于保护无过错方原则，黄老师您有什么判案的经验吗？

黄：实际上正如刚刚顾庭长所说，照顾未成年子女、照顾女方权益的原则，一直是我们办理离婚案件当中掌握的两大原则。照顾无过错方原则，也就是我们民法典新引入的一个原则。实际上在民法典颁布之前，我们有些案件当中已经适当地运用了这样的原则，而且社会效果我觉得也是非常好的。因为我们的案件当中还是要体现出公平和正义的，而且我们发现近年来在审理离婚案件当中一方或双方有过错的情况越来越多，这些过错比如说是婚内出轨，隐藏、转移、变卖、毁损、挥霍大量的夫妻共同财产等。

一旦发生了过错，无论从诚信角度、从公平角度还是从保护无过错方原则的角度来讲，过错方必须对自己犯下的错承担一定的责任。民法典当中也有这样的规定，就是说有一些过错必须承担精神损害的赔偿责任，那么没有精神损害赔偿的，引入到最后的一个经济方面的，也就是保护无过错方原则，对没有过错的这一方，在财产上我们要适当照顾。当然这些照顾我们要建立在一个基础上，也就是这个财产属于共同共有，这样我们才能够酌情考虑到双方各得的比例。如果这个财产是按份共有，比如说夫妻二人已经有过一个书面的约定，也就是婚内财产约定，还有比如说这个房屋已经登记为按份共有，那么我们就是严格按照他们之前的约定来进行处理，也就是所谓的有约定从约定。

孙：听了刚刚两位老师的介绍，对于夫妻共同财产的分割原则，是不是可以归纳为以下几点：

（1）协议优先原则；（2）保护妇女、未成年子女和无过错方原则；（3）分割共同财产的惩罚原则；（4）有利生产、便利生活原则。

黄老师，您认为我总结的对吗？

黄：路路总结得相当到位了，在上述原则的掌握下，我们就可以对夫妻共有房屋进行分割了。最高人民法院《民法典婚姻家庭编司法解释（一）》第 76 条实际上规定了一个大的原则，就是说双方都主张房屋的，而且都主张可以用竞价方式来取得这个房屋，那么我们就进行一个竞价，也就是价高者得，谁出价出得高，这套房屋就判归为谁所有。

如果双方当事人都不同意竞价的，在房屋价值达不成一致的情况下，可以委托法院，由法院委托相应的评估机构，评估房屋的市场价值，另外也可以请求法院进行询价，法院到相应的房地产中介部门去询价确定房屋的市场价值，这是关于房屋价值固定的问题。

对于均不主张房屋所有权的情况，如果双方当事人都要求变卖、拍卖以后分价款是可以的，但是这个前提就是双方当事人要达成合意，就是说当事人共同去把这套房屋要么委托法院拍卖，要么共同出售房屋后再分价款，这个比较麻烦。确实双方可能夫妻关系已经有矛盾了，是否达成一致价格，卖的价格高低都会有现实的相关的问题。还有就是我们大多数的案件双方当事人都主张房屋，都要给付对方当事人一定的房屋的折价款，那这套房屋判归谁所有，就是前面顾庭长所说的保护妇女、未成年子女和无过错方的原则和有利生产、便利生活的原则。通盘考虑下来，再衡量这套房屋应当判归谁所有。

也有一些案件当事人提出其不是上海户籍，那么根据目前的购房条件来看，如果他拿不到这套房屋，再去购买上海的房屋有可能会限购，凭他的自身条件不能购买，那么请求法院是否考虑将这套房屋判归他所有。这也是一个考量的因素，但并不是一个主要的因素，因为也可以拿法院判决的折价款到市场上租房来使用。顾庭长，您这儿有些案件也是比较特殊的，有没有一些特殊的情况和原则？

顾：像黄老师刚才所说的一个比较特殊的情况，比如说当事人非上海籍的，那么他如果确实在上海没办法再买房的话，我们会适当优先考虑房屋判归其所有，他拿出相应的折价款，这时我们适当考虑居住生活的状况。

第二个就是可能会考虑支付的能力，双方都要房屋，但是首先你要拿出相应的折价款给对方，也便于人民法院的判决的履行。

第三个还考虑折价比例是多少，由于照顾女方、未成年子女原则，女方可能占了房屋 70%的份额，那么完全有可能优先将房屋判归女方所有。

第四个我们也会考虑房屋的来源，比如说这套房屋本来就是男方的父母出资，或者公房的动迁等得来的，那么我们也要考虑这个因素。以上这些因素来考虑房屋应当判归谁所有。

孙：今天我们和两位老师共同探讨了离婚案件中夫妻共有房屋处理的分割方式，对于该类财产的分割达成了一个初步的共识。

简单地来说，首先对争议房屋进行定性，确定它是否属于夫妻共同共有，在确认是夫妻共同财产后，再确定一个具体的房屋分割方式以及具体的房屋分割比例，审理中应始终贯彻家事审判的理念，坚持照顾妇女、子女和无过错方的原则。非常感谢两位老师今天精彩的分享，希望随着司法实践的发展，我们对于该类问题能够进行更为深入的探讨，也感谢各位观众对于我们节目的关注。

黄：谢谢大家！

顾：谢谢大家！

学者法官对谈：抽逃出资及出资瑕疵中的特殊问题

对谈人：胡玉凌

· 上海市第一中级人民法院商事审判庭公司企业纠纷审判团队审判长

· 三级高级法官

· 南京大学国际法法学硕士

· 主要研究方向公司法、合同法

· 参与执笔最高人民法院司法案例研究课题

· 多次获得上海法院系统个人嘉奖

对谈人：李诗鸿

· 华东政法大学国际金融法律学院副教授、硕士生导师

· 华政—上交所博士后、北京大学法学博士

· 华东政法大学商法硕士、法学学士

· 中国证券法学研究会理事，中国商业法学研究会理事

· 上海市“晨光学者”

· 主要研究方向商法基础理论、公司法

· 译作：《有限责任——法律与经济分析》《公司法的失败》《外包董事会》等多部

· 主持国家社科基金、司法部中国法学会课题等省部级课题 5 项

· 在《法学》《华东政法大学学报》《经济日报》《学习时报》等报刊发表学术论文多篇

主持人　戴欣媛

· 上海市第一中级人民法院商事审判庭一级法官助理

· 北京大学法学硕士

· 主要研究方向为民商法学、国际法学

· 参与执笔最高人民法院、中国法学会等国家级、省部级调研课题 7 项

· 在国家级、省部级论文评选活动中获奖或于《中国应用法学》《国际经济法学刊》《人民法院案例选》等刊物发表论文 10 余篇

· 获评全国法院优秀案例分析二等奖、三等奖等 4 篇

· 曾获上海法院系统嘉奖、集体二等功等荣誉

戴：大家好！欢迎来到一中院视频微课程，我是一中院商事审判庭法官助理戴欣媛。今天我们有幸邀请到两位公司法领域的专家，一位是一中院商事审判庭公司企业纠纷审判团队的胡玉凌法官。

胡：大家好！

戴：另一位是华东政法大学国际金融法律学院的李诗鸿教授。

李：大家好！

戴：今天两位将共同探讨抽逃出资以及瑕疵出资中的特殊问题。以往关于这个问题的探讨更多集中在如何认定抽逃出资，以及如何来确定出资义务已经完成。今天我们探讨的问题，将更具复杂性和可探讨性。

我们第一个要探讨的问题就是，在未出资股东的除名决议当中，自身也没有出资的股东是否有表决权？这个问题我们可以先看一下法律规定，即《公司法司法解释（三）》的第 17 条，这个规定设立了我国的股东除名制度，但这一条并没有讲股东决议中的表决权如何。那么今天我们可以从胡老师的一个案例出发，来讲这个问题。

胡：这个案件确实很有代表性。

戴：首先由我来介绍一下案情。A 公司有李四和张三两个股东，李四是大股东，张三和李四一样，都没有对公司进行实缴出资。A 公司对张三发出了催缴通知，要求张三限期出资，张三没有理会。A 公司就召开了股东会，作出股东决议将张三除名。之后 A 公司向法院提起诉讼，要求确认张三已经不是 A 公司的股东。那么问题就来了，这个股东会决议是不是有效的呢？

胡：值得注意的是，这个公司是持续盈利的，李四是公司的大股东，在对张

三的除名表决中，只有李四一个人投票了，但是李四自己也没有实缴出资，如果将张三除名，李四将成为公司的唯一股东。

戴：那也就是说，李四就单独获得了这个公司的控制权，也获得了分红权，公司资产都在里面了。

胡：欣媛说得没错。将张三除名不仅涉及公司利益，同时还涉及李四的个人利益。我们知道，股东除名是一项非常严厉的制度，它的目的是督促股东全面正当地履行出资义务，维持公司的资本充实。它的后果是股东丧失股东资格，这对于股东的权益来说，是有根本性的影响的。

在进行股东除名的时候，一定要非常慎重。体现在程序方面应当事先进行催缴，在实体方面就是要对这种除名的正当性进行判断。在这个案件中，本身自己没有出资的股东，对其他没有出资的股东的除名进行表决，就涉及这个问题。

戴：这个问题从我粗浅的理解看，李四是从这个投票中获益的。因为一共就两个股东，张三被除名之后，李四就单独控制这个公司，而且李四也就排除了自己会被除名的风险，因为李四本身就是在除名的范围之内的。那么这个情况下，如果决议有效的话，那就是比谁先动手，感觉好像是有点问题。

胡：这是自然，我们来听听李老师的看法。

李：从理论上来看，我认为这个结果可能是违反了“净手原则”。“净手原则”起源于罗马法，后面被衡平法所继受，提炼和浓缩出了一系列的原则和规则。在衡平法的背景下，“净手原则”指的是如果一方当事人违反了衡平法的一些基本原则，比如说善意原则、诚信原则，那么当事人就不能寻求衡平法上的救济，或者获得衡平法上的抗辩。“净手原则”就是让明显有不当行为的当事人，丧失请求权或者抗辩的权利，主要发生在侵权、合同和继承几个方面。综观各国的立法，我们可以看出相应的立法架构，既可能出现在具体的规则层面，也可能出现在抽象的法律原则层面，作为诚实信用原则的一个子原则。

戴：那我国的法律规定中也有体现“净手原则”的吗？

李：是的，在我国的《民法典》中，有体现出来“净手原则”理念的一些规则。比如说第 591 条第 1 款，防止损失扩大的义务，在合同中，一方当事人违约，给对方造成损失，如果对方放任损失的扩大，对于扩大的这部分损失，当事人就不能主张相应的权利，这在一定程度上体现了“净手原则”。

再比如《民法典》第 664 条第 1 款，对于继承人的法定撤销权的规定，赠与人实施了赠与行为以后，受赠人如果对赠与人实施了不法的、严重的侵害行为，那赠与人的代理人或继承人就可以行使撤销权。这个撤销权受赠人本身不能提出相应的异议，那么也就丧失了相应的请求权的基础，这也是符合“净手规则”和“净手原则”理念的。

这是在民法体系中所散见出来的一些表现，但是这些零散的表现，实际上并没有抽象出来具体的、普遍适用的规则。这种情况下我们发现，很难把它移到商事领域来进行适用。但是我注意到，我们的司法机关在近些年来已经开始关注“净手规则”，对于“净手原则”的表述，实际上散见在各种判决书中，运用它的理论框架进行了一定程度的分析。

在这种情况下我的建议是，我们既然是民商合一的背景，就可以把“净手原则”纳入我们的诚实信用原则当中，把它作为一个子原则，借鉴域外的立法，细化我们的诚信原则，使它更有可执行性，能够弥补具体规则的一些不足。那么在诚实信用的框架之下，我们可以禁止这样的行为，就是（如果）有明显侵害或者是不法行为，我们可以排除他寻求法律救济的权利，这就是“净手原则”。

戴：在刚才的这个案件中，关于李四有没有表决权这个问题，要如何运用“净手原则”去判断呢？

李：是的，对于李四是否有表决权这个问题，我们可以运用“净手原则”这个分析框架。那“净手原则”具体的应用标准，我觉得体现在三个方面。

第一个方面，主观上一定是有故意，仅仅是因为过失的话，我认为并不构成或者并不能适用“净手原则”。第二个方面，被法院拒绝保护的主张和行为之间，必须具有一定程度的关联性，如果没有关联，仅仅是其他方面的一些违法违规，那么可能不构成也不能适用“净手原则”。第三个方面，这个行为本身必须达到了严重的程度，如果说仅仅是轻微的违法，可能也不能适用“净手原则”。

反观咱们这个案件，我们看到李四他没有出资，显然是故意而为之的，同时他跟这个除名决议之间是有密切关联性的，也达到了严重的程度。所以在这种情况下，李四就解除张三股东资格的这方面，他的“手不净”，我们认为他不应当享有相应的表决权。

胡：非常感谢李老师的观点，给我们很大的启发。虽然在我国立法中没有明确规定“净手原则”，在我们的裁判中无法直接地适用，但是它所包含的法律逻辑，给我们案件审理中的价值判断做出了引导，它的价值内涵其实与诚信原则是一致的。在这个案件中，从诚信原则角度出发，李四自身没有出资，如果由他来对一个未出资股东除名进行表决，显然是不符合诚信原则的。从契约（的角度）出发，这个结论我觉得也是可以同样得出的。

戴：有一个公报案例，就是从契约的角度去判断这个问题的。这个案例认为，公司股东均为虚假出资，或者说是出资不实、抽逃出资，那么部分股东通过股东会决议的方式，去除名另外的股东，本身是丧失合法性基础的，理由主要就是违约方不应该享有解除权。

胡：对，我们可以这样看，公司其实是一个契约的集合体。显然股东和股东之间的这种关系，必然要受契约的约束。作为股东，必然应当恪守出资义务，这个是资本充实制度的要求。

如果股东不履行这样的义务，或者是瑕疵履行，那么就是他对契约形成的目的和初衷的违反，他的行为是损害了公司和守约股东的利益的。这个时候法律就确定了守约股东解除（双方）之间的合同，让违约方退出公司的制度。这个制度既是对守约方的救济和保护，也是对违约方的制裁和惩罚。显然这种解除权只应当在守约方手中。

李：是的，我也注意到这个公报案例。当然这个公报案例本身更多的是从广义的契约论的角度展开了它的论述，那在我的理解上，这个契约论更多的是一个经济学上的概念。从经济学角度来看，股东之间存在一个广义的契约。这个契约是一个不完备契约、一个长期契约、一个关系契约，这个契约本身它还可能是一个契约束、一个链条，那么它和我们法律意义上的契约不完全一致。所以我觉得这个推导的链条，似乎是有些过长了，建议我们回归到法学视角，《公司法》的视角可能是一个更优的选择。

另外，我还注意到有一个问题，就是未完全抽逃出资，或者说部分实缴出资的股东，他算不算守约方，有没有权利行使除名上的表决权？针对那些抽逃全部出资，或者未实际出资的股东，他能不能进行投票？实际上也有一个问题，就是已履行出资的比例，会不会对除名权的行使带来一些影响？我觉得这值得我们进一步思考和考量。

再者就是我们的除名制度，刚才像胡法官所提到的，它比较严苛，可能会对公司这个组织体带来比较大的影响，影响组织的稳定性和长远的发展，对整个公司各方主体来讲都会有一些伤害。那么这种情况下，如果我们有其他的办法，比如说能够补足出资，是不是就不需要用到除名权这个制度了，就要慎重使用除名权。

胡：对于这个部分出资的情况我有点想法。还是要分情况来考虑，如果说出资期限还没有届满，这个时候即使股东完全没有出资，那么他也没有违反他的出资义务。（但）如果说出资期限已经届满了，这个股东就应当全面地履行出资义务，他如果只出资了一部分，其实还是违约方，不能认定为他已经是一个守约的股东了。当然我认同李老师的观点，除名权的使用要非常的慎重。

戴：股东除名确实是一项比较严厉的制度，因为实践中这种案子也是比较少见的，更多见的是要求抽逃出资，或者说是瑕疵出资的股东去补足他的出资。那么这个时候，其实也有一个类似的问题，就是说他自身没有出资，或者说瑕疵出资的股东，是否有权去要求其他股东来补足出资呢？这个问题跟上一个问题有点相似，（但）其实又不是很一样。

胡：欣媛说得没有错。但是我们要注意到，补足出资的时候，受益主体是不同的。这个时候的受益主体是公司，直接就是公司而不是股东个人。

戴：那这么看的话，抽逃出资或者瑕疵出资的股东，他基于《公司法》第 28 条第 2 款的规定，去要求其他股东补足出资，他本身是不违反诚信原则的。

李：股东敦促其他股东履行出资义务，实际上从公司组织法律制度的层面来看，确实对整个组织的存续是非常有益的，因为公司的运作需要资本。因此公司在这个组织体运作过程中，把资本吸纳进来，有个充实的原则，那确实是有益的。同时依照“净手原则”来分析这个问题，要求其他股东进行补足出资，本身和股东抽逃并没有直接的关联性。所以我们从这个角度来看，即便是抽逃全部出资的股东，或者未实际出资的股东，他对其他股东行使催缴权，那我认为也是合理的，不影响他这个权利的行使，同时也没有违反“净手原则”。

戴：从公司资本制的角度看也是一样的，因为股东的出资义务是有法定性的，公司法人独立、人格独立，它的基础就是它的资产。

如果发生了股东没有履行出资义务、抽逃出资这种情况，赋予其他股东去要求补足出资（的权利），这个是有利于公司资本充实的，是符合法定原则的。

胡：正是如此。我是这样考虑的，这个补足出资请求权，它是一个股东的共益权，目的同样是维持公司的资本充实。如果这个时候把权利人限缩于守约股东的话，那么其实就没有任何意义了，甚至可能还违反了公司资本制度的相应原则。我们举个很极端的例子，如果这个公司的所有股东都抽逃了，是不是就没有人能够站出来，要求股东去履行出资义务了呢？这个结论显然是有问题的。

李：同意两位老师的意见。公司的运作需要资本，在股东之间相互监督、敦促履行出资义务，一方面是实现公司社会价值的基础，另一方面，也是《公司法》和公司资本制度的意义所在。

胡：李老师的这个总结非常的好，我非常认同。我想欣媛肯定也是一样的。

戴：对，那看来对于能否要求补足出资，大家的意见都是差不多的。相比于第一个表决权的问题，这个问题的争议就小了很多。

刚才我们已经讨论了两个法律适用层面的问题，接下来我们要讨论一个实体认定上的问题，就是在补足出资的环节，如何去判断股东已经完成了出资义务？胡老师在审判实践中，有没有这方面的经验可以分享？

胡：在我们审理抽逃出资或者瑕疵出资的案件中，其实审理难点就是怎么样认定这个股东在抽逃之后他又重新出资了。很多时候可能股东会抗辩说我有向公司转账，那么这样的行为就是补足了。但是如果在公司和股东之间存在大量的款项往来的情况，怎样判断哪一笔款项具有出资的性质，这是一个难点。

戴：胡老师所说的让我想起了一个案子，我们也可以拿来作为一个案例。就是这个股东他自己也承认曾经是抽逃出资的，但他在之后又向公司转了大量的钱款，而且备注为投资款，所以他认为自己已经补足了他的出资。这个案子是发生在 2014 年之前的，当时是实缴制。但是他这些转账都是没有经过验资程序的，同时他跟公司之间有大量的款项往来。他的备注有的是转账、有的是借款、有的是还款，具体的性质相互也不是很说得清楚。总体来看，股东向公司的转账，是小于公司向股东的转账的。

胡：这个案例提得很好，它的背景是实缴制。那么实缴制我们知道，它的出资是有一套严格的验资程序的。如果说出资没有经过验资程序，那么可能从表面上，我们就可以认定是不是出资款，但是这个时候如果要认定出资性质，就应当提供相应的补强证据。

比如说股东会决议，股东之间认可这个款项是出资。或者说在公司的账簿中把它记载为出资。否则在公司和股东之间存在大量资金来往的情况下，我们很难认定哪一笔款项具有出资的性质。

戴：这次我的想法跟胡老师有一点不一样。我觉得应该从实质性解决纠纷的角度出发。既然说这笔款项已经流入了公司，而且也没有其他证据来证明它的性质，如果说不按照它备注的性质去认定的话，那么公司就需要举证证明，它有什么合法的理由去保留这笔款项，否则这个股东完全可以通过不当得利去要回这笔款项。

在双方矛盾的整体解决上面，我觉得要看双方的总账，因为股东和公司之间是有往来的，他们往来的资金的净额，到底是谁欠谁的钱。

所以说对于一笔已经打入公司的款项，而且股东认为应当是支付给公司的，公司也想要保留，就没有必要去推翻它的性质。因为如果你推翻了他的出资款，也不过是让股东重新再出一笔钱进公司，然后股东跟公司之间，又会就这笔款项发生一个新的矛盾。感觉还没有解决这个问题，况且之前还是实缴制的情况，它是有验资程序的要求的。

现在已经是注册制的情况，那股东直接转账然后备注投资款，就这样把出资款打进公司可不可以？这个时候是不是还需要公司账簿作为一个补强的依据，（这样）对于股东的举证义务是不是太重了？

李：确实，股东抽逃之后又向公司注入资金，算不算是出资款？实际上确实是一个非常复杂的问题。尤其是当抽逃的股东，他和公司之间有密切的资金往来，有多笔转账记录，往往难以进行一个定性。

在我们已经看到的一些司法判例当中，确实法院也对这个问题持比较审慎和保守的态度。对于这样一个认定补足的问题，我觉得可以从以下几个方面来看，第一个方面是款项到底是不是实际性地打入了这家公司；第二个方面是跟其他的基础法律关系无关，他确实就是为了出资而打的这款项；第三个方面是是否在公司的掌控和使用当中。

那么在举证方面，法院可以去审查这个公司有没有就这笔款项、这笔资金的注入，形成相关的股东会或者董事会决议。另外在公司的会计账户当中，有没有对这笔款项进行相应的记载，记载为实际的出资款。

再者对于后续这个资金的链条，也要进一步关注。比如说这个钱进入公司以后，后续它究竟是怎么流转的？保有在这个公司继续使用，还是说又转出了公司？要把这个链条弄清楚。以上这些证明是由公司来提供的，但同时也可以要求股东提供相应的证据材料，比如说证明第一他有向公司打款的记录，第二就是打款的一些理由原因，以及其他的基础关系方面的证明，这样几个方面。

胡：确实是，在实践中，其实有的股东并不参与公司的经营管理，所以要求他来提供公司的账簿这些内部资料，其实是存在一定难度的。

刚才这个案件中，我所说的要求补强证据，是基于这个案件是在实缴制的背景下。没有进行验资，初步就判断它不是一个出资款，这个时候就通过这个补强证据，对它的性质进行一个根本的认定。

刚才这个案子还有很重要的一点，就是股东和公司，他们对于他们之间款项往来的性质，没办法逐笔地进行说明。在这样的情况下，就应当先排除这些性质能够说明的款项，对（它们）以外的剩下的款项进行结算，也就是说算总账。如果公司到股东的款项，大于股东到公司的款项，那么很难说股东的哪一笔款项是补足了出资。

戴：胡老师您这样说我就理解了，确实从正向一笔一笔地去认定这些款项的性质是非常困难的，因为当事人自己其实都说不清楚。所以我们可以反过来看，就是对于那种性质已经能够认定的，那么我们就单独处理；对于性质说不清楚的，我们打包算一个总账。

如果说是公司打给股东的钱，小于股东打进公司的钱，那这个股东现在是补足出资的。如果反过来的话，等于是公司的资产还是减少的一个状态。这个思路是非常具有实操性的。

胡：总体来说，我认为是不是属于补足出资，第一是要确定资金的来源，是属于股东个人，不是来自其他方。第二是要看出资的形式和价值，是符合法定要求的。第三是从证据层面来看，就是从举证责任来看，能够足以证明这些款项是出资，而不是具有其他法律性质的给付，比如说借款、代付。如果说公司和股东之间资金往来频繁，可能在正面判断是不是补足的同时，还需要对双方的金额进行整体考虑。

李：同意两位老师的意见。我觉得一方面，我们从这个资金的流向上算一个总账，避免糊涂账，更能从本源上抓住这个问题的关键，解决这个款项的最终定性。另一方面，是对于补足出资本身，从举证的层面来看，一是不能不加区分简单地认定，同时也不能设定太高的证明标准，或者特别严苛的形式上的要件，（以）更好地平衡股东跟公司之间的举证责任。

戴：是这样的。感谢李老师的分享，也感谢刚才胡老师的总结。那么今天我们对于股东抽逃出资和瑕疵出资中特殊问题的讨论就到此结束了。希望我们今天的分享有给大家带来更丰富的视野和思路。感谢大家的观看，再见！

胡：再见。

李：再见。

行　政

一二审对谈：行政处罚裁量的司法审查

对谈人：宁　博

- 上海市第一中级人民法院行政审判庭行政纠纷审判团队协助负责人
- 三级高级法官
- 上海市第一中级人民法院审判业务骨干
- 同济大学宪法学与行政法学硕士
- 主要研究方向行政法
- 主审案件曾获评最高人民法院环境保护行政案件十大案例、全国法院百篇优秀裁判文书二等奖、上海法院优秀案例、上海法院优秀裁判文书
- 多篇文章在《人民法院案例选》《上海审判实践》等出版物发表
- 曾获评市级机关团委青年岗位能手
- 首届上海市第一中级人民法院十佳青年
- 多次获评上海法院系统个人三等功、嘉奖等荣誉

对谈人：刘　雅

- 上海市闵行区人民法院行政争议多元调处工作团队负责人
- 四级高级法官
- 上海法院审判业务骨干
- 复旦大学宪法与行政法学硕士

· 主要研究方向行政法

· 撰写的论文曾获上海法院系统优秀论文奖

· 执笔的课题曾获上海市民主法治建设课题研究成果实务研究类二等奖

· 主审案件的文书、庭审曾多次获评上海法院优秀裁判文书和示范庭审

· 撰写的案例曾入选《上海法院精品案例》《上海法院参考性案例》《中国行政审判案例》《上海法院案例精选》等

· 曾多次获上海法院系统个人三等功、个人嘉奖等荣誉

主持人　刘　月

· 原上海市第一中级人民法院行政审判庭二级法官助理

· 现上海市闵行区人民法院民事审判庭审判员

· 中国政法大学宪法与行政法学硕士

· 主要研究方向宪法与行政法

· 执笔各项调研成果 20 多项，编写多篇案例入选最高人民法院指导性案例、《人民法院案例选》

· 执笔案例荣获全国法院系统优秀案例分析二等奖

· 执笔论文荣获全国法院系统学术讨论会二等奖及三等奖、全国行政审判业务成果二等奖、全国环境审判业务成果二等奖、中国审判理论研讨会征文三等奖

· 执笔多项上海法院重点课题、上海民主法治课题

· 曾荣获市高院直属机关党委“优秀共产党员”、上海法院调研标兵及嘉奖、上海法院十佳青年提名奖等荣誉

刘月：大家好，欢迎收看一中院微课程。我是行政审判庭的法官助理刘月。今天我们很荣幸地请到了一中院行政审判庭的宁博法官。

宁博：主持人好，大家好。

刘月：以及闵行法院行政及执行裁判庭的刘雅法官。

刘雅：主持人好，大家好。

刘月：欢迎两位法官。宁法官，我们大家都知道，原则上法院是对行政行为的合法性进行审查，但是我也注意到在行政处罚类案件当中，法院往往也需要对裁量问题进行一个适当的考量，这样的一种审查方式主要是基于一种什么样的考量呢？

宁博：行政处罚案件的一个特点是法律对于违法行为的处罚设定往往会赋予

行政机关一定的裁量空间，当然极个别的情况除外。

那么对于一个违法行为，行政机关罚还是不罚，怎么罚，罚多少，往往是要根据实际情况做一个灵活处置，但是这样并不意味着行政处罚决定只要在法律设定的幅度之内，就一定是合法和公平公正的。

所以人民法院在审查行政处罚案件的时候，会将裁量作为一个重要的审查要素。

刘月：那是不是可以这样理解，就是说如果裁量明显不合理，也就等同于不合法？

宁博：嗯，可以这么理解。

刘月：刘法官，您作为一审法院的法官，对这个问题是什么看法？

刘雅：作为一审法院的法官，我们接触此类案件也比较多。那么对于行政处罚的裁量的审查，主要是处罚决定合法性审查，至于对合理性的审查要求，就像刚才宁法官提到的，这种裁量可能是罚与不罚，也可能是罚多罚少、罚的种类的一些裁量的考量。

刘月：刘法官您刚刚提到了，其实对裁量问题进行审查，也是我们行政法当中经常提到的合理性原则的要求，那么我想无论是合法性审查还是合理性审查，对于行政处罚的案件，我们需要对裁量问题进行适度审查，其实无论是在理论上还是在实践当中，基本上是能够形成共识的。

刘雅：嗯，是这样的。这类问题也是我们司法审查的一个重点和难点。因为很多当事人在诉讼过程中的抗辩也都是基于这个裁量问题提出的，所以我觉得咱们今天这个话题讨论也很有现实必要性。

刘月：确实是这样，宁法官您作为二审法院的法官，审理的案件也是非常多，类型也比较广，那么在您审理的各式各样的行政处罚案件当中，您对这个裁量问题是如何把握的呢？

宁博：其实在审理案件的广度上，我们中院的法官跟刘法官所在基层法院差不多。你刚才提到的这个问题，就我个人的观点而言，行政机关在对违法行为作出行政处罚的时候，首先是要遵循《行政处罚法》所设定的一系列基本原则，包括公开公正原则、罚过相当原则以及处罚与教育相结合原则等。

这些基本原则也是我们人民法院在审理行政处罚案件的时候，在适用法律的时候，必要的一个遵循或者说是一个指导。

那么在更具体的层面，我们在审查行政处罚案件的裁量的时候，应当对违法行为的情节、危害后果等这些要素进行全面考量，全面分析是否可能存在应当从重或者是从轻、减轻乃至免除处罚的情节。在此基础上我们再去具体选择采取何种处罚方式，选择哪种处罚幅度，以及确定处罚幅度之后，具体该如何量罚。我们是这样的审查思路。

刘月：那么我听下来其实还是要综合各种各样的要素去进行具体的判断。

宁博：对的。

刘月：那么对于这个裁量问题的审查，我们是否也需要去参考一些其他案件的处理结果呢？

宁博：我觉得这方面的考虑一定程度上是需要的。对于当前行政处罚案件的处理，应当与行政机关此前针对类似的行政违法行为所作出的行政处罚决定所形成的惯例相对一致，特别是要与经过人民法院已经生效判决确认过合法性的行政处罚决定保持基本一致。

除此之外，有一些案件中，我们还要考量个案内部处理的平衡，比如说在有多个违法行为人的案件中，我们的治安领域经常出现互殴类的案件，那么对于每一个违法行为人，他的违法行为的性质、情节、危害后果等因素，应当进行全面和综合分析，公平确定每一个违法行为人的责任。这个也是我们行政处罚公平公正原则的要求。

刘月：那么我听下来就是对于特定的案件，其实参考一些其他处罚的处理结果，也是为了做到一个平衡，然后最大意义地去实现公平公正。

宁博：嗯，是这样的。

刘月：刘法官您对这个问题是怎么看的？

刘雅：关于这一点，我们一审法院法官在审查的过程中，其实除了刚才宁法官提到的这些内容之外，我们主要还是从两个方面入手，一方面是确定行政处罚决定的种类和金额，是不是在针对此类违法行为所设定的法定处罚种类和幅度范围内。这一层次的审查其实还是比较简单和明了的。

另一方面还要求行政机关对于处罚考量的一些因素进行说明，比如说就像刚才宁法官提到的，就是在处罚的过程中，对于这个行为的情节、性质、社会危害性，包括违法行为人主观过错等这些因素你是怎么考虑的？那么我们综合分析它是否存在法定的一些从轻、免除、从重处罚的情节？我们是这么考虑的。

刘月：我听下来其实两位法官在审理思路上基本还是能够保持一致的，都是需要考虑具体的案件事实、情节、主观过错等要素去综合进行判断。

但是这些要素都是比较宏观的，那么宁法官在实践当中有没有一些比较具体的判定标准给我们法院参考？

宁博：近年来行政机关针对本条线的实际制定相应的处罚裁量基准的情况，是越来越普遍了。除了国务院各部委之外，地方各级人民政府下设的委办局也往往会根据自身条线以及本地区的实际情况，制定更为具体和细化的裁量基准，这些裁量基准也会成为我们法院在审理此类案件时的一个非常有意义的参考。

刘月：那么这个裁量基准属于什么性质呢？我们法院能不能直接进行适用？

宁博：对于事先已经公布的这些裁量基准，从目前的情况来看，总体上这些裁量基准效力层级不是特别高，主要是属于规章和规章以下的规范性文件这样的一个层级，所以在法律适用上是处在一个参照适用的范畴。

当然了，在具体适用的时候，如果这些裁量基准不违反上位法的规定，而且也具有相应的合理性，那么我们觉得在审理的时候是可以作为参照的。

刘月：刘法官您对这个问题怎么看？

刘雅：这也是行政机关为了避免执法的随意性和统一执法口径，所以在有的行政执法领域它确实制定了相关的裁量基准，如我们比较常见的市场监管、治安管理这些领域也制定并且向社会发布了这些裁量基准。

在司法审查的过程中，虽然这些裁量基准不能直接作为行政机关作出处罚决定的法律依据，但是我们在审查时还是会进行一个对照的审查。

刘月：刚刚我注意到两位法官对这个问题提到了两个词，宁法官提到的是参照适用，刘法官提到的是对照审查。

其实我想他们是异曲同工的，但是为什么会有这样的表述？会不会是因为我们法院有一个谦抑性原则的要求，它要求我们对行政机关制定的裁量，原则上还是持尊重和认可的态度？

那么既然是原则就肯定有例外，所以我想问一下宁法官，就裁量基准的适用问题有没有一些限制性的条件，比如说在什么样的情形下是不能适用的？

宁博：其实你刚才提到了我跟刘法官在用词上的一个不同，这个用词的不同，一定程度上体现出来我们对同一个问题侧重点可能稍微有点不同。

那么就裁量基准的适用问题，我个人认为在适用之前是应当对裁量基准的制定主体、制定程序以及内容是否符合上位法的规定，做一个必要的判断。

在符合上位法规定的情况下，这样的裁量基准才可能为人民法院在审理案件时参照适用。除此之外就是，行政机关如果对外明确将这样的裁量基准作为作出行政处罚的依据，那么按照《行政处罚法》第 34 条的规定，是应当事先向社会公布的。

如果没有对外公布，那么它是不能直接援引这样的一个裁量基准作出处罚决定的。人民法院还是要在现有的有效的法律规定的基础之上，对行政处罚的裁量合法性进行审查，不受行政机关内部的裁量基准约束。

刘月：总结下来主要是有两点，第一个是不能违反上位法，第二个是要按照《行政处罚法》的规定，向社会事先公布。

刘法官您对这个问题有什么意见？

刘雅：我想在刚才宁法官意见的基础上，谈点个人的观点。如果说在制定了裁量基准的这些行政执法领域，行政机关在作出行政处罚决定时，没有去适用，或者说没有严格地按照裁量基准来适用，我认为在诉讼过程中应该要求行政机关对此进行一个合理的说明。

刘月：刘法官刚刚也补充了一点，认为对裁量基准行政机关是有说明义务的，也就是说你既然制定了裁量基准，那么你原则上应当予以适用，如果既不适用又不能进行合理说明，那是不是可以作为我们法院去判断行政机关裁量不适当的一个因素？

刘雅：我个人认为可以这么理解，因为我们在对此类案件进行审查的过程中，就是要求行政机关针对具体的违法行为，要对照裁量基准，阐明对违法行为的一些考量因素，那么一一对照确定它的适用情形，综合分析来判断在处罚决定作出的过程中裁量是否全面和合理。

刘月：刚刚我们两位法官都提到了在裁量的过程当中需要考虑违法情节这样一个因素，那么我也注意到新的《行政处罚法》当中规定了一个首违不罚，其实这也是一个违法情节的认定问题，对于首违不罚刘法官您是如何理解的？

刘雅：这条规定是在新《行政处罚法》第33条第1款。这条规定出台之后，确实引起了社会的广泛关注。

其实近几年来本市在很多执法领域，比如说市场监管、交通运输、城管等领域，都制定了针对轻微违法行为的一个免罚清单。那么新规出台之后，从规定本身来看，首违不罚要具备三个缺一不可的要件，包括初次违法、危害后果轻微，以及及时改正。

当然了，即使满足这三个必要条件，行政机关对于是否处罚还是有自己的裁量权的。

刘月：刘法官认为主要还是要严格地结合这三个要件进行审查，但是同时它也赋予了行政机关一定的自由裁量权，对于首违不罚宁法官是如何理解的？

宁博：我认同刘法官的意见，这三个要件在适用的时候应当是缺一不可的，同时立法的用语是“可以”，而不是“应当”，也就是说行政机关对于初次违法行为是否给予处罚，还是有一定的裁量空间的。

同时在刘法官的意见基础上，我觉得有必要补充一下我对这个规定背后逻辑的理解。我认为这三个要件的含义其实一定程度上存在不确定性。什么是初次违法？什么是后果轻微？什么又是及时改正？其实都不是非常确定，那么立法在设定这样的规定的时候，不太容易对三个要件的具体含义作出非常清晰的定义，同时对具体情况可能也不容易作出明确的列举。

这就需要行政机关在处理具体个案的时候，根据实际情况进行灵活的把握。那么这也就产生了一个必要性，就是赋予行政机关一定的裁量空间，来确保法律规定在具体适用的时候，能够做到正确和合理。

刘月：对，确实像宁法官讲的这三个构成要件，其实我们立法的用语还是比较宏观的，并没有具体的判断标准，确实需要我们去讨论一下。那么关于第一个要件就是初次违法，其实在实践当中它的争议还是比较大的，对于初次违法，刘法官您是如何理解的？

刘雅：我个人理解，考虑到行为人身处不同的行政管理领域的监管之下，他可能会违反多个管理领域的规定，存在违法行为，那么初次也是要结合时空要素来进行限定的。

我觉得这个应该是根据具体实施机关对于时间、空间还有领域的限定来进行判断。一般而言，就是当你在一定的时间范围内，在同一空间、同一领域首次实施了某种违法行为。据我了解，本市交警部门就明确了对于在一个自然年度内首次在本市实施违停等违法行为的不予处罚，他们采用口头教育，并且在移动警务终端上记录相关的信息来进行处理。

刘月：刘法官您认为初次其实还是限制在一个领域范围内，并不是仅仅限制在特定的行为当中，可以这样理解吗？

刘雅：嗯，是的。

刘月：宁法官您对这个问题是如何看的？

宁博：我觉得如何认定初次违法，首先要看具体的法律规定，如果相关领域法律对此有明确规定的，那么优先适用相关的法律规定。在没有法律明确规定的情况下，怎么判断初次违法，我觉得还是要根据个案的具体情况，这个究竟是将初次违法限定在某一领域里面，还是具体严格地限定为某一种违法行为？

我觉得区分的一个关键是要有这样一个判断：如果行政机关对初次违法行为人的纠正和告诫，能够足以引起当事人对相关领域的管理规定的足够重视，避免犯同类的错误，将初次违法限定在同一领域就是比较合适的，这是我的观点。

刘月：在这一点上宁法官和刘法官的观点是一致的，就是应该限定在同一个领域。对于第二个要件和第三个要件，也就是危害后果轻微和及时改正应当如何把握？

刘雅：关于危害后果轻微，现在我们确实没有明确的规定，那么我觉得还是要根据具体违法行为的情节，包括行为性质，还有它的社会危害性来进行分析。

那么及时改正这一点我觉得强调的还是改正的时间点的问题，如果说是你能够当场改正的，你当场改正了；如果是不能当场改正的，在行政机关限定改正的合理时间范围内做了改正，那么我认为就符合及时性的要求，至于改正的内容，我们就结合具体的违法行为内容来进行判断。

刘月：也就是说对于及时改正，其实还是要区分不同的情况去进行判定。

刘雅：是的。

刘月：那宁法官对这两个构成要件您如何理解？

宁博：我觉得首次违法或初次违法，它往往意味着当事人主观恶性比较低，所以在满足特定条件的情况下是可以不予处罚的。所谓的及时改正，我个人觉得如果当事人对于所违反的行政管理规定，能够及时承认错误，这种情况比较多见于违反行政秩序性规定、没有造成物质等有形的损害后果的情况下，他能够及时承认错误，这就是一种及时改正，如果造成了损害，那么他能够及时地去弥补损害，那么我认为这也是一种改正。当然了，在及时的点上，我个人认为是要强调第一时间，要强调这样的要素。

刘月：对于及时改正，刚刚宁法官也补充了一点，他认为需要有一个态度上的改正。

宁博：对的。

刘月：关于首违不罚的理解，两位法官其实在审理思路上基本也是能够形成一个一致的观点。

那么我也注意到刚刚两位法官也提到了主观过错这样一个要素，它其实也是对裁量问题的一个很重要的衡量要素。我们都知道新《行政处罚法》中，有个很大的亮点，就是规定了无主观过错不处罚。对于这条新规定，宁法官我们应该如何理解和掌握呢？

宁博：这条规定是《行政处罚法》修订之后新增的一个条款。适用的时候，我个人认为首先应当注意法律对于特定的违法行为，在设定行政处罚时是否将主观过错作为违法行为构成要件之一，主观过错包括故意也包括过失。

那么对于一个违法行为，比如我们说的《治安管理处罚法》第 43 条规定的故意伤害行为，这样的违法行为其实就是将主观过错作为了违法行为的构成要件，那么如果一个行为不具备这样的主观过错，就不能作为违法行为，行政机关也不能对此进行处罚。那么在对此类行为作出行政处罚决定之前，行政机关是要对当事人存在主观过错承担证明责任的。

那么除了上述这样的明确将主观过错作为违法行为构成要件之一的处罚规定之外，其他的行政处罚规定，其实也是大多数的行政处罚规定，原则上它适用的是过错推定。此类的违法行为，只要当事人的行为违反了行政法律规定，那么就可以推定他具有主观过错。行政机关在调查时并不需要对当事人具有主观过错这一点承担证明责任。

刘月：那么总结下来，宁法官认为还是要区分法律规定当中是否明确地将主观过错作为违法行为的构成要件进行判断。刘法官您对这个问题什么看法？

刘雅：我也注意到这条新规定，因为它其实也就是明确了过错推定原则在行政处罚中的适用，也就是说行为人的主观过错已经是作为应受行政处罚行为的构成要件了，除非有法律例外规定的情形。所以基于这一点，我认为除了例外情形之外，那么无主观过错不处罚应该是适用所有行政违法行为的，无论是轻微违法、一般违法行为，还是严重违法行为。

刘月：您认为主要还是一个过错推定？

刘雅：是的。

刘月：在这样的一个情况下，举证责任应当如何分配呢？

刘雅：就行政诉讼的举证责任分配而言，通常我们都说，是行政机关要对作出被诉行政行为的依据和证据进行举证。那么目前据我了解，国内单行法中大多是没有规定主观过错的，其实对于司法实践来说，这条新规对当事人举证责任分配影响还是比较大的。

基于过错推定原则，在诉讼过程中，行政机关也就是被告无须对原告的主观过错承担相应的举证责任。原告如果认为其没有主观过错，不应对其进行处罚的，那就需要进行相应的举证，并且要达到确实充分，足以证明他没有违法的故意或者过失。

我个人觉得这也是符合人的认知的客观规律的，因为人的主观内心是没办法被客观探知的，行政机关在执法过程中，也只能通过行为人的外在的行为表现，根据他们的常识或者理性来进行判断。

刘月：对，在实践当中也确实像刘法官讲到的，很多单行法当中，它确实没有明确地将主观过错列到构成要件当中，所以原则上还是应当由行政相对人来承担证明责任。如果是有明确规定的，就像刚刚宁法官提到的，就应当由行政机关来承担证明责任。那么宁法官，证明标准到底应该达到一个什么样的程度？

宁博：从立法的规定上来看，适用过错推定的案件，当事人对于自己没有主观过错，所提交的证据要达到“足以证明”的程度，这样的标准应该说还是比较高的。如果当事人的举证达不到这样的证明标准，那么就不能适用无过错不处罚这样的规定。

当然了，实践中如果当事人证明自己没有主观过错的证据是由行政机关掌握的，可以要求行政机关予以提供，或者是在提起行政诉讼的时候申请人民法院进行调取。

刘月：那这个对行政相对人的举证能力要求还是比较高的。

宁博：是比较高的。

刘月：刘法官，您对这个问题怎么看？

刘雅：确实是要求比较高，但是他是否能达到足以证明的程度，我觉得还是要根据个案中行为人的举证来进行分析和判断。

刘月：如果举证责任确实是由行政相对人来承担的，行政机关是否具有一定的说明义务？

刘雅：我个人觉得在这点上也不能要求行政机关在执法过程中，一定要通过一定的形式，比如说书面告知你有这方面的权利，只要他在执法过程中保障了行为人有陈述申辩权，或者说还有听证这些权利就可以了。因为行为人可能在这个过程中也会抗辩说我不具备故意或者过失，并提供相关的证据，行政机关只要收集了这些证据，并在此基础上作出处罚决定，我认为就可以了。

刘月：好的，那么今天我们和两位法官就行政处罚司法裁量的问题进行了一个比较全面的探讨。这些问题也确实是我们当下司法实践当中的热点和重点问题。

也希望随着我们司法实践的深入和推进，以后还能够有机会和二位法官就这个问题进行更为全面和充分的探讨。

非常感谢宁法官和刘法官的精彩分享，感谢大家的观看，再见。

宁博：再见。

刘雅：再见。

执　行

执行局长对谈：上市公司股票的司法处置

· 上海市第一中级人民法院执行局局长

· 三级高级法官

· 北京大学法学硕士

· 主要研究方向刑事诉讼法、房地产审判

· 主审案例曾获上海法院精品案例、优秀裁判文书等

· 撰写的论文、文章曾在《政治与法律》《上海审判实践》《人民法院报》等出版物发表

· 曾获评人民法院党建工作先进个人、人民法院政治工作先进个人

· 多次获上海法院系统个人二等功及三等功、记公务员三等功等

对谈人：钟　明

· 原上海金融法院执行局局长

· 现上海市高级人民法院执行局局长

· 三级高级法官

· 复旦大学法律硕士

· 主要研究方向海事海商审判、金融执行

· 主审案例曾多次入选人民法院案例选、上海法院精品案例、优秀裁判文书

·多篇论文获评省市级论文评比二等奖，并在《人民司法》《上海审判实践》《人民法院报》等出版物发表

·带领金融法院执行局荣获全国法院年度十大执行案例、上海市金融创新奖、上海法治建设十大优秀案例、上海法院集体一等功等多项荣誉

·个人获上海法院系统个人二等功一次和三等功三次、上海法院办案标兵

主持人　温　馨

·上海市第一中级人民法院执行局三级法官助理

·华东政法大学法学硕士

·主要研究方向经济法

·曾获上海法院系统考核优秀

温：大家好，欢迎大家收看上海市第一中级人民法院微课程。我是执行局法官助理温馨。今天非常荣幸地邀请到了一中院执行局局长朱一心。

朱：大家好。

温：以及上海金融法院执行局局长钟明。

钟：大家好。

温：上市公司股票是民事主体持有的一类重要财产，也是执行案件中常见的财产类型。随着我国证券市场不断发展，上市公司股票作为执行标的物的案件也越来越多。但是在实践中，此类案件存在法律依据不充分、操作规范不尽统一、专业性较强等问题。

因此，我们今天探讨的主题就是，上市公司股票的司法处置方式以及相关注意事项。

朱局，您能否先简单地向大家介绍一下，上市公司股票主要有哪些司法处置方式呢？

朱：好的。上市公司股票主要是指在上交所、深交所以及北交所公开发行交易的股票，如果没有特殊的规定，在新三板挂牌的股票也可以参照上市公司股票的处置方式进行处置。

目前在实践当中，主要有二级市场卖出和网络司法拍卖这两大类型的处置方式。二级市场卖出，主要是指法院指令托管的证券公司在一定的交易日内，在证券二级市场通过集中竞价或者大宗交易卖出的方式处置无限售流通股，并把交易所得的资金划拨至法院指定账户的执行方式。

网络司法拍卖，是指在互联网拍卖平台通过网络电子竞价的方式公开处置上市公司股票的执行方式。

温：您认为在具体的案件中要怎样确定合适的处置方式呢？

朱：我觉得要遵循以下几个原则：第一，要避免证券市场可能产生的大幅波动，维持市场的稳定性。第二，要积极维护当事人和上市公司的合法权益，尽可能找到两者的平衡点。第三，在遵循以上两条原则的同时，综合考虑市场因素、当事人因素、上市公司因素，并且结合股票市场的特点，采用处置成本最低、处置效率最高、标的物价值最大化的处置方式。

温：钟局，除了朱局刚刚提到的两种处置方式，我们知道 2019 年的时候，上海金融法院创新性地设立了大宗股票司法协助执行机制，引入了封闭竞买申报、分拆式处置、唯一有效出价等创新规则，很好地实现了朱局刚刚提到的防范市场风险，衡平各方利益以及标的物价值最大化三个原则，您能否介绍一下金融法院大宗股票处置机制的主要操作方式？

钟：好的。上海金融法院首创的在上海证券交易所协助下的大宗股票处置机制，是依托上海证券交易所的平台，通过它的平台向所有的交易所会员发送上海金融法院的股票处置公告，针对的对象也都是交易会员，或者租用上海证券交易所交易平台的会员，由他们来向法院提交拍卖保证金，由法院来确认他们的竞买资格，在拍卖过程当中，由他们进行封闭式询价竞买的一种强制变价措施。

实际上，上海金融法院的这种司法协助执行模式，仍然属于网络司法拍卖的范畴，只是它的渠道主要依托于证券交易所开发的这么一个拍卖的平台，或者叫协助执行机制。

朱：与网络司法拍卖相比，这种方式确实更加公允和高效，而且不产生相关的评估费用和拍卖费用。那么钟局，上海金融法院在采取这种方式处置上市公司股票的时候，有没有什么门槛性的规定？

钟：没有明确的门槛规定。刚才朱局也介绍了，其实我们股票处置的初衷都是使金融市场更加稳定，不要造成二级市场巨大的波动，同时也能够实现股票价值的最大化。所以我们对于大宗股票适用的标准，一般认为在超过公司总股本 1% 以上的股票是有必要进行分拆处置，有必要在大宗交易平台上来处置的，这样能够更加保证市场的安全。

朱：我是不是可以这样理解，就是在股票的数量或者金额达到上交所有关大宗交易基本条件的基础上，然后我们再结合案件的具体情况来判断是不是适合采用这样的方式来卖出股票？

钟：是的，股票处置还是按照灵活性和原则性相结合的一种方式，关键还是要考虑当事人的意愿以及法院处置的效果。

朱：那么对于买受人的条件有没有特殊的规定？

钟：我们对于买受人是有一定的规定，有一定的门槛的。因为金融法院处置是用大宗股票处置，刚才已经说了是一般占到公司总股本的1%以上，那么它对于资金的要求是比较高的。所以我们设置的门槛，其实就是上海证券交易所的会员，或者租用了上海证券交易所交易平台的会员，那么他参与竞买的方式也必须通过证券公司交易的专线来进行，由他自己本人或者委托证券公司来进行。这样能够很好地做到对合格投资人的事先审查，能够确保所有的竞买人都符合相应的资质要求。

温：朱局，钟局刚刚介绍了上海金融法院特有的大宗股票处置机制，我们再来介绍一下通常的二级市场卖出以及网络司法拍卖需要注意的事项吧。

朱：好的。通过二级市场卖出的方式处置上市公司股票，要注意以下两点。

首先，这种方式仅能处置无限售流通股，并且卖出的前提是存在比较活跃的交易市场。如果股票长时间停牌或者交易量比较少，那么就不太适合采用这样的处置方式。其次，对已经冻结的股票，如果要通过司法强制措施予以变现的话，应当向证券公司出具协助执行通知书，要求它把股票的状态调整为“可售冻结状态”，并且要同步控制对应的资金账户。

温：能否介绍一下为什么要冻结资金账户呢？

朱：这是因为证券公司把股票的状态调整为“可售冻结”之后，它就可以根据法院的指令进行卖出的操作。那么交易结算资金也会自动打入对应的账户，如果不对账户进行事先的控制，就存在被执行人转移财产的风险。

温：实践中，为了维护证券市场交易公平，保护中小投资者的权益，证券业对于一些特殊的主体减持有特别的限制，主要的规定就是证监会《关于上市公司股东、董监高减持股份的若干规定》，朱局您认为法院通过二级市场卖出股票，是否要遵守这些规则？

朱：通过二级市场卖出上市公司股票，不但要遵循相关的交易规则，而且要受到相关减持规定的限制。目前减持规定主要有以下几大类。

第一类，是针对大股东和特殊股东的相关减持规定，比如说持股5%以上的大股东，如果要减持股份，那么在三个月内通过集中竞价的方式，减持的股份总数不得超过公司总股份的1%。

第二类，是针对董监高和核心技术人员的相关减持规定，比如说《公司法》规定，董监高在任职期间，每年减持的股份总数不得超过其持有公司总股份的25%。

第三类，是针对股东和董监高针对市场作出的减持承诺，比如说大股东承诺在未来的一段时间内，或者股价达到一定标准的情况下，不予减持的承诺要严格遵守。

温：对于减持承诺，实践中存在股东在股份被冻结了之后，又向市场作出限制股份转让的公开承诺，钟局您认为司法处置需要受此类承诺的限制吗？

钟：首先我觉得司法处置肯定不受股东在冻结之后所作出的减持承诺的限制，关键不是法院司法处置受不受限制的问题，而是这种承诺是不能限制在司法处置当中出现的买受人。我的理由主要有以下这么几点。

第一，法院在冻结股票的时候，其实根据交易所的信息披露规则，已经向市场进行了公开披露。那么，二级市场的参与人其实对法院最终要处置的股票是有一定预期的。在这个时候如果有法院冻结股票的持有人，在冻结之后再去承诺不进行减持，那么，他的目的本身就是对抗法院的执行，其实是有拒执嫌疑的。

第二，往往这些股东在向市场作出减持承诺的时候，是做了信息的删减，他只披露对他有利的信息。比如说，我向市场承诺未来一年之内不减持我手上持有的任何股票，但是他并没有向市场公开法院已经准备将这个股票进行拍卖的信息。实际上，他是在误导二级市场的投资人。

那么最后我想说，股票作为一种非常常见或者说已经通用的融资工具，对于我们国家的金融安全起着非常大的作用。如果在质押后，在法院冻结之后，股票的持有人仍然可以通过自行的承诺增加股票上的权利限制，那么对于整个金融市场的交易安全有非常大的影响和冲击。

所以，我个人认为这种行为非但不能制约法院的执行，甚至应当受到一定程度的制裁。

朱：我是同意钟局的观点的。这就类似于房地产在被法院查封之后，被执行人还去和案外人形成租赁关系，那么他们的租赁合同是不能对抗申请执行人的。同理，股东在明知道股票被法院冻结之后，还在上面设立权利限制，实际上可以推定为他是非善意的。如果他违反减持的规定而受到证券监管部门的处罚，不利的后果应当由他本人来承担。

温：钟局，我们知道股票不仅有无限售流通股，还有限售流通股和非流通股。既然二级市场只能卖出无限售流通股，那是不是意味着，其他类型的股票通常都要通过网络司法拍卖的方式处置？

钟：是的，网络司法拍卖方式处置的股票类型是最多的。刚才朱局也介绍了，流通股是可以通过二级市场处置的，但是它是有上限的。对于大股东和董监高持有的股票，它有三个月、1%的处置限度。那么对于超过的部分，只能通过网络司法拍卖来进行处置。对于限售流通股，甚至一些国有的非流通股，也只能通过网络司法拍卖的方式来进行处置。网络司法拍卖的方式，属于一种非交易过户，它不受减持规定的约束，但是它的买受人必须受减持规定的约束。

温：朱局，我们院通常都是通过网络司法拍卖处置大比例的股票的，最近也刚以30亿元的价格拍卖成交了一笔股票，您能否向我们介绍一下，与其他的财产类型相比，股票的网络司法拍卖有什么特殊之处呢？

朱：两者的程序基本是一致的，但是股票拍卖也有它的特殊性，这个特殊性我觉得首先表现在拍卖保留价的确定上。对有活跃交易市场的无限售流通股的拍卖保留价，一般在征询当事人的意见之后，以拍卖日前20个交易日内收盘均价为标准，按照一定的比例来确定历次拍卖保留价和变卖价。对于长期停牌的无限售流通股、限售流通股和非流通股，可以由当事人自行协商确定拍卖保留价。当事人如果协商不成的，法院可以委托有资质的评估机构来进行评估，按照评估价的一定比例来确定历次拍卖和变卖的保留价。

钟：是的，不仅网络司法拍卖，我们上海金融法院的大宗股票的拍卖机制也是用这种方式来确定保留价。

朱：特殊性还体现在拍卖方式的确定上，拍卖可以整体拍卖，也可以进行拆分拍卖。出于对执行效率的考虑，一般整体拍卖更加便捷和高效，但是如果遇到股票的数量巨大，可以允许拆分拍卖或者允许当事人联合竞买。刚才提到的最近成交的30亿元的这笔股票，我们就是通过联合竞买的方式进行拍卖的。如果允许联合竞买，要告知竞买人在拍卖之前需要在规定的时间内向法院提交相关的资料，通过法院审核之后才有资格参加竞买。

温：无论是拍卖保留价还是拍卖方式，最终都要体现在拍卖公告上，毕竟拍卖公告是竞买人了解拍卖股票的主要途径。钟局，您能否对股票的拍卖公告进行一下重点提示？

钟：股票的拍卖公告和一般的动产、不动产的拍卖不太一样。因为它不属于实物，没有办法直观地看到它的瑕疵，这就需要我们法院在拍卖启动之前进行大量的调查和摸底工作。我们要尽可能地在拍卖公告当中来真实地反映所拍卖股票的性质、权属、数量，甚至包括上面存在的权利限制。这是对于买受人也好，对于竞买人也好，影响非常巨大的一些注意事项。尤其是部分事项要直接约束买受人在取得股票过户之后，他的权利的行使。这些信息对于所有的竞买潜在当事人来说都是非常重要的，我觉得法院要尽可能地在公告当中披露清楚。

朱：除了刚才钟局所说的必须在公告当中披露的这些信息之外，我觉得对竞买人的条件我们也应当做一个提示，如禁止买卖、持有上市公司股票的主体，或者说不得收购上市公司的一些主体，就不得参加拍卖。比如，我们拍卖的是商业银行的股票，那么竞买人应当要符合银保监会的相关规定。再比如，如果股东或者一致行动人持有公司的股份已经达到30%，还要继续参加竞买的，那么必须事先特别地向法院提出申请。

温：刚刚我们讨论了二级市场卖出以及网络司法拍卖处置上市公司股票需要注意的事项，但是在实践中总是会发生很多特殊的情况。例如，我就遇到过，到托管证券公司通过集中竞价卖出已经冻结的股票时，发现这个股票上个月已经退市了。钟局，您能否对此类股票进行一下提示？

钟：好的。随着我们国家股票注册制改革的深入，现在股票的退出已经成为一种常态。我们法院今年处理的几个案件当中就碰到了类似的情况，那么确实退市的股票到底怎么处理是一个比较值得研究的问题。就我们目前碰到的司法实践来看，我觉得可以分成三种情况。

第一种情况是，股票在处置过程当中，被交易所终止上市了。虽然它也是一种退市的状态，但是并没有完全退市。在这种情况下，我觉得司法处置是可以继续进行下去的。因为在交易所决定终止上市之后，会有一段时间作为退市整理期，仍然允许股票在二级市场进行交易，所以它的交易价格和交易量都是能够保证的，而且是客观公正的。这个时候买受人在买到这些退市的股票之后，仍然可以在二级市场上交易卖出，对他没有造成特别重大的影响。当然不可否认，一个股票在被终止上市之后，它的股价一定会出现大幅波动，这个是买受人需要考虑的交易风险。

第二种情况是，证券交易所已经决定终止上市，同时它的退市整理期也结束。这个时候我觉得法院就不应当再处置股票。首先它的价格已经无法确定，退市之后这个股票已经从二级市场公开交易的股票变成了新三板没有交易量的股票。对它的定价方式要出现一定的变化，我觉得应该用评估的方式去考虑。

第三种情况就是，在证券交易所退市之后，再进入北交所的新三板登记之前，是有一段空窗期的。这个时候法院即使处置了股票，可能也没有办法完成过户，所以这段期间我建议我们法院不要去处置。

最后还有一个特殊的情况要提示大家，不管处置的股票原来是不是限售流通股，在它退市之后，在进入北交所新三板登记的时候，都会给予一定时间的限售期。这样一来就把原来的非限售股变成了限售股。这种变化其实是我们法院控制之外的变化，对于买受人，他可能也未必了解这些情况，可能会对整个司法拍卖的程序或者一些信息的公开性产生质疑。所以我也是建议，在退市整理期结束之后，我们就不要轻易地再按照无限售流通股去处置这样的股票。

朱：确实如此，退市之后股票的价值往往会大幅地贬损，而且因为新三板市场相对来说流通性比较差，所以常常无人问津，成交率也是偏低的，金融法院是不是也是这样的？

钟：对。新三板的股票相对来说处置起来比较难，首先它的定价就很难，可能一个股票在较长的一段时间当中就没有交易量，我怎么去确定它的公允价值？所以法院对于新三板的股票，一般是通过评估确定它的价值，类似于非上市公司的股权这种处置方式去处理。

朱：是的，最近我们局也在处理一笔刚刚退市的股票，然后一拍也流拍了，目前在准备二拍当中，希望能够顺利成交。

温：钟局，除了股票的性质影响处置方式，实践中股东通过股票质押融资也很常见，如果案件的申请执行人就是质权人，那处置股票没有任何的问题，如果申请执行人并非质权人，质权人要如何实现自己的质权？

钟：你说的这个问题其实就是，质权人除了司法途径之外，能不能自行处置他所享有质押权的这些股票。那么在过去，一旦法院冻结了这部分股票，他恐怕只有进入司法程序来处置，对吧？

根据最新的司法解释，其实现在由过去的“司法冻结”变成了“标记”式，也就是说一个法院对某一个已经质押的股票所采取的冻结手续，不再影响质权人在冻结之外，采取自力救济的方式去处置他所享有质押权的这些股票。这对整个股票质押市场的安全，尤其是质权人能够更快地保障自己的权益，起到了非常好的作用。

温：朱局，您是如何看待质权人自行变价股票的？

朱：我觉得，之所以允许质权人自行变价，实际上是出于对证券市场运行规则的考虑。股票的行情不断地在发生变化，如果不允许质权人按照协议的约定去自行变价，那么很可能错失变价的良机，影响其债权的实现，而且质权人自行变价往往是通过二级市场卖出的方式进行。二级市场是一个公开交易的市场，有可见的市场价格。因此来说，一般情况下不太会出现恶意低价抛售股票转移财产的问题。

温：今天我们对上市公司股票的主要处置方式进行了介绍，主要涉及二级市场卖出、网络司法拍卖以及上海金融法院特有的大宗股票处置机制。相信通过两位局长的梳理与阐释，大家对于此类财产的处置有了大致的了解，非常感谢两位局长的分享，也感谢大家的收看，我们下期再见。

朱：再见。

钟：再见。

一二审对谈：房屋司法拍卖中承租人的优先购买权

对谈人：吴 斌

·上海市第一中级人民法院执行局副局长

·三级高级法官

·华东政法大学法学硕士

·审理的案件多次获评上海法院“四个一百”精品案例、优秀裁判文书、示范庭审，全国法院优秀案例

·撰写的论文、案例等先后在国家级刊物上发表 4 篇，市级、院级刊物上发表近 10 篇

·曾两次荣立个人三等功，荣获上海市防范和处理邪教工作先进个人称号，多次获评优秀共产党员、党员先锋岗、办案标兵、办案能手，八次获得上海法院系统个人嘉奖、获评上海市第一中级人民法院审判业务骨干

对谈人：王传伟

·上海市徐汇区人民法院执行局办案团队负责人

·四级高级法官

·西北政法大学刑法学硕士研究生

·主要研究方向刑法、刑事涉财产刑执行等

·主审案件曾获上海法院示范庭审

·多次获得上海法院系统个人嘉奖

主持人 李卓宏

·上海市第一中级人民法院执行局二级法官助理

- 南开大学法学硕士
- 主要研究方向刑法学
- 曾获上海法院系统个人嘉奖

李：大家好，欢迎收看上海市第一中级人民法院微课程。我是执行局法官助理李卓宏。今天我们很荣幸地邀请到上海市第一中级人民法院执行局吴斌法官。

吴：主持人好，大家好。

李：以及徐汇法院执行局王传伟法官。

王：主持人好，大家好。

李：下面我们将对房屋司法拍卖中承租人的优先购买权问题进行交流。王法官您好。

王：你好。

李：我国《民法典》第726条第1款规定出租人出卖租赁房屋时，应当在出卖前的合理期限内通知承租人，承租人享有以同等条件优先购买的权利。

我们在实际办理执行案件的过程中，经常遇到一个租赁房屋上既存在承租人，又存在次承租人的情况。之前遇到过一个案子，房屋拍卖前，承租人和次承租人都向法院提出要以优先购买权人的身份来参加竞拍，那么您认为在这种情况下，应该是谁享有优先购买权呢？

王：这一问题，目前理论界和实务界有各种观点，第一种观点是认为只有承租人享有优先购买权；第二种观点是认为只有次承租人享有优先购买权；第三种观点是认为承租人和次承租人都享有优先购买权。各种观点都有一定的理论基础和判例支持。吴法官，您的执行工作实践经验比较丰富，在执行工作过程中有没有遇到过类似的问题？

吴：我们在实际执行过程中，确实遇到过承租人和次承租人都主张以优先购买权人的身份参加竞拍的情况。当时在讨论的时候，支持次承租人享有优先购买权的意见也是比较多的，主要是考虑到优先购买权制度设定的目的是社会公平、照顾弱小和保护业已稳定的物的使用关系。那么承租人将其租赁的房屋转租给次承租人，表明他另有住处，而次承租人才是租赁房屋的实际使用人。

相较于承租人通过转租获取收益，次承租人以租赁房屋为中心形成的稳定的生产生活秩序，才是优先购买权制度所要追求的保护的目标。所以基于这个理由，该观点认为优先购买权应该赋予次承租人。

王：我们在讨论的时候，也遇到一种观点，就是认为承租人和次承租人都享有优先购买权。

转租根据是否经过出租人的同意，区分为合法转租和擅自转租两种情况，擅自转租在这里我们就不讨论了，我们讨论一下合法转租。在合法转租的情况下，租赁人将房屋转交给了次承租人占有和使用，在这种情况下，次承租人当然地享有优先购买权；但同时我们也要注意到，承租人并没有退出原有的租赁关系，对于租赁房屋，他虽然因为丧失占有而形成了事实上的脱离，但是他与出租人之间的关系并没有完全割裂。还要注意一点，转租合同的期间不能超过原有的租赁合同的期间，在这种情况下，承租人的租赁权在一定期限内还是有可能恢复到圆满状态的，所以承租人与次承租人都享有优先购买权。

李：那我们刚才提到的这几种观点里面，王法官，您个人比较倾向于哪一种观点？

王：我个人比较倾向于第一种观点，也就是只有承租人享有优先购买权，次承租人不享有优先购买权。因为我们都知道，优先购买权是一项法定权利，是专属权，我国现行法律并没有明确赋予次承租人享有优先购买权。

《民法典》第 726 条第 1 款规定，出租人出卖租赁房屋的，应当在出卖之前的合理期限内通知承租人，承租人在同等条件下，享有优先购买的权利。合同具有相对性，租赁合同的当事双方是出租人和承租人，并不包括次承租人，因此法律并没有明确赋予次承租人优先购买权。

李：所以您是认为优先购买权是基于租赁合同产生的一个权利，由于债权是具有相对性的，如果承租人将租赁房屋另行转租给他人的话，作为次承租人是当然不能享有原租约项下的合同权利的。吴法官，您在实际执行过程中比较倾向于刚才讲到的哪种观点呢？

吴：其实这几种观点都是有一定的道理的，但是我还是比较倾向于支持承租人享有优先购买权。理由是，首先，根据合同相对性的原理，在转租的情况下，每一个租赁合同都是独立有效的，承租人并没有退出与出租人之间的租赁关系，而次承租人与出租人也只是在转租合同项下产生权利义务关系，与出租人之间是没有产生直接的法律关系的，那么这是第一点。

其次就是优先购买权是具有专属性的。我们不能简单地认为，承租人通过转租将优先购买权也转让给了次承租人，除非转租合同上有明确的约定，并且得到了出租人的同意。

最后就是从保护弱者的角度出发，在担保物权成立之前或者在法院查封房产之前，设立的这个租赁关系，即使法院通过强制手段变更了房屋的所有权人，但是仍然不影响次承租人对租赁房屋的正常使用，以及租赁合同约定的租期租金等合法权益。在执行程序中有一个带租约的拍卖，就可以保障次承租人在租赁期内的合同权益。所以基于上述原因，我认为优先购买权应该赋予承租人所有。

李：刚才吴法官提到了，根据法律明文规定和合同相对性原理，在租赁房屋上既存在承租人又存在次承租人的情况下，在房屋司法拍卖时应当是只有承租人一方享有优先购买权。其实跟王法官您刚才提的这个意见是一致的。

那么下面我想跟两位法官来探讨一下，在房屋租赁前，已经被人民法院查封的情况。王法官，您认为在这种先查封后租赁的情况下，承租人还能否享有优先购买权？

王：我们在实践中遇到过这样一个情况，A 公司和 B 公司借款合同纠纷一案，执行过程中，法院查封了被执行人 B 公司名下的房产，该处房产被法院查封之后，被执行人 B 公司又擅自将该处房产出租给了案外人 C。后法院在准备对这套房产进行拍卖时，案外人 C 向法院提交了他与被执行人 B 公司的租赁合同，要求主张优先购买权。在这种情况下，我认为案外人 C 是不享有优先购买权的。

李：您刚才提到的这个案例，就是一个先查封后租赁的情况。那么您认为在这种情况下，承租人不享有优先购买权是基于什么样的理由呢？

王：主要是根据《最高人民法院关于人民法院民事执行中查封、扣押、冻结财产的规定》第 24 条，被执行人就已经查封、扣押、冻结的财产所作的移转、设定权利负担或者有其他有碍执行的行为，不得对抗申请执行人。承租人在人民法院对被执行人名下的房产进行查封之后，与被执行人签订租赁合同的，这是一种典型的先查封后租赁的情况。被执行人在执行程序中就已被查封的财产设立这种权利负担，是有碍执行的行为，无论是他的租赁行为还是租赁合同，均不得对抗申请执行人。因此在拍卖的时候，也就无须再考虑他的优先购买权了。

吴：对，我也同意王法官的意见。另外我再补充几点，首先查封是法院基于国家的公权力，对被执行人采取了一个强制性的执行措施，它具有对世的效力。其次是法院在查封现场，要张贴封条和公告，同时还要通知登记机关办理查封登记手续，因此具有相当强的公示力。最后就是被执行人在法院执行过程中，擅自出租已被法院查封的房产，会妨碍法院处置资产，同时房产上带有租约的话，也会对房产的评估价值产生一定的影响，不利于债权的顺利实现。

所以在先查封后租赁的情况下，承租人与出租人签订的租赁合同，不得对抗申请执行人，法院可依申请或者依职权解除承租人对房屋的占有或者排除其妨碍，那么在这种情况下，承租人还主张优先购买权，法院当然不予支持。

李：看来在这个问题上，我们在实际的执行操作中，也要否定先查封后租赁情况下承租人的优先购买权。我还注意到，《民法典》第 726 条第 1 款除了规定承租人有优先购买权以外，同时还但书规定了房屋的按份共有人行使优先购买权，或者是出租人将房屋卖给近亲属的除外。

那么这个但书的规定是否意味着法院在拍卖带租约的房屋时，如果竞买人是房屋的按份共有人或者是被执行人的近亲属的，这种情况下承租人就不能享有优先购买权了？

吴：这里也要分析。共有分为共同共有和按份共有。如果法院拍卖的是共同共有的房产，同时被执行人又是房产的共同共有人，那么可以不考虑共有人对房产的优先购买权问题，不会发生共有人优先购买权与承租人优先购买权的冲突。因为共同共有是作为一个整体来看待的，他既然是作为一个出卖方，那么就不可能再作为一个竞买人来主张优先购买权。

如果法院拍卖的是按份共有的房产，并且被执行人对这个房产享有一定的份额，根据《民法典》第 305 条规定，按份共有人可以转让其享有的不动产或者动产份额，其他共有人在同等条件下享有优先购买的权利。按份共有人优先购买权针对的是其他共有人的房产份额，而承租人的优先购买权针对的是房屋所有权。所以当部分按份共有人行使优先购买权取得其他共有人房屋份额时，承租人对房产份额是不享有优先购买权的。所以基于上述理由，这两项权利其实在实质上是不会发生冲突的。

李：您刚才提到，这两个权利实质上不会发生冲突，那么我就想到了，我们在实际办理案件的过程中，经常会遇到，如被执行人甲和案外人乙共有一套房屋，双方各自占有一半的份额，现在房屋被出租给丙使用的情形。法院要强制执行处置这套房屋的时候，如果按份共有人乙和承租人丙都向法院提出要优先购买这套房屋，那这个时候是不是就发生了按份共有人和承租人优先权竞合的问题了？

吴：就像我刚才所说的，如果法院拍卖的是房屋的份额，按份共有人乙享有优先购买权，承租人丙不享有优先购买权。如果法院拍卖的是整幢房屋的话，那么按份共有人乙不享有优先购买权，而承租人丙具有优先购买权。但是在实际操作中，我们一般不大去拍卖房屋的份额，不知道王法官你们在区法院执行过程中，有没有拍卖房屋份额的案例。

王：之前我见过一个这种案例。兄弟二人因遗产继承，按份共有一套房产，后来弟弟因为欠债，房产被查封了，哥哥就提出来，他想买下弟弟的这份份额。在这种情况下，拍卖房产份额既保障了共有人的权益，又保障了债权的实现，不失为一个两全的选择。

吴：如果哥哥能如愿地拍下弟弟的份额，那确实最后的执行法律效果、社会效果都比较好。但这里也存在一个不可控的因素，因为就算是赋予哥哥优先购买权人的身份，也有可能案外人以更高的价格拍得这个房屋的份额。在这种情况下，就可能造成两个不相识的人按份共有一套房屋，给这个房屋的实际居住使用带来诸多不便，引发新的社会矛盾。

王：对的，这个拍卖房产份额出发点是好的，但是在拍卖过程中变数确实比较多。

李：所以在我们实际处理执行案件的过程中，还是要具体问题具体分析。我们刚才提到的《民法典》第726条第1款的但书情形中，还有一种是出租人将房屋出卖给近亲属的情况。那么就有人提出一种观点，在强制拍卖带租约的房屋时，如果竞买人是被执行人的近亲属，这种情况下承租人就不再享有优先购买权。王法官您认为这个观点合理吗？

王：近亲属之间因为具有紧密的人身联系，在经济活动中，不等同于一般民事主体之间这种简单的经济关系，法律上作出这种规定也是为了保护这种关系的稳固性和利益的共享性。

所谓的“近亲属优先购买权”，在法律上也不等同于直接规定的承租人的优先购买权，从法律措辞上看，它并没有创设一种新的优先权，而仅仅是明确在一种特殊条件下，出租人得以近亲属的购买行为对抗承租人，从而获得重新选择房屋买卖交易对象的权利。

我们也要注意到，司法拍卖活动是司法执行程序的关键一环，要保持高效性、严肃性和司法公信力。如果将被执行人近亲属纳入优先购买权的范围，将极大影响执行的效率。因此，我认为在司法拍卖活动中，应该排除被执行人“近亲属优先购买权”的适用。

李：那么吴法官，您是否也认为“近亲属优先购买权”应当在司法拍卖中排除适用呢？

吴：对，我也同意王法官的意见。因为众所周知，执行过程中有一个难题，就是被执行人难找。被执行人难找，被执行人的近亲属更难找，而且近亲属范围较广，人数又比较多，法院不可能完全掌握被执行人近亲属名单，所以要求法院在拍卖前一一确认被执行人近亲属的身份并予以通知，一个是不现实，另外也是低效的。

李：听了刚才两位法官的解释以后，我也认为确实不应该赋予被执行人的近亲属在司法拍卖中的优先地位。

吴法官您刚才提到了通知优先权人存在现实困难的问题，确实在实际执行过程中，涉拍房屋的实际居住使用人往往并不是承租人本人，那么在这种情况下法院该如何通知承租人呢？

吴：在司法拍卖中，法院是行使公权力的执行启动和实施方，不能完全等同于出卖方。法院在强制执行过程中，也不一定能够完全掌握拍卖房产中所设定的租赁的具体情况。而且就像我刚才所说，被执行人又往往是处于下落不明的状况，因此要求法院去寻找到并未实际居住在这个拍卖房产里的承租人进行通知，会严重影响执行效率。而且法院会在现场张贴拍卖公告，同时也会委托拍卖机构在媒体上刊登拍卖公告，这个就已经是有一个公示的作用了，即已经向承租人履行了通知义务。

而且在现实中我们也有这样的生效判例，承租人仅仅以没有接到法院的司法拍卖通知，侵害了他的优先购买权为由，主张拍卖无效或要求撤销拍卖的，最终法院也都是不予支持的。

李：看来在实践中基于租赁权产生的优先购买权是需要承租人主动去行使的。

王法官，您作为执行第一线的法官，一定有着丰富的处置不动产的经验，最后想请您给我们介绍一下，在强制执行程序中，承租人的优先购买权具体是如何行使的？

王：在司法拍卖程序中，承租人的优先购买权必须得到人民法院的确认，未经法院确认，不得行使。承租人如果想主张优先购买权，需要根据拍卖公告记载的要求，向法院提交相关的申请材料，由法院进行审核，法院审核确认承租人具有优先购买权的，承租人可以优先购买权人的身份，报名并交纳拍卖保证金参与竞拍。在竞价过程中，承租人和普通竞买人共同出价，如果最高价是由承租人和普通竞买人共同出具的，这个时候相关的房屋就是由承租人竞得；如果最高价是由普通竞买人报出的，而并不是承租人，在这种情况下，相关的房屋就会由普通竞买人竞得。

李：好的，今天我们和两位法官一起探讨了房屋司法拍卖中承租人的优先购买权，以及在强制执行程序中承租人的优先购买权具体是如何行使的。今天的讨论就到这里，感谢大家的观看，再见。

吴：再见。

王：再见。

《民法典》微课程

业主共同管理权的民法规范

主讲人 庞闻淙

· 上海市第一中级人民法院审委会委员、研究室主任
· 三级高级法官
· 华东政法大学法学硕士
· 上海市法学会民法学研究会理事
· 主要研究方向民商法、房地产法
· 主持、参与全国、市级调研课题 8 项
· 发表及获奖论文、案例分析 15 篇
· 曾获上海法院系统个人二等功及三等功、合议庭一等功等荣誉

大家好，我是上海市第一中级人民法院的庞闻淙。今天想和大家交流的话题，是关于业主共同管理权的民法规范。就这个话题，我主要分三个部分展开：一是业主共同管理权的法律性质；二是其主要内容；三是它的权利行使方式。

一、业主共同管理权的法律性质

首先，何谓业主的共同管理权？业主共同管理权，是我国民法在对建筑物区分所有权的规定中所特有的立法表述。顾名思义，它指的是业主对于建筑区划内共有部分的建筑物及其附属设施享有的共同管理的权利。

《民法典》第 271 条规定："业主对建筑物内的住宅、经营性用房等专有部分享有所有权，对专有部分以外的共有部分享有共有和共同管理的权利。"

由此可见，业主的专有权、共有权和共同管理权，一起构成了我国不动产物权制度中一项重要的物权类型：建筑物区分所有权。

但是，这里大家可能会产生一个疑问，就是共同管理权和业主的专有权、共有权在权利性质上是有明显差异的，它并不是一项物权性权利。我们知道，专有权是业主对建筑物专有部分的所有权，如对小区 1 号楼的 101 室，可以依法占有、使用、收益和处分，这和传统民法中所有权的各项权能是一致的；共有权是业主对共用部分、基地使用权、公共场所及设施所共同享有的财产权利，比如对楼梯间、大堂的使用，对公共车位、外墙广告的租金收益等。因此，这两项权利的“物法性”特征都很清晰。而共同管理权却是一种管理关系，带有“人法性”因素，本质上属于成员权的范畴，它又是如何被纳入物权法的制度体系中去的呢?

事实上，这是建筑物区分所有权的理论发展和我国根据国情进行立法改造的结果。如果借用一句话来总结，那就是：“居住改变法律。”建筑物区分所有权是 19 世纪以来随着现代城市的兴起而产生的一种特殊的不动产所有权形态。为了解决都市人口的居住压力，高楼层建筑从高空到地下，可以有效地实现对土地空间的立体化利用。但是，这也随之产生了更为复杂的所有权关系和居住利益的冲突。

对于建筑物区分所有权，理论上有一元论、二元论和三元论说。在各国立法的初期，大多强调对个人专有权的保护，但随着社会的发展，开始转而对个人的权利加以限制，更加注重协调全体所有人的共同利益。而从专有权和共有权当中派生出来的成员权，就是通过团体自治来管理业主成员之间的共同利益事项，维持这一特殊的共同体关系。可以说，建筑物区分所有权的发展变化，始终是围绕如何有效调节业主个人和团体之间的利益矛盾而展开的。

我国立法对于建筑物区分所有权采取的是“三元论”说，但是将“成员权”改而表述为“共同管理权”，突出了管理制度的因素。在走出了传统的住房公有化模式之后，这也为探索符合我国国情特点的业主自治留出了空间。“业主自治的民法本意，是确保权利人的自由空间，使其能够自我负责地形成自己的生活。”从《民法典》对业主共同管理权的重点修改完善，我们可以看到法律对于回应这种社会需求所做的努力。

二、业主共同管理权的主要内容

下面我们来看一下业主共同管理权的主要内容。通常来说，它包括对建筑物本身的管理和对业主共同生活秩序的维护，也就是物的管理和人的管理。

物的管理，是对建筑物及其附属设施、设备的保存、改良、利用和处分。与广大业主关系最为密切的，就是共用部分的维护修缮和共有部分的使用收益。

· 案例

A 物业公司和 B 业委会因为小区道路出租收入的结算产生纠纷，经社区中心调解将收益款项寄存在调解方账户，等业委会换届审计后向 A 公司划转其应收取的费用。之后双方自行核对账目，确认了 A 公司维修垫付的费用并解除了物业服务合同。但因为 A 公司不予配合，审计一直都不能完成。其间小区内的电梯、消防及门禁、监控系统多发故障，急需资金进行维修更新，B 业委会向社区中心紧急申请，将扣除垫付费用以后的余款转给了新的物业公司，A 公司遂起诉要求将款项划回原账户。

这个案例涉及《民法典》两项重要的新增内容。

第一，是关于利用共有部分产生收入的归属和分配。

《民法典》第 282 条规定："建设单位、物业服务企业或者其他管理人等利用业主的共有部分产生的收入，在扣除合理成本之后，属于业主共有。"

实践中，有不少物业服务机构将建筑区划内共有部分产生的收益作为经营收益据为己有，或者以此来抵销部分业主欠付的物业管理费，这都侵害了全体业主的权利。这条规定就意在加强对小区公共收益的规范化管理。《民法典》首次明确了此类收益扣除合理成本后属于业主共有，具体如何分配，应当由业主共同决定。通常可以将这部分收益用于补充公共维修资金。因此，在案例中，小区道路的出租收入属于全体业主，物业公司只是代收单位，不能主张合理成本以外的收益分配。

第二，是关于维修资金在筹集、使用上的规范完善。

《民法典》第 281 条规定："……建筑物及其附属设施的维修资金的筹集、使用情况应当定期公布。紧急情况下需要维修建筑物及其附属设施的，业主大会或者业主委员会可以依法申请使用……"

维修资金专款专用，与每个业主的切身利益密切相关，筹集和使用都应当经由业主共同决定。但在紧急情况下，如果危及房屋安全或设施设备的使用功能受到重大影响，及时修缮对业主而言无疑更为重要。在上面的案例中，虽然业委会和物业公司调解约定，按审计结果划转资金，但是不能据此就排除在紧急情况下申请使用维修资金的权利。

再看人的管理，这主要是针对人的行为。一般可以分为对建筑物的不当毁损行为、不当使用行为和对生活妨害行为的管理。《民法典》新增规定中最为典型的，是对“住改商”的限制，常见的如将住宅擅自改为餐饮、娱乐等商业用途。

《民法典》第279条规定：“……业主将住宅改变为经营性用房的，除遵守法律、法规以及管理规约外，应当经有利害关系的业主一致同意。”

也就是说，即使“住改商”符合法律、法规和管理规约，但如果未经有利害关系的业主一致同意，其行为仍然不具备合法性。这里“有利害关系的业主”，除了本栋建筑物内的物业使用人以外，还包括建筑区划内房屋价值、生活质量受到或者可能受到不利影响的其他物业使用人；而“同意”则需要以明示的方法表达，要以书面形式或者明确无误的口头表示。

在人的管理上，除了对业主行使所有权的限制，还体现出对行为人生活方式、生活习惯的约束。比如对于任意弃置垃圾、违规饲养动物、违章搭建、拒付物业费等行为，业主团体有权要求行为人停止侵害、排除妨碍、消除危险、恢复原状，以及赔偿损失。

特别值得一提的是相邻关系。在建筑物区分所有权的情况下，众多业主居住在一起共同生活，产生了许多特殊的相邻关系。如随着电子设备、信息技术的应用，楼道内安装红外线功能的摄像设备、可视门铃等都曾引发诉讼案件，引起社会的关注。这些特殊的相邻关系在法律规则上并没有具体规定的类型，对于一些行为法律也没有明文禁止。因此，除了司法救济途径，有必要通过管理规约或业主大会、业委会的决定来处理此类纠纷，用业主自治的方式调整小区内复杂的相邻关系问题。

三、业主共同管理权的行使方式

最后，我们来谈一下业主共同管理权的行使方式。小区业主自治，包括创设自治组织、常设执行机构、制定管理规约、委托物业管理人等；而业主行使共同管理权，简而言之，就是“先议后行”。“议”是通过召开业主大会，对涉及公共管理的重大事项，以集体决策的形式讨论表决；“行”则是由业委会作为执行机构具体开展管理活动。对于小区的日常管理，通常都是采取委托的方式，由专门的物业公司代为管理。

根据《民法典》第278条规定，应由业主共同决定的事项有九个方面，而对这些重大事项的表决机制，《民法典》作了实质性的修改。按照修改后的规定，表决分两步进行：

第一步，先满足参与表决的人数。“应当由专有部分面积占比三分之二以上的业主且人数占比三分之二以上的业主参与表决。”因为业主大会既有人合性的一面，又有资合性的一面。前者表现为住户人数，后者表现为所有权面积的比例。为了实现这两者的平衡，法律采取了“人数+面积”双重多数决的办法，要求两者的占比均要达到三分之二以上。

第二步，以“参与表决”的人数为基数，按不同的事项分别适用“两个过半”或“两个四分之三”的表决规则。我们以“使用”和“筹集”维修资金为例。比如，小区内建筑物的楼顶外墙出现漏水需要维修，如果需要动用维修资金，应当“经参与表决专有部分面积过半数的业主且参与表决人数过半数的业主同意”，也就是采取“两个过半”普通多数的表决规则；但如果小区内电梯老化需要更换，因为投入的金额较大要向业主重新筹集维修资金，就应当适用“两个四分之三”特别多数的表决规则。

总结起来，修改后的决议规则增加了业主表决的前提条件，但是降低了通过决议的门槛，将普通事项的下限调整到全体业主的三分之一，将特殊事项的下限调整到全体业主的二分之一，从而推动解决实践中业主大会决议困难的问题。

除了议事规则的完善，《民法典》关于业主管理权的行使还表现出“公私相济”的显著特征。比如，政府部门和居民委员会，对于小区设立业主大会、选举业主委员会的筹备组织，负有指导协助的职能；小区管理中如果业主或者其他行为人拒不履行相关义务的，可以向有关行政主管部门报告或者投诉，由其依法处理。

建筑物区分所有权的性质决定了业主的自治管理起着主导作用，但并非完全排除政府公权力的介入。在一定的条件和限度内，甚至有着相当的必要性。现阶段，在业主群体自治观念、主体意识和自治能力还有待提升的情况下，政府在管理关系中发挥引导和帮助作用，可以有效降低自治成本、衡平各方利益、促进自治机制的培育成熟。同时，现代社区作为市民集中的居住地，参与社区管理本身也是政府公共管理的职责所在。

继承权丧失制度的理解与适用

主讲人　郑天衣

- 原上海市第一中级人民法院研究室主任
- 现上海市浦东新区人民法院副院长
- 三级高级法官
- 上海法院审判业务专家
- 上海社科院法学硕士
- 主要研究方向民商法、诉讼法
- 曾荣立上海法院系统个人一等功一次、三等功两次
- 主持、参与全国、市级调研课题 16 项，发表及获奖论文 15 篇
- 编著《驾驭庭审》《民事审判实务教程》等书籍
- 担任华东政法大学兼职硕士生导师、华东理工大学法学院兼职教授

大家好，我是上海市第一中级人民法院的郑天衣，今天和大家交流的主题是：继承权丧失制度的理解与适用。

我们知道，继承权丧失制度是指继承人因法定事由而被剥夺继承遗产资格的制度。《民法典》对于继承权丧失制度的规定体现在法典的第 1125 条，《最高人民法院关于适用〈中华人民共和国民法典〉继承编的解释（一）》（以下简称《民法典继承编司法解释（一）》）第 5 条至第 9 条对此又作了细化规定。以上法律规范构成了现行有效继承权丧失的制度框架。今天，主要和大家交流三个方面：一是继承权丧失制度的基本内容；二是继承权丧失后的恢复制度；三是继承权丧失中具有共性的刑事责任前置问题。

一、继承权丧失制度的基本内容

首先，我们来讨论第一个问题，也就是继承权丧失制度的基本内容。先来看一个案例：

· 案例 1

杨某因琐事将其母亲白某杀害，法院判决杨某犯故意杀人罪，判处无期徒刑，剥夺政治权利终身。刑事判决书同时写明，“鉴于杨某归案后认罪态度较好，因其父母离异等原因导致其总体认知功能及心理状态中度异常，故对杨某从轻处罚”。死者白某的母亲（杨某的外祖母）陈某认为，杨某因故意杀害其母亲白某，已经丧失继承权。但杨某认为，刑事判决已确认他杀害母亲白某的主要原因是心理疾病，这与单纯杀害被继承人的案件完全不同，故民事案件中不应剥夺他的继承权。而且如果完全剥夺继承权极其不利于其接受改造后重返社会的生存问题。那么，杨某是否丧失继承权呢？

要回答这一问题，就要对继承权丧失制度从类型、适用、效力和程序四点加以把握。

第一，从类型上看：根据《民法典》第 1125 条第 1 款的规定，主要有以下五种丧失继承权的情形：（1）故意杀害被继承人；（2）为争夺遗产而杀害其他继承人；（3）遗弃被继承人，或者虐待被继承人情节严重；（4）伪造、篡改、隐匿或者销毁遗嘱，情节严重；（5）以欺诈、胁迫手段迫使或者妨碍被继承人设立、变更或者撤回遗嘱，情节严重。

需要注意的是，相比《继承法》，《民法典》增加了丧失继承权的两类情形：首先，增加了隐匿遗嘱情节严重的，与伪造、篡改和销毁遗嘱一样，丧失继承权；其次，新增“以欺诈、胁迫手段迫使或者妨碍被继承人设立、变更或者撤回遗嘱，情节严重”的，继承人也丧失继承权。依照该条规定，故意杀害被继承人而追究刑事责任的，不考虑继承人的精神状况和心理因素，因此杨某当然丧失继承权。

第二，从适用上看：继承权丧失的规定，置于《民法典》继承编的一般规定之中，因此，继承权的丧失，既适用于法定继承，也适用于遗嘱继承。

在这个意义上，即便母亲白某生前以订立遗嘱的方式指定遗产由杨某继承。一旦杨某实施了杀害母亲白某的行为，不论既遂还是未遂，都丧失继承白某遗产的资格。

第三，从效力上看：大致又可分为时间效力和对人效力。就时间效力而言，由于继承从被继承人死亡时开始，所以发生法定丧失继承权情形的，继承权丧失自继承开始时生效；如果法定丧失情形在继承开始后发生或者被确认的，则可溯及至继承开始时生效。就对人效力而言，丧失继承资格的效力主要及于法定继承人和受遗赠人，同时也会及于法定继承人的代位继承人。需要明确的是，继承人丧失继承权仅针对特定被继承人的遗产继承资格，不影响继承人继承其他被继承人遗产的权利。

案件中，杨某丧失继承其母亲白某遗产的资格，自白某死亡时生效，但是这并不影响杨某对于其他被继承人的继承权，这也有利于保障杨某生存的物质基础。

第四，从程序上看：如果继承人之间因是否丧失继承权发生纠纷，向人民法院提起诉讼的，由人民法院判决确认其是否丧失继承权。因此，一旦发生争议，继承人是否丧失继承权得由法院作出最终判断。

陈某作为外祖母与杨某，在就杨某是否丧失继承权已经存在争议并就如何分割遗产诉至法院的情况下，应当由法院就杨某丧失继承权问题在继承案件处理中一并加以确认。

二、继承权丧失后的恢复制度

继承权丧失后，基于家庭伦理和保护私产的考量，法律还规定了继承权失而复得的情形。这就是我们要讨论的第二个问题，继承权丧失后的恢复制度，或者又被称为继承权丧失后的宽恕制度。

对于这一问题，可以从以下两点加以把握：

第一，关于适用恢复的情形

学理上，继承权的丧失可以分为绝对丧失和相对丧失两类。所谓绝对丧失，是指继承权一旦丧失，绝无再次恢复的情形，多为导致继承权丧失的严重犯罪行为，如《民法典》第1125条所指的故意杀害被继承人以及为争夺遗产而杀害其他继承人这两种情形。所谓相对丧失，是指继承权丧失后仍有可能恢复的情形，也就是《民法典》第1125条所指的，遗弃、虐待被继承人，侵害遗嘱，妨害遗嘱自由等情形。只有在相对丧失的情况下，才具有恢复继承权的可能性。

第二，关于适用恢复的要件

我们再来看一个案例：

· 案例 2

茅某系邹某之母，在邹某出生 36 天后即将邹某遗弃，邹某在生父的抚养下成年并婚育有子女。后邹某不幸罹患重疾，母亲茅某知悉后便主动照顾邹某，邹某也接受了生母茅某的照顾，时间长达四年，直至邹某病亡。现邹某的其他继承人对茅某是否享有继承权存在争议。问题是，茅某是否享有继承权？

首先要明确的是，茅某的遗弃行为本身已经导致其对子女邹某继承权的丧失。因遗弃而丧失继承权的，属于相对丧失的情形，所以这里实质讨论的是，茅某是否存在继承权恢复的问题。《民法典》第 1125 条第 2 款规定，“继承人有前款第三至第五项行为，确有悔改表现，被继承人表示宽恕或者事后在遗嘱中将其列为继承人的，该继承人不丧失继承权”。

由此，对于继承权相对丧失的，如需恢复必须同时具备两个条件：一是继承人确有悔改表现；二是被继承人表示宽恕。这里所指宽恕的意思表示，既可以是明示的，如书面言明宽恕或者在遗嘱中明示，也可以是以接受抚养、扶助等行为默示的。只不过在默示情形下，继承人的举证难度会更大一些。案例 2 中，茅某能主动照顾邹某，说明茅某有悔改表现；邹某接受茅某的长期照顾，也可以说明茅某得到被继承人邹某生前的宽恕。茅某同时具备了上述两个要件，所以法院应确认其不丧失继承权。

实践中还有一种情况，即继承人虽无悔改，但被继承人确已表示宽恕，是否可以认定继承权的恢复？这在实践中是具有争议的。我们认为，悔改表现具有相当的主观性，且主要的感受主体在于被继承人。从比较法上看，凡是设立宽恕制度的国家，绝大多数只需要被继承人单方表示宽恕即可，无须悔改表现的要件。从《民法典》继承编保护私有财产和尊重被继承人意思自治的目的出发，在诉讼中对继承人的悔改表现要件不宜提出过高或者机械的标准。鉴于继承权本质上是一种私权利，应当高度尊重被继承人对自己财产所作的处分。在发生此类情况时，可以适度提高被继承人作出宽恕意思表示的举证要求，但不宜简单地以继承人缺乏悔改表现为由，拒绝承认继承权的恢复。

三、继承权丧失中具有共性的刑事责任前置问题

最后，我们再来看一下继承权丧失中具有共性的刑事责任前置问题。同样我们也先来看一个案例。

· 案例 3

孙某系被继承人张某的丈夫。2014 年 11 月 17 日，张某订立遗嘱一份，载明："本人与配偶无儿无女，白手起家，从未得到过双方父母的任何支持。所有财产全部归配偶孙某所有。双方父母无任何理由，继承争夺财产、遗产。"当年 12 月 25 日，张某因病死亡。但张某的父母认为，在张某死亡过程中，孙某明知自己拖延救治的行为可能导致张某死亡的结果，却依然持放任的态度，没有在第一时间采取送医院或者拨打 120 等有效抢救措施，属于间接杀害被继承人的行为，所以向公安机关报案。公安机关亦刑事立案。后检察机关经审查认为，公安机关认定的犯罪事实不清、证据不足，依法作出不起诉决定。但张某的父母认为，鉴于民事诉讼证明标准低于刑事，现有民事证据已经证实孙某存在故意杀害张某的行为，孙某无论是否受到刑事的追究均应丧失继承权。那么，孙某是否丧失继承权?

法定丧失继承权的情形，均是严重违法甚至犯罪的行为。只有对这类严重失范行为科以丧失继承权的法律后果，才有助于维护良好的继承秩序和家庭伦理。在丧失继承权的情形中，可能涉及故意杀人、遗弃、虐待等犯罪行为。

《民法典继承编司法解释（一）》第 6 条第 2 款规定，"虐待被继承人情节严重的，不论是否追究刑事责任，均可确认其丧失继承权"。也就是说因虐待而丧失继承权的，无须刑事责任前置。但法律对故意杀害、遗弃等行为是否要求刑事责任前置未作明确规定，对此应如何理解？我们认为，需要根据不同类型做区分处理。遗弃与虐待，不论是在行为性质、主体对象，还是在《民法典》和《刑法》的体系安排、要件构成上，均具有相似性。特别是遗弃和虐待，均需满足"情节恶劣"的方能入刑，明显存在民事责任和刑事责任的衔接匹配。所以，对于因遗弃而丧失继承权的，同样无须刑事责任前置。

但是故意杀害行为是否也是如此呢？我们认为与此是有所区别的，对于故意杀害行为，应当以追究刑事责任为条件，我们主要有三个理由：

第一，从法律体系的内在稳定性考虑，故意杀害行为侵害的是人的生命，而生命是受法律重点保护的，如果民事认定故意杀害而刑事却不予认定犯罪，等于架空了刑法的保障法作用，会造成法律体系的内在冲突。

第二，从继承权丧失制度的立法目的考虑，如果不以追究刑事责任为条件，将无法排除正当防卫、紧急避险、公务行为等违法阻却行为，有违继承权丧失制度惩戒严重违法行为的立法目的。

第三，从法律规范的行为表述考虑，《民法典继承编司法解释（一）》第 7

条规定，“继承人故意杀害被继承人的，不论是既遂还是未遂，均应当确认其丧失继承权”。这一表述，隐含了故意杀害情形下，应当以追究刑事责任为前提，因为只有在追究刑事责任时才会考虑具体的犯罪形态。

综上可知，案例中孙某未被追究刑事责任，故无法确认其具有因故意杀害被继承人而丧失继承权的情形存在。

四、课程小结

以上就是关于《民法典》所构建的继承权丧失、恢复和具体适用中的一些核心内容。需要指出的是，继承权基于特定的身份关系而发生，必然会涉及家庭成员内部的伦理道德因素，而伦理道德因素往往因人而异、因时而变、因地而迁，具有相对性和阶段性。法官在审理继承纠纷，包括判断继承权丧失问题时，既要准确适用法律，还要对社会人伦多加观察，确保司法裁判的品质和效果。

多人担保相互追偿权问题研究

主讲人　毛海波

- 原上海市第一中级人民法院商事审判庭副庭长、领军人才培养对象
- 现上海市浦东新区人民法院副院长
- 三级高级法官
- 上海法院审判业务专家
- 华东政法大学国际经济法学博士
- 主要研究方向民商法
- 上海法学会互联网法学研究会理事
- 上海对外经贸大学、上海外国语大学硕士研究生导师
- 2018 年入选上海市首届青年法学法律人才库
- 发表专著《国际展会知识产权保护研究》(该文入选上海法学文库)
- 在《人大复印资料》《法律适用》等期刊发表论文 30 余篇
- 论文、案例分析在国家商务部、全国法院系统多次获奖
- 参与、执笔国家社会科学基金青年项目课题、中国法学会课题等多个课题
- 曾获上海法院系统个人二等功、合议庭二等功等荣誉

大家好，我是来自上海市第一中级人民法院的毛海波。今天想和大家探讨一下，在多人担保情形下，各担保人之间的相互追偿权问题。

在债务人向债权人借款、购货等情形下，由第三人为其债务提供担保的情形较为普遍，有时甚至有多个第三人。其中一个第三人承担担保责任以后，可以向债务人进行追偿，法律对此有着明确的规定，在司法实践中也没有争议。然而，该第三人是否可以向除了债务人之外的其他担保人进行追偿，这在司法实践中存在极大争议。

从实践角度来看，多人提供的担保分为共同担保和混合担保。所谓共同担保，是指数人提供的性质相同的担保；而混合担保，是指数人提供的性质不同的担保。比如，甲向乙借款，由丙和丁为其债务向乙提供担保。如果丙和丁都向乙提供保证或者抵押，则属于共同担保；如果丙提供保证，丁提供抵押，则由于两个担保行为的性质不一致，因此属于混合担保。

一、混合担保下各担保人之间的相互追偿问题

首先，我们来看一下混合担保情形下各担保人之间的求偿权问题。

2000 年通过的《担保法司法解释》第 38 条第 1 款规定："同一债权既有保证又有第三人提供物的担保的……当事人对保证担保的范围或者物的担保的范围没有约定或者约定不明的，承担了担保责任的担保人，可以向债务人追偿，也可以要求其他担保人清偿其应当分担的份额。"

显然，该司法解释明确了混合担保情形下各担保人之间享有相互追偿权。

然而，2007 年生效的《物权法》第 176 条规定，提供担保的第三人承担担保责任后，有权向债务人追偿。

这个条款仅仅规定担保人可以向债务人追偿，并未如《担保法司法解释》那样，规定担保人之间享有相互追偿权。

那么，担保人之间到底有没有追偿权呢？对此存在争议。有鉴于此，全国人大法工委在《物权法释义》一书中进行了说明：

首先，理论上，允许各担保人之间相互追偿，实质上是在各担保人之间强制设立担保关系，不合法理。

其次，程序上，如果允许向担保人追偿，则被追偿的担保人最终还是要向债务人追偿，不够经济。

最后，可操作性上，如果允许向担保人追偿，则存在多个担保人、物保与人保并存时，各担保人追偿的比例难以确定。

显然，全国人大法工委明确了担保人之间没有相互追偿权。

在此基础上，2019 年施行的《九民会议纪要》第 56 条规定，《物权法》并未如《担保法司法解释》第 38 条规定的那样规定担保人之间有追偿权。两者不一致，以《物权法》为准。

因此，承担了担保责任的担保人向其他担保人追偿的，人民法院不予支持，

但是担保人在担保合同约定可以相互追偿的除外。

显然，《九民会议纪要》明确，除非各担保人之间明确约定可进行追偿，否则相互之间没有追偿权。

二、共同担保下各担保人之间相互追偿问题

然而，《九民会议纪要》仅仅谈到了混合担保人之间的追偿权问题，并没有提到共同担保人之间的相互追偿问题，那么共同担保人之间是否享有追偿权呢？我们来看看法律规则对此是如何进行规定的。

1995 年施行的《担保法》第 12 条规定，同一债务有两个以上保证人的，保证人应当按照保证合同约定的保证份额，承担保证责任。

这意味着约定了保证份额的，仅根据该份额承担责任，保证人之间不存在相互追偿权。那如果没有约定保证份额呢？

该条款接着规定，没有约定保证份额，保证人承担连带责任……已经承担保证责任的保证人，有权向债务人追偿，或者要求承担连带责任的其他保证人清偿其应当承担的份额。

显然，根据该条款规定，只要保证人之间没有约定保证份额，各保证人就构成连带责任，相互之间有追偿权。

2000 年通过的《担保法司法解释》第 75 条第 3 款也规定，抵押人承担担保责任后，可以向债务人追偿，也可以要求其他抵押人清偿其应当承担的份额。

由此可知，无论是法律还是司法解释，都规定共同担保人之间享有相互追偿权。

这样就变成，混合担保人相互之间没有追偿权，但共同担保人之间有追偿权。然而，从性质上而言，混合担保和共同担保是一样的。立法却对两者之间适用不同的法律规范，依据何在？如何进行协调？这是摆在我们面前的一个急迫的任务。

三、《民法典》对相关问题的规范解读

在这样的背景下，《民法典》对此如何进行规定就尤为引人关注。

《民法典》第 392 条规定，被担保的债权既有物的担保又有人的担保的……提供担保的第三人承担担保责任后，有权向债务人追偿。

显然，该规定与 2007 年生效的《物权法》以及 2019 年施行的《九民会议纪

要》一脉相承，可以认定，《民法典》也否定了混合担保人之间的追偿权。

就共同担保而言，《民法典》第 699 条规定，同一债务有两个以上保证人的，保证人应当按照保证合同约定的保证份额，承担保证责任；没有约定保证份额的，债权人可以请求任何一个保证人在其保证范围内承担保证责任。

此处的关键是理解，“保证人在其保证范围内承担保证责任”究竟是什么意思？

在对此进行分析之前，必须先解决该条款与《民法典》第 547 条以及第 700 条之间的关系。

我们先来看《民法典》第 547 条的规定，债权人转让债权的，受让人取得与债权有关的从权利，但是该从权利专属于债权人自身的除外……

举个简单的例子，甲对乙享有一笔债权，丙与丁给甲的该笔债权提供保证。如果之后甲将其对乙的债权转让给戊，则戊不但取得其对乙的债权，根据该条款规定，当然也取得对丙与丁的保证权利。如果乙到期不归还钱款，其可以要求丙和丁承担保证责任。

问题是，如果是丙受让了甲对乙的债权，还是适用上述规则的话，丙不但可以向乙主张款项，还可以要求丁承担保证责任，这也就意味着各保证人之间享有相互追偿权。所以此处的核心问题为：保证人丙受让债权行为的性质是什么？是否与非保证人戊受让债权的性质一致？

然后我们继续分析《民法典》第 700 条的规定，保证人承担保证责任后，除当事人另有约定外，有权在其承担保证责任的范围内向债务人追偿，享有债权人对债务人的权利……

此处的关键是理解承担了保证责任的保证人“享有债权人对债务人的权利”是什么意思？是否意味着保证人在承担保证责任后变成了债权人的地位？如果是，那是否又意味着债权人的债权移转给了保证人？问题又回到了《民法典》第 547 条的适用问题，而司法实务对此理解不一。

在各方对《民法典》上述条款看法存在争议，司法审判产生混乱的情况下，2020 年 12 月 25 日，最高人民法院出台了《民法典担保制度司法解释》)。

《民法典担保制度司法解释》第 13 条第 1 款规定，同一债务有两个以上第三人提供担保，担保人之间约定可以相互追偿或者约定承担连带共同担保，承担了担保责任的担保人，可以向其他担保人追偿。

显然，如果共同担保人之间有约定的，按照约定履行。

《民法典担保制度司法解释》第 13 条第 2 款规定，担保人之间虽然没有约定可以相互追偿，也没有约定承担连带共同担保，但是各担保人在同一份合同上签字、盖章或者按指印，承担了担保责任的担保人，可以向其他担保人追偿。

之所以这样规定，是因为各担保人在同一份合同书上签字、盖章，意味着各担保人之间相互知晓对方提供担保的事实，甚至一方之所以愿意提供担保也是建立在知晓另一方也愿意提供担保的基础上。因此司法解释认定各担保人之间构成连带责任，相互之间也有追偿权。

《民法典担保制度司法解释》第 13 条第 3 款规定，除前两款规定的情形外，承担了担保责任的担保人请求行使相互追偿权的，人民法院不予支持。

这一条款很重要，它明确如果各担保人之间没有约定相互追偿，也没有在同一份合同上签字盖章，意味着相互之间没有追偿权，这样的规定是符合常理的。有时两个保证人完全不认识，甚至都不知道对方也给债权人提供了保证，此时向债权人承担了保证责任的保证人向另一个保证人进行追偿，完全缺乏合理性。

所以说，该条款具有很强的针对性，将共同担保和混合担保皆包含在内，予以统一规定，既解决了实际关切的问题，也对担保体系进行了很好的协调。

《民法典担保制度司法解释》第 14 条规定，同一债务有两个以上第三人提供担保，担保人受让债权的，人民法院应当认定该行为系承担担保责任。受让债权的担保人作为债权人请求其他担保人承担担保责任的，人民法院不予支持；该担保人是否享有对其他担保人的追偿权问题，依照本解释第 13 条的规定处理。

该条款很好地回答了《民法典》第 547 条的规定，即上述案例中，即使甲将其对乙的债权转让给保证人丙，丙也不是一般意义上的债权受让行为。也就是说，与甲将其债权转让给戊的性质不一样，仅仅是承担担保责任的体现，因此，除非丙与丁之间约定有相互追偿权，或者两人在同一份合同上签字盖章，否则丙对丁就没有追偿权。

在此基础上，对《民法典》第 700 条也就顺理成章地得出如下结论：即该条规定的“保证人承担保证责任后……享有债权人对债务人的权利”，也仅仅限定为保证人对债务人的权利，不及于其他保证人。

此处的“享有”只能理解为债务人乙在拿自己的房产做抵押或者拿自己的股票做质押时，保证人在承担保证责任后，可以就债务人乙自己提供的房屋行使抵押权或者自己提供的股票行使质押权，但是对保证人丁无权主张保证责任，也不得行使追偿权。否则，就会与《九民会议纪要》以及最高人民法院关于《民法典担保制度司法解释》第 13 条、第 14 条相互冲突了。

四、课程小结

由此可见，各担保人之间是否相互有追偿权的问题，涉及多个法律规则、同一法律规则不同条款之间的理解与适用问题，而且由于相互条款之前存在一定矛盾。因此准确对此进行定性，明晰立法的变迁过程，作出符合法理和社会现实的认定，从体系上对各条款之间予以深刻把握，我们才能得出正确的结论，恰当而又合理地定分止争。

优先承租权的理解与适用

主讲人　金绍奇

· 原上海市第一中级人民法院民事审判庭副庭长、领军人才培养对象

· 现上海市松江区人民法院副院长

· 三级高级法官

· 复旦大学法学博士

· 复旦大学司法研究中心兼职研究员

· 主要研究方向民商法、民事诉讼法

· 参与编写《模拟法律诊所实验教程》《个案全过程新论——以集中审理为中心》等专著

· 在《复旦大学法律评论》《人民司法》等刊物发表论文 20 余篇

· 论文、案例多次在最高人民法院组织的评选活动中获奖

· 参与、执笔国家社科基金重大项目、国家社科基金青年项目、复旦大学双一流项目等课题

大家好！我是上海市第一中级人民法院的金绍奇，今天跟大家交流的主题是“优先承租权的理解与适用”。

关于优先承租权，《民法典》第 734 条第 2 款规定，租赁期限届满，房屋承租人享有以同等条件优先承租的权利。该规定将优先承租权上升为房屋承租人的一项法定权利。但是，对于优先承租权的性质、具体行使规则、法律效果、救济和保护方式等，《民法典》及相关司法解释均未作出明确规定。针对这些问题，今天的讨论从四个方面展开，分别是：优先承租权界定、优先承租权行使条件、优先承租权行使方式和期限以及优先承租权救济和保护。

在开始讨论之前，我们先来看一个案例。

· 案例 1

出租人甲与承租人乙签订租赁合同，约定甲将房屋出租给乙，用于经营餐饮。租赁合同期限届满前，乙向甲提出续租。甲回函称，因乙存在迟延支付租金的违约行为，不再与其续签合同，目前已经将房屋出租给丙。乙收到回函后随即表示，其享有优先承租权，要求按照甲、丙之间租赁合同约定的租金标准及租期，续签合同。双方交涉未果，乙诉至法院，请求确认甲、丙之间的租赁合同无效，并要求甲与乙续签合同，或者由甲赔偿乙搬迁费、装修损失、另行租赁房屋的差价损失、中介费以及营业利润损失。

我们在讨论这四个方面的问题后，再尝试具体分析这个案例。

一、优先承租权界定

下面，我们讨论第一个方面的问题——优先承租权界定。主要从优先承租权的概念、范围和性质三个维度出发。

先来看一下优先承租权的概念。按照通常的理解，优先承租权是指承租人根据法律规定或合同约定，于租赁期限届满后，以同等条件优先承租原租赁物的权利。在《合同法》时代，优先承租权因双方约定而产生。《民法典》施行后，优先承租权就成为房屋承租人的一项法定权利。

优先承租权的范围，又可以从主体范围和客体范围两个维度展开。就主体范围而言，《民法典》规定享有优先承租权的主体为承租人。这里的承租人是否包括次承租人呢？或者说次承租人是否享有优先承租权？个人认为，次承租人作为转租合同项下的承租人，应当享有优先承租权，但基于合同相对性原则，其只能向转租人，而不能向出租人主张该项权利。优先承租权不具有可让与性，不能转让和继承。因此，承租人的继承人或者所谓受让人，并不享有优先承租权。

不过需要注意的是，《民法典》第 732 条规定，承租人在租赁期限内死亡的，与其生前共同居住的人或者共同经营人可以按照原租赁合同租赁该房屋。也就是说，承租人生前的共同居住人或者共同经营人，因法定继受租赁合同的权利义务而成为新的承租人，从而享有优先承租权。

就客体范围而言，《民法典》规定的优先承租权客体，仅仅限于租赁房屋，而不包括其他不动产和动产。那公租房、廉租房是否纳入优先承租权保护范围呢？

应该说，《民法典》规制的是市场房屋租赁，公租房、廉租房作为保障房，其承租人有特殊的资格条件要求，并不当然享有优先承租权。

我们再来看一下优先承租权的性质，对此主要有三种观点，包括请求权说（其中又包括强制缔约请求权说）、物权说或准物权说以及形成权说（当中又包括附条件的形成权说）。

请求权说认为，优先承租权是承租人请求，出租人与自己订立租赁合同的权利。其中，强制缔约请求权说认为，承租人提出订立租赁合同的要约时，法律强制出租人为承诺的意思表示。

物权说或准物权说认为，优先承租权的优先效力和追及效力，使其可以对抗第三人，因此，优先承租权具有物权属性。

形成权说认为，承租人依其单方意思表示，即可与出租人建立租赁合同关系。因该权利的行使，以出租人与第三人订立租赁合同为条件，所以有观点认为优先承租权是附停止条件的形成权。

对于《民法典》规定的优先承租权的性质，我们认为应当根据立法目的予以认定。《民法典》规定优先承租权，是为了保护承租人的基本生存权利或经营权利，降低交易成本，实现社会整体利益的最大化。

如果将优先承租权看作请求权，因出租人可以拒绝订约，明显不利于对承租人的保护；强制缔约以承租人诉请公权力介入为前提，租赁合同并非一经承租人行使优先承租权即告成立，仍然存在对承租人保护不足的问题。物权说或准物权说，赋予优先承租权物权效力，但在缺乏公示方法的情况下，使其可以对抗第三人，对第三人权利影响过于巨大。形成权说，能够有效保护承租人利益，又能兼顾第三人的合同权利，应该说最能契合优先承租权的立法目的。因此，《民法典》规定的优先承租权性质上应该是形成权。

优先承租权与《民法典》第726条规定的优先购买权，保护的法益相同，具有相同性质。因此，在缺乏具体规定时，可以参照适用承租人优先购买权的规定。

与其他形成权一样，优先承租权的行使也应当具备相应的条件。

二、优先承租权行使条件

接下来，我们进入今天讨论的第二个方面——优先承租权行使条件。优先承租权的行使条件包括：第一，存在合法有效的租赁合同关系。无效租赁合同的承租人，显然不享有优先承租权。第二，出租人与第三人订立租赁合同。如果出租人收回房屋自用，自然不发生优先承租权的问题。出租人出租给近亲属时，承租人是否享有优先承租权呢？答案也是否定的，因为基于身份关系，此时，出租人同意的租赁条件往往较为优惠，这种情形下，赋予承租人优先承租权缺乏正当性。第三，满足同等条件。何谓同等条件，可能是行使优先承租权最易发生争议的地方。

对于同等条件的理解，尤其应当注意优先承租权与优先购买权存在的巨大差异。我们知道买卖合同是典型的一时性合同，出租人出售房屋的主要目的在于获得价款，并不太关注交易的对象，因此，价款及其支付方式、支付期限，作为买卖合同的核心条款，一般就是优先购买权同等条件的指向。而租赁合同作为典型的继续性合同，订立和履行，是以双方某种程度的信赖关系为基础，因此同等条件应当包括主观条件和客观条件。就主观条件而言，如果承租人在原来合同履行过程中，存在严重违约行为，影响双方信赖关系时，不能认为满足同等条件。同时，对于客观条件，即合同核心条款，相对于优先购买权也应当作更宽泛的理解，一般包括租金标准、支付方式和期限、租期、租赁用途以及其他影响双方权利义务的内容。

优先承租权行使条件具备后，承租人又如何行使权利呢？

三、优先承租权行使方式和期限

下面，我们讨论第三个方面的问题——优先承租权行使方式和期限。

优先承租权的行使，以承租人知道出租人与第三人订立租赁合同为前提，因此出租人对承租人负有通知义务。该项义务性质上为双方租赁合同项下的附随义务。除非双方存在明确约定，通知的方式可以是书面的，也可以是口头的。通知内容应当包括出租人与第三人订立租赁合同的全部核心条款。通知期限有约定从约定，未作约定的，出租人应当在合理期限内通知。至于合理期限的确定，应当在个案当中根据诚实信用原则，综合租金标准、租赁房屋具体状况、交易习惯等予以认定，以不影响承租人行使优先承租权为前提。

承租人收到出租人通知后，应当在合同约定期限或未作约定情形下的合理期限内，明确作出是否行使优先承租权的意思表示。这里的合理期限可以参照《民法典》第 726 条第 2 款，关于优先购买权行使期限的规定，确定为 15 日。也就是说，承租人收到出租人通知后，应当在 15 日内明确表示是否行使优先承租权，否则，应视为放弃。该期间为除斥期间，不存在中止、中断或延长的情形。

有疑问的是，出租人未履行通知义务，但是承租人通过其他途径知道，出租人与第三人订立租赁合同的，是否可以行使优先承租权？个人认为，从保护承租人的角度，此时，承租人同样可以行使优先承租权。

当出租人未履行或者未适当履行通知义务，又或者存在其他不当行为，影响承租人实现优先承租权时，如何对承租人提供周全的救济和保护？

四、优先承租权救济和保护

下面我们进入今天讨论的第四个方面——优先承租权救济和保护。

首先需要确定承租人主张权利的请求权基础。刚才已经讨论过，优先承租权性质上为形成权，依承租人单方意思表示即可引起租赁关系的产生。出租人未依法履行通知义务，不会导致承租人优先承租权的丧失。优先承租权条件成就的，承租人在除斥期间内均可行使。因此，优先承租权具有不可侵性，承租人不能向出租人主张侵权责任。

出租人违反原租赁合同项下的通知义务时，承租人自然可以主张该合同的违约责任，既可以要求出租人继续履行，也可以参照《民法典》第728条，关于出租人妨害承租人优先购买权法律后果的规定，要求出租人承担损失赔偿责任。同时，承租人行使优先承租权，即在出租人和承租人之间形成新的合同关系。该合同关系的成立虽然不导致出租人与第三人之间的租赁合同无效，但可能在事实上形成两个具有竞争关系的租赁合同。根据最高人民法院修订后的《最高人民法院关于审理城镇房屋租赁合同纠纷案件具体应用法律若干问题的解释》（以下简称《城镇房屋租赁合同司法解释》）第5条的规定，承租人与出租人之间的租赁合同具有优先履行顺位时，承租人可以要求出租人履行合同。当出租人已将房屋交付给第三人，导致承租人与出租人之间的租赁合同无法履行时，承租人可以主张解除合同，并要求出租人承担损失赔偿责任。原则上，承租人不得单独主张违反通知义务的违约责任，以防止承租人在缺乏续约意愿时，恶意主张损失赔偿。

经过刚才的讨论，我们再来分析一下前面提到的案例。首先，乙是合法有效的房屋租赁合同的承租人，应享有法定的优先承租权。其次，如果乙在租赁合同履行过程中，仅仅存在轻微违约行为，乙明确告知愿意按照甲、丙之间合同约定条件，续签合同，应视为满足同等条件。再次，乙在合理期限内，明确表示行使优先承租权的，即在甲、乙之间成立，以甲、丙租赁合同条件为内容的新的租赁合同。乙要求甲与其订立租赁合同的诉请，并不符合优先承租权形成权的性质，应当向其释明，变更为确认双方成立与甲、丙之间合同条件一致的租赁合同。最后，甲、乙之间合同成立，并不导致甲、丙之间合同无效，而是同时存在两个具有竞争关系的租赁合同。在甲、乙之间租赁合同具有优先履行顺位时，乙可主张实际履行，丙可向甲主张不能履行的违约责任。反之，乙可向甲主张违约责任，要求甲赔偿损失。根据《民法典》第 584 条的规定，此时的赔偿范围，包括合同履行后可以获得的利益。

好的，今天的讨论就到这里，感谢您的关注！再见！

夫妻共同债务的司法审查与认定

主讲人　叶　兰

- 原上海市第一中级人民法院民事审判庭副庭长
- 现上海市杨浦区人民法院副院长
- 三级高级法官
- 上海法院审判业务骨干
- 华东政法大学法学硕士
- 主要研究方向民商法
- 曾荣立上海法院系统个人二等功 2 次、三等功 1 次、嘉奖多次
- 曾 3 次获评上海法院办案标兵

大家好，我是上海市第一中级人民法院的叶兰，今天要和大家交流的内容是：夫妻共同债务的司法审查与认定。我今天的交流将从以下三个方面展开：一、规则的变化；二、责任基础与核心要素；三、司法审查中的类型化处理。

一、规则的变化

首先我们来看第一个问题：规则的变化。

· 案例

朱某与彭某系夫妻，两人均为企业在职员工。夫妻关系存续期间，朱某在长达 10 余年间多次向高某借款，并转贷给他人用于赚取利息差额，其间也陆续向高某归还了部分借款。后两人协议离婚，约定所有房产均归彭某所有，并约定朱某所欠债务系其个人债务，由朱某个人负责偿还。现债权人高某诉至法院要求朱某归还尚欠借款 200 万余元，并主张该债务系夫妻共同债务故要求彭某承担共同还款责任。朱某和彭某抗辩称该借款并未用于夫妻共同生活，彭某对朱某借款转贷的情况不知情、未参与，也从未签署过任何愿意共同承担还款责任的协议。经查，朱某欠包括高某在内的 10 余个债权人共计约 3200 万元，而朱某作为债权人另案诉请其他债务人的借款金额为 7000 万余元。朱某和彭某在婚姻关系存续期间，存在购房、购车、送女儿出国留学等高额家庭支出。

本案中，朱某对欠款事实不持异议，争议焦点在于：朱某对外所负债务是否属于夫妻共同债务。

《民法典》第 1064 条规定：夫妻双方共同签名或者夫妻一方事后追认等共同意思表示所负的债务，以及夫妻一方在婚姻关系存续期间以个人名义为家庭日常生活需要所负的债务，属于夫妻共同债务。夫妻一方在婚姻关系存续期间以个人名义超出家庭日常生活需要所负的债务，不属于夫妻共同债务；但是，债权人能够证明该债务用于夫妻共同生活、共同生产经营或者基于夫妻双方共同意思表示的除外。

本案中，第一，朱某对外借款均是以个人名义，其配偶彭某既未在借款时签字确认，也未在事后追认过欠款；第二，朱某所借款项金额巨大，明显超出家庭日常生活所需；第三，朱某借款后转贷给他人赚取息差系个人行为，证据上并不能反映其配偶彭某知情并共同参与。

根据上述事实，简单地比照《民法典》第 1064 条的条文，本案中的借款好像并不符合夫妻共同债务的情形，但答案真的如此吗？

要回答这个问题，我们有必要先来看一下夫妻共同债务规则的变化。关于夫妻共同债务的认定，从 2003 年起大致存在以下几个规定：2003 年《婚姻法司法解释（二）》、2017 年《婚姻法司法解释（二）补充规定》、2018 年《最高人民法院关于审理涉及夫妻债务纠纷案件适用法律有关问题的解释》（以下简称《夫妻债务司法解释》）、2020 年的《民法典婚姻家庭编司法解释（一）》。

下面我们来看一下这些规定的具体内容。

2003 年《婚姻法司法解释（二）》第 24 条规定，债权人就婚姻关系存续期间夫妻一方以个人名义所负债务主张权利的，应当按夫妻共同债务处理。

2017 年《婚姻法司法解释（二）补充规定》在第 24 条的基础上增加了两款规定：夫妻一方与第三人串通，虚构债务，第三人主张权利的，人民法院不予支持。夫妻一方在从事赌博、吸毒等违法犯罪活动中所负债务，第三人主张权利的，人民法院不予支持。

2018年《夫妻债务司法解释》规定，夫妻双方共同签字或者夫妻一方事后追认，认定为夫妻共同债务；以个人名义为家庭日常生活需要所负的债务，认定为夫妻共同债务；债权人能够证明债务用于夫妻共同生活、共同生产经营或者基于夫妻双方共同意思表示，认定为夫妻共同债务。

2020年《民法典》基本吸收采纳了2018年《夫妻债务司法解释》的内容。

《民法典婚姻家庭编司法解释（一）》则继续沿用了2017年《婚姻法司法解释（二）补充规定》的内容。

回顾上述法律规定可以看出，在2018年1月18日《夫妻债务司法解释》施行之前，对于夫妻一方以个人名义对外举债原则上是推定为夫妻共同债务，只有在非举债一方能够举证证明存在恶意串通、违法犯罪情形的，才能对抗债权人。

而到了2018年之后，原则上只有共债共签或非举债一方事后追认的情况下，才能认定为夫妻共同债务，除非债权人举证证明该债务用于夫妻共同生活、共同生产经营。

显然，上述法律规定反映了不同时期司法实践对夫妻共同债务的认定有着不同的标准。从最初的推定为夫妻共同债务到现在要求共债共签、用于夫妻共同生活，举证责任从原来的夫妻非举债一方转移到现在的债权人一方。为什么对于夫妻共同债务的认定标准会发生如此大的变化呢？

二、责任基础与核心要素

接下来我们进入第二个问题：夫妻共同债务的责任基础与核心要素。

债权债务关系是特定人之间的相互关系，特定的债权人基于债的关系，有权向特定的债务人请求给付，这是债权相对性的一般原则。对于夫妻一方以自己名义举债，债权人之所以能够突破债的相对性关系直接向夫妻双方主张，最核心的理由在于我国实行的法定夫妻财产制是婚后所得共有制。在夫妻财产共有制下，婚姻关系既是利益共同体，也是责任共同体，既然夫妻双方对另一方在婚姻关系期间取得的财产享有平等的权利，那么对于因婚姻共同生活所负担的债务，在享受利益的同时也应当共同承担。因此夫妻共同债务的责任基础是夫妻财产共有制。

那么在夫妻财产共有制基础之上，是否所有一方对外举债都是夫妻共同债务呢，答案显然是否定的。夫妻财产共有制的本质是共享利益、共担责任，所以夫妻共同债务的核心要素就是“用于夫妻共同生活”。也正是源于这一核心要素，才会出现不同时期对夫妻共同债务不同的法律规定。

好意同乘规则的理解与适用

主讲人 叶 兰

· 原上海市第一中级人民法院民事审判庭副庭长
· 现上海市杨浦区人民法院副院长
· 三级高级法官
· 上海法院审判业务骨干
· 华东政法大学法学硕士
· 主要研究方向民商法
· 曾荣立上海法院系统个人二等功二次、三等功一次、嘉奖多次
· 曾 3 次获评上海法院办案标兵

大家好，我是上海市第一中级人民法院的叶兰，今天要和大家交流的内容是：好意同乘规则的理解与适用。我今天的交流将从以下三个方面展开：一、好意同乘的概念和特点；二、好意同乘的性质；三、好意同乘的归责原则。

一、好意同乘的概念和特点

我们先来看一则案例：

2020 年 9 月，张某下班回家，适逢同事王某顺路，张某便要求王某搭便车，王某欣然接受。行驶途中，由于张某未注意避让正在直行的车辆，导致两车相撞，车辆损坏并致同乘的王某严重受伤。经交警认定，张某应承担事故全部责任。之后，王某作为没有过错的搭乘人，将张某诉至法院，要求张某赔偿自己的全部损失。

这则案例属于典型的因好意同乘引发的损害赔偿纠纷。《民法典》第1217条规定：非营运机动车发生交通事故造成无偿搭乘人损害，属于该机动车一方责任的，应当减轻其赔偿责任，但是机动车使用人有故意或者重大过失的除外。这是首次通过立法方式明确了好意同乘情况下造成损害的赔偿规则，是《民法典》的亮点之一。

好意同乘是指驾驶员基于善意互助或友情帮助而允许他人无偿搭乘的行为，如顺路捎带朋友、同事，具有无偿性、非法律拘束性、双方合意性三个特点。

好意同乘的第一个特点是无偿性。好意同乘最典型的特征是行为客观的无偿性，这一特征也被理论和大量司法实务案例予以肯定。一方承担义务以对方承担给付义务为前提，称有偿行为，若无对待给付，则为无偿行为。有偿行为与无偿行为的区别在于是否具有对待给付。

需要注意的是，实践中存在看似无偿实际有偿的好意同乘行为，这种行为应从无偿性的角度予以排除。第一种情形，包含在有偿行为中的免费搭乘。比如，商场为前来购物的顾客免费提供班车运送服务，游乐场免费接送游客往返汽车站点，这些免费接送行为均发生在对待给付过程中，为整体有偿行为的构成部分，在法律上不能单独评价。第二种情形，作为条件或者原因连接在一起的条件报答约定。比如，免费搭乘对方的车辆往返两地，条件是为对方的孩子免费授课。单看免费搭乘车辆的行为好像符合好意同乘中无偿性的特点，但是与免费授课这一条件结合，应认定免费搭乘是免费授课的报酬，不再具有无偿性的特征。第三种情形，客运合同中，免票或经承运人许可搭乘的无票旅客并非好意搭乘者，其仍属于客运合同的乘客。从原《合同法》第302条第2款规定可知，即使是免票或者经承运人许可搭乘的无票旅客，也不影响承运人运输行为的营业性和营利性，对其仍应与普通票乘客做同等对待。

相反，实践中还存在一些看似有偿，实则无偿的搭乘行为。比如，搭乘者向供乘者提供一定小额费用以分担过路费、汽油费等。主观上，搭乘者支付小额费用的行为并非为支付对价给付之目的，供乘者并非专程为搭乘者服务，搭乘者的支付行为仅具有经济弥补的性质。客观上，搭乘者支付小额费用并非搭乘的对价，搭乘者支付的小额费用不足以补偿供乘者的正常运输费用，只是好意分担了部分运行成本。且供乘者并不因此获益，仅是降低了出行费用，两者之间具有互助性质。因此，搭乘者支付小额费用的行为不构成对价给付，供乘者驾驶的行为仍为无偿，构成好意同乘。需要注意的是，好意同乘的首要特征是无偿性，但无偿性并非好意同乘的全部特征，不能单以无偿性推论行为是否属于好意同乘。

好意同乘的第二个特点是非法律拘束性。好意同乘的当事人在行为过程中存在事实上的意思表示，且就无偿搭乘这一意思表示一致，但并非法律上的意思表示。搭乘者和供乘者无缔约的意思，没有承担给付义务的意愿或赋予对方给付请求权的意愿，不能产生法律上的权利和义务。由于好意搭乘行为不受法律拘束力，搭乘者不能请求其有搭乘的权利，同样，供乘者也不能基于搭乘者享受利益而主张不当得利返还。

好意同乘的第三个特点是双方合意性。根据当事人双方对同乘合意搭乘方式的不同，可以将好意同乘分为施惠者主动邀请型同乘和受惠者主动请求型同乘。日常生活中存在搭乘者主动向驾驶员请求搭乘的现象，也存在驾驶员主动向搭乘者提供搭乘服务的现象，无论哪一种情形，都包含了驾驶员同意搭乘和搭乘者有意搭乘的合意，因此这两种类型的好意同乘不应有法律评价上的不同。如果是未经驾驶员同意而搭乘，就构成强行乘坐或者无偿偷坐，而不构成好意同乘。

二、好意同乘的性质

好意同乘在性质上属于情谊行为，又称好意施惠，是指为增进与他人间情谊而作出的不受法律拘束的利他行为，具有更多的社交属性和道德属性。当事人可以自主决定是否进行，无法律的强制要求，不具有法律约束力。比如，请他人做客，约定了时间和地点，这种约定并无法律上的约束力，即使事后爽约，也不会产生损害赔偿的请求权。情谊行为起源于德国的民事判例，有一个德国著名的“摸彩共同体案”。该案中，甲、乙、丙、丁、戊五人约定组成一个摸彩共同体，甲每周收取购买彩票的费用并购买特定号码的彩票。有一次甲忘记购买那组特定号码彩票而错失大奖，导致五人损失 10550 马克。乙、丙、丁、戊四人起诉到法院要求甲赔偿。德国联邦最高人民法院认为，由于甲无偿履行该事务，对一个理性人来说，在没有事先明确责任分配且该行为存有过高的经济风险的情况下，可以推定该行为不具有受法律约束之意思，应为情谊行为。

从社会实践来看，好意同乘，是为他人无偿提供搭乘帮助的行为，行为多发生于个体与个体之间，生活中大量存在。好意同乘无经营性目的，不追求报酬，旨在互帮互助，应当积极倡导。在法律效力上，允诺提供无偿搭乘的人出于善意，并无受法律拘束的意思。将好意同乘认定为情谊行为，有助于形成互帮互助的良好风气，增进社会成员的相互信任。否则，若任何提供无偿搭乘的行为人，事先必须考虑行为后果，不利于鼓励人与人之间的彼此互助。

三、好意同乘的归责原则

《民法典》出台之前，由于实践中对好意同乘的性质存在不同观点，在发生交通事故的情况下，对于搭乘人人身及财产造成的损害，提供搭乘的机动车使用人是否应当承担侵权责任，适用何种归责原则，哪些情况下可以减轻责任，各地司法实践缺乏一致性。随着《民法典》的出台，对好意同乘情况下发生的损害赔偿的归责原则进行了明确，根据《民法典》第1217条的规定，好意同乘的归责原则可以从以下三个层面加以理解。

首先，好意同乘适用过错责任的归责原则。就我国立法体系而言，过错责任是侵权责任适用的一般原则，除非法律有明确规定，才能适用无过错责任，不能随意扩大无过错责任的适用范围。这样一方面有助于减少好心办坏事现象的发生，另一方面也能够将情谊行为引导到健康运行的轨道，推动人与人之间的互相关爱。

其次，好意同乘构成减责事由。也就是说，如果是由于供乘者存在过错造成损失应当承担侵权责任的，基于好意同乘应当减轻其赔偿责任。这里有两点需要注意，一是好意同乘构成减责事由，可以减轻机动车一方的赔偿责任，在鼓励人际友善，利他行为与法律责任承担方面寻求平衡。二是减轻的是对"无偿搭乘人"的赔偿责任，至于对机动车车外人员或者财产赔偿责任的承担，适用法律的一般规定。

最后，若行为人具有侵权的故意或者重大过失，则不能仅以好意同乘作为减责事由。好意同乘中，搭乘者的人身、财产安全处于驾驶员的控制范围之内，驾驶员应采取合理的措施保护搭乘者。如果驾驶员应当采取措施而没有采取，或者驾驶员不具备驾驶资格、有不得驾驶车辆的情况，这些情况下，即使构成好意同乘，驾驶员也不能减轻赔偿责任。

讲到这里，我们再回到最初的案例。这则案例中，第一，张某搭载王某是基于善意施惠的无偿行为，构成好意同乘。第二，张某在驾驶车辆过程中未注意避让直行车辆，造成两车相撞，经交警部门认定应当承担全部责任，张某的行为存在过错，应承担赔偿责任。第三，张某的行为尚不属于故意或者重大过失，根据《民法典》的规定，应当减轻张某的赔偿责任。因此最终法院判决张某承担交通事故造成王某损失总额的80%，王某自行承担20%。

好了，以上就是今天我要和大家交流的内容。感谢您的关注。再见！

案外人主张所有权异议排除执行的司法审查

主讲人　张华松

- 上海市第一中级人民法院执行局副局长
- 三级高级法官
- 华东政法大学经济法博士
- 主要研究方向经济法、强制执行
- 香港中文大学访问学者，曾赴美国威斯康星大学培训
- 代表中国法官参加莫斯科世界执行大会
- 在《法律适用》《人民司法》等法律期刊发表论文20余篇
- 荣获个人一等功1次、二等功1次、嘉奖多次

大家好，我是上海市第一中级人民法院的张华松，今天我和大家交流的主题是案外人主张所有权异议排除执行的司法审查。

当申请执行人申请强制执行被执行人名下的财产时，案外人主张被执行人仅为财产的名义权利人，自己才是实际权利人，提起执行异议，要求排除执行。对于该异议的审查，我主要从《民法典》判断物权的标准、买受人物权期待权可排除执行和另案生效裁判排除执行的解决途径三个方面开展研判。先看一则案例。

- 案例1

申请执行人某资产管理公司与被执行人某置业公司金融借款合同纠纷一案中，法院依法查封某置业公司名下案涉房产1套。执行过程中，案外人刘某提出执行异议，称某置业公司五年前已签订房屋买卖合同，将案涉房屋出售给他，他缴纳房款后装修入住，因某置业公司没有开具发票导致未及时办理房产登记，请求法院停止对案涉房产的执行。

司法实践中，案外人主张所有权异议排除执行的情况很常见，且对各方利益影响巨大：如果案外人能够排除执行，则申请执行人无法执行到被执行人名下的该项财产；如果案外人不能排除执行，其虽有权再向被执行人主张权利，但因被执行人往往已缺乏履行能力，损失无法弥补。

一、《民法典》判断物权的标准

物包括不动产和动产。《民法典》第 208 条规定：不动产物权的设立、变更、转让和消灭，应当依照法律规定登记。动产物权的设立和转让，应当依照法律规定交付。该条是对物权设立转让的一般性规定。第 209 条第 1 款和第 224 条对第 208 条又进行了细化，即取得不动产物权应当依法登记，取得动产物权应当在交付后受领。总的来说，确定物的归属，不动产看登记，动产看占有。除登记错误需要依法更正外，不动产登记簿上记载的人就是该不动产的权利人；而动产的占有人就是权利人。公示、公信原则是判断物权归属的基本原则。

对案外人主张所有权异议排除执行，法院应根据《民法典》和《最高人民法院关于人民法院办理执行异议和复议案件若干问题的规定》，按照下列标准审查判断其是否系权利人。

不动产的审查判断：一是不动产已登记的，按照不动产登记簿判断。不动产物权的设立、变更、转让和消灭，依照法律规定应当登记的，自记载于不动产登记簿时发生效力。不动产权属证书记载的事项，应当与不动产登记簿一致；记载不一致的，除有证据证明不动产登记簿确有错误外，以不动产登记簿为准。二是不动产未登记的，对于未登记的建筑物、构筑物及其附属设施，按照土地使用权登记簿、建设工程规划许可、施工许可等相关证据判断。建设用地使用权人建造的建筑物、构筑物及其附属设施的所有权属于建设用地使用权人，但是有相反证据证明的除外。对于违章建筑，应当没收或强制拆除，自然应驳回异议。

动产的审查判断：一是已登记的动产，按照登记机构的登记、公示信息、公开名称等判断。机动车、船舶、航空器等特定动产，按照管理部门的登记判断；银行存款和存管在金融机构的有价证券，如股票、债券、证券投资基金份额等，按照金融机构和登记结算机构登记的账户名称判断；有价证券由具备合法经营资质的托管机构名义持有的，如证券公司、基金托管人等，按照该机构登记的实际投资人账户名称判断；有限公司的股权按照市场监督管理机关的登记和企业信用信息公示系统公示的信息判断；未上市股份有限公司的股权，因市场监督管理机关只登记发起人信息，无法对其股权变动进行监管，故按照未上市股份有限公司股东名册、股东会决议、股权托管机构登记信息等综合判断。二是未登记的动产，按照实际占有情况或合同等证明财产权属或者权利人的证据判断。对于机器、设备等，该“实际占有”是直接占有，即物理意义上对物现实、直接的控制；对于票据、仓单、提单、债券等，按照合同、权利凭证等实质审查判断权利归属。

二、买受人物权期待权可排除执行

基于我国现行房地产开发及登记制度不完善等因素，不动产买受人签订房屋买卖合同后至房产登记完成，历时较长，甚至长达10余年。在这期间，不动产在法律上仍属于出卖人所有，买受人面临出卖人的其他债权人请求就该不动产另行变价的不测风险。由于不动产处于大众的基本生活资料地位，在执行程序中应给予不动产买受人优先保护。

买受人物权期待权起源于德国，经法院判决确认后逐渐被其他大陆法系国家所接受。它是指签订买卖合同的买受人在已履行部分义务的情况下，虽然尚未取得标的物的所有权，但赋予其类似所有权人的地位，其物权期待权具有排除执行等物权效力。

《最高人民法院关于人民法院办理执行异议和复议案件若干问题的规定》（以下简称《执行异议和复议规定》）第28条规定了一般不动产买受人物权期待权：金钱债权执行中，买受人对登记在被执行人名下的不动产提出异议，符合下列情形且其权利能够排除执行的，法院应予支持：（一）在人民法院查封之前已签订合法有效的书面买卖合同；（二）在人民法院查封之前已合法占有该不动产；（三）已支付全部价款，或者已按照合同约定支付部分价款且将剩余价款按照人民法院的要求交付执行；（四）非因买受人自身原因未办理过户登记。该不动产如为房屋，无论是商业用房还是居住用房，均应一体保护。实践中，买受人只要有向房屋登记机构递交过户登记材料，或向出卖人提出了办理过户登记的请求等积极行为，或买受人无上述积极行为，其未办理过户登记有合理客观理由的，亦可认定符合条件。案例1中，案外人刘某在法院查封前已与置业公司签订房屋买卖合同，缴清房款并实际入住，因置业公司未能出具发票致没有过户，故法院支持其停止执行异议。

《执行异议和复议规定》第29条规定了商品房消费者物权期待权，它与一般不动产买受人物权期待权相比给予消费者更大的保护。二者相同点都是金钱债权，且均要求在法院查封之前已签订合法有效的书面买卖合同。不同点在于：一是异议指向标的物必须是房地产开发企业名下的商品房，只限于一手房买卖；二是保护的对象必须是消费者，买受人在被执行房屋所在地长期居住，且在案涉房屋同一设区的市或者县级市范围内名下没有用于居住的房屋，商品房消费者名下虽然已有1套房屋，但购买的房屋在面积上仍然属于满足基本居住需要，也符合该规定；三是不要求消费者占有该不动产，只要支付超过合同约定总价款的50%即可。商品房消费者物权期待权本质上是针对实践中存在的商品房预售不规范现象为保护消费者生存权而作出的例外规定，应严格把握条件，避免扩大范围。

需要特别说明的是：根据《九民会议纪要》第126条之规定，申请执行人对执行标的享有担保物权如抵押权等优先受偿权，案外人主张一般不动产买受人物权期待权异议的，法院不予支持；但法律、司法解释另有规定的，如最高人民法院《关于建设工程价款优先受偿权问题的批复》规定了交付全部或者大部分款项的商品房消费者的权利优先于建设工程价款优先受偿权和担保物权，案外人主张商品房消费者物权期待权异议的，法院应予支持。换句话说，商品房消费者物权期待权（优先于）建设工程价款优先受偿权（优先于）担保物权（优先于）一般不动产买受人物权期待权（优先于）普通债权。案例1中如果申请人资产管理公司同时是案涉房屋的抵押权人，案外人刘某作为一般不动产买受人，主张请求停止执行的异议，法院不予支持。但是，即使案例1中的申请人同时是案涉房屋的抵押权人，如果案外人刘某作为商品房消费者，满足物权期待权条件的，主张请求停止执行的异议，法院应予支持。

三、另案生效裁判排除执行的解决途径

执行程序中，案外人持法院、仲裁委员会另案确权或者交付执行标的裁判，对执行标的主张阻止执行的所有权和其他实体权利，即执行依据发生冲突的问题，围绕同一执行标的可能产生确权、买卖、租赁等多重法律关系，是司法实践中的难题。再看一则案例：

· 案例2

某金融机构与田某金融借款合同纠纷经判决已进入执行阶段，2020年1月查封了被执行人田某名下某房屋，案外人张某提出执行异议，主张该房屋被错误登

记在了田某名下，其起诉田某要求确权，法院已裁判该房屋归其所有，并提供2019年11月生效判决，请求法院停止对案涉房产的执行。

《民法典》第229条规定了因法院的法律文书，导致物权设立、变更、转让或者消灭的，自法律文书生效时发生效力。此类物权变动较少，可以不经登记或交付，直接生效，是对物权公示原则的有益补充。根据《执行异议和复议规定》第26条、《九民会议纪要》第123条、第124条之规定，另案生效裁判排除执行的解决途径如下：将执行标的分为金钱债权的执行和非金钱债权的执行，而金钱债权的执行又分为查封、扣押、冻结之前和之后。

金钱债权执行中，案外人依据执行标的被查封、扣押、冻结前作出的另案生效裁判提出排除执行异议，应当审查该裁判的效力：一是如裁判为确权裁判（包括拍卖、变卖、以物抵债裁定等）或不以转移所有权为目的，实质为物权请求权的裁判（如租赁、借用、保管合同），可以排除执行；二是如裁判实质为债权请求权（如买卖合同），不能排除执行；三是如裁判为基于物权性质的返还请求权（如确认合同解除或无效，双方互负返还义务的），在出卖人已经返还价款的情况下，可以排除执行，若出卖人未返还价款，则不能排除执行。案例2中，案外人张某提供的生效判决为确权判决，且日期早于查封前，故法院支持其停止执行异议。

对于查封、扣押、冻结后作出的另案生效裁判，因查封执行标的后，案外人主张实体权利，应当通过案外人异议之诉制度实现，而不是另行诉讼，所以不能排除执行。

非金钱债权执行中，案外人依据另案生效裁判提出排除执行异议。此时，鉴于执行依据生效裁判与另案生效裁判均涉及对同一标的物权属或给付的认定，性质上属于两个生效裁判所认定的权利之间可能产生的冲突，法院应当审查两份裁判的效力：一是如果执行依据生效裁判是确权裁判，不论作为另案生效裁判是确权裁判还是给付裁判，一般不应据此排除执行，但应当告知案外人可对执行依据确权裁判申请再审；二是如果执行依据生效裁判是给付标的物的裁判，而另案生效裁判是确权裁判，一般应据此排除执行，此时应告知其可对该确权裁判申请再审；三是如果两个裁判均属给付标的物的裁判，法院需依法判断哪个裁判所认定的给付权利具有优先性，进而判断是否可以排除执行。

感谢您的关注，再见。

高空抛物条款的司法适用

主讲人 王 茜

· 上海市第一中级人民法院立案庭副庭长

· 三级高级法官

· 上海法院审判业务骨干

· 华东政法大学法律硕士

· 主要研究方向侵权、劳动争议、民事诉讼程序等

· 曾任职于上海市高级人民法院，负责起草出台近 20 个指导意见

· 所办案件被评为全国十大调解案例、全国指导性案例、全国优秀案例，上海法院百例示范庭审、百篇优秀文书、百例精品案例

· 参与编著《民法典适用与司法实务》《民法典必修课》《民法典实施精要》等法学专著

· 2020 年被选为上海市民法典宣讲团成员，开展近 20 场民法典宣讲

· 曾获上海法院系统个人三等功三次、全市办案标兵、上海法院审判业务骨干等

大家好，我是上海市第一中级人民法院的王茜，今天跟大家分享的主题是《民法典》第 1254 条即高空抛物条款的司法适用。城市化建设伴随着高楼大厦拔地而起，随之也带来了安全隐患。据测算，一颗 30 克重的鸡蛋从 18 楼掉落可砸穿人的头骨，从 30 楼掉落则可致人当场死亡。高空抛物行为可以说是高悬于我们头顶上方的痛点。高空抛物行为的侵权责任如何认定？接下来我将从法律基础及法律适用两大方面具体展开。

一、法律基础

在《侵权责任法》出台之前，对于高空抛物行为的法律责任尚缺乏统一、明确的法律规定。各地出现了同类不同判的情形，既有以不符合起诉条件为由裁定驳回的案件，也有以没有证据证明被告实施了侵权行为判决驳回的案件，还有以过错推定为归责原则，判决建筑物内的其他使用人分担损失的案件。直至2010年《侵权责任法》开始施行，对该问题作出了明确规定。

该法第87条规定了从建筑物中抛掷物品或者从建筑物上坠落的物品造成他人损害，难以确定具体侵权人的，除能够证明自己不是侵权人的外，由可能加害的建筑物使用人给予补偿。

该条规定填补了法律空白，为《民法典》时代来临前10余年人民法院审理此类案件提供了主要依据，对于统一适法尺度发挥了积极作用，但也日渐暴露出打击面过广、不利于及时查找实际侵权人、不利于有效打击和预防高空抛物行为等问题。为此最高人民法院在2019年10月，出台了《关于依法妥善审理高空抛物、坠物案件的意见》，从加强源头治理、依法审理涉高空抛物的刑事、民事案件、多元解纷等多个维度出发，作出了相应的规定，切实维护人民群众头顶上的安全，保障人民安居乐业，维护社会公平正义。

该意见出台后，引起了社会普遍的关注，在一定程度上推动了《民法典》对该问题做进一步的完善，即《民法典》第1254条。相较于《侵权责任法》，《民法典》第1254条有如下重大变化：一是明确宣示了对高空抛物行为的否定性评价，将其上升为法律禁止性行为，价值导向明确；二是确定了以实际侵权人承担赔偿责任为基本原则，以可能加害的建筑物使用人承担补偿责任为例外的规则；三是新增了物业服务企业等建筑物管理人的安全保障义务；四是增设了公安等公权力机关的调查义务。

《刑法修正案（十一）》中，也相应增加了高空抛物罪，即《刑法》第291条之二规定，“从建筑物或者其他高空抛掷物品，情节严重的，处一年以下有期徒刑、拘役或者管制，并处或者单处罚金。有前款行为，同时构成其他犯罪的，依照处罚较重的规定定罪处罚”。

至此，涉高空抛物的刑事、民事法律规范完备，并驾齐驱保护百姓头顶上的安全。

二、法律适用

高空抛物致人损害案件往往存在直接侵权人查找难、影响面广、处理难度大等特点，在此基础上，《民法典》的高空抛物条款在之后的司法实践中具体应如何适用呢？下面我将从“一、二、三”为切入点予以阐述，即一个基本理念、两种致害物件以及三类责任主体。

一个基本理念（价值目标）：审理高空抛物致人损害案件，首先应以实现损害救济、合理分散损失兼顾公平为基本原则，进而实现对高空抛物行为的惩治和预防，维护公共安全、促进社会和谐稳定为价值考量。前述最高人民法院高空抛物、坠物意见中亦阐明了其规范目的包括努力实现依法制裁、救济损害与维护公共安全、保障人民群众安居乐业的有机统一。以上是我们进行法律适用时首先应当秉持的基本价值理念。

两种致害物件：《民法典》第 1254 条沿用了《侵权责任法》第 87 条的规定，即致害物件包括抛掷物和坠落物。

三类责任主体对应的三种责任：即实际侵权人的赔偿责任、可能加害的建筑物使用人的补偿责任以及建筑物管理人的安全保障义务责任。

《民法典》新增了关于实际侵权人的责任规定。即“从建筑物中抛掷物品或者从建筑物上坠落的物品造成他人损害的，由侵权人承担侵权责任”。

该规定可以说达到了正本清源的效果，能够在一定程度上解决实践中任意扩大高空抛物补偿责任适用范围的情况。若能查明具体侵权人的，应当属于一般侵权行为的范畴，由抛掷物品的行为人或坠落物的建筑物所有人、管理人或使用人承担侵权责任。

实际侵权人承担的侵权责任是直接责任、自己责任，即对自己的过错行为造成的损害后果承担终局赔偿责任。虽然《民法典》第 1254 条并未规定高空抛物、坠物的归责原则，但因为第 1254 条归属于第七编第十章建筑物和物件损害责任，从整个章节体系来看，物件致人损害原则上应当适用过错推定原则。尤其是本条中的坠落物的责任承担，应当适用的就是第 1253 条的规定。第 1253 条的归责原则即是过错推定责任。而高空抛物行为就其过错程度而言显然比坠落物更为严重，举轻以明重，所以本条的归责原则应当是过错推定原则。

综上，我们可以概括实际侵权人的责任构成要件：（1）侵权人存在高空抛掷物的行为或者有坠落物的事实；（2）受害人存在人身或者财产上的损害；（3）高空抛物或者坠落物与受害人的人身或者财产损害之间存在因果关系；（4）侵权人存在过错。其中受害人存在损害、损害与行为之间存在因果关系由受害人来举证。侵权人存在过错则无须受害人举证，而是法律推定侵权人存在过错。实际侵权人如果不承担责任，应当举证证明其未抛掷物品或已经尽到了相应的管理、维护义务。侵权人存在侵权行为是整个构成要件中的难点。在一般侵权案件中，侵权人存在侵权行为应当由受害人来举证。《侵权责任法》出台后，就是因为受害人难以查找实际侵权人，即不能够举证证明侵权人实施了侵权行为，多数案件才由可能加害的使用人承担了补偿责任。

此次《民法典》对这个问题作了新的规定，即第1254条第3款增设了公安等机关作为调查机关，是以调查结果为定案的依据，这也是此次高空抛物条款中最大的一个亮点，体现了《民法典》用公法、私法相结合的方式进行社会治理。而在前述的最高人民法院高空抛物坠物意见中，也要求人民法院进行主动审查。该意见第10条明确提出人民法院要积极主动向物业服务企业、周边群众、技术专家等询问查证，加强与公安部门、基层组织等沟通协调，充分运用日常经验法则，最大限度查找确定直接侵权人并依法判决其承担侵权责任。

· 案例1

吴某在小区内停放的车辆被高空坠落的玻璃砸中损害，其以该处一楼至六楼业主为被告提起诉讼，法院即是通过实地走访、依据派出所笔录、当事人陈述、物业公司证明等证据，结合一楼至五楼同方向玻璃完好，而六楼房屋正处于装修期且装修工程的施工恰逢拆卸玻璃阶段等实际情况而确认了六楼住户为实际侵权人。

· 案例2

东莞去年判决了一起天降苹果砸伤女婴赔偿案。天降半个苹果，砸伤了楼下家人怀抱中三个月大的女婴，导致颅脑损伤构成了二级伤残。通过公安机关的介入，对苹果碎片中的DNA进行了取证并比对，找到了实际侵权人，一个11岁的女孩。法院通过审理，判决女孩的监护人赔偿了185万余元。

此次《民法典》仍然保留了《侵权责任法》第87条的规定，即在难以确定具体侵权人的前提下，由可能加害的建筑物使用人给予补偿。

在保险机制及社会保障功能尚不足以全覆盖的前提下，通过损失分担，不仅可以保护受害人的合法权益，同时也使建筑物使用人在心理上更容易接受，有利于缓和矛盾，解决纠纷。

对于可能加害的建筑物使用人作为责任承担主体的，应当注意以下四点：

一是因此类承担责任具备特定的前提条件，即是经过调查难以确定具体责任人。《民法典》第1254条第1款明确了赔偿主体确认的顺序，首先应当由侵权人承担侵权责任，经过调查后，没有办法确定侵权人的，除了能证明自己不是侵权人之外，由可能加害的建筑物使用人给予补偿。

二是应审慎确定可能加害的建筑物使用人的范围。鉴于此类担责本身就是建立在将实施行为的可能性推定为确定性的基础之上，故该责任不能无限制地施加于不确定的被告，而应尽可能合理限缩责任主体的范围，科学合理地确定建筑物使用人加害的可能性。例如，通过日常生活经验法则排除一楼住户高空抛物的可能性；通过公安机关调查成果确定坠落物来源高度超过一定楼层，则可排除该楼层以下的住户；通过小区监控等证据判断抛掷物来源于一定楼层或方向据以确定相应范围。

· 案例 3

46天的婴儿在楼下晒太阳时被不明的水泥块砸伤致七级伤残，经过公安机关调查未能查清直接侵权人，该单元一楼以上住户共128户均被起诉。法院则根据公安机关的现场勘验情况及现场照片确定该单元每层四户，根据该四户的具体结构，事故发生地点距离4号房较远，结合生活经验法则及常理，因有3号房的阻隔，4号房所处的方位不可能将水泥块抛掷到事发地点，除非4号房使用人从顶层平台抛掷水泥块，但公安机关已排除了从顶层直接抛掷的可能性，故此认定4号房业主不属于可能加害的建筑物使用人范围。

三是责任承担方式为补偿责任。首先，在举证责任分配上适用的是举证责任倒置。在受害人举证证明存在高空抛物或坠落物并且致其损害的情况下，若未能查清实际侵权人，则经确认的可能加害的建筑物使用人需要就其并非侵权人提供充分的证据予以证明，如举证证明损害发生时其家中无人等，否则应当对被害人的损害进行一定补偿。人民法院应当允许可能加害的建筑物使用人进行充分的抗辩，并严格依据举证情况进行事实认定。其次，对于补偿责任的认定，应以受害人举证的实际损害为基础。根据以往的司法实践，一般要将受害人的实际损失在所有可能加害人中予以分摊。

四是可能加害人享有向实际侵权人的追偿权。这是《民法典》新增设的内容，据此，在判决可能加害人承担补偿责任后，若有充分证据证明实际侵权人另有其人的，则对于可能加害人在已经承担补偿责任的范围内向实际侵权人追偿的诉请，可予以支持。

此次《民法典》第1254条第2款新增加了物业服务企业等建筑物管理人的安全保障义务，未采取必要的安全保障措施的应当依法承担未履行安全保障义务的侵权责任。在原有的实际侵权人、可能加害的建筑物使用人责任之外，又增加了一类责任主体。这里需要注意的是：

一关于必要的安全保障措施的界定。《民法典》对此并没有明确规定。我们认为应从约定义务及法定义务两个方面予以判断，以物业服务合同约定、法律法规规定、相关行业规范等为依据结合小区客观条件、物业收费标准等多方面的因素予以确定相应的维修、养护、管理和维护等义务。

· 案例 4

在姜某诉凤某物业服务有限公司、刘某等物件损害侵权责任纠纷中，因坠落物是冰柱，故法院根据坠落物的形成原因为自然天气原因、物业费的缴费数据、物业公司履行管理责任的客观情况及未设明显警示标志的过错程度判定物业公司未尽必要的安全保障措施，并据此判定物业公司承担部分的赔偿责任。

二是关于责任承担的方式。对于建筑物管理人的责任，以未尽必要的安全保障义务为前提，分为两种形态——第一种形态是直接责任。对于建筑管理人为直接侵权人的，如物业服务公司疏于维护导致高楼外墙瓷砖剥落致人损害，应当适用《民法典》第1253条之规定，归责原则上采用的是过错推定责任，其作为直接侵权人应按照过错程度大小承担直接责任，该责任为终局责任。第二种形态是补充责任。对于能够确定损害后果系另有其人造成的，而非由物业等管理人直接造成的，可以参照侵权责任编总则部分的安全保障义务条款即第1198条第2款的规定，由实际侵权人承担责任，物业等管理人承担与之过错相对应的补充责任；物业等管理人承担了补充责任后，有其他责任人的，可以向其他责任人进行追偿。

三、课程小结

好了，以上就是高空抛物条款的司法适用的主要内容。高空抛物已经成为社会广泛关注的问题，但要解决这一问题，需要我们在司法实践中不忘该条款的救济损害、分散损失兼顾公平正义的价值目标，准确适用各项规定，准确把握司法尺度，充分发挥《民法典》高空抛物条款的法律价值。当然，要消除“城市上空的痛”，保障“头顶上的安全”，更需要每一个处于高空之下的你我他共同努力。今天的分享就到这里，感谢您的关注，再见。

《民法典》中违约精神损害赔偿制度的理解与适用

主讲人　任明艳

- 上海市第一中级人民法院民事审判庭副庭长
- 三级高级法官
- 武汉大学国际私法专业博士、法国巴黎第十一大学联合培养博士
- 上海法院审判业务骨干
- 上海市第一中级人民法院领军人才培养对象
- 上海青年法学法律人才库成员
- 上海首届涉外法律人才库成员
- 上海法学会商法研究会理事
- 主要研究方向为民商法学、国际法学
- 发表专著《国际商事仲裁中临时性保全措施问题研究》
- 合著《案例法理学》
- 在《法律适用》《法学》《人民司法》等刊物发表论文 20 余篇
- 参与执笔中国法学会、最高法院以及教育部等国家级课题 6 项
- 曾获得上海法院调研先进个人、法院系统业务能手、嘉奖等荣誉

大家好，我是来自上海市第一中级人民法院的任明艳。违约精神损害赔偿问题在理论界和司法实务界争议很大，对于违约行为是否会导致精神损害的后果、违约责任的范围是否包括精神损害等问题常常呈现截然不同的观点。可喜的是，《民法典》第 996 条首次认可了人格权领域的违约精神损害赔偿。今天我将以《民法典》第 996 条为基础，重点围绕违约精神损害赔偿制度的司法适用这一问题跟大家做一个分享，我的分享主要包括四个部分：第一部分是违约精神损害赔偿的

适用条件；第二部分是违约精神损害赔偿的行使路径；第三部分是当事人意思自治与违约精神损害赔偿；第四部分是违约精神损害赔偿的范围界定。

一、违约精神损害赔偿的适用条件

在《民法典》颁布之前，无论是从我国的立法规定，还是司法实务界的通行做法来看，在违约责任与侵权责任竞合的情形下我们采取请求权择一行使的方式。也就是说，如果当事人想要主张精神损害赔偿，原则上只能通过侵权之诉进行主张，而不能通过违约之诉进行主张。

为了弥补请求权竞合制度的缺陷，强化对人格权的保护和救济，我国《民法典》第 996 条规定："因当事人一方的违约行为，损害对方人格权并造成严重精神损害，受损害方选择请求其承担违约责任的，不影响受损害方请求精神损害赔偿。"该条突破了传统的违约责任与精神损害赔偿不能一并主张的一般原则，为违约精神损害赔偿提供了法律依据。那么，违约精神损害赔偿的适用应当符合什么条件呢？我们先来看两个案例：

· 案例 1

王某计划利用难得的国庆假期与妻子前往澳洲进行蜜月旅行，为此与旅行社订立了旅游服务合同，由旅行社为其代办机票、酒店、签证等服务。后来由于旅行社工作人员的疏忽，将王某的护照丢失，导致王某及其妻子未能如期前往澳洲蜜月旅行。试问王某能否依据《民法典》第 996 条向旅行社主张违约精神损害赔偿？

· 案例 2

这是一个医疗美容服务合同，陈某与美容机构签订医疗美容服务合同，由美容机构为陈某提供隆鼻手术。在手术的过程中由于手术医生处理不当，导致陈某的鼻头永久性坏死，陈某整天以泪洗面，不敢见人。试问陈某能否依据《民法典》第 996 条向美容机构主张违约精神损害赔偿？

根据《民法典》第 996 条规定，违约精神损害赔偿的适用必须同时符合以下三个条件：（1）仅适用于违约行为导致人格权受到侵害的情形；（2）以违约责任与侵权责任竞合为前提；（3）违约行为须造成非违约方严重精神损害。

首先我们来看一下第一个条件：违约精神损害赔偿仅适用于违约行为导致人

格权受到侵害的情形。这里的人格权包括《民法典》第 990 条规定的具体人格权和一般人格权，该条排除了纯粹以精神利益满足为内容的合同中的违约精神损害赔偿。

例如，在我们刚才提到的案例 1 中，利用国庆假期进行蜜月旅行是王某签订合同的主要目的，对于王某来说具有十分重要的意义。由于旅行社的违约行为给王某造成严重精神损害不言而喻，但是此种行为并未构成对王某人格权的侵犯，故无法适用《民法典》第 996 条关于违约精神损害赔偿的规定予以救济。

第二个条件是以违约责任与侵权责任竞合为前提。由于《民法典》对人格权的保护路径为：类型确认加侵权责任。通俗地说，就是通过《民法典》人格权编确认人格权请求权类型，并将侵害各种人格权的加害行为纳入《民法典》侵权责任编的适用范围。因此，《民法典》第 996 条确立的违约精神损害赔偿制度，其适用前提在于：因违约行为损害人格权，产生违约责任与侵权责任竞合的情形，也就是违约+人格权侵权=精神损害赔偿。如果只是单纯的违约而没有侵害人格权，即便遭受精神损害，也不能适用该条。

第三个条件是违约行为须造成非违约方严重精神损害。关于精神损害的严重性，我们可以从以下几个方面进行判断。首先，损害后果的严重性，也就是受害人因人身、精神遭受的损害对日常的生活、工作、社会交往产生了明显的不利影响；其次，精神痛苦的严重性，具体而言，侵害人格权所造成的精神痛苦已经超出社会一般人的容忍限度；最后，损害具有持续性，也就是说损害所造成的痛苦不是立刻消失的，而是要持续一段时间。

就我们刚才提到的案例 2 中，变美是陈某签订合同的主要目的，美容院违反医疗美容服务合同的约定，不但没有让陈某变美，还侵犯了陈某的健康权，构成违约与侵权竞合，并使得陈某遭受严重的精神损害，那么陈某当然有权要求美容院承担违约精神损害赔偿。

二、违约精神损害赔偿的行使路径

下面，让我们进入第二部分，违约精神损害赔偿的行使路径是什么？我们先从一个案例讲起：

· 案例 3

这是一个买卖合同纠纷案件，张某自厂家购买冰箱一台，由于冰箱存在重大质量瑕疵，使用的过程中发生爆炸，导致张某的一只眼睛不幸失明。该案完全符合上面提到的违约精神损害赔偿的三个构成要件。那么问题在于，张某的救济途径如何行使，张某是否有权向厂家一并主张冰箱损失、医药费和精神损害赔偿，还是先提起一个违约之诉主张冰箱损害、医药费，再针对精神损害赔偿另行提起侵权之诉呢？

《民法典》第996条规定的“受损害方选择请求其承担违约责任的，不影响受损害方请求精神损害赔偿”，其中的“不影响”一词应当如何解读？

这涉及违约精神损害赔偿的救济程序问题。由此产生了两种法律适用上的理解：一种理解认为，受损害方请求相对人承担违约责任的同时可以一并主张精神损害赔偿；而另一种理解则认为，受害人请求相对人承担违约责任后，可以再行提起侵权之诉，主张精神损害赔偿。

我们认为，可以从文义解释、目的解释以及体系解释的角度出发来看待这一问题。首先，从文义解释的角度，《民法典》第996条并未规定“受损害方通过提起侵权之诉”的字眼。其次，从《民法典》人格权编以及本条立法的目的来看，避免诉累、赋予守约方提起违约之诉的同时主张精神损害赔偿，是《民法典》弥补我国立法对人格权保护的缺陷、强化人格权保护的应有之义。最后，从体系解释的角度来看，《民法典》第186条已经规定了在违约与侵权竞合的情形下，受损害方只能择一行使，如果《民法典》第996条理解为违约方另行提起侵权之诉主张精神损害赔偿将变得多余。因此，将“不影响”理解为“受损害方选择请求其承担违约责任的，可以同时主张精神损害赔偿”更符合《民法典》第996条的立法原意和立法目的。结合我们刚刚提到的案例，张某完全可以在提起违约之诉的同时主张精神损害赔偿。

由此可见，《民法典》第996条并未突破《民法典》第1183条关于侵权行为所致精神损害赔偿之规定，实际上是采用责任聚合的方式，将违约之诉与人格权侵权中的精神损害赔偿一并进行审理。

三、当事人意思自治与违约精神损害赔偿

实践中存在的争议问题在于，当事人在合同中约定，如一方违约，应赔偿给对方所造成的损失包括精神损失，当事人的此种约定是否有效？例如，在前面提到的旅游合同案件中，如果双方在旅游合同中约定，若因旅行社的原因导致蜜月旅行取消或者延迟，应当赔偿王某精神损失，这种约定是不是有效的？

此外，当事人能否在合同中约定排除违约精神损害赔偿？例如，在我们刚才提到的医疗美容服务合同案件中，如果双方在合同中约定，由于医疗美容具有风险性，即便整容手术失败导致陈某的健康权、身体权等受到侵害，陈某也不能向美容机构主张精神损害赔偿，当事人的这种约定是否有效？

对此，也存在不同的观点。一种观点认为，法律并未明确禁止当事人在合同中约定违约精神损害赔偿，则从尊重当事人意思自治的角度，有约定从约定。而另一种观点则认为，违约精神损害赔偿突破了合同行为不适用精神损害赔偿的一般原则，应当由法律对其适用范围作出明确的限定。造成的损失如果为非物质财产的损失，只有在法律规定的情形下才能获得赔偿，此种情形下排除当事人的约定适用。

我们认为，由于《民法典》第996条以违约责任和侵权责任的竞合为适用前提，依据该条主张违约精神损害赔偿就要求有构成侵权责任的事实基础，其请求权的基础由《民法典》的人格权编、侵权责任编提供。故对于违约行为造成人格权侵权所致的精神损害赔偿，应当归入侵权责任的范畴，不属于当事人意思自治的范畴，此项诉权不因当事人未约定而不存在，也不因当事人约定排除适用而不存在。

当违约行为未构成侵权，但造成合同的精神利益丧失的时候，违约责任能否扩展到精神损害赔偿，《民法典》未予明确。从司法实践来看，一些法院在期待精神利益合同，如医疗服务合同、保管合同、旅游合同纠纷案件中支持了非违约方的精神损害赔偿，然而该做法并不普遍。由于此类合同中的精神损失属于合同履行利益的丧失，应属于《合同法》调整范围和合同可预见的范围。因此，在实践中可以探索准许当事人在期待精神利益合同中约定违约精神赔偿金，其适用的规则可以比照违约金的适用规则，在过高或者过低的情形下，由法院根据当事人的请求予以调整。

四、违约精神损害赔偿的范围界定

《民法典》第996条规定的精神损害赔偿是否受到《合同法》可预见性规则的限制？它同侵权之诉中精神损害赔偿的认定有没有区别，违约精神损害赔偿的范围如何界定，也是审判实践中所面临的一个很重要的问题。

如前所述，《民法典》第996条实际上是采用诉的合并方式，将违约之诉和精神损害赔偿进行合并审理，属于请求权的聚合性质。因此，对于依据《民法典》

第 996 条提起的违约精神损害赔偿案件的审理可以采用两分法。在确定管辖权、请求权基础、违约责任等方面应当适用《合同法》的相关规定；而在确定精神损害程度以及赔偿数额时还是应当准用侵权行为的相关规定以及司法实践中处理侵权案件中精神损害赔偿的成熟做法。

对于违约精神损害赔偿的数额的具体认定——首先，可以借鉴《最高人民法院关于确定民事侵权精神损害赔偿责任若干问题的解释》第 5 条规定的因素（如双方当事人的身份、资力、过错程度、获利情况、损害后果、受诉法院所在地生活水平等）综合进行判断。其次，由于此种情形本身属于侵权责任的调整范围，不受《合同法》中可预见性规则的限制，否则可能使精神损害赔偿的范围变小，不利于人格权的保护。最后，采用过错相抵原则，如果相对方有过错，可以适当减轻加害方的责任。

五、课程小结

通过对《民法典》第 996 条的解读和剖析，可以看出在《民法典》框架下违约精神损害赔偿的适用具有严格的条件和限制。在审判实践中我们既要采用审慎的态度，对违约精神损害赔偿的适用条件、救济程序、适用范围等进行严格把握，准确适用，以更好地发挥制度功能。另外，也要处理好物质性损失与精神损害赔偿的衔接，避免利益失衡。

名誉权的司法保护

主讲人　任明艳

- 上海市第一中级人民法院民事审判庭副庭长
- 三级高级法官
- 武汉大学国际私法专业博士、法国巴黎第十一大学联合培养博士
- 上海法院审判业务骨干
- 上海市第一中级人民法院领军人才培养对象
- 上海青年法学法律人才库成员
- 上海首届涉外法律人才库成员
- 上海法学会商法研究会理事
- 主要研究方向为民商法学、国际法学
- 发表专著《国际商事仲裁中临时性保全措施问题研究》
- 合著《案例法理学》
- 在《法律适用》《法学》《人民司法》等刊物发表论文 20 余篇
- 参与执笔中国法学会、最高法院以及教育部等国家级课题 6 项
- 曾获得上海法院调研先进个人、法院系统业务能手、嘉奖等荣誉

大家好，我是来自上海市第一中级人民法院的任明艳。大家都知道，《民法典》又被称为“民之法典”，其最大的亮点之一就是人格权独立成编，而名誉权是人格权编中规定的一种重要人格权，也是司法实践中纠纷最多的具体人格权类型。《民法典》人格权编第五章在吸收我国现行法律规定以及借鉴国外立法的基础上，首次对名誉权进行了系统性立法，对于完善名誉权的保护制度、强化公民权利保护具有里程碑式的意义。今天我就结合《民法典》的相关规定，对名誉权纠

纷案件审理中的难点问题，包括侵害名誉权的构成要件；文学、艺术作品侵害名誉权的认定规则；言论自由与名誉权侵权的界限这三个方面跟大家做个交流。

一、侵害名誉权的构成要件

《民法典》第 1024 条规定："民事主体享有名誉权。任何组织或者个人不得以侮辱、诽谤等方式侵害他人的名誉权。名誉是对民事主体的品德、声望、才能、信用等的社会评价。"

名誉权侵权一般需要符合四个构成要件：

1. 行为人实施了毁损名誉的行为。除了侮辱、诽谤这两种典型的毁损名誉的方式外，新闻报道失实、编辑出版者的不作为也会构成对名誉权的侵害。也就是说，编辑出版单位知道其发布的事实侵害他人名誉权的，应采取刊登声明或者其他补救措施以消除影响，否则就构成对他人名誉权的侵害。

2. 毁损名誉的行为必须指向特定的自然人或法人。若行为人的行为指向的是不特定人或者某类人，则不构成侵害名誉权。

3. 毁损名誉的行为需为第三人所知悉，即向第三人公开。

4. 受害人的社会评价降低。这是侵害名誉权的核心构成要件。那么，如何判断社会评价降低？我们都知道，社会评价降低是以第三人的感受和评价来判断，有时外化为第三人的态度和行为，但有时也并非如此。因此，对社会评价降低的强度、范围进行量化分析是很难的，要求受害人对其社会评价降低进行举证也是极为困难的，这就是名誉权损害后果的特殊性。如何解决这一问题呢？考虑到名誉权损害后果的特殊性以及受害人举证方面的困难，应采取事实推定的方式确定损害事实的存在。即受害人只需证明加害人实施的侮辱诽谤内容已经为第三人所知悉，就可以认定该毁损名誉的行为造成受害人社会评价的降低。需要注意的是，名誉权保护对象不包括名誉感。受害人主观的内部评价不是认定名誉权侵害的标准；如果不存在社会评价降低，即便存在精神损害，也不构成侵害名誉权。

二、文学、艺术作品侵害名誉权的认定规则

司法实务中，因文学、艺术作品创作而侵害他人名誉权的纠纷日益增多，文学、艺术作品侵权涉及创作自由和名誉权保护的冲突及协调问题，是名誉权侵权研究的重要内容，也是审判实践中的难点问题。《民法典》第 1027 条在借鉴国

外立法和我国现行司法解释的基础上作出如下规定："行为人发表的文学、艺术作品以真人真事或者特定人为描述对象，含有侮辱、诽谤内容，侵害他人名誉权的，受害人有权依法请求该行为人承担民事责任。行为人发表的文学、艺术作品不以特定人为描述对象，仅其中的情节与该特定人的情况相似的，不承担民事责任。"结合文学、艺术作品的特点，侵害名誉权的认定标准应当考虑以下几个因素：（1）内容的违法性，即通过文学艺术作品的表现方式对他人进行侮辱、诽谤或者揭露他人的隐私，致其名誉受到不应有的损害；（2）主观恶意，即有侮辱诽谤或揭露他人隐私的故意；（3）作品的公开性，即作品已向除作者以外的第三人公开；（4）名誉受损的客观性。

根据《民法典》的上述规定，在审判实践中应当注意区分以下两种情形：

一是以真人真事或者特定人为描述对象的文学、艺术作品。由于描述对象确定，直接按照侵害名誉权的构成要件进行审查即可。例如，在"荷花女案"中，法院认为被告魏锡林撰写的《荷花女》体裁虽为小说，但使用了原告陈某琴及陈某琴之女吉某贞的真实姓名，又在小说中虚构了有损陈某琴和吉某贞名誉的情节，侵害了两人的名誉，应承担民事责任。此案为《民法通则》颁布实施以来，我国法院判决的第一起小说侵害名誉权的案件，并开启了司法保护死者名誉的先河。

二是不以特定人为描写对象的文学、艺术作品。这又分为两种情形：一是不以特定人为描写对象；二是描写的人物以现实人物为模特，经过加工，已经不再是现实人物的再现，而是经过艺术加工的人物形象。我们都知道，文学来源于生活，但高于生活，为了保障创作自由，如果文学、艺术作品不以特定人为描述对象，不宜认定为侵害名誉权。例如，在"杨某森诉冯某楠名誉权纠纷案"中，法院认为《梦断开普敦》的主人公钱普照虽然和原告有部分特征相似，但是钱普照是一个虚构的小说人物，并不以原告为原型，不构成对原告名誉权的侵害。

三、言论自由与名誉权侵权的界限

在言论自由与公民的名誉权发生冲突时，如何在两者之间划出一条明确的界限，这是审理名誉权案件最为复杂和重要的问题。

从权利位阶上看，名誉权和言论自由均为宪法赋予公民的基本权利，没有高低之分。在这两种权利冲突的时候，要正确地划清两者的界限，应当遵循权利协调和利益衡量规则，要研究在具体情景下对哪一个权利予以倾斜、由哪一个权利作出让步的问题。审判实践中，应当遵循以下裁判思路：

1. 区分公众人物与普通公民，名誉权保护向普通公民倾斜。在“美国纽约时报诉沙利文案”中，美国联邦最高人民法院布伦南法官首次提出了“公共官员”概念，他认为此案的关键在于认定原告沙利文是公众人物还是普通人。至此，公众人物概念的雏型出现。三年后，美国联邦最高人民法院沃伦法官在“足球教练诉退伍军人案”中，首次提出“公众人物”概念。何谓公众人物？公众人物的认定一般应符合两个条件：一是具有较高的社会知名度；二是自愿进入公众视野。对于公众人物的名誉权进行弱化保护的基础在于，公众人物在享受公共资源的同时，理应成为社会公众知情权、社会大众评论和媒体监督的对象。即便公众的评论言辞激烈，但只要行为人并非出于主观恶意的攻击、谩骂，内容未明显偏离事实，公众人物应负有容忍义务。在范志毅诉东方体育日报一案中，我国法院首次在判决中提及“公众人物”这一概念。法院认为，即使被告在报道中称范志毅涉嫌赌球，有损其名誉，但范志毅作为公众人物，对媒体在行使正当舆论监督中可能造成的轻微伤害，应当予以容忍与理解。需要注意的是，对于公众人物的名誉权进行弱化保护并非没有限度，公众人物对社会评论的容忍义务应当以人格尊严为限。

2. 区分公共事件和私人事务，名誉权保护向私人事务倾斜。当言论涉及私人事务时，对言论表述和新闻出版自由予以较多的限制，严格强调传播事实的真实性和评论的妥当性。相反，如果言论涉及政治和社会等公共事件，则应适当强调言论和新闻出版自由，对其中涉及的名誉权保护作适当弱化处理，只要求传播事实的基本或者大致真实以及评论的基本妥当。

正是基于上述考虑，《民法典》第 1025 条改变了传统的以言论真伪作为判断媒体是否侵权的唯一依据，引入了《侵权法》上的一般注意义务。根据该条规定，在以公益为目的进行新闻报道、舆论监督时，如果所报道的事实具有真实性、评论具有正当性，即便有损他人名誉，也不构成侵害名誉权；如果无法证明其报道事实的真实性，但是尽到了合理的审核义务，因主观上不具有故意和过失，也不构成侵害名誉权。值得注意的是，这里的真实只要求是基本事实真实即可。此外，《民法典》第 1026 条对认定媒体是否尽到合理核实义务时需考量的因素进行了列举，包括内容来源的可信度、对明显可能引起争议的内容是否进行了必要的调查、内容的时限性、内容与公序良俗的关联性、受害人名誉受贬损的可能性、核实能力和核实成本等。

3. 区分当前事务与过去事务，名誉权保护向生者倾斜。死者没有名誉权，保护死者的名誉，其本质是为了保护生者的利益。对于生者之报道、评论应当尽可能做到真实和公正。对于死者和过去事件的报道、评论，衡量是否侵害名誉权的尺度应适当放宽，给予新闻媒体更多的言论表述和新闻出版自由。即使死者的名誉受到侵害，行使诉权的人员、行使诉权的时间、可以请求救济的民事责任方式也应当受到一定的限制。

4. 区分自然人与法人，名誉权保护向自然人倾斜。由于企业法人以营利为目的，其经济活动、提供的服务和产品都会对社会公众的利益产生重大影响，因此，应当允许新闻媒体、社会大众对企业法人向社会提供的产品和服务给予报道、批评、监督。例如，在原告上海克莉丝汀食品有限公司诉被告杨某网络侵权责任纠纷案中，法院认为，虽然被告杨某因道听途说，在人人网上发表了原告使用地沟油的不实言论，但原告作为一家食品领域的知名企业，除非社会公众具有毁损其名誉的主观故意，相较一般企业，对社会公众的批评言论和媒体的监督舆论，应当承担比一般企业更高的容忍义务，法院最终认定被告的行为不构成名誉权侵权。同理，对于国家机关、事业单位和社会团体，新闻媒体也有充足的理由对这些非企业法人的行为进行报道、监督和批评。

由上可知，在审理名誉权纠纷案件中，不可避免地面临着言论自由、新闻自由、文学创作自由等权利与名誉权保护之间的冲突。在各种法益相互冲突的情况下，需要法官根据每个案件的具体情形，适用利益衡量和权利协调原则来判断什么是最值得保护的价值，并在此基础上平衡各种利益，从而把握好名誉权司法保护的界限。

好，今天的交流就到这里，感谢您的关注，再见。

情势变更制度的理解与适用

主讲人　任明艳

- 上海市第一中级人民法院民事审判庭副庭长
- 三级高级法官
- 武汉大学国际私法专业博士、法国巴黎第十一大学联合培养博士
- 上海法院审判业务骨干
- 上海市第一中级人民法院领军人才培养对象
- 上海青年法学法律人才库成员
- 上海首届涉外法律人才库成员
- 上海法学会商法研究会理事
- 主要研究方向为民商法学、国际法学
- 发表专著《国际商事仲裁中临时性保全措施问题研究》
- 合著《案例法理学》
- 在《法律适用》《法学》《人民司法》等刊物发表论文 20 余篇
- 参与执笔中国法学会、最高法院以及教育部等国家级课题 6 项
- 曾获得上海法院调研先进个人、法院系统业务能手、嘉奖等荣誉

主持人　朱晨阳

- 原上海市第一中级人民法院民事审判庭一级法官助理
- 现上海市长宁区人民法院民事审判庭审判员
- 中国政法大学法学学士、法律硕士
- 主要研究方向民商法
- 曾参与最高人民法院司法研究重大课题等 7 项课题

- 在《人民司法》《上海审判实践》等出版物发表文章数篇
- 编写案例分别被中国法院年度案例及中国专业学位教学案例中心收录
- 曾获上海市第一中级人民法院“十佳青年”

朱：大家好，欢迎来到上海市第一中级人民法院微课程，我是朱晨阳。今天要和大家分享的是情势变更制度的理解与适用，参与讨论的是民事审判庭副庭长、三级高级法官任明艳老师，欢迎任老师。

任：主持人好，大家好！

朱：我们都知道，《民法典》第533条首次在法律层面规定了情势变更制度。那么这一制度应当如何理解和适用呢，这就是我们今天的主题。首先，我们来看这样一则案例：

2016年5月，甲公司和乙县政府签订《采砂权出让合同》，约定采砂权使用期限自2016年5月至2018年5月，甲公司支付采砂权出让款及税费等，共计8200万余元。然而，合同履行期内，该流域遭遇了近40年来的罕见低水位，采砂船无法作业，甲公司实际仅采砂约一年时间，收入约为5500万元。甲公司遂诉至法院，请求按照实际采砂天数与约定采砂天数的比例，判令乙县政府退还甲公司多支付的款项。甲公司的诉请主要理由在于，自然环境的巨大变化导致合同履行存在障碍，构成了情势变更。那任老师，这是不是涉及情势变更的一则典型案例呢。

任：的确是的。近年来我们发现受自然环境、法规政策、政府行为等的影响，当事人经常援引情势变更制度诉请变更或者解除合同，或者以此为由抗辩不承担违约责任。

朱：任老师，本案中，甲公司遭遇了罕见低水位，采砂收益远远低于其为获得采砂权而付出的成本。那么，在这种情况下，如果继续履行合同并让甲公司承担全部的亏损，是不是有失公平呢？

任：情势变更制度设置的目的就在于要在意思自治与实体公平之间寻求平衡。至于甲公司的主张能不能获得支持，我们还需要根据现行法律中关于情势变更的规定进行具体的分析。

朱：其实，早在2009年的《合同法司法解释（二）》第26条就对情势变更有所规定。但是《民法典》第533条还是引发了高度的关注与热烈讨论。任老师，您觉得这又是为什么呢？

任：因为此前的司法解释并没有很好地厘清情势变更与不可抗力的关系，可能导致大家不知道在审判实践中如何选择。那么此次的《民法典》它明确了情势变更与不可抗力的关系，情势变更对合同履行的影响程度以及适用的后果。这次的规定更加准确全面，可操作性也更强。

朱：既然任老师提到司法解释和《民法典》存在区别，那能不能为我们梳理一下规定的具体区别有哪些呢?

任：好的。我认为有四点区别需要特别地关注。一是刚刚提到的，《民法典》不再将不可抗力排除在情势变更的事由之外。二是取消了情势变更事由导致合同目的不能实现的规定。三是增加了合同主体的再交涉义务。四是赋予仲裁机构适用情势变更制度的权限。

朱：可见《民法典》第 533 条虽然条文不长，但是变化和内涵还是非常丰富的。

任：确实，我们细看这一条文，就能够发现，实际上情势变更制度需要符合这五个构成要件。

朱：任老师，我发现这五个构成要件大多围绕着“情势变更”这一个核心词汇。

任：晨阳你说得对，“存在情势变更的事实”就是第一个构成要件。“情势”是什么呢，它就是合同订立、履行赖以存在的基础条件，是客观具体的事实，不包括合同主体的主观认识错误；而“变更”是合同主体在订立合同时无法预见的、不属于商业风险的重大变化。

朱：这么说来，商业风险和情势变更是互相排斥的。

任：是的，商业风险是商业活动中的固有风险，由市场波动引发的合理变化，交易主体应当能够预见，而且会基于该风险磋商交易条件。那么在个案中，我觉得可以基于风险的类型与程度、交易主体的交易能力与合理的预期，以及风险的防范、控制、交易的性质，市场环境等各个因素来进行综合的认定。

朱：任老师，那我能不能这样理解，开头提及的案例中，40 年未遇的低水位使得采砂船不能作业，采砂提前结束，那这种超预期的自然环境变化是甲公司没有办法预见的，可以视为订立合同时的基础条件发生了重大的变化。但如果是因为河砂的市场价格波动，导致甲公司采砂收益低于预期，则可能构成的是商业风险。

任：是的。无论具体是何种因素引起，正常范围内的价格波动属于商业风险，不属于情势变更的调整范围。

朱：好的，那我们继续看第二项构成要件，情势变更应当发生在合同订立后、履行完毕前。

任：其实关于这点，实践中的争议主要还是在于，迟延履行期间发生的情势变更适不适用情势变更制度。关于这个问题，我认为，基于诚实信用和公平原则，迟延履行方不得主张适用情势变更制度。

朱：确实，否则的话违约方不仅不需要承担迟延履行的违约责任，还可以请求变更或者解除合同，实际上因为自己的违约行为获得利益，这对守约方来讲很不公平。那我们继续看第三个构成要件。情势变更是合同订立时不能预见的风险，否则应当视为合同双方自愿承受风险，或者是在合同中已经作出了安排。

任：我认为，对于当事人能否预见的判断，需要结合合同主体的认知、行为、客观环境等各个因素。就拿我们前面的案子为例，如果甲公司与乙县政府签订合同之前的数月，当地已经处于极度干旱的状态，而且气象部门也对下半年干旱可能进一步加剧的情况进行了预报，那么，就应当认为，甲公司能够预见到该流域可能会遭遇罕见的低水位，并将会影响到采砂船的作业。

朱：好，我们继续看第四项构成要件，情势变更的发生不可归责于合同主体，这个比较好理解。那最后一个构成要件是“继续履行对一方当事人明显不公平”，这是情势变更制度适用的核心要件，涉及对“显失公平”后果的判断。

任：总体而言，“显失公平”应当要达到双方权利义务明显违反公平及等价有偿原则的程度，我们可以结合个案的交易类型以及当时的社会环境等因素综合考量。比方说，从履行的结果来看，如果继续履行合同将导致一方承担全部的损失，而另一方却能获得全部的利益，那我觉得这种情形下一般就可以认定为显失公平。

朱：任老师，按照您的讲法，那之前案例中，甲公司为了获得采砂权已经支付了高达8000余万元的费用，但是罕见的气候变化导致它遭受了巨额的亏损。如果这部分亏损全部由甲公司负担，对其而言，确实就是有失公平。

任：晨阳，我完全同意你的看法。

朱：任老师为我们详细分析了《民法典》第533条第1款的前半段，那我发现后半段也有两个新增的规定：一个是“受不利影响的当事人可以与对方重新协商”，这是新增的“再交涉义务”；另一个是“合理期限内协商不成的，当事人可以请求人民法院或者仲裁机构变更或者解除合同”。任老师，对这两个新增的规定您又是如何理解的呢？

任：我们先来看这条规定的“再交涉义务”，也就是说，在发生情势变更的事由时，受不利影响的一方可以与对方协商变更或者解除合同，而对方基于诚实信用也有配合协商的义务。这体现了严守契约和意思自治原则，具体来说，即便遭遇情势变更，也应当由当事人优先通过合意的方式来调整自身的权利义务，而不应当由司法机关直接进行介入。

朱：任老师，那怎样才算是履行了再交涉义务呢？

任：其实，再交涉义务是一个“行为义务”而非“结果义务”，也就是说，受不利影响的合同一方要及时向对方提出协商申请并且说明具体理由后，对方只要基于诚实信用原则进行协商即可，并非必须达成合意。

朱：任老师，我们都知道，义务与责任是相伴的。如果对方拒绝磋商，甚至受到不利影响的合同一方也没有要求与对方协商，那此时合同主体又应该承担什么样的责任呢？

任：你这个问题很好。对方拒绝磋商的情形，程序上可以认为是“在合理期限内协商不成”，合同一方可以提起诉讼或者仲裁请求变更或解除合同。然而，《民法典》对再交涉义务并没有规定完整的请求权规范，如果一方不及时通知对方请求磋商，或者是对方接到通知以后拒不协商，那需要承担什么样的责任，目前还没有明确的规定。

朱：任老师，就这个问题，我看到在一些文章中，有学者认为可以参考《国际商事合同通则》和《欧洲合同法原则》，由违反再交涉义务的一方赔偿因此给对方造成的信赖利益损失。

任：在法律没有明确规定、实践经验又不充分的情况下，我个人还是倾向于认为如果造成了损失，可以在合同变更或者解除的后果中一并予以处理。

朱：任老师，您讲到这里，我又想到了另一个问题，就是在发生情势变更且双方未能协商一致的情况下，一方是有权变更合同呢，还是解除合同呢？

任：这需要根据当事人的诉请以及个案具体情况来进行判断。总体而言，为了维护合同的效力、促进交易，合同变更应当优先于合同解除。我们再回到之前的案例中，甲公司起诉要求乙县政府退还部分采砂权转让款，实际上就是诉请变更合同的约定。

朱：正如您刚刚讲到的，虽然《民法典》不再将不可抗力排除在情势变更的事由之外，但是两者的法律后果还是存在明显差别的。

任：的确，这是因为不可抗力对合同的影响程度可能是不同的。如果不可抗力导致合同目的无法实现，当事人是可以依据《民法典》第563条的规定行使法定的合同解除权。但如果不可抗力只是导致双方继续履行显失公平，则当事人只能以情势变更为由，请求变更或者解除合同。

朱：这就是说，在不可抗力制度中，一方当事人解除合同的意思表示到达对方时，合同就有效解除了。但是在情势变更制度中，一方当事人的意思表示不能直接发生合同变更或者解除的法律效果，他只能请求法院或者仲裁机构变更或者解除合同。

任：是的。除此之外，值得注意的是，尊重当事人意思自治是《合同法》的最基本的原则，而情势变更制度毕竟是对当事人意思自治的突破，因此，对于这一制度的适用应当受到严格的限制。我们应当秉持谨慎、谦抑的立场，避免这一制度被滥用从而影响到交易。即便适用，也要平衡好双方的利益。

朱：好的，感谢任老师为我们全面深入地讲解了情势变更制度。情势变更制度的适用需要准确认定“情势的变更”事实以及“显失公平”后果，有效发挥其保障实体公平、维护社会正义的制度价值。

以上就是今天的全部内容，再次感谢任老师的精彩分享，也感谢您的参与，再见。

任：再见。

循环贸易合同的司法审查

主讲人 成 阳

- 原上海市第一中级人民法院商事审判庭副庭长、领军人才培养对象
- 现上海市高级人民法院民事审判庭副庭长
- 三级高级法官
- 上海法院审判业务骨干
- 浙江大学、瑞典乌普萨拉大学法学硕士
- 香港城市大学法学博士生在读
- 主要研究方向合同法、公司法、仲裁司法审查
- 参与编著《法律方法论》等书籍
- 多次执笔全国、市级调研课题并获奖
- 多次获全国法院学术讨论会奖项
- 曾荣立上海法院系统个人三等功一次、嘉奖二次

大家好，我是上海市第一中级人民法院的成阳。今天向大家介绍商事审判中日益增多的一种新类型纠纷：循环贸易合同的司法审查。本次微课程分为三部分：第一部分，通过案例来看一下循环贸易的法律关系认定；第二部分，介绍在审理循环贸易纠纷时所适用的法律，即《民法典》第 146 条规定的通谋虚伪制度；第三部分，着重谈一谈循环贸易纠纷的司法审查要点。

一、循环贸易的法律关系认定

1. 循环贸易的交易形式

首先我们通过案例中所反映的循环贸易的交易形式，看一看循环贸易的法律关系认定。买卖合同的典型特征是卖方向买方交付货物、买方向卖方支付货款。那么，循环贸易是指什么？何以有别于买卖合同呢？先来看一个典型案例。

原告甲公司与被告乙公司签订买卖合同，由乙公司向甲公司支付货款购买货物。同时，乙公司与丙公司签订买卖合同，由丙公司向乙公司支付货款购买同一批货物。同样地，丙公司与丁公司之间、丁公司与甲公司之间分别就该批货物签订买卖合同。

通过两两公司之间买卖合同的签订，同一批货物由甲公司流入乙公司，到丙公司、丁公司，最终又回到甲公司。而相应的货款则反向流动，从甲公司付至丁公司，到丙公司，再到乙公司。由此，货物和款项的流动形成闭环，在实践中我们称为循环贸易或闭环贸易。此时，如货款最终并未全部回到甲公司，甲公司通常以其和乙公司之间签订的买卖合同起诉，要求乙公司支付买卖合同项下货款。那么，甲公司和乙公司之间能否认定为买卖合同关系呢？

2. 循环贸易法律关系的性质

在该案例中的交易模式下，我们认为甲公司和乙公司之间的交易并不具有商业实质，双方之间并非买卖合同关系。具体而言，双方之间买卖合同的虚假性体现在三个方面。第一是“走单走票不走货”，即买卖双方虽然交付货物流转单据和发票，但并未实际交付货物，如案例中，甲公司将同一批货物在短时间内卖出又再行买入，货物在同一日甚至几分钟内完成在仓储公司的闭环划转。第二是“高买低卖”，交易环节中的一方或数方在短时间内进行亏本买卖，违背商业常理。第三是“先付款后交单”，款项支付时间先于货物划转时间，与合同约定不符。正因如此，甲公司和乙公司签订买卖合同仅是双方之间虚假的意思表示，以虚假购货的方式逃避监管，掩盖甲公司向乙公司提供贷款资金的意思表示。资金提供方和资金使用方之间实际并非买卖合同关系，而是借款合同关系。

二、通谋虚伪的概念与制度

由于循环贸易中所签订的买卖合同并非当事人的真实意思表示，因此在判断双方法律关系的性质和效力时，将会适用《民法典》中通谋虚伪这一规定。在第二部分中，我们来看一看通谋虚伪的概念与制度。

1. 通谋虚伪的《民法典》规定

在《民法总则》实施前，对于循环贸易中所涉合同的效力，司法裁判并不统一。在《民法总则》实施后，其中第146条规定："行为人与相对人以虚假的意思表示实施的民事法律行为无效。以虚假的意思表示隐藏的民事法律行为的效力，依照有关法律规定处理。"《民法典》第146条延续了《民法总则》的规定，为循环贸易法律关系的效力认定提供了法律依据。

在融资性闭环贸易的情形下，资金提供方和资金使用方之间签订买卖合同并非双方的真实意思表示。双方以虚假的意思表示隐藏借贷法律关系，应当依照隐藏行为本身的效力要件进行判断。

2. 通谋虚伪的构成要件

从学理上检视通谋虚伪这一概念，它是指行为人和相对人一致同意实施不发生法律效力的民事法律行为。它包含了四个方面的构成要件。

第一，通谋虚伪是双方民事法律行为。如果行为人一方单独实施虚假意思表示，则是"真意保留"行为。在真意保留中，相对人并不知道行为人表示的是虚假意思。

第二，当事人作出了虚假意思表示。在虚假的民事法律行为中，双方当事人无论是基于何种动机，都存在效果意思和表示行为的不相一致，即意思与表示不相符。

第三，双方对虚假意思表示的表达须有通谋。"通谋"并不等同于"串通"。串通需要双方当事人交换意思、共同决定实施虚假的民事法律行为，但通谋并不要求共同策划、共同决定，行为人虚假意思表示为对方所明知从而形成合意，也属于通谋。

第四，注意虚假民事法律行为中是否隐藏了其他真实的民事法律行为。行为人与相对人实施通谋后并不希望发生所表示的内容，故又称为伪装行为。而伪装行为的目的在于掩盖双方内心欲达成的另一种法律后果，又称为隐藏行为。

3. 意思表示瑕疵体系

我们可以通过一张表格看一下《民法典》第146条规定的通谋虚伪在意思表示瑕疵体系中的位置。

<table>
<tr><th></th><th></th><th colspan="2">具体行为</th><th>《民法典》</th><th>法律效果</th></tr>
<tr><td rowspan="6">意思表示瑕疵</td><td rowspan="3">意思表示不真实</td><td>故意的单方虚伪行为</td><td>真意保留戏谑行为</td><td>“无效”</td><td></td></tr>
<tr><td>故意的双方虚伪行为</td><td>通谋虚伪</td><td>第 146 条</td><td>“无效”</td></tr>
<tr><td>偶然的意思表示错误</td><td>重大误解</td><td>第 147 条</td><td>可撤销</td></tr>
<tr><td rowspan="3">意思表示不自由</td><td colspan="2">欺诈</td><td>第 148 条、第 149 条</td><td>可撤销</td></tr>
<tr><td colspan="2">胁迫</td><td>第 150 条</td><td>可撤销</td></tr>
<tr><td colspan="2">显失公平</td><td>第 151 条</td><td>可撤销</td></tr>
</table>

意思表示瑕疵是行为人在表意过程中发生了意思与表示的偏离，其本质在于表意与内心真实意思不一致。可以分为意思表示不真实（非真意）以及意思表示不自由（非自愿）。

意思表示不真实又包括三种情形：一是故意的单方虚伪行为，包括真意保留和戏谑行为；二是故意的双方虚伪行为，即《民法典》第 146 条规定的通谋虚伪；三是偶然的意思表示错误，即《民法典》第 147 条规定的重大误解。其中，通谋虚伪与《民法典》第 154 条规定的恶意串通二者最根本区别在于，恶意串通是当事人的内心真意，而非虚伪意思表示。

意思表示不自由也包括三种情形：即《民法典》第 148 条、第 149 条规定的欺诈，《民法典》第 150 条规定的胁迫以及《民法典》第 151 条规定的显失公平。意思表示不自由的法律行为是可撤销的民事法律行为，相对人享有撤销权。

4. 通谋虚伪的比较法检视

大陆法系的多数国家和地区都对通谋虚伪进行了规定。在比较各自成文法对通谋虚伪行为的规定时，有两处值得关注。

第一，从有无规定隐藏行为来看，德国、奥地利、俄罗斯等《民法典》既规定虚伪行为，也规定隐藏行为。例如，《德国民法典》第 117 条第 2 款规定，“另一法律行为被虚伪行为所隐藏的，适用关于被隐藏的法律行为的规定”。而日本、韩国等《民法典》仅规定虚伪行为，并未规定隐藏行为。但凡有隐藏行为，必然有虚伪表示；反之则不然，虚伪表示可能隐藏其他法律行为，也可能不隐藏其他法律行为。我国《民法典》在隐藏行为的规定上沿袭了德国民法的模式。

第二，从有无规定对抗规则来看，日本、韩国、奥地利等《民法典》对虚伪意思的规定中均有“不得对抗善意第三人”的表述。例如，《日本民法典》第 94 条规定：“与相对人通谋所为的虚伪意思表示无效。前款规定的意思表示无效，不得对抗善意第三人。”与此不同的是，《德国民法典》在总则中并未规定一般性的对抗规则，而是在《民法典》分则的个别情形（如附证书的债权让与）中设有保护善意第三人的规定。在我国法律的起草过程中，同样删除了“通谋虚伪表示不得对抗善意第三人”的规定。

应当说，我国《民法典》对通谋虚伪的规定，更多是采用《德国民法典》的模式，保持了《民法典》解释体系的统一，更加符合通谋虚伪规定的立法目的。

三、循环贸易纠纷的司法审查要点

我们重点谈一谈循环贸易纠纷的司法审查要点。拉伦茨在《法学方法论》一书中说，裁判方法是裁判者在事实和规范之间目光的往返流转。在适用《民法典》中通谋虚伪的规定对循环贸易进行审查时，最能够体现这种从事实中找法、用规范涵摄事实的法律适用过程。

1. 判断买卖合同是否为真实意思表示

第一点，需要审查买卖合同是否为当事人的真实意思表示。当事人的真实意思表示是判断法律关系性质的关键。通常，原告根据其与被告签订的买卖合同主张双方之间系买卖合同关系，而被告则抗辩称存在循环贸易，双方之间实为融资关系。此时，裁判者不仅应当考察单份合同、单个交易环节，而且需要审查是否存在闭环的交易链条。这包括两个部分。

（1）就货物流转而言，需审查最初的卖出方和最终的买入方是否为同一主体，卖出和买入的货物在种类和数量上是否为同一批，卖出和买入的时间差是否极为短暂甚至是同一日。在循环贸易中，通常并无货物的实际交付，而是仅有单据中的货物划转，因此，该类纠纷往往集中在有色金属、煤炭等大宗商品行业。

（2）就资金流转而言，需审查最初的资金提供方是谁，最终的资金使用方是谁，中间方是否存在收取手续费的行为，是否存在高买低卖的情况，以及资金使用方占有资金的时间和归还资金的情况。综合而言，交易存在闭环，且不具有商业合理性，是循环贸易的主要特征，也是司法裁判中认定双方签订的买卖合同并非真实意思表示的主要依据。

2. 判断隐藏行为的性质和效力

第二点，需要审查隐藏行为的性质和效力。如果在案事实反映出双方之间实际是用签订买卖合同来掩盖一方向另一方提供融资的真实意思。那么，根据《民法典》第 146 条第 2 款的规定，以虚假的意思表示隐藏的民事法律行为的效力，依照有关法律规定处理。

换言之，在同时存在虚假意思表示和隐藏行为的情况下，虚假意思表示无效，如果隐藏行为本身有效，那么按有效处理；如果隐藏法律行为无效，那么按无效处理；如果隐藏法律行为可撤销，那么按可撤销处理。从现行立法的字面含义来看，在适用《民法典》第146条通谋虚伪的规定时，仿佛是进行了“合同效力的二次认定”：一是判断以虚假意思表示订立的买卖合同无效，二是判断隐藏的融资法律关系是否存在无效事由。

但从学理上分析，行为人和相对人均不愿受虚伪行为的约束，其实并不构成意思表示，更无合意可言。既不存在意思表示，法律行为自然不成立。该条中所谓“无效”，并不是由于法律行为违背了外部价值判断而无效，与法律行为因目的、内容违法而导致的“无效”并不相同，而是指任何一方当事人均无权主张该法律行为的效果。例如，虚假订立的买卖合同，买方无权请求交付标的物，卖方无权主张货款。正因如此，应当根据规范隐藏行为的法律规定来处理双方之间真实的意思表示。

3. 判断对担保合同效力的影响

第三点，需要审查对担保合同效力的影响。循环贸易中通常伴随担保和保证的情况。对担保合同效力的审查应注意两方面。

第一，根据《民法典》第388条和第682条的规定，主债权债务合同无效，担保合同/保证合同无效，但是法律另有规定的除外。在涉及伪装行为和隐藏行为的情况下，应判断担保人所担保的主合同是买卖合同还是借款合同。换言之，审查担保人是否系为隐藏行为即借款合同提供担保，如担保人是否曾就循环贸易的交易模式与债权人、债务人进行共同磋商。

第二，如担保人所担保的就是隐藏行为（在循环贸易中通常为借款合同），此时仍应审查是否存在因借款合同无效而导致担保合同无效的事由。尤其是《最高人民法院关于审理民间借贷案件适用法律若干问题的规定》（以下简称《民间借贷司法解释》）第13条中规定的套取金融机构贷款转贷、职业放贷等情形。

4. 担保合同无效后的赔偿责任

第四点，需审查担保合同无效后的赔偿责任。

一是在担保合同无效时，需根据担保人是否存在过错判定其应否承担赔偿责任。根据《民法典担保制度司法解释》第17条第2款的规定，主合同无效导致第三人提供的担保合同无效，担保人无过错的，不承担赔偿责任；担保人有过错的，其承担的赔偿责任不应超过债务人不能清偿部分的三分之一。这里担保人的过错，不是指担保人在主合同无效上的过错，而是指担保人明知主合同无效，仍为之提供担保，促使主合同的成立或为主合同的签订作中介。

二是注意保证期间是否经过。根据《民法典担保制度司法解释》第33条的规定，保证合同无效，债权人未在约定或者法定的保证期间内依法行使权利，保证人主张不承担赔偿责任的，应予支持。据此，在司法审查中仍应关注保证期间对保证合同无效时保证人赔偿责任的影响。

近年来，通过签订循环买卖合同的方式开展融资所导致的纠纷在司法实践中日益增多。需要结合循环买卖合同的签订和履行情况进行具体分析，厘清其中的法律关系和利益关系。《民法典》第146条所确立的通谋虚伪意思表示制度具有重要的理论和实践意义。它健全了民法上的意思表示瑕疵体系，帮助我们从循环贸易的整体交易结构上探明当事人的真实意思表示，并基于“表面行为无效，隐藏行为依法处理”的法理排除金融领域的虚假意思，兼顾了交易安全和效率，保证了诉讼结果的公正。

以上是今天微课程的内容，感谢各位的关注！再见。

动产购买价款担保权规则适用

主讲人 成 阳

- 原上海市第一中级人民法院商事审判庭副庭长、领军人才培养对象
- 现上海市高级人民法院民事审判庭副庭长
- 三级高级法官
- 上海法院审判业务骨干
- 浙江大学、瑞典乌普萨拉大学法学硕士
- 香港城市大学法学博士生在读
- 主要研究方向合同法、公司法、仲裁司法审查
- 参与编著《法律方法论》等书籍
- 多次执笔全国、市级调研课题并获奖
- 多次获全国法院学术讨论会奖项
- 曾荣立上海法院系统个人三等功一次、嘉奖两次

大家好，我是上海市第一中级人民法院商事审判庭的成阳。今天向大家介绍《民法典》及司法解释中新增加的一项规定，即动产购买价款担保权。

本次介绍分为四个部分。第一部分是动产购买价款担保权的概念及其超级优先顺位；第二部分是动产购买价款担保权的适用范围；第三部分是动产购买价款担保权的构成要件；第四部分介绍动产担保物权的清偿顺位规则。

一、动产购买价款担保权的概念及其超级优先顺位

1. 动产购买价款担保权

在动产交易中，普遍存在一种情况，即企业借钱购买货物，同时将所购买的货物抵押给贷款人，作为购买价款的担保。针对该种抵押方式，《民法典》第416条增加了动产购买价款担保权的规定，其核心即在于“动产抵押担保的主债权是抵押物的价款”。通过赋予这种抵押权优先效力，以保护贷款人的权利，同时促进企业融资。

2. 动产购买价款担保权的超级优先顺位

动产购买价款担保权与购买价款的融资交易联系在一起。我们通过一个案例来看一下什么是动产购买价款担保权的超级优先顺位。

· 案例

2020年1月，甲公司向银行贷款200万元，并就公司现有的以及将有的生产设备设立浮动抵押，并办理了抵押登记。2020年6月，甲公司向乙公司购买口罩生产设备，并将该设备抵押给乙公司，同样办理了抵押登记。之后，甲公司无法清偿债务。乙公司发现，甲公司早在2020年1月就为银行设立了浮动抵押，而该口罩生产设备就是浮动抵押中的“将有财产”，在设备买入时就已经成了浮动抵押的客体。

因此，根据抵押权已经登记的先于未登记的受偿这一清偿规则，乙公司的清偿顺位将劣后于银行，这就打击了乙公司为甲公司购买设备提供融资的积极性。

同样的情况，如果乙公司根据《民法典》第416条的规定，在生产设备交付后十日内办理抵押登记，在该设备上设立购买价款担保权，那么，乙公司就可以优先于其他担保物权人受偿，在本案中就是优先于银行受偿。那么，将大为提高乙公司实现债权的可能性，也使甲公司的融资能力得到进一步提升。

3. 赋予动产购买价款担保权超级优先顺位的原因

根据《民法典》第416条的规定：“动产抵押担保的主债权是抵押物的价款，标的物交付后十日内办理抵押登记的，该抵押权人优先于抵押物买受人的其他担保物权人受偿，但是留置权人除外。”动产购买价款担保权的抵押权人优先于抵押物买受人的其他担保物权人受偿，但是留置权人除外。

从该条中可见，留置权仍然优先于超级优先权，动产购买价款担保权和留置

权二者具有一定的相似性：都被赋予了优先于抵押权和质权的效力。这两种担保物权的共同点在于，担保权人抵押权人的行为都是有利于担保财产的存在和增值的。

（1）对留置权而言，留置权人如承揽人，其行为可以导致留置财产的价值得到恢复或和增加。

（2）同样，对动产购买价款担保权而言，抵押人财产的增加是出卖人将标的物出卖给抵押人的结果，而出卖人仅就增加的财产所发生的债权对标的物享有优先受偿权。试想，如果抵押人未付清全款，导致出卖人不同意出卖抵押物，那么抵押人根本无法获得该动产，也就谈不上就该财产优先受偿。

因此，为了防止在浮动抵押的情形下，新增加的财产（如新购入的生产设备）自动被纳入已经设立的动产抵押权，有必要承认购买价款担保权的超级优先顺位，以便于为企业购置资产提供新的信贷支持，拓宽再融资的渠道。

二、动产购买价款担保权的适用范围

《民法典担保制度司法解释》第57条第1款、第2款分别规定了动产购买价款担保权适用的两种情形。

1. 浮动抵押

第一种就是前述案例中谈到的浮动抵押的情形，规定在《民法典担保制度司法解释》第57条第1款中："担保人在设立动产浮动抵押并办理抵押登记后又购入或者以融资租赁方式承租新的动产"，权利人"为担保价款债权或者租金的实现而订立担保合同，并在该动产交付后十日内办理登记"。

动产的浮动抵押是为了解决中小企业融资难而设计的制度。大量的中小企业也许并没有可供担保的不动产，但是有生产设备、原材料、半成品和产品。这些财产的个别价值可能不高，但作为整体则具有融资担保的价值。为了在不影响企业正常生产经营的情况下充分发挥动产的融资担保功能，《民法典》第396条规定了动产的浮动抵押。而浮动抵押有很强的虹吸效应，一旦设立则抵押人新购入的动产也将自动成为动产浮动抵押的客体；债权人在实现债权时，只要财产仍归抵押人所有，债权人就享有优先受偿权，且及于新购入的动产。如此一来，企业在设定浮动抵押之后，可能会再面临融资难的问题，因为债务人的责任财产处于浮动抵押权人的控制下，新的出卖人对于债务人的清偿能力不抱有信心。而《民法典》及司法解释中规定的动产购买价款担保权超优先顺位，以及正常经营买受人规则，都是对浮动抵押效力的限制，打破了浮动抵押的虹吸效应，提升了债权人的融资意愿和积极性，增强了企业的融资能力。

2. 赊销

第二种动产购买价款担保权适用的情形是赊销，主要是指动产买卖中，买受人通过赊销取得动产后，随即为他人设定担保物权，出卖人为担保价款支付而在该动产上设定抵押权的情形，这种情况是一般动产抵押设定后的购买价款优先权。具体规定在《民法典担保制度司法解释》第57条第2款中："买受人取得动产但未付清价款或者承租人以融资租赁方式占有租赁物但是未付清全部租金，又以标的物为他人设立担保物权，前款所列权利人为担保价款债权或者租金的实现而订立担保合同，并在该动产交付后十日内办理登记，主张其权利优先于买受人为他人设立的担保物权的，人民法院应予支持。"

三、动产购买价款担保权的构成要件

1. 动产购买价款担保权的三类权利人

实践中，对购买价款进行担保的手段除了以标的物设定抵押，还存在所有权保留、融资租赁等方式，因此，《民法典担保制度司法解释》第57条第1款规定，设立动产购买价款担保权的权利人，包括三类：（1）在动产上设立抵押权或保留所有权的出卖人；（2）为价款支付提供融资而在动产上设立抵押权的债权人；（3）以融资租赁方式出租动产的出租人。

所有权保留交易、融资租赁交易与动产抵押交易都可以适用本条的原因是：其一，为了赋予所有购买价款的融资提供人以相同的法律地位，尽可能同等对待为购买价款提供融资的所有交易，这与统一的动产担保交易规则这一政策目标是相符合的；其二，是因为《民法典》对于非典型担保中的两类交易即所有权保留和融资租赁实行登记对抗主义，与动产抵押权作一体处理，只有登记后才能受到强势保护，否则不能对抗善意第三人。因此，所有权的保护作用被限缩，善意第三人也有可能对标的物行使抵押权，这就需要价款优先权的保护。[①]

归纳而言，出卖人或者债权人依照购买价款融资交易就标的物取得的担保权，并不以动产抵押为限，所有权保留和融资租赁中的所有权也适用。

① 高圣平：《民法典动产担保权优先顺位规则的解释论》，载《清华法学》，2020年第3期，第111-112页。

2. 动产购买价款担保权的其他三项要件

（1）担保的主债权是抵押物的价款。

该担保权是为了担保人购置标的物，且在该标的物上设立，旨在担保该标的物全部或者部分价款的清偿。值得注意的是，购买价款担保权的产生应以贷款已经发放为前提。如果是为债务人履行买卖合同而签订借款担保合同、仅产生应付款项的，贷款人就该应付款项并未取得价款担保优先权。同时，该笔贷款还必须实际用于债务人购置标的物。

（2）在标的物交付后十日内办理抵押登记。

这是购买价款担保权取得超级优先顺位的程序要件。规定十天的宽限期理由在于，出卖人不必等到自己或者其他价款融资提供者登记，即可以向买受人交付标的物，从而促进动产的流动。如果该登记因未合理指明标的物、担保人姓名或名称错误等原因而无效的，该程序要件仍视为未满足，但如果担保权人在十日宽限期届满前已经进行变更登记，弥补了前述登记缺陷的，则视为已满足该程序要件。如果并未在十日宽限期内登记，其动产担保权的性质并不发生改变，只是不发生超级优先的效力，而是仅有一般抵押登记的效力。①

（3）系同一债务人为他人设立购买价款担保权及其他竞存的担保物权。

如果是不同的债务人在同一财产上为不同的担保权人分别设立购买价款担保权和其他动产担保权，则购买价款担保权并不具有超级优先顺位。

四、动产担保物权的清偿顺位规则

动产购买价款担保权，最主要的适用场景是在先设立浮动抵押时，为再购入动产的价款提供融资，通过赋予其超级优先顺位来提高企业的融资能力，实际是调整了动产担保权清偿顺位的既有规则。因此，在了解了动产购买价款担保权的概念、适用范围、构成要件之后，我们将其放在担保物权的清偿顺位背景下，纵览《民法典》框架下动产担保物权的清偿顺位规则。

1.《民法典》第 414 条规定了抵押权的清偿顺序，同一财产向两个以上债权人抵押的，拍卖、变卖抵押财产所得的价款依照下列顺序清偿。一是按照登记时间先后清偿。在以登记为条件的抵押中，无论是动产抵押还是不动产抵押，数个抵押权都已经登记的，应当按照登记时间确定债权清偿顺序。目前，不动产和动

① 高圣平：《民法典动产担保权优先顺位规则的解释论》，载《清华法学》，2020 年第 3 期，第 113 页。

产都有了统一的登记制度，已经不存在由多个部门办理登记的情形，因而数个抵押权之间不太可能抵押顺序相同。二是已经登记的先于未登记的清偿。不动产抵押以登记为生效要件，动产抵押以登记为对抗要件。在抵押权未登记的情况下，要么未生效，要么不能对抗善意第三人，仅能在抵押人和抵押权人之间产生法律拘束力。因此，未经登记的抵押权，不能对抗已经登记的抵押权。三是抵押权未登记的，按照债权比例清偿。

2.《民法典》第415条规定："同一财产既设立抵押权又设立质权的，拍卖、变卖该财产所得的价款按照登记、交付的时间先后确定清偿顺序。"动产质权的生效方式是交付，而动产抵押的生效方式是登记，所以一般先设立质权很难再设立抵押权。但是，在企业将存货进行流动质押的情况下，质物往往在质押人自己的仓库中保存，完全可以在设立质押后再设立浮动抵押，并进行变更登记。在比较法上，占有和登记之间效力平等，二者间的先后顺序可以决定动产担保权的优先顺位，没有理由认为先设立的动产质权就劣后于后设立且登记的动产抵押权。[①] 因此，根据质权、抵押权各自公示的时间来确定清偿顺序。

3.《民法典》第416条规定的动产购买价款担保权，实际上打破了第414条和第415条的清偿顺序，赋予了后设立的抵押权优先于先设立的浮动抵押权的效力，从而增强了抵押人的再融资能力。

4.《民法典》第456条规定，"同一动产上已经设立抵押权或者质权，该动产又被留置的，留置权人优先受偿"。因此，动产购买价款担保权仍旧劣后于留置权清偿。

总结而言，在同一动产上，既有为抵押物价款设定的抵押担保，还存在其他担保物权，不同担保物权之间按照以下顺序进行受偿：（1）留置权；（2）动产购买价款担保权；（3）已登记的抵押权与已交付的质权，按照登记和交付的先后顺序受偿；（4）已登记的抵押权优先于未登记的抵押权；（5）抵押权未登记的，按照债权比例清偿。

《民法典》及《民法典担保制度司法解释》对动产购买价款担保权的规定，有利于降低中小企业的信贷成本，助力于营商环境指标的进一步优化。新规则的引入为市场主体提供了更多的法律供给，这一担保新规定将在很大程度上满足交易实践的需求，相信未来的司法实务一定会提供丰富的实践案例。

以上是对动产购买价款担保权介绍的全部内容。感谢您的关注，再见！

---

① 高圣平：《民法典动产担保权优先顺位规则的解释论》，载《清华法学》，2020年第3期，第113页。

无权代理的法律后果

主讲人 凌 捷

· 上海市第一中级人民法院研究室副主任

· 三级高级法官

· 上海法院审判业务骨干

· 上海市第一中级人民法院领军人才培养对象

· 首届上海青年法学法律人才库成员

· 中国政法大学法学学士、北京大学民商法学硕士、复旦大学民商法学博士

· 主要研究方向民商法学、司法改革制度、法律方法论

· 主审案件入选上海法院参考性案例

· 副主编《法院审理合同案件观点集成》《民商事疑难案件裁判标准与法律适用（房地产卷）》

· 参编《物权案件审判精要》等十部书籍

· 执笔国家社科基金项目《民法方法论研究》、最高人民法院司法调研重大课题等 10 余项课题

· 参与复旦大学、华东政法大学、上海财经大学等高校本科生法学（法律）硕士司法实务课程

· 三等功 1 次，合议庭集体三等功 1 次，嘉奖 5 次，上海市第一中级人民法院一中天平奖年度优秀新任审判长奖

大家好，我是上海市第一中级人民法院的凌捷。今天我与大家分享的题目是无权代理的法律后果。“天道无穷，而人力有所穷”，代理制度就是为了弥补人的能力不足所应运而生的，无论法定代理、委托代理，还是指定代理均是为了弥补

自然人、法人、非法人组织在行为能力上各方面的不足。因此，有权代理是法律世界的常态，而无权代理是法律纠纷频发的原因。

如何处理无权代理的法律后果不仅涉及《民法典》总则编第 171 条的规定，亦涉及合同编第 503 条的规定。鉴于无权代理法律后果的庞杂性，结合审判实务中的难点与争点，与大家分享一下本人对以下三个方面的认识：一、无权代理的追认；二、无权代理合同的效力认定；三、无权代理合同后果处理的体系化解释。

一、无权代理的追认

在代理法规范中，行为人没有代理权、超越代理权或者代理权被终止后所实施的代理行为，也就是俗称的无权代理行为。如果在未经过被代理人追认的情况下，对被代理人不发生效力。换句话说，代理行为在被追认前属于效力待定，虽然是无权代理人实施的未经授权的行为，但对于被代理人来说，法律赋予其选择权，其可以通过追认代理行为的方式使得代理行为的后果归属于被代理人。

追认属于一种须受领的意思表示，既然是意思表示，按照总则编的规定，既可以明示也可以默示的方式作出。明示的追认在实践中比较容易判断。关键是默示的追认应如何认定。默示的追认方式基于本人的行为能够推断出来。对此，原 2009 年《合同法司法解释（二）》第 12 条规定了“无权代理人以被代理人的名义订立合同，被代理人已经开始履行合同义务的，视为对合同的追认”。对此，最高人民法院〔2014〕民申字第 694 号民事裁定书中，亦对默式的追认进行了扩展，“追认是被代理人对无权代理行为事后予以承认的一种单方意思表示，通常应当以明示的方式作出。但从维护交易秩序的稳定和保护合同相对人的利益考虑，本人如果接受相对人履行义务或者接受无权代理人转移合同利益，视为追认”。《民法典》第 503 条吸收了审判实践中的经验，被代理人已经开始履行合同义务或者接受相对人履行的，视为对合同的追认。需要指出的是，这种默示的追认，并非要求被代理人即本人认识到无权代理情形的存在，而是从相对人客观角度出发，将被代理人的行为视为追认，这亦是对相对人客观信赖利益的保护。

单纯的沉默能否构成追认，沉默只有在法律规定、当事人约定或者符合当事人之间的交易行为时，才可以视为意思表示。在这里可以提到原《民法通则》第 66 条第 1 款第三句的规定“本人知道他人以本人名义实施民事行为而不作否认表示的，视为同意”。《民法典》虽然没有明确吸收该条款，但鉴于司法实践的复杂性，如上级公司的法定代表人以所控股的下级公司名义实施法律行为，而被控股的下级公司的法定代表人事先知道或者嗣后知道，但其基于某种原因知道该无权代理行为未作否认，此情况下亦可以参照上述规定，将其理解为默示代理权的授予或者拟制的追认。

二、无权代理合同的效力认定

无权代理人与相对人之间法律行为所追求的法律效果并不能对被代理人发生法律效力，这是一般代理法的效果。但是在无权代理对被代理人不发生法律效力的情况下，不代表在无权代理人与相对人之间没有法律后果的处理。在无权代理未被追认的情况下，无权代理人与相对人之间的无权代理的法律后果应如何处理？

举例：甲授予乙及丙共同代理出售涉案房屋，乙与丁签订房屋买卖合同，嗣后甲死亡。问：乙与丁的《房屋买卖合同》的效力，乙无权代理的法律后果应如何处理。

从法理上，《房屋买卖合同》并不对被代理人甲发生法律效力，那么在乙与丁的《房屋买卖合同》的效力如何认定，在理论上有两种对立的观点。一种是有效合同说，“在无权代理而订立的合同未受追认时，合同部分有效部分无效，即在合同当事人方面否定了被代理人作为合同当事人的效果意思，而在权利义务方面则按照当事人的效果意思赋予法律效力。此时无权代理人和相对人为该合同的当事人，须享有和履行该合同下的权利和义务”。另一种是合同无效说，这种观点内部还可以区分为缔约过失责任说与法定责任说。

本人的观点是采合同无效说理论。具体理由可以从以下两个方面阐述：

一方面，如果采合同有效说，本质上并不符合无权代理人与相对人真实的效果意思。从法律行为的核心意思表示的构成看，效果意思与表示行为是意思表示的构成，从无权代理人与相对人的意思内容，都不存在将无权代理人作为代理行为的当事人的意思。例子中乙虽然与丁签订了房屋买卖合同，但买受人丁并无与乙单独建立买卖合同的意思，本质上买受人实际的交易对象应该是甲，效果意思发生的对象应是甲与丁，而并非无权代理人乙。因此，合同有效说的立论基础不符合意思表示的构成。

另一方面，无权代理行为不同于无权处分行为。我国《民法典》合同编已经删除了《合同法》第 51 条，更多采用《买卖合同司法解释》第 3 条的实践观点。因此，即使在理论上独立的物权行为说由于种种原因未获得全部的承认，但是从立法论上，无权处分合同的效力已经不能认定为效力待定，而应是有效合同了。

处分权的限制并不会影响合同效力。那么无权代理合同是否应当与无权处分行为一致，可以认定为有效呢？本人同样是持否定的态度，因此，无权代理合同不同于无权处分合同，其本质上是合同主体的限制，是无权代理人缺乏代理权所造成的法律后果，其效力不能参照无权处分合同来认定。而且反向解释《民法典》总则编第 171 条第 3 款、第 4 款，亦可推断出无权代理合同效力的上述结论。

由于这个问题在理论上存在争议，但是在实践中，如果当事人提出诉请，可以将其表述为：无权代理人与相对人之间的无权代理合同应当在无效基础上不发生效力。

三、无权代理合同后果处理的体系化解释

如上所述，无权代理合同既然采合同无效说，那么在此情况下，无权代理人对于相对人应当承担何种的责任？如何处理无权代理合同的法律后果？一般来说，对于合同无效的后果，原则上应当按照缔约过失理论，参照各方当事人过错来处理。但是根据我国《民法典》总则编第 171 条的规定，区分相对人的善意与恶意，应当根据善意相对人及其选择之债的行使来确定无权代理人应当承担法律后果及相应的责任性质。因此，产生两种立论基础：（1）无权代理人的责任性质，有缔约过失责任说要求无权代理人承担责任具有过失，无权代理人的责任内容为赔偿信赖利益；（2）法定责任说，认为无权代理人责任是法定的担保责任或者信赖责任，是法律规定直接发生的一种特别责任，准确地说是一种“确保”，即以代理人的身份从事交易者，应确保自己有代理权或者确保未来可获得追认，是一种无过失责任，实质上是一种风险责任。

实践中有必要根据法律规范作体系化的解释，按照无权代理人承担责任基础应系法定责任说，按照法定之债区分相对人的善意或者恶意来确定责任后果。

一方面，区分相对人是善意或者恶意。恶意相对人，也就是相对人知道或者应当知道行为人无权代理的，也就是说相对人本身是具有过错的，这种过错导致无权代理的法律后果的发生与相对人过错相关。另一种是善意相对人，对于善意相对人的解释，通常的理解是不知道行为人无代理权，需要回答的是相对人“不知道”无权代理的情形是否有过失？相对人是否应当知道行为人是无权代理？

对这个问题的回答应当与表见代理的认定结合起来。表见代理是建立在无权代理的基础上，通过法律的强制规定，确认表见代理人与被代理人之间发生法律关系，即使代理人是无权代理。从《民法典》总则编第 172 条的表述看，表见代

理是采用了“相对人”的表述。那么表见代理中的相对人与无权代理中的善意相对人的关系是怎样的？全国人大法工委编撰的《民法典》总则编的释义，对表见代理的相对人的解释是善意的、无过失的。那么，由此可以推论出无权代理中善意相对人对于过失要件存在与否和表见代理中相对人的无过失是不同的。无权代理人中的善意相对人的过失要件并非固有过失，是在排除表见代理构成后的善意相对人，并非指该善意相对人无过失。

前述案例中，乙系共同代理人之一，乙的行为表象并不足以令丁相信其具有全部的代理权，否则乙的行为构成表见代理。相对人丁的该过失不影响其作为无权代理中善意相对人的构成。

另一方面，区分善意相对人与恶意相对人责任后果的不同。对于恶意相对人，由于知道或者应当知道行为人无权代理，那么就应当与无权代理人根据各自的过错来分担不利的法律后果。这从传统理论上的责任性质属于缔约过失责任。

而对于善意相对人来说，法律赋予善意相对人选择权，或者是请求无权代理人履行债务或者是请求无权代理人赔偿损失。善意相对人请求无权代理人履行债务，如果债务的性质是种类之债，无权代理人可以也能够履行；但是如果债务是特定之债，必然会发生履行不能，那么善意相对人亦只能请求无权代理人赔偿损失，这亦是符合选择之债的规范，即《民法典》合同编第 516 条第 2 款。但是无权代理人赔偿的范围不能超过被代理人追认时所能获得的利益，也就是赔偿范围是信赖利益而非履行利益。

本案中，由于债务的标的是房屋，而乙仅仅是共有人之一，实际无法履行房屋买卖合同，那么丁亦是只能请求乙履行不能项下的损害赔偿。由于丁虽是善意相对人对因无权代理而遭受的损失亦是具有一定的过失，因此赔偿的范围不超过房屋买卖合同有效情况下房屋差价的损失。

这亦符合合同无效基础上的法定责任说，即使无权代理合同无效而不发生效力，善意相对人基于法律的规定享有履行债务或者赔偿损失的权利，也印证了前述（狭义）无权代理的善意相对人亦是有过失的解释，从而在法解释论上形成了规范的闭环。

以上是我所分享内容，谢谢大家的关注，再见！

《民法典》名誉权条款的理解与适用

主讲人　凌　捷

· 上海市第一中级人民法院研究室副主任

· 三级高级法官

· 上海法院审判业务骨干

· 上海市第一中级人民法院领军人才培养对象

· 首届上海青年法学法律人才库成员

· 中国政法大学法学学士、北京大学民商法学硕士、复旦大学民商法学博士

· 主要研究方向民商法学、司法改革制度、法律方法论

· 主审案件入选上海法院参考性案例

· 副主编《法院审理合同案件观点集成》《民商事疑难案件裁判标准与法律适用（房地产卷）》

· 参编《物权案件审判精要》等十部书籍

· 执笔国家社科基金项目《民法方法论研究》、最高人民法院司法调研重大课题等 10 余项课题

· 参与复旦大学、华东政法大学、上海财经大学等高校本科生法学（法律）硕士司法实务课程

· 三等功 1 次，合议庭集体三等功 1 次，嘉奖 5 次，上海市第一中级人民法院一中天平奖年度优秀新任审判长奖

主持人　林佳豪

· 上海市第一中级人民法院民事审判庭一级法官助理

· 浙江工商大学法学硕士

- 主要研究方向民商法
- 曾参与执笔上海市高级人民法院司法智库课题、院级重大调研课题项目
- 撰写并发表案例精选多篇
- 获上海法院系统集体三等功、个人嘉奖等
- 执笔的司法建议荣获 2020 年度、2021 年度上海法院优秀司法建议

林：大家好，欢迎来到上海市第一中级人民法院微课程，我是林佳豪。今天要分享的是《民法典》中名誉权条款的理解与适用。参加今天讨论的是研究室副主任、三级高级法官，凌捷博士。欢迎凌法官。

凌：主持人好，大家好。

林：凌法官，《民法典》第 1024 条规定了名誉权的相关内容，您能否为我们概述一下目前《民法典》中所规定的名誉权与之前的规定有所不同的地方？

凌：好的。我国《民法典》第 1024 条规定，民事主体享有名誉权，任何组织或者个人不得以侮辱、诽谤等方式侵害他人的名誉权。名誉权是对民事主体的品德、声望、才能、信用的社会评价。《民法典》将享有名誉权的对象从原来的公民与法人修改为民事主体，可见在现行的法律框架下，除了公民与法人，其他作为非法人组织的民事主体也享有名誉权。另外，《民法典》对名誉也进行了准确的界定，认为名誉是一种社会评价，社会评价的降低是侵犯名誉权所需要具备的法律后果。

林：明白了，该项修改说明目前对于名誉权的保护不仅局限于公民与法人，非法人组织也是名誉权保护的主体。我们先来看这样一个案例：A 为微信公众号的作者，经常发表评论文章，有一定关注量与知名度，B 公司的运营主要依托其开发的一款知名金融软件 APP，主打理财投资，注册使用的人数也比较多。A 在其公众号上多次发表文章，抨击该 APP，认为该 APP 存在弄虚作假、损害投资人利益、存在交易黑幕等情况，该些文章获得了一定的阅读量。B 公司就认为 A 的行为侵犯了 B 公司的名誉权，诉至法院要求 A 删除相关的文章并赔偿损失，赔礼道歉。对于这个案件，凌法官您怎么看？

凌：本案是比较新型的名誉权侵权案件，相比传统的名誉权侵权，有一些不同的特点。我们可以根据该案的性质对其进行分析和梳理，讨论《民法典》中名誉权条款的理解与适用。

一、正常的批评讨论与侵犯名誉权之间的界限

林：本案最主要的焦点是A是否构成了侵权。我们知道，侵犯名誉权的方式有侮辱、诽谤等，但是很多情况下侵权人会以自己是正常的学术批评或者是讨论来否认侵权行为，那么我们要如何来界定正常的学术讨论或者批评与侵犯名誉权之间的界限呢？

凌：我们需要了解《民法典》第1025条与第1026条的内容。《民法典》第1025条规定了为公共利益的正常新闻报道、批评监督等与侵犯名誉权之间的界限，该条款认为在新闻报道或批评监督中不得歪曲捏造事实，或者对他人提供的严重失实的内容未尽到合理的核实义务，或者是存在其他有侮辱性的言辞等贬损他人的名誉。

林：也就是说《民法典》第1025条明确了侵犯名誉权的侵权方式。

凌：一般来说，是这样的，但正常的批评讨论应该以真实存在的事实与理由为依据，若故意捏造或者歪曲事实，即是以诽谤的方式侵害他人名誉权。另一种是使用他人的信息时，没有进行必要的核查，对严重失实信息的使用就可能构成侵犯他人的名誉权。第三种就是使用侮辱性的词汇对他人进行贬损，直接侵犯了他人的名誉权。

林：那么结合上述案例，该案中A认为B公司的APP存在弄虚作假等情况，那是否就意味着A的评价必须以客观事实为基础，否则就会构成以诽谤形式的侵权呢？

凌：是这样子的，具体从该案分析，A撰写文章对B公司的APP进行评价，则其应当对他评价的基础的客观事实的真实性负有必要的举证义务，若A的不实报道对B公司产生了不利的社会影响，则应当被认定是侵权行为。同时，在该案中还应该注意A的评价措辞是否存在侮辱性的描述，否则即便A在陈述事实，仍可能构成侵权。

林：感谢凌法官的分析。该案例中我还发现A评价抨击的对象是B公司的APP，并没有直接指明B公司，那么B公司是否符合名誉权被侵权的主体资格呢？

凌：这也是该案件有别于传统名誉权纠纷的一个比较重要的特点。我们可以就此展开分析。

二、名誉权侵权行为中的被侵权人主体资格的认定

凌：从刚才提到的这个案件中，A 所撰写的文章所指向的是 APP，我们首先应该明确这个 APP 的社会属性。

林：我觉得，该款 APP 是由 B 公司研发，那是否可以认为这款 APP 属于 B 公司的一种财产？或者是一种载有 B 公司商业信誉的运营工具呢？

凌：可以这样理解。该款 APP 的开发者、运营者都是 B 公司，对于 B 公司来说，此 APP 就是 B 公司的财产，B 公司对此享有“所有人”的权利。

林：针对这种情况，我们应当如何认定公司财产或者公司运营工具与公司本身之间在名誉权上的关系呢？

凌：我们可以这样来分析，本案的关键在于，对 APP 的贬损行为能否构成侵犯 B 公司的名誉权。通常来讲，对于商事主体旗下产品的诋毁诽谤行为，需要考虑商业主体对该产品的依赖性及紧密性，是否能将产品直接关联到商业主体。

林：明白了，这就比如我们日常生活中提到了 QQ、微信，就能自然而然地想到腾讯公司，提到了淘宝、支付宝，就能想到阿里巴巴公司一样。

凌：是的，这就是产品与公司之间的对应关系。在上述案例中，B 公司依赖 APP 展开业务，该 APP 系公司的知名产品，公众亦可以通过公开的方式查询到它们之间的关系。从 A 公开发表的文章来看，其明确知晓 B 公司是该 APP 的开发运营者，故其在微信公众号上公开发表的争议性文章会对 B 公司的名誉产生实际的影响，A 对 B 公司旗下产品的不实评价也可能构成对 B 公司名誉权的侵害，B 公司作为 APP 产品的所有人与实际运营者，有权向人民法院提起诉讼，具有诉讼主体的资格。

林：我懂了，也就是说，如果贬低的对象是公司的运营工具或者是公司的财产，那也就能等同于侵犯了该公司的名誉权。

凌：其实这种情况也并非当然如此。如同该案例，若产品本身从表面上看与公司并不存在关联关系，也无法通过社会的公开途径查询到公司与产品之间的关系，普通大众无法将产品本身与公司进行准确对应，这时候产品与公司之间无法形成紧密而公开、稳定而对应的法律关系时，就很难认定对该产品的不实言论侵害到了公司的名誉权。

林：这就好比一个公司可能有很多个产品，有些产品几乎没有人知道，那么对产品的抨击可能就比较难认定是侵犯名誉权。

凌：这是一个方面。另一方面，构成名誉权的侵权还需要产生一定的社会不利影响。若A的文章仅为自娱自乐，并未发表，或者通过发表后查证阅读量较少，则虽然A的行为存在侵权，但并未实际造成B公司社会评价下降的不良后果，故也不能轻易地认定A的行为侵害到了B公司的名誉权。

林：谢谢凌法官的解答。今天讨论的案例还有一个比较特殊的情况，就是侵权者是通过网络发布文章来实施自己的侵权行为的，这与传统名誉权侵权存在差异。网络方便人们的同时也带来了一定的隐患。凌法官能否为我们讲解一下在当代网络环境发展飞速的情况下，应当如何更好地保护民事主体的名誉权。

三、网络环境下名誉权司法保护的现状

凌：这确实是一个值得深入思考的问题。从本案中，A是一个微信公众号的运营者，其发布的文章可以通过各种渠道通过其粉丝在社会上公开地传播。互联网平台用户基数大，信息发布分散快，涉及面广，更容易引发各类纠纷。对比传统的侵权类案件，网络名誉权的侵犯没有物理障碍，容易在短时间内发酵升温，使得被侵权人受到不良的社会评价，丧失一定的利益。

林：您说得没错。传统媒体信息的传播周期比较长，成本也比较高，侵权难度较大。但是现在通过网络传播进行名誉权的侵权，则只需要点点鼠标、敲敲键盘就可以完成，侵权行为的实施更加简单方便。想请教一下凌法官，通过网络进行名誉权侵权行为的特征是什么呢?

凌：网络侵害名誉权它依附于网络的便携性，所以存在以下几个特征。一个是侵权人的虚拟隐蔽性。我们刚才的案件中，A是一位知名的公众号运营者，身份相对清晰，B公司可以准确找到并阻止侵权行为的继续发生。但是在绝大多数情况下，被侵权人很难在短时间内查询到侵权人的真实身份，拖延了停止侵害的时间，更容易造成不利的后果。

林：是的，因此这就是为什么我们一直在大力提倡实行网络实名制的原因之一。网络并非法外之地，每个人都要为其网络发言负责。通过网络实名制度，可以在短时间内精准定位到侵权人，方便有关部门及时处理与排查。

凌：是的，网络名誉权侵权另一个特征是责任主体的多样性。目前网络名誉权侵权多发生于社交平台，案例中的A是通过在微信公众号发表不实文章来侵犯B公司的名誉权。此时，微信平台是否也构成了对B公司名誉权的侵犯呢?

林：我明白了，所以《民法典》第1194条、第1195条就是对网络服务提供

者注意义务的一个规定。

凌：没错，微信是否构成侵权，需要考虑其是否在第一时间内对不实的信息进行核实。若其放任不实信息的传播，经 B 公司的反映仍然未能在合理期限内进行核实删除，那么微信背后的腾讯公司也有可能成为侵犯 B 公司名誉权的责任主体。

林：在这样的情形下，网络传播媒介的平台更应该对传播的内容尽到应有的审核义务，一旦经用户举报，应及时地进行核实与处理，这样可以有效地防止网络侵权的发生。最后我还想请教一下凌法官，关于网络侵犯名誉权案件的审理，您有什么比较好的建议或者意见吗？

凌：我认为基于这个网络侵犯名誉权案件的特征，可以从以下几个方面进行总结与探讨。第一是要合理界定管辖。网络侵权不受地域限制，难以准确定位侵权行为地。根据最有利于被侵权人利益的原则，可以考虑由被侵权人所在地的人民法院优先管辖。

林：是的，这也方便被侵权人可以及时地提起诉讼保护自己的权利。

凌：没错，及时诉讼也能避免侵权损害进一步地扩大。第二是合理进行举证责任的分配，因网络侵权存在虚拟性、隐蔽性，被侵权人往往难以充分举证，此时应结合案情，考虑到举证责任的分配方式。

林：这就比如一个普通人受到了网络名誉权侵权，他并不掌握大量的社会资源，很难完整地搜索到充分的侵权证据，那么这个时候就应当适当放宽对其举证责任的要求。

凌：是的，第三是应当合理进行利益的平衡。公民批评监督的权利与侵犯名誉权有时可能仅仅只是一线之隔，实践中不仅要保护名誉权，也要保障公民批评监督的权利。在各方利益主体之间需要找到一个利益的平衡点，这样才使得我们的审判工作更加符合社会主义核心价值观，让人民群众在每个案件中都能感受到公平与正义。

林：谢谢凌法官的耐心讲解，通过本次案例分析，我们讨论了侵犯名誉权的构成要件、名誉权保护主体的认定、涉网络名誉权侵权的注意要点等内容。名誉权虽然不如生命权、身体权、健康权、财产权等直接明了，却是当前时代极受人们关注的人格权，我们应该保护每个民事主体的名誉权不受非法侵害。再次感谢凌法官的讲解，再见。

凌：再见。

同居及其法律后果分析

主讲人　潘静波

· 上海市第一中级人民法院少年家事庭副庭长

· 三级高级法官

· 上海法院审判业务骨干

· 中国政法大学法学硕士

· 上海法学会互联网司法研究会理事

· 主审的多起案件，入选最高人民法院涉互联网典型案例、人民法院案例选，上海法院参考性案例、十大典型案例、精品案例、示范庭审、优秀裁判文书等；获评全国法院优秀案例分析二等奖、三等奖等

· 曾获评上海市高级人民法院直属机关系统优秀共产党员、上海法院审判业务骨干、上海法院第二届十佳青年、个人三等功、合议庭集体三等功等

大家好，我是上海市第一中级人民法院的潘静波。今天跟大家分享的题目是同居及其法律后果分析。

婚姻，是男女共同生活最基本的结合方式，受到国家法律的保护。而随着时代的发展，同居观念也逐渐被公众所接受。

那么，大家有没有想过，同居关系不同于婚姻关系，同居双方在同居期间生育子女、购置房产、投资盈利，一旦双方分开发生纠纷，该怎样处理？是和夫妻离婚时一样，还是会有明显不同？

下面，我们就尝试梳理一下同居的概念及类型，并从同居关系中的子女抚养、同居关系中的财产分割以及同居关系下合法婚姻当事人的权益保护几个方面入手，对同居关系可能产生的法律后果进行简单分析。

首先，我们来看一下同居的概念和类型。

一、同居的概念及类型

同居，顾名思义，是共同居住生活。查阅《现代汉语词典》，“同居”有两项含义：一是指同在一处居住；二是指夫妻共同生活，也指男女双方没有结婚而共同生活。在这里，我们要讨论的是第二项含义的同居：即男女成为夫妻后共同生活，或者未结婚而共同生活。

现实生活中，有夫妻之间合法的同居，有已婚人士与婚外第三人之间的同居，还有恋爱情侣之间的同居，如何对其类型进行归纳，我们做了尝试。即将同居分为三大类：婚内同居、婚外同居、非婚同居。“婚内同居”，包括合法有效婚姻的夫妻双方在婚内同居，也包括《民法典》第1054条规定的无效、被撤销婚姻双方曾经的婚内同居。“婚外同居”，主要是指《民法典》第1042条、第1079条、第1091条规定的有配偶者与婚外异性，不以夫妻名义，持续、稳定地共同居住。“非婚同居”，包括《民法典婚姻家庭编司法解释（一）》第7条、第8条所称的未登记以夫妻名义共同生活的情形，也包括未登记不以夫妻名义共同生活的情形。

上述类型的归纳，未必十分严谨或周延，但起码让我们了解了同居情形的复杂性。下面，我们就主要看一下婚外同居、非婚同居的双方，因同居关系，可能会给自身或利益相关方带来怎样的法律后果。

二、同居的法律后果

同居双方共同生活，可能会生育子女，可能会有财产争议，如同居一方原本就存在合法婚姻关系，还会对合法婚姻当事人的权益造成影响。下面，我们就从子女抚养、财产分割、合法婚姻当事人的权益保护等三个方面，对同居关系的法律后果作一简单梳理。

首先，看一下子女抚养问题。

· 案例 1

甲男和乙女在2016年相识并恋爱同居，后生育一男孩。2018年双方感情不和分手，孩子随女方共同生活。后乙女以孩子名义将甲男诉至法院，要求甲男支付每月1800元的抚养费，直到孩子18周岁为止。甲男承认男孩是其所生，但表示自己月收入仅七八千元，在上海交完房租仅能勉强维持生活，只同意每月支付500元抚养费。在这样一个案件中，抚养费的诉请能否得到支持，支持的话，能有多少金额？

法院经审理，考虑到子女的实际需要、父母双方的负担能力和当地的实际生活水平，认定原告主张的抚养费在合理范围内，支持了诉请。

上述案件中，如法院调查发现甲男和他人有合法婚姻关系，在婚内已经生育有一子一女，后婚外和乙女同居并生育男孩，此时，男孩起诉主张抚养费，甲男以自己要抚养原来的孩子为由，拒不支付，是否有其道理？结论是：法院还会支持原告的诉请，但应会兼顾婚生子女与非婚生男孩双方的合法权益，根据案件实际情况在金额上略作调整。为什么是这样的处理方式？

我国《民法典》第1071条规定，非婚生子女享有与婚生子女同等的权利，任何组织或者个人不得加以危害和歧视。不直接抚养非婚生子女的生父或者生母，应当负担未成年子女或者不能独立生活的成年子女的抚养费。

该规定，与原《婚姻法》第25条之规定一脉相承。因此，不论父母之间是婚姻关系、同居关系甚至是一夜情的关系，父母与子女之间的关系不受影响，也即“非婚生子女享有与婚生子女同等的权利”，这是处理同居关系中子女抚养问题的基本原则。

如果说，同居关系中的子女抚养问题有着十分简单而清晰的处理原则的话，那么，同居关系中的财产问题，就要复杂得多。

下面，我们就来看一下同居关系中的财产分割。

我国《民法典》第1054条规定，对无效、被撤销婚姻双方在同居期间所得的财产，由当事人协议处理；协议不成的，由人民法院根据照顾无过错方的原则判决。《民法典婚姻家庭编司法解释（一）》第22条规定：“被确认无效或者被撤销的婚姻，当事人同居期间所得的财产，除有证据证明为当事人一方所有的以外，按共同共有处理。”

上述规定，是对无效、被撤销婚姻双方同居期间的财产分割原则的规定，但相对于上述情况，实践中其他的同居情形，如非婚同居，同居期间所得财产如何分割，法律并无规定。

下面我们来看一个案例。

· 案例2

甲男与乙女相识并恋爱、同居多年。2019年，乙女诉至法院称，同居期间，其曾给过男方多笔钱款，双方日常生活开支、收入等也是共同分配。现乙女发现甲男在同居期间随意挥霍两人共同财产，花费近100万元用于打赏网络平台主播，故乙女要求甲男返还属于乙女并被甲男挥霍掉的50万元。乙女的诉请能否得到支持？

法院经审理认为，本案中，双方虽有同居事实，但乙女并未能举证证明甲男所支付的钱款系双方共同共有，故驳回乙女的主张。

一般情况下，两个独立的民事主体，各自财产应归各自所有，即便有同居情形，也并不必然导致双方在同居期间取得的财产成为双方共有之财产。只有在特定情况下，才可能导致共有情形的发生。

我们再看一个案例。

· 案例3

2010年5月至2014年3月，甲男与乙女以恋人名义同居。两人共同在娱乐场所工作，并分别负责介绍客人及接待客人等业务，收入不菲，几年下来两人积攒了有数百万元。同居期间，两人银行卡有大量钱款往来。双方结束同居关系后，甲男诉至法院，要求依法分割双方同居期间（2008年年底至2014年3月29日）的财产。对于这样的情况，甲男的诉请能否得到支持？

法院经审理认为，甲男与乙女曾经同居，而且从双方的收入来源、银行存款的管理、款项的支配等事实，可以印证双方财产已经完全混同，故同居期间取得财产应属双方共有。由于双方均无法证明同居关系期间各自的确切收入情况，故从收入来源、双方当事人对收入的贡献等因素综合考量，酌定乙女和甲男按70%、30%的比例分割共有财产。

通常来讲，除法律有明确规定外，同居关系中的财产分割，首先，应看双方是否存在协议，如有协议，应尊重双方的协议安排；其次，如无协议，则要看双方同居期间生活关系是否紧密、财产是否存在混同，如存在财产混同情况，可考虑同居期间双方取得的财产为双方共有，并酌情作出分割。

为什么这么说？一方面，双方协议体现了私法中的意思自治原则，每个人均应对自己生活负责，通过协议安排，可以较好地明确同居双方的权利义务关系；另一方面，如生活关系紧密、存在财产混同，说明双方为共同生活均有情感、资金、劳务等方面的付出，且难以明确区分，此时认定同居期间取得财产为双方共有，符合实际情况，也能较好地平衡同居双方利益。

好，关于同居关系中的财产分割，我们就讲到这里。

我们看下一部分内容：同居关系下合法婚姻当事人的权益保护。

《民法典》规定：婚姻家庭受国家保护；夫妻应当互相忠实，互相尊重，互相关爱。如果同居关系的一方原本就有合法的婚姻关系，那么，其配偶在双方婚姻关系中属于无过错一方，在因此而发生离婚纠纷时，该配偶的利益能得到保护，是上述法律规定的应有之义。

我们通过一个案例来理解。

· 案例 4

甲男事业有成，有家庭孩子，在一次工作机会中，认识乙女。多次接触后，甲男和乙女间建立了感情，甲男在外为乙女租房，双方以情人名义共同生活，持续多年。甲男配偶发现后，与甲男多次争吵，但均未有效果。后甲男妻子诉至法院，要求与甲男离婚。诉讼中，甲男承认存在婚外和乙女同居的事实。

上述案例中，甲男配偶的合法权益，应如何得到保护，具体体现在以下几个方面：

一是甲男的同居行为构成判决离婚的法定事由。根据《民法典》第 1079 条规定，上述同居行为一旦发生，法院可以认定夫妻感情确已破裂，在调解无效后，应当准予离婚。

二是甲男配偶可以要求在分割财产时予以照顾。根据《民法典》第 1042 条规定，上述行为为法律所禁止。实施上述行为的一方，可被认为离婚中的过错方；对方作为无过错方，可根据《民法典》第 1087 条规定要求在财产分割时予以照顾。

三是甲男配偶可主张损害赔偿。根据《民法典》第 1091 条规定，上述行为一旦发生，并因此而导致离婚的，无过错一方配偶被赋予了请求损害赔偿的权利。

故上述案例中，甲男配偶要求离婚、要求分割财产时予以照顾、主张损害赔偿，均可得到支持。

还应特别强调的是，婚外同居情形中，有配偶一方往往会有将大额财产“赠与”同居对象的情形。实践中，一般也以夫妻一方擅自将共同财产赠与与其有不正当婚外同居关系的第三人，该行为违背公序良俗原则为由，依法认定赠与行为无效。如果上述案例中，甲男对乙女有大额财产赠与，甲男配偶可以赠与无效为由主张乙女返还上述财产。

以上，主要是关于同居法律后果的简单梳理，虽不能面面俱到，但也大致归纳了一些基本原则：即关于同居关系中的子女抚养问题，非婚生子女享有与婚生子女同等的权利；关于同居关系中的财产分割问题，应尊重双方约定，无约定且同居期间关系紧密、财产混同的，可考虑双方对同居期间所得财产共有；同居关系的一方原本就有合法婚姻关系的，应践行并倡导“婚姻家庭受国家保护”这一基本法律原则，注重对合法婚姻当事人的权益保护。

三、课程小结

最后，再分享一点自己审理案件过程中的感受：

世事包罗万象，生活亦有多种选择。法律对很多领域作出规范，在一些领域也保持必要的谦抑。法律之外，有道德；理性之外，有情感。我国《民法典》婚姻家庭编，更多的是对于合法婚姻关系内的双方作出权利义务的规范。在此范围内，女方、无过错方的权益均会得到有效保障；但如果没有有效婚姻关系，上述保障即不能当然适用。因此，每个人在选择自己生活方式的同时，也要清醒认识到法律对自身权益的保护可能会到何种程度与范围。期待每一个人都能在自己选择的生活中，保护好自己，也不伤害到他人。

好，今天的分享就到这里，感谢您的关注，再见。

未成年人抚养法律问题分析

主讲人　潘静波

· 上海市第一中级人民法院少年家事庭副庭长

· 三级高级法官

· 上海法院审判业务骨干

· 中国政法大学法学硕士

· 上海法学会互联网司法研究会理事

· 主审的多起案件，入选最高人民法院涉互联网典型案例、人民法院案例选，上海法院参考性案例、十大典型案例、精品案例、示范庭审、优秀裁判文书等；获评全国法院优秀案例分析二等奖、三等奖等

· 曾获评上海市高级人民法院直属机关系统优秀共产党员、上海法院审判业务骨干、上海法院第二届十佳青年、个人三等功、合议庭集体三等功等

大家好，我是上海市第一中级人民法院的潘静波。今天跟大家分享的内容是未成年人抚养法律问题分析。我们常说，孩子是爱情的结晶，是婚姻的黏合剂，是家庭的欢乐之源。可是，一旦父母离婚或者分手，原本平静的生活被打破，孩子的境遇也会随之而发生变化。子女应该由哪一方直接抚养、不直接抚养的一方需要支付多少抚养费、抚养费的金额能否随着情况变化而进行调整，等等，一系列问题均会随之而来。而且父母双方甚至包括子女在内，对此往往会有较大的争议。

今天，我们就从审判实践出发，和大家共同交流一下涉未成年人抚养纠纷中的一些法律问题。内容主要分为三个部分：（1）如何确定子女随哪一方共同生活；（2）如何确定抚养费的金额；（3）如何考量抚养费金额的调整。

下面，我们先来看一下第一部分：如何确定子女随哪一方共同生活。

一、如何确定子女随哪一方共同生活

我国《民法典》第 1084 条第 3 款规定，离婚后，不满两周岁的子女，以由母亲直接抚养为原则。已满两周岁的子女，父母双方对抚养问题协议不成的，由人民法院根据双方的具体情况，按照最有利于未成年子女的原则判决。子女已满八周岁的，应当尊重其真实意愿。

大家看这样的规定，是不是觉得一目了然，分为 2 周岁以下、2 周岁至 8 周岁、8 周岁以上三个阶段分别考虑就行，似乎离婚后子女和谁共同生活不会有什么争议的地方。我们来看一个案例。

· 案例 1

甲男和乙女婚后生育两个孩子。几年后离婚，离婚协议约定两个孩子由双方共同抚养。后乙女诉至法院，要求两个孩子由其单独抚养。当时两个孩子均已满 10 周岁，一审法院征询两人意见，两人均表示愿意随乙女共同生活，故一审法院判决支持了乙女的诉请。甲男不服提起上诉，称两个孩子的意见受到乙女的影响，并非其真实意思表示。二审中，经法院单独询问，两个孩子再次表示要求随乙女共同生活，还当面以书面形式写下自己想法。故二审驳回上诉，维持原判。

通过上述案例可知，子女的真实意愿并非表个态那么简单。孩子毕竟是孩子，他有一定的认知能力，但尚未如成年人那般明确而清晰；同时，子女表达意愿时，父母或多或少会施加无形的压力。实践中，有时，几次询问或一、二审不同阶段，孩子都会有不同表述；还有时，追问为何愿意跟随一方生活，理由居然是“可以有更多时间玩游戏”。这一切，都让诉讼中探究子女的真实意愿变得没那么容易。因此，很多时候，如何询问、询问的时间和地点就变得很关键，甚至在必要时，心理咨询师的介入也是探求子女真实意思的重要手段。

正如上所述，《民法典》第 1084 条第 3 款规定，是离婚后子女抚养权的确定原则，那么如果男女双方仅是同居关系，分手后子女抚养权又该如何确定？对此，法律没有明确规定。《民法典》第 1071 条明确：非婚生子女享有与婚生子女同等的权利……司法实践中，如是非婚生子女，应随哪一方共同生活，一般也会参照《民法典》上述规定作出认定。

在这里，我们还要注意一点，很多时候，父母双方均希望孩子能随自己生活，在陈述理由时，往往会从学历、收入、房产等方面作一番比较。那么，子女一定会判给条件好的一方吗？未必如此。因为，除了考虑父母双方的具体情况，法院还应按照“最有利于未成年子女”的原则作出判决。我们来看一个案例。

· 案例 2

甲男和乙女在上海打工时相识，进而同居。甲男在老家与妻子生育有一个女儿；乙女与前夫也生育有两个儿子，均已成年。同居期间，两人又生育一男孩。后两人分开，甲男诉至法院，请求判令男孩随其共同生活。

一审法院考虑到甲男具有较好的抚养能力，表达了要求抚养孩子的强烈意愿，会在老家给男孩今后的生活、学习作出妥善安排，故支持了甲男的诉请。乙女上诉。二审中，甲男表示孩子现在和乙女共同生活，今后其无法将孩子带在身边抚养，会将孩子带回老家，告知自己的妻子这是其在外领养的孩子。二审法院认为，虽然乙女在经济条件等各方面不如甲男，但其愿意亲自抚养，而甲男对孩子今后的生活安排显然不利于孩子的成长，故改判了男孩随母亲共同生活。

通过上述两个案例，我们可以看到，如何认定子女的真实意愿、如何考量怎样才最有利于未成年子女，是确定子女随哪一方共同生活时，需要关注的重点和难点内容。

下面我们看一下第二部分：如何确定抚养费的金额。

二、如何确定抚养费的金额

《民法典》第 1085 条第 1 款规定，离婚后，子女由一方直接抚养的，另一方应当负担部分或者全部抚养费。负担费用的多少和期限的长短，由双方协议；协议不成的，由人民法院判决。第 1071 条第 2 款规定，不直接抚养非婚生子女的生父或者生母，应当负担未成年子女或者不能独立生活的成年子女的抚养费。

那么，法院一般会怎么判决抚养费呢？我们来看一个案例。

· 案例 3

甲男与乙女相识后共同生育一男孩。男孩随乙女共同生活于北京。后乙女以男孩名义诉至法院，要求甲男于 2020 年 6 月起支付每月 8000 元的抚养费。一审法院经审理，考虑到甲男月均收入在 15000 元以上，故酌定每月支付抚养费 3500 元。男孩不服提起上诉。二审中，甲男提供证据表明其 2020 年 4 月以后的月收入为24万余元。二审法院考虑到甲男目前月收入情形，一审酌定的标准不足以保证男孩享有同其父亲收入水平相适应的生活条件，故改判甲男于2020年6月起支付每月抚养费5000元。

关于抚养费金额该如何确定，《民法典婚姻家庭编司法解释（一）》第49条作出了明确规定，基本吸纳了旧司法解释的内容。其第49条规定，抚养费的数额，可以根据子女的实际需要、父母双方的负担能力和当地的实际生活水平确定。有固定收入的，抚养费一般可以按其月总收入的20%至30%的比例给付。

可见，法院在判决抚养费金额时，要看子女的实际需要、父母双方的负担能力和当地的实际生活水平，根据不直接抚养一方月总收入的相应比例予以确定。司法实践中，一般案件涉及的抚养费金额大概会在多少？据统计，2018年至2020年，我院共审结涉未成年人抚养费的案件600余件，抚养费标准从每月几百元到近万元都有，但70%以上涉案未成年人的抚养费都在每月1000元至5000元这一区间范围。

实践中，不直接抚养一方往往会辩称，其虽然收入较高，但有大额房贷、车贷需要支付，有新的家庭负担，已经入不敷出，不能按收入情况来计算抚养费。在这里，我们也要指出，父母对子女的抚养义务系法定义务。如果仅仅为了保障现有的优渥生活，而置子女的抚养于不顾，显然未能充分保障未成年人利益，亦难言是一位尽责的父母所应有的态度。

下面，我们来看第三部分：如何考量抚养费金额的调整。

三、如何考量抚养费金额的调整

《民法典》第1085条第2款规定，前款规定的协议或者判决，不妨碍子女在必要时向父母任何一方提出超过协议或者判决原定数额的合理要求。《民法典婚姻家庭编司法解释（一）》第58条规定，具有下列情形之一，子女要求有负担能力的父或者母增加抚养费的，人民法院应予支持：原定抚养费数额不足以维持当地实际生活水平；因子女患病、上学，实际需要已超过原定数额；有其他正当理由应当增加。

所以，法律和司法解释明确规定，在必要时未成年人可以要求增加抚养费的金额。既然子女可以主张增加，那么，不直接抚养一方可否主张降低呢？对此，法律并未明确规定。但实践中一般都会允许不直接抚养一方提出其诉请。下面我们再来看一个案例。

· 案例 4

甲男与乙女婚姻期间生育一男孩。后双方协议离婚，在离婚协议中约定，男孩随母亲共同生活，父亲每月支付抚养费 7000 元。在按约支付近两年的抚养费后，甲男停止支付。乙女以男孩名义诉至法院，请求甲男今后每月按约支付抚养费 7000 元。诉讼中，甲男提出反诉，要求今后抚养费降为每月 3000 元。一审法院审理后认为，考虑到甲男再婚再育，并结合男孩每月开支情况，将抚养费调整为每月 5000 元。男孩不服提起上诉。二审法院经审理依法作出改判：甲男今后还应支付每月 7000 元的抚养费。

二审法院为何会作出这样的改判，是基于什么样的考虑?

第一，是考虑到应恪守离婚协议的约定。离婚协议，有别于一般意义上的合同，是夫妻双方自愿就婚姻关系解除、子女抚养、财产及债务处理等事项协商一致的“一揽子”复合性协议，兼具伦理性与财产性。是曾经的夫妻双方（甚至是两个家庭）多次的协商、较量、妥协、平衡而最终达成的一个结果。已经完成离婚登记手续的，协议双方显然应当恪守离婚协议的约定，不得擅自变更或者解除，否则对另一方而言，有失公允。而且，从离婚后抚养费的实际支付情况看，近两年的时间里，甲男均能足额支付，可见当时约定的金额亦未超出其支付能力。

第二，是考虑到降低抚养费须存在特定情形。一般而言，这些情形包括：不直接抚养一方整体经济状况明显恶化、劳动能力明显下降、被收监而失去经济能力等。这些情形的存在，使得不直接抚养一方客观上已不具备原先的支付条件，或者是如再按原标准支付就会造成其基本生活困难。而本案中，甲男虽称创业及收入受影响，但并未提供充分证据予以证明；而再婚再育，在双方离婚时已有充分的预期；男孩每月开支情况，更不是双方当时约定抚养费金额时的参照标准，故上述内容作为降低抚养费的理由，均无法成立。

其实，具备完全民事行为能力的男女双方，对自己作出的承诺理应遵守，不应轻易推翻。这也是《民法典》所规定的“民事主体从事民事活动，应当遵循诚信原则，秉持诚实，恪守承诺”的应有之义。

另外，随着时代发展，还有一些新的情况也应引起注意，比如，不直接抚养一方没有工作，没有工资收入，但又有证据能反映其存在其他如房租、投资收益等大额资产性收入，是否也要综合评判其收入状况，不能再按传统意义上仅看是否有工作或者工资等。当然，实践中遇到的和亟待解决的问题还有很多，时间有限，今天就交流分享到这里。

归纳一下今天所讲的内容。第一，在确定子女随哪一方共同生活时，如未满2周岁，原则上由母亲直接抚养；如已满2周岁，应按照最有利于未成年子女的原则作出认定；如已满8周岁，应尊重其意愿，但对其意愿是否真实需进行审慎查明。第二，在确定抚养费的金额时，首先尊重父母双方的约定，如无约定，则法院应根据子女的实际需要、父母双方的负担能力和当地的实际生活水平作出认定。第三，在考量抚养费金额的调整时，如果不直接抚养一方要求降低离婚协议约定的抚养费，应充分尊重夫妻双方离婚协议的约定，审慎把握降低抚养费诉请的合理性。

最后，作为长期审理未成年人抚养纠纷案件的法官，我想再多说一句：有时候，分手或离婚不可避免，但孩子是无辜的。为人父母者，不要将自己的爱恨情仇过多地波及孩子，更不能将孩子作为自己达到一些目的的手段和工具。一切都会过去，人总要学着往前看。我们做父母的，要担起应尽的义务和责任，让原本就该活泼可爱的孩子，健康快乐地成长。

今天我的分享就到这里。感谢您的关注，再见！

个人信息侵权的司法认定

主讲人 何 建

· 上海市第一中级人民法院商事审判庭公司企业纠纷审判团队负责人
· 三级高级法官
· 上海法院审判业务骨干
· 上海市第一中级人民法院领军人才培养对象
· 复旦大学民商法学博士、博士后
· 主要研究方向民商法
· 曾主审全国首例干细胞买卖合同纠纷案、全国首例判决支持民办学校举办者知情权纠纷案等
· 三起案件入选《最高人民法院公报》
· 一起案件入选最高人民法院第一批涉互联网典型案例
· 独著《公司意思表示论》《“套路贷”案件办理实务精要》
· 执行主编《民法典合同编条文理解与司法适用》
· 参著《中华人民共和国民法典实施精要》《民法典担保制度司法解释适用指南》

大家好，我是上海市第一中级人民法院的何建。今天和大家交流的主题是个人信息侵权的司法认定。

在开始讨论之前，我们不妨先来看两个案例：

· 案例 1

业委会在以其名义注册的小区公众号发布业主诉业委会的民事起诉状，起诉状中涉及业主的姓名、家庭住址、身份证号等信息，嗣后业主以侵犯隐私权为由向法院提起诉讼。

· 案例 2

某体检中心将 A 女士体检时填写的作废表格当作模板展示。模板中所示的信息包括会员号、真实姓名、出生年月、手机号码以及家庭住址。A 女士认为体检中心侵犯其隐私权，故将其诉至法院。

两起案例集中反映的问题是：（1）被告是侵犯了隐私还是个人信息，个人信息与隐私如何区分？（2）个人信息是一项具体人格权，还是民事权益？（3）司法实践中，如何认定个人信息侵权？针对这些问题，我将从两个方面展开今天的讨论：一是个人信息概念及法律定位；二是个人信息侵权的民事救济。

一、个人信息概念及法律定位

首先，我们来看个人信息概念及法律定位。

个人信息是指“以电子或者其他方式记录的能够单独或者与其他信息结合识别特定自然人的各种信息，包括自然人的姓名、出生日期、身份证件号码、生物识别信息、住址、电话号码、电子邮箱、健康信息、行踪信息等”。依文义解释，“人格权编”未对个人信息的范围做穷尽式列举，《民法典》第 1034 条第 2 款规定的“行踪信息等”，其中的“等”字属于等外，不是等内，像车牌号码、浏览记录、职业身份等具有可识别性的信息均可构成个人信息，都应当属于该条保护的范围。

构成个人信息需要满足三个要件。

一是具有识别性。识别包括直接识别和间接识别，所谓直接识别，是指通过该信息可以直接确认某一自然人的身份，不需要其他信息的辅助，如某人的身份证号、基因信息等；所谓间接识别，是指通过该信息虽不能直接确定某人的身份，但可以借助其他信息确定某人的身份。

二是要有一定的载体，这是个人信息的形式要件。个人信息必须以电子或者其他方式记录下来，没有以一定载体记录的信息不是个人信息。与《网络安全法》第 76 条相比，《民法典》的规定增加了电子邮箱、行踪信息、健康信息等类型，个人信息的定义更适应互联网时代和大数据时代的发展需要。

三是个人信息的主体只能是自然人，法人或者非法人组织不是个人信息的主体。

那么，如何区分个人信息与隐私呢？我们知道，《民法典》第 1032 条第 2 款规定，隐私是自然人的私人生活安宁和不愿为他人知晓的私密空间、私密活动、私密信息。

个人隐私兼具秘密性与身份识别性。隐私包括私人的生活安宁和生活秘密两个方面，而个人信息强调公开的“可识别性”。无论是已经被识别的直接识别，还是可以被识别的间接识别，凡是能够识别特定个人相关的任何信息，均为个人信息。据此，我们可以看到，按照个人信息的特性，可以做如上不同的分类。

我国对个人信息的法律定位，从立法上看，有关个人信息保护的规定体现在法律、行政法规、部门规章、地方性法规以及各类规范性文件等多层次、宽领域的规范当中，形成了一个内容分散、体系庞杂的个人信息保护模式。

从体系上看，《民法典》“总则编”将个人信息和隐私归属于民事权利一章，而“侵权责任编”改变了《侵权责任法》不完全列举民事权利的做法，以民事权益作为侵权保护对象。“人格权编”在列举了包括隐私权在内的具体人格权的同时，对其他人格权益作了兜底规定，并将隐私和个人信息并列为一章予以专门规定。

那么，个人信息究竟是与隐私权并列的具体人格权，还是属于民事权益的一般人格利益？虽然学界存在不同的看法，但目前大家形成共识的是，个人信息有别于个人隐私。我们从立法机关使用个人信息保护而非个人信息权的表述看，强调对信息主体利益的保护，为了避免妨碍数据的共享、利用以及大数据产业在我国的发展，个人信息应属于民事权益，不宜直接视为一项具体人格权。

二、个人信息侵权的民事救济

其次，我们来看个人信息侵权后如何获得民事上的救济。“有权利必有救济。”因侵权行为提起的诉讼，由侵权行为地或者被告住所地人民法院管辖。而此处的侵权行为地，则包括侵权行为实施地和侵权结果发生地。对于因实施信息网络侵权所产生的行为地则包括实施被诉侵权行为的计算机等信息设备所在地，而侵权结果发生地包括被侵权人住所地。

在全球化时代，个人信息会散至每个角落，不论是个人信息侵权行为的实施，还是被侵权人存在跨越国境的情形。当发生涉外的个人信息侵权时，首先要对具有涉外因素的侵权民事法律关系的准据法作出认定。

我国《涉外民事关系法律适用法》第15条规定，人格权的内容，要适用权利人经常居所地法律。第44条规定，对于侵权责任，则适用侵权行为地法律，但当事人有共同经常居所地的，适用共同经常居所地法律。侵权行为发生后，当事人协议选择适用法律的，按照其协议。第46条规定，对于通过网络或者采用其他方式侵害姓名权、肖像权、名誉权、隐私权等人格权的，适用被侵权人经常居所地法律。

也就是说，在具有涉外因素的侵犯人格权纠纷案件中，应当将被侵权人经常居所地的法律作为准据法，除非各方当事人援引相同国家的法律且未提出法律适用异议的，人民法院可以认定当事人已经就涉外民事关系适用的法律做出了选择。"人格权编"调整因人格权的享有和保护产生的民事关系，而对于因此产生的涉外民事关系的法律适用只字未提。不管《涉外民事关系法律适用法》第15条规定的人格权内容是否包含个人信息，还是第46条对隐私权等人格权作不完全列举，从体系上解释，应同样适用跨境的个人信息侵权案件。

从现有民事案由规定看，人格权纠纷分为具体人格权纠纷和一般人格权纠纷，其中具体人格权纠纷包括生命权、健康权、身体权纠纷等10种案由。早期，对于个人信息侵权纠纷案件，人民法院大都是以名誉权纠纷、一般人格权纠纷或隐私权纠纷等案由进行立案审查。随着《民法总则》确立个人信息受保护之后，人民法院的案由选择已从名誉权纠纷或一般人格权纠纷，发展到隐私权纠纷和一般人格权纠纷并列的逐步变化过程。

个人信息属于独立的民事权益类型，不属于隐私权，故难以归入隐私权纠纷案由之下，但也有别于一般人格权，其应作为一种区分于隐私权的新型人格权益而存在。我们注意到，最高人民法院在《民法典》颁布实施后，对案由也予以了及时调整，在人格权纠纷的二级案由下，增加个人信息保护纠纷，明确隐私和个人信息的区分，从而方便法官适用法律。

从侵权行为的发生空间看，包括线下和线上，侵犯个人信息的行为可能会发生在"收集、存储、使用、加工、传输、提供、公开"等任何一个环节，涉及信息的收集者、提供者、使用者（传输者）、储存者等，结合"侵权责任编"第1194条的规定，侵害个人信息的主体还涉及网络用户和网络服务提供者。

在现有立法下，只能是自然人个人主张个人信息被侵权，该自然人则包括中国人、外国人和无国籍人等。由于自然人的姓名也属于个人信息的一部分，在姓名权、肖像权、隐私权等人格权纠纷案件中，会出现个人信息与前述权利相互吸收或法律规范竞合并存的现象。一方面，可按照既有法律规定，对照相应人格权的侵权构成要件进行判断，使个人信息在已被类型化的人格权中受到更全面周到的有效保护；另一方面，可向当事人进行释明，让其明确要求保护的权利或请求权基础规范。

我们注意到，正在审议的《个人信息保护法》（草案）[①] 对个人信息侵权采用的是过错推定原则，但在现行法下，个人信息侵权属于一般侵权而非特殊侵权，请求权基础是《民法典》第 1165 条第 1 款，按照过错责任原则，适用一般的侵权责任构成要件，即行为人因过错侵害他人个人信息造成损害的，应当承担侵权责任，除非行为人能证明其自身不存在过错。

而关于个人信息侵权的责任承担，《民法典》“侵权责任编”采用“侵权责任”的表述，而“人格权编”则使用了“民事责任”的表述，实际上两者共同指向“总则编”第 179 条规定的民事责任。

需要注意的是，侵权造成的损害赔偿请求权与人格权请求权在内容和责任承担上存在重大区别，人格权请求权属于绝对权，不以过错和造成实际损害后果为必要，只要有妨害之虞，即可请求停止侵害、排除妨碍、消除危险等。比如，在原告请求被告删除网上个人信息的案件中，鉴于个人信息载体的特殊性，可考虑追加储存信息的平台作为第三人参加诉讼，判决被告承担责任的同时，第三人协助删除。

填平损失是侵权损害赔偿的基本原则，通常由被侵权人举证证明实际损失或侵权人的获益。我们知道，个人信息兼具精神利益和财产属性是区别于隐私的要点所在，对于因线下个人信息侵权所造成的财产损害，可根据实际损失确定赔偿数额；对于线上因网络侵害个人信息所造成的财产损害，可按照《最高人民法院关于审理利用信息网络侵害人身权益民事纠纷案件适用法律若干问题的规定》第 12 条规定，确定赔偿范围和损失金额。而对于精神上的不愉快或苦痛，特别是诸如隐私权、名誉权、个人信息等遭受的损害，则难以用财产进行衡量。在个人信息方面，有时财产损失非常小甚至没有，重点仍是在人身安全、人身权益方面，尤其是精神利益方面的损害，可按照《最高人民法院关于确定民事侵权精神损害赔偿责任若干问题的解释》第 5 条的规定确定赔偿数额。

以上是关于个人信息侵权的司法认定。今天的讨论就到这里，感谢您的关注。

---

① 该法已于 2021 年 8 月 20 日公布，自 2021 年 11 月 1 日起施行。

《民法典》保管合同制度的司法适用

主讲人 何 建

· 上海市第一中级人民法院商事审判庭公司企业纠纷审判团队负责人
· 三级高级法官
· 上海法院审判业务骨干
· 上海市第一中级人民法院领军人才培养对象
· 复旦大学民商法学博士、博士后
· 主要研究方向民商法
· 曾主审全国首例干细胞买卖合同纠纷案、全国首例判决支持民办学校举办者知情权纠纷案等
· 三起案件入选《最高人民法院公报》
· 一起案件入选最高人民法院第一批涉互联网典型案例
· 独著《公司意思表示论》《"套路贷"案件办理实务精要》
· 执行主编《民法典合同编条文理解与司法适用》
· 参著《中华人民共和国民法典实施精要》《民法典担保制度司法解释适用指南》

大家好！我是来自上海市第一中级人民法院的何建，今天和大家交流的主题是关于保管合同制度。和我们日常生活息息相关的，如去超市购物时的寄存、到停车场停车，或者在火车站的临时行李寄存这些都属于保管合同。那么下面，我主要从五个方面展开。

一、保管合同的概念和特征

保管合同，是指保管人有偿或无偿保管寄存人交付的保管物，并在约定期限内返还或应寄存人的请求返还该保管物的合同。保管物品的一方称为保管人或者受寄托人，其所保管的物品为保管物，将物品交付给他人保管的一方为寄存人、寄托人。

保管合同具有以下特征。（1）保管合同为实践性合同，寄存人交付保管物是保管合同成立的要件。保管合同的成立，不仅须有当事人双方的意思表示一致，而且须有寄存人将保管物交付于保管人的行为。（2）保管合同原则上为无偿合同，以有偿为补充。保管合同原则上应为无偿合同。但当事人也可以约定为保管而给付报酬。约定有报酬的，寄存人应当按照约定向保管人支付保管费。（3）保管合同以物品的保管为目的。保管人是以保管物品为目的，而非以获得保管物品的所有权或使用权为目的。因此，保管合同的标的不是保管的物品，而是保管人的保管行为。（4）保管合同须转移保管物的占有。保管合同是实践性合同，以保管物转交给保管人为成立条件，但不转移保管物品的所有权或者使用权。

二、法定保管合同

法定保管合同系由法律拟制而成，不问当事人双方是否具有保管的合意。《民法典》“合同编”第 888 条第 2 款规定：“寄存人到保管人处从事购物、就餐、住宿等活动，将物品存放在指定场所的，视为保管，但是当事人另有约定或者另有交易习惯的除外。”本款是以合同成立的条件为标准，在原《合同法》第 365 条的基础上对法定保管合同作出的新规定。法定保管合同是指依照法律规定而直接成立的保管合同。当事人之间只要具备法定条件，便形成保管合同关系。法定保管合同的保管人通常为旅店、餐饮店和法定的经营者，寄存人则为顾客。保管合同一般适用于电影院、商场、车站、码头等公共场所为个人寄存物品的场合。实践中也存在大量事实上的保管合同关系，如去超市购物，在自助柜存寄物品，或者将车子停放在无人工收费的停车场，这些都无须保管人作出明确意思表示而成立了合同关系，只要将物品存放到指定场所或将车辆停放在停车场，合同即告成立。

三、保管合同标的物

保管合同是保管人保管寄存人交付的保管物，并返还该物的合同。民法上的物，依据不同的标准，可以划分为动产与不动产、特定物与不特定物、消费物与不消费物等。

1. 关于不动产。对于保管合同的标的物而言，“合同编”未予以明确是否仅限于动产。从世界各国、各地区立法来看，主要有两种模式：一种是以德国、法国、瑞士、意大利等国为代表的，在民法典中明确规定寄托物以动产为限；另一种是以日本、我国台湾地区为代表的，在民法典中对寄存的合同定义，仅以物来指称，未明确该寄托的物是动产或不动产。从我国《民法典》第 888 条对保管合同的定义中可知，我国法律未规定保管物以动产为限。因委托他人保管不动产而形成的权利义务关系也属于保管合同的调整范畴。

2. 关于保管合同标的物，货币。那么从保管合同的规定看，货币当然可以成为保管对象，但是，货币属于动产、种类物，会产生占有即所有的问题。《民法典》第 901 条规定：“保管人保管货币的，可以返还相同种类、数量的货币；保管其他可替代物的，可以按照约定返还相同种类、品质、数量的物品。”货币保管本质上属于消费保管，但是第 898 条规定的寄存人寄存货币的情形，就属于返还原货币的保管合同，而不属于消费保管合同。因为在消费保管中，保管人享有对保管货币或其他可替代物的使用权、收益权和处分权，而只须以同种类、品质、数量的物返还即可。因此，第 901 条规定允许保管人保管货币的同时，对消费保管合同作出另行约定。

那么在这里我们可以思考一下，大家在支付宝多余留存的钱，是属于保管合同关系，还是属于借贷关系，是否需要支付利息给我们呢？

3. 关于盗赃物的保管。寄存保管不限于寄存人所有之物，第三人的物也可以作为保管的标的物，如捡拾的物品、租赁物可以临时交给他人保管。如果保管物为盗赃物，也可以成立保管合同关系，但该合同能否有效，则应当区分不同情形而定。因为我们知道民事法律行为生效需要主体适格、意思表示真实、标的确定合法，那么当保管人明知保管物为盗赃物时，他的主观上是恶意的，该保管合同标的违法，应属违反公序良俗而无效；当保管人为善意时，这时候又需要考虑法律行为、当事人的主观认识和意思表示，从而确定该保管合同的效力，如果在此过程中保管人嗣后发现保管物为盗赃物的，该保管人可以错误或欺诈为由撤销保管合同，并拒绝继续保管。

四、保管合同的损害赔偿

如果保管期内，因保管人保管不善造成保管物毁损、灭失的，保管人应当承担赔偿责任。

（一）财产上的损害赔偿

妥善保管保管物是保管人依保管合同应负的主要义务，对保管物的保管应尽相当的注意义务。

第一，寄存人对标的物情况的告知义务。比如，易燃、易爆、有腐蚀性、有放射性等危险物品或易变质物品，需要采取特殊保管措施的，应当将有关情况告知保管人；寄存人未告知，致使保管物受到损失的，保管人不承担损害赔偿责任。

第二，寄存货币等贵重物品的声明义务。寄存人寄存货币、有价证券或者其他贵重物品的，应当事先向保管人声明，由保管人验收或者封存。未声明的，按照一般物品予以赔偿。

第三，保管人有亲自保管的义务。保管人不得将保管物转交给第三人保管，但当事人另有约定的除外。

第四，保管人责任大小与保管合同是否有偿密切相关。在有偿保管期间因保管不善造成毁损、灭失的，应由保管人承担赔偿责任，保管人须尽善良管理人的注意义务。而对于无偿保管，保管人应当尽与保管自己的物品同样的注意义务，负具体轻过失的责任。例如，当入住酒店或在饭店就餐，基于消费所取得的停车券，然后将车辆停放于规定的收费停车场内，此时我们与谁建立保管合同关系，该保管合同是属于有偿保管还是无偿保管？应当认定消费者与酒店之间就车辆的保管成立了合同关系。此时，如果消费者需要在酒店消费才能取得收费停车场的停车券，而且消费中的金额已经包含停车费的金额，因此当然地成立保管合同为有偿合同。需要注意的是，在保管期间，凡是因不可归责于保管人的事由造成保管物毁损、灭失的，无须负损害赔偿责任。

（二）精神损害赔偿

我们知道《民法典》第996条确立了因加害履行等违约行为造成合同一方当事人人格权被侵害，当事人在主张违约责任的同时，可以请求精神损害赔偿。需要注意的是，本条适用的精神损害必须是因违约行为而致人格权遭受到侵害所引起。那么在《民法典》第1183条第2款规定："因故意或者重大过失侵害自然人具有人身意义的特定物造成严重精神损害的，被侵权人有权请求精神损害赔偿。"在保管合同的履行过程中，如果因保管人的违约行为造成具有特定纪念意义的物品毁损或灭失，侵害到人格权的，寄存人在请求保管人承担违约责任的同时，可以主张精神损害赔偿。

（三）赔偿的诉讼时效

我们知道原《民法通则》第136条第4项规定，寄存财物被丢失或者损毁的，诉讼时效期间为一年，即适用短期的诉讼时效。到2017年，《民法总则》出台之后，《最高人民法院关于适用〈中华人民共和国民法总则〉诉讼时效制度若干问题的解释》在第1条就明确规定，民法总则施行后诉讼时效期间开始计算的，应当适用民法总则第188条关于三年诉讼时效期间的规定。当事人主张适用民法通则关于二年或者一年诉讼时效期间规定的，人民法院不予支持。我们可以从现在的《民法典》"总则编"第188条规定看出诉讼时效期间均为三年。除了法律另有规定之外，在寄存财物丢失或毁损而引发的保管合同纠纷诉讼时效计算当然应当是按照三年来计算。

五、保管合同与类似合同的区别

保管合同的标的是保管人的保管行为，这其中又涉及与承揽、租赁、运输、借用等合同的区分，并且实践中容易与需要占有物的其他有名合同存在相似之处，特别是在租赁合同和借用合同中存在占用的情形。在此，我们对保管合同与类似合同如何进行区分做一个探讨。

（一）保管合同与承揽合同

在承揽合同中，承揽人也有保管对方所交付的物品的义务，但保管合同的目的仅仅在于保管物品，保管人不能对其所保管的标的物进行加工、改造或利用，而承揽合同的目的不在于保管物品，而在于完成一定的工作成果，如进行加工、改造或修理等，其中的保管义务只是一种附属性的义务。

（二）保管合同与委托合同

两者都属于提供服务的合同，区别主要表现在，保管合同中保管人限于保管物品的保管行为，而委托合同中受托人的主要义务，在于保管之外的行为，如代签合同、代销售商品及其他行为。委托合同在大多数情况下，均发生对外代理的问题。

（三）保管合同与借用、租赁合同

保管合同与其他合同如借用、租赁合同等存在相似之处。比如，它们均须在合同期内移转标的物的占有权于相对人，且在合同期限届满时，均应当返还标的物。但是借用合同与租赁合同移转占有的目的，在于使债务人可以使用该物品，如果约定由保管人使用，这实际上和借用合同没有任何区别，不再属于保管合同。那么比如说银行的保管箱业务，银行对外提供场地，它是出租人还是寄存物的保管人？这时候我们要看是否仅对交付使用的空间负责，因为保管人对所交付的物只负有保管照顾义务。基于此，如果保管箱仅为使用租赁，提供保管箱者并不接近标的物，也不需要对其尽照顾的义务，那么仅是一个租赁关系。

好，以上是我关于《民法典》保管合同制度的司法适用的一些分享。感谢大家的观看，再见。

不当得利的理解及司法认定

主讲人　卢　颖

· 上海市第一中级人民法院民事审判庭侵权纠纷审判团队负责人

· 法学博士、大数据中心博士后

· 三级高级法官

· 领军人才培养对象

· 上海法学会经济法学研究会理事

· 入选“上海市青年法学法律人才库”

· 出版译著《金融危机后的公司治理》

· 在《证券法苑》《金融法苑》《上海对外经贸大学学报》《商事审判指导》等出版物发表论文 10 余篇

· 论文在全国法院系统学术讨论会、“羊城杯”司法体制综合配套改革征文比赛中多次获奖

· 参与执笔国家社会科学基金青年项目课题、中国法学会课题等多项课题

大家好，我是来自上海市第一中级人民法院的卢颖，今天讲解的内容是不当得利的理解及司法认定。在我国民事立法的历史进程中，不当得利制度从《民法通则》的 1 个条文，到《民法总则》的 2 个条文，再到《民法典》的 6 个条文，已经不断完善，初步形成了不当得利制度的规范体系。今天的讲解分为以下三个部分。第一，不当得利的构成要件；第二，不当得利的排除情形；第三，不当得利的司法认定。

一、不当得利的构成要件

《民法典》第 122 条规定："因他人没有法律根据，取得不当利益，受损失的人有权请求其返还不当利益。"根据《民法典》的规定以及民法学通说原理，不当得利是指没有合法根据，使他人受到损失而自己获得利益的事实。因此，得利人没有法律根据取得不当利益的，相对应遭受损失的人可以请求得利人返还取得的利益。这是对于不当得利的基本理解。

根据我国《民法典》第 985 条的规定，认定不当得利成立需要符合以下四个构成要件：一方获得利益、他方受有损失、获得利益与受到损失之间具有因果关系、获得利益没有法律上的原因。

第一，所谓一方获得利益，包括两种情况。第一种情况，财产积极增加，指财产本不应增加而增加；第二种情况，财产消极增加，指财产本应减少而未减少。

第二，他方受有损失。同样这里的损失并不是侵权赔偿中的损失，而是相对于取得利益方而言，另一方的利益因为利益转移导致的利益减少，或者债务增加。

第三，一方获得利益与另一方受到损失之间具有引起与被引起的因果关系，这是司法实践中认定不当得利之债是否成立的一个重要依据，获益的另一面必然有他人的损失作为一个对等关系。如果一方获得的利益并不损害他人的合法利益，则不构成法律上的不当得利。

第四，获得利益没有法律上的原因。如果具有法律上的原因，是不成立不当得利的。我们来举一个例子说明，甲把房屋出租给乙，月租金是 2000 元，租期是 5 年。在租期内，乙未经甲同意，将房屋转租给丙，月租金 4000 元，租期 4 年。对于乙获得的 2000 元差价，甲能否对乙主张不当得利？答案是不能。因为乙获得该利益具有法律上的原因，法律依据来自甲乙之间有效的房屋租赁合同，这一合法有效的房屋租赁合同，就是我们所说的法律上的原因。在甲乙租赁合同存续期间，根据《民法典》第 720 条的规定，乙对房屋享有收益的权能。乙虽擅自转租，但乙每个月取得租金 4000 元具有法律上的原因，所以对甲不构成不当得利。那什么时候构成不当得利呢？若甲因乙擅自转租，甲自知道或者应当知道乙擅自转租之日起 6 个月，通知乙解除甲乙的租赁合同。解除合同后，乙拒不返还房屋，继续出租房屋给丙，则自合同解除之日起，乙对房屋丧失占有、使用、收益的权能，其收取的租金差价就不具有法律上的原因，甲据此对乙享有不当得利返还请求权。

二、不当得利之债的排除情形

此次《民法典》第985条专门针对排除不当得利的情况进行了规定："得利人没有法律根据取得不当利益的，受损失的人可以请求得利人返还取得的利益，但是有下列情形之一的除外：（一）为履行道德义务进行的给付；（二）债务到期之前的清偿；（三）明知无给付义务而进行的债务清偿。"需要先说明一下，这三种情形都属于给付型不当得利的范畴。

第一，因履行道德义务的给付排除在不当得利之债外，目的在于调和法律与道德之间的关系，使法律规定符合一般的道德观念。举个小例子，乙被收养，乙的亲生母亲老年之后缺乏生活能力，没有生活来源，乙误以为自己对于亲生母亲负有赡养义务，就对缺乏生活能力又没有生活来源的亲生母亲按月支付赡养费，支付了5年以后，亲生母亲订立遗嘱将财产遗赠给他人。乙心里不是滋味，就找到律师，询问自己到底有没有赡养亲生母亲的义务。律师说，你没有，你被收养了，你和她之间的母女关系已经解除了。乙才知道原来自己没有赡养义务，要求对亲生母亲主张不当得利返还。这种情况，确实构成不当得利，乙没有赡养义务而误以为有。但支付赡养费，属于非债清偿，虽然自始缺乏给付目的，但属于履行道德义务而为给付，因此，双方间虽成立不当得利关系但是排除了利益受损人的不当得利返还请求权。

第二，债务人为清偿未到期债务而提前给付也排除在不当得利之债的适用范围外，主要原因是债务未届清偿期的抗辩并不是永久性抗辩，债务到期前的清偿，债务并非不存在，债权人受领给付，不能称之为无法律上的原因。例如，甲在债务届满前6个月偿还了借乙的1亿元，后来觉得1亿元，提前6个月归还太亏了，理财可以理出好多钱呢，由此依据不当得利之债要求乙再还回来。甲提前归还债务的情形虽然符合不当得利的构成要件，但法律对于这种情况明确排除了受损失一方的不当得利返还请求权，甲不能主张不当得利之债。

第三，明知无给付义务而进行的债务清偿，目的在于维护诚实信用，禁止当事人出尔反尔，理论基础在于禁反言原则。例如，生效判决已经确认双方的债务不存在、无效或被撤销，给付人明知判决生效的情况下依然清偿了本不应给付的债务，则属于明知无给付义务的债务清偿。这里的重点在于"明知"而非"误解"，明知无给付义务而向对方支付相关钱款，这是其对自己财产的合法处分，钱款支付至对方，处分完毕，所有权已发生转移，给付人不得以不当得利为由主张返还。这里我们还需注意区分第三人代为清偿问题，第三人清偿债务后不能因为其与债权人之间没有债务，而主张不当得利返还，而只能取得原债权人对债务人的债权。两者分属不同的法律制度，法律适用亦不一样。《民法典》在第524条新增加了第三人代为清偿制度，即债权人接受第三人履行后，其对债务人的债权转让给第三人，但是债务人和第三人另有约定的除外。此处债权转让的规定就排除了第三人向原债权人主张不当得利的可能。

三、不当得利的司法认定

（一）对不当得利的性质予以准确定性

在我国司法实践中，不当得利制度的适用并不普遍，主要原因是不当得利请求权经常会与物权请求权、侵权请求权竞合，而当事人往往会选择其他请求权。由于我国并没有采纳物权行为独立性和无因性理论，在合同被宣告无效或者被撤销以后，受损失的人一般会直接依据物权请求权要求受领给付的一方当事人返还，而不会再去行使占有的不当得利返还请求权；在因权益侵害发生的不当得利之中，当事人和法官通常都会直接适用侵权责任制度规则。并且，在不符合侵权责任构成要件的情况下，为了公平，法院也会以诚实信用原则或者公平原则作出裁判，其实是一种向一般条款逃逸的现象。所以，在司法实践中，首先要重视不当得利的价值和功能，明确不当得利的性质，与其他请求权基础进行区分。

（二）不当得利的举证责任

不当得利的一方获利、使他方利益受损两个要件属于权利发生要件，应由不当得利债权人承担证明责任，这一点在理论和实务界都是毫无争议的，而有关不当得利的证明责任分配的难点问题集中在没有法律上的原因这一点上。没有法律上的原因作为一个消极事实，其是否可以定性为请求权发生要件，需要我们从实体法出发进行综合分析。

按照证明责任分配的一般原则，主张权利的一方就对其有利的权利发生要件负有证明责任。因此不当得利的请求权人应对没有法律上的原因这一要件承担证明责任。而这一观点的反对者们提出的最大问题是，没有法律上的原因属于消极事实，依照证明责任的消极事实学说，为消极的事实陈述的人不负证明责任。

我们认为，应将给付型不当得利的举证证明责任分配给原告，主要出于以下考量。首先，谁主张，谁举证是民事诉讼中举证责任分配的总体原则，对于举证责任倒置应以法律的明文规定为准。我国立法并未规定不当得利纠纷适用举证责任倒置，原告既然主张被告系不当得利，就应当承担举证证明责任。其次，认为应当由被告承担举证证明责任的观点，其主要的论据是一方获益没有法律根据属于消极事实，消极事实不易举证。然而，仔细分析可以发现，没有法律根据并非全部为消极事实，也存在积极事实。例如，因给付目的嗣后不存在形成的不当得利，原告当初进行给付的原因以及事后法律关系发生变化导致给付目的不存在的事实均属于积极事实，原告对此举证并无大碍。退一步讲，即便是存在消极事实的情形，如原告因输入号码有误而向他人手机账号存入话费，原告可以通过证明自己的手机号与被告的手机号有多位数字一致、极易混淆予以主张，可见原告并非无法证明。最后，不当得利诉讼其实是对已发生给付行为的一种撤销，从某种意义上讲，也属于对以往交易往来和社会经济秩序的扰动，原告作为诉讼的发起者，应当承担举证证明责任，以此来督促原告谨慎起诉。假如由作为受益人的被告来承担举证证明责任，原告只需要起诉，被告就被拉入诉讼并且要承担举证不能即败诉的重责，如此之低的诉讼成本极易导致原告滥诉，对社会经济秩序的稳定造成损害。

（三）不当得利的返还内容

无法律上原因而受有利益，应当返还的是得利人所取得之利益。我们需要掌握的基本原则是：（1）原物存在的，返还原物以及因为原物而取得的其他利益（包括原物的孳息以及使用利益）；（2）原物不存在的，折价赔偿；（3）原物毁损后存在代位物的，如因原物毁损而获得的保险金、补偿金、赔偿金，应返还原物的代位物。

需要特别说明的是，关于原物折价后偿还的价值额的计算，在理论上存在“主观说”与“客观说”两种不同的观点。举例而言，当得利人所受领的利益为某物的所有权时，该物的市场价值为 5 万元，当得利人以 6 万元或 4 万元的价格将该物转卖给善意的第三人时，因第三人善意取得该物的所有权，得利人不能原物返还。此时，依据“客观说”，得利人应当返还的是该物的市场价值 5 万元，而不论得利人转让该物时的价额为 6 万元或 4 万元；而依据“主观说”，则认为得利人应当偿还的为其转卖该物所得价款，如所得价款为 6 万元，则应当偿还 6 万元；如所得价款为 4 万元，则应当偿还 4 万元。目前，通常采用客观说，因为受领人以原物为手段、依据法律行为所取得的对价，不属于其所有利益以及基于该利益产生的孳息。

但是，问题在于，当得利人以原物为手段所获得的对价超过原物的价值时，受损人能否进一步要求得利人返还超过该客观价值额的获利？这一问题是不当得利法律制度上最具争议的问题，我们认为，超过客观价额的获利并不属于得利人所受利益的返还范围，不当得利制度并不能决定超过客观价额的获利归属，应当由侵权行为的损害赔偿制度以及无因管理的法律制度予以解决。具体而言，当发生不法侵害他人权益，而有超过损失或客观价值额的获益时，受害人可以通过类推适用无因管理的规定，向受益人请求返还不法管理他人事务所得的利益。

下面对今天的讲解做一个小结：尽管在我国目前的司法实践中，不当得利制度的适用并不普遍，但不当得利返还请求权在功能上可以有效弥补其他请求权的不足，所以，在司法实践中，首先要重视不当得利的价值和功能，对不当得利的性质、举证责任分配和返还内容进行准确把握。

以上是今天的讲解。感谢大家的关注，再见。

无因管理的理解及司法认定

主讲人　卢　颖

·上海市第一中级人民法院民事审判庭侵权纠纷审判团队负责人

·法学博士、大数据中心博士后

·三级高级法官

·领军人才培养对象

·上海法学会经济法学研究会理事

·入选“上海市青年法学法律人才库”

·出版译著《金融危机后的公司治理》

·在《证券法苑》《金融法苑》《上海对外经贸大学学报》《商事审判指导》等出版物发表论文 10 余篇

·论文在全国法院系统学术讨论会、“羊城杯”司法体制综合配套改革征文比赛中多次获奖

·参与执笔国家社会科学基金青年项目课题、中国法学会课题等多项课题

大家好，我是来自上海市第一中级人民法院的卢颖，今天与大家探讨的问题是，无因管理的理解及司法认定。长期以来，我国民法中无因管理仅有一条规范，《民法典》不仅将无因管理独立成章，而且设置了七条予以规范，系我国首次详设无因管理制度，于实践受益人与管理人之间的利益衡平创造了大量制度，意义重大。所谓无因管理，依史尚宽教授言，即“无法律上之义务而为他人管理事务”，此后，法学界对无因管理大多采相同定义。此次《民法典》第 979 条第 1 款，就是关于无因管理的规定。我今天的讲解分为三个部分，第一，无因管理制度的功能；第二，无因管理的构成要件；第三，适法无因管理的法律效果。

一、无因管理制度的功能

就事理而言，擅自对他人事务进行管理，是对他人权益的侵犯，应属侵权行为。但民法着眼于社会生活的连带关系，为鼓励互助义行，特设无因管理制度，赋予正当无因管理行为违法阻却效力，并在管理人和本人之间成立债权债务关系，使无因管理成为债的发生根据。简而言之，无因管理制度旨在适当界限“禁止干预他人事务”与“奖励互助义行”两项原则，使无法律上义务而为他人管理事务者，在一定条件下享有权利，负有义务。

事实上，我们较为熟悉的几种债的制度均可以抽象地看作利益平衡的产物，或认为是人与社会集体的利益平衡，或认为是本人的此种利益与他人的彼种利益的平衡。例如，合同行为本质上是“利人利己”之事，无论客观上当事人之间的财产等利益变化如何，当事人在合同行为发生时都是基于各自目的而自由地负担了一定的义务，换取一定的权利，合同制度便是为了尽力维持这样的安排；又如，侵权行为本质上是“损人”之事，侵权损害赔偿制度便是为了填补受害人的损害。

所以，无因管理制度本质上是对两种利益的平衡，一方面要保障个人的利益，对此应当在较大限度维系“禁止介入他人私域”的基本原则；另一方面则要保障整个社会利益，为此，当一些介入他人私域的行为符合社会集体道德观、价值观时，便应当容许这样的行为。

二、无因管理的构成要件

我国通说就无因管理的构成要件采三要件说，即“管理他人事务”“具有管理意思”以及“没有法律上的义务”。这与德国法大体一致，即在无因管理这一事实行为的构成要件上，不考虑本人的意思。这一点，从《民法典》第 979 条第 1 款的规定便能看出。

（一）管理他人事务

1. 关于“事务”的范围

无因管理中的他人“事务”，指一切能够满足生活利益并适用作为债之客体的事项。特别要注意的是，以下四类行为不构成无因管理，如违法事项、纯粹道德、宗教行为或好意施惠行为等。

2. 须为“他人”事务

所谓“他人”，就是管理人以外的人，在立法例中也被称为“本人”或“受益人”。故误将自己事务当成他人事务管理，即使具有管理意思，也不能成立无因管理。他人事务包括两种：（1）客观的他人事务。指事务在性质上与他人具有当然结合关系，事务内容属于他人利益的范畴，如他人房屋失火，管理人实施救火行为。（2）主观的他人事务。指事务本身系属中性，依其内容或性质不当然与他人具有结合关系，但可因正当的管理意思成为他人事务。比如，甲购买了两张演唱会的门票，每张3000元，甲主张购买第二张门票系为乙实施无因管理。购买门票属于中性事务，甲购买第二张门票的行为不能当然认定为他人事务。不过若甲能举证证明第二张是为了乙的利益购买，且不违反乙明示或者可得推知的意思，则第二张门票的购买行为成为主观的他人事务，甲乙间成立无因管理。

特别提示一点，只要是为了他人利益，管理人即使对本人发生误认，也不妨碍就真实的本人成立无因管理。举个例子，一老人晕倒于街道，甲以为是乙的父亲，赶紧打车将老人送至医院并垫付医疗费3000元，事后得知老人系丙的父亲。对本人发生误认，只要不属于“若非发生误认，即不实施管理”，就对真正的本人存有管理意思，不影响无因管理的成立。所以甲丙之间成立无因管理。

3. “管理”他人事务

管理，指对事务进行处理，实现事务内容的行为，包括事实行为和法律行为。这里需要注意两个问题，第一个问题，管理事务的承担本身均属于事实行为，不要求管理人具有民事行为能力。第二个问题，管理人因管理实施法律行为时，可以自己名义为之，也可以本人名义为之。以本人名义为之构成无权代理的，无因管理的成立不会因为无权代理而受影响。举个例子，甲外出打工，因梅雨季节将至，邻居乙擅自以甲的名义向丙借钱3000元，将甲漏雨的屋顶修缮。此时，乙的行为构成无权代理，若甲拒绝追认，甲丙间借款合同不能生效。但是无因管理不因无权代理而受影响。乙的行为符合无因管理的构成要件，乙有权请求甲补偿修房支出的3000元。由此可见，法律行为是法律行为，无因管理是无因管理，二者井水不犯河水。

（二）为他人管理事务的意思

管理意思，指为他人管理事务的意思，即为了他人利益。所以，为自己而管理他人事务，缺乏管理意思，不成立无因管理。此时也举个例子来说明，甲的一头羊走失，混入乙的羊群，乙不知其事，半年后，甲寻到羊要求乙返还。此时，乙误将甲的事务当成自己事务管理，属于误信管理，缺乏管理意思，甲乙间不成立无因管理。此时，甲乙间成立的是不当得利之债，乙有权请求甲补偿支出的必要费用。但是如果为他人利益，兼为自己利益的，则仍可在为他人利益范围内成立无因管理。举例说明，甲见邻居乙家起火，同时担心大火延烧后殃及自家，持水桶前往救火，不幸受伤。甲的救火行为主要为了乙的利益，同时兼为自己利益。甲乙间仍可成立无因管理之债。

（三）没有法律上的义务

无因管理之所以称为“无因”，就是因为管理人为他人管理事务并无法律上的义务。若管理人系基于法律上的义务而管理他人事务，无论该法律上的义务源于意定还是法定，均不构成无因管理。

该构成要件较为明确，通常不生疑义，但有必要说明以下几个问题。

第一，能够阻却无因管理成立的意定义务，并不一定来源于委托合同法律关系。其实这一点在中国法下并没有太大的疑问。因为无论是《民法通则》《民法总则》还是《民法典》，对该要件均表述为“没有法定的或者约定的义务”，没有强调该义务来源于委托合同这种特定的典型合同。相比之下，《德国民法典》对没有意定义务表述为“未受委任”，略显文意上的偏狭。

第二，另一个更容易产生困惑的问题是，若行为人以为自己有法律上的义务而管理他人事务，实际上却没有这样的义务时，该如何处理？这样的疑惑绝大多数产生于无效的合同之中。例如，甲与乙订立合同，约定甲为乙运输一批货物，甲运输完毕后，才发现该合同存在法定无效事由，甲的行为是否构成无因管理？此时行为人误认为自己负有某个意定义务，其实施管理行为的动机或谓之目的首要在于清偿自己的债务，而非为他人管理事务，因此欠缺了“为他人管理事务的意思”的要件，不构成无因管理。

第三，一个持续的行为可能会发生有无法律上义务的变化，但只要行为人认知到该种变化，便可以在无法律义务的时间区间内成立无因管理。例如，甲乙订立合同，约定甲为乙保管一幅画至 2019 年 12 月 31 日。时至 2020 年 1 月 1 日 0 点，跨年的烟火让甲猛然惊觉保管期限已至，但乙尚未来领取画作。甲心想，该画较为名贵，还是替乙再多保管一些时日。在此情形下，于 2020 年 1 月 1 日 0 点前，甲负有保管义务，不成立无因管理；于 2020 年 1 月 1 日 0 点后，其不再负有保管义务，为乙保管画作成立无因管理。那不同的是，若 2020 年 1 月 1 日 0 点的跨年烟火未能使得甲意识到保管义务已经履行完毕，甲直到 2020 年 5 月 1 日才意识到如此情况，那么甲于2020年1月1日到5月1日之间的保管行为，成立乙的不当得利；2020年5月1日之后，则成立无因管理。

三、无因管理的法律效果

管理事务的承担是否符合本人意思是无因管理法律效果适用的决定因素。若符合本人意思，法律便对管理人的行为作肯定评价，即适法的无因管理，赋予管理人以特定的请求权的方式为其提供保护；相反，若不符合本人意思，原则上法律对管理人的行为作否定评价，即不适法的无因管理，管理人通常不仅不会被赋予特定的请求权，其行为还可能构成侵权。但是，有时候本人的意思本身是与法律相抵触的，或者本人的意思是违背公序良俗的，这时候再严格以本人意思作为管理人的无因管理行为适法与否的标准就难以被接受，故管理行为违反本人意思仍可成立无因管理存在几种例外情形：（1）为本人尽公益上的义务，如缴纳捐税等。（2）为本人履行法定扶养义务，如甲遗弃妻子，乙为甲妻治病、供给食物。（3）本人之意思违反公共秩序或善良风俗。适法的无因管理将产生以下法律效果，这部分都是《民法典》新增加的内容。

（一）管理人的义务

管理人的义务，包括适当管理的义务、通知义务和报告、计算义务。

首先是适当管理的义务。规定在《民法典》第981条。对该条的理解分为三个方面：（1）管理人负有适当管理的义务。指管理人应依本人明示或可得推知的意思，以利于本人的方法，以善良管理人的注意标准，实施管理行为。（2）管理人未尽适当管理的义务，构成法定债务之违反，因此给本人造成损失的，应承担损害赔偿责任。无因管理的精神是：不管则已，管必管好。（3）降低适当管理义务标准的一个例外：管理人为免除本人生命、身体或财产上之急迫危险而为事务之管理，对于因其管理所产生的损害，除有故意或者重大过失外，不承担赔偿责任。

其次是通知义务。规定在《民法典》第982条以及第984条。对上述法条的理解要注意以下两个方面：（1）管理开始时，若能通知本人的，应立即通知本人。（2）若无急迫情事，应等候本人指示：本人指示继续管理的，无因管理转化为委托合同；本人指示停止管理，管理人仍继续管理的，则属违反本人明示的管理，自此时起构成不正当的无因管理。

最后是报告、计算义务。规定在《民法典》第 983 条。对该条的理解，要注意以下三方面：（1）管理人应将管理事务进行之状况报告本人。（2）管理人因处理事务所收取的金钱、物品以及孳息，应交付本人。以自己名义为本人取得的权利，应移转于本人。（3）管理人为自己利益，使用应交付于本人的金钱，或使用应为本人利益而使用的金钱，应自使用之日起，支付利息。如有损害，应予以赔偿。

（二）管理人的权利

管理人的权利规定在《民法典》第 979 条。对该条的理解包含以下三个方面。第一，管理人对本人享有下列请求权：（1）偿还因管理支出的必要费用以及自支出时起的利息；（2）偿还因管理负担的必要债务；（3）适当补偿管理人因管理遭受到的人身损害与财产损害。第二，管理人无报酬请求权，也没有劳务费用请求权。第三，无因管理重在管理行为本身，只要管理人尽到了适当管理的义务，目的是否达成，不影响无因管理的成立与效力。

有以下几点需要说明。第一，所谓“必要费用”或者“合理费用”，应当以管理人支出时的客观标准加以认定。在判断费用支出的必要性或合理性时，可以社会一般人完成相同管理行为所需支出的费用为标准。第二，管理人在请求本人偿还支出的费用时，也可以请求本人偿还该费用自支出时起的利息。第三，我国《民法典》第 317 条规定了权利人领取遗失物时，应当向拾得人或者有关部门支付保管遗失物所支出的必要费用。该条可以看作管理人的费用偿还请求权的特别规定。

以上是今天的讲解。感谢大家的关注，再见。

违约金的司法调整

主讲人 吴慧琼

- 上海市第一中级人民法院商事审判庭商事合同审判团队负责人
- 三级高级法官
- 上海法院审判业务骨干
- 上海市第一中级人民法院领军人才培养对象
- 上海交通大学法学、金融学学士
- 上海交通大学诉讼法学硕士
- 主要研究方向民商法、诉讼法
- 在《中国应用法学》《法律适用》《东方法学》等期刊发表论文 20 余篇
- 参与编著《中国（上海）自由贸易试验区法律适用精要》等书籍
- 论文、案例分析在全国法院系统多次获奖
- 参与、执笔中国法学会、最高法院等多个课题
- 曾获上海法院系统个人三等功、调研先进个人、嘉奖等多项荣誉

大家好，我是来自上海市第一中级人民法院的吴慧琼。违约金调整在实践中争议颇大，那么今天我就“违约金的司法调整”跟大家做一个分享。由于实践中，请求调高违约金的情形较少，而实践中争议最大的是如何调低违约金。因此，我将重点围绕违约金如何调低这一争议问题展开。主要分为三个部分：第一部分是相关法条梳理；第二部分是违约金调整的要素式审理思路；第三部分讲一下自由裁量的说理。

一、相关法条梳理

首先，我们来看一下法律对于法院调整违约金是怎样一个态度。

违约金的司法调整源起于1999年《合同法》的第114条第2款，约定的违约金低于或者过分高于造成的损失的，当事人可以请求法院予以适当减少。

由于条文未对如何判断“过分高于”以及怎么调整进行具体规定，因此为了适法统一，最高人民法院在《合同法司法解释（二）》中进行了明确，采用的是法定因素加一般标准的模式。所谓法定因素就是规定法院在调整违约金时要考量的具体因素，包括实际损失、合同履行情况、当事人过错程度、预期利益等。而所谓的一般标准则是划定了高于实际损失的30%作为“过分高于”的判断标准。

那么法定因素与一般标准之间孰优孰劣？是否可以统一适用30%作为判断和调整的标准？

最高人民法院在2009年出台的《关于当前形势下审理民商事合同纠纷案件若干问题的指导意见》中，强调不能简单采用固定比例“一刀切”的做法，还是要具体案件具体分析。

随后，上海高院在《关于商事审判中规范违约金调整问题的意见》中也指出应综合各种因素进行判断，避免“一刀切”。尽管司法解释及相关文件强调个案的特殊性，但司法实践中难以回避的一个问题就是如何确保法律适用的确定性，所以在司法调整违约金中出现了趋于固化的趋势，如对于逾期付款违约金，基本都调整为民间借贷利率上限。为了回应司法实践中出现的这一现象，最高人民法院在《九民会议纪要》中重申，除借款合同外，若逾期支付价款，则不能以受法律保护的民间借贷利率上限作为判断违约金是否过高的标准，应兼顾各种因素综合确定。以上是关于司法如何进行违约金调整的一个演变过程。

此次《民法典》第585条基本沿用了1999年《合同法》的条款，但在主语上进行了调整，即人民法院根据当事人的请求予以增加或适当减少。

有学者解读该条款的变化意味着法律更强调法官的自由裁量权。因此，我们可以看到立法意欲赋予法官调整违约金的自由裁量权，但法官在具体判案中又渴望能够有相对确定的适用标准，两者之间需要寻找一个契合点。在《民法典》修订前，这个契合点是法定因素加30%的一般标准，但最高人民法院废止了《合同法司法解释（二）》，使得调整方法上出现了空缺。

可喜的是，最高人民法院在修订《关于审理商品房买卖合同纠纷案件适用法律若干问题的解释》的版本中仍保留了原有的规定，第12条明确“当事人以约定的违约金过高为由请求减少的，应当以违约金超过造成的损失30%为标准适当减少”。

尽管该司法解释仅适用于商品房买卖合同纠纷，但结合《关于当前形势下审理民商事合同纠纷案件若干问题的指导意见》及《九民会议纪要》的规定，应该认为违约金调整的思路仍旧是要素结合一般标准的模式，只是要素的重要性较之《民法典》修订前更强，也可以理解为进一步强调法官在违约金调整方面的自由裁量权，其目的是避免机械执法，确保个案公正。因为在面对千差万别的案件时，客观上无法提炼出一个统一的适用标准，需要法官根据个案的具体情况进行裁量。

但此时又产生一个问题，如果自由裁量权行使过当，则又会引起不公正。要解决这一问题，必须在限制法官自由裁量权和防范机械执法之间寻求平衡，主要通过两个途径实现，一是确立要素式的审理思路；二是要求法官对自由裁量进行充分说理。我分别在第二部分和第三部分进行分享。

二、要素审理

让我们来看一下违约金调整的要素式审理思路是什么。违约金调整首先要解决的是调整方法，即以实际损失为标准适当向上调整还是以约定违约金为标准适当向下调整。从司法解释的条文来看，其强调以实际损失为基础。最高人民法院在《中华人民共和国民法典合同编理解与适用》一书中，亦指出要查明实际损失，确定基本标准。由此可知违约金调整的方式是以实际损失为标准适当向上调整。

在确定调整方法后，我们可以将违约金调整分解为多个要素，包括实际损失、合同的履行情况、当事人的过错程度和其他影响因素，其中合同的履行情况、当事人的过错程度和其他影响因素是帮助我们解决如何向上调整这一难题。

（一）实际损失

我们来看一下第一个要素：实际损失。要查明实际损失，必然涉及举证责任的分配，即实际损失的举证责任在谁？

在这里，我们需要区分两种举证责任，即结果意义举证责任和行为意义举证责任。就结果意义举证责任而言，应由主张违约金过高的这一方（违约方）承担；而行为意义举证责任，则在双方之间进行分担。具体来说，先由违约方提供其认为过高的证据，当其提供初步证据和说明后，则守约方应提供证据说明约定违约金与其实际损失相当。考虑到守约方更了解违约造成损失的事实和相关证据，其具有较强的举证能力，因此守约方不仅应作出说明还应提供对应的证据来印证其说明，但其证明标准较之违约方可适当降低。当守约方能够提供相应证据时，则此时举证责任回到违约方，当其无法进一步补强证据时，则应承担举证不能的不利后果。当守约方无法进行合理说明及提供证据时，则认为违约方提出的调整请求可以予以支持。

这里有一个困扰实践的问题，即没有实际损失或者当事人无法就实际损失提供证据的情况下，怎么办？

首先，关于没有实际损失这一情况，在实践中比较少见但也存在。比如，房屋买卖纠纷中，买方违约导致卖方未能成功出卖房屋，但之后房价上涨，买方的违约反而给卖方带来了利益。此时是否要判违约金？违约金的性质除补偿实际损失外，也有惩罚性的功能。最高人民法院在《关于当前形势下审理民商事合同纠纷案件若干问题的指导意见》中也指出坚持以补偿性为主，以惩罚性为辅的违约金性质。因此，尽管没有实际损失，但为了体现适度的惩罚性，还是应该判赔一定的违约金。

其次，关于各方当事人都无法提供证据，此时是否要调整违约金以及怎么调整？实践中有些损失客观存在，但很难用证据予以证明，如逾期付款的损失。此时仍旧应该予以调整。我们可以按照这样的思路来进行判断：第一，我们对于当事人的损失进行归类，即是利息损失、可得利益的损失还是交易机会的损失。第二，确定社会对该损失的普适性认识，将其作为衡量标准，如利息损失就是LPR，可得利益的损失就是行业的平均利润率。第三，将约定违约金与社会的普适性认识进行比较，如果存在过分高于的情形，则予以调整。

· 案例

W公司通过Z公司拥有F煤矿。其将F煤矿出售给Y公司，双方签订了转让合同，W公司和Z公司也办理了变更手续，但Y公司及其子公司S公司仅支付了5000万元的转让款，剩余4700万元的款项未予支付。W公司和Z公司起诉，要求支付剩余转让款，并且支付合同约定的1200万元违约金。

我们来看一下最高人民法院的裁判理由，在该案中，违约方的违约行为为逾期支付企业转让价款，该行为所造成的损失类别为资金占用损失，社会对于该类损失的普适性认识主要体现为人行同期贷款利率。考虑到Y公司和S公司支付的转让价款已超过总转让价款的一半，且已按合同约定代Z公司和W公司承担了近

700万元的债务，根据合同履行情况、Y公司和S公司的过错程度以及公平原则，最高人民法院认为以合同约定为标准计算的违约金数额已过分高于Z公司和W公司的实际损失，因此在同期贷款基准利率的基础上上浮50%作为违约金的计算标准。

（二）合同的履行情况

以上是第一个要素，我们来看一下第二个要素：合同的履行情况。接近履行完毕的合同和尚未履行的合同，违约所造成的结果存在较大区别。例如，标的额为1亿元的合同约定的违约金是3000万元，如果违约方在履行合同的95%之后出现违约，如拖延履行剩余的5%的义务，结果并未造成对方的损失或损失非常轻微，但仍然要支付3000万元的违约金，这明显不公平。

（三）当事人的过错程度

第三个要素是当事人的过错程度。要区分违约方是恶意违约还是过失违约，对于过失违约，主要考虑对损失的弥补，但如果是恶意违约，则除了弥补损失外，还要体现惩罚性。例如，一方由于对方交付的货物存在质量问题，一直与对方协商故而未履行货款的支付义务，与一方无合理理由拖延支付，两者的过错程度不同，在判断违约金是否约定过高以及如何调整时应区别对待。

（四）其他影响因素

第四个要素是其他影响因素。包括当事人缔约时对可得利益损失的预见、当事人之间的交涉能力是否平等、是否适用格式合同条款以及是否存在过失相抵、减扣规则以及损益相抵规则等。例如，A向B供应零部件，并向A披露该零部件最终是提供给T公司用于制造汽车，与未披露最终零部件的去向，两者的预期是不同的。通过这些要素的查明来确定向上调整的幅度。

我们总结一下，违约金调整的要素审理思路是：在查明实际损失的基础上，根据合同的履行情况、当事人的过错程度、合同预期利益、当事人交涉能力是否平等等因素，确定向上调整的幅度。需要强调的一点是在商事案件中，对于违约金的调整应该审慎。最高人民法院在其曾经审理的一个案件中对约定违约金的功能进行了充分阐述，并指出人民法院对约定违约金进行调整应依法、审慎、适当。因此，在商事案件审理中，只有在查明实际损失与约定违约金间的偏离度过大，已影响实体公正的情况下，司法才介入予以调整。

三、法官说理

第三部分我们来看一下法官说理。对法官说理提出要求的目的是限制法官的自由裁量权，通俗的理解就是，法官要在裁判文书中说明自己调整违约金的思考过程，让当事人通过文书阅读，大致了解法官之所以调整违约金的理由和方法。一方面，由于法官要在文书中说理，这可以限制法官随意确定调整的数额；另一方面，当事人在提起上诉时，可以提出针对性的意见，方便二审法院的裁判。因此，法官说理对于违约金的司法调整来说非常重要。

那么问题是法官在文书中怎么说理呢？这就要回到我们第二部分所介绍的要素审理思路了，即法官在文书中主要说明的就是要素的查明情况，从而论证其违约金调整结果的合理性。比如，通过文书可以看出守约方的实际损失如何确定，合同的履行情况、当事人的过错程度、合同预期利益、当事人订立合同时地位是否平等的查明情况为何。一审法院只要就前述要素进行充分说理就应该对自己的酌定有信心。需要特别强调的是，在商事案件审理过程中，一审法院对于违约金的调整应该秉持审慎介入、适当调整的理念，尽量发挥违约金补偿性、惩罚性、确定性、效率性等多重功能，在实际损失与约定违约金之间，根据合同的履行程度、当事人的过错程度、惩罚性、合同预期利益等因素确定适当的违约金数额。

与此同时，二审法院在审查违约金时，只要一审确定的违约金数额合理，且充分说理，则一般不宜再行调整，以防造成一审法院调整违约金时无所适从。相信通过要素审理思路和法官充分说理，能够找到法律规定与司法实践之间的契合点，既能实现立法目的，又能满足司法实践的需求。

保证期间与保证诉讼时效

主讲人 吴慧琼

- 上海市第一中级人民法院商事审判庭商事合同审判团队负责人
- 三级高级法官
- 上海法院审判业务骨干
- 上海市第一中级人民法院领军人才培养对象
- 上海交通大学法学、金融学学士
- 上海交通大学诉讼法学硕士
- 主要研究方向民商法、诉讼法
- 在《中国应用法学》《法律适用》《东方法学》等期刊发表论文 20 余篇
- 参与编著《中国（上海）自由贸易试验区法律适用精要》等书籍
- 论文、案例分析在全国法院系统多次获奖
- 参与、执笔中国法学会、最高法院等多个课题
- 曾获上海法院系统个人三等功、调研先进个人、嘉奖等多项荣誉

大家好，我是来自上海市第一中级人民法院的吴慧琼。保证期间和诉讼时效都是保证人的重要免责抗辩事由，两者在实践中比较容易产生混淆，此次《民法典》对原有保证期间及诉讼时效的规定也进行了较多调整。因此我今天以保证期间和保证诉讼时效的差别为切入点，具体探讨一下两者在实践中如何进行适用。总共分成四部分内容：性质的辨别；约定的适用；起算的区别；效力的差异。

一、性质的辨别

首先，我们来看一下保证期间和保证诉讼时效的性质。《民法典》第 692 条第

1 款规定，保证期间不发生中止、中断和延长。大家都知道诉讼时效发生中止、中断和延长。之所以两者会有所不同，在于两者的性质不同。关于保证期间的性质，实务界和理论界有三种分歧意见：分别认为保证期间属于诉讼时效、除斥期间和特殊除斥期间。实践中绝大部分认为保证期间的性质属于除斥期间。那么是不是这样呢？最高人民法院关于《民法典担保制度司法解释系列解读之三》中指出，保证期间可以由当事人约定，且无中止、中断和延长的情形，故不同于诉讼时效；除斥期间作为法定期间，不允许当事人约定，且除斥期间届满后消灭的是形成权，故除斥期间和保证期间亦存在本质区别。由此可见，保证期间具有其自身的特殊性，并不能简单归类为诉讼时效或除斥期间。

二、约定的适用

两者第二个不同之处在于是否允许当事人约定。《民法典》第 692 条第 2 款规定，债权人与保证人可以约定保证期间。根据《民法典》第 197 条的规定，诉讼时效的期间、计算方法以及中止、中断事由由法律规定，当事人约定无效。由此可见，保证期间可以约定，但诉讼时效只能是法定。在这里需要提醒大家注意的是，此次《民法典》对于保证期间约定不明的处理，不同于原有规定。原《担保法司法解释》第 32 条第 2 款规定，保证合同约定保证人承担保证责任直至主债务本息还清时为止等类似内容的，视为约定不明，保证期间为主债务履行期届满之日起 2 年。《民法典》对保证期间未约定及约定不明均统一为主债务履行期限届满之日起 6 个月，不做区分。《民法典担保制度司法解释》第 32 条对此进行了重申。

三、起算的区别

两者第三个不同之处在于起算方式。根据《民法典》第 692 条的规定，连带保证的保证期间当事人有约定的从约定起，没有约定的自主债务履行期限届满之日起起算。根据《民法典》第 694 条第 2 款的规定，连带保证的诉讼时效则是自债权人请求保证人承担保证责任之日起开始计算。由此可见，诉讼时效的起算在保证期间之后。同样地，一般保证的保证期间当事人有约定的从约定起，没有约定的则自主债务履行期限届满之日起起算。而根据《民法典》第 694 条第 1 款的规定，一般保证的诉讼时效从保证人拒绝承担保证责任的权利消灭之日起起算。区别于原《担保法司法解释》第 34 条的规定，该条规定从判决或者仲裁裁决生效之日起起算。两者的主要差异在于《民法典》考虑了判决或裁决生效后的执行期间，防止发生就债务人财产未予执行完毕，但债权人对保证人的诉讼时效已过的情形发生。那么是不是无论执行多久，一般保证的债权人对保证人的诉讼时效就一直不起算呢，此次《民法典担保制度司法解释》第28条明确规定，一般保证中，债权人依据生效法律文书对债务人的财产依法申请强制执行，保证债务诉讼时效的起算时间按照下列规则确定：（一）人民法院作出终结本次执行程序裁定，或者依照民事诉讼法第二百五十七条第三项、第五项的规定作出终结执行裁定的，自裁定送达债权人之日起开始计算；（二）人民法院自收到申请执行书之日起一年内未作出前项裁定的，自人民法院收到申请执行书满一年之日起开始计算，但是保证人有证据证明债务人仍有财产可供执行的除外。因此，司法解释明确执行以一年为限，如果超过一年执行仍未有结果，那么一般保证的诉讼时效应开始起算，而不是无限制地拖延下去。

四、效力的差异

两者第四个不同之处在于效力方面，分别体现在对人的效力、期限届满后的效力以及撤诉的效力等内容。首先，我们来看一下对人效力的差别，如果存在多个保证人时，债权人向其中一人主张权利，相应效力是否自然及于其他保证人呢？《民法典担保制度司法解释》第29条规定，债权人向部分保证人行使权利，并不及于其他保证人。诉讼时效则不同，根据《最高人民法院关于审理民事案件适用诉讼时效制度若干问题的规定》第15条的规定，在连带共同保证的情况下，各保证人负担的是连带责任，债权人只要向其中一人主张权利，那么对于其他保证人也发生诉讼时效中断的法律效果。

我们来看一下期限届满后的效力差别。根据《民法典》第693条的规定及第701条的规定，债权人在保证期间或诉讼时效的期限内未主张权利的，则保证人均有权拒绝履行。但如果期限届满后，保证人在债权人书面要求承担保证责任的通知书上签字、盖章或者按指印的，保证期间或诉讼时效是否需要重新起算？《民法典担保制度司法解释》第34条第2款规定，保证期间届满，债权人未主张权利，导致保证责任消灭，保证人在债权人要求其承担保证责任的书面通知书上签字、盖章或者按指印的，债权人仍旧无权要求保证人继续承担保证责任，除非有证据证明成立了新的保证合同。根据《最高人民法院关于超过诉讼时效期间借款人在催款通知单上签字或者盖章的法律效力问题的批复》的规定，对于超过诉讼时效期间的担保，担保人在催款通知书上签字或盖章的，视为对担保债务的重新确认，诉讼时效重新计算。这种区别的原理在最高人民法院的复函中进行了阐述，我们来看一下，诉讼时效期间届满，仅使担保人取得时效经过抗辩权，并不具有消灭债权债务关系的效力，担保人在催款通知单上签字或盖章可以视为放弃时效经过抗辩权，从而导致诉讼时效期间重新起算。保证期间届满，即发生保证债权债务关系消灭的法律后果。保证人在催款通知单上签字或盖章，仅具有证明保证人收到该催款通知单的作用，不足以认定保证人继续承担保证责任。所以关键在于两者期限届满后的效力程度不同，保证期间是导致权利消灭，而诉讼时效仅是获得抗辩权，权利并未消灭。

债权人在保证期间内起诉后又撤诉，如何认定这一行为效力？是否与债权人在诉讼时效内起诉后又撤诉的效力相同？根据《最高人民法院关于审理民事案件适用诉讼时效制度若干问题的规定》第 12 条的规定，诉讼时效从提交起诉状或者口头起诉之日起中断。再根据《民法典》第 195 条的规定，保证诉讼时效从撤诉裁定送达之日起重新计算。但是保证期间内撤诉的效力有所不同，《民法典担保制度司法解释》第 31 条规定，一般保证的债权人在保证期间内对债务人起诉后，又撤回起诉，债权人在保证期间届满前未再行起诉，保证人不再承担保证责任。也就是说，一般保证的债权人在保证期间内主张权利后又撤诉的，如果未再重新主张，则视为未主张，保证人不再承担责任。紧接着，该条又规定，连带保证的债权人在保证期间内对保证人起诉后，又撤回起诉，起诉状副本已经送达保证人的，人民法院应当认定债权人已经在保证期间内向保证人行使了权利。也就是说，连带保证的债权人即使撤诉了，只要起诉状副本已经送达保证人，则认为债权人已经主张过权利，与一般保证有所不同。

以上就是保证期间与诉讼时效的主要区别，第一，两者的性质不同，即保证期间并非属于诉讼时效，而是特殊的除斥期间；第二，保证期间允许约定，但诉讼时效不允许约定；第三，保证期间的起算点和诉讼时效的起算点各不相同，保证期间起算在前，诉讼时效在后；第四，两者的效力存在差异，具体表现在，债权人在保证期间内向某个保证人主张权利并不当然地及于其他保证人，而诉讼时效可以发生追及效力；第五，保证期间届满后，保证人在债权人要求承担保证责任的书面通知单上签字或盖章，并不导致保证期间的重新计算，但可以导致诉讼时效的重新计算；第六，债权人在诉讼时效内起诉后撤诉的，发生诉讼时效的中断，但在保证期间内起诉后撤诉的，对于一般保证，如果债权人未再重新主张，则保证人无须承担保证责任，对于连带保证，如果起诉状副本已经送达保证人，则视为债权人已经在保证期间内主张过权利。希望以上的内容能对大家有所帮助，感谢大家的关注！

合同僵局下合同解除规则的理解与适用

主讲人　吴慧琼

- 上海市第一中级人民法院商事审判庭商事合同审判团队负责人
- 三级高级法官
- 上海法院审判业务骨干
- 上海市第一中级人民法院领军人才培养对象
- 上海交通大学法学、金融学学士
- 上海交通大学诉讼法学硕士
- 主要研究方向民商法、诉讼法
- 在《中国应用法学》《法律适用》《东方法学》等期刊发表论文 20 余篇
- 参与编著《中国（上海）自由贸易试验区法律适用精要》等书籍
- 论文、案例分析在全国法院系统多次获奖
- 参与、执笔中国法学会、最高法院等多个课题
- 曾获上海法院系统个人三等功、调研先进个人、嘉奖等多项荣誉

主持人　程勇跃

- 原上海市第一中级人民法院商事审判庭一级法官助理
- 现上海市松江区人民法院商事审判庭审判员
- 华东政法大学民商法学硕士
- 主要研究方向民商法
- 案例分析、论文曾在全国法院系统、上海政法系统获奖
- 执笔多项市级调研课题，在期刊发表调研文章多篇
- 曾获上海法院第四届“十佳青年”、上海法院系统调研能手、一中天平奖年

度新人奖、嘉奖等

程：大家好，欢迎来到上海市第一中级人民法院微课程，我是程勇跃。今天要和大家分享的是合同僵局下合同解除规则的理解与适用，参与讨论的是商事审判庭审判长、三级高级法官吴慧琼老师，欢迎吴老师。

吴：主持人好，大家好！

程：我们都知道，《民法典》第 580 条第 2 款新增了违约方在“合同僵局”情形下请求合同解除的规则，那么这一规则应当如何理解和适用，就是我们今天的主题。首先，我们来看这样一个案例：

2016 年，甲公司向乙公司购买一批钢构件，总价 100 万元，约定合同订立时向乙公司支付预付款的 20%，全部交货后支付货物合同总金额的 60%，待验收完毕后支付剩余的 20%。此后，甲公司如约支付了 20 万元的预付款，但乙公司却仅交付了 50 万元的货物。至 2020 年，合同标的物的市场价格已远高于合同约定的单价，乙公司遂向法院起诉，请求确认合同已于 2016 年解除，并请求判令甲公司支付已交付货物的对应价款。

那么对于这样一个案例，吴老师您是怎么看的？

吴：这个案例，它其实是一个典型的违约方请求解除合同的案例。那么从合同的履行状况来看，我们可以看到，其实违约方是乙公司，甲公司其实作为守约方并没有通过诉讼的方式来主张合同的解除，而是由违约方乙公司提起的。

程：是的。

吴：这一情形看似不合逻辑，但背后却有着合理的行为动机。对于违约方乙公司来说，它其实并没有获得合同所约定的全部货款。

程：对，毕竟 50 万元的货物只收到了 20 万元的价款。

吴：但从另一方面来看，到起诉时，标的物价格已经远超合同订立时候的价格，因此乙公司自然迫切希望解除合同。而甲公司它不会有动力来主张解除合同。当然，本案最终我们是否能够支持违约方的诉请，还是需要结合《民法典》第 580 条第 2 款的规定来进行具体的判断。

程：我国《民法典》第 580 条第 2 款规定是在原《合同法》第 110 条的基础之上的一个新增规定，从条文变化来看仅仅是一个条款的增加，但却被认为是《民法典》合同编最为重要的修订，而且一直以来也受到了热烈的讨论。那么依您看，为什么会有如此高的关注呢？

吴：我想，这种关注一定程度上是源于这一规则的规范主旨和立法背景。首先，它是破除合同僵局的现实需要。在现实交易当中，确实存在债务人无法继续履行合同，而债权人拒绝解除合同，合同陷入僵局的情形，那么这一规则正是为了破解这一问题而诞生的。

程：是的，对这一点我们一线法官深有体会。

吴：是的。其次，这一规定也是为了解决制度供给不足这一难题。因为原来《合同法》第 110 条仅是赋予违约方对强制履行请求的抗辩权，合同并不因此而解除，这就无法涵盖实践当中合同僵局的情形，导致违约方缺乏相应的救济途径。

另外，这一规定也能够满足平衡公平、效率等基本价值的需要。在合同存续已无实质意义的情况下，如果仍旧继续维持合同的效力，将会导致损害的扩大以及社会资源的浪费，有违效率原则，同时也可能滋生债权人借助合同攫取对方利益的风险，违反公平原则。

程：吴老师刚才介绍的立法背景其实在一定程度上也说明了合同僵局下合同解除规则的正当性。当然，这一条款在赋予当事人打破合同僵局权能的同时，在具体的适用过程当中也需要严格地防范可能出现的滥用情形，避免在适用上产生“外溢效应”。

吴：这就要求司法机关在实际适用过程中要秉持理性克制的谦抑原则，准确理解规则的内涵和构成要件。

程：说到准确理解和适用合同僵局下合同解除规则，我首先想到的一个核心词汇就是“合同僵局”，那么到底“合同僵局”应当如何认定和识别呢？

吴：严格来说，“合同僵局”并不是一个经过严格定义的学术概念，它只是描述了这样一种情形，就是债务人由于自身丧失了履行能力而无法继续履约，请求以损害赔偿为代价来终止合同关系；但债权人又拒绝解除合同，要求维持已无法继续履行的合同的效力；由此，合同徒具其表已无实际意义，而陷入一种僵局的状态。

程：结合《民法典》第 580 条的规定，合同僵局情形首先是仅限于非金钱债务，同时还应当包含：（1）合同履行不能；（2）履行不能系因违约方原因所致；（3）守约方拒不行使解除权三个要件。

其中，合同履行不能又具体包括以下三种情形：法律上或者事实上不能履行；债务的标的不适于强制履行或履行费用过高；债权人在合理期限内未请求履行。

那么吴老师，对于这三种情形，您能不能为我们详细地展开一下。

吴：好的。第一种情形相对比较简单，它其实就是指基于法律禁止的不能或者事实上不能。那么第二种情形当中我们需要注意的就是，这里的债务标的不适用于强制履行，与《民法典》第581条所规定的不能强制履行是有区别的。第580条中所说的“不适于强制履行”应当视作一个严格的解释，一般就是指具有人身专属性或显著个性化，必须由债务人亲自履行的情况，那么第581条规定的情形不具有人身专属性，它是可以由第三人替代履行的。

程：那么这种差异我们是不是可以这样理解：比如说承运人在签约之后无理拒载旅客，此时法院虽然无法强制承运人来继续履行合同，但可以由具有同样资质和能力的第三人来承运，这就是第581条所规定的情形；而如果是定作人和知名画家签约来完成一幅肖像画，那么当画家违约时，定作人不仅不能要求画家来继续履行合同，同时因为特殊的艺术性也无法寻求他人来代为完成画作，这就是《民法典》第580条第1款第2项所规定的情形。

吴：你的理解非常准确。那么我们下面来看一下，第二种情形当中还包含了履行费用过高，在这里我们需要注意的就是，这里所规定的费用过高是将债务人的履行费用与债权人自履行当中所获得的利益相比较，而并非与债务人的利益相比较。之所以这样规定主要是基于诚实信用原则，如果债务的履行成本与债权人的给付利益之间极不相称，那么我们就不能合理期待债务人做出给付。

那么关于第三种情形，就是债权人在合理的期限内未请求履行，主要是指债权人在已知或应知债务人不履行后的一段合理的时间内没有要求实际履行。那么这个时候，债务人就有理由认为债权人可能不再要求履行。这一规定主要也是为了督促债权人积极行使履行请求权，以尽早结束债务人是否要履约的不确定状态。

程：我注意到这一项内容似乎和前面两项存在不同，在履行上并不存在障碍。那么作如此规定的原因又是什么呢？

吴：这个问题问得很好。在债权人长期未要求债务人履行之后，如果再允许债权人主张履行，就会使债务人一直置于某种不确定的状态，如果此时在市场上又出现了有利于债权人的情况，就会助长债权人不公平的投机行为，从而损害债务人的利益。

程：如此看来，这一规定的动因实际是防止债权人的机会主义行为。回到我们刚开始时分享的这个案例，守约方甲公司在合同约定的交货期满之后，长达4年的时间都没有向乙公司提出过任何权利主张，是不是也已经符合了“债权人在合理期限内未请求履行”的要件呢？

吴：你说得对。那么下面我们可以看一下合同僵局的第二个要件，就是履行不能是因为一方违约所致，这其实就排除了因不可抗力、情势变更所导致的履行不能。之所以这样规定，目的就是避免合同僵局下合同解除规则的滥用和不当的扩大。另外，我们还是要排除可归责于债权人一方的情形。比方说，标的物毁损灭失的时候，如果存在债权人迟延受领的情形，那么此时应当依照风险负担规则来认定，并不属于合同僵局下合同解除规则的适用范围。

程：这其实是与其他规则的协调适用问题。

吴：的确。那么合同僵局的第三个要件就是守约方必须拒不行使他的解除权。在这里特别要强调的就是，所谓的解除权应当是仅债权人享有的单方解除权，不包括法律规定或者合同约定的双方均享有的解除权的情形。比方说在委托合同中，双方当事人均享有法定的任意解除权，此时自然也不存在合同僵局适用的可能性。

程：回到刚才的这个案例当中，我们还看到一个非常有意思的点，违约方乙公司的诉请是请求确认合同已于 2016 年解除，而不是请求法院来解除合同。那么吴老师，对于这一点您又是怎么看的呢？

吴：你的观察非常仔细。这个诉请其实是可以理解的，因为合同解除的时间节点往往还会涉及后续损害赔偿的计算以及法律后果的处理。这实际上是涉及合同僵局下合同解除的性质和行使方式的问题。

程：对于合同僵局下合同解除的性质，或者说定位，我国学者对这一问题一直存在较大的争议，有观点认为《民法典》第 580 条第 2 款是违约方合同解除权，但也有观点认为是一种司法解除权，违约方仅仅是享有一种申请解除的程序性救济权利。这一观点的差异反映在司法实践中就体现为，违约方是否享有通知解除的权利，僵局合同的解除时间能否如同守约方合同解除权一样自通知到达对方时解除。对于这一问题，实践当中也有着不同做法。

吴：从我个人而言，单从文意理解来看，《民法典》第 580 条第 2 款的条文表述为人民法院或者是仲裁机构根据“当事人的请求”来终止权利义务关系，因此它并没有赋予违约方单方解除合同的权利。至于合同解除的时间，我想这个问题更应该结合解除后法律后果的处理来一并考量，从而实现实质公平与损害救济的平衡。

程：您刚才也提到了僵局合同解除之后的法律后果处理问题。对于这一问题《民法典》第 580 条第 2 款的规定是“不影响违约责任的承担”，但对于审判实践当中应当如何具体操作，并没有明确的规范性指引。有观点认为，从我国职权主义审判原则、减少讼累以及节约司法资源这三个角度出发，司法机关应当主动查明事实，在判令合同解除的同时对解除后果一并处理。对此，您是怎么看的？

吴：我认为这种做法有值得商榷的地方，因为它忽视了合同僵局下合同解除制度在司法适用上的特殊性。合同僵局下合同解除和损害赔偿责任的确定是两个不同的诉求，两者在事实依据上并不重合。合同僵局下合同解除审查的争议焦点在于履行是否存在障碍、是否会导致明显不公平的结果等客观要件事实，而损害赔偿责任的确定是需要考察当事人的过错、可预见程度等主观层面的要件，因此不适宜由法官主动依职权查明和裁判。

程：其实是两者之间审查的内容和侧重点不同。

吴：是的。在程序上我认为为了保证当事人的诉讼权利，法官应当对守约方进行释明，告知守约方可以要求赔偿，如果守约方在合同僵局纠纷当中提起了主张，那么应当一次性处理，但是如果守约方没有提起，那么应当告知其另行主张。

程：除了程序上的处理之外，还需要考虑的问题就是损害赔偿范围如何确定。僵局合同解除后法律后果的处理，仍然需要依照《民法典》关于违约责任的规定予以处理。那么在具体的金额认定上，有哪些需要考量的因素呢?

吴：我觉得应当结合损害赔偿的可预见性规则、减损规则、违约方过错程度等因素来进行综合判断，对守约方的损失予以弥补的同时，我们也要防范违约方通过破坏原有合同关系进行逐利的机会主义行为，实现二者之间的平衡。

程：好的，谢谢吴老师，您刚才已经对合同僵局下合同解除规则为我们做了一个体系性的梳理。需要说明的是，违约方合同解除的具体情形纷繁复杂，在我们的适用过程当中需要我们的法官秉持谨慎谦抑的原则，在破解合同僵局、避免守约方合同解除权被滥用的同时，还应当防范规则适用的不当扩大和违约方机会主义违约的发生，从而实现实质正义与损害救济的平衡。

好，以上就是今天的全部内容。再次感谢吴老师的精彩分享，也感谢大家的关注，再见。

《民法典》视角下格式条款的司法审查

主讲人　盛　萍

· 上海市第一中级人民法院民事审判庭民间借贷纠纷审判团队负责人
· 三级高级法官
· 上海法院审判业务骨干
· 韩国国际法律经营大学法学硕士
· 中国政法大学法学学士
· 曾于日内瓦世界贸易组织（WTO）及海牙国际法院（ICJ）交流学习
· 主要研究方向为民商法、诉讼法
· 发表专业论文 20 余篇
· 执笔的《涉台案件民事判决及仲裁裁决的认可和执行相关问题研究》等多项课题获上海法院系统重点调研课题优秀奖等多个奖项
· 曾获上海法院系统办案能手、调研能手、优秀、嘉奖、合议庭嘉奖等多项荣誉

大家好。我是上海市第一中级人民法院的盛萍。今天和大家交流的主题是，《民法典》视角下格式条款的司法审查。

生活中，我们对格式条款并不陌生：你去保险公司购买保险，或者你投入了楼市，要与开发商签订房屋买卖协议，对方往往会拿出一份早就准备好的合同，填上你的个人信息，签字、盖章，很快完成签订流程。此处的合同，往往就是采用格式条款订立的合同。

一方面，格式条款在节约缔约成本、提高交易效率方面具有积极作用。而另一方面，格式条款的消极作用也非常明显，它与契约自由精神存在一定程度的背离，对契约的实质正义也造成了一定程度的冲击。故而，立法与司法都应采取审慎的态度对格式条款进行规制。对此，之前的《合同法》及其司法解释已经有所体现，而本次《民法典》则以三个条款，即第 496 条至第 498 条集中规定的方式，对格式条款制度背后体现的权益平衡进行了整体的升级与完善。

今天，我们就从三个部分：格式条款的识别、格式条款的订入规则、格式条款的效力认定，来聊一聊《民法典》中关于格式条款规制的三个亮点。

一、格式条款的识别

准确识别出格式条款，是我们本次讨论的逻辑起点。那么，什么是格式条款呢?《民法典》第 496 条沿用了《合同法》第 39 条关于“格式条款”的定义，即格式条款是当事人为了重复使用而预先拟定，并在订立合同时未与对方协商的条款。

要精准识别出格式条款，就要把握格式条款的三大特征：预先拟定、重复使用、未经协商。

其中，“预先拟定”和“重复使用”是格式条款的形式特征。“预先拟定”很好理解，而对于“重复使用”是否应作为格式条款的特征，理论界和实务界一直有不同认识。尽管，《民法典》草案前数稿曾一度删去“重复使用”，但最终稿仍保留了该表述，这说明“为了重复使用”仍然是我国格式条款的重要特征。这样的特征，决定了格式条款的交易对象往往具有广泛性，多面向社会公众发出。

“未经协商”，或者说“无协商自由”，是格式条款的实质特征。格式条款的提供方不与对方当事人协商，对方当事人只能在合同订立时概括接受。这样的特征，决定了格式条款往往由占有优势的一方提出。

只有符合上述特征要件，才能被认定为格式条款。而准确识别出格式条款，我们才可以适用格式条款制度下相应的特殊规则。比如，接下来讨论的格式条款的“订入规则”。

二、格式条款的订入规则

首先，来看一个案例：

A 某向开发商 B 公司购买小区商品房，并签订了《商品房预售合同》。楼盘售卖时的宣传资料显示小区规划的是人车分流，并设有室外泳池。但后来 A 某得知：

该小区并非人车分流，而“室外泳池”，则系违法建筑，不能使用。A 某找到 B 公司交涉时，却被 B 公司告知，双方签订的《商品房预售合同》中明确约定了这一条款：“开发商保留对小区平面布局的修改权，宣传资料所载内容不列为合同的组成部分。”双方遂发生争议，协商未果。

那么，A 某可以采取什么样的救济途径呢？一种是传统路径，A 某主张该约定构成格式条款，要求确认格式条款无效，可以吗？当然可以，这就直接进入我们讨论的第三部分，效力评价的范围。除此以外，A 某有其他救济途径吗？如果 A 某主张 B 公司未提示说明该条款，其根本没有注意到该条款，要求不适用该条款，该主张能得到法院的支持吗？

我们认为，可以。《民法典》第 496 条规定，格式条款提供人应就与对方有重大利害关系的格式条款履行提示或者说明义务。如果提供格式条款的一方未履行提示说明义务，致使对方没有注意或者理解与其有重大利害关系的条款的，对方可以主张该条款不成为合同的内容。法律效果是对方可以主张该条款不成为合同的内容，学理上称之为“未订入合同”。而该条规则，也就被称为“格式条款的订入规则”。订入规则，是《民法典》关于格式条款成立认定的第一个亮点。

尽管《民法典》仅用短短的一句话就引入了订入规则，但其至少具有以下两个方面的积极意义：一是订入规则是格式条款规制的第一道门槛，直接从订立程序上排除不公平条款成为合同内容的机会。二是强化了对格式合同相对方的权利保护。当相对方提出“不构成合同内容”的主张成立时，相关条款则发生“未订入合同”的法律效果，从而根本无须进入效力评价的范围，也减少了当事人关于否定效力的举证责任。

那么，如何判断相对方关于“不构成合同内容”的主张是否成立呢？要回答这个问题，重点就在于审查格式条款提供方就重大利害关系条款是否已经尽到了提示说明义务。我们可以从提示说明义务的范围、履行方式以及履行标准三点加以把握：

首先，提示说明义务的范围：限于重大利害关系条款。哪些条款属于重大利害关系条款呢？我们可以看一下《民法典》第 470 条规定的合同一般应包括的要素。一般说来，标的，数量，质量，价款报酬，履行期限、地点和方式，违约责任，解决争议方法等条款均属于与对方有重大利害关系的条款。其中的减轻免除责任、加重限制对方权利的条款，当然属于有重大利害关系的条款。

其次，履行方式：应以合理的方式提示。此处，我们可以借鉴之前《合同法司法解释（二）》第 6 条第 2 款的规定，格式条款提供方采用“足以引起对方注意”的文字、符号、字体等特别标志对格式条款进行表示的，可以认为是采取了合理的方式。同时，由格式条款提供方对已尽合理提示说明义务承担举证责任。

最后，履行标准：应当是实质标准，换句话说提示说明在实质上要能够引起对方注意或能够使对方理解。需要特别说明的是，“未订入合同”并非未履行提示说明义务的当然后果。如果提供方未履行提示说明义务，但相对方注意到合同中有此类条款并且理解条款含义的，也无权主张该条款未订入合同。

订入规则的触发是由当事人启动的，必须由当事人提出主张，才能进入司法审查范围。这一点，与格式条款的效力认定不同。格式条款的效力认定，是由法院依职权审查的。下面，我们就进入格式条款制度的核心：效力认定。

三、格式条款的效力认定

首先，来看格式条款效力认定遵循的一般规则：依法成立的合同中的格式条款，与其他合同条款对合同当事人有同样的约束力，除非存在符合法律规定的无效情形。

《民法典》第 497 条以列举的方式，确立了格式条款无效的三种情形。需要说明的是，符合本条规定三种情形之一的格式条款，属于无效条款。即使格式条款提供方履行了提示说明义务，也不能构成无效豁免。

下面，我们分别来看这三种情形：

第一种情形：符合民事法律行为无效一般规定的格式条款无效。

归纳一下，主要包括四种类型：虚假意思表示；违反法律法规强制性规定、违背公序良俗；恶意串通，损害他人权益；造成对方人身损害的免责和因故意或重大过失造成对方财产损失的免责。实践中，可比照《民法典》相应条文予以适用。

第二种情形：不合理地免除或减轻己方责任、加重对方责任、限制对方主要权利的格式条款无效。

本次《民法典》规定的第二个亮点，即在《合同法》第 40 条规定的基础上，对免责、限责条款增加了“不合理”的限制。换句话说，“合理”地免除或减轻己方责任、加重对方责任、限制对方主要权利的格式条款，只要不具备合同无效情形，也是有效的。

那么，什么是“合理限制”呢？对于这一重要问题，《民法典》却没有规定。在相关司法解释出台前，我们可以尝试从体系解释与目的解释的角度，给出自己的思考。《民法典》总则部分规定了民商事领域的公平原则与诚信原则。同时，《民法典》第496条也明确规定，“提供格式条款的一方应当遵循公平原则确定当事人之间的权利和义务”。要判断具体格式条款是否合理，我们可以适用公平原则与诚信原则，结合当事人的类型、合同性质、合同目的、商业习惯等，个案审查该条款的约定是否导致双方权利义务过于失衡。

我们来看一个例子：

中介公司A与B某签订居间合同。格式条款中包含这样一条：消费者不得“跳单”。这显然是对消费者权利的一种限制。那么，这种限制合理吗？

我们认为合理。消费者利用了中介公司的信息和服务却绕开中介公司的“跳单”行为，有违公平与诚信原则。此处的限制是对消费者的合理限制，是对中介公司合法权益的保护，也有利于正常的交易秩序。所以，这种格式条款并非无效条款。实践中，若限制性格式条款系企业的合理化经营所必需，或免除的是一般过失责任，那么此类条款就应当有效。

第三种情形：排除对方主要权利的格式条款无效。

来看一个例子：

如果格式条款规定：“纠纷发生后，不得提起诉讼。”该条款有效吗？我们认为：无效。发生纠纷后，通过诉讼救济的权利是当事人的主要权利。该条款排除了对方的主要权利，应为无效。

《民法典》规定的第三个亮点，即在格式条款的无效认定中，保留了《合同法》中关于“排除对方主要权利”的情形，又在《民法典》第497条规定的第二种情形中增加了“不合理限制对方主要权利”的情形，逻辑上更为严密。此处，要注意二者的区别。“限制”意为约束，而“排除”意为除掉、消除，二者程度不同。“限制”对方主要权利的条款，需要进行我们刚刚讨论的“合理性”审查。而“排除”对方主要权利的条款则没有“合理性”的限制，当然无效。司法实践中，应注意精准把握。

好的，以上就是今天想和大家分享的全部内容。《民法典》关于格式条款规定的三个亮点，体现了法律作为一门公平而善良的艺术，在当事人权利义务平衡上的谨慎规制与有益探索。在格式条款的司法审查中，我们也应精准识别，并审慎适用相应的特殊规则，确保裁判品质。

感谢大家的关注，再见。

《民法典》调整下定金罚则的适用

主讲人 盛 萍

· 上海市第一中级人民法院民事审判庭民间借贷纠纷审判团队负责人

· 三级高级法官

· 上海法院审判业务骨干

· 韩国国际法律经营大学法学硕士

· 中国政法大学法学学士

· 曾于日内瓦世界贸易组织（WTO）及海牙国际法院（ICJ）交流学习

· 主要研究方向为民商法、诉讼法

· 发表专业论文 20 余篇

· 执笔的《涉台案件民事判决及仲裁裁决的认可和执行相关问题研究》等多项课题获上海法院系统重点调研课题优秀奖等多个奖项

· 曾获上海法院系统办案能手、调研能手、优秀、嘉奖、合议庭嘉奖等多项荣誉

大家好。我是上海市第一中级人民法院的盛萍。今天和大家交流的主题是，《民法典》调整下定金罚则的适用。

无论你是双十一直播间的“尾款人”，还是楼市中的交易方，生活中，相信大家对定金的概念并不陌生。作为一项普遍适用的金钱担保，定金在促进当事人信守承诺、提高交易效率方面具有积极意义。而定金特有的严苛的惩罚性质，则要求立法与司法以更为审慎的态度确保实质正义。对此，之前《担保法》《合同法》及相关司法解释已经有所体现。而本次《民法典》则以 3 个条款，即第 586 条至第 588 条集中规定的方式，对定金制度进行了系统的优化与完善。

今天，我们就从以下三个部分：定金的类型及特征；定金罚则的适用要件；定金与违约金、损失赔偿的适用关系，来聊一聊《民法典》视角下定金罚则的适用。

一、定金的类型及特征

什么是定金呢?《民法典》关于定金的概念表述只有一句话：“当事人可以约定一方向对方给付定金作为债权的担保。”换句话说，定金，系债务人向债权人作出的金钱担保，主要适用于合同债务。而学理上，定金的概念远没有《民法典》规定的如此简单。

（一）定金的类型

依据定金的不同性质与作用，学理上将定金分为不同类型，包括：成约定金、违约定金、解约定金、证约定金、立约定金等。我们来看一个案例：

· 案例 1

甲乙双方签订买卖合同，合同中约定了如下条款：“双方合同自交付定金时成立。合同成立时交付的定金作为双方合同履行之担保。在出卖人尚未交付标的物时，买受人可以抛弃定金以解除合同。”问：该合同约定的定金是什么类型的呢?

我们来看约定的第一条，以交付定金作为合同成立要件的，为成约定金。之前《最高人民法院关于适用〈中华人民共和国担保法〉若干问题的解释》（以下简称《担保法司法解释》）第 116 条，就是关于成约定金的规定。该约定的第二条，以定金担保合同义务的履行，为违约定金。之前《合同法》第 115 条，就是关于违约定金的规定。而约定的第三条，在定金交付后，当事人可以以丧失定金或双倍返还定金的方式来达到解除合同目的，为解约定金。之前《担保法司法解释》第 117 条，就是关于解约定金的规定。可见，该合同项下的定金，至少具备了成约定金、违约定金，以及解约定金三种性质。

学理上关于定金的分类不尽相同。之前的立法实践，也承认了定金种类的多样性。那么，本次《民法典》规定的定金罚则适用于哪种类型的定金呢?

我们认为，《民法典》系以违约定金为核心进行的规制。第 587 条确立的定金罚则，位于《民法典》合同编违约责任项下，从文义解释与体系解释的角度，应属于违约定金。随着《民法典》的出台，《合同法》《担保法》及其司法解释已经失去适用的空间。在新的司法解释出台之前，我们应该严格遵循《民法典》关于定金罚则的范围界定。对于当事人在进行定金约定时，未明确定金类型但包含违约定金性质的，应解释为违约定金。同时，正视实践中定金种类的多样性，对于当事人明确约定了其他类型，或者从文义表述可以认定为不属于违约定金性质的，从其约定。而我们接下来的讨论，如果没有特殊说明，也限于违约定金。

（二）定金的特征

《民法典》调整下的定金，具有以下三个特征：

1. 双向惩罚性

与保证、抵押、质押、留置等确保债权人一方利益的担保不同，定金对双方当事人均提供了履行保障。定金惩罚性的法律效果，可能发生在给付定金的一方，也可能发生在收受定金的一方。定金的双向惩罚性，将其与其他几种担保区别开来，是定金最本质的特征。

2. 实践性

与诺成合同经双方意思表示一致即可成立不同，定金具有实践性，或者说，要物性。《民法典》第 586 条第 1 款规定：定金合同自实际交付定金时成立。这是《民法典》对定金实践性属性进行的一个重要修正。换句话说，未实际支付则不形成定金合同法律关系，从而避免当事人规避定金交付义务。

3. 定额性

定金存在最高额限制，当事人约定的定金数额不得超过主合同标的额的 20%，从而避免双方承担过度惩罚的风险。而对于超出部分如何处理，《民法典》进行了明确规定，即“超过部分不产生定金的效力”。实践中，超出标的额 20%的部分，往往视为预付款。

二、定金罚则的适用要件

在把握了定金的概念和特征后，我们来看《民法典》第 587 条规定的定金罚则。从该法条可以看出，适用定金罚则的法律效果是严苛的：或者给付定金的一方无权请求返还定金；或者，收受定金的一方双倍返还定金。

那么，定金罚则的适用要件是什么呢？定金罚则的适用，需要满足以下四个要件：

（一）主合同有效且定金实际支付。这是由定金合同的从属性和实践性决定的。

（二）合同目的落空。只有违约行为致使合同目的无法实现时，才能适用定金罚则。这是《民法典》关于定金罚则适用的一大亮点。之前《合同法》及《担保法》中关于定金罚则的适用条件并无此要求，而《民法典》吸收了《担保法司法解释》第120条的规定，限缩了定金罚则的适用范围，对适用提出了更严格的要求，从而防止定金罚则被滥用。

那么，如何准确判断合同目的是否落空呢？我们来看一个案例：

· 案例2

A某与B公司签订买卖合同，由A某向B公司购买一辆宝马汽车。A某给付定金5万元。后，B公司逾期交付。A某主张B公司逾期交车，导致其欲将该车作为与妻子“结婚十周年的礼物”这一购车目的不能实现，遂诉至法院，要求对方双倍返还定金。那么，A某的主张能够得到法院支持吗？

我们认为，不能。

签订合同的动机，不等同于合同目的。买卖合同中，买方的目的，一般在于获得标的物。A某主张购车的目的是作为“结婚十周年的礼物”，但其在签约时并未将这一特殊目的告知卖方，故仍然属于内心动机，而不能作为合同目的约束卖方。

合同目的可以分为一般目的与特殊目的。一般目的是通过签订和履行某一类合同所能达到的基本的、共通性的目标与结果。而特殊目的千差万别，一般无法直接预判。对于是否符合合同目的的判断，应以普通交易方依据合同类型及交易惯例即可事先预判，无须特别声明为标准。对于特殊目的，需要合同一方向另一方“明示外化”，经对方接受才可以构成合同目的。否则，对双方不产生约束力。

（三）违约行为严重，构成根本违约。除完全不履行这一形态可以直接认定为根本违约外，对于不完全履行、迟延履行等违约形态是否构成严重后果，一般可以综合考量以下因素：

1. 违约的后果及损害能否得到修补。履行质量与约定严重不符，无法通过修理、替换、降价等方法予以补救的，构成根本违约。比如，约定的标的物是一级棉花，但交付的却是无法使用的次等品。

2. 违约部分的价值占整个合同的比例。部分履行合同，但该部分的价值与整个合同的价值相比占极小部分，对于另一方当事人无意义的，构成根本违约。比如，约定往工地交付100吨水泥，只交付了10吨。

3. 违约部分对合同目标实现的影响程度。部分履行，但未履行的部分对于整个合同目的的实现影响重大的，构成根本违约。比如，成套设备买卖，未交付关键零件致使设备无法运转。

4. 时间因素对合同目的实现的影响程度。迟延履行中，依照合同性质或当事人约定，不在特定期间履行就不能达到合同目的的，构成根本违约。例如，月饼供货迟延，赶不上中秋节销售等。

（四）违约行为与合同目的落空之间存在因果关系。我们来看一个案例：

· 案例 3

A 某与 B 房产公司签订购房认购书及补充协议，由 A 某支付定金 30 万元。后 B 公司并未按约定时间与 A 某订立《商品房预售合同》及办理网签手续。A 某诉至法院，要求 B 公司双倍返还定金。经法院向区住建委了解，因商住房项目管理问题，住建委决定对区内的包括 B 公司项目在内的商住房暂停办理网签手续，要求各房产公司对项目进行整改。故 B 公司可以办理网签的时间，比 A 某与 B 公司约定的时间推迟了半年。问：A 某的诉请，可以得到法院支持吗？

我们认为不可以。B 房产公司虽违约，但系因商住房项目行政管理措施所致，双方对此均无过错。因不可归责于双方的事由，导致购房合同未能订立的，出卖人只需将定金返还买受人，而无须承担双倍返还责任。这也与《最高人民法院关于审理商品房买卖合同纠纷案件适用法律若干问题的解释》的规定相一致。违约行为与合同目的落空之间不存在因果关系的，不适用定金罚则。

三、定金与违约金、损失赔偿的适用关系

定金，是违约责任的一种特殊表现形式，也是合同一方违约所造成损失的一种弥补。那么，定金与违约金、损失赔偿可以同时适用吗？对此，之前《合同法》及《担保法》并无明确规定。而本次《民法典》第 588 条，则清晰地界定了定金与违约金、损失赔偿的关系。

定金与违约金，应择一适用。当事人既约定了定金，又约定了违约金，如果一方违约，则对方享有选择权，可以选择适用定金或者违约金条款，但二者不能并用。因为定金具有金钱惩罚性，而违约金也具有惩罚性，如果同时并用，可能导致守约方获得不应获得的收入，有违公平原则。

而定金与损失赔偿，则可以同时适用。与违约金不同，定金的数额不得超过

主合同标的额的20%，且定金的适用没有像违约金那样可以酌情调整高低的空间。如果违约行为造成的损失超过定金罚额，怎么办呢?《买卖合同司法解释》第28条，曾表达了定金与赔偿损失可以并处的态度，但仅限于买卖合同。而《民法典》则将其扩大至所有合同类型，以法律的形式明确规定：定金不足以弥补一方违约造成的损失的，对方可以请求赔偿超过定金数额的损失。这既解决了定金罚额不足以保障守约方权益的困境，又避免了守约方获得超过其损失的利益，可以说是《民法典》关于定金规制的又一亮点。

定金，作为一项普遍适用的担保制度，具有典型的法律规制的属性。《民法典》关于定金罚则的规制，体现了法律在提升交易效率与保护当事人权益之间的谨慎平衡。我们也应认真研判，精准适用。

好的，以上就是今天想和大家分享的全部内容。感谢大家的关注，再见。

让与担保制度在审判实践中的理解与适用

主讲人　杨斯空

· 上海市第一中级人民法院民事审判庭建设工程案件审判团队负责人
· 三级高级法官
· 上海法院审判业务骨干
· 华东政法大学民商法学硕士、上海财经大学法学博士在读
· 上海法官学院兼职教师、上海外国语大学硕士课外教师
· 执笔、撰写的多篇文章在全国法院系统、上海法院系统获奖
· 在《人民司法》等刊物上发表论文近十篇
· 在上海高院公众号庭前独角兽开设专栏，发表各类裁判方法总结文章数十篇
· 曾获国家检察官学院举办的“2019 年度检察教育培训网络学院微课程”特等奖
· 荣获个人三等功两次、嘉奖多次、上海法院首届十佳青年等

大家好，我是上海市第一中级人民法院的杨斯空，今天与大家交流的主题是，让与担保制度在审判实践中的理解与适用。

《民法典》第 388 条第 1 款在《物权法》的基础上增加了“担保合同包括抵押合同、质押合同和其他具有担保功能的合同”的表述，极大缓和了《物权法》所确立的物权法定原则，将一些在实践中大量出现的“非典型担保”也纳入法律规制的范围。《民法典》在合同编分编中规定的所有权保留买卖、融资租赁、保理合同便是非典型担保的几种常见类型。今天与大家交流的是另一种涉及财产权利移转且没有在《民法典》中予以规定的担保合同——让与合同。

我们今天的交流将分为三个部分。第一部分是让与担保制度的概念与特征；第二部分是关于让与担保合同的效力及其认定；第三部分我们将讨论让与担保作为非典型担保物权的实现方式。

我们先来讨论第一个问题，什么是让与担保？

一、让与担保制度的概念与特征

根据通说，让与担保是大陆法系国家沿袭罗马法上信托行为的理论，经由判例学说所形成的非典型担保制度，其以当事人权利转移的方式达成担保信用授受目的为特征。

让与担保有广义和狭义之分。根据是否有关于回赎的约定，广义的让与担保，又可以分为买卖式担保和让与式担保。买卖式担保是指以买卖方式进行融资，并约定债务人在一定条件下可将该标的物回购，债权人对于担保物的权利仅有期待权；而让与式担保，是指债务人（或第三人）为担保债务清偿，将担保标的物的所有权移转给债权人，在债务清偿之后，标的物的所有权回归于担保人；如果债务届时未能得到清偿，债权人有权就担保物优先受偿。

而按照是否需要对担保物进行清算估价，让与担保又可以分为事前归属型的让与担保和清算型的让与担保。事前归属型让与担保，又称为流质型让与担保，指约定无须进行清算，担保物所有权就直接归属债权人用于偿债。而清算型的让与担保，指约定在债务人不能履行债务时，需要对担保物进行清算之后偿还债务的让与担保。

我国长期以来没有在法律层面上承认让与担保合同的效力，直到《九民会议纪要》首次对“让与担保”作了定义。虽然在《民法典》合同编中没有对该制度予以确认，但《民法典担保制度司法解释》第 68 条基本延续了《九民会议纪要》的规定，并对让与担保合同的定义、效力、实现方式均予以了较为具体的规定。从上述规定我们可以看出，我国对于让与担保的规定，既包括买卖型的具有回赎约定的让与担保，也包括信托性质的狭义让与担保。在实现方式的选择上，我国采取的是清算型的模式，即不认可流质型的让与担保。

由此，我们可以归纳出让与担保的一些特征：第一，让与担保具有从属性。虽然属于非典型担保，但是其设立的目的仍在于担保主债权的实现，仍要以当事人之间存在真实的债权债务关系为基础。第二，约定将标的物权利移转给债权人。债务人或第三人系为了担保的目的而将担保物的所有权转移给债权人，让与担保并不以转移占有为必要。第三，当事人之间具有“担保”原债权债务的真实意思表示。标的物的权利移转只是形式上的，而非双方真实的合同目的，债务人履行债务后，债权人应当返还标的物的所有权。第四，所担保的债权需要经过清算。在债务人未偿还债务时，债权人有权对财产折价或者以拍卖、变卖该财产所得的款项来偿还债务，但债权人不能未经清算直接取得担保物的所有权。

二、让与担保的合同效力及其认定

接下来，我们就进入今天讨论的第二个部分，让与担保的合同效力及其认定。

我们试举一个案例进行说明：

A 公司与 B 公司签订了一份《收购协议书》，约定 A 公司以 1500 万元的价格收购 B 公司的奶牛场及其附属设施，双方同时约定，一年内如果 B 公司资金周转困难的问题得到解决，B 公司愿意以 2130 万元的价格回购上述资产。如超过该期限，回购条款失效。签订当日，双方履行了合同，奶牛场也变更至 A 公司的名下。

后 B 公司以其与 A 公司签订的收购协议书名为买卖实为借贷，B 公司并无出售涉案资产的真实意思为由，请求法院确认《收购协议书》无效。B 公司称，1500 万元是其向 A 公司的借款，以涉案资产作为担保，回购款 2130 万元则是双方约定的还款本息的合计数。A 公司则不认可 B 公司的意见，A 公司认为双方之间形成的是买卖合同关系，且买卖的资产已经变更登记至 A 公司的名下，协议已经实际履行，不存在无效的情形。本案的争议就在于《收购协议书》的性质及效力。

本案争议的产生，是因为司法实践中长期对让与担保合同的效力存在不同意见。认为让与担保合同无效一直有如下三种观点：一是认为让与担保系当事人相互通谋的虚伪表示，有违民法意思表示的真实原则；二是有观点认为让与担保是一种脱法行为，违反了法律关于禁止订立流质契约的强制性规定；三是认为让与担保违反了物权法定原则而无效。

随着《民法典》的颁布和理论的发展，根据无效法律行为的转化原则，让与担保合同约定将标的物权利转移给债权人，仅仅属于外观的形式，当事人的真实意思仍在于设定担保，该担保的合意并不违反法律、行政法规的强制性规定，应认定为有效。而流质契约的约定只影响到让与担保实现的方式问题，并不影响当事人就担保部分的真实意思及效力。至于物权法定原则，显然《民法典》已经对该原则作出了缓和规定，并且，根据物权效力与合同效力相区分的原则，即使违反了物权法定原则也不会影响到合同的效力。

所以，《九民会议纪要》及《民法典担保制度司法解释》均在一定条件下确认了让与担保的合同效力。对于让与担保合同的识别及认定，在审判实践中仍有以下三点需要我们注意。

第一，让与担保约定应在原债务履行期限届满前所达成，否则有可能成立“以物抵债”协议，在性质上属于新债清偿。

第二，让与担保合同的审理，仍需审查原债权债务关系，即使担保财产已经完成了形式上的转移，但登记权利人并非该财产的真实权利人，其要求确权或交付担保财产的诉求不能得到支持。

第三，让与担保可同时约定回赎条款，但回赎约定仍然要受到流质契约的约束。如果债务人未能履行回购义务，债权人仍需经过清算后对财产折价或者以拍卖、变卖该财产所得价款偿还债务。

让我们回到前述案例，根据《收购协议书》的内容，可见双方并不存在买卖房屋的真意，双方的约定符合让与担保的基本形式，《收购协议书》应认定为有效。当然，A 公司关于其已经取得奶牛场所有权的抗辩也缺乏依据，虽然双方未约定若 B 公司无力还款，涉案资产将如何变现用于清算，但并不表示双方之间的法律关系就此转变为买卖合同关系，A 公司也不能以买卖合同已经履行完毕为由主张取得涉案资产的所有权。

三、让与担保合同的实现方式

刚才我们讲了让与担保合同的效力及其识别，接下来，我们进入今天的最后一个部分，关于让与担保合同如何实现担保物权效力的讨论。我们同样举一个案例加以说明：

A 系涉案房屋原产权人，A 与 B 签订《承诺书》一份：约定 A 将涉案房屋暂时以抵押的形式过户至 B 名下，B 则拿出 40 万元借给 A 用于替其子 C 偿还其所欠债务，所借款项按银行贷款利率计息，在所借款项连本带息全额还清之后，B 将系争房屋恢复登记至 A 名下。

随后，A 与 B 便签订了《上海市房地产买卖合同》，约定 A 将涉案房屋出售给 B，转让价为 60 万元，双方未约定付款和交房的时间。上述合同签订后，B 并未向 A 支付 60 万元房价款，但双方仍然办理了过户登记。过户之后，A 与其子 C 仍然居住于涉案房屋内。之后，A 未能向 B 偿还债务，于是 B 又与 D 签订了房屋买卖合同，以 122 万元的价格进行出售，并将房屋所有权变更登记至 D 的名下，但 B 仅向 A 转付了 20 万元的购房款。于是，A 将 B 诉至法院，请求法院确认双方之间签订的《上海市房地产买卖合同》无效并要求判令 B 赔偿其房屋差价款 102 万元。

A 在庭审中确认将房屋出售是双方共同协商的结果，但 A 认为其早已向 B 清偿了债务，也就是说双方对原债权债务的清算存在异议。

本案属于典型的让与担保，双方虽然达成了形式上的房屋买卖合同，但并不存在房屋买卖的真实意思，房屋过户仅仅是为了给尚未届满的借贷债务提供担保，所以 A 与 B 之间签订的《上海市房地产买卖合同》属于虚假的意思表示而无效，但双方之间关于让与担保的合意是真实有效的。本案的争议是，在 A 未能履行债务的情况下，B 应如何实现让与担保合同目的呢?

结合前述司法解释的相关规定，当债务人不履行到期债务时，对于债权人如何实现让与担保，我认为可以归纳如下几点注意事项。

第一，债权人必须完成财产权利变动的公示才能就该财产依据担保物权的规定优先受偿。让与担保虽然属于非典型担保，但在主张优先受偿的物权效力时，仍应当遵守物权法定原则，非经登记，不产生物权的效力。

第二，债权人仅取得担保物的权利外观，在未取得真实权利人授权的情况下，其对于担保物的处分属于无权处分。

第三，债权人负有对原债权债务已经清算的举证责任。法律赋予了债权人对担保财产折价或者以拍卖、变卖所得价款偿还债务的权利，故债权人也有义务对其债权的具体范围及是否清算进行说明，由其承担举证责任。

第四，债权人负有返还担保物剩余折价款的义务。让与担保以实现债权为目的，当债权人的债权已获清偿时，所剩余的折价款理应返还给债务人。

我们回到刚才的案例，在 A 未能履行债务的情形下，A 与 B 均有权要求将涉案房屋变卖后的折价款用以偿还债务。B 的债权获得清偿后，其应将变卖该房屋所得剩余部分房款返还给 A。而变卖款是否已足以清偿 B 的债权，对此则应由 B 承担举证责任，法院可在查明 A 与 B 之间债权债务的具体数额后，判决 B 将清偿债权后的剩余购房款返还给 A。

四、课程小结

以上就是我们此次微课程的全部内容了。我们讨论了关于让与担保制度的概念特征、效力认定和实现方式，以及在司法实践中的理解和适用。需要指出的是，让与担保作为非典型担保，仅靠现有的法律规定尚无法解决实践中所产生的全部问题，在审理此类纠纷时，应注意区分让与担保与其他制度之间的区别和联系，尽力还原当事人的真意，作出符合当事人预期及利益的判决。感谢您的关注，再见。

合同僵局的救济与裁判

主讲人　敖颖婕

- 上海市第一中级人民法院商事审判庭审判长
- 三级高级法官
- 复旦大学法律硕士
- 主要研究方向民商法
- 执笔、参与的课题被评为上海法院重点调研招标课题优秀奖
- 撰写的论文曾获全国法院系统学术讨论会二等奖
- 在国家级、省市级报刊发表调研文章、案例 10 余篇
- 多次获评上海法院优秀裁判文书、上海法院示范庭审、上海法院精品案例
- 曾获上海法院系统个人二等功、三等功、集体一等功等荣誉

大家好，我是上海市第一中级人民法院的敖颖婕。

今天想跟大家分享的话题有关合同僵局。我将为大家介绍如何理解合同僵局、司法裁判为破解合同僵局所进行的尝试和观点冲突、《民法典》第 580 条第 2 款的诞生和具体适用这三个方面的问题。

一、如何理解合同僵局

任何听起来奥义无穷的概念都肇始于现实问题解决的需要。我们从一个案例开始。这是我院去年审理的一起未成年练习生与经纪公司解约的真实案件。

· 案例 1

2017 年的暑假，某经纪公司与尚未成年的小钟以及小钟的父母签署了一份艺人合同，期限 11 年。后小钟于 2018 年暑假结束后返回原籍就读普通高中。2018 年 8 月，小钟委托律师向经纪公司发函解除合同。2019 年 2 月，小钟起诉到法院，请求判令解除这份艺人合同。

在这份合同中，小钟确实是违约方。但合同履行到这里，小钟想要继续学业，因此提出解约，而经纪公司又不愿解除合同，双方陷入了僵持。这个案件的裁判结果，让我们暂且留个悬念，稍后再揭晓。

我们首先来探讨的第一个问题是，什么是合同僵局。简而言之，合同不能履行、债务不适于强制履行、履行费用过高等场合，债务人虽已构成违约，债权人本有解除权却有意不行使，背离诚信、公平及禁止权利滥用诸项原则，合同存续下去，债务人仍负给付义务乃至违约责任，显失公平。① 陷入这种境况下的合同关系就被称作合同僵局。

那么，合同僵局有哪些情形呢？以实际履行为审视的基点，主要有以下四类情形。一是合同已经不能履行；二是合同不适于强制履行；三是合同履行的费用过高；四是债权人在合理期限内未请求履行，经催告仍然如此。②

但需要注意的是，并非所有存在履行障碍的合同都会形成僵局。在合同有效的前提下，合同僵局有以下三个方面的特征。第一，无解除权人已明确表示不愿意继续履行合同主要义务，通常表现为要求解除合同。第二，未完成的合同义务不能或者不适合持续强制履行，且这种履行不能状态从一般意义上已经失去了消除障碍的可能。第三，有解除权人坚持不行使解除权。③

那么，以我们开始提到的未成年艺人要求解约的案件为例，能否适用法定解除权中的不可抗力情形或者援引情势变更原则来破解这样的合同僵局呢？

一起来回顾不可抗力和情势变更的定义。

不可抗力是不能预见、不能避免且不能克服的客观情况④。也就是说，当事人的客观违约行为是存在的，在责任承担时，可以理解为因不可抗力阻却了其违法性。

情势变更，则是指合同有效成立后，因当事人不可预见的事情的发生或不可归责于双方当事人的原因发生情势变更，导致合同的基础动摇或丧失，若继续维持合同原有效力有悖于诚实信用原则显失公平时，应允许变更合同内容或解除合

① 崔建远：《关于合同僵局的破解之道》，载《东方法学》2020 年第 4 期，第 107 页。

② 崔建远：《关于合同僵局的破解之道》，载《东方法学》2020 年第 4 期，第 109 页。

③ 茆荣华主编：《〈民法典〉适用与司法实务》，法律出版社 2020 年版，第 434-435 页。

④ 见《民法典》第 180 条第 2 款。

同的法理。[①] 情势变更原则，已由《合同法司法解释（二）》第26条固定下来，它也被视为最早上升到规范层面的合同司法解除制度[②]。

但是，无论是不可抗力还是情势变更，强调的都是不可归责于当事人的事由，从而构成契约信守原则的例外制度。

我们知道，在违约的情况下，只有守约方才享有合同解除权，这是较为普遍的认知。无论是从我国《合同法》立法的背景还是体系解释的角度出发，都指向这一结论。所以，当我们案例1中的小钟以违约方的身份要求解除合同时，既不能行使不可抗力情形下的法定解除权，也不能援引情势变更的相关规定。

在理解合同僵局时，更容易与之产生混淆的是情势变更。我们来看情势变更成立的要件。一是合同成立以后交易基础条件发生了重大变化，因此是基于客观原因而不存在当事人主观违约的情形。二是发生情势变更时，合同尚能履行，只是这种履行会带来显失公平的结果，并不当然导致合同目的无法实现。三是双方当事人对情势变更均无过错。因此，情势变更情形下解除合同的法律后果，当事人无须承担违约责任，法院将情势变更带来的不利风险在当事人之间予以分配。

二、司法裁判为破解合同僵局所进行的尝试和观点冲突

正是由于此前我国《合同法》并未规定违约方的解除权，合同僵局的破解需要诉诸法官在现实情境下进行法律的续造。

所以，接下来的第二个案例，是最高人民法院2006年公报案例，新宇公司诉冯玉梅商铺买卖合同纠纷案。

· 案例2

新宇公司建成时代广场，后与150余户小业主分别签订商铺买卖合同，冯玉梅是业主之一。由于时代广场购物中心经营不善停业。新宇公司欲对时代广场的整体布局、经营方向等进行全面调整，遂与小业主们解除合同收回商铺，并着手施工。但冯玉梅拒绝解除合同，双方僵持不下致使整个购物中心整改方案搁浅，面积为6万平方米的时代广场因此闲置。新宇公司为此诉至法院要求解除合同。

---

① 韩世远：《合同法总论》，法律出版社2018年版，第488页。

② 肖建国、宋史超：《〈民法典〉合同司法解除规则的程序法解读》，载《浙江社会科学》2020年第12期，第47页。

那么法院最终的判决是什么呢?

一审判决确认合同解除，同时判令新宇公司在解除合同后，除返还冯玉梅购房款、商铺增值款外，另补偿48万元。

二审维持了一审判决，并进一步阐释，当违约方继续履约所需的财力、物力超过合同双方基于合同履行所能获得的利益，合同已不具备继续履行的条件时，为衡平双方当事人利益，可以允许违约方解除合同，但必须由违约方向对方承担赔偿责任，以保证对方当事人的现实既得利益不因合同解除而减少。

这是对于合同僵局在司法实践中最早出现也是最具有指导意义的一个回应。它也引起了理论界和实务界的广泛关注。

对违约方合同解除权持“有限肯定说”的观点，立场鲜明地维护效率[①]，认为赋予违约方合同解除权以化解合同僵局，避免社会财富的浪费或者资源的闲置。[②]“否定说”认为，这实际上是将合同是否继续履行完全交由违约方决定，这必将出现对合同严守的破坏并产生严重的道德风险。[③]还有观点对经济学理论中帕累托最优规则的效率违约制度出现在判例中持谨慎态度，认为这样容易造成机会违约。[④]

这是我跟大家分享的第二部分内容，对于破解合同僵局，司法裁判作出的尝试和突破，以及由此产生的对违约方能否享有合同解除权展开的探讨。

三、《民法典》第580条第2款的诞生和具体适用

接下来我们进入第三部分内容。

《民法典》第580条第2款的“横空出世”，正是为了解决困扰司法实务已久的合同僵局法律适用困境。

先来看条款的具体规定：有前款规定的除外情形之一，致使不能实现合同目

---

① 所谓的“效率”，在经济学理论中应当符合帕累托最优规则，即从一种状态到另一种状态的分配变化过程中，在没有使得任何一方情况变得更坏的情形下，应当使得当事人（至少其中一方）变得更好。见王秋阳：《民法典“违约方申请解除合同权”的内涵及制度价值》，载《上海法学研究》集刊，2020年第11卷，第85页。

② 孙国良：《违约方合同解除的理论争议、司法实践与路径设计》，载《法学》2019年第7期，第40页；刘承韪：《民法典合同编的立法建议》，载《法学杂志》2019年第3期，第20页。

③ 王利明：《论合同僵局中违约方申请解约》，载《法学评论》2020年第1期，第32页。

④ 王秋阳：《民法典“违约方申请解除合同权”的内涵及制度价值》，载《上海法学研究》集刊，2020年第11卷，第85页。

的的，人民法院或者仲裁机构可以根据当事人的请求终止合同权利义务关系，但是不影响违约责任的承担。

其实这个条款的诞生经历了一番曲折。我们知道第580条第1款来自《合同法》第110条，它规定了非金钱给付之债请求实际履行的除外情形，第一，法律上或者事实上不能履行；第二，债务的标的不适于强制履行或者履行费用过高；第三，债权人在合理期限内未要求履行。

这个条款是一项排除履行规则。但在具体适用中遇到的问题是，如果违约的债务人已无法履行合同，他只能根据《合同法》第110条对抗债权人的实际履行请求。而我们知道抗辩权的属性是消极、被动的。如果守约方并没有要求继续履行，基于继续履行的被动防御权利就没有了用武之地。也就是说，发生合同僵局时，守约方有解除权但不行使，而违约方并不享有合同解除权。

制定中的《民法典》尝试回应实践需求。草案合同编二审稿第353条第3款这样规定：合同不能履行致使不能实现合同目的，有解除权的当事人不行使解除权，构成滥用权利对对方显失公平的，人民法院或者仲裁机构可以根据对方的请求解除合同，但是不影响违约责任的承担。

然而这个条款一经公布，就引起了理论界的热议。有专家学者提出，这一规定的出发点在于解决实践中存在的由于合同不能履行而导致的僵局问题，但规定违约方可以申请解除合同，与严守合同的要求不符。三审稿删去了这个条款。但合同僵局的破解问题始终是《民法典》的题中应有之义。

与此同时，为了解决司法实务中的困境，最高人民法院《全国法院民商事审判工作会议纪要》，也就是我们所称的《九民会议纪要》第48条的出现，直接对治合同僵局。这个规定一方面明确违约方不享有单方解除合同的权利。另一方面则对一些长期性合同如房屋租赁合同履行过程中形成合同僵局时，支持违约方可以起诉请求解除合同的情形进行了规制。同时强调，法院判决解除合同的，违约方本应当承担的违约责任不能因解除合同而减少或者免除。

到这里，我们回到今天最开始分享的案例1。

对于这份双方各执一词的艺人合同是否可以解除，一审认为，小钟主张法定解除缺乏事实依据，因此判决驳回小钟的全部诉请。小钟提起了上诉。

我们先揭晓大家最关心的终审判决结果。二审支持了小钟解除合同的诉讼请求。二审法院认为，从保障小钟受教育权的出发点考量，继续履行对其显失公平。某经纪公司已经知晓小钟愿意赔偿而不愿继续履行，仍坚持不同意解除合同，应当认定有违诚信原则，合同履行已经形成僵局，应支持小钟解除合同的请求。合同解除后，当事人认为合同对方存在违约行为造成其损失的，可另行主张。

这个案件的裁判结果发生在《民法典》施行之前，但这为我们提炼合同僵局时，违约方进行救济的条件审查提供了参考。综合《民法典》第 580 条和《九民会议纪要》第 48 条的规定，可以归纳出这样几个适用条件。一是违约方起诉解除合同主观上并无恶意。二是不能实现合同目的且强制违约方继续履行合同对其显失公平。三是守约方继续履行合同违反诚实信用原则。最后，值得一提的是，违约方在满足一定条件时能够主张终止合同权利义务，但是同时需承担违约责任等后果，以保障守约方不因合同终止而导致预期利益损失。所以，我们法院如果审查后认为符合合同权利义务终止条件的，还需释明守约方仍有权要求违约方承担相应的违约责任。[①]

回到我们的《民法典》第 580 条第 2 款，我们不能将这个条文直接理解为赋予违约方以合同解除权。其实从这个条款最终安排的章节、采用的措辞中我们都能够体察到立法旨意的一些端倪。第一，这个条款出现在违约责任章节，而非合同权利义务终止这一章节，意味着从《合同法》的体系来说，它属于违约救济的措施之一。第二，条文表述为“不影响违约责任的承担”，进一步说明它是与其他违约救济形式并列的。第三，强调根据当事人的请求，意味着它是一项形成诉权，必须请求公权力机关作出裁判，与通常解除权作为形成权行使方式上有所区别。第四，这里说终止合同权利义务关系，通常理解为不具有溯及力。因此这个条文的设置，并非一般意义上直接赋予违约方以合同解除权。

规则因社会生活的实际需要而创设，亦将通过裁判经验的积累而成熟。

好的，今天我们关于发生合同僵局时的救济与裁判问题就分享到这里。感谢关注，再见。

① 陆卫民主编：《2020 年上海市第一中级人民法院案例精选》，人民法院出版社 2020 年版，第 234-242 页。

网络侵权中网络服务提供者的责任认定

主讲人 叶 佳

· 上海市第一中级人民法院民事审判庭审判员

· 三级高级法官

· 上海法院审判业务骨干

· 厦门大学法学学士、同济大学民商法学硕士

· 主要研究方向民商法、劳动法

· 主审案件曾获全国法院系统优秀案例二等奖、上海法院系统优秀案例与示范庭审

· 担任执行副主编出版《劳动争议典型案例及裁判观点》一书

· 在《人民司法》等重点期刊上发表论文 10 余篇

大家好，我是上海市第一中级人民法院的叶佳。今天和大家讨论的主题是网络侵权中网络服务提供者的责任认定。今天的交流分为三部分：基本内容、单独责任、连带责任。

一、基本内容

我们先看第一部分：基本内容，对一些概念和定义进行介绍。

首先，网络侵权，指发生在网络空间或借助网络技术的各种侵害他人民事权益的行为，如在网络上发布侮辱他人的不实言论。其次，网络侵权行为损害的权益类型，主要包括民事主体的人格权、财产权益、知识产权等。最后，侵权主体，包括网络用户与网络服务提供者。我们今天主要讨论的是后者，网络服务提供者在发生网络侵权时的责任认定。

下面，我们来看一下什么是网络服务提供者。网络服务提供者可以分为内容服务提供者和技术服务提供者。内容服务提供者向用户提供的是信息、商品等内容服务。该类主体，应当对其编辑、组织、展示的信息或商品的真实性、合法性负责，确保不侵害他人合法权益。反之，其应承担侵权责任。技术服务提供者则为用户提供接入、缓存、存储、搜索以及链接等技术支持。该类主体，只是提供传输通道或展示平台，相关内容由网络用户提供，故一般不对权利人单独承担责任，但如果因为其过错为他人的侵权行为提供了技术帮助，须对权利人承担连带责任。实践中，我们要注意网络服务提供者提供的服务有可能具有双重性，如某些视频网站，既有自己制作的网剧，也有他人上传的视频。我们应当根据系争内容来固定服务类型，进而确定责任类型。

二、单独责任

接下来我们讨论第二部分，网络服务提供者自身实施侵权行为而应承担的单独责任。

《民法典》第 1194 条对此进行了规定。当网络服务提供者利用网络侵害他人民事权益时，应当承担侵权责任。但具体行为是否侵权，应结合侵权行为的构成要件以及所侵害法益的相关规定进行认定。司法实践中，对于责任主体的固定分为直接认定与间接推定两种情形。

· 案例 1

赵某主张 A 网站出售的某商品侵犯其肖像权。A 网站则主张，其仅是线上销售平台，B 公司是实际销售商。经查，该商品的展示页面显示是 A 网站的自营商品。依此，我们认为 A 网站的抗辩不能成立，赵某根据商品外观有理由相信，A 网站就是销售商，提供的是内容服务。如果商品侵权，赵某可要求 A 网站单独承担侵权责任。

该案例就是通过服务外观直接认定服务类型，并进而确定网络服务提供者实施了侵权行为。但在外观不明显的某些情形下，还可以根据证据规则进行推定。

· 案例 2

A 网站与 B 网站都是知名社交网站。A 网站主张 B 网站用他人名义发布诋毁其商誉的内容，构成不正当竞争。B 网站抗辩，是案外人发帖。经查，发帖人是 B 网站的认证用户，而 B 网站拒绝提供发帖人信息。这种情况下，A 网站的诉请是否能够得到支持呢？

我们认为，当双方对实际侵权人发生争议时，需要进行实质性审查。从举证能力上，网络服务提供者更有途径提供接受其服务的“实际侵权人”信息，可向其分配举证责任，要求予以披露。

如果其拒不披露，可运用穿透式思维，审查网络服务提供者就是实际侵权人的可能性。可以从以下两个方面来进行考量：（1）不提供信息的理由是否合理；（2）双方是否存在利害关系。

回到本案，发帖人是 B 网站的认证用户，相较于一般的注册用户，该网站掌握更多信息，有能力予以披露，故法院向其分配举证责任并释明拒不提供的不利后果。但是 B 网站拒绝提供，理由是：个人信息保护。我们认为如果行为构成侵权，仅信息保护并非拒绝提供的合理理由。两家公司存在竞争关系，B 网站确实存在侵权的主观可能性。据此，可运用证据规则推定 B 网站就是实际侵权人，单独承担侵权责任。

三、连带责任

现在我们讨论第三部分，网络服务提供者的连带责任。当网络服务提供者提供的是技术服务时，其对网络用户侵权行为的帮助，会导致对权利人承担连带责任。根据其是否知道侵权行为，分别适用“知道规则”或“通知规则”。当网络服务提供者知道侵权行为时，其应将相关内容“取下”，如未依法采取措施，则就“知道”后的损害承担连带责任。如网络服务提供者不知道侵权行为，但在权利人有效通知后，也应将相关内容“取下”，如未依法采取措施，则就“通知”后的损害承担连带责任。

我们先看“知道规则”。《民法典》第 1197 条对此进行了规定。

该条采用过错责任的归责方式，考察行为人主观对侵权行为是否知道。同时，该条对原《侵权责任法》第 36 条第 3 款进行了修改，增加了“应当知道”的情形，规定了网络服务提供者一定的注意义务，在其具备相应注意能力的情况下，应当或者能够认识到侵权行为的发生。对于知道的内容，我们认为包括行为的发生以及行为的性质。在该规则下，网络服务提供者将承担连带责任。

也就是说，如果网络服务提供者在主观上有过错，其未能采取必要措施的不作为可认定构成帮助侵权，就知道或者应当知道侵权行为发生起所产生的损害与网络用户承担连带责任。

如何来判断“知道或者应当知道”的主观状态呢？

· 案例 3

某电影上映不久，钱某就将录播视频上传至 A 网站，该帖迅速成为热帖并被置顶多日。版权方 B 公司要求 A 网站与钱某承担连带赔偿责任。A 网站则主张其不知情。该抗辩是否能够成立？

这就需要我们对 A 网站的认知状态以及认知能力进行审查，以认定其是否“知道或者应当知道”。

就是否“知道”这一主观状态而言，虽然可以通过行为人的明确表示等直接证据予以证明，但该种举证方式往往存在困难。实践中，也可以通过行为人的具体行为等间接证据来“推定知道”；而对于“应当知道”则需通过界定注意义务的内容、范围以及注意能力的大小来审查“应当”的合理性，以一般理性人的认知状态或注意义务作为判断标准。

《最高人民法院关于审理侵害信息网络传播权民事纠纷案件适用法律若干问题的规定》第 9 条对网络服务提供者是否“知道”提供了判断指引，如果网络服务提供者存在该条所列 7 种情形中的认知、能力、行为时，可综合进行考量，推定其主观状态。

本案中，虽然不能苛求 A 网站知道所有网帖内容，但根据其置顶行为，可以推定最迟于此时已经知道视频被上传至平台。而该视频是对热映电影的录播，按照一般标准及经验法则，A 网站有能力对视频是否盗版进行判断。因此，可“推定”A 网站“知道”侵权行为的存在。因其未及时采取措施，应承担连带责任。

接下来，我们来看“通知规则”。如权利人认为无法证明网络服务提供者存在主观过错，可发出侵权通知，网络服务提供者在接到有效通知后，应当转送并采取必要措施，否则将就扩大的损害承担连带责任。《民法典》第 1195 条作了较为详细的规定。

适用该规则，首先，应审查权利人是否进行有效通知，权利人发出的通知应当包括侵权的初步证据以及权利人的真实身份信息等要素。

其次，应审查网络服务提供者是否及时转送通知并及时采取必要措施。在这里，网络服务提供者扮演着何种角色，是“信使”还是“裁判”？有观点认为，网络服务提供者并无裁判权，只能传递信息，不应对通知或反通知的真实性进行实质审查。而我们认为，为规制恶意投诉、便捷处理纠纷、净化网络环境，对合理的创新做法，可予以必要的尊重；但网络服务提供者不应对权利人设置不合理的投诉条件。如审查超过了必要限度，导致损害扩大，应承担连带责任。

· 案例 4

这是最高人民法院第 83 号指导案例。A 公司向 B 公司投诉，C 公司在线销售的烧烤炉侵犯了其专利权，A 公司提交了包含商品链接、侵权分析、技术比对等投诉材料，B 公司仍以上述材料不够详细以及未提供购买凭证为由，未将通知进行转达。法院认为，B 公司设置的投诉规则过于严苛，A 公司的投诉已构成了有效通知。B 公司在接到通知后，未履行转交义务、未采取必要措施，导致损害扩大，应承担连带责任。我们认为，网络服务提供者应保证投诉的通畅，而不应成为信息的黑洞。

另外，与“通知—取下”程序相配套，《民法典》第 1196 条设置了“反通知—恢复”程序。权利人经网络服务提供者向网络用户送达侵权通知，基于权利对等原则，网络用户也享有不构成侵权的抗辩权。抗辩意味着对权利主张的反驳。网络用户亦应提供不侵权的初步证据及真实身份信息。网络服务提供者对声明的有效性也应按相同标准进行审查，并依法履行转送、恢复义务。违反上述义务，就权利人的错误通知，所造成网络用户的损失，需承担违约责任或根据过错承担侵权的按份责任。

需要注意的是，反通知系网络用户的权利而非义务，网络用户在接到通知后，是否提交声明，并不影响网络服务提供者根据权利人的有效通知，及时采取必要措施。

无论是适用“知道规则”还是“通知规则”，都需要网络服务提供者采取必要措施以及时止损。而措施的采取，应遵循比例规则，以保全或消弭所涉内容为限。比如，孙某在 A 网站销售的电视机被投诉侵权，那么 A 网站采取的必要措施也仅能针对电视机，不能将其他的电器下架；否则，须对超出比例的处理所造成的损害，对孙某承担责任。

四、课程小结

最后，我们做一个小结。对网络服务提供者的责任认定，首先，应区分所提供的服务类型；其次，在技术服务的情形下，应辨明主观状态以适用不同规则；再次，审查所采取的措施是否及时、合理、必要；最后，确定有无责任，以及责任的类型、范围。

用人单位用人者责任的司法认定

主讲人 叶 佳

· 上海市第一中级人民法院民事审判庭审判员
· 三级高级法官
· 上海法院审判业务骨干
· 厦门大学法学学士、同济大学民商法学硕士
· 主要研究方向民商法、劳动法
· 主审案件曾获全国法院系统优秀案例二等奖、上海法院系统优秀案例与示范庭审
· 担任执行副主编出版《劳动争议典型案例及裁判观点》一书
· 在《人民司法》等重点期刊上发表论文 10 余篇

大家好，我是上海市第一中级人民法院的叶佳。今天和大家讨论的主题是用人单位用人者责任的司法认定。今天的交流分基本内容、对外责任、对内责任、其他情形四个部分。

一、基本内容

我们先进入第一部分内容，对具体条文、相关概念和背后法理进行介绍。

《民法典》第 1191 条规定了，用人单位因工作人员执行工作任务致人损害而承担的用人者的侵权责任。本条用人单位责任与《民法典》第 1192 条个人劳务责任一并，构成了《民法典》侵权责任编关于用人者特殊侵权责任的规定。

用人者责任又称雇主责任或使用人责任，狭义的是指被使用者因执行使用任务，造成他人损害，而由用人者依法承担的侵权责任，即对外责任；广义的是指除包括对外责任外，还包括被使用者因执行使用任务导致自身遭受损害而由用人者承担的侵权责任，即对内责任。

我国法律及司法解释对用人者范围与责任的确立，从2003年《最高人民法院关于审理人身损害赔偿案件适用法律若干问题的解释》（以下简称《人身损害赔偿司法解释》）到2009年《侵权责任法》，再到2020年《民法典》侵权责任编、《人身损害赔偿司法解释》，经历了一个逐步扩充又不断修正的演进过程，并且规范的是广义的用人者责任。上述立法演变，有学者归纳为从“单一式”到“分拆式”再到“统一式”。

限于篇幅，下面仅讨论用人单位作为用人者的相关内容。

什么是用人单位，此概念源于《劳动法》。根据《劳动法》《劳动合同法》等法律法规，用人单位包括与劳动者建立劳动关系的企业、个体经济组织、民办非企业单位、合伙组织、基金会、依法取得营业执照或者登记证书的分支机构、国家机关、事业单位、社会团体等。故判断标准为是否建立劳动关系。有观点认为，当侵权法与《劳动法》使用相同概念时，不宜另起炉灶，一般应推定该概念具有相同含义。那我们认为，民法与《劳动法》分属不同部门法，调整的是不同的法律关系，虽可借鉴相关概念，但不宜过度拘泥于文义。

用人单位承担用人者责任，源于其对工作人员行为的控制力，工作人员被认为是用人单位“手臂的延长”。换句话说，用人单位对其工作人员，存在较强的管理、监督和支配。除劳动关系外，公务员管理、人事关系、劳务关系、委任关系也具有上述特征。由此，《民法典》第1191条所称的用人单位内涵和外延更广，除个人、家庭、农村承包经营户外，《民法典》总则编所规定的营利法人、非营利法人、特别法人以及非法人组织，统称用人单位，而不区分其与工作人员是否存在劳动关系。

《民法典》第1191条所称的工作人员，除劳动者外，还包括公务员、参公人员、事业单位聘用人员、临时雇用人员等；既包括一般工作人员，也包括法定代表人、分支机构负责人、公司董事、监事、经理、清算人等。

在厘清用人单位和工作人员的范围后，接下来需要明确的是“执行工作任务”这一构成要件。下面我们来看四种情形。

以下四种情形，用人单位均需承担用人者责任。第一种情形，赵某安装空调的行为是典型的授权或指示范围内的活动；第二种情形，赵某虽然改变了出差方式，但仍在执行A公司安排的工作任务；第三种情形，A银行虽然没有安排赵某推销非吸金融产品，但赵某的身份、行为时间和地点，使得李某客观上有理由相信赵某在执行A银行的工作任务；第四种情形，赵某虽然没有得到授权或指示，但其虚假宣传的行为客观上是为了A公司的利益，与执行工作任务具有内在联系。

综合上述情形可知，判断工作人员的侵权行为是否属于执行工作任务的范围时，除一般原则外，还必须考虑其他特殊情形。例如，行为的内容、时间、地点、场合、名义、受益人，以及是否与用人单位意志有关。

个案裁判中，因用人者责任是无过错的替代责任，要综合考量损害后果与执行工作任务之间的因果关系，防止认定的泛化，以避免过于增加用人单位的负担。

比如，A公司工作人员赵某等出差到外地，入住B宾馆，离开时忘记关闭水龙头，使得自来水溢出造成损害。最高人民法院在该案复函中认为，损害虽然是在出差过程中发生的，但忘记关闭水龙头的行为和执行工作任务之间没有必然联系，不属于职务行为。

另外，工作人员上下班途中发生交通事故致人损害，也不宜参照工伤保险条例认定用人单位承担侵权责任。

需要指出的是，如果国家机关工作人员因履行公职造成他人损害，属于《国家赔偿法》规定的赔偿事由的，则不适用《民法典》第1191条的规定。

二、对外责任

接下来我们进入第二部分，讨论一下对外责任。

首先来看责任前提。用人者责任是替代责任，讨论用人者责任本身隐含着工作人员致人损害行为构成侵权这一前提，如果损害行为不构成侵权，如紧急避险，则工作人员无须承担责任，那么用人单位也无须替代其承担责任。而损害行为是否构成侵权，按照一般侵权与特殊侵权的相关规定进行认定。

其次来看归责原则。用人者承担侵权责任的可非难性在于其对工作人员拥有的控制力或支配力，相应的归责原则，存在过错责任、过错推定责任、无过错责任三种不同学说与立法例。在我国，先后立法、释法均采用无过错责任。对工作人员因执行工作任务致人损害的，用人单位本身虽无过失，仍应负赔偿责任，用人单位不能以尽到选任、管理的相当注意义务而免责。无过错责任模式符合保护弱者、补偿损害的侵权法目标；用人单位也被激励提升生产技能和管理水平，进而提升效率，让更多的社会成员受益。

再次来看责任承担方式。工作人员不再承担2003年《人身损害赔偿司法解释》第9条所规定的故意或重大过失情形下的连带责任，而由用人单位承担单独责任。要求用人单位与工作人员负连带责任，既不符合报偿原理，也不利于工作人员更好地执行工作任务。

最后来看追偿权。用人者责任的制度目的在于“保护受害人的利益，而非使过错的雇员免予承担其个人责任”，相较于《侵权责任法》第34条，《民法典》第1191条增加了追偿权的明确规定。司法实践中，应防止两种错误倾向：一是将用人单位经营风险转嫁；二是在用人单位也存在过错的情况下，让工作人员承担大部分责任。只有在工作人员存在故意或重大过失，其行为明显超出职权或授权范围时，用人单位才享有追偿的权利。

比如，A公司工作人员赵某不顾劝阻，违章操作吊车，导致路人李某受伤。这种情形下，赵某不听劝的违章行为可认定其存在重大过失的主观过错。A公司在向李某赔偿后，可向赵某追偿。至于追偿的范围与幅度，应综合考虑实际损失、双方过错、控制力、经济能力、规章制度等因素进行裁量。

三、对内责任

接下来我们进入第三部分，讨论一下对内责任。

用人单位的对内责任分两种情形。一是工作人员因执行工作任务而自己受到伤害；二是工作人员因执行工作任务遭受第三人侵害。上述情形如何处理，用人单位是否承担以及如何承担民事责任，《民法典》侵权责任编没有作出规定。

2020年《人身损害赔偿司法解释》第3条保留了原解释第12条的内容，就工伤保险补偿与侵权损害赔偿竞合分别规定了替代、兼得模式。我们分别来看：

（一）无第三人侵权情形

工作人员因执行工作任务而自己受到损害的场合，也存在两种情形。一是用人单位无过错，因其本人或同事的过错造成损害；二是用人单位也存在相应过错，如强迫劳动、违章指挥等。第一种情形下，工作人员在获得工伤保险补偿后，不能再向本单位主张侵权损害赔偿，应该不存争议。第二种情形下，完全的替代模式存在“惩戒不足”与“赔偿不足”的弊端。另根据《安全生产法》第53条、《职业病防治法》第58条规定，在安全生产事故以及职业病致害的情形下，工作人员获得工伤保险补偿后，可向本单位提出赔偿要求。但赔偿责任是否扩充至所有侵权情形，还需立法层面的完善。另外，关于具体赔偿范围，是补差还是仅限精神损害赔偿，各地司法实践也不尽相同，需要进一步明确与统一。

（二）第三人侵权情形

现阶段，因第三人侵权所致的损害，如构成工伤，则工作人员将享有两种不同的请求权，一是向用人单位及工伤保险经办机构提起的工伤保险补偿请求权；二是向第三人提起的侵权损害赔偿请求权。两种请求权的权利基础和归责原则不同，如工作人员分别提起工伤、侵权之诉的，法院应分别依法作出判决。用人单位不能以损害由第三人造成，或工作人员未提起侵权之诉，而抗辩己方责任。

就竞合案件中具体赔偿项目的确定，以及相同赔付项目是否要扣减，目前各地司法实践不尽相同。

我们认为，从禁止获利与避免工伤保险基金浪费的角度，对表格所列相同并存在重复的项目，采取同一赔偿项目，按照就高原则，进行认定的方式来处理，是比较合理的。用人单位或工伤保险经办机构在履行了相应补偿义务后，可就工作人员已实际获得的重复赔偿部分取得追偿权。

四、其他情形

最后我们进入第四部分，讨论两种特殊情形。

《民法典》第 1191 条第 2 款规定了劳务派遣关系中，派遣单位与用工单位承担用人者责任的具体方式。劳务派遣是一种灵活的、特殊的用工模式。这种模式下，“用人”与“用工”分离，工作人员实际接受用工单位日常管理、监督和支配。根据控制力规则，应由用工单位承担无过错的用人者责任。但如果派遣单位在招录、推荐工作人员时存在过错，应按照其过错大小承担责任。值得注意的是，该款对《侵权责任法》第 34 条第 2 款进行了修改，将派遣单位“相应的补充责任”修改为“相应的责任”。由此，当派遣单位存在过错时，则不再承担第二顺位的补充责任，而是承担第一顺位的按份责任。

比如，A 公司将不具资质的赵某派遣至 B 公司从事电焊工作，赵某在工作中损坏了 C 公司设备，就相关损失，法院根据案情酌定 A 公司承担 60%责任、B 公司承担 40%责任。

当前，网络用工大量存在平台公司+第三方公司+工作人员的模式。该种模式下，平台公司与第三方公司签订合同，由第三方公司派员到平台公司从事相关互联网服务工作。同时，第三方公司与工作人员直接签订劳动或劳务合同，由第三方公司负责对工作人员进行招退工、工作指示和安排、管理监督、薪酬发放、缴纳保险等，而平台公司与工作人员之间不直接签订劳动或劳务合同。

根据当事人的合意，一般情况下，应认定第三方公司与工作人员之间存在劳动或劳务关系。工作人员在执行工作任务中自身受到损害或造成第三人损害，权利人主张第三方公司承担用人者责任的，应予支持。权利人主张平台公司承担责任的，我们可以从平台公司的过错程度、控制程度以及获益程度等方面进行审查，即平台公司在选择第三方公司时是否有一定的过错、平台公司是否对第三方公司经营业务有较高的控制、平台公司的主要收入与第三方公司的经营业务是否密不可分，从而确立其承担相应的补充赔偿责任。

比如，A 平台选用 B 公司招用的外卖小哥配送外卖，赵某在送餐途中撞伤他人，然 B 公司是“皮包”公司，无力进行赔付。法院认定 A 平台在选择 B 公司时未尽审查义务，存在过错，判令 A 平台在 B 公司不能赔付的范围内承担补充赔偿责任。

以上就是今天分享的主要内容。科学认定用人单位的用人者责任，需要我们准确适用法律、做好利益平衡。既使权利人得到有效救济，又能在用人单位与工作人员之间公平分配责任。

今天的分享就到这里。感谢您的关注，再见。

不动产抵押权的善意取得

主讲人　严佳维

- 上海市第一中级人民法院立案庭审判员
- 三级高级法官
- 华东政法大学民商法学博士在读
- 吉林大学民商法法学硕士、香港城市大学普通法法学硕士（公派）
- 主要研究方向为民商法
- 在《山东社会科学》等刊物发表论文数篇
- 执笔邹碧华精神研讨论文获上海法院系统二等奖
- 曾获上海法院系统嘉奖、优秀共产党员等荣誉

大家好，我是上海市第一中级人民法院的严佳维。今天我和大家交流的主题是不动产抵押权的善意取得。

我们先来看一个案例：

A与B原系夫妻关系，二人共有房屋登记在A一人名下，后二人感情破裂，法院判决准予离婚以及系争房屋归B所有，但判决生效后二人一直没有将房屋过户到B名下。A为了清偿个人债务，隐瞒前述判决，与个人C签订抵押借款协议，并就系争房屋办理了抵押权登记。B得知后，以A与C的抵押行为侵犯其合法权益为由诉至法院，要求确认抵押行为无效以及A和C配合涤除房屋抵押。

这个案例的焦点问题在于，在A无权处分的情况下，C是否构成不动产抵押权的善意取得。对此问题，我想从司法实践的角度，谈一谈以下三个方面内容：一是善意取得的概念及现行制度；二是不动产抵押权善意取得制度的排除适用；三是不动产抵押权善意取得的构成要件的审查和认定。

一、善意取得的概念及现行制度

1. 概念

所谓善意取得，是指行为人无权处分他人的财产，受让人取得该财产时出于善意，则受让人将依法即时取得对该财产的所有权或其他物权的法律制度。善意取得作为一项重要的民事法律制度，规定了物权取得的一种特别方式。因为善意受让人取得物权不是基于他人的权利和意思表示，而是基于法律的规定，所以我国主流观点认为善意取得属于一种原始取得方式。

善意取得制度看似牺牲了物的真正权利人的财产权利，以保证善意受让人取得物的所有权或其他物权，但设定该制度的目的在于维护物权公示的公信力、维护交易安全和交易秩序。

2. 现行制度

我国原《物权法》第 106 条对善意取得制度作了系统规定，现行《民法典》第 311 条对该条文予以保留，且未作出实质性修正。该条第 1 款规定了动产或不动产所有权善意取得的适用前提和构成要件；第 2 款规定了原所有权人的救济路径；第 3 款则规定了其他物权的善意取得参照适用前两款规定。因此，认定不动产抵押权善意取得的法律依据也主要为该条第 1 款。

二、不动产抵押权善意取得制度的排除适用

为提升审判工作效率，在审查善意取得的构成要件是否满足之前，首先应通过“两步排除法”审查是否存在排除善意取得制度适用的情形：

第一步，基于原因行为无效或被撤销排除适用。

依据《最高人民法院关于适用〈中华人民共和国民法典〉物权编的解释（一）》（以下简称《民法典物权编司法解释（一）》）第 20 条的规定，在转让合同（也就是原因行为）被认定无效或被撤销时应排除善意取得制度的适用。

虽然理论上，原因行为有效并非善意取得的前提条件或法定构成要件，判断是否构成善意取得无须考察原因行为的效力。但是，置身整个法律制度维度下，原因行为的效力还是会影响到对善意取得制度能否适用的判断。一方面，法律制度肩负着维护国家利益、社会公共利益、公序良俗以及合同正义的重任，这类法益要高于善意取得制度所保护的信赖利益，维护后者也不能以牺牲前者为代价；

而另一方面，原因行为一旦被认定无效或被撤销，即便满足善意取得的构成要件，也会因不当得利返还产生复原性物权变动，受让人最终仍无法保有物权。

同时，我们也注意到，《民法典物权编司法解释（一）》第 20 条删除了原《物权法司法解释（一）》第 21 条中列举的转让合同被认定无效或被撤销的具体事由。那么，依文义解释，只要转让合同被认定无效或被撤销，而不管具体事由为何，即可排除善意取得制度的适用。因此，在不动产抵押权的情境下，若抵押合同被认定无效或被撤销，则不动产抵押权善意取得制度不再适用。

第二步，基于前提条件不满足排除适用。

若经第一步排除法不能排除善意取得制度的适用，则进入第二步排除法，即看不动产抵押权善意取得的前提条件——“抵押人无权处分”是否满足。根据不动产登记的要求，抵押人必须为不动产登记簿上记载的权利人，故所谓抵押人无权处分，是指抵押人只是登记权利人，而非真实权利人，抵押人在未获得真实权利人授权的情况下将不动产予以抵押。实践中比较常见的情形有：(1) 登记错误。比如，因为登记申请人或登记机构的主观故意或疏忽大意造成权利人登记错误，而登记权利人擅自将房屋抵押。(2) 借名登记。比如，甲因被限购，借用乙的名义买房并登记在乙名下，而乙擅自将房屋抵押。(3) 非基于法律行为发生物权变动但未及时进行变更登记。比如，人民法院作出改变原物权归属的判决书，但当事人未及时办理产权变更登记，原登记权利人将房屋抵押。(4) 登记权利人系部分共有人。比如，夫妻共有房屋登记在其中一人名下，该人未经另一方同意而将房屋抵押。

以上都是典型的无权处分情形。

实践中，还有一种冒名处分情形，就是说某人冒充真实权利人对不动产进行处分。冒名处分和无权处分最大的区别就在于冒名处分情形下，不动产登记权利人就是真实权利人，不存在无权处分情形下两者背离的虚假权利外观。因此，冒名处分不属于无权处分，不具备适用善意取得制度的前提条件。

三、不动产抵押权善意取得构成要件的审查和认定

经过“两步排除法”，若确定善意取得制度可以适用，接下来就是审查不动产抵押权善意取得的各项构成要件是否符合，参照《民法典》第 311 条第 1 款规定，构成要件有三：

（一）不动产抵押权人取得抵押权时须为善意

司法实践中，关于“善意”的认定比较复杂。《民法典物权编司法解释（一）》第 14 条明确了受让人善意的认定标准为受让人不知且非因重大过失而不知转让人无权处分，并明确对善意的认定采取推定方式，即首先推定受让人为善意，再由真实权利人就受让人非善意进行举证证明，若真实权利人无法证明，则认定受让人为善意。在不动产抵押权善意取得的情境下，要认定抵押权人为善意。

首先，抵押权人不知道抵押人无处分权。此节事实属于消极事实，抵押权人无须也无法举证证明，但反过来，真实权利人可以通过举证证明抵押权人知道抵押人无处分权，来反推抵押权人非善意。

根据《民法典物权编司法解释（一）》第 15 条的规定，真实权利人可通过举证证明以下两类事实，来证明抵押权人知道抵押人无处分权。

第一类事实是不动产登记簿上载有对不动产物权处分的限制事项。既然不动产登记簿具有公示效力及权利推定效力，那么其上记载的内容就应推定为抵押权人知晓的内容。因此，真实权利人只要证明登记簿上存在有效的异议登记，或是存在有效预告登记而抵押人作出抵押时未经预告登记权利人同意，抑或登记簿上已经记载司法机关或行政机关依法裁定、决定查封或者以其他形式限制不动产权利的有关事项，即应认定抵押权人知道抵押人无权处分。

第二类事实是抵押权人知道抵押人无处分权。真实权利人既可以举证证明抵押权人对于登记簿上记载的权利主体错误是知晓的，如抵押权人事前知晓登记权利人和真实权利人之间的关系，或是知晓存在登记错误，也可以举证证明抵押权人事先知道他人已经依法取得不动产物权，这里主要指《民法典》第 229 条规定的因法院、仲裁机构的法律文书或政府的征收决定等取得物权的情形。对于这类情形，需要说明的是，不能仅以法律文书已经生效就推定抵押权人知道抵押人无处分权，而应从一般生活常识和交易习惯出发，以抵押权人实际知晓该法律文书作为判断依据，否则就是对抵押权人施加了过重的注意义务，会对交易安全和效率产生负面影响。

其次，抵押权人对不知道抵押人无处分权无重大过失。这需要结合各方当事人之间的关系、交易背景和过程等具体事实作个案分析，而判断原则是采取客观评判标准——若一般理性人在通常情况下尽到注意义务即可得知抵押人无处分权，而抵押权人却因消极注意而不知晓，即可认定抵押权人存在重大过失。

司法实践中常见的争议问题：

1. 抵押权人是否负有查阅不动产登记簿的义务?

有观点认为，要求查阅不动产登记簿实质上修改了善意取得的要件，对登记簿的信赖与是否进行查阅没有关系；也有观点认为，若受让人怠于查阅不动产登记簿，则可推定其非善意；当然，也有折衷观点认为，受让人无须被科以查阅登记簿的义务，但当某一个事实足以引起一个具有正常智力和注意程度的人对登记簿正确性产生怀疑时，若受让人仍不查阅，则构成重大过失。我们认为折衷观点更加符合善意取得制度的立法精神，为抵押权人设定的注意义务标准也更为合理。

2. 抵押权人是否负有实地看房的义务?

审判实践普遍认为，在购买房屋特别是购买生活居住用房时，购房人需要实地看房，若购房人从未实地看房即购买房屋，很难认定其无重大过失。但对于抵押权人是否需要实地看房，我们认为，设定抵押权与买房的情境有所不同，不应“一刀切”地认为抵押权人负有或不负有该项义务。若抵押权人系个人，考虑到实地看房并非设定抵押权的常态交易步骤，若对个人施加该项义务，属于加重个人负担、增加交易成本，有违善意取得制度的本意，所以不宜因个人抵押权人未实地看房而认定其存在重大过失。若抵押权人是银行等专业金融机构，如果其按照金融监管要求或业务操作规范负有审慎调查的义务，却未尽此义务，则可认定其存在重大过失。

3. 抵押权人是否负有审查共有情况的义务?

有观点认为，只要不动产登记簿记载了不动产由抵押人单独所有，则抵押权人完全可以信赖该项记载，而无须对有无共有情况做进一步调查；也有观点认为，出于审慎考量，抵押权人应负有向抵押人核实有无共有情况的义务。我们认为，对不动产登记簿记载内容背后的共有情况进行审查，本身有弱化登记簿公示公信力之嫌，且不同身份的抵押权人所负有的注意义务程度有所不同，故该项审查义务可因人因事区分设置。比如，如果抵押权人是与抵押人、真实权利人并不相熟的个人，双方之间系偶发交易，此时应保护抵押权人对不动产登记簿的信赖利益，而不宜以其未审查共有情况为由否认其善意。但，如果抵押权人是银行等专业金融机构，又或是与抵押人、真实权利人相熟的个人，则应对抵押权人施加更高标准的审查义务，其若未审查共有情况，可认定构成重大过失。

（二）不动产抵押权人已履行主合同义务

不动产所有权善意取得的第二项构成要件系“以合理的价格转让”，虽然抵押合同本身并不存在抵押权人需支付对价的问题，但抵押合同从属于借款合同等主合同，抵押权从属于主债权，若抵押权人未履行主合同义务仍可取得抵押权，既难以认定构成善意，结果上也不符合民众内心朴素的公平正义观。由此，可将“已经履行主合同义务”作为不动产抵押权善意取得的构成要件，事实上，司法实践中也有大量判决采用此观点。

（三）不动产抵押权登记已完成

这一要件无须多言，不动产抵押权以登记为生效要件，只有完成了抵押权登记，抵押权人才取得抵押权，才受到登记公信力的保护。

判断不动产抵押权的善意取得时，以上三个要件缺一不可。相对而言，对后两个要件的审查和认定更加直接、容易，从简化、便利司法裁判的角度讲，只要其中一项构成要件不符合，即可作出不构成善意取得的认定。

最后，回到开头的案例。首先，A 与 C 之间的抵押合同并不存在合同无效情形，亦未被撤销，故不能排除抵押权善意取得制度的适用。其次，系争房屋基于生效判决发生物权变动，A 作为登记权利人将系争房屋进行抵押属无权处分，符合不动产抵押权善意取得的适用前提条件。最后，C 基于对不动产登记信息的信赖，与 A 办理了抵押权登记手续，且 C 与 A 之间系偶发交易，也无证据显示 C 知晓上述生效判决并明知 A 无权抵押，故难言 C 存在恶意。同时，C 已履行借款合同项下的借款义务，也办理了抵押权登记手续。因此，C 构成不动产抵押权的善意取得，故对 B 的诉请不予支持。

以上是我关于不动产抵押权善意取得的一些分享。感谢您的关注。

《民法典》第 153 条中强制性规定的识别

主讲人 宋 虹

- 原上海市第一中级人民法院商事审判庭二级法官助理
- 现上海市徐汇区人民法院商事审判庭审判员
- 华东政法大学国际法学硕士
- 主要研究方向合同法、公司法等
- 主审案件曾获上海法院示范庭审
- 曾获得全国法院学术讨论会、上海法院学术讨论会优秀奖
- 多次获得上海法院系统个人嘉奖

大家好，我是上海市第一中级人民法院的宋虹。今天和大家交流的主题是，《民法典》第 153 条中强制性规定的识别。

《民法典》第 153 条第 1 款规定，违反法律、行政法规的强制性规定的民事法律行为无效。但是，该强制性规定不导致该民事法律行为无效的除外。本条文采用引致条款的方式，明确必须结合具体的强制性规定才能综合判断某一法律行为的效力。因此，如何准确理解本条前后两处“强制性规定”，在一定程度上影响着民事法律行为效力的审查。那么，让我们带着这个问题展开今天的讨论，主要与大家交流以下三个方面。

一、强制性规定的制度演进

强制性规定的立法沿革，主要经历了以下几个方面。

首先是《合同法》第 52 条第 5 项明确规定，违反法律、行政法规的强制性规定，合同无效。但该规定出台后在审判实践中出现扩张适用的倾向，认为只要违反强制性规定就可以认定合同无效。

为修正这一观点，司法解释对于强制性规定予以进一步限缩。《合同法司法解释（一）》严格地将认定合同无效的法律渊源限定为全国人大及其常委会制定的法律和国务院制定的行政法规。《合同法司法解释（二）》则对强制性规定加以类型化划分，强调只有违反效力性强制性规定才能认定合同无效。

通过上述立法沿革，逐步形成以法律、行政法规的效力性强制性规定作为判断合同无效的标准。该标准也在一定程度上影响《民法典》总则部分的编写。《民法总则》制定过程中，一度采纳有关效力性强制性规定的概念，草案第三稿规定“违反法律、行政法规的效力性强制性规定的民事法律行为无效”。尽管最终未完全采纳草案审议稿，但在立法精神上区分效力性规定与管理性规定仍有积极意义。

那么，如果我们采用二分法的模式，将《民法典》第 153 条中的第一处“强制性规定”理解为效力性规定，第二处“强制性规定”理解为管理性规定。这样的理解方法行得通吗？让我们进入下一个部分。

二、强制性规定的反向排除

先来看一则案例：

· 案例 1

张某与王某系夫妻关系，婚后共同购买一处房产，登记在王某一人名下。后未经张某同意，王某与善意第三人的李某签订《房屋买卖合同》，并将房产过户登记至李某名下。《城市房地产管理法》第 38 条第 4 项规定，共有房地产，未经其他共有人书面同意的，不得转让。现张某依照该规定主张《房屋买卖合同》无效。

相信大家对于该《房屋买卖合同》应认定为有效已经有了明确的认识。那么理由是什么呢？是因为《城市房地产管理法》第 38 条属于管理性强制性规定吗？

答案显然不是，该条文并没有体现行政管理的立法目的，而是通过法律明确在一定情况下某些特定标的物禁止或限制转让，实则为赋权性规定。赋权性规定不影响合同效力，其法律后果应根据《民法典》第 597 条第 1 款“因出卖人未取得处分权致使标的物所有权不能转移的，买受人可以解除合同并请求出卖人承担违约责任”的规定进行处理。

从案例 1 中，我们可以发现，将强制性规定以二分法的方式分为效力性规定与管理性规定，显然还需完善。回到《民法典》第 153 条文意本身，第一处“强制性规定”指的是足以引起民事法律行为无效的强制性规定，较为典型的是效力性强制性规定。第二处则指不足以导致民事法律行为无效的强制性规定。

因此，准确把握第二处“强制性规定”进行反向排除，对于认定民事法律行为效力有实质性的裨益。那么，第二处“强制性规定”的反向排除除了前面所说的赋权性规定，还有哪些呢？让我们逐一分析：

第一，涉及原则性条款的强制性规定。比如，《招标投标法》第 5 条规定，招标投标活动应当遵循公开、公平、公正和诚实信用的原则。此类原则性条款通常起到提纲挈领、规范全局的作用，不涉及明确的权利规范，如果仅以基本原则的宣誓就认定民事法律行为无效，而不加事实及具体法律条文的判断，显然有失妥当。

第二，纯粹秩序规定的强制性规定。纯粹秩序规定所规制的是，如时间、地点、种类、方式之类的法律行为外部环境，这些规定是为了创造公平、正义、安全的秩序环境，不影响效力认定。

让我们来看一则最高人民法院审理的案件：

· 案例 2

某青旅公司认为其与林某、陈某签订《房地产买卖合同》中涉及的转让房产未征得上级主管单位的同意，未对转让标的物进行评估等，违反法律强制性规定，故主张合同无效。

在案例 2 中，对于有关资产转让应进行评估、批准等程序规定就属于典型的纯粹秩序规定。最高人民法院经审理后认为，该规定系对履行出资人职责的机构及相关人员的行为规范，是法律对国有资产管理者科以的义务，要求管理者审慎地履行自己的职责，不应影响国有企业与第三人签订合同的效力。

第三，涉及市场准入、审批申请、行政许可等行政管理范畴的强制性规定。

让我们再看一则案例：

· 案例 3

徐某与某教育机构订立《培训合同》，约定由某教育机构向徐某提供心理咨询师的培训与考级服务。现徐某诉请认为，根据《民办教育促进法》的规定，举办职业技能培训的民办学校应依法经行政主管部门进行权限审批，属于特许经营范畴，某教育机构不具备相应的办学资质，违反强制性规定，故《培训合同》无效。

在案例3中，《民办教育促进法》要求民办学校办理相关的权限审批，显然属于行政管理范畴，亦不涉及市场秩序、国家宏观政策等，因此徐某诉请确认《培训合同》无效，难以得到支持。

第四，涉及权限性规定。

比较典型的是对于《公司法》第16条的理解。

最高人民法院在2015年公报案例中指出，该条的立法本意是“限制公司主体行为，防止公司的实际控制人或者高级管理人员损害公司、小股东或者其他债权人的利益，不能以此约束交易相对人”，应将其理解为管理性强制性规定。

然该观点已经在2019年全国法院民商事审判工作会议中进行修正，指出《公司法》第16条的规范性质并非管理性规定，而是权限性规定，公司法定代表人越权代表的行为应区分订立合同时债权人是否善意来分别认定合同效力，如债权人善意的，合同有效；反之，合同无效。

上述就是对于强制性规定的反向排除，即《民法典》第153条中的第二处“强制性规定”，这类强制性规定通常不足以导致民事法律行为无效。

那么，强制性规定的识别除了反向排除之外，还有其他方法吗？让我们进入第三部分强制性规定的正向校验。

三、强制性规定的正向校验

第一，要把握一项原则，即以审慎认定民事法律行为无效为原则。

一般民事主体享有自由处分自身权利的资格。当事人之间通过订立合同等民事法律行为，实现资源的有效配置，是市场经济发展的本质需要所决定的。因此，基于尊重民事主体对自身行为的处分，应采取审慎认定民事法律行为无效的态度。

第二，法律、行政法规或司法解释已对民事法律行为效力作出明确规定的，无须再行识别所涉强制性规定，依照法律等规定即可。例如，《建设工程司法解释（一）》第1条，明确了建设工程施工合同认定无效的具体情形。

第三，违反法律、行政法规的强制性规定可能导致民事法律行为无效。那么，违反规章中的强制性规定应如何理解呢？

一起来看一下案例4：

· 案例4

某人才公司与某建筑公司签订《服务合同》，约定某人才公司为某建筑公司提供建造师挂证服务。后双方因建造师是否挂证成功引发争议。某人才公司称，即便建造师挂证有悖法律，其违反的也是《注册建造师管理规定》这一部门规章，而非法律、行政法规的强制性规定，不应认定为合同无效。那么某人才公司的主张能够成立吗？

《民法典》第 153 条虽然限制了强制性规定适用的法律位阶，但当规章的强制性规定涉及公序良俗，即金融安全、市场秩序、国家宏观政策等方面，可以根据《民法典》第 153 条第 2 款“公序良俗”认定民事法律行为无效。在判断公序良俗时，要在考查规范对象的基础上，兼顾监管强度、交易安全保护以及社会影响等方面进行审慎考量。

具体到案例 4，住建部于 2018 年、2019 年相继出台规定，严肃规范建筑市场秩序，禁止“挂证”信息服务。因此，案涉《服务合同》虽违反的是部门规章，但规章内容与建筑市场秩序密切相关，亦属于住建部严肃监管的范围，故《服务合同》应认定为无效。

第四，强制性规定的再校验。

就某一强制性规定是否会导致民事法律行为无效，我们还可以从主体、内容、履行行为三个方面的禁止进行再校验。

1. 主体的禁止，即因主体违法而导致民事法律行为无效。较典型的如，以公益为目的的非营利性法人、非法人组织不得为保证人，此类主体订立的保证合同无效。或与金融秩序相关，如《证券法》第 145 条，即证券公司及其从业人员不得私下接受客户委托买卖证券，私自签订的委托合同应属无效。

2. 内容的禁止，即禁止当事人合意内容或追求效果的实现。通常与社会伦理、公共秩序相关，如禁止以人体器官、毒品、假币、枪支弹药、文物为内容的合同；又如以公益为目的的捐赠财产不得挪作他用。

3. 履行行为的禁止，即当事人的行为本身与法律秩序、社会公共利益相抵触，为法律所禁止，如禁止生产、经营超过食品安全标准的食品、禁止占用永久基本农田挖塘养鱼等。

四、课程小结

以上就是对于《民法典》第 153 条中强制性规定的识别，让我们再来总结一下。强制性规定的识别可以通过反向排除与正向校验两种路径。反向排除中要注意原则性条款、纯粹秩序性规定、赋权性规定、行政管理性规定、权限性规定的认识，这些属于《民法典》第 153 条中第二处“强制性规定”的范畴。在正向校验中，首先，以审慎认定民事法律行为无效为原则。其次，法律等对民事法律行为效力有规定的，从规定。再次，违反规章的强制性规定，以认定无效为例外。最后，通过主体、内容、履行行为的禁止进行再校验。

以上就是我今天的分享。感谢您的关注，再见！

债权人撤销权制度的理解与适用

主讲人 朱晨阳

· 原上海市第一中级人民法院民事审判庭一级法官助理
· 现上海市长宁区人民法院民事审判庭审判员
· 中国政法大学法学学士、法律硕士
· 主要研究方向民商法
· 曾参与最高人民法院司法研究重大课题等 7 项课题
· 在《人民司法》《上海审判实践》等出版物发表文章数篇
· 编写案例分别被中国法院年度案例及中国专业学位教学案例中心收录
· 曾获上海市第一中级人民法院“十佳青年”

大家好，我是上海市第一中级人民法院的朱晨阳，今天和大家交流的主题是债权人撤销权制度的理解与适用。

当债务人的责任财产不足以清偿债权时，如果还允许债务人随意处分财产，可能严重损害债权人的利益。这时候，债权人可以寻求怎样的法律保护呢?《民法典》在“债权保全”一章中规定，债权人在法定条件下可以撤销债务人处分财产的行为，这就是“债权人撤销权”制度。相比 1999 年《合同法》及《合同法司法解释（一）》，《民法典》对于债权人撤销权制度的规定逻辑层次更为清晰，同时还细化了该权利的成立要件。

那么今天，我们从两个方面了解债权人撤销权制度：第一，债权人撤销权的成立要件；第二，债权人撤销权的行使。

一、债权人撤销权的成立要件

我们来看债权人撤销权的成立要件，也就是说，债权人可以撤销债务人的哪些行为呢？先看一则案例。

2019年11月，A公司向B银行借款800万元，约定2020年2月偿还本息，A公司以生产设备提供抵押担保，法定代表人黄某提供连带保证。2020年1月，黄某与其岳父林某签订《结算协议》，协议载明：黄某为经营需要多次向林某借款，结算后，黄某还欠林某700万元，故而黄某将其名下价值1000万元的房屋作价300万元售予岳父林某以抵偿债务，此后双方便办理了过户手续。

2020年4月，B银行起诉A公司还款、黄某承担连带清偿责任，生效判决予以支持。但是B银行的债权经过强制执行还是没有获得清偿。

B银行即提起债权人撤销权诉讼，主张黄某以明显不合理低价处分财产，损害其债权实现，请求判令撤销《结算协议》，并将系争房屋恢复登记至黄某名下。

那么，B银行的诉讼请求能否获得支持呢？下面我们就以债务人有偿转让财产的情形，从债权人、债务人和相对人三个方面梳理债权人撤销权的成立要件。

（一）债权人的角度

1. 债权人需要对债务人存在合法有效的债权，违法行为产生的债权不能获得法律的保护。

2. 债权应当以财产给付为目的，包括现存的金钱债权以及将来可以转化为金钱债权的债权，如损害赔偿债权。

3. 债权还应当在债务人行为时已经存在，当然如果债权发生的可能性极高，而债务人为了逃避将来债务事先处分财产，也可能构成撤销权成立的例外情形。

4. 此外，债权人撤销权制度的目的是保全债务人的一般责任财产，并不要求债务人立即清偿，所以债权人的债权不以清偿期届满、债权准确数额确定为必要。

（二）债务人的角度

债务人损害债权人债权实现的行为，我们称之为诈害行为，如债务人以明显不合理的低价转让财产、以明显不合理的高价受让他人财产或者为他人的债务提供担保。那审判实践中应当采用穿透式的思维来判断债务人是否实施了诈害行为。

首先，我们可以从整体上进行把握，《民法典》将原《合同法》规定的债务人行为“对债权人造成损害”修改为“影响债权人的债权实现”，实际上是降低了诈害行为与债权实现之间因果关系程度的要求。

其次，关于具体的判断标准，通说采债务人“无资力”说，也就是说债务人处分财产后不再具有足够的资产清偿债权，并且这个状态持续到债权人行使撤销权的时候。然而，债权人通常较难证明债务人的资产状况，所以，对于债权人的证明活动，我们可以适当降低评价标准，转而由债务人对自己具有偿债能力积极举证，以便法官最终形成心证。当然，个案中还需要结合其他情况，综合考虑债务人的行为是否具备正当性、妥当性。

最后，债务人的部分行为虽然影响了债权人的债权实现，但不能认定为诈害行为从而予以撤销，这里主要包括两种情形。第一，债权人对债务人拒绝接受赠与等使其责任财产增益的行为不得撤销，这是因为撤销权的目的仅仅是保全债务人的责任财产，而不是提高债务人的清偿能力。第二，债务人结婚、离婚、收养等身份行为关乎债务人的人格自由，即便影响责任财产的多寡，也不属于债权人撤销权的行使范围。

至于债务人的主观过错。通常情况下，《民法典》推定实施诈害行为的债务人具有主观过错；那如果债务人自己主张不具有恶意，应当举证证明。

（三）相对人的角度

债务人有偿处分时，考虑到相对人是支付一定对价的，法律需要平衡保护债权人的债权实现和相对人的交易安全。所以，法律要求债权人证明相对人具有主观恶意，也就是说相对人在行为时知道或者应当知道债务人的行为会影响债权人的债权实现。

好，我们再回到上述案例，对照债权人撤销权的成立要件看一看，B银行的诉讼请求能否获得支持呢？首先，黄某作为A公司的连带保证人，B银行在向A公司发放贷款时已经确定对黄某享有债权，不以该债权清偿期届满或者生效判决确认为前提。其次，仅凭《结算协议》还不足以证明黄某与林某之间存在真实的债权债务关系，再结合B银行债权没有获得清偿的事实，黄某以300万元价格转让价值1000万元的房产构成以明显不合理低价转让财产的诈害行为。最后，林某和黄某是翁婿关系，在没有相反证据的情况下，林某以明显不合理低价受让黄某房产的行为，本身就能够推定其知道或者应当知道黄某实施了诈害行为，林某存在主观恶意。因此，B银行行使债权人撤销权应当获得支持。

债权人行使撤销权，除上述债务人有偿处分财产的情形，还包括债务人无偿处分财产的情形。在这两种情形下，债权人撤销权的构成要件有两处区别。一是债权人主张撤销债务人延长其到期债权履行期限的行为，需要证明债务人具有主观恶意。这是因为债权人行使撤销权并不要求其债权履行期限届满，所以，即便债务人延长自己到期债权的履行期限，也不必然会减损债务人的责任财产从而影响债权人的债权实现。二是债务人无偿处分时，考虑到相对人获得利益没有支付任何的对价，即便相对人全无过错，法律为了保护债权人的债权实现而撤销相对人纯获益的行为，也不会显得过分严苛，所以《民法典》对相对人的主观过错是不作要求的。

好，结合上述分析，我们可以对债权人撤销权的成立要件进行简要概括，那就是：享有合法既存的金钱债权的债权人，在债务人实施无偿处分行为，或者以明显不合理价格实施有偿处分行为影响债权人债权实现，且有偿处分行为的相对人存在恶意时，债权人可以依法撤销债务人的上述行为。

二、债权人撤销权的行使

接下来，我们一起讨论第二个方面，债权人撤销权的行使。

再来看一则案例：李某和杨某在 1998 年结婚、2016 年 4 月离婚，二人签订《离婚协议书》，约定共同共有的两套房屋产权归女方杨某所有，并办理了产权变更登记。

2015 年 10 月，李某向甲公司购买生产设备。因逾期支付 280 万元的货款，甲公司提起诉讼 1。2016 年 6 月，该案审理中，李某曾提及自己已经离婚。法院判决李某向甲公司支付 280 万元货款。但甲公司的债权经过强制执行没有获得清偿。

2017 年 3 月，甲公司又提起诉讼 2，请求杨某就李某前述 280 万元债务承担连带清偿责任。2017 年 6 月，该案审理中，甲公司持法院调查令调取了李某与杨某的《离婚协议书》。该案中，甲公司的诉讼请求被法院驳回。

2018 年 4 月，甲公司再次提起诉讼 3，以李某与杨某恶意串通转移财产、损害甲公司利益为由，请求判令：（1）撤销《离婚协议书》中共有财产分割的条款；（2）甲公司对李某享有的房屋产权份额享有优先受偿权；（3）李某和杨某共同负担甲公司支出的律师费。

而李某与杨某则主张，李某疏于照顾家庭导致婚姻关系破裂，二人约定共有房屋归杨某所有，并非恶意串通。况且，2016 年 6 月，甲公司已经知晓二人离婚，但其 2018 年 4 月才提起诉讼 3，法院不应予以支持。

那么实践中，甲公司这样行使撤销权是否符合法律的规定呢？我们一起来看一看。

（一）行使方式

债权人撤销权应由债权人以自己的名义用诉讼的方式行使，不能通过裁判外意思表示的方式或者抗辩的方式来行使。债权人可以将债务人及相对人均列为被告。

需要注意的是，债务人和相对人之间的法律行为可能同时符合撤销权的行使情形与恶意串通致合同无效的情形，但这两项制度在证明标准、行使期限、法律效果等方面都存在明显的区别。以证明标准为例，债权人行使撤销权，只有在债务人以明显不合理价格处分财产时，才需要证明相对人存在恶意；而债权人主张债务人与相对人恶意串通，其对“恶意串通”事实的证明依法应当达到“排除合理怀疑”的标准。可见，恶意串通的证明标准是明显高于债权人撤销权的。

案例中，甲公司既主张李某与杨某恶意串通，又主张行使债权人撤销权，其实是混淆了两项请求权基础，应当择一主张。

（二）行使期限

债权人应当在知道或者应当知道撤销事由之日起一年内行使撤销权，债务人行为发生之日起五年内没有行使撤销权的，撤销权消灭。这里的一年、五年是除斥期间、不变期间，期间经过，权利实体也随之消灭。

案例中，双方当事人对于甲公司行使撤销权是否超过除斥期间其实是存在争议的。我们认为，“知道撤销事由之日”应该是债权人知道离婚协议书中财产分割条款具体内容的时间；债权人只知道债务人离婚而不清楚财产分割条款具体内容的，不应该认定为“应当知道”撤销事由。否则，对债权人事实认知状态的要求有过高之嫌。

（三）行使范围

为平衡保护债权人的债权实现与债务人的处分自由，撤销权的行使范围应以提起撤销权之诉的债权人的债权为限。换句话说，债权人主张撤销的诈害行为所处分的财产数额，包括无偿处分的数额以及不合理对价交易中减损财产的数额，原则上不应该超过债权人不能获得清偿的债权数额。但是这在实践中是非常困难的，一则，债务人的诈害行为往往不可分；二则，诈害行为处分的财产数额不易准确认定；三则，个案中债权人的诉讼请求与债务人的抗辩也各有不同。因此，审判实践中，还需要综合考量各个因素，而不宜苛求上述两个数额的大小关系。

（四）法律效果

债务人行为被撤销的，自始没有法律约束力。基于不当得利制度，债务人与相对人因被撤销行为取得的财产应当互相返还；不能返还或者没有必要返还的，应当折价补偿。那么又基于债权平等性原则，债权人撤销权制度采“入库规则”，取回的财产或者代替财产的损害赔偿，属于债务人的一般责任财产，由各债权人按照债权比例平等受偿。

因此，甲公司只能诉请撤销李某与杨某关于财产分割的约定，并将系争房屋恢复登记至二人名下；对于李某享有的房屋产权份额，甲公司并无优先受偿权。

（五）费用负担

《民法典》第540条规定，债权人行使撤销权的必要费用由债务人负担，取消了原《合同法司法解释（一）》第26条关于相对人有过错时应予适当分担的规定。此处的必要费用，包括债权人为行使撤销权而支付的律师费、差旅费等。

综上所述，《民法典》完善了债权人撤销权制度的规定，筑牢了保障债权实现的法律屏障。

好，今天的分享到此结束。感谢您的关注，再见。

自甘冒险规则的理解与适用

主讲人　钟嫣然

- 原上海市第一中级人民法院民事审判庭一级法官助理
- 现上海市浦东新区人民法院商事审判庭审判员
- 华东政法大学法律硕士
- 主要研究方向劳动法、民商法
- 参与多项市级调研课题，其中执笔的上海法院重点调研课题获评优秀
- 参与汇编《劳动争议典型案例及裁判观点》一书
- 在《上海审判实践》《企业与法》等出版物发表论文数篇
- 曾获上海市第一中级人民法院优秀共产党员等荣誉

大家好，我是上海市第一中级人民法院的钟嫣然。今天和大家交流的内容是《民法典》中自甘冒险规则的理解与适用。“自甘冒险者自食其果”，这一古老的法律谚语流传至今，但自甘冒险规则却是我国《民法典》侵权责任编所新增加的规范。在《民法典》颁布之前，实务中对于自甘冒险行为致害案件，有适用公平原则的，也有适用过失相抵原则的。《民法典》第 1176 条，使得此类案件有了统一的规范依据。

接下来，我们将从自甘冒险规则的适用范围、自甘冒险作为免责事由的要件以及自甘冒险免责的排除适用三个方面去理解《民法典》第 1176 条所确定的自甘冒险规则。

一、自甘冒险规则的适用范围

实际上，《民法典》侵权责任编草案二次审议稿第 954 条第 1 款原是将自甘冒险规则的适用范围划定为“具有危险性的活动”。后有意见提出，范围不宜过宽，否则不利于保护受害人的权益，而后的三审稿因而将草案中“具有危险性的活动”修改为“具有一定风险的文体活动”。最终通过的《民法典》保留了这样的修改。从文义上来说，从“危险性的活动”修改为“具有一定风险的文体活动”，显然是限缩了自甘冒险规则的适用范围。

结合《民法典》第1176条的规范意旨以及其在《民法典》侵权责任编体系所处位置，我国《民法典》并未采用德国、法国等国家将自甘冒险适用与有过失原则的做法，而是采用了完全抗辩模式，自甘冒险作为一项抗辩事由，可产生免除行为人赔偿责任的法律后果。也正因为这种免除是完全的免除，而非过失相抵的减轻或免除责任，为了防止受害人自担风险范围的扩大，应注意严格限制自甘冒险规则的适用范围，仅限于具备一定风险的文化、体育类活动，而结合我们后面所要讨论的自甘冒险所具备要件来看，我们认为这种文化、体育类活动需要具备两项特征。

一是一定的对抗性特征。这种对抗性特征决定了参加该类活动可能面临其他参加者因活动本身所带来的人身伤害风险。比如，篮球赛、足球赛等常见的体育竞技类活动。该规则排除了其他一些社会活动的适用，如医疗美容活动、“好意同乘”行为等。

二是一定的风险性特征。那么，此处的“一定风险”又作如何理解呢？应是特定文体活动所固有的异常风险。一方面，该风险应当超出人们日常生活的一般风险。另一方面，该风险应当将高度危险排除在外。因《民法典》侵权责任编第九章已对高度危险活动作出了特别规定，可直接适用该规定予以规制。

二、自甘冒险作为免责事由的要件

我们先来看一则案例：2020年11月3日17时许，A大学组织了一场学生篮球赛。比赛进行时，恰巧小李下课横穿篮球场，球员小张在接球跑动过程中，后背朝向小李，将其撞倒在地。小李受伤后被送往就近医院治疗。后小李要求小张赔偿其医疗费等相应损失。

本案能否适用自甘冒险规则？答案是不能。为什么？这就需要注意自甘冒险作为免责事由的第一个要件：加害人和受害人均须为活动参加者。本案中，虽然加害人小张是篮球赛的参加者，但小李不是，因此，小李向小张主张赔偿损害时，自甘冒险不能作为小张的免责事由。那么角色转换一下，假设小李在横穿球场过程中撞倒了正在扣篮的小张致其受伤，小李同样不能因自甘冒险规则而免责，理由相同。自甘冒险规则中受害人的损害须是来源于其他活动参加者的行为，这就排除了游泳溺亡、滑雪摔伤等情形的适用。

自甘冒险作为免责事由的第二个要件：主观上受害人须满足知情与自愿要素。知情要素指的是，受害人明知自己参加的活动可能导致特定的危害结果。还是以那场篮球赛为例，小张仅知道其可能因正常的篮球活动而受伤，不料中场休息时在楼梯上被队友小王绊倒致伤，小王则不能以自甘冒险为由而免责，因为小张对该危害结果并不知情。需要注意的是，判断受害人知情所依据的标准，并非仅依照抽象理性人的标准，还应当考虑受害人的具体情形，包括其年龄、精神状况、职业等。自愿要素指的是，受害人在认知到特定危险的情况下自主地去趋近危险。受害人可以通过明示或默示的方式作出自愿承担风险的意思表示，但其参与并非尽法律或道德上的义务。在判断自愿要素时，必须特别强调受害人的意志自由度。如果行为人使用胁迫等手段迫使受害人参加，则就欠缺了自愿要素。

自甘冒险作为免责事由的第三个要件：客观上损害必须是固有风险现实化的结果。所谓固有风险，就是按照一般社会观念判断，该种活动所通常具有的风险。适用自甘冒险抗辩，要求受害人所受的损害正是该活动的固有风险现实化的结果。譬如足球运动的固有风险包括身体碰撞、被飞来足球砸伤的可能性，因此只有当受害人确实因这些原因致伤时，加害人才能主张自甘冒险抗辩。相反，如果其他参加者故意实施了攻击行为，显然应当由加害人承担相应的责任。

三、自甘冒险免责的排除适用

接下来让我们来讨论一下自甘冒险免责的排除适用，亦即除外情形。这里我们需要从行为人及活动组织者两类主体分别展开。

（一）行为人角度

对于行为人而言，若其对损害的发生存在故意或重大过失的，则不属于活动内在的风险，也难以满足知情以及自愿要素，超出了受害人自愿承担的风险范围，而致害行为本身具有可非难性，故这种情况下行为人则无法适用自甘冒险规则予以免责，行为人应当承担相应的过错责任。需要注意的是，在行为人举证证明受害人满足了自甘冒险要件的情况下，对于行为人存在故意或重大过失的举证责任，则应当由主张的受害人予以承担。

下面让我们再回到那场校园篮球赛：比赛过程中，小张的右肘与小王的面部发生接触，双方均受伤了。关于发生接触的原因，小王称是小张故意用肘部撞击其面部，但未能提供证据予以证明。显然，本案不能认为小张存在故意。因为篮球活动中一方用肘部撞击到另一方，这种程度的身体碰撞属于篮球活动的固有风险，不能据此推定行为人有故意或重大过失，除非受害人对此举证证明。但是本案中，受害人小王未能提供相应证据。

那么，行为人的故意或重大过失又应如何判断呢？我们认为应以行为人具体的行为为核心，判断该行为在进行该项文体活动中是否具备了必要性或合理性，这里的必要性和合理性并非基于一般理性人的标准，具体可以综合以下几个因素予以权衡。（1）行为人的专业程度。比如，上述大学生小王和小张作为业余人员参加篮球赛，我们就不能苛求其同职业篮球运动员一样，具备较高的专业技术能力且深度了解比赛规则。（2）活动通常的规则。行为人是否明确知晓相应的活动规则、技术规范并存在明显违反相应规范的情形。（3）活动本身的特性。行为人的行为逻辑是否契合活动的特性。以足球赛为例，足球比赛以控球权的争夺展开，进攻与防守贯穿于始终，故在评判行为人的行为时需考虑行为是否符合这种进攻或防守的目的。当然我们还需注意损害发生时是否处于正影响活动胜负结果的关键环节。（4）活动开展的目的。校园篮球赛、羽毛球赛等活动逐渐成为增强学生体质、丰富校园文化的特殊教育形式，为鼓励这些活动的开展，我们对参赛者在激烈角逐过程中所负的注意义务要求不宜过于严苛，这也与自甘冒险规则鼓励开展相应文体活动、增强广大群众身体素质的立法本意相一致。

（二）活动组织者角度

对于活动组织者而言，其不同于活动参加者在活动中同时扮演风险负担者和风险制造者的角色，其具有更强的风险控制能力，相应地应尽更高的注意义务，故其无法以受害人自甘冒险作为抗辩事由。

《民法典》第 1176 条第 2 款可以说是指引性规定，据此，活动组织者的责任可分两类讨论：

一是安全保障义务人的损害责任，对应的是第 1198 条。概括而言：未尽安全保障义务致人损害的自己责任，适用过错归责制；违反安全保障义务致使第三人造成他人损害情况下的补充责任。

二是幼儿园、学校等教育机构的损害责任，对应的是第 1199 条至第 1201 条。概括而言：未尽教育、管理职责致学生损害的自己责任，适用过错推定（无民事行为能力人）或过错责任原则（限制民事行为能力人）；第三人致学生损害的补充责任。需要说明的是，教育机构组织的文体活动参与者为完全民事行为能力人的，如教职工运动会以及大学生篮球赛等，则应适用上述未尽安全保障义务的责任认定规则。

下面让我们来思考一下，相较于径直适用第 1198 条至第 1201 条的规定，自甘冒险规则项下的安全保障义务及教育管理职责又有何特殊性呢？我们认为其在认定标准上具有一定特殊性。在有一定风险的文体活动中，对于组织者是否尽到了安保义务或管理职责的认定需要结合以下三点：（1）活动开始前，组织者是否就活动风险及相应规则予以合理告知；（2）活动进程中，组织者是否尽到了合理注意义务以保障参加人的人身安全；（3）损害发生后，组织者是否及时采取了必要的救助措施。

好了，以上就是《民法典》中自甘冒险规则的主要内容。自甘冒险在社会得到了广泛关注，但要适当地处理这一问题，需要我们在司法实践中遵循该规则的价值目标，准确把握司法尺度，权衡行为自由和权益保护，合理分担风险。

今天的分享就到这里。感谢您的关注，再见。

动产抵押财产转让规则的理解与适用

主讲人 程勇跃

· 原上海市第一中级人民法院商事审判庭一级法官助理

· 现上海市松江区人民法院商事审判庭审判员

· 华东政法大学民商法学硕士

· 主要研究方向民商法

· 案例分析、论文曾在全国法院系统、上海政法系统获奖

· 执笔多项市级调研课题，在期刊发表调研文章多篇

· 曾获上海法院第四届“十佳青年”、上海法院系统调研能手、一中天平奖年度新人奖、嘉奖等

大家好，我是程勇跃，来自上海市第一中级人民法院。今天要和大家探讨的是动产抵押财产转让规则的理解与适用。

财产设定抵押后，抵押人是否依然拥有以及能在多大范围内拥有对抵押财产的处分自由？这是整个担保制度的核心之问。这一问题的回答，直接影响和决定了整个担保制度法律体系的构建。《民法典》对此作了体系性的重大变革，明确规定抵押人并不因财产设定抵押而丧失处分权的基本规则，并以此为基础构建了相应的抵押财产转让规则体系。

与不动产相比，动产财产具有突出的可移动性和更强烈的流通需求，因此这一规则的变化对于动产抵押的影响更为剧烈。与此同时，动产财产潜在的贬值趋向和公示的先天不足，也使得动产抵押财产转让的情形更加纷繁复杂，适法裁判难度更大，实有必要对这一问题进行深入探讨。因此，我们选择以动产抵押为视角，从动产抵押财产转让规则的基本内容、未经登记动产抵押财产转让的效力、动产抵押财产限制转让约定的效力这三个方面展开分析。

一、动产抵押财产转让规则的基本内容

第一部分是动产抵押财产转让规则的基本内容，在这里我们将从立法沿革、变更原因、法律效力三个方面来进行说明。

1. 立法沿革

首先是立法沿革。所谓观其源可以知其流，了解动产抵押财产转让规则的变迁过程，有利于我们更好地理解和把握相应规则。我国不同时期的实定法对动产抵押物的转让采取了不同的态度，最早在《民法通则意见》当中规定，未经抵押权人同意转让抵押物的行为无效；此后《担保法》也进行了进一步规定，未通知抵押权人或未告知受让人的，转让行为无效；至 2007 年我国《物权法》颁布，重新将抵押权人同意作为受让人取得抵押物所有权的前提。通过对此前立法规定的梳理可以看出，《民法典》之前虽然存在规则上的不同，但基本上都对于抵押财产转让采取限制的态度。

然而《民法典》对这一问题进行了体系性的重大变革，彻底放弃了此前限制抵押人转让抵押财产的立场，第 406 条明确规定，抵押人不因抵押而丧失对抵押物的处分权，抵押期间抵押人可以转让抵押财产，并确立了动产抵押权的追及效力，来保障抵押权人的合法权益。

2. 变更原因

关于变更原因部分，动产抵押财产转让规则的转变，其原因不仅在于法律理念的变更，更在于规则背后价值观念的转变。抵押制度当中，抵押权人通过支配抵押物的交换价值来实现对抵押债权的保护。因此，在不移转抵押物占有的前提下，如何保障抵押权人对抵押物交换价值的支配，就成了抵押权制度的基础问题。

此前的立法之所以限制抵押财产转让，其观点是认为，只有严格限制抵押人对抵押物的处分，才能够确保抵押权人对于抵押物交换价值的支配，实现对抵押权人的保护。然而这种限制禁锢了抵押物的流转，尤其是对于大部分仅有动产可供担保融资的中小企业而言，这种限制实际也严重影响了企业的正常经营，违背了现代动产担保制度的基本趋势。因此，《民法典》放开了抵押人转让抵押物的限制，从而达成了鼓励交易、提升经济效率、实现物尽其用的效果和目的。

3. 法律效力

在法律效力上，《民法典》第 406 条的修改也带来了抵押权的系统性变化，由

禁止抵押物擅自转让变更为准许抵押物自由转让。那么具体而言可以产生两种效力：第一，抵押人不因财产设定抵押而丧失处分权，抵押人有权对外转让抵押财产；第二，抵押权并不因抵押物转让而消灭，在抵押权已登记的情形下，抵押权人可以追及该抵押财产并行使抵押权。

比如，我们看这样一个案例：抵押权人甲同抵押人乙之间签订抵押合同，由乙提供自己的一辆价值20万元的车辆进行担保，并且办理了抵押登记。此时，抵押人乙仍然有权将抵押的车辆进行转让，如转让给了受让人丙，但此时抵押权人甲的抵押权并不受影响，抵押权人甲依然有权向受让人丙主张对抵押物行使抵押权。

二、动产抵押权未登记时抵押财产转让的效力

第二部分是动产抵押权未登记时抵押财产转让的效力，动产抵押权经过登记之后取得绝对效力，抵押权对于受让人具有追及效力。此时，抵押财产的转让问题较为简单，实践当中更为复杂、争议也更大的则是抵押权未登记时抵押财产转让的效力认定问题。对于这一问题的回答，需要结合《民法典》第403条第二分句的内容予以认定，动产抵押未经登记，不得对抗善意第三人。动产抵押权未经登记，物权效力有限，需要考虑的实际是善意第三人的认定问题。这一问题又涉及两个方面，第三人范围的认定以及主观善意的识别。

（一）第三人范围的认定

关于第三人范围的认定，我们不妨来看这样一个案例：抵押权人甲同抵押人乙签订抵押合同，由乙提供自己的一辆价值20万元的轿车进行担保，但不同的是抵押权并未办理登记。此后，抵押人乙将车辆转让给了买受人丙，两人签订了车辆转让合同，丙也向乙支付了转让价款15万元，并办理了相应的过户登记，但是双方之间尚未完成车辆的交付。之后，抵押权人甲对车辆行使抵押权，此时买受人丙提出异议，以自己为善意第三人为由来对抗甲行使的抵押权。此时，丙的主张是否能够成立，买受人丙又是否属于善意第三人呢？

对于第三人范围的界定，我们认为应当从如下三点来进行认定：

第一，第三人不包括抵押权人、质权人、留置权人等担保物权人。

因为担保物权人之间的顺位关系，《民法典》已经建立了统一的优先顺位规则，担保物权人之间的物权优先顺序，可以直接根据《民法典》第414条、第

415 条的规则予以确定，而且无须考虑彼此之间是否为善意，因此自然不需要涉及善意第三人的问题。

第二，第三人应当为已取得抵押动产占有的买受人。

《物权法司法解释（一）》第 6 条明确，转让人的一般债权人不属于善意第三人，此后《民法典担保制度司法解释》第 54 条第 1 项中也继续延续了这一规则。究其原因，基于物债二分体系，买受人在取得抵押动产的占有之前，仅享有主张抵押人为给付的一般债权，那么依据物权优先于债权的基本理论，此时无论买受人主观上是否为善意，抵押权人均有权对抗。

第三，第三人包括抵押人的查封、扣押债权人以及抵押人的破产债权人。

未经登记的动产抵押权不得对抗抵押人的查封、扣押债权人及抵押人破产程序中的破产债权人，这一规定也是《民法典担保制度司法解释》新确立的内容，那么实际上构成了对于一般债权人不属于善意第三人规则的突破。之所以作此规定，实际上是为了落实《民法典》消除隐形担保的目的。

未经登记的抵押权是一种未经公示的隐形担保，具有隐蔽性，可能导致交易信赖基础的丧失和正常预期落空的结果，造成对正常交易秩序的损害。在实践当中，甚至会滋生出抵押人同抵押权人恶意串通，倒签动产抵押合同以转移财产、损害其他债权人利益的道德风险。因此，有必要赋予抵押人的查封扣押债权人和破产债权人对抗效力，对未登记动产抵押权予以适当限缩，防范潜在的道德风险。

说到这里我们就可以再来看一下刚才这个案例，案例当中买受人丙虽然已经支付了价款并且办理了车辆过户，但因为没有进行交付，所以丙并未取得车辆的所有权，他依然是一般债权人，不属于善意第三人的范围，自然也就无法对抗抵押权人甲的抵押权。

（二）买受人是否为善意的识别

关于买受人是否为善意的识别问题，未经登记的动产抵押权是否具有追及效力，还需要区分买受人主观上是否为善意。若受让人为善意，不知道标的物上存在动产抵押负担，那么此时抵押权就不得对抗善意买受人，动产抵押权也不具有追及效力。若受让人为恶意，明知或者应当知道标的物上存在未登记的抵押权负担，此时动产抵押权仍然具有追及效力。

买受人主观上是否为善意是实践中的审查难点，对此我们认为可以结合价款是否具有明显不合理、交易对象是否具有特殊关系、交易场所和时机是否符合交易习惯、买受人是否询问过动产抵押的情况等情形来予以综合认定。在证明责任分配上，受让人无须举证证明其自身为善意，而应当由未经登记的动产抵押权人来举证，证明买受人知道或者应当知道存在抵押权。

三、动产抵押财产限制转让约定的效力

第三部分是动产抵押财产限制转让约定的效力，抵押期间抵押人可以转让抵押财产，但抵押权人和抵押人之间也可以约定禁止或者限制转让抵押财产。

这里我们也来看一个案例：抵押权人甲同抵押人乙签订抵押合同，约定由乙提供自己的车辆作为抵押物，并且在抵押协议当中约定，该动产抵押物未经抵押权人甲的同意不得对外转让，但抵押权未经办理登记。此后，抵押人乙未经抵押权人甲的同意，将抵押物转让给了受让人丙并且已经完成了交付。抵押权人甲随即起诉至法院，请求确认抵押人乙同受让人丙之间的转让合同无效，那么此时法院应当如何处理？

这一问题实际上讨论的是动产抵押财产限制转让约定的效力认定问题。对于这一问题的回答，我们应当从如下几点进行把握：

1. 限制转让约定并不影响转让合同的效力

限制转让约定并不影响转让合同的效力。根据区分原则，无论当事人之间关于限制或者禁止抵押物转让的约定是否进行过登记，都不影响抵押财产转让合同的效力，仅能对物权行为产生效力。因此，在违反限制转让约定的情形之下，抵押权人无权主张转让合同无效，但可以请求法院确认转让抵押财产的行为不发生物权效力。

那么在明确了这一点之后，动产抵押财产限制转让约定的效力在认定上还需要区分对内效力和对外效力。

2. 限制性约定的对内效力

所谓的对内效力，是指限制转让约定在抵押权人同抵押人之间的效力。抵押财产限制转让约定本质上属于抵押合同当事人之间的内部约定。这一约定本身并不涉及抵押合同以外的第三人，因此在对内效力上，无论动产抵押财产限制转让的约定是否经过登记公示，抵押权人和抵押人之间均应当受到该约定的拘束，抵押人违反约定的应当向抵押权人承担相应的违约责任。

因此，在刚才的案例当中，抵押人乙未经抵押权人甲的同意就擅自转让抵押财产的行为，明显已经违反了双方之间的约定，抵押权人甲就有权要求抵押人乙承担违约责任。

3. 限制性约定的对外效力

所谓的对外效力，是指抵押财产限制转让约定是否能够对受让人产生效力。限制转让约定未经登记不得对抗善意买受人。

限制转让约定是抵押合同当事人之间的内部约定，只有在经过登记公示之后方能对外产生对抗效力，对抵押财产的受让人才具有约束力。限制转让约定未经登记的，则需要区分买受人是否为善意，对于善意买受人并不具有约束力，但对于知道该约定的买受人则仍然具有约束力。

说到这里，我们就再来看一下刚才这个案例。案例当中，抵押权人甲和抵押人乙虽然进行了限制转让约定，但这一约定并没有进行过登记，因此买受人丙并不受此约定的拘束，抵押权人甲无权主张转让行为不发生物权效力。

需要说明的是，有关动产抵押财产转让，无论是实践情形还是法律规定都极为纷繁复杂、深奥精微，这就要求我们的法官在具体裁判时秉持《民法典》迈向功能主义和消灭隐形担保的立法主旨，结合《民法典》其他相关法律条文，进行体系性解读与适用。

以上就是今天的全部内容。感谢大家的关注，再见。

电子商务环境下网络平台经营者及其侵权责任认定

主讲人 郭 葭

- 上海市第一中级人民法院民事审判庭一级法官助理
- 澳大利亚莫纳什大学法学院国际商法硕士
- 主要研究方向民商法、国际商法
- 参与市级调研课题一项
- 多次获得省市级嘉奖
- 省市级十佳司法建议一篇

大家好，我是上海市第一中级人民法院的郭葭。今天我要跟大家探讨的是关于电子商务环境下，网络平台经营者及其侵权责任的认定问题。我主要从《民法典》的规定、电子商务的定义以及网络平台经营者侵权纠纷审理的重点和难点三个部分做说明。

一、《民法典》关于网络侵权的规定

关于网络侵权责任，我国《民法典》的侵权责任编进行了完善规定，由《侵权责任法》原来的一个条文细化至侵权责任编第 1194 条至第 1197 条共四个条文。其中第 1195 条至第 1197 条关于网络服务提供者的行为规范及侵权责任规定的适用，可以关注我院叶佳审判长关于网络侵权中网络服务提供者的责任认定微视频课程。而新《民法典》第 1194 条则增加了法律另有规定的，依照其规定的兜底条款，以适应网络信息时代的社会发展需要。那么诸如 2018 年出台的《电子商务法》，作为特别法，就可以成为审理电子商务语境下侵权纠纷时主要参照的专门性法律规定。

二、电子商务的定义

在讨论网络平台经营者的侵权责任认定相关问题之前，我们需要对电子商务的定义予以明确。根据我国《电子商务法》第 2 条第 2 款的规定，电子商务是指通过互联网等信息网络销售商品或者提供服务的经营活动。同时《电子商务法》也明确了金融类产品和服务，利用信息网络提供新闻信息、音视频节目、出版以及文化产品等内容方面的服务暂不适用《电子商务法》。因此我们今天的讨论，主要也是聚焦在通过互联网等信息网络销售商品或者提供服务的经营活动中发生侵权时，网络平台经营者的侵权责任认定问题上。

三、网络平台经营者侵权纠纷审理的重点和难点

下面，我先向大家介绍一个案例，由这个案件我们可以总结出网络平台经营者在电子商务语境下的侵权责任认定问题的重点和难点。

· 案例

黄某及友人一行在本市游玩时通过相关手机 APP 预订了一辆顺风车。在行程中，由魏某驾驶的云南号牌的顺风车因违反交通信号灯与赵某驾驶的货车相撞，造成顺风车上黄某一行人不同程度受伤。经警方认定，魏某与赵某各负同责。经鉴定黄某构成一定等级的伤残并给予相应的三期及后期治疗期。因各方对赔偿问题协商不成，黄某诉至法院，要求除保险公司以及赵某外，顺风车平台经营者与魏某连带承担相应的赔偿责任。另外经查，涉案顺风车平台由 Y 公司经营。

在这个案件中，对于黄某的损失项目及金额各方均没有异议，主要的争议焦点就在于：（1）黄某与顺风车平台经营者 Y 公司之间的法律关系应如何认定？（2）Y 公司是否构成对黄某的侵权？（3）如构成侵权，Y 公司应承担何种性质的侵权责任？这也是针对平台经营者在电子商务环境下侵权纠纷案件的审理重点及难点。下面我们就以这个顺风车案件为例对重点问题进行一一梳理。

案件审理的第一个重点是，关于黄某与顺风车平台经营者 Y 公司之间的关系问题。黄某主张其是直接与平台形成运输合同关系，魏某只是平台雇佣的司机，因此平台经营者应承担承运人的责任。对此，我们认为《电子商务法》对平台经

营者的定义非常明确，即是指在电子商务中为交易双方或多方提供网络经营场所、交易撮合、信息发布等服务，供交易双方或者多方独立开展交易活动的法人或者非法人组织。其应该与平台内经营者加以区分，后者是指通过电子商务平台销售商品或提供服务的电子商务经营者。因此，乘客通过顺风车平台预定和乘坐网约顺风车，与顺风车平台经营者及司机分别成立何种法律关系，一方面要看平台协议之约定；另一方面也要看交易的实际情况。如果顺风车是平台经营者的自营项目，也就是经营者自己承担承运人义务，指派司机将乘客运输至约定地点并收取运输费用的，则其与乘客直接形成了运输合同关系。但在黄某的案件中，平台用户协议明确约定该顺风车平台由 Y 公司运营，向平台中的用户（也就是合乘乘客与顺风车车主）提供顺风车信息共享及其附属信息交互服务；顺风车平台提供的并不是出租、用车、驾驶或运输服务。事实上，黄某一行人也是通过该顺风车平台发布用车信息，而当平台发布的乘客及司机出行路线匹配后，黄某可选择是否接受相关司机的接单，平台无法强行派单、指定服务的司机。此种平台服务，确带有交易撮合之特征。可见该案中顺风车平台显然属于为交易双方提供交易撮合、信息发布等服务的电商平台经营者，而顺风车司机，在并无证据显示其与顺风车平台存在雇佣、隶属关系的情况下，则属于通过顺风车平台提供服务的平台内经营者。此外，该案在审理时，Y 公司还抗辩因顺风车本身并无营利性质，所以魏某非平台内经营者，Y 公司也就算不上商务平台经营者。对此，我们认为，相比营利性的出租车，顺风车确实不应具有营利性质，它一般具有合乘对价低廉性、合乘路线稳固性、合乘频次有限性等特征。但如果网约顺风车突破了上述特征，就有从事非法出租运营的嫌疑。据查，目前上海规定了网约顺风车每天每车提供合乘服务不得超过两次，否则即可能被认定是异化出租车服务。而事实上魏某驾驶该案顺风车每天的载客次数显然超过限定，有营利之目的。因此 Y 公司的抗辩不成立。

在解决了法律关系问题之后，案件审理的第二个重点就在于 Y 公司是否构成侵权的问题。《民法典》对于网络侵权的认定并未跳脱第 1165 条关于“过错责任原则”的规定。因此审理时我们依旧应当遵循传统的侵权构成四要件，也就是侵权行为、主观过错、损害事实和因果关系来进行。而目前对平台经营者侵权认定的难点还是集中在是否具有过错行为及因果关系上。就如顺风车案例中，黄某以平台经营者违反《电子商务法》第 38 条的资格资质审核义务为由，要求平台承担赔偿责任。而根据本市交通委等五部门联合发布的关于规范顺风车的相关意见，上海对顺风车的车辆要求是应在本市注册登记，也就是要取得上海牌照；而顺风车平台有着对顺风车车辆及驾驶员的资格进行审核的义务，不符合条件的，不得予以注册提供合乘服务信息。那么在黄某的案件中，魏某经注册成为顺风车平台的驾驶员，其所驾驶的提供顺风车服务的车辆号牌为云南牌照，显然与上述意见中车辆应在本市注册登记之内容相违背。作为顺风车平台运营商的 Y 公司，对该等规范性文件理应有较个别司机及乘客更高的注意义务。遗憾的是，该案中对魏某所驾驶的明显不符合顺风车运营资格的车辆，Y 公司未尽到必要的审核义务，放任不合规车辆上路进行顺风车运营，存在过错。而 Y 公司这种放任风险、不尽审核义务的行为，又导致魏某在没有资质的情况下开展顺风车服务，并发生侵权事故，造成消费者损害。根据《民法典》及《电子商务法》的相关规定，Y 公司构成不作为侵权，理应承担赔偿责任。据此，鉴于网络平台经营者的内涵及外延隶属于网络服务提供者的范围之内，我们对于平台经营者侵权认定的思路就是，当平台经营者违反《民法典》关于网络服务提供者的相关行为规范或是特别法关于平台经营者的相关责任义务，如接到权利人通知后未采取必要措施或采取措施不力的、未尽到安全保障义务的、未尽到资质审查义务等侵害他人民事权益的，应属构成对权利人的侵权。

那么，在有直接侵权人的纠纷案件中，当平台经营者也构成侵权的情况下，就如顺风车案例中，Y 公司应承担何种性质的侵权责任呢？这个问题也是审理此类案件的难点。根据《电子商务法》第 38 条第 2 款的规定，对关系消费者生命健康的商品或者服务，电子商务平台经营者对平台内经营者的资质资格未尽审核义务，或者对消费者未尽到安全保障义务，造成消费者损害的，依法承担相应的责任。至于何谓相应责任，并未进一步明确。我们认为这里的“相应责任”，也不应过于局限，而应当根据具体案件情况具体分析，连带责任、按份责任、补充责任均应有其适用的余地和可能。那么具体到顺风车案件中，我们认为应该适用补充赔偿责任。理由是：首先，该案中无法适用连带责任和按份责任。《民法典》第 178 条明确规定了连带责任，应由法律规定或是当事人约定。而《民法典》侵权责任编又在第 1168 条、第 1170 条以及第 1171 条，分别规定了共同侵权、共同危险行为、多人分别侵权等情况下连带责任的承担方式。但顺风车一案中，平台与顺风车司机之间，显然不属于共同侵权或共同危险行为等情形，亦不符合《民法典》第 1197 条或是《电子商务法》第 38 条第 1 款规定的平台明知有害而未采取必要措施应承担连带责任的情形，更不存在连带责任的约定。因此该案中不存在适用连带责任的可能。至于按份责任，根据《民法典》第 1172 条的规定，二人以上分别实施侵权行为造成同一损害，能够确定责任大小的，各自承担相应的责任。但顺风车一案中，平台未尽审核义务与顺风车司机因过错造成交通事故间，显然也不属于可以明确责任大小的情形，按份责任亦难适用。

其次，从条文文义解释及体系解释上来讲，该案适用补充责任，存在一定的依据。《电子商务法》第38条第2款，明确了电子商务平台经营者的安保义务。而审核义务在该款中，与安保义务并列作出规定，显然未尽安全保障义务的责任承担方式，对于未尽审核义务的责任承担方式，具有相当的参照意义。《民法典》第1198条规定了因第三人的行为造成他人损害的，由第三人承担侵权责任；经营者、管理人或者组织者未尽到安全保障义务的，应当承担相应的补充责任。这一传统公共场所的安全保障义务责任承担方式，对于网络空间的安全保障义务责任承担方式，亦具有参照作用。顺风车一案中，黄某的损害系由交通事故造成，对于顺风车平台而言，存在第三人魏某的因素，应由魏某承担侵权责任，此时平台未尽审核义务或安保义务的，可参照安全保障义务的规定，承担补充责任。

最后，从法律效果上来讲，该案适用补充责任，也较为妥当。顺风车一案中，平台对顺风车车辆未尽到审核义务，应属违反了法定的作为义务。此时，平台相应的过错并非主观恶意很大；从损害结果的因果关系上而言，平台的不作为也并非造成交通事故及黄某损害的最直接原因。因此，综合侵权行为发生的原因、顺风车平台的主观过错等因素，该案中，法院最终判令顺风车平台在司机魏某应承担而不能清偿范围内承担补充赔偿责任。在理论上，这更类似于不真正连带责任。从效果上来看，鉴于补充赔偿责任的特点具有灵活性，就黄某而言，所受损失得到圆满补偿，而不管是来自审核义务人的履行还是直接侵权人的赔偿。对侵权人即肇事司机魏某而言，还是需要面对整个损害的赔偿责任。对Y公司来说，其也因自身不尽必要审核义务承担相应的风险。

四、课程小结

好，让我们来总结一下，在电子商务环境下，当平台经营者单独侵权时，其应承担自己的责任，也就是行为人需要对自己实施的违法行为所造成的损害后果承担责任。而当涉及其他侵权主体时，当平台对受害人的损害没有任何过错，完全系由其他侵权主体造成损害的，平台无须担责；如其他侵权主体造成损害，同时平台经营者未尽到其相关义务的，在无明确法律规定的一般情况下，平台经营者应当承担补充责任，少数情况下，也不排除按份责任或连带责任之可能。

以上就是我们关于电商环境下，网络平台经营者侵权认定的相关问题分析。感谢大家的关注，再见。

清算义务人之清算赔偿责任

主讲人　须海波

- 上海市第一中级人民法院研究室一级主任科员
- 上海大学法学院法学硕士
- 主要研究方向民商法
- 研究论文多次在全国法院系统及上海法院系统学术讨论会获奖
- 裁判文书获评上海法院年度百篇优秀裁判文书
- 合著案例获评上海法院年度精品案例
- 多篇合著文章被最高人民法院《法律适用》杂志刊用
- 合作撰写辖区适法统一类案裁判规则多篇

大家好，我是来自上海市第一中级人民法院的须海波。今天与大家分享的主题是清算义务人之清算赔偿责任。我们都知道，清算是法人终止的必经程序。《民法典》第 70 条第 3 款规定，“清算义务人未及时履行清算义务，造成损害的，应当承担民事责任”。这项民事责任，在性质上属于侵权损害赔偿责任，我们称之为清算赔偿责任。

今天就以债权人诉请清算义务人清算赔偿责任为主题，结合《民法典》《公司法》及公司法司法解释、《九民会议纪要》等，与大家做一个交流。

首先是介绍该类案件的基本审判理念。理念是行动的先导。审判理念，是决定法官审判思维和行动的意识形态与精神指引。

一、基本审判理念

公司的独立人格和股东有限责任是现代公司制度的基石，对于这一规则的突破必须在法律明确规定的范围之内。清算赔偿责任制度虽然是特殊时势下，为了督促和引导公司退出所作的特别安排，但也应当遵循这个大原则。

所以，法院在审厘清算赔偿责任纠纷案件时，需要严格审核构成要件，慎重认定清算义务人的赔偿责任。尤其在连带清偿责任的认定上，要注意把握清算义务人权利与义务上的对等性，以及个案的差异性，避免唯结果论，导致实质上的不公平。

接下来我们进入实体环节，如何认定清算义务人。

二、清算义务人的认定

清算义务人，是指基于其与法人之间存在的特定法律关系，在法人解散时，对法人负有依法组织清算的义务，并在法人因未及时清算给相关权利人造成损害时，依法承担相应责任的民事主体。《民法典》第 70 条第 2 款规定，法人的董事、理事等执行机构或者决策机构的成员为清算义务人。法律、行政法规另有规定的，依照其规定。不过《公司法》第 183 条与《公司法司法解释（二）》第 18 条则通过设定法律责任的间接方式，确立了清算义务人的主体范围，“有限责任公司的股东、股份有限公司的董事和控股股东”。

那么实务中，我们如何来认定清算义务人?

司法实践中一般认为，《民法典》第 70 条属于一般规定，《公司法》则是特别规定，依据特别规定优于一般规定的法律适用规则，对于特定类型法人的清算义务人，适用公司法及司法解释的规定。之所以采用这种解释，主要是看重清算责任在引导和规范公司市场退出方面的制度价值。至于《公司法》与《民法典》之间的具体衔接问题，还有待新一轮的公司法立法调整。

我们可以这么归纳，有限责任公司的清算义务人是“股东”，股份有限公司的清算义务人是“董事和控股股东”，其他类型法人的清算义务人为“董事、理事等执行机构或者决策机构的成员”。

接下来，我们来看看清算赔偿责任的法律构成要件。

三、清算赔偿责任法律构成要件解析

清算赔偿责任本质上是一般侵权责任，适用过错责任原则，责任的成立必须具备违法行为、损害事实、因果关系和主观过错四个要件。我们再结合法律等的特别规定，如《公司法》及其司法解释，就可以得出具体的构成要件。

对于涉公司清算赔偿责任而言，责任的承担方式有两种，一种是未及时清算时的赔偿责任，另一种是怠于清算时的连带清偿责任。我们看到，这两种责任的构成要件各不相同。

至于其他类型法人，依据《民法典》第 71 条规定，在没有特别规定的情况下，他们的清算程序和清算组职权，参照适用公司法律的有关规定。相应地，其他类型法人清算赔偿责任的判断也可以参照公司，当然适用时还要考虑各法人类型的特殊性。

有鉴于此，我们后续的介绍将以公司为范例展开。

（一）如何认定违法行为

1. 未及时清算

依据《民法典》第 70 条第 1 款规定，清算应当在法人解散事由出现之日起（除合并或者分立）依法限期组织开展，清算义务人如未及时组织清算的，该行为可认定存在违法性。

那么怎么判断是否“及时”？

标准是看法律对于组织清算的时间有没有明确的规定，《公司法》第 183 条规定，在解散事由出现之日起 15 日内成立清算组，开始清算。其他类型法人也可以参照 15 日的期限。

2. 怠于清算

《公司法司法解释（二）》第 18 条第 2 款明确了怠于清算的内容，指的是在法定清算事由出现后，在能够履行清算义务的情况下，清算义务人故意拖延、拒绝履行清算义务，或者因过失导致公司无法进行清算的消极行为。其违法性在于，违反了《公司法》第 20 条——股东滥用公司法人独立地位和股东有限责任，逃避公司债务。

（二）如何认定损害事实

债权人受到的损害可以分为两类：一是因清算义务人未及时清算，导致公司财产贬值、流失、毁损或者灭失，债权人因此不能清偿的部分，可认定为债权人的损失。二是因清算义务人怠于履行清算义务，导致公司无法清算的情况下，债权人的全部债权将难以受偿，此时债权人的全部债权可认定为损失。

（三）如何认定主观过错

1. 在未及时清算的情形之下，一般认为清算义务人应当知晓法定清算期限，如果在公司解散事由发生之日起，未在法定期限内开展清算事务的，可以认为主观上存在不作为的过错。

2. 怠于清算，包括故意与过失两种过错形态。故意，是指有意不履行清算启动程序；在清算组成立后，不清理公司主要财产以及管理好公司账册、重要文件等义务，或者在其他清算义务人请求其履行清算义务的情况下，拒绝履行。过失，是指基于某种正当的原因，不知道要履行清算义务等。

“怠于”是一种消极的评价，属于不确定的法律概念，实务中判断较难。这里我们提供一种反证的方法供大家参考。

（1）为确保清算的顺利进行已采取积极措施

一般认为，清算前或清算中遇到障碍的，清算义务人应当主动作为，及时采取相当的措施排除妨碍。如果清算义务人为确保清算的顺利进行，采取积极措施的，这种积极的状态可以否定怠于的消极状态。

积极措施的判断因个案而异，总的来说，需要结合股东的任职情况（如类别、高低），是否参与公司经营管理、参与的程度如何等因素来综合判断。

（2）不存在滥用公司法人独立地位和股东有限责任逃避债务的可能

连带清偿责任的法理是公司人格否认。以有限责任公司小股东为例，小股东可能实际不参与公司的经营管理或者被大股东排挤，没有滥用的可能，仅仅因为股东的身份承担责任，有违公平。如果小股东既不是公司董事会或者监事会成员，也没有选派人员担任该机构成员，不担任公司相关职务，且从未参与公司经营管理，对于公司毫无影响力与控制力而言，这种情况下，可以认为他不存在滥用的可能，进而否定其不作为存在过错。

（四）如何认定因果关系

1. 赔偿责任的因果关系认定

赔偿责任存在两个因果关系，两个隐含的前提。

第一个因果关系是，清算义务人“未在法定期限内成立清算组开始清算”造成“公司财产贬值、流失、毁损或者灭失”的后果。这里隐含的前提是，公司清算事由发生之时，公司是有财产的，也正因为有财产，才可能在法定清算期限之后发生“贬值、流失、毁损或者灭失”。同时也意味着，如果清算事由发生之时公司已无财产，那么即便及时清算，债权人的债权也是无法得到受偿的。

第二个因果关系是，“公司财产贬值、流失、毁损或者灭失”导致“债权人权益受损”，而不是别的原因。这里隐含的前提是，债权人权益受损的结果只能发生在法定清算期限之后。（这也意味着，债权本身不能作为证明债权人权益受损的证据）。

鉴于债权人客观上无法详细掌握公司运营情况和财务信息，因此在因果关系的认定上，法院一般采取举证责任分步骤分配的审查方式。在公司债权人初步举证后，再由清算义务人就因果关系不成立或者前提不存在等的抗辩举证。

2. 连带清偿责任的因果关系认定

连带清偿责任存在以下三个因果关系，两个隐含的前提。

第一个因果关系是，“怠于履行清算义务的行为”直接导致了“公司主要财产、账册、重要文件等灭失”的发生。这里的隐含前提是，清算义务人是负有保管公司财产、账册、重要文件等义务的。

第二个因果关系是，“公司主要财产、账册、重要文件等灭失”直接导致了“公司无法清算”的后果。

第三个因果关系是，仅仅因为“公司无法清算”才导致“债权人权益受损”。这里隐含的前提是，公司清算事由发生之时，公司有资产偿还债务。我们可以这么理解，如果公司在清算事由发生之前早就没有资产，那么债权人的债权注定是无法受偿的，公司无法清算无非强化了这种确定性。

需要注意的是，各要件之间的因果关系呈现一种递进样式，如果任一因果关系断链的，就可以认定整体的因果关系阻却。举证规则跟前面的“未及时清算”是一致的。

四、清算义务人有效抗辩的认定

因果关系是侵权案件认定的难点。实践中，清算义务人的抗辩多围绕因果关系展开。那么哪些典型的抗辩会被法院认定为有效抗辩？我们来看案例。

· 案例 1

A 公司债权人甲起诉 A 公司股东乙，要求乙对 A 公司不能清偿债务承担连带清偿责任。法院经审理查明，A 公司的财产在法定清算期间已被法院依法查封拍卖；A 公司主要财务账册在发生清算事由前已不完整。乙以此主张免责。

我们认为，乙的抗辩有效。财产等的灭失如非乙的怠于行为或未及时清算行为所致，而是其他不可归责于清算义务人原因的，如本案公权力的介入或者自然灾害等，那么因果关系不成立。

· 案例 2

诉前，甲以 A 公司债权人身份向法院申请启动清算程序，法院裁定终结清算程序，生效的法律文书载明，无法清算的原因是 A 公司主要财产、账册、重要文件等灭失。甲随即以终结裁定为证据，起诉要求乙对公司债务承担连带清偿责任。乙认为，终结清算裁定出具存在瑕疵，不能作为认定因果关联的证据。

我们认为，乙的抗辩是有效的。

对以无法清算为由终结强制清算程序，最高人民法院专门出台了《关于审理公司强制清算案件工作座谈会纪要》，其中第 28 条明确了具体的程序性要求。如果法院终结强制清算时，没有按照纪要的要求履行必要的程序，那么终结裁定书的证据效力就存疑。依据《民事诉讼证据规定》第 10 条第 2 款的规定，将难以作为认定因果关系的证据。债权人如无其他证据补强的，可以认定因果关系不成立。

· 案例 3

A 公司的债权人甲起诉 A 公司清算义务人乙，要求乙承担清算赔偿责任。法院经审理查明，A 公司在出现解散事由前已经没有财产。乙以此主张免责。

我们认为，乙的抗辩是有效的。如果解散事由出现时公司没有财产的，那么债权人无法受偿就是一个必然的结果，与是否怠于或者未及时清算没有因果关系。

实践中，清算义务人经常提供《终结本次执行裁定书》来证明公司没有财产。我们认为，无财产可供执行的案件，属于客观执行不能，法院作为国家公权机关穷尽执行措施尚且没有财产可供执行，举重明轻，债权人又如何去获取公司尚有财产的线索？如果认为公司没有财产必须经清算程序方可认定，那么就有陷入循环论证之嫌，也容易导致唯结果论。所以，法院的执行结果是可以用来证明公司的财产状态的。

那么，义务人能否仅以《终结本次执行裁定书》来证明公司没有财产？我们来看下最高人民法院的观点。

终结本次执行程序制度是在 2009 年开始施行，最高人民法院认为在适用时“存在适用标准过宽、程序过于简化等不规范问题，一些本不该进入该程序的执行案件被当作无财产可供执行……严重损害了债权人的合法权益”。为此，最高人民法院在2016年10月29日出台了《关于严格规范终结本次执行程序的规定（试行）》的司法指导性文件，对于终本制度做出了严格的程序设置。所以，我们可以认为，规定施行之后（2016年12月1日起）的终本裁定，可以用来证明公司没有财产。但是，如果终本裁定出具没有按照前述规定履行必要程序的，那么终本裁定的证据效力就存疑，清算义务人应就公司无财产进一步举证。

以上就是本次微课程分享的内容。感谢关注，再见！

所有权保留制度的功能与风险

主讲人 戴欣媛

· 上海市第一中级人民法院商事审判庭一级法官助理
· 北京大学法学硕士
· 主要研究方向为民商法学、国际法学
· 参与执笔最高人民法院、中国法学会等国家级、省部级调研课题 7 项
· 在国家级、省部级论文评选活动中获奖或于《中国应用法学》《国际经济法学刊》《人民法院案例选》等出版物发表论文 10 余篇
· 获评全国法院优秀案例分析二等奖、三等奖等 4 篇
· 曾获上海法院系统嘉奖、集体二等功等荣誉

大家好！我是上海市第一中级人民法院的戴欣媛。今天我跟大家交流的内容是，我国《民法典》规定的所有权保留制度。这一制度在以前的《合同法》以及最高人民法院作出的《买卖合同司法解释》中已有规定，《民法典》在原有规定的基础上，调整和细化了相关规则。下面，我将从所有权保留制度基本内容、保留所有权的效力与功能、担保物权属性带来的风险这三方面来介绍这一制度。

一、所有权保留制度基本内容

所谓所有权保留，就是指买卖合同当中，出卖人先将货物实际交付给买受人，但是双方约定，在买受人付清货款或履行完其他约定义务之前，这个货物依然归出卖人所有。这种交易模式多见于分期付款或者延期付款的情形，采用这种交易模式的好处，一是买受人只要支付一部分货款，就可以实际拿到并使用货物；二是出卖人依然是货物的所有权人。因此，如果买受人不履行约定义务时，出卖人可以取回货物，以保障自己的权益。可见，所有权保留这一交易模式具有类似担保物权的属性，我国《民法典》也是将其作为非典型担保物权看待。

《民法典》第 641 条明确了所有权保留的基本原则，第 642 条则规定了出卖人对货物的取回权，第 643 条规定了买受人回赎货物以及出卖人变卖货物。此外，最高人民法院在其发布的《买卖合同司法解释》《民法典担保制度司法解释》中也作了一些补充规定。这里，让我们通过一个案例，来具体了解这个所有权保留制度吧。

· 案例

A 公司是一家绵羊养殖和销售企业，有一天，A 公司卖了 100 只绵羊给张三。双方约定，在张三支付了首付款之后，A 公司就将这批羊全部交付给张三。剩余货款由张三分期支付，在张三付清全部货款之前，这批羊的所有权依然归 A 公司所有。这就是一个最基本的所有权保留交易。

那么这样交易的效果是什么呢?

二、保留所有权的效力与功能

保留所有权的效力，简单来说，就是通过将这 100 只羊的所有权保留给 A 公司，以担保张三剩余货款的支付，但这里 A 公司保留的所有权与普通的、权能完整的所有权之间有很大的差异。

完整的所有权有占有、使用、处分、收益四大权能，但 A 公司所保留的所有权，首先，显然没有占有、使用的权能，绵羊在货款全部清偿之前，已经交付给了张三，A 公司虽然有所有权，但是并不实际占有，也无法使用。

A 公司所保留的主要是所有权的处分权能。也就是说：

第一，张三不能随意将这群羊出售给第三人，也不能在其上设立质权、抵押权等负担，因为羊群的处分权在 A 公司。当然，绵羊是动产，其所有权不需要登记，以占有为物权的公示。现在，占有羊群的是张三，但享有所有权的是 A 公司，也就是存在占有与所有不一致的情形。此时，第三人无法从外观上识别 A 公司所保留的所有权，这对第三人的交易安全显然构成了一定隐患。为了消除此种“隐形担保”，保护交易的安全，《民法典》明确规定出卖人保留的所有权非经登记，不得对抗善意第三人。也就是说，如果张三擅自处分羊群，而 A 公司保留的所有权没有登记，那么张三的处分就可基于善意取得规则而产生物权效力。这也意味着，对于以登记为物权变动要件的不动产买卖交易，所有权保留模式并无发挥作用的空间，最高人民法院在《买卖合同司法解释》中就明确所有权保留的规定不适用于不动产。

第二，A公司基于所有权的处分权能而对这批羊享有取回权。但A公司的此种取回权，与普通所有权派生出的原物返还请求权有很大差异。

其一，A公司只在特定情形下享有取回权。《民法典》规定，除当事人另有约定外，A公司在三种情形下有权取回羊群，也就是说买受人张三，未按照约定支付价款，经催告后在合理期限内仍未支付，或者张三没有按照约定完成特定条件，又或者张三将羊群出卖、出质或者作出其他不当处分。如果张三有这些行为，造成出卖人A公司损害，A公司就可以与张三协商取回标的物。

其二，相对应地，张三享有回赎权。也就是说，在A公司取回羊群后，张三可以在双方约定或A公司指定的合理期限内，通过消除A公司取回羊群的事由，来回赎羊群。张三没有在期限内回赎的，A公司才可以另行处理羊群。

其三，A公司另行出售羊群的目的是清偿张三的债务，故而A公司的此种出售必须有一个合理的价格，而且出卖所得价款扣除张三未支付的价款以及必要费用后仍有剩余的，应当返还张三；不足部分则由张三继续清偿。

其四，A公司作为所有权人以及担保物权人，如果张三不配合A公司取回，A公司可以直接通过担保物权的实现程序，请求人民法院拍卖或变卖羊群以清偿张三的债务。同时，为了防止A公司滥用权利，如果张三有理由认为A公司不会以合理价格转卖羊群并将超过的欠付价款及其他费用的部分返还张三，为了保护张三的利益，张三也有权请求参照担保物权的实现程序。

以上，就是所有权保留交易中，出卖人A公司所保留的所有权在处分标的物方面的作用。

除此之外，所有权还有收益的权能。这个案例中，双方买卖的是羊，交付后，张三实际饲养着羊群，会产生诸如羊毛、小羊等孳息收益。此时，这些孳息应当归属于谁呢?《民法典》第630条规定，在买卖合同中，以交付为孳息归属的分界点，所有权保留也是在买卖合同当中，应当适用此规定。也就是说，除非另有约定，在交付后，羊群的孳息就归买受人张三所有。

三、担保物权属性带来的风险

有收益的同时也会有风险。比如某天，突然就死了几只羊，那么这损失应当由谁承担呢?《民法典》第 604 条规定，在买卖合同中，标的物毁损灭失的风险，也是以交付为界，除非另有规定或约定，标的物交付后，应由买受人承担风险。也就是说，即使交付后死了很多羊，张三依然要全额支付约定的货款。如果卖掉剩下的羊不足以清偿张三的债务，那么张三依然需要补足差额。当然，因为所有权保留具有担保物权的属性，案例中的羊群属于担保财产，那么根据《民法典》第 390 条的规定，担保期间，担保财产毁损、灭失或者被征收等，A 公司作为担保物权人可以就获得的保险金、赔偿金或者补偿金等优先受偿。

刚才我们已经讲到了 A 公司就羊群享有优先受偿的权利，这是所有权保留具有的担保物权属性所体现的。在所有权保留交易中，A 公司既是买卖合同的出卖人，也是担保物权人，故而也可以享受担保物权所带来的特殊保护。与此同时，A 公司也要承担担保物权所带来的风险。这里我主要说明两点风险。

首先，A 公司的取回权会因所担保的债权的部分履行而丧失。最高人民法院《买卖合同司法解释》第 26 条第 1 款规定，买受人已经支付标的物总价款的 75% 以上，出卖人主张取回标的物的，人民法院不予支持。当然，这里 A 公司丧失的只是取回权，A 公司保留的所有权依然存在，如果张三不清偿剩余货款，A 公司还是可以主张通过担保物权的实现程序来拍卖或变卖羊群，以清偿剩余债务。

其次，即使是经过登记的所有权保留，其所有权仍可能因担保物权的正常买受人规则而丧失。正常买受人规则指的是，《民法典》第 404 条规定的，“以动产抵押的，不得对抗正常经营活动中已经支付合理价款并取得抵押财产的买受人”。这一规定明确了，在正常经营活动中，买受人可以不查询所购买的动产上是否有抵押登记，就直接购买该动产，并获得该动产上完整的所有权。即使该动产在之前已经被抵押给其他人，在买受人购买后，这个抵押权也归于消灭。

正常买受人规则的威力无疑是巨大的，且根据最高人民法院《民法典担保制度司法解释》第 56 条第 2 款规定，正常买受人规则同样适用于所有权保留交易。也就是说，假设现在买羊的不是张三，而是一家同样从事绵羊养殖和售卖的 B 公司，那么，B 公司如果在正常经营活动中，以合理的对价将 A 公司保留所有权的 100 只绵羊中其中的一只出售给了李四，那么 A 公司将丧失在这只绵羊上的担保物权，也就是 A 公司保留的所有权。

说到这，肯定会有人疑惑，这样的规则是不是破坏了所有权保留，或者说破坏了动产抵押制度呢？应当说，每一种制度都有其自身的意义，正常买受人规则的出现，就是因为动产抵押以登记作为公示方式，但动产类型众多、数量很大，而且有些动产的价值比较低，如果要求每个买受人在购买动产之前，都要查询该动产上是不是有抵押登记，那么无疑会加重当事人的交易成本，甚至干扰人民的正常生活。所以，正常买受人规则是对动产抵押制度的一种修正，是为了保证正常交易的安全、快速进行。

当然，如此威力强大的规则必须围绕其制度目的，严格限制其适用范围。正常买受人规则只适用于出卖人的正常经营活动。这个正常经营活动一般是指出卖人在营业执照明确记载的经营范围内从事经营活动而且持续经营同类商品的销售。比如，专门养殖和出售绵羊的 B 公司出售一只绵羊给李四，这就是属于 B 公司的正常经营活动。同时，正常买受人规则的适用，也要求买受人不知道或不应当知道标的物已被设定担保物权。最高人民法院《民法典担保制度司法解释》第 56 条第 1 款，就从买受人的角度，明确列举了五种不属于正常经营活动的情况，包括购买商品的数量明显超过一般买受人、购买出卖人的生产设备等。

四、小结

以上就是我今天与大家交流的所有权保留制度。最后，让我们来回顾下，在所有权保留交易中，出卖人在买受人支付全部货款之前，就将标的物交付给了买受人，并且保留所有权。从而形成了占有与所有不一致的局面，故非经登记不得对抗善意第三人，而且不适用于不动产交易。出卖人因所有权保留，而对标的物享有取回权，当法定情形出现时，出卖人可以与买受人协商取回标的物。同时，买受人在出卖人取回标的物后，有回赎权。买受人在回赎期限内没有回赎标的物，出卖人可以以合理的价格将标的物出卖给第三人，以清偿买受人的债务。未能协商取回标的物的，可以参照适用担保物权的实现程序，请求法院拍卖或变卖标的物以清偿买受人的债务。在标的物交付后，如有孳息则归买受人所有，标的物毁损灭失的风险也由买受人承担。出卖人则要承担其作为担保物权人的风险，买受人支付价款达 75%以上，出卖人就不得取回标的物而只能拍卖或变卖；此外，正常买受人规则下，出卖人将丧失其保留的所有权。

这就是今天我们交流的所有权保留制度，希望对大家有所帮助，感谢您的关注，再见！

公司注册资本认缴制下股东出资加速到期的司法认定

主讲人　梁春霞

· 上海市第一中级人民法院商事审判庭一级法官助理
· 华东政法大学法学硕士
· 主要研究方向民商法、民事诉讼法
· 上海市法学会互联网司法研究会干事
· 执笔最高人民法院、中国法学会部级课题等6个课题并获得优秀课题
· 9篇论文及案例分析获全国、市级征文奖项，在期刊发表调研文章多篇
· 多次荣获上海法院系统嘉奖

大家好，我是上海市第一中级人民法院的梁春霞。

今天和大家交流的主题是公司注册资本认缴制下股东出资加速到期的司法认定。本次微课程分为三部分：第一部分，股东出资加速到期的基本内容；第二部分，股东出资加速到期的构成要件；第三部分，股东出资加速到期的举证责任分配。

首先我们来看第一部分股东出资加速到期的基本内容。

一、股东出资加速到期的基本内容

所谓股东出资加速到期，是指在公司无法履行债务时未届出资期限的未完全出资股东丧失期限利益，提前履行出资义务。举个简单的例子来说，A公司股东甲认缴出资100万元，实缴10万元，认缴出资的时间为2025年6月16日，现A

公司资不抵债，无法清偿到期债务，明显缺乏清偿能力，无法履行对B公司的到期债务150万元，那么按照股东出资加速到期，股东甲应将认缴的剩余出资90万元提前到位。以上例子很好地解释了股东出资加速到期。那么，我们在探讨股东出资加速到期之前，应该对公司资本制度立法沿革进行梳理。

1993年，我国颁布了第一部《公司法》，规定公司设立时要求最低资本限额并实行注册资本实缴制，而且要求一次性缴清。2005年《公司法》进行修订，最低资本额大幅度降低，同时明确可以分期缴纳。到2013年我国《公司法》再次修订，将公司资本法定实缴制度变为认缴制，彻底取消了最低注册资本额，股东可以自由安排出资时间和期限。那么由此对公司债权人便产生了一定的影响，尤其是当现有的公司资产不足以清偿债务时，由于公司股东的出资义务尚未届出资期限，从而便导致公司债权人的债权迟迟无法实现。更有甚者，出资协议或者章程确定了过长的出资时间，或者在出资期限即将届满之前又决定延长出资时间，乃至根本未约定出资期限。在这样的情形下，可否令股东出资加速到期便成为商事审判实务中急需要解决的问题。

下面我们不妨来看看实务中的一个典型案例：

甲、乙系A公司股东，各认缴了500万元，各实缴25万元，认缴出资时间为2029年7月29日。那么根据另案生效判决，A公司应返还B公司占有使用费及押金共计20万元。B公司申请强制执行，法院通过全国法院网络执行查控系统调查查明，A公司无可执行的财产，故裁定终止执行程序。此外，A公司被吊销营业执照且被列为失信被执行人。B公司起诉至法院，要求甲、乙在未出资范围内对未能执行到位的债权承担补充赔偿责任。甲、乙均未到庭说明情况。

那么，在这个案例当中，股东甲、乙是否应适用股东出资加速到期；如果适用，其是否应在未出资范围内对未能执行到位的债权承担补充赔偿责任呢？带着这些问题，我们来看看现行的法律对于股东出资加速到期是怎么规定的。

我们通过梳理现行的法律规定，发现目前只有两个法律条文对此进行了规定：一是《企业破产法》第35条规定，人民法院受理破产申请后，债务人的出资人尚未完全履行出资义务的，管理人应当要求该出资人缴纳所认缴的出资，而不受出资期限的限制。二是《公司法司法解释（二）》第22条第1款规定，公司解散时，股东尚未缴纳的出资，包括到期应缴未缴的出资，以及依照公司法第26条和第80条的规定分期缴纳尚未届满缴纳期限的出资。由此可知，以上法律规定仅仅是在公司破产或解散时适用股东出资加速到期。那么，在公司非破产或非解散情形下，能否适用股东出资加速到期，法律却并无明确规定。

2019年《九民会议纪要》第6条填补了非破产、非解散情况下股东出资加速到期适用的空白，其规定了两种例外的情形：一是公司作为被执行人的案件，人民法院穷尽执行措施仍无财产可供执行，已具备破产原因，但不申请破产；二是在公司债务发生后，公司股东会决议延长股东的出资期限，以逃避公司不能履行债务时其股东将被要求补足出资义务。

从以上两种例外情形规定来看，最高人民法院对法律规定之外的股东出资加速到期还是十分谨慎的，一种是按照类似问题类似处理，比照企业破产法作出的规定，另一种是恶意延长认缴期限的规定，这其实与司法的谦抑性、保守性是相吻合的。

在司法审判实务中，对于第二种例外情形较好理解和把握，不存在较大争议，其理论基础是债权人的撤销权，《民法典》第538条就规定了债权人的撤销权，其中明确债务人恶意延长到期债权的履行期限，影响债权人的债权实现的，债权人可以请求人民法院撤销债务人的行为。那么，对于公司股东会延长股东出资的行为，实质就是公司放弃即将到期的对股东的债权，损害公司债权人利益，公司债权人有权请求撤销。

但是第一种例外情形如何来具体把握呢，我们来一起看看它的构成要件。

二、股东出资加速到期的构成要件

（一）出资条件——出资未届期且未出资完成

公司注册资本认缴制的核心是出资期限的自由。股东的出资义务仅到出资时间点时才应当履行，公司或者债权人在该时间点前不能够要求股东提前履行出资义务。在公司注册资本认缴制下，适用股东加速到期的前提是股东出资未届期且未出资完成。

（二）执行条件——穷尽执行措施无财产可供执行

股东加速到期案件当中，“人民法院穷尽执行措施无财产可供执行”往往是依据法院出具的终结本次执行程序裁定予以认定。但是关于终本裁定的作出，分为两种不同的情形。一种是根据2016年《最高人民法院关于严格规范终结本次执行程序的规定（试行）》，严格按照程序操作之后作出的终本裁定，故完全可以将其作为“人民法院穷尽执行措施无财产可供执行”的认定依据。另一种终本裁定的出具未按照前述规定履行必要程序的，那么终本裁定的证据效力就存疑了，不能够仅仅依照终本裁定作为认定的依据。

（三）破产条件——已具备破产原因而不申请破产

关于公司是否已具备破产原因，《破产法司法解释（一）》第1条第1款规定，债务人不能清偿到期债务并且具有下列情形之一的，人民法院应当认定其具备破产原因：资产不足以清偿全部债务；明显缺乏清偿能力。有鉴于此，已具备破产原因即是指符合以下两种情形之一：（1）公司不能清偿到期债务且公司资产不足以清偿全部债务；（2）公司不能清偿到期债务且公司明显缺乏清偿能力。具体到司法审判实践中，可以从以下两个方面来综合认定公司是否已具备破产原因。

一是资产不足以清偿生效判决之债。公司存在一个或者多个被执行案件，法院通过全国法院网络执行查控系统执行调查查明，被执行人无车辆、股权、银行存款以及房地产等可供执行的财产，申请执行人亦不能够提供被执行人可供执行的财产线索，故裁定终结本次执行程序。那么在这种情况下，可以认定公司资产已然不足以清偿生效判决之债务。

二是明显缺乏清偿能力。公司明显丧失可期清偿能力，如公司被吊销营业执照，其被吊销的原因是成立后无正当理由超过6个月未开业，或者开业后自行停业连续6个月以上。基于此，公司被吊销营业执照后，已经不具备经营主体资格，丧失因继续经营的可期清偿能力，故公司对生效判决之债务明显缺乏清偿能力。

以上，我们分析探讨了股东出资加速到期的构成要件，那么根据它的构成要件，我们回到前面的案例，一起来分析一下：

首先，A公司股东甲、乙各认缴500万元，各实缴25万元，认缴出资时间是2029年7月29日，由此，股东甲、乙的出资期限未届期且未出资完成。因此，股东出资加速到期的前提条件即出资条件是符合的。

其次，法院通过全国法院网络执行查控系统调查查明，A公司无可执行财产，故裁定终止执行程序。由此可将终本裁定作为“人民法院穷尽执行措施无财产可供执行”的认定依据。因此，执行条件也符合。

最后，A公司无财产可供执行，被吊销营业执照长达一年之久，且股东甲、乙又不到庭举证说明，故可以认定A公司对生效判决之债务缺乏清偿能力，已具备破产原因，即破产条件符合。现A公司未申请破产，债权人B公司主张未届满出资期限的股东甲、乙在认缴未出资范围内对公司不能清偿的债务承担补充赔偿责任的，人民法院应予以支持。

前面，我们谈了股东出资加速到期的构成要件，并且结合案例进行了分析，下面，我们来看看股东出资加速到期的举证责任是如何分配的。

三、股东出资加速到期的举证责任分配

在实体权利义务争议的审理裁判方面，当事人必须对适用或不适用相应特定实体法规范的要件事实加以主张和证明，具体包括权利发生事实、权利妨碍事实、权利阻却事实和权利消灭事实。

我国《民事诉讼法》第 64 条第 1 款[①]规定：“当事人对自己提出的主张，有责任提供证据。”在法院实体裁判时，不能对要件事实加以证明的一方当事人就要承担相应的不利后果。

原告债权人要求股东在未出资范围内就公司未能清偿债务承担补充赔偿责任，其应就股东出资加速到期的构成要件承担举证责任。那么债权人具体如何来进行举证呢？一般来说，首先，债权人往往需要提供债务人公司的工商内档，以证明股东认缴出资的情况及出资期限，以及实际出资的金额；其次，债权人需要提供债权人与债务人公司之间的生效判决及终本裁定，以证明债务人公司无财产可供执行，不能够清偿到期债务；最后，债权人可以调取债务人公司的行政处罚情况，以证明债务人公司是否被吊销营业执照及持续经营能力如何。总之，债权人尽最大努力来证明债务人公司明显缺乏清偿能力，已具备破产原因。

那么，对于股东来说，其又应如何进行抗辩呢？被告股东往往抗辩不适用股东出资加速到期，其应就公司的清偿能力、经营能力等举证说明，如提供公司的资产负债表或者审计报告、资产评估等，以证明公司具有偿债能力，不具备破产原因。但是也存在股东既不到庭亦不发表书面意见的，那么在这种情况下，股东自行放弃了相关的诉讼权利，由此产生的不利后果，应由其自行承担。

如此原、被告在“一来一回，一证一反”间进行博弈，法院最终根据双方当事人举证质证的情况对要件事实进行认证，从而判定是否适用股东出资加速到期。其中，最重要的是依据《最高人民法院关于严格规范终结本次执行程序的规定（试行）》，对终本裁定的内容及执行过程进行审查，释明股东提供证据证明公司不存在资不抵债的情形，并且判断各份证据的证据能力和证明力。

最后，我们来总结一下：在公司开办及正常经营情形下，认缴制赋予股东享

① 对应 2023 年《民事诉讼法》第 67 条第 1 款。

有出资自由的期限。但是在公司不能清偿到期债务，已具备破产原因而不申请破产，或者恶意延长公司认缴期限，股东享有的内部期限利益与公司债权人的合法利益发生冲突时，股东的期限利益不能对抗公司所承担的外部债务清偿责任，参照公司破产、解散清算程序对股东认缴出资准予加速到期的规定。当然，商事案件纷繁复杂，法院在裁决具体案件时，应谨慎灵活把握股东出资加速到期的构成要件，并结合举证责任分配规则，注重股东期限利益与债权人利益之间的平衡，以促进公司价值取向的多维度保护。当然，我们更希望立法机关制定相应的法律条文或者最高人民法院出台相应的司法解释，对此作出明确规定。

以上是今天微课程的内容。感谢各位的关注，再见！

定作人对第三人侵权责任的司法认定

主讲人　陆俊伟

· 上海市第一中级人民法院机关委员会书记

· 华东政法大学民商法学硕士

· 主要研究方向民商法

· 参与撰写裁判文书、案例分析曾在全国法院、上海法院系统获奖

· 参与执笔中国法学会、院党组重点课题等调研项目

· 于《人民法院案例选》《中国审判》《上海审判实践》等出版物发表调研文章若干

· 曾获上海法院系统考核优秀、个人嘉奖及上海市第一中级人民法院“十佳青年”

大家好，我是上海市第一中级人民法院的陆俊伟。今天和大家探讨的是，定作人对第三人侵权责任的司法认定。

实践中，承揽人在执行定作事务中发生致第三人损害的情形并不鲜见。如何正确识别定作承揽关系与其他类似关系的区别，正确界定定作人、承揽人责任承担的具体范围，对于妥善化解社会纠纷，以及指导定作人、承揽人具体行为范式具有现实意义。

今天的分享分为三个部分：一是基础法律关系的识别；二是认定定作人侵权责任的构成要件；三是定作人侵权责任形态及范围的确定。

我们来看一个案例：甲公司为翻新排污窨井，与乙公司订立合同，由乙公司在甲公司原窨井地址上具体施工。乙公司具有专业的施工资质且施工经验丰富，但施工时不慎将原先预埋在施工区域内的丙公司的电缆挖断，丙公司进行临时修复，产生了一定费用。不日，丙公司厂区又突发停电，事后经鉴定机构认定，由于乙公司挖断电缆，导致剩余部分电缆因短路而损坏，随时可能不定点地发生熔断。丙公司认为施工源起于甲公司，因此要求甲公司支付更换电缆费用并赔偿因停电导致的停工停产损失。甲公司则认为相关责任应由具体施工人乙公司负担，故拒绝赔偿，只将该事项转告了乙公司。乙公司亦未向甲公司回复。丙公司遂起诉至法院，以甲、乙两公司共同侵权为由，要求二者对其损失承担连带赔偿责任。

一、基础法律关系识别

现实中，由于《民法典》对于侵权主体间具有关联关系的多数人侵权法律规则不尽相同，因此要明确相应责任，首要的便是识别相应基础法律关系。

《民法典》第770条对承揽合同的定义进行了规定，并列举了几种典型承揽类型。

司法实务中，与承揽关系容易发生混淆的为雇佣关系，具体区别体现在控制支配、工作目的、工作形态、报酬结算以及业务归属方面。其中最为重要的是前两项，关于控制支配，承揽人工作区别于雇员具有独立性，而工作目的上，承揽人的目的在于完成工作成果，而雇员则侧重于提供劳务。根据前述区分标准，我们不难认定案例中甲、乙公司之间构成定作承揽法律关系。

二、认定侵权责任构成要件

识别基础关系后，我们来看看定作人侵权责任的构成要件。

先看法条。《民法典》第1193条规定，承揽人在完成工作过程中造成第三人损害或者自己损害的，定作人不承担侵权责任。但是，定作人对定作、指示或者选任有过错的，应当承担相应的责任。

该条虽属《民法典》新增规定，但早在2003年，最高人民法院即在《关于审理人身损害赔偿案件适用法律若干问题的解释》第10条就有相应规定。而2009年的《侵权责任法》并未将该条纳入，导致定作人责任问题缺乏法律层面上的规制，只能通过上述司法解释予以解决。有鉴于此，此次《民法典》明确规定了定作人的过错责任，弥补了《侵权责任法》的缺陷。

从《民法典》的规定来看，受害人要求定作人承担侵权责任须满足以下四个构成要件。第一，定作人和承揽人之间存在承揽合同关系。第二，承揽人在执行承揽事项的过程中对第三人造成了损害，构成侵权。第三，定作人对定作、指示、选任存在过错。第四，定作人的过错与损害后果之间存在因果关系。

一般而言，对第一、二、四项的认定并无太大难度。较难理解的是第三项。

司法实践中，对于“定作、选任”过错较好理解，前者一般限于定作的具体内容具有高度危险性或不法性，如未经许可在公共道路上进行施工；而后者主要指选任的承揽人缺乏相应的资质等……内涵最为丰富的便是“指示”……我们认为，指示存在过错，可以是积极的作为，也可以是消极的不作为。前者如命令违章作业等，在个案中判断难度相对较低；后者如明知执行承揽事项存在危险或侵害他人合法权益的可能但未对危险尽到告知、提示或制止，有赖于司法实践于个案中进行具体认定和总结。总体而言，根据过错认定的客观标准，指示的过错可认定为对指示活动中注意义务的违反。

前述案例中，虽然乙公司实际施工造成了丙公司的直接损害，而甲公司仅作为定作人。但由于乙公司施工成果实际由甲公司受益，丙公司又难以认定具体责任人是谁，只能找到甲公司，甲公司应当能够预见到若其不积极配合丙公司，找到并督促乙公司对损坏物品进行修复会导致损害的后果扩大，因此可以认定甲公司就其指示事项客观上未尽到相应的注意义务，具有指示上的过错。

三、责任形态及范围确定

那么，在满足定作人侵权构成要件的情况下，定作人的责任究竟是何种责任？该种责任形式下，定作人承担责任的范围又是多少？是否可以追偿呢？

我们先分别来看两个判决：

A 与 B 签订合同，由 B 承揽 A 具体指派的特种作业任务，施工过程中，B 因过失导致 C 造成损害。C 同时起诉 A 和 B 以共同侵权为由要求二者承担连带赔偿责任。对于 C 的损害，相同的案情，却有不一样的责任认定：

第一种判决认为，A 选任不具备资质的 B 具有重大过失，B 无资质仍承揽相应业务亦具有重大过失，二者构成共同侵权，对 C 的损害承担连带赔偿责任。

第二种判决认为，B 应对 C 的损害承担全部赔偿责任，A 作为定作人应按过错程度承担一定比例的责任。A 与 B 既无共同侵权的故意，也无共同过失，仅系一种偶然的巧合。A 与 B 应向 C 赔偿全部损害，A 对其应承担的过错比例部分的赔偿责任具有终局性，在承担该部分后，不得向 B 追偿。换言之，法院认为 A 与 B 应向 C 承担不真正连带责任。

而司法实践中最为常见的是将定作人与承揽人之间的责任认定为按份责任，

或基于分别侵权，或未阐明原因，仅按定作人与承揽人过错程度大小划分责任比例。比如，开头所提到的案例，一审法院在认定丙公司确受侵权具有损害的情况下直接基于过错程度判决甲公司与乙公司分别仅就各自应承担的部分向丙公司赔偿。可以看出，上述三种责任认定形式对于受损的第三人，以及定作人与承揽人之间相互权利义务的分配具有较大的差异。

《民法典》颁布实施后，最高人民法院在《中华人民共和国民法典侵权责任编理解与适用》（以下简称《理解与适用》）中对第 1193 条的解读为，定作人的责任系一种替代责任，但定作人的替代责任，与雇主的替代责任，归责原则有较大的区别，即定作人的替代责任系一种过错责任。

这里需要说明的是，所谓替代责任，在法律属性上与连带责任、按份责任具有本质上的区别。替代责任系行为人与责任主体相分离的一种特殊责任形式，也就是在一般情况下，加害人自己实施的行为需要自己承担后果，但在某种特殊情况下，法律让他人对加害人的行为承担责任，前者为直接责任或自己责任，后者即为替代责任。传统意义上的替代责任，责任人一般可以向行为人进行追偿。《民法典》在侵权责任编的立法编排上，将一般侵权责任列入第一章，即一般规定。将定作人侵权责任列入第三章，即责任主体的特殊规定。从该种角度，《理解与适用》将定作人侵权责任认定为替代责任具有合理性。

因此，我们可以进一步解读为，通常情况下，定作人对承揽人完成工作中造成的对第三人损害不转承任何责任，但如果定作人具有一定过错，即应转承承揽人的责任。从替代责任的角度，《民法典》第 1193 条所规定的“相应责任”也就不能认定为共同侵权连带责任或分别侵权按份责任，因为以上两种责任都是对自己责任的一种承担。

同时，最高人民法院在《理解与适用》中对《民法典》第 1193 条规定的定作人承担过错侵权责任的情形及范围进行了总结，我们来进行逐条解读：

一是损害完全是由定作人在定作、指示、选任中的过错所致，承揽人自身没有过错的，则应由定作人承担完全的替代赔偿责任，定作人承担责任后不享有对承揽人的追偿权。

该种情形比如定作人将家具交与承揽人改造，但事实上该家具属于第三人，此时，虽然承揽人直接造成他人权利损害，但由于侵权责任的认定一般以过错为要件，由于承揽人并无过错，其进行承揽业务可等同于定作人自己行为的延伸，不具有可归责性，故应仅由定作人承担全部赔偿责任，且不得向承揽人追偿，应属合理。

二是损害是由承揽人完成承揽事项的行为引起，定作人不存在过错的，则应由承揽人单独承担责任，定作人不承担责任。

该条也较好理解，从法条文义便可直接得出结论，虽然定作人所要求的定作事项与第三人损害结果有关联，但由于事项本身并无高度危险性或不法性，法律也仅以定作人具有一定过错作为承担责任的例外，因此第三人不能向定作人主张责任。

三是定作人与承揽人构成共同侵权的，则不属于本条的适用范围，应依据共同侵权的处理原则，判令定作人和承揽人承担连带赔偿责任。

比如，定作人让承揽人在公共道路上进行破坏，承揽人明知定作人意图仍为其作业，这种情况下虽然定作人与承揽人间具有合同关系，但二者因构成共同侵权而承担连带责任自不待言。但结合前述两项均为定作人与承揽人仅一方具有过错的情形，第三项是否可以理解为只要定作人与承揽人均有过错，即应按共同侵权的原则进行处理而不适用《民法典》第1193条呢？实践中，有大量的受害人为了其损害能得到充分救济，都是主张定作人与承揽人在均有过错情形下基于共同侵权，承担连带赔偿责任。

我们认为，答案是否定的，尤其在定作人仅有一定过失的情形下，虽然与共同过失侵权相类似，但共同过失侵权制度旨在解决受害人难以证明各侵权人过失程度，而使受害人权利得以充分救济的情形。现实生活中，由于承揽人工作具有相对独立性，且系直接侵权人，定作人的过失往往对损害造成的原因力较小，可为承揽人的过错所隔离或吸收，定作人过错程度大小亦不难以判断。如若只要定作人与承揽人均有过失，就径行认定构成共同侵权而承担连带责任，则只会加重定作人开展事务的负担，增加其不可预见的经济成本。

同时，我们还可以看到，无论《民法典》第1193条的具体表述，抑或最高人民法院《理解与适用》的具体解读，都只强调了“过错”情形，而并未从定作人承担的相应责任，具体为自己责任抑或替代责任的角度进行认定。由此，我们可以看到，对于定作人侵权责任形式及范围的认定应当还是围绕“过错”进行展开，需要结合具体情况，以及过错原因力大小来区分情形，判断相应责任。这也符合《民法典》第1165条第1款的一般归责原则。

由此，我们对前述规则进行总结。在定作人与承揽人仅一方具有过错的情形下，全部赔偿责任由该过错方承担，且不得追偿；当定作人与承揽人均有过错，若构成共同侵权，则双方承担连带赔偿责任；若非构成共同侵权，则定作人仅在其过错范围内转承承揽人部分责任，且该部分不得追偿。法效果上应等同于按份责任。但也正是由于理论界与实务界对定作人侵权责任究竟属于自己责任抑或替代责任颇有争议，才导致大量的判决仅根据各方过错进行责任比例的划分，而未进行责任体系上的具体阐述。

事实上，人民法院在现行法律框架下理解并适用法律，其目的便在于让司法判决具有合目的性、可预期性及统一性，以明确各方当事人权利义务归属，达到实质公平正义的良好法律效果。可以预见，在相关法律未对“相应责任”进行具体明确的情形下，各地法院以“过错”作为具体划分定作人与承揽人责任形态及范围的做法仍是主要裁判路径。而该种做法也符合我国的基本国情与人民群众的法律认知。

好了，今天的分享就到这里。感谢您的关注，再会。

类案裁判微课程

民商事

申请撤销仲裁裁决案件审理思路与裁判要点

主讲人　宋　虹

· 原上海市第一中级人民法院商事审判庭二级法官助理
· 现上海市徐汇区人民法院商事审判庭审判员
· 华东政法大学国际法学硕士
· 主要研究方向合同法、公司法等
· 主审案件曾获上海法院示范庭审
· 曾获得全国法院学术讨论会、上海法院学术讨论会优秀奖
· 多次获得上海法院系统个人嘉奖

大家好，我是上海市第一中级人民法院的宋虹。今天和大家分享的话题是申请撤销仲裁裁决案件审理思路与裁判要点。

那么，什么是申请撤销仲裁裁决案件呢？就是当事人申请人民法院依照《仲裁法》第 58 条、《民事诉讼法》第 274 条①第 1 款的规定撤销我国内地仲裁机构作出裁决的案件。

围绕这一话题，我将分三个方面展开，分别是审理要点、审理思路与裁判结果。

① 对应 2023 年《民事诉讼法》第 291 条。

一、审理要点

第一部分是审理要点。包括两项原则与一项制度。

首先是司法有限监督原则。就是指在审理撤裁案件时，基于对仲裁独立性的尊重，将法院对仲裁的监督限制在一定范围内，避免审判权对仲裁的过大干预。体现在，人民法院对申请撤裁案件作出裁定后，当事人又申请再审的，或者当事人申请撤销仲裁调解书的，均不予支持。

其次是形式审查原则。就是要严格依照《仲裁法》与《民事诉讼法》规定的法定事由进行形式审查。如当事人不依照上述法定事由提出申请，诉及仲裁实体审理的，经人民法院释明后，仍坚持其主张的，则不予支持。

最后是案件报核制度。对于裁定撤销仲裁裁决案件，根据案件的具体情况，需采取上报地方高院或最高法院审核的程序。

其中，非涉外涉港澳台的案件需上报地方高院审核，待地方高院审核后，方可依照地方高院的审核意见作出裁定。

涉外涉港澳台案件、当事人住所地跨省级行政区域的非涉外涉港澳台案件或因违背社会公共利益撤销仲裁裁决案件，需上报最高法院审核。对于这一类案件，由地方高院审查同意后，向最高法院审核。最高法院审核后，方可依照最高法院的审核意见作出裁定。

二、审理思路

第二部分是审理思路。

根据案件类型的不同，我将分两个方面展开，分别是申请撤销国内仲裁裁决案件以及申请撤销涉外仲裁裁决案件。

在这里有两个提示，一是我们所说的国内与涉外，都指的是内地仲裁机构作出的裁决。二是涉外案件的认定，可以从当事人的国籍、经常居所地、标的物、法律事实发生地是否在中国境内加以判断。

（一）撤销国内仲裁裁决案件的审查要点

首先，来看申请撤销国内仲裁裁决案件的审查要点。我们将结合《仲裁法》第 58 条的规定逐一陈述。

1. 申请人主张没有仲裁协议

"没有仲裁协议"指的是当事人没有达成仲裁协议、仲裁协议被认定无效或者被撤销。在这里我们需要掌握一个关键的时间点，就是仲裁首次开庭前。如申请人在仲裁首次开庭前未对仲裁协议的效力提出异议，在仲裁裁决作出后以协议无效为由主张撤裁的，不应予以支持。

2. 申请人主张裁决的事项不属于仲裁协议的范围或者仲裁委员会无权仲裁

对于该条文的适用，我们需要把握以下四个方面：（1）仲裁裁决是否超出仲裁协议约定的范围；（2）裁决事项是否属于依照法律规定或者当事人选择的仲裁规则规定的不可仲裁事项；（3）裁决内容是否超出当事人仲裁请求范围；（4）作出裁决的仲裁机构是否系当事人仲裁协议所约定。

3. 申请人主张仲裁庭的组成或者仲裁的程序违反法定程序

对于该条文的审查，我们需要把握以下两个方面：

第一，由申请人明确仲裁违反法定程序的具体主张；第二，申请人的主张必须影响仲裁的公正审理。如仲裁程序确有瑕疵，也应衡量该瑕疵是否对仲裁的公正审理产生了实质影响。

那我们来看一个案例：

甲乙两公司之间有买卖合同关系，乙公司在仲裁庭审后提供了银行流水、发票等补充证据，甲公司收到补充证据后，请求仲裁庭再次开庭组织答辩，仲裁庭未予同意，随后甲公司以仲裁违反法定程序为由申请撤裁，那么甲公司的主张能够得到支持吗？答案是不能。

根据前面归纳的审理思路，首先，明确甲公司的主张系证据质证违反仲裁程序；其次，通过查询上海仲裁委员会仲裁规则，其中对于证据质证已经有了明确的规定，当事人开庭后提交证据材料，仲裁庭决定接受，可以要求当事人一定期限内提交书面质证意见，并非一定需要开庭审理，因此，仲裁不存在违反法定程序的情形，甲公司的主张不能得到支持。

4. 申请人主张裁决所根据的证据是伪造的

在解读该条文前，我们先来看一个小问题：如甲公司以对方当事人虚构双方存在买卖关系这一事实为由主张证据系伪造，能够得到人民法院的支持吗？答案是不能。

这是因为伪造证据不等于虚假陈述，伪造证据是指故意制造虚假的证据材料，而虚假陈述则是指当事人故意对案件的事实作出虚假、误导性陈述。如当事人主张伪造证据，但实则是认为被申请人虚假陈述的，因被申请人是否作了虚假陈述属于仲裁庭对案件事实认定的范畴，基于形式审查原则，人民法院不予支持，因此对于该条文的审查，首先需要明确申请人主张伪造证据的名称，准确地区分伪造证据与虚假陈述。

让我们来进一步思考，如甲公司主张对方当事人伪造交货凭证这一证据，能够得到支持吗？在思考这一问题的时候，需要把握以下三个方面：第一，明确该证据是否已经被仲裁庭采信。对于没有被仲裁庭采信的证据，无论其是否伪造，均不影响仲裁庭案件的审理，故该主张不能得到支持。第二，如该证据已被仲裁庭采信，明确该证据是否属于认定案件基本事实的主要证据，如申请人主张的伪造证据与仲裁案件基本事实认定无关，无论其是否伪造，因不影响仲裁案件的审理，故该主张亦不能得到支持。第三，申请人需提供相应的证据证明其所主张的证据系伪造。

5. 申请人主张对方当事人隐瞒了足以影响公正裁决的证据

对于该条文的审查，我们需要把握以下四个方面：

第一，由申请人明确对方当事人隐瞒证据的名称。需要注意的是，隐瞒证据与隐瞒事实是两个不同的法律概念。在案件审理中，申请人以隐瞒事实提出主张的，因不符合仲裁法规定而不予支持。

第二，该证据仅为对方当事人所持有。如申请人在仲裁过程中隐瞒自己掌握的证据，裁决作出后以自己隐瞒的证据影响公正裁决为由提出申请的，人民法院不予支持。较为常见的有微信聊天记录、双务合同等。

第三，申请人在仲裁过程中并不知悉对方当事人持有该份证据。如申请人在仲裁过程中知道或应当知道对方当事人持有该证据，却又未要求对方当事人出示或申请仲裁庭责令提交的，不能视为对方当事人隐瞒证据。

第四，申请人所主张的隐瞒证据，如与仲裁认定基本案件事实无关，即便对方当事人确实未在仲裁审理过程中提交，因不影响仲裁公正裁决，故申请人的主张不能得到支持。

6. 申请人主张仲裁员在仲裁该案时有索贿受贿、徇私舞弊、枉法裁决行为

这里的行为指的是已经由生效刑事法律文书或者纪律处分决定确认的行为。

7. 申请人主张仲裁裁决违背社会公共利益

社会公共利益是指全体社会成员或不特定多数人的利益。审判实践中，申请人主张裁决违背社会公共利益的，多数系对仲裁个案裁决不服，那么仅涉及特定主体之间的权利义务关系，不属于违背社会公共利益，人民法院不予支持。

以上就是申请撤销国内仲裁裁决案件的审理思路。接下来，我们来看申请撤

销涉外仲裁裁决案件的审理思路。

（二）撤销涉外仲裁裁决案件的审查要点

申请撤销涉外仲裁裁决案件的法律依据是《民事诉讼法》第274条第1款[①]。

来看一个案例，甲乙公司之间是买卖合同关系，乙公司是一家外国公司，现在甲公司以乙公司隐瞒证据为由申请撤裁，能够得到支持吗？答案是不能。

这是因为申请撤销涉外仲裁裁决案件的法定事由与国内案件不同，其不包括伪造证据、隐瞒证据、仲裁员索贿受贿、徇私舞弊、枉法裁决。因此，人民法院需要严格依照民事诉讼法的规定来进行形式审查，如当事人混淆了涉外与国内仲裁案件的法定事由提出主张的，则不予支持。

三、裁判结果

申请撤销仲裁裁决案件根据当事人的诉讼请求与具体案情，一般有下列裁判结果：

第一，裁定驳回申请。当事人提出申请撤裁的主张不符合仲裁法、民事诉讼法规定的，人民法院应裁定驳回当事人的申请。

第二，裁定终结撤销程序。当事人以证据伪造、隐瞒证据为由申请撤裁并经人民法院审查属实，可以通知仲裁庭在一定期限内重新仲裁。仲裁庭如在人民法院指定期限内重新仲裁，人民法院应当裁定终结撤销程序；如未能开始重新仲裁，人民法院应当裁定恢复撤销程序。

第三，裁定撤销仲裁裁决。经审查，当事人申请撤销仲裁裁决的理由成立的，经遵循报核制度后方可裁定撤销仲裁裁决。

以上内容就是我今天的分享。感谢您的聆听，再见！

---

① 对应2023年《民事诉讼法》第291条。

股东出资纠纷案件审理思路与裁判要点

主讲人　程勇跃

· 原上海市第一中级人民法院商事审判庭一级法官助理
· 现上海市松江区人民法院商事审判庭审判员
· 华东政法大学民商法学硕士
· 主要研究方向民商法
· 案例分析、论文曾在全国法院系统、上海政法系统获奖
· 执笔多项市级调研课题，在期刊发表调研文章多篇
· 曾获上海法院第四届“十佳青年”、上海法院系统调研能手、一中天平奖年度新人奖、嘉奖等

大家好，我是程勇跃，来自上海市第一中级人民法院。今天要和大家分享的是股东出资纠纷案件审理思路与裁判要点。股东出资纠纷是我们商事审判中非常具有典型性和代表性的一类案件，同时也是我们的法官在审理中具有一定难度和挑战的案件。

一、案件审理难点

股东因未尽如实出资义务，被起诉要求承担相应的责任。同时还有可能涉及协助抽逃出资的董事、高管以及瑕疵股权的受让人。

当然，我们说实践情形往往比我们的描述更加纷繁复杂。实践当中，违反出资义务行为通常会套用一些合法的外观，行为方式上具有隐蔽性和复杂性，而违反出资义务的股东也往往抗辩称自己已经通过各种方式补足了出资。因此，违反出资义务行为如何认定，补足出资有效性如何审查，以及具体责任的承担，就是我们审理此类案件中的重点和难点。

二、案件审理原则

我们说，资本之于公司近乎血液之于人体，股东对于公司的出资，构成公司最基本的资产和对外信用的基础，无论是对于公司的存续经营，还是对于股东和债权人利益的保护，甚至是交易秩序和交易安全，都有着极为重要的现实意义。因此，通过审慎严格的股东出资义务审查，来保证公司资本充实就是我们在审理此类案件时，所应秉持的总体原则。

三、裁判思路与方法

那么讲到具体的裁判思路和方法，实际上我们可以采取五步审理法：诉讼主体范围的确定；违反出资义务行为的认定；补足出资有效性审查；具体责任承担；举证责任与诉讼时效。

这样五个方面来进行综合认定，接下来咱们就一一说明：

（一）诉讼主体范围的确定

第一步是诉讼主体范围的确定，在这里大家可以看到，我们已经将原告和被告的主体范围进行了列明。实践中原告有权就被告或者多名被告来主张违反出资义务责任。

（二）违反出资义务行为的认定

第二步是违反出资义务行为的认定，违反出资义务行为可以区分为抽逃出资和瑕疵出资，而瑕疵出资又可以进一步区分为货币和非货币财产的瑕疵出资，一共三种类型。

讲到这里咱们不妨来看一个案例。

股东甲向公司注资 100 万元，但此后又以借款的方式将款项转出了公司，此时股东甲的行为是否构成抽逃出资？

实际上，对于抽逃出资我们的审查要件就在于股东是否存在取回资金的行为，以及取回资金是否未经法定程序。所谓的未经法定程序在实践当中往往是借用一些合法的外观。比如，我们这个案例当中就是用借款的方式转出，除此之外还包括用交易的方式以及利润分配的名义，此时就需要我们的法官透过行为外观审查内在实质。对于这种以借款方式转出的，我们的法官就可以考虑借款的金额是否约定有借款期限和利息，借款是否经过公司内部决议，以及这笔借款在公司账册上的处理方式，将这些因素综合来认定。

而对于货币财产的瑕疵出资，我们的审查要件就在于，股东是否按照章程规定的时间和金额来如实出资；而非货币财产的瑕疵出资，我们主要从股东是否进行了交付和办理过户、是否进行过评估作价、是否设定有权利负担以及是否享有处分权四个要件来予以认定。

（三）补足出资有效性审查

第三步是补足出资有效性，讲到这里咱们也来看一个案例。

股东甲向公司抽逃出资 100 万元，但是在审理当中，股东甲却是常理直气壮，他说自己已经通过分两笔向公司汇款 100 万元的方式补足了出资。

经过审理我们也发现，股东甲的两次汇款分别备注为“划款”和“往来款”，此时股东甲的行为是否已经完成有效的补足出资呢?

实际上对于补足出资，无论是我国的公司法还是相关司法解释都没有作出过规定，但依照行为方式的不同，我们可以将其区分为以下三种类型：

1. 债务抵销型的补足出资

股东声称自己对公司享有债权，并且以这样一笔债权来抵销自己对公司所负的出资义务，此种行为在实质上是一种债务抵销权的行使，因此我们的审查要件就在于公司对股东所负债务是否真实，债务是否已届清偿期以及是否存在难以抵销的情形。

2. 债务代偿型的补足出资

股东声称自己已经通过代偿公司对外债务的方式补足了出资。那么此时，我们的审查核心就在于，公司对于这样一笔所谓的代偿债务是否认可，如果不认可的话自然不能构成补足出资，股东也只能通过其他途径来另行主张这样一笔所谓的代偿债务。

3. 股东注资型的补足出资

股东声称自己同公司之间存在经济往来，其中的一笔或多笔汇款就构成了补足出资。实际上我们刚才的这个案例，就是一个非常典型的股东注资型的补足出资，对此种行为，我们的审查核心在于款项是否实际注入公司，并且由公司进行实际使用。

（四）具体责任承担

对于此部分我们也来看一个案例，股东甲向公司抽逃出资，但这样一个抽逃出资是通过公司执行董事乙开具转账支票的方式将款项划出。那么此后，股东甲又将自己的股权转让给了受让人丙，此时甲、乙、丙三人分别应当承担什么样的责任？

抽逃出资的股东不仅需要向公司承担补足出资的责任，还需要对公司的债权人承担补充赔偿责任，补充赔偿责任的承担存在两个条件：第一，仅在公司不能清偿债务时承担；第二，承担责任的范围以未尽出资范围为限。

与此同时，协助抽逃的董事、高管以及明知股权存在瑕疵，却依然予以受让的股权受让人将承担连带责任。大家需要注意的是，无论是协助抽逃的董事、高管还是瑕疵股权的受让人，主观上都应当是一种明知或者应当知道的状态，对于这种主观状态的判断，则需要我们的法官依据经验法则，结合具体案情来进行判断。

对于案例中执行董事乙的主观状态判断，我们则可以考虑执行董事的职责和权限范围，抽逃出资的方式、特点以及发现此种抽逃出资的可能性，来予以综合认定。而对于瑕疵股权受让人的主观状态判断，我们就可以综合股权转让协议当中，是否对于出资以及出资责任的承担进行过约定、转让价格是否明显背离正常价值、转让人同受让人之间是否有特殊关系以及受让人在公司是否有任职及其职责范围，来予以综合认定。

（五）举证责任与诉讼时效

股东出资纠纷案件在举证责任上，仍然适用一般举证原则，由主张违反出资义务责任的一方来进行证明。但证明标准上，只需要达到初步证明和合理怀疑的程度即可。但在诉讼时效上，此类案件则与一般案件不同，因为股东出资义务责任并不适用诉讼时效。

以上就是对股东出资纠纷案件审理思路与裁判要点的介绍，感谢大家的聆听，再见！

确认劳动关系纠纷案件的审理思路和裁判要点

主讲人　钟嫣然

· 原上海市第一中级人民法院民事审判庭一级法官助理
· 现上海市浦东新区人民法院商事审判庭审判员
· 华东政法大学法律硕士
· 主要研究方向劳动法、民商法
· 参与多项市级调研课题，其中执笔的上海法院重点调研课题获评优秀
· 参与汇编《劳动争议典型案例及裁判观点》一书
· 在《上海审判实践》《企业与法》等出版物发表论文数篇
· 曾获上海市第一中级人民法院优秀共产党员等荣誉

大家好，我是上海市第一中级人民法院的钟嫣然。今天我们来聊一聊，确认劳动关系纠纷案件的审理思路和裁判要点。在劳动争议案件中有这么一类案子，个人一方可能出于追索劳动报酬、申请工伤保险待遇等目的，而要求确认与公司之间的劳动关系。在这类案件中，往往双方并未签订书面的劳动合同，如何去认定双方真实的意思表示，双方是构成劳动关系，还是委托、承揽等民事法律关系，这都是审理中比较棘手的问题。具体应当如何处理呢？

我们不妨先来看一则案例。

一、案例

A 公司是某外卖平台的运营商，平台注册有很多的外卖骑手，李某就是其中的一员。进入 A 公司之后，李某按照公司的要求注册成为平台的骑手进行送餐，但不久，李某在一次送餐途中发生了交通事故，于是他要求确认与A公司之间存在劳动关系。那该案的争议焦点就在于，双方是否构成劳动关系。

李某认为他是A公司的员工，双方当然构成劳动关系。

A公司则不认可，认为双方只是一个劳务关系。对此，我们应当如何去认定劳动关系呢?

通过法律检索，我们发现这样一条规定，我们简称它劳社部05年12号文，这也是司法实践中普遍参考适用的一条规定。它说对于未签订书面劳动合同的，只有同时满足以下三个条件才可以认定为劳动关系：用人单位和劳动者符合法律、法规规定的主体资格；用人单位依法制定的各项劳动规章制度适用于劳动者，劳动者受用人单位的劳动管理，从事用人单位安排的有报酬的劳动；劳动者提供的劳动是用人单位业务的组成部分。

我们试着用它来分析上述案例，第一项和第三项似乎不难判断，那么第二项呢？是否受单位的劳动管理，似乎有点无从入手。其实从劳社部05年12号文中，我们可以提炼出劳动关系的一个基本特征——从属性。它包括经济和人身从属性，前者主要在于劳动者对用人单位经济上的依赖，而后者则主要在于用人单位对劳动者的指挥、控制和支配。

一段用工关系只有同时满足经济和人身从属性这两项，才可以认定为劳动关系，那从属性又应当如何去判断呢?

二、从属性特征

这也正是本类案件审理中的难点，对此我们认为具体可以参考以下九项因素：(1) 单位是否存在员工手册等具体化的规章制度，个人是否知晓并需在日常工作中严格遵守；(2) 个人对于工作时间、场所、内容、方式等安排是否由单位指定或需经其同意；(3) 单位是否对个人实行考核，是否根据个人的工作表现及考核结果对其进行相应的奖惩；(4) 个人是否需接受单位的考勤管理，考勤结果是否与报酬有直接关联，单位是否有请休假制度并对个人产生约束力；(5) 单位对个人的用工过程是否进行全程的监督、管理和控制，是否更加注重劳动过程而非结果；(6) 个人的工资报酬是否稳定，经营风险是否是由单位而非个人承担；(7) 个人的工作内容是否构成单位业务的组成部分，个人是否对外以单位名义从事相关工作；(8) 个人劳动所必备的生产工具是否由单位提供；(9) 个人的收入是否主要或全部来源于单位。

以上九项因素的契合度越高，就越体现劳动关系的从属性特征。

三、审理思路

下面让我们一起梳理下具体的审理思路。

总体而言，我们认为审理此类案件应当遵循三步走的思路：

（一）审查主体是否适格

对劳动者而言必须已满16周岁，除非文体及特定单位招用并满足审批等条件的，包括《最高人民法院关于审理劳动争议案件适用法律若干问题的解释（三）》所规定的四类人员、港澳台人员以及依法取得工作（许可）证及就业证的外国人及无国籍人，但是不包括依法享受养老保险待遇或领取退休金的人员。对用人单位而言则必须是境内的企业、个体经济组织、民办非企业单位等组织，国家机关、事业单位及社会团体也可视为用人单位。由此可见，该案双方均是适格主体。

（二）双方是否达成建立劳动关系的合意

这个合意需要充足的证据去予以证明，如缔约时双方的谈话录音、短信截屏、邮件往来等。如果这些证据都没有的话，则需要通过双方的实际履行情况去推定这个合意，该案就是如此。

（三）审查双方的实际履行情况

这也是最为关键的一步，首先要通过在案证据以及当事人的陈述，去固定双方的权利义务内容。其次要比对劳动关系的特征，包括劳动力的交换形式以及从属性特征。最后要分析实质性决定因素，这里可以从举证责任分配的角度去予以分析：

一方面，主张劳动关系存在的一方，首先应当承担举证责任。

这个举证要达到什么程度呢？我们认为应足以证明存在劳动关系的合意以及基本特征，即存在实际用工、一方提供劳动、另一方支付报酬、个人受单位的指挥管理。这里需要说明的是，如果有证据证明单位掌握工资支付凭证、社保缴纳记录、考勤记录等的，则单位有义务予以提供。

另一方面，否认劳动关系存在的一方，必须提出足以令人信服的理由和依据。

若单位主张其并非劳动关系的主体，则我们需要结合双方的实际履行情况去判断实际的用工指向。若单位主张双方是劳务关系或其他的民事法律关系而非劳动关系的，则我们需要通过双方的权利义务内容去分析，是否符合从属性特征。这里就需要参考我们前面所讲的九项因素去予以分析。

让我们再回到前面的案例，李某主张双方是劳动关系，并举证证明了存在实际用工、单位支付了报酬。但是A公司不认可，认为双方只是劳务关系，但是A公司未能提供劳务合同。

那该案的关键就在于，双方实际（履行）的权利义务内容。我们试着用前面所讲的因素从从属性的角度去予以分析。

（1）规章制度方面，李某未能举证证明A公司存在员工手册等规章制度，并对其产生约束力。

（2）李某对其工作有很强的自主性，是否上线、何时上线他完全可以自行决定。另外，对于系统自动分配给他的订单他也可以予以拒绝。

（3）考勤方面，李某并没有固定的上下班考勤时间，他可以随时上线接单也可以随时下线，同时其中有半个月时间其并没有上线，也无须向A公司请假。

（4）工资报酬方面，李某每完成一笔订单会有5元至8元不等进入他的取现账户，没有接单也就没有报酬，一定程度上说李某是风险自担的。

（5）生产工具，李某送餐所用到的这个电瓶车是他向公司租用的，而非A公司直接提供给他。

综合上述情况分析，我们认为不能认定李某对A公司形成了从属性，不能推定双方之间达成了建立劳动关系的合意，也就不能认定双方之间构成劳动关系。

以上就是确认劳动关系纠纷案件的审理思路。总体而言，我们认为审理此类案件应当充分平衡双方的利益，既要保障劳动者的权益，同时也要注意防止劳动关系泛化，维护企业生存发展。在现今优化营商法治环境和新型用工形态不断涌现的大背景之下，法院对此类案件的判决，将具有更大的社会责任和社会价值。

以上就是对确认劳动关系纠纷案件的审理思路和裁判要点的介绍。感谢大家的关注，再见！

人格权纠纷案件的审理思路与裁判要点

主讲人　郭　葭

· 上海市第一中级人民法院民事审判庭一级法官助理
· 澳大利亚莫纳什大学法学院国际商法硕士
· 主要研究方向民商法、国际商法
· 参与市级调研课题一项
· 多次获得省市级嘉奖
· 省市级十佳司法建议一篇

大家好，我是上海市第一中级人民法院的郭葭，今天我要向大家介绍一下关于人格权纠纷案件的类案裁判方法。我主要从三个部分向大家介绍，包括审理的宏观思路、裁判思路与方法、互联网语境下人格权侵权案件的审理。

人格权纠纷案件是因人格权被侵犯引起的侵权责任纠纷。审理这类案件我们要掌握的宏观思路是：既要维护和鼓励行为人的言论及行为自由，又要通过对人格权利益的保护，使行为人的行为更为规范，也就是我们要掌握个人言论、行为自由以及人格权利益保护之间的一种平衡。

人格权纠纷案件的裁判方法和思路主要分成以下三步：人格权保护范围的界定；侵权行为的认定；侵权责任的承担方式。

一、人格权保护范围的界定

三步审理法的第一步，就是要界定原告的诉请是否符合人格权的保护范围，这也是人格权纠纷案件审理的起点。

关于人格权保护范围的法律依据主要集中在《民法总则》第 109 条和第 110 条的规定。[①] 其中第 110 条罗列了具体的人格权保护范围，包括生命身体健康权、姓名权、肖像权、名誉权、隐私权以及荣誉权和婚姻自主权。

界定人格权保护范围的难点主要在于，随着时代的发展，新型人格利益不断涌现，而法律规定又比较概括和抽象，如《民法总则》第 109 条仅仅是规定了人身自由、人格尊严不受侵犯。这也就是理论界常说的一般人格权的保护范围。

这里我要向大家介绍一个案件。楼甲和楼乙是兄弟，楼乙随父母移居国外。在父母去世时，楼乙没有将相关信息告知楼甲，导致楼甲没能参与父母的葬礼。楼甲认为楼乙的行为侵犯了其权益，因此诉诸法院。

这个案件中就涉及对一般人格权保护范围的界定。我们都知道对逝世亲人进行祭奠活动，是我国一项悠久的传统文化，它也符合民法的公序良俗原则。楼甲没有参与父母的祭奠活动、参加葬礼，很可能导致社会公众对他产生不良的负面评价。因此我们认为祭奠权也应该作为人格权的保护范围。

实务中，我们还遇到过关于贞操权案件的纠纷，我们认为贞操权是一项以人的性自由、性安全和性纯洁为独立内容的人格权利益，同样应该依法予以保护。

二、侵权行为的认定

人格权纠纷案件审理的第二步，是在认定了原告的诉请符合人格权保护范围后，认定行为人的行为是否构成侵权。在认定侵权时，除了遵循侵权构成四要件之外，具体人格权侵权构成要件各有特点。

这里又要向大家介绍一个案件。小区居民朱某在业主微信交流群中，声称业委会主任邬某指使物业公司乱砍小区树木，邬某认为朱某的言论侵犯了其名誉，因此诉至法院。

我们认为在这类案件审理过程中，主要还是要关注朱某的言论是否存在侮辱诽谤的故意，而客观上邬某又是否因朱某的这些言论，导致社会评价降低。这也是名誉权纠纷案件审理的一般焦点问题。

目前比较受关注的还有一类案件，就是关于明星艺人的生活受到过多的关注和评价，因此常以隐私权被侵犯为由诉至法院。

我们认为，明星艺人较普通民众，应负有较高的注意和容忍义务。在审理这

① 2021 年 1 月 1 日起施行的《民法典》将“人格权”单独成编，专编规定人格权法律规范。

类案件时，我们就需要综合考虑并结合互联网时代，对言论容忍度带来的新变化进行一个综合评价。这里还要提请大家注意的一点就是，当生命身体健康权案件涉及交通事故责任纠纷的，或者是医疗损害责任纠纷的，这两类案件我们需要适用特别法的规定。

而关于一般人格权侵权的认定，我们认为主要需要关注以下三点：

首先是行为侵害的是不属于具体人格权保护的范围。其次是新的人格权利益应符合一般人格权所承载的价值。也就是我们要通过对社会大众的认知、风俗习惯、伦理道德等多种因素，综合考量新的人格利益是否符合一般人格权的价值。最后，我们需要掌握侵权人的行为是否违反公序良俗原则。

三、侵权责任的承担方式

在完成侵权行为认定之后，人格权纠纷案件审理的第三步是要考量侵权责任的承担方式。

我们认为一般还是需要适用实际可行并且有效的责任承担方式。这里对法律规定不再一一罗列，主要向大家介绍两类责任承担方式：一类是赔礼道歉、消除影响，另一类是赔偿损失。

关于赔礼道歉、消除影响的适用范围，我们认为主要还是需要考量其范围，应与侵权行为所影响的范围相当。

这里又要向大家介绍一个案件。沈某通过信息公开得知，包括 A 公司在内的多家企业将沈某登记为财务负责人。而因为多次发现以沈某登记为财务负责人的公司都存在税收违法行为，因此税务机关将所有以沈某登记为财务负责人的企业，均列入税收高风险名单。沈某认为虽然其个人没有被列入黑名单或是受到处罚，但在这段时间内，其财会工作依旧受到了较大的阻碍，也产生了非常大的经济损失。因此沈某诉至法院，要求 A 公司停止侵害其姓名权行为，变更财务负责人信息，在市级报纸上登报道歉，并且向沈某承担一定的精神损失及经济损失。

在这个案件中，沈某的姓名权被侵犯并没有太大争议，审理案件的焦点就集中在损失的赔偿方式和范围上。

就如同沈某要求 A 公司在市级报纸上登报道歉是否合理？我们认为，A 公司侵权场域以及影响的范围，仅仅存在于税收征收管理这个特定的场域。因此在市级报纸上登报道歉我们认为并没有必要，最终法院判决 A 公司向沈某承担一个书面赔礼道歉的责任。关于赔偿损失的责任承担方式的适用，难点主要在于财产损失的金额以及精神损害考量标准上。关于财产损失的赔偿金额，同样以沈某的案件为例，法院最终根据法律规定，综合考虑了沈某的损失以及A公司的获利，以计算最低限度内劳务成本的方式，核算了侵权人的赔偿金额。

这里，我还要向大家提一下关于肖像权侵权纠纷案件中，赔偿金额如何确定的问题。

我们认为一般可以考虑许可使用费，但应非常慎重考虑是否能突破法律规定的上限。在实践中，我们常常遇到一些明星艺人姓名权、肖像权被侵犯，因明星、艺人的代言费往往非常巨大，远远超出法律的上限，这时我们就要谨慎考虑如何评定损失金额的问题。关于精神损害考量标准，主要还是要考虑侵权行为所造成的客观影响。

同样是沈某的案件，我们认为沈某对于其姓名权被侵犯之后的后果，具有合理的心理担忧。但这种心理担忧是否达到了精神损害严重的程度？我们认为答案是否定的。因此最终法院并没有支持沈某关于精神损害抚慰金的诉请。

最后，关于互联网环境下人格权侵权的审理，这类案件的复杂主要在于有两部分侵权需要认定。

第一部分就是行为人对权利人的人格权侵权，这里不再赘述。

第二部分就是网络服务提供者的侵权行为应该如何认定的问题。这一点的核心法律依据是《侵权责任法》第36条①，也就是我们要审查两部分内容：首先是权利人是否向网络服务提供者发出过有效通知，而网络服务提供者又是否采取了必要措施。如果在权利人发出通知之后，网络服务提供者没有采取必要有效措施的，对权利人损失的扩大部分，网络服务提供者就需要承担连带赔偿责任。

好了，以上就是对人格权纠纷案件的审理思路与裁判要点的介绍。感谢大家的聆听，再见！

---

① 对应《民法典》第1195-1197条。

公司解散纠纷案件审理思路与裁判要点

主讲人　闫伟伟

· 上海市第一中级人民法院商事审判庭一级法官助理

· 中国人民大学法学院国际经济法硕士

· 主要研究方向国际经济法、民商法

· 多次执笔中国法学会部级课题、上海高院及上海市第一中级人民法院类案裁判规则等

· 参与撰写的文章在《法律适用》期刊发表

· 执笔案例分析入选《上海法院涉外、涉港澳台商事审判典型案例选》《中国法院年度案例》《上海法学研究》集刊、上海法院“四个一百”精品案例等

· 曾获得上海法院系统个人嘉奖、党员先锋岗、审判辅助能手、合议庭集体三等功、“天平阳光杯”人民法院网络微课程评选三等奖等荣誉

大家好，我是上海市第一中级人民法院的闫伟伟。今天要与大家分享的是，公司解散纠纷案件审理思路与裁判要点。此类案件的基本事实并不复杂，法律依据也比较明确，但法条规定比较原则化，这导致法官在审理此类案件时具有较大的自由裁量空间。在此情况下，如何准确地把握案件审理的思路和裁判尺度？如何将相对原则化的法条规定在具体的案件中进行准确的法律理解与适用，成为此类案件审理的最大难点。

接下来我将从裁判价值取向、审理思路与裁判要点以及其他注意事项这三个方面进行阐述。

一、裁判价值取向

首先来看，审理此类案件应当秉持什么样的裁判价值取向。

我们先来理解一下公司解散。简单地说，公司解散是在满足一定条件下，经过法定的程序解散公司的意思表示机关，停止公司的经营和管理并终止对外交易，最终注销公司组织实体的一系列活动。公司解散包括约定解散和法定解散。我们今天所讲的公司解散纠纷案件是一种司法解散的方式。作为一种公力救济，它具有终局性和不可逆的后果。

因此我们在审理此类案件时，应当秉持尊重公司自治、穷尽内部救济、司法谨慎干预的原则来审慎处理此类案件。

二、审理思路和裁判要点

明确了司法裁判的价值取向之后，我们来看审理思路和裁判要点。

在此之前我们来了解一下此类案件的基本类型。我们根据股东的人数和持股的比例，将此类案件分为三大类型，分别是：两人股东各持股50%、多人股东分散型持股以及两人股东持股比例较为悬殊。

该三种案件类型下，股东发生矛盾时，他们的争议焦点分别集中于股权结构的天然障碍、难达多数决以及股东压迫。

审理此类案件的法条依据是《公司法》第182条，它规定了四个要件，分别是：持有表决权10%以上的股东；公司经营管理发生严重困难；继续存续会使股东利益受到重大损失；通过其他途径不能解决。

该四个要件需要同时满足，人民法院才可以判决公司解散。而这四个要件的先后排列顺序，正是我们审理此类案件的一个基本步骤。

第一步

持有公司全部表决权10%以上的股东，这里的表决权如何去理解?

我们国家对于有限公司没有同股同权的要求，在公司注册资本认缴制的大背景下，股东表决权与持股比例不一致的情况时有发生。

因此我们在司法实践中，应当综合工商登记的股权比例，注册资本的实缴情况以及公司章程有没有特别约定来对表决权进行综合性的认定。

第二步

公司经营管理发生严重困难。这里的严重困难应当侧重指向的是经营性的困难还是管理性的困难?

公司法司法解释对此有三项列举，分别是：持续两年以上无法召开股东会；持续两年以上不能作出有效的股东会决议；董事会的长期冲突。该三种情形都以公司经营管理发生严重困难来收尾。

由此可见，该三种情形只是司法解释对典型情形的列举，单纯发生三种情形之一，并不足以认定公司经营管理发生严重困难，但我们还是不难发现该三种情形都指向了公司组织机构的内部障碍以及公司管理性的困局。此外，还有最高人民法院第 8 号指导性案例对此指出，这里的经营管理发生严重困难，倾向指向的是管理性的困难而非经营性的困难。

第三步

公司继续存续会使股东利益受到重大损失。这里的股东利益分为管理控制权和投资收益权。与上一个要件不同的是，因股东投资公司的原始目的就是要使投资收益最大化，故而这里的股东利益受到重大损失，应当侧重指向的是投资收益方面的受损。

但需要注意的是，这里股东利益投资收益权受损，通常不是指股东利益具体、个别、直接或者有形的损失，而是指股东利益将来、可能、整体、全面的损失。

如此一来，当公司亏损时就不必然符合股东利益受到重大损失这一条件。而公司仍然处于盈利状态，也不能当然地否定股东利益可能受到重大损失这一要件的成立。当股东起诉时公司仍然处于盈利状态的，我们应当综合考量股东发生矛盾的原因、持续的时间以及化解的可能性，来对此进行综合性的认定。此外，这里的“重大损失”如何去量化，我们应当综合考量公司经营管理个案的具体情况去进行综合性的认定。例如，可以参考公司是否正在亏损、扭亏为盈的可能性以及时间还有公司的市场竞争力和占有率等。

第四步

通过其他途径不能解决。该要件具备了形式前置程序和实质裁判要件的双重法律属性。通常理解下，其他途径可以包括内部途径和外部途径。内部途径分为股东行使知情权、内部的股权转让以及公司收购股权等方式。外部途径包括第三方调解、对外转让股权等方式。

但需要注意，该要件并非要求股东在起诉之前必须穷尽所有的救济途径，如此一来也将在客观上架空公司解散之诉，且现实上没有可操作性。

三、需要注意的其他事项

（一）调解

公司法司法解释明确规定，我们在审理此类案件时应当注重调解，故而我们在审理中应当尽可能地促成公司股权的内部转让、公司减资或者公司收购本公司的股权等方式，以达到部分股东退出公司，确保公司实体的继续存续。

需要注意的是，我们在调解过程中应当注重两种特殊情形下的合法性审查问题：第一是经过股权转让，公司的股权全部归于一人时，应当审查该公司是否符合一人有限公司的法定条件。第二是特殊情形下有公司以外的人有意向受让本公司的股权时，我们应当确保现有股东的优先购买权。此外公司法、证券法等法律法规对公司内部的股权转让、公司减资以及收购本公司股权等有着严格的条件和程序限制时，我们应当严格地审查当事人已经达成的调解协议是否存在违反上述法律法规强制性规定的情形。

（二）及时判决

虽然我们前面强调审理此类案件时，应当秉持司法谨慎干预的原则来审慎处理，但经审查认定，原告股东已经经过其他多种途径仍然不能解决公司僵局，且符合其他法定条件的情况下，人民法院应当依法及时地判决。

（三）第三人利益保护

公司解散是终结公司的独立法人人格，对公司的员工、投资方以及利益相关方有着重大的影响。且公司解散之后会引发公司关系的转变等一系列的连锁反应。故而我们在审理案件时，尤其是碰到较少出现的大股东作为原告来起诉公司解散时，我们应当结合第三人利益保护的原则，公平理性地维护和平衡各方的利益。

以上就是对公司解散纠纷案件审理思路与裁判要点的介绍。感谢大家的聆听，再见！

劳动合同解除纠纷案件审理思路与裁判要点

主讲人 徐 凌

- 上海市第一中级人民法院申诉审监庭一级法官助理
- 上海交通大学法学理论硕士
- 主要研究方向法理学
- 参与院级专项调研课题 1 项
- 曾获上海市第一中级人民法院十佳青年提名奖

大家好，我是上海市第一中级人民法院的法官助理徐凌。今天我们来聊一聊劳动合同解除纠纷案件审理思路与裁判要点。

劳动合同解除是指在劳动合同有效成立后，因一方或双方当事人的意思表示致使劳动关系归于消灭的制度。由于此类案件在审判实践中往往会牵扯诸多法律事实、涉及较多法律规定，因此一直是审判实务中的难点。

对此，我们梳理出了劳动合同解除纠纷案件“六步法”审查顺序，帮助大家厘清此类案件的审理思路与逻辑步骤。

“六步法”的审查顺序具体表现为：从最初直接感官上的解除表现形式与时间，来确立解除提出者并锁定解除类型，进而判断提出者的理由是什么，顺着其主张的理由来锁定解除的事实是否存在，根据有否事实来判断解除的依据与条件，最后根据有否依据来判断解除的法律后果。

如果能按照这样六个步骤进行案情梳理，可以将复杂问题简单化、抽丝剥茧，找到问题的关键点和突破口。我们一个一个步骤来看。

一、解除的表现形式与时间

这类案件审查的第一步是解除的表现形式与时间。解除的表现形式是解除行为的外在呈现，最常见的如辞职信、解除通知书，还有通过电子邮件等方式告知，而解除的时间往往需结合这些表达方式予以确定。在审查时我们需要注意：劳动合同解除的时间是指解除意思表示到达对方的时间，而非解除行为作出的时间；解除的意思表示必须以明示的方式呈现。

二、解除的提出者

第二步，我们来审查解除的提出者。据此，劳动合同解除可以分为双方协商解除、劳动者单方解除、用人单位单方解除三大类型。

大家知道解除权系形成权，一经到达对方即为生效，劳动合同即为解除。对此，在审判中需对解除通知内容做到严格审查，从中提炼出明确、清晰的解除合同之意思表示。

确定解除提出者是因为不同的提出主体会导致完全不同的法律后果，审判中很可能会出现双方都行使解除行为或解除行为与合同终止事由共存的情形。解决这两种情况需适用的是时间优先原则，审查哪一方的解除意思表示先到达对方，或比较解除行为生效时间与合同终止时间哪个更早。

我们来举个例子，某员工合同期满时间为6月30日，在快要临近30日这一合同终止时期，出现了两件事：（1）公司在14号给出一份通知，告知合同到期后不再续签。那么根据前面我们对于解除权法律性质的理解，这只是一种对合同即将到期的提醒，而非在14日行使即告解除，此时合同尚未解除。（2）员工于21日递交了辞职信，其内容是明确的解除合同之意思表示。那么21日合同正式解除，根据时间优先原则，之后30日真正的合同期满终止事由也就不再发生法律效力。

三、解除的理由

审查的第三步是解除的理由。一般指审查用人单位作出解除决定时的理由，解除的理由需单位在作出决定时告知劳动者，并事先将理由通知工会。在审查时我们需要注意：(1) 用人单位行使解除权时已说明理由，到了裁诉阶段变更解除理由的，应以行使解除权时的理由为准。(2) 用人单位行使解除权时并未说明理由或理由笼统，到了裁诉阶段需补强说明解除理由的，应以其在首次仲裁庭审中关于解除理由的表述为准。(3) 用人单位行使解除权时有多个解除理由的，需对多个理由逐一审查，并进一步甄别其中是否有理由符合解除条件。

四、解除的事实

审查的第四步是解除的事实。这是此类案件的审查重点，解除的事实一定是解除提出者围绕解除理由所呈现的。我们来说个案例，劳动者以照顾生病亲人为由请事假，但实际却出国游玩，公司能否认定其骗假进而构成严重违纪的事实，并以此为理由解除合同呢？对此审查我们可以运用三个方法：(1) 以证据为判断基础。通过规章制度、劳动合同等证据来判定解除的事实，如劳动者的某一行为直接属于劳动合同中关于严重违纪的规定，可据此认定。(2) 以经验法则为判断基础。根据大众普遍知晓的事实和日常生活中的经验对解除事实进行判断。(3) 以价值标准为判断基础。在缺乏明确裁判规范的情况下，运用法律整体秩序和基本价值原则对解除事实进行判断。

本案中，如果员工休假出现在离家较近的地方，其表示系照顾亲人之余的散心，并不能直接认定其请假时的想法为旅行。但其出现的地点是欧洲，由于请假与出国日期间隔较短，根据经验法则，足以说明其早已计划旅行，其也承认并未照顾生病亲人，说明其请假时就存在骗假的主观故意，根据价值取向上的考量，应认定劳动者违背了诚实信用原则，综合以上，可以认定该事实已达到严重违纪的程度。

五、解除的依据与条件

审查的第五步是解除的依据与条件。对于解除依据本身我们需要注意：(1) 双方的约定和已有的规定有哪些。(2) 依据是否经过民主程序，是否已向劳动者公示。(3) 在没有明确依据的情况下，审查是否违反基本的劳动纪律和职业道德。

在确定完解除依据后，就涉及解除条件的把握，也就是判断根据既有的依据，用人单位有否合法的资格来解除合同。对于解除条件的审查，我们需要注意：(1) 能否直接依照法律文义和双方的有效约定来判断是否构成解除条件。(2) 在约定不够明晰或法律文义需要进一步解释时，依照法律所要实现的目的来判断是否构成解除条件。(3) 必要时需兼顾劳资双方的利益衡量，判断解除条件的正当性。

实践中，涉及无过失性辞退中客观情况发生重大变化情形的案件是较难掌握解除条件的，法律规定劳动合同订立时所依据的客观情况发生了重大变化，致使合同无法继续履行，经双方协商，未能就变更劳动合同内容达成协议的，用人单位可以解除劳动合同。那该如何把握此类案件的解除条件呢?

我们来说个案例，某公司集团大客户群、品牌资源均集中到了北京，为迎合变化中的培训市场，公司撤销了上海部门，上海的培训业务已不复存在。

(1) 虽然调整部门是公司自主经营权的行使，但该案的主要原因是由于外在市场的重大变动导致，符合“客观情况发生重大变化”这一法律构成要件。(2) 部门整体搬迁至北京，已无法在上海授课，可认定原载明工作地点在上海的合同已无法继续履行。(3) 关于协商，公司先后两次给原上海员工转岗提议，协商形式充分，为外地来京员工提供房贴，表示了协商的诚意。

对此，衡量单位解雇权和劳动者就业权的利益，综合以上三个解除条件的要点，可以认定已经符合法律规定的解除条件。

六、解除的法律后果

审查的第六步是解除的法律后果，主要审查用人单位的解除行为通过上述步骤的分析是否违法。

如果被认定为合法解除的，若存在特定情形，用人单位需向劳动者支付的是经济补偿金。

而被认定为违法解除的，劳动者要求继续履行劳动合同，用人单位应当继续履行；劳动者不要求继续履行劳动合同或者劳动合同已经不能继续履行的，用人单位应当依照规定向劳动者支付赔偿金。

最后，我们来做个小结。劳动合同解除纠纷案件“六步法”体现了该类案件审理思路的内在逻辑，通过这种审查方法能够找到关键争议焦点发生在哪个环节，并对法官针对此类案件的自由心证设立一定的标准，希望对大家的审判实践有所帮助。

今天的分享就到这里。感谢您的聆听，再见!

业主撤销权案件审理思路与裁判要点

主讲人　丁杏文

- 上海市第一中级人民法院民事审判庭一级法官助理
- 华东政法大学法律硕士（法学）
- 主要研究方向民商法
- 曾参与上海司法智库重大调研课题
- 撰写案例曾获全国法院系统年度优秀案例分析三等奖

大家好，我是上海市第一中级人民法院丁杏文，今天要为大家讲解的是业主撤销权案件审理思路与裁判要点。

业主撤销权撤销的是业主大会或业主委员会的决议，而相关决议是物业管理事项推进的基础，故厘清业主撤销权案件的审理思路是物业类纠纷处理的基石。

本次讲解将从以下三个方面进行：裁判价值取向、审理思路与裁判要点及其他注意事项。

一、裁判价值取向

首先，要把握业主撤销权案件的裁判价值取向，就应了解何谓业主撤销权。业主撤销权是指如业主大会或业主委员会的决议存在违反程序规定或侵害业主权益的情形，相关业主可请求予以撤销的权利。

故在审理此类案件时需把握的价值取向在于既要鼓励、支持业主自治组织的管理，又要通过业主行使撤销权促使管理更为规范有效，妥善处理好业主个人权益和小区公共利益之间的平衡。

二、审理思路与裁判要点

下面我们进入本次讲解的第二部分，即业主撤销权案件应如何进行审理和裁判。

考虑到审理的逻辑性和便捷性，业主撤销权案件的审理裁判可遵循“四步走”顺序进行：第一步，进行主体审查；第二步，进行对象审查；第三步，进行期限审查；第四步，进行实质审查。以下我将逐一为大家讲解“四步走”的具体审查内容。

（一）主体审查

主体审查，即审查主体是否适格。

就原告来说，审查是否系有权业主，承租人或其他物业使用人均无权提起业主撤销权之诉；就被告来说，审查是否系业主大会或业主委员会，物业公司及业主委员会成员个人均不是业主撤销权之诉的适格被告，业主委员会成员的变化也不影响业主委员会的主体地位。

（二）对象审查

进行对象审查，即审查对象是否是业主大会或业主委员会作出的具体决议。

业主对其要求撤销的内容需要明确而具体，不能概括性地要求撤销全部内容或某期间内的所有决议；也不能要求撤销还没有形成决议的征求意见稿等内容。需要特别注意的是，物业服务合同中的内容不属于业主撤销权的范围，但业主可针对物业服务合同内容所依据的相关决议请求撤销。

（三）期限审查

进行期限审查，即审查业主知道或应当知道相关决议作出之日起是否经过一年。

此处的一年系除斥期间，不发生中止、中断、延长的效力，且只能通过诉讼的方式行使。如审查下来超过一年的除斥期间，则无须进行实质审查就可驳回业主诉请。

我们来看一个案例，业主甲于 2013 年 12 月起诉要求撤销业主委员会作出的某决议，其主张于 2013 年 5 月知道该决议，而业主委员会则举证证明于 2012 年 4

月已经公告该决议。

一年的起算点在本案的认定中尤为重要。我们认为，该起算点并非业主主张其实际知道决议作出的时间，而是从业主应当知道决议作出的时间起算。而应当知道的认定在审判实践中一般有赖于业主大会或业主委员会的举证，其应当证明以合理形式已经告知过业主相关决议。那么此处合理告知形式包括当面告知、公告栏张贴告知以及投递信箱等传统的方式，也包括微信、电子邮件等电子方式。回归本案，我们可根据业主委员会的举证，认定业主甲提起该业主撤销权之诉已经超过了一年除斥期间，可驳回其诉请。

（四）实质审查

实质审查，即审查程序是否违反法律法规及实体是否侵害业主合法权益。程序审查主要包括以下两个方面，即是否符合“多数决”规则以及征求意见过程是否合法合规。

首先来看是否符合“多数决”规则。

《民法典》第278条明确规定了由业主共同决定的事项，应当经专有部分面积占三分之二以上且总人数占三分之二以上的业主参与表决。其中“筹集建筑物及其附属设施的维修资金”和“改建、重建建筑物及其附属设施”以及“改变共有部分的用途或者利用共有部分从事经营活动”的，应适用“特别多数决规则”，经参与表决专有部分面积及人数均超四分之三以上业主同意。而其他事项则适用“一般多数决规则”，经参与表决专有部分面积及人数均超二分之一以上业主同意。此处也是民法典与原来的物权法规定变动较大之处，需要引起重视。

根据前述法律的规定，多数的认定包括人数的认定和面积的认定：就人数的认定，一是一个专有部分按一人计算，即一套房屋不管是一个或多个产权人，均按一票计算。二是同一买受人拥有一个以上专有部分的，按一人计算。即同一业主不管在小区内拥有一套还是多套房屋，均按一人计算。就面积的认定，只要在同一建筑区划内适用同一标准即可，既可以以建筑面积为标准，也可以以使用面积为标准。

下面我们看征求业主意见的过程是否合法合规。

可综合从表决票数量是否合理；是否合理送达；是否系业主本人签字，如代签有无相应授权；计票方式是否公开透明；计票人员是否与决议事项存在利害关系；表决过程是否有行政主管部门、房屋管理部门、街道居委会等人员参与监督指导等予以综合认定。认定过程应当规则性和灵活性相结合，不能过于机械。

以上是程序审查的内容，下面我们来看实体审查。

业主所享有的建筑物区分所有权系复合型权利，即由专有权、共有权和成员权组成，上述权益受决议侵害的业主有权请求法院撤销相关决议。

此处我们来看一个案例，A 公司是涉案小区的开发商兼商业用房业主，在前期物业管理中委托 B 公司进行前期物业管理，并对商业用房物业费收费标准为每平米每月 1.8 元，对住宅用房物业费收费标准为每平米每月 3.5 元。在小区业主委员会成立之后，决议解聘 B 公司，选聘 C 公司进行物业管理，并将商业用房物业费收费标准提高至 5 元每平米每月。此时，A 公司认为选聘和解聘物业公司及调高商业用房物业费标准的决议侵害了其利益，要求予以撤销。

那么此类案件非常典型地涉及业主认为侵害其实体权益最常见的两种情形，即解聘和选聘物业公司决议以及调高物业费标准决议。

就选聘和解聘物业公司，系由全体业主共同决定，如该决定是根据法律规定的程序进行，由业主共同表决决定，则个别业主以损害其权益为由要求撤销该决议，一般不予支持。本案中，业委会系通过法定程序召开业主大会，并通过业主表决解聘原有的 B 公司，选聘 C 公司作为物业公司，并无不当。

就物业费标准，物业服务价格一般是通过市场竞价与物业公司协商确定，“同等服务、同等收费”的原则仅适用于性质相同的物业，商业用房的物业费标准高于普通住宅物业费标准，并不必然表明商铺物业费标准不合理以及侵害了商铺业主的利益。

本案中，在前期物业管理中，B 公司收取的商业用房的物业费标准比较少见地低于普通住宅的物业费标准，在业委会成立以后，通过合法合规的程序，就商业用房物业费标准予以提高，是符合市场规律的，在此情形下，A 公司认为侵害了其权益要求撤销该决议的，不予支持。

以上就是业主撤销权案件的审理要点。

三、其他注意事项

业主撤销权案件的纠纷往往涉及小区内部公共事务相关争议的实质性解决，法院在审理的过程中应当注重关注关联案件，深入了解纠纷产生的成因，并要注重与房屋管理部门、街道部门、居委会等基层社会治理机构的合作，共同推进社区的和谐管理。

以上就是本次讲解的全部内容。感谢您的聆听，再见。

自然人之间民间借贷案件审理思路与裁判要点

主讲人 王晓翔

· 上海市第一中级人民法院民事审判庭一级法官助理

· 复旦大学法学博士

· 主要研究方向民商法学

· 出版专著一本、参著一本，发表论文 10 余篇

· 参与最高人民法院司法改革重大课题、上海高院重点调研课题、上海高院报批课题等多项

· 曾获最高人民法院优秀案例分析三等奖、中国行为法学会第八届“天大中国司法论坛”征文三等奖、最高人民法院环资庭和中国法学会环境资源法学会“贯彻民法典绿色条款司法实践与理论研讨会”三等奖等

大家好，我是上海市第一中级人民法院的王晓翔，今天要向大家介绍的是自然人之间民间借贷案件审理思路与裁判要点。

我主要从以下三个部分向大家介绍：一是审理难点；二是审理思路与裁判要点；三是虚假民间借贷诉讼和套路贷识别。

一、审理难点

第一部分是审理难点。新通过的《民法典》第 679 条完善了《合同法》第 210 条的表述，将出借人交付款项的效果由导致合同生效变为合同成立，明确了自然人之间借贷合同属于实践合同，其成立包括两个要素：一是出借人和借款人形成了借贷合意；二是出借人完成了款项的交付。这两个要素须同时具备，缺一不可。

但实践中的要素审查存在以下难点：第一，出借人和借款人的举证责任与证明标准有待明确。虽然《民间借贷司法解释》对当事人举证责任的分配作了原则性规定，但仍未臻明确，如被告“抗辩”的性质及当事人相应的举证责任和证明标准。第二，结算型民间借贷的认定和处理存在争议。法院对当事人结算合意如何认定、多次结算形成协议中利率超过法定上限如何处理等存在争议。第三，现金交付的判断标准亟待统一。实践中经常出现缺失现金交付直接证据的情形，对案件审查造成不少困难。

二、审理思路与裁判要点

第二部分是审理思路与裁判要点。民间借贷案件的审理主要包含对借贷合意、款项交付和利息的审查，其中审理的重点和难点在于借贷事实的认定，法官需判断当事人是否存在借贷法律关系。

（一）借贷合意的认定

借贷合意的认定是处理民间借贷案件的逻辑起点，其可从以下四种情况分别判断：

（1）如果当事人存在书面借贷合同，一般可认定达成借贷合意。唯需审慎处理外在意思表示与本意不相符的情形，包括一方虚假意思表示以及双方隐藏真实意思。

（2）当事人之间存在借据、收条、欠条等债权凭证。出借人依据相关债权凭证提起民间借贷诉讼的，如果借款人对借贷关系予以否认并以其他法律关系进行抗辩或反诉的，应提供相应证据。法官审查后确认双方不存在借贷合意时，应向原告释明变更诉讼请求。如果借款人抗辩已偿还借款的，需对“还款”事实提供证据，且需达到高度盖然性标准。

（3）当事人仅存在转账凭证。出借人仅提供转账凭证，而借款人抗辩转账系偿还之前借款或其他债务时，应通过以下三个步骤进行审理：首先，出借人提交相关转账凭证证明钱款交付事实，作为对借贷合意的初步举证。其次，借款人抗辩转账是偿还之前借款或其他债务的，应承担举证责任。借款人的举证是针对转账凭证的推定效力，其“抗辩”在性质上属于“否认”，只需动摇法官的内心确信，使借贷关系陷入“真伪不明”状态即可。最后，借款人提供相应证据后，出借人仍应就借贷关系的成立承担举证责任。

我们举一例加以说明：2018 年 4 月 4 日，甲转账 80 万元到乙账户，2018 年 4 月 8 日，乙转账 78 万元给其女儿丙，资金用途为“家用”。甲基于民间借贷起诉乙归还 80 万元及利息。乙抗辩该 80 万元系甲委托乙理财的款项。该案中，甲的转账凭证是对借贷合意的初步举证，乙抗辩是委托理财关系，应承担举证责任，乙可提供委托协议、理财账户信息、聊天记录等证明存在委托理财关系，但乙无法提供，法官结合本案其他证据认定甲乙存在借贷关系。

（4）结算型借贷合意的认定。结算型借贷可分为两类：一是由原民间借贷通过结算形成新的借贷关系。例如，双方存在多笔借贷，经结算，最终形成一份新的借贷协议。二是由其他法律关系转化为借贷关系，如买卖合同结算后付款方出具借款协议而形成的借贷关系。当事人新达成的协议表明双方形成新的借贷合意，其由原来的法律关系转化为借贷关系。

（二）款项交付的查明

款项交付的查明。包括交付行为和交付钱款的关联性认定。

交付行为表现为转账交付和现金交付。认定转账交付较为简单，只要存在转账凭证即可。

在认定现金交付时，需根据出借人是否提供收据分别处理。如果出借人提供了借款人出具的收据，一般可推定出借人完成交付，但借款人提出其他足以引起合理怀疑的抗辩理由及证据时，如指出收据系伪造或受欺诈、胁迫而签订，法官应进一步审查。如果出借人无法提供收据，则需综合审查以下几个方面进行判断：

第一，审查交付金额。小额借款的出借人一般具有支付能力。若大额借款主张现金交付，法官需进一步审查具体交付事实。第二，审查交付资金来源。资金来源一般有三种，即银行取现、向他人筹集和存于住所。第三，审查出借人的资金实力。可综合出借人的家庭背景、工作情况、收入状况等进行判断。第四，审查当事人对交付的自述。法官可询问当事人关于交付的具体时间、地点、在场人员、场景以及详细的交付方式等细节性问题进行判断。第五，审查交易习惯。法官需审查当事人是否存在多次借贷，在这些借贷中是否形成普遍采取的交付方式。第六，审查证人证言。注重审查证人证言之间以及证人与当事人的关系，综合证人到庭情况、案件其他事实进行判断。

至于交付钱款的关联性，一般而言，出借人具有交付行为的证明即可认定借款存在，如果借款人抗辩交付钱款与借贷无关，应承担举证责任。我们再以此为例，乙抗辩80万元为委托理财款项，与借贷无关，但其无法提供证据，且在案银行流水显示系争80万元打入乙账户4天后乙就以“家用”为名将78万元转入其女儿账户，法院最终认定该80万元为借款。

（三）利息问题

在认定双方存在借贷合意和交付事实后，尚需审慎处理利息问题。自然人之间的借贷未约定利息的视为不支付利息；利息约定不明的，视为没有利息。对于当事人未约定清偿顺序的处理，是先还本金还是先还利息，应确立先还利息后还本金的清偿顺序。

关于借贷利率，2021年1月1日施行的《民间借贷司法解释》第25条改变了利率的计算标准，其以中国人民银行授权全国银行间同业拆借中心每月20日发布的一年期贷款市场报价利率的4倍为标准，取代了2015年9月1日施行的司法解释以24%和36%为基准的两线三区的规定。

依据2021年1月1日施行的《民间借贷司法解释》第31条，该规定施行后，法院新受理的一审民间借贷案件，适用新规定。2020年8月20日之后新受理的一审民间借贷案件，借贷合同成立于2020年8月20日之前，当事人请求适用当时的司法解释计算自合同成立到2020年8月19日的利息部分的，人民法院应予支持；对于自2020年8月20日到借款返还之日的利息部分，适用起诉时该规定的利率保护标准计算。

此外，为贯彻《民法典》新增的关于“禁止高利放贷”的规定，避免当事人对利率上限的规避，在计算是否超过法定上限时，应将利息、违约金以及服务费、咨询费等其他费用一并计算，其总额不得超过合同成立时一年期贷款市场报价利率的4倍。

再者，新修订的司法解释删去了2015年9月1日施行的司法解释第26条第2款和第31条有关自然债务的规定；因此，利息超过一年期贷款市场报价利率4倍的，即便借款人自愿支付，其亦有权对超过部分以不当得利要求返还。

至于砍头息，预先在本金中扣除利息的应将实际出借的金额认定为本金。

三、虚假民间借贷诉讼和套路贷识别

虚假民间借贷诉讼，是指在民间借贷诉讼案件中当事人恶意串通，采取虚构法律关系、捏造案件事实等方式提起诉讼，侵害他人合法权益、获取非法利益的行为。《民间借贷司法解释》通过列举加一般规定的方式列出 10 种存疑情形需重点审查。

“套路贷”则是以民间借贷为名行非法占有他人财产之实的违法行为。在“套路贷”情形中，出借人往往主动要求与借款人签订借贷合同制造借贷假象，通过收取“保证金”、签订“空白合同”“阴阳合同”等虚增债务，并制造银行流水痕迹，营造出借人已交付全部款项的假象，为其日后诉讼做好证据固定。在借款人无力偿还时，出借人往往通过与借款人签订新的“借款合同”予以“平账”，进一步垒高借款金额。

法官在审理民间借贷案件中发现类似情形应主动审查，尤其在一方提出虚假诉讼或“套路贷”抗辩时，更应重点审查并依法处理。发现案件涉嫌“套路贷”犯罪的，应严格按照法律规定移送公安机关处理。

以上就是自然人之间民间借贷案件审理思路与裁判要点，感谢您的聆听！

行　政

治安行政处罚案件审理思路及裁判要点

主讲人　汪　菲

· 上海市第一中级人民法院研究室网宣科副科长
· 浙江大学宪法与行政法法学硕士
· 主要研究方向行政法
· 参与多项院级课题、调研文章、案例分析撰写
· 草拟院国家司法救助案件操作细则等
· 曾获法院系统嘉奖、院法官助理业务能手等
· 曾获上海市优秀共青团员、上海市第一中级人民法院“十佳青年”

大家好，我是上海市第一中级人民法院的汪菲。今天我将为大家介绍治安行政处罚案件审理思路及裁判要点。我将在介绍当中穿插案例，剖析审理难点，在梳理该类案件审理思路的同时，也便于大家更有重点地来把握要点问题。

一、什么是治安行政处罚？

我们首先来看一下什么是治安行政处罚。

治安行政处罚是公安机关对违反治安管理秩序，对具有社会危害性但尚不构成刑事处罚的违法行为所实施的行政处罚。处罚种类包括警告、罚款、行政拘留、吊销公安机关发放的许可证。

这些处罚决定对当事人权益影响是比较大的。特别是像行政拘留这一处罚决定，牵涉相对人人身自由权，对其今后的生活、工作都有可能产生一定影响。因此，法院的审查应当全面、审慎。

二、如何审理治安行政处罚类案件?

那么，到底应该如何来审理治安行政处罚类案件呢?

法院审理行政案件主要围绕行政行为的合法性来进行。而合法性的审查主要包括以下四个方面：职权依据、事实认定、法律适用和执法程序。治安行政处罚案件的审理也主要从这四个方面展开。

但是在进入实体的合法性审查之前，我们首先需要确定一下当事人的问题。治安行政处罚案件的特殊之处就在于，案件当中可能会存在第三人的情况，这个程序问题在审判实践中极易被忽视，所以特别需要提醒大家注意。

常见的需要追加第三人的案件类型包括殴打他人、故意伤害他人身体、损毁财物等。在这些案件当中，案件当事人除了加害人，还有具体的被侵害人。被侵害人可能会因为加害人的行为致使自己的人身权、财产权受到损害。因此，处罚决定对被处罚人产生效力的同时，也和被侵害人的利益息息相关。

所以，法院经审查发现只有加害人起诉，没有参加诉讼的被侵害人应作为案件第三人；反之亦然。同时，还要注意审查加害人或者被侵害人为多人时只有部分起诉的情况，如果发现有遗漏的，法院也应予以追加。

在确定好案件当事人之后，我们开始进入实体审查，按照行政案件传统的四要件审理思路来进行。在职权依据方面，当事人一般对此没有异议，在此就不展开介绍了。

我们来看关于事实认定的审查部分，这是治安行政处罚案件的审理重点和难点。

该部分的审查难点主要体现在：当在案证据的种类和数量单一、有限时，如只有言词证据的时候，如何来审查公安机关所认定的事实呢？我们通过一个案例来说明一下。

甲乙系夫妻关系，二人在家中发生了冲突。妻子乙打电话寻求父母帮忙，乙的父母赶到之后，各方冲突加剧，发生了言语和肢体冲突。后妻子乙打电话报警称丈夫甲殴打了其及其父母。

那在这样一种情形下，因为现场没有摄像头，没有直观的视听资料可以还原案件事实。公安机关只能通过调查走访，询问在场人员这样的方式来进行调查。那么，在双方各持一词的情况下，如何来审查丈夫甲是否有殴打乙及其父母的行为呢?

在这种情况下，公安机关一般会根据当事人的要求开具验伤单。结合伤情的司法鉴定意见，我们可以进行进一步审查。乙的父母陈述甲用手殴打了其手臂部位，用脚踢了其膝盖部位，又因为甲的推搡倒地。那么根据乙父母的伤情司法鉴定意见看，乙父母受伤原因和受伤部位基本和他们的陈述内容是相吻合的。

公安机关据此认定甲对乙的父母实施了殴打行为，法院可以认定依据充分，违法事实成立。

而从妻子乙的伤情鉴定意见来看，乙并无明显的伤情，而且乙几次的询问笔录当中对殴打的细节有反复和矛盾之处，现有证据尚不能够证明丈夫甲对乙实施了殴打行为。

公安机关据此没有就甲殴打乙的该节事实作出认定，也是符合常理的，并无不当。

因此，当在案证据的种类和数量单一、有限时，法院应当审查公安机关作出处罚决定的依据是否充分，言词证据之间是否可以相互印证，是否还有其他证据可以佐证相关事实。另外，法官也可以在开庭审理当中，通过细节发问这样的审理技巧，来询问当事人，来完成和加强自身的心证过程。

事实认定是当事人提出异议比较多的一部分，当事人的诉讼理由主要集中于公安机关提交的证据不足以证明其实施了某项违法行为。那么，法院在审理该类案件时，如何把握证据的证明标准问题呢?

我们认为，原则上应以行政行为对当事人权益影响大小为根据，而不能一概适用刑事诉讼或者是民事诉讼中的标准。比如，公安机关作出行政拘留这样对相对人权益影响较大的处罚决定时，法院应当严格审查在案证据是否能够充分证明违法事实，并视情况适用“排除合理怀疑”标准。如果处罚决定对被处罚人权益影响比较小，法院对于证据的审查认定则可以适用“优势证据规则”。

我们接着来看关于法律适用的审查部分。

该部分的审理难点主要体现在处罚幅度的裁量问题上。当案件当中可能存在情节较轻、情节较重或者其他法定裁量情节时，如何判断公安机关作出的具体处罚是否适当呢? 我们还是通过一个案例来说明一下。

李某和王某平日素有纠纷。某日，李某在办公时间强行进入王某的办公场所，用手机对王某和周边环境拍照录像，拿出录音笔对现场录音。二人发生了肢体冲突，在冲突之中王某将李某的录音笔摔坏。最终，公安机关认定李某有殴打他人的违法行为，对其作出行政拘留 10 日并处罚款 500 元的处罚；认定王某有故意损毁公私财物的违法行为，但是情节特别轻微，决定不予处罚。

那么，公安机关对这二人作出的处罚是否适当呢？

我们先来看李某的行为。本案中，通过综合考量案件的起因、经过，系李某采用录音、拍照、摄像等方式打扰王某正常办公，并且持续纠缠、殴打王某。他的这一行为明显不符合情节较轻的条件。本案当中，李某也没有其他从轻减轻的法定裁量情节。行政拘留 10 日并处罚款 500 元这一处罚也是在法定的裁量范围之内的，并无明显不当。

而对于王某的不予处罚决定。虽然王某确实有损毁他人财物的行为，但是本案系李某所引发，综合考量整个事件起因、李某的主观过错程度以及录音笔价值较低等因素，这个行为危害后果不大，公安机关认定其情节特别轻微，不予处罚，我们认为也是具有一定合理性的。

此外，关于裁量标准的问题。公安部及上海市都有就违反治安管理行为实施处罚的相关裁量指导意见和裁量基准。法院在审查时，可以根据个案的具体情况，比照公安机关裁量基准意见进行审查。

我们再来对法律适用部分的审查做一个简单的小结。法律适用部分审查，核心还是应当以查明的案件事实和相关情节为基础。在认定事实的基础上，法院应当首先审查公安机关选择适用的法律条款是否适当，结合个案当中情节较轻、情节较重等具体情形，审查处罚幅度是否适当，再根据有关法定裁量情节，参考公安机关日常办案的裁量标准，来判断公安机关最后作出的这一处罚是否适当。

以上是关于法律适用部分的审查。我们最后来看关于执法程序的审查。关于执法程序，治安管理处罚法、公安机关办理行政案件程序规定对此有比较详尽的规定，法院应当按照法律法规的规定进行严格审查。

审查重点主要在于：程序有无违反法定顺序，有没有遗漏重要的程序环节。这里还有几个程序要点需要提醒大家注意：

一是公安机关的办案时间是否超期？

二是公安机关调查和执法过程是否规范？比较常见的是在吸毒类案件当中，公安机关需要采集相对人的毛发或者是尿液，公安机关的取样过程、送检过程和鉴定过程是否符合相关法律法规的规定，这也是法院应当予以审查的。

三是在处罚前是否完整地告知了处罚决定所包含的全部事项，听取陈述申辩并进行复核。

四是在相关文书的送达问题上，法院也应当对程序予以审查。

我们最后来对该类案件的审理思路做一个简单的小结和回顾。法院审理治安行政处罚案件，首先应当注意审查案件是否可能存在第三人的情况，有第三人情形的，应予追加。在确定好当事人之后，应当根据合法性审查的四要件进行逐一审查，来综合考量治安行政处罚决定的效力。

好了，以上关于治安行政处罚案件审理思路及裁判要点大致梳理完毕，感谢大家的聆听。再见。

政府信息公开案件审理思路与裁判要点

主讲人　刘天翔

· 上海市第一中级人民法院行政审判庭一级法官助理
· 中国海洋大学宪法学与行政法学硕士
· 主要研究方向行政法
· 参与最高人民法院司法改革专项调研课题、司法案例研究课题 2 项
· 曾获“天平阳光杯”人民法院网络微课程评选三等奖
· 撰写多篇案例入选《人民法院案例选》、上海法院“四个一百”精品案例等

大家好，我是上海市第一中级人民法院的刘天翔。今天要和大家分享的是政府信息公开案件的审理思路和裁判要点。政府信息公开案件是集中反映信息公开制度落实情况的窗口，有利于提高政府工作的透明度，建设法治政府。申请人或者第三方认为行政机关公开或者不公开政府信息的行为侵害其权益的，可以通过诉讼寻求救济，从而引发对行政行为的司法审查，形成政府信息公开案件。司法救济和监督对于公民知情权的保障至关重要。

我们现立足于审判实践，分别从案件审理难点、类案审理思路、裁判方式要点三个部分进行梳理、提炼和总结。

一、案件审理难点

政府信息涉及的行政管理领域非常广泛，案件审理过程中必然涉及一定的重点和难点。通常，我们所理解的“政府信息”是指行政机关在履行行政管理职能过程中制作或者获取的，以一定形式记录、保存的信息。但这一概念界定还是稍显宽泛。

此外，涉及商业秘密、个人隐私以及“三安全一稳定”的信息不予公开，然而对于不予公开事由的审查标准往往不易把握。部分区域的当事人还互相代理、互相串联、反复不间断地申请信息公开，内容高度类似甚至完全相同。但对于滥用申请权行为的认定和规制也同样存在争议。

在信息化时代，政府信息对于公民生产、生活和科研产生重要影响，因而应当加强司法审查，贯彻行政法定、行政均衡和行政正当原则，规范执法行为，促进依法行政。

二、类案审理思路

在审理思路方面，我们通常采用的是三步审理法：判断是否属于案件受理范围、确定当事人的诉讼主体资格、审查被诉行政行为是否合法三个步骤。

第一步：判断受案范围。

受案范围的确定，关系到政府信息权利受到法律保护的范围和程度。《最高人民法院关于审理政府信息公开行政案件若干问题的规定》第 1 条和第 2 条，分别对应当受理和不予受理的情形进行了列举式规定。其中，应当受理的情形包括拒绝提供或者逾期不予答复；不符合申请的内容和规定形式以及公开的信息侵犯商业秘密、个人隐私或者拒绝更正信息等情形。而不予受理的情形主要包括：申请人要求公开的是告知行为，公开出版物或者涉及制作、收集、分类、汇总和加工信息，甚至以申请政府信息公开的名义要求公开案卷材料等。

我们来看一个案例。申请人甲向税务局申请公开“地铁公司的税务登记信息”。税务局经检索后发现，地铁公司已经注销税务登记，该信息不存在。因此向申请人予以告知。由于税务局作出的答复是拒绝提供相关信息，如果申请人甲对该答复内容不服，可以提起诉讼，主张相应的权利。

第二步：确定当事人的诉讼主体资格。

诉讼主体资格的确定，关系到司法审查权对行政权的制约力度。

其中适格原告，包括政府信息公开的申请人和利害关系人。申请人包括要求获取信息的申请人和要求更正信息的申请人。而利害关系人主要是针对公开的政府信息涉及第三方的商业秘密、个人隐私等情形，其也可以提起行政诉讼。

关于适格被告，需要区分未经复议的案件和经过复议的案件两种不同的情形。

在未经复议的案件中，被告通常是作出答复的行政机关。但针对作出不予答复行为，被申请的行政机关作为被告。如果基于授权履职，派出机构和内设机构也可以作为被告。在经过复议的案件中，如果复议决定维持或者仅确认原答复程序违法，则复议机关和答复机关作为共同被告。如果复议对原答复作出撤销、确认违法、履行等决定的，则复议机关作为被告。

第三步：审查被诉行政行为是否合法。

行政机关提供的政府信息，在内容和形式上应当符合相应的要求。我们对被诉行政行为的审查主要围绕五个方面：

在职权依据方面，行政机关、派出机构和内设机构、高校、行业协会等社会组织都具有答复的职权。但后两者具有答复职权的前提是基于法律、法规、规章的授权。在执法程序方面，主要涉及的是补正告知、征询第三方意见、作出答复、延长答复期限等程序，其中每一项程序都有对应的时限要求，分别涉及 7 个、15 个或者 20 个工作日等。在认定事实方面，主要审查书面答复对于申请人申请公开内容的固定是否准确，以及对于补正告知、延长答复期限等事项的记载是否全面等。在适用法律方面，主要适用的是 2019 年新修订的《政府信息公开条例》，以及涉及政府信息公开的地方性法规等。

在答复内容方面，行政机关需要区分申请人申请内容的不同，并分别作出答复。《政府信息公开条例》第 36 条对此有明确规定，在司法审查中也应该对照审查该答复内容是否合法。

在此需要注意的是，涉及工商、不动产登记资料等信息，如果法律、行政法规有特别规定的，告知申请人依照特别规定办理。在涉及商业秘密或者个人隐私等公开对第三方合法权益造成侵害的，行政机关不得公开。但如果经第三方同意，或者行政机关认为不公开可能对社会公共利益产生重大影响的，予以公开。

这也体现了利益衡量规则，即当公益和私益发生冲突无法兼顾时，经充分考量后对私益作必要限制，以维护社会公共利益。

我们来看一个案例。申请人乙向建交委申请公开“征收地块配套商品房的供应协议”这一政府信息。建交委经审查认为该信息涉及房地产公司的商业秘密，向其征询意见，其表示不同意公开。

对于涉案信息中是否涉及商业秘密，我们可以参照《反不正当竞争法》的规定，审查该信息是否属于不为公众所知悉、具有商业价值，并经权利人采取保密措施的技术信息和经营信息。

同样，如果信息中涉及个人隐私，我们也需要从主客观两个方面进行审查和判断。主观上，不愿为公众所知悉的事项；客观上，公开后可能对公民个人的生产和生活产生明显不当影响。

根据规定，确定为国家秘密的信息、涉及“三安全一稳定”的信息以及法律、行政法规禁止公开的信息，不予公开。其中“三安全一稳定”主要指的是国家安全、公共安全、经济安全和社会稳定，都属于不确定的法律概念，解释难度大。

在司法审查中，主要衡量行政机关认定上述信息属于不予公开范围的理由是否充分以及是否经过政府信息公开主管部门的批准等程序。

三、裁判方式要点

在立案和诉讼阶段发现案件不符合起诉条件的，分别裁定不予受理和裁定驳回起诉。

当案件进入实体审理之后，主要采取的是以下四种裁判方式：判决履行信息公开法定职责、撤销信息公开告知行为、确认信息公开告知行为违法和判决驳回诉讼请求四种方式。其中前三种方式主要针对行政机关具有作出答复的法定职责，或者作出的答复中具有可撤销的内容及确认违法等情形。

判决驳回诉讼请求的适用范围较为广泛，主要适用于以下情形：不属于政府信息；政府信息已经向社会公开；反对公开等理由不成立；不能说明是基于生产、生活、科研等特殊需要或者已经通过适当形式提供相应的信息。

最后，我们一起来研究一个案例。申请人丙向就业促进中心申请公开“办理退工登记手续的材料名称”这一政府信息。就业促进中心经审查后认为，不属于其公开职责权限范围并予以告知。该中心已经履行了告知义务，且其作出的答复内容并无不当，判决驳回申请人丙的诉讼请求。

以上就是对政府信息公开案件的审理思路与裁判要点的介绍，感谢大家的聆听，再见！

后　记
AFTERWORD

2020年以来，上海市第一中级人民法院及辖区法院80余名法官和法官助理以及高校教授等参与该院微信公众号视频栏目法律适用微课程的选题、撰文和拍摄，共制作完成100部微课程视频。

这100部微课程视频，每一部都凝结了法官、法官助理及专家们多年的积累和沉淀、探究和思考、辛劳和智慧。《法律适用微课程——上海市第一中级人民法院微课程系列视频讲稿汇编》一书，正是将这100部微课程视频的讲稿集结成册，以文本的形式继续向人民大众传播司法力量，推进法治建设。本次书籍的公开出版得到中国法制出版社编辑老师的大力支持，他们的专业细致是书籍质量的保证！在此，对所有参与录制拍摄、书籍出版工作的同志、编辑老师表示由衷的感谢！亦对一路以来关心、支持上海市第一中级人民法院微课程相关工作的各界人士表示感谢！

本书如有疏漏之处，敬请读者批评指正。

上海市第一中级人民法院 2023年11月

图书在版编目（CIP）数据

法律适用微课程：上海市第一中级人民法院微课程系列视频讲稿汇编/上海市第一中级人民法院编．—北京：中国法制出版社，2023.11

ISBN 978-7-5216-3958-2

Ⅰ．①法… Ⅱ．①上… Ⅲ．①法律适用-中国 Ⅳ．①D920.5

中国国家版本馆 CIP 数据核字（2023）第 203824 号

责任编辑：张　僚　　　　封面设计：杨泽江

法律适用微课程：上海市第一中级人民法院微课程系列视频讲稿汇编

FALÜ SHIYONG WEIKECHENG：SHANGHAI SHI DIYI ZHONGJI RENMIN FAYUAN WEIKECHENG XILIE SHIPIN JIANGGAO HUIBIAN

编者/上海市第一中级人民法院
经销/新华书店
印刷/北京虎彩文化传播有限公司
开本/710 毫米×1000 毫米　16 开　　　　印张/37.5　字数/479 千
版次/2023 年 11 月第 1 版　　　　2023 年 11 月第 1 次印刷

中国法制出版社出版
书号 ISBN 978-7-5216-3958-2　　　　定价：126.00 元

北京市西城区西便门西里甲 16 号西便门办公区
邮政编码：100053　　　　传真：010-63141600
网址：http：//www.zgfzs.com　　　　**编辑部电话：010-63141663**
市场营销部电话：010-63141612　　　　**印务部电话：010-63141606**

（如有印装质量问题，请与本社印务部联系。）